儿童创意活动

Creative Activities for Young Children

[美] 梅斯基 Mary Mayesky 著
段鹏 佟蒙 房斐 译

CNS PUBLISHING & MEDIA | 湖南美术出版社
全国百佳图书出版单位

图书在版编目（CIP）数据

儿童创意活动 /［美］梅斯基（Mary Mayesky）著；段鹏等译．—长沙：湖南美术出版社，2020.5
（儿童美术教育译丛）
书名原文：Creative Activities for Young Children
ISBN 978-7-5356-8516-2

Ⅰ．①儿… Ⅱ．①梅… ②段… Ⅲ．①创造能力—能力培养—教学研究—学前教育 Ⅳ．① G613

中国版本图书馆 CIP 数据核字（2018）第 287175 号

ERTONG CHUANGYI HUODONG
儿童创意活动

出 版 人：黄　啸
著　　者：［美］梅斯基（Mary Mayesky）
译　　者：段　鹏　佟　蒙　房　斐
责任编辑：曾　瑜
责任校对：谭　卉
出版发行：湖南美术出版社
（长沙市东二环一段 622 号）
经　　销：湖南省新华书店
装帧设计：文　波　王管坤
封面插画：黄　裳
版式制作：胡智慧
印　　刷：长沙超峰印刷有限公司
开　　本：787×1092　1/16
印　　张：30.25
版　　次：2020 年 5 月第 1 版
印　　次：2020 年 5 月第 1 次印刷
书　　号：ISBN 978-7-5356-8516-2
定　　价：128.00 元

邮购联系：0731-84787105　　邮编：410016
网　　址：http://www.arts-press.com/
电子邮箱：market@arts-press.com
如有倒装、破损、少页等印装质量问题，请与印刷厂联系调换。
联系电话：0731-87878870

献给我的妹妹克莱尔和我的弟弟吉姆：

我是如此幸运，与你们拥有共同的回忆，并得到你们的鼓励和无尽的爱与支持！

总序

“译”然自得　分享智慧

有了经验、感受、思想和情感，就会有表达。表达的方式除了图像、声音、形体之外，还有口语、文字。不同语言的人需要相互沟通、相互了解、相互学习、相互借鉴，就需要翻译。有了翻译，我们就知道那些不同于我们的老外是怎么想的、怎么做的。

人类社会的发展不可能是孤立的，需要互相照应、互相提携、互相取长补短。有的东西，你长我短；有的东西，你短我长。拿你的长补我的短，拿我的长补你的短，如此，整体上大家都成长了，社会和文化也就发展了。无论是拿别人的长，还是补自己的短，不同语言、文字的国家和民族都需要翻译之“舟”摆渡迎送。

上个世纪80年代末，我入行美术教育，感于“己短”，慕于“人长”，遂动起了翻译的念头。高龄学老外的语言，阅读尚可，但要逐字逐句地翻译，而且要遵照严复老前辈所确立的“信、达、雅”之要求，实在勉为其难。念头已定，则不可后悔、后退，终于将一本*Art, Another Language for Learning*变成了《美术，另一种学习的语言》。后来由湖南美术出版社组合其他几本同样变成了方块字的书，构成了“美术教育译丛”整体推出，一个新的历史由此而开创——中华人民共和国第一套美术教育译著出版。至今，很多美术教育工作者见到我，常常动情地说这套书对他们产生了如此这般的影响，如何让他们的眼界洞开，知道了美术教育还有如此之多的思想取向、内容含纳和方法选择，这于我自然是感动之中也泛起一种自豪。

以后，社会越来越开放，译介过来的美术教育著作也越来越多，其中以滕守尧先生主编的“美学设计艺术教育丛书”和陈卫和女士主编的“美术教育学系列译丛”规模较大，影响力也较大。值得注意的是，三套译丛中竟有两套是湖南美术出版社出版的，足见湖南美术出版社对美术教育情有独钟，而且此情不渝，各位现在手中的“儿童美术教育译丛”的出版单位依然为湖南美术出版社。

浏览书名并翻看简介，可以发现这套书的主题大多集中在“创意”和“创造力”上。儿童美术教育存在很多的功能和取向，但“创意”和“创造力”依然是一个值得持续关注的功能和取向。因为它具有鲜明的时代性，并显示着强劲的进步意义。这种时代性和进步意义不仅体现为儿童的个体性，也体现为整体的社会性。美术被公认为是对一个人的创造力发展具有巨大推进作用的学科，所以世界上很多学校和社会教育工作者都积极探索如何通过美术发展儿童的创造力。培养儿童的创意和创造力是我们的共识，通过美术培养儿童的创意和创造力也是我们的共识，但“如何”通过美术培养儿童的创意和创造力未必存在共识。我们自己是“如何”做的当然是我们的独特经验，我们也需要知道别人是“如何”做的，甚至需要知道老外是“如何”做的。整套书告诉我们的正是老外是“如何”做的。

“译”然自得，其中之“自”是相对于老外而言的。翻译推介这套书，最大最终的受益者是我们中国的广大少儿美术教育工作者，相信从中我们分享的是温暖和智慧，当然希望随之而来的是我们自己的思考和行动。

尹少淳

2018 年 9 月 10 日于北京

目 录

第二编

第三编

第四编

前言

我不知该如何表达我现在的感受。为了给孩子买到一件合适的礼物，此刻我正在一家儿童用品店里穿梭，映入我眼帘的是货柜上各式各样的儿童软件。在我以往的观念里，电脑软件是绝不可能取代那些活生生的人来陪伴儿童成长的。但如今，我也不得不接受这个现实：为了“让孩子的生活体验更加丰富”（正如软件外包装上所承诺的那样），越来越多的家长不得不把孩子交给软件。

在快节奏的当今世界，人们热衷于让自己的孩子“快速发展”，并使用各种手段让他们“更聪明”。但作为儿童教育工作者，我们知道，无论我们是否借助所谓“科技”，儿童的成长都只会遵循自己的速度和节奏——过去是这样，如今是这样，未来也是这样。

无论世界变得如何“快餐化”，儿童的成长都是一件持续的事情，我们一直试图为儿童营造的良好成长环境在某种意义上正是一种稳定的成长空间。我们所关注的创造力发展必须要始终坚持，在生活压力与日俱增的今天更是如此。

自本书上次修订以来的十年间，国家儿童教育标准（national standards for preschool/early childhood education）已经在多个州内实行。作为幼儿教育工作者，我们正面对着与少儿教育工作者和青少年教育工作者类似的境遇。一方面，“标准”给予教师以规范，让他们明确儿童需要学习什么；另一方面，严格的“标准”要求教师更加关注特定技能的获得结果，并在一定程度上忽略教育本身。

细细思考“标准”的相关内容，我不由感慨：如果我们去问亚里士多德（Aristotle）、皮亚杰（Jean Piaget）或马丁·路德·金（Martin Luther King，Jr）什么是教育的目的，特别是幼儿教育的目的，他们会赞同当前“标准”所说的吗？世界范围内，究竟有多少人会将对技能的熟练程度作为教育的基本目的之一？换句话说，尽管我们一直强调“不让一个孩子掉队”（Leaving no child behind），但其代价如果是制约了其他儿童的进一步发展，那情况仍会乐观吗？如果我们忽视了“更多儿童”的成长需求，现有的成功标准是否仍有意义？

“标准”的意义在于确认儿童是否掌握某项技能，但作为教育者，我们的工作并不仅限于此。我们应当确认儿童所掌握的技能、所提升的能力是否真正地作用于将来的社会需求——虽然我们可能无法看到那一天。针对“标准”影响下的当今教育环境，我的观点在本书的上一修订版本中已经提及：“你成长中所获得的知识也正是你的孩子所需要的。”希望这一建议能帮你度过近些年来“标准”所引起的教育风潮。

本书的第九次修订版将会继续协助你与孩子一路成长。我真诚地希望你能从书中收获与孩子快乐且有意义地相处的方法。与第八版一样，设计第九版的目的仍然是更好地服务那些致力于帮助儿童实现创造力潜能的人。同时，这本书也为那些希望了解创造性、了解儿童创造性、了解创造性教学、了解创造性课程和创造性活动的人而写，以帮助他们更好地将教育理论应用到实际的教学之中。

第九次修订版的《儿童创意活动》在内容增加的同时，也更加重视创意活动在教学中的体现。在科技急速发展的当今世界，创造力的培养对于每位儿童的重要性不言而喻。仅仅学会如何使用科技产品对学生而言远远不够，仅仅了解客观事实和学会应试对学生而言也是不全面的。面对一个每天都在更新和改变的世界，学生应当学会如何提出问题，并尝试独立寻找答案，也应当学会从多个角度看待事物，并用自己的方式表现生活的美。

注意事项

本书中提出的所有活动建议都需要以当前儿童的认知发展阶段为参考。为避免因操作不当而造成的意外，应注意以下事宜：

在使用鸡蛋箱之前应对其进行彻底清洗和干燥，以避免沙门氏菌的传播。同样，在使用盛放过鱼、肉的泡沫聚苯乙烯制品时也应当进行此环节。三岁以下儿童在使用气球时应当有专人陪护。如果在活动中出现体积较小或能放入口中的物品，应及时取走。

鸣谢

作者向所有对本书第九版出版做出贡献的朋友表示感谢：卡斯帕・霍尔罗伊德（Casper Holroyd），他接手工作以来的理解和耐心，及其所提供的许多精彩儿童图片对本书帮助很大；辛迪・费雷尔（Cindy Ferrell）主任，以及海兰德儿童中心（Highland Children' s Center）的儿童和工作人员；北卡罗来纳州罗利市莱西小学（Lacy Elementary School，Raleigh，NC）校长玛西娅・阿尔福德（Marcia Alford）博士，视觉艺术教师道恩・韦德（Dawn Wade）老师和莱西小学的孩子们；马里恩・G. 罗伯茨（Marion G. Roberts）；弗兰基・莱蒙学校与发展中心（Frankie Lemmon School & Developmental Center）办公室主任黛比・布鲁克斯（Debby Brooks），及所有学生和工作人员；梅雷迪斯学院（Meredith College）院长莫琳・A. 哈特福德（Maureen A. Hartford）博士；北卡罗来纳州罗利市里德迈恩小学（Lead Mine Elementary School，Raleigh，NC）科斯特夫人幼儿园的丽莎・科斯特（Lisa Coster）老师、芭芭拉・皮尔迪斯（Barbara Pildis）老师、黛安・怀特（Diane White）老师和孩子们；北卡罗来纳州罗利市希尔本小学（Hilburn Elementary School，Raleigh，NC）校长克里斯汀・J. 费尔布（Kristen J. Faircloth），米歇尔・希尔（Michelle Hill）老师及希尔本小学的所有教师、孩子和工作人员。

衷心感谢S4卡莱尔（S4Carlisle）出版服务公司发展和项目编辑贝丝・鲍（Beth Baugh）、罗宾・里德（Robin Reed）和巴布・塔克（Barb Tucker）在出版过程中不断提供的援助和支持。

特别感谢我的瑜伽教练简・巴雷特（Jane Barrett），感谢她在我写作期间给予我一周两次的放松帮助，帮我度过那段劳累的日子。

审稿

德尔玛圣智教育和作者衷心感谢以下审稿人，感谢他们在审稿期间付出的时间、努力和做出的贡献：卡罗尔・安德森（Carol Anderson），科罗拉多社区学院（Colorado Community College）；琳达・艾肯（Linda Aiken），西南社区学院（Southwestern Community College）；詹妮弗・伯克（Jennifer Berke），默西赫斯特学院（Mercyhurst College）；温迪・贝托利（Wendy Bertoli），兰开斯特县职业和技术中心（Lancaster County Career and Technology Center）；艾琳·库克（Irene Cook），加利福尼亚州立大学贝克斯菲尔德分校（California State University—Bakersfield）；凯瑟琳·卡明斯（Kathleen Cummings），萨福克县社区学院（Suffolk County Community College）；帕梅拉·戴维斯（Pamela Davis），亨德森州立大学（Henderson State University）；维基·福尔兹（Vicki Folds），美国儿童幼儿园（Children of America）；吉尔·福克斯（Jill Fox），得克萨斯大学阿灵顿分校（University of Texas—Arlington）；维罗妮卡·格斯科（Veronica Getskow），洛杉矶社区学院北岭分校（Los Angeles Community College—Northridge）；珍妮特·伊梅尔（Janet Imel），常春藤技术州立大学（Ivy Technical State College）；杰奎琳·莱迪（Jacqueline Leddy），兰开斯特县职业和技术中心（Lancaster County Career & Technical Center）；露丝·萨索（Ruth Sasso），瑙加塔克谷社区学院（Naugatuck Valley Community College）；菲根尼亚·扬（Phygenia Young），福斯思技术社区学院（Forthsyth Technical Community College）。

关于作者

本书第九版作者玛丽·梅斯基（Mary Mayesky）博士，是一名经过认证的学前、小学和中学教师。她曾任杜克大学（Duke University）教育系教授、早教认证系主任、学生教师导师。她曾担任北卡罗来纳州人力资源部日托服务办公室项目助理主任。她还是北卡罗来纳州罗利市玛丽·E. 菲利普斯重点学校（Mary E. Phillips Magnet School in Raleigh, North Carolina）的前校长，这是东南部第一个获得许可的重点日托学校。她曾在北卡罗来纳州日托委员会（North Carolina Day Care Commission）和威克县学校董事会（Wake County School Board）任职数届。

梅斯基博士曾先后在赫德思达学校（Head Start）、儿童保育园、幼儿园工作，在公立学校教授过从幼儿园到八年级的课程。她曾在专业期刊、一般杂志上发表过大量关于儿童发展和课程设计的文章。她是美国优等生联谊会（Phi Beta Kappa）的会员，曾被杜克大学研究委员会（Duke University Research Council）提名为杰出青年教育者，获美国学校管理者协会研究奖（American Association of School Administrators Research Award），杜克大学杰出校友－教学奖等。她的第一本非教科书作品《记住奥唐纳夫人：成长、学习和教学》（Remembering Mrs. O' Donald: Growing, Learning, and Teaching）将在近期出版发行，书中收录了大量关于她个人教学经验的故事。

作为一名马拉松运动者，梅斯基博士已经完成了 19 次全程马拉松，并在公路赛和高级赛中屡屡获奖。她是罗利主办狮子俱乐部（Raleigh Host Lions Club）的成员，并担任第一任女性主席。她的爱好还有缝纫、骑自行车、跑步、在收音机上为盲人读书和做瑜伽。

第一部分

关于儿童发展的理论

本书的第一部分着重阐述了各种促进儿童发展的理论。首先讨论了关于创造力培养的一些概念、理论、技巧和基本程序，以及它们与幼儿创造力发展的关系。在此基础上，本书的第一部分为教师们设计、实施幼儿创造力课程提供必需的资料。有两章还专门探讨了艺术与幼儿身心、社交－情感成长的关系。

第一部分的第四编，更多是关于实用方面的探索，包括：如何创建能够促进幼儿创造力发展的艺术项目，详见“二维艺术活动”和“三维艺术活动”两章。第一编全篇探讨了玩耍对幼儿全面发展，尤其是创造力培养方面的独特作用。

第一部分每个章节的末尾，我们都列出了一系列小活动，以帮助您理解本章涉及的概念。除此之外，每章末尾的“本章回顾”是为了进一步加强您对关键概念的理解。

总体来说，第一部分是第二部分实际操作部分的理论铺垫。第二部分主要为读者展示更具体的信息，比如某个具体的课题，或是如何布置一间教室。

第一编

培养儿童的创新和审美能力

▶ 学完这一编，试着回答下面这些问题：

1. 如何调整自己的教学方法，使之更好地鼓励幼儿发展创造力？

2. 如何设计教室里的环境、课程和活动，以促进儿童的审美能力的提升？

3. 自己的教学方法是否遵循了创造力发展的原则？哪些教学方法促进了发散性思维的发展？哪些阻碍了它的发展？

4. 自己的学生都有哪些思维方式？

5. 知道了培养创造力和审美能力的重要性后，再遇到关于概念和观点的问题，应该如何提问？

6. 在制订班级管理方案时，有没有时刻把“培养儿童创造力和审美情趣”设为重中之重？

7. 我怎样帮助儿童认识到自己的独特之处、自己的创造力和审美情趣所在？

8. 哪些教学策略对发展儿童的创造力和审美情趣最有用？

9. 在我的教学设计中，“创造力的培养”处于什么地位？

10. 我该如何告诉孩子们，他们的作品和感觉中所蕴含的美？

11. 我该如何使家长明白培养孩子的创造力和审美感知能力的重要性？

12. 了解创造力和审美的内涵给我带来了哪些改变？

第一章

关于创造力的概念

▶ 教学目标

学完本章，你应该能够：

1. 掌握创造力的定义。

2. 列出三种能促进儿童创造力发展的氛围，并说出儿童怎样受益。

3. 如果教师鼓励儿童的创造力发展，教师自身会得到怎样的好处？请列出最少两条。

4. 教师如何帮助儿童表达他们的创意？请说出最少五种方法。

5. 列出创造型儿童的主要特征。

仔细观察一个四岁的儿童，你会发现，上一秒他还在专心致志地摆积木，下一秒就迷上了其他孩子玩的手指布偶，并且也想亲手做一个。没过一会儿，他抱起一只天竺鼠，一手摸着它的毛，一手挠着它的下巴。再过一会儿，他又开始在纸上胡乱地涂鸦，好像要把目所能及的一切都画下来。

这是什么情况？现在他正在沙盘里堆着“沙城堡”和“沙塔”，但沙子总是不听话地滑落。突然，他好像发现了什么：原来用积木堆城堡比用沙子容易。所以，转了一圈，他又转而开始堆积木。看起来，他似乎只是绕着起点打转而已，除了那“木塔”跟当初完全两样。

能见证幼儿学习世界的过程，真是令人兴奋。了解了这点之后，很多事情也渐渐明晰。首先，儿童始终充满好奇，不断地了解和发现周围的事物，并乐此不疲。其次，他们对这种发现很“在行”，好奇往往能够引领他们创造性地解决各类问题：就算是掉到钢琴后面的积木，孩子也总能想办法拿到；有时候他们用来制作手指布偶的材料，是别人想都不敢想的。没办法，对于“想出新答案、寻找新方式、使用新材料”一事，他们似乎是“生而知之”的。

从事与幼儿有关事业的人，不但要了解什么是创造力，还得有能力帮助幼儿把自己的创造天赋表现出来。他们必须明了，创造力对幼儿和教师都至关重要。他们得学会分辨幼儿的创造性活动，还得帮助幼儿展现其创意。

创造力是什么?

理解创造力的关键，在于了解：人人都有创造力，或多或少而已。谁也不会在此项完全缺失。

幼儿园的孩子往往一天就能问父母一百个问题（赫费特，1998）。这部分反映出好奇心的力量：它驱使孩子们在这一时期勇于创新、乐于学习（大斯托姆和小斯托姆，2002；泰勒，2000）。幼儿天生就开放、好奇且充满创意。可惜的是，大部分家长更希望自己的孩子“听话”。来自家长的压力越大，孩子们的成长环境就越封闭。他们渐渐发现，大人们越来越不鼓励他们展现出自己的兴趣、好奇心以及创造性地探寻这个世界。为了避免这种情况，大人们得学会鼓励幼儿去创造。首先，我们得理解什么是“**创造力**”。

以下是关于这个词的几种含义。

- 有位学者给其下了这样的定义：创造力就是给人类带来新事物的过程。
- 保罗·托兰斯（Paul Torrance，1970）是一位研究创造过程的先驱人物。他认为，创造力是一种创造新事物的能力，所创之物均是独一无二的。
- 近来，人们更多地认为创造力是能力、技能、动机和态度的组合。（霍尼格，2006）

就像运动能力，创造力确实是很多能力的结合。想象一下，创造力分为很多种，这样更有助于理解它（里普尔，1999）。事实上，“创造力”一词有多种解释。有位学者专门把创造力分为两种：

1. 大创造力：即其所创造的新事物得到了社会的认可，并为人类文明增添了新的一笔。一个最佳的例子就是电灯泡的发明。

2. 小创造力：某个人发明了什么新东西，或是产生了某些新奇的想法，但这只是对其自身而言。例如，某位孩子突发奇想，第一次试着调和几种不同的颜色。（里普尔）

以下关于创造力的定义，可能会帮助学生更好地理解其概念：创造力是一种原创性的思考或行事方式。一种行为是否有原创性，是对自身而言；但有没有社会价值，就要由别人来判断了。不是说你必须得做一件前无古人之事，才称得上“有原创性”。无论是在家里、学校里，或是在艺术领域、科学领域，创造力几乎无所不在。正如“现代创造力之父”保罗·托兰斯所说，“人人都能以无限的方式，进行无限的创造”（1971）。

创造过程

如果有人在进行创造性活动，那么一般来说，他的行动大概可以分成两个部分。第一部分——发现：他首先要找到一个“原创性的”新观点、新计划或新答案。第二部分——实施：他得确认这些想法是否能够实现，至少是有实现的希望的。第一部分需要我们在幻想的世界遨游、探寻，而第二部分则要我们使尽浑身本领，预计事情的结果，或是干脆亲手尝试一回。

创造力与思维过程

解决问题的思维模式有两种：聚合性思维和发散性思维。前者表现为只用单一途径来解决问题；后者则往往打开想象之门，针对每个问题都想出无数答案。

例如：如果有人要求哪个孩子去数鱼缸里的鱼，答案就是唯一的。这是一个引导孩子们运用聚合性思维的问题。反过来，如果我们让孩子们描述鱼缸里的情境，越多越好，那就有很多“正确的说法”了。鼓励发散性思维的问题，往往对儿童更有益。创造力既需要发散性思维，也需要聚合性思维，二者皆很重要。因此，对教师来说，最大的挑战是如何避免“以一种思维方式取代另一种思维方式”。思考创造力与思维过程的另一个思路是，孩子们在真正体验创造过程之前，必须学习“做事的方式”（聚合性思维）。比如：要求孩子得“先学会正确的握笔姿势和用法（聚合性思维），然后才能亲手画画”；又或者孩子再大一些，在他可以创造性地打破、改变规则，如以棋盘游戏的方式来做读书报告之前，他也得先学会规则，如一篇读书报告包含哪几个部分。

对孩子们来说，重要的是过程——他们的新意都在这里萌芽、长大。在我们的课程中，应该多强调“过程”以培养儿童的创造精神，别老想着：“他做的事还在美术/音乐的学科范围内吗？”

如何培养青少年的创造力

到了这一年龄段，创造的门槛提高了。孩子们更注重创造物的质量，注重将构想变为现实或有新意的解决方案。造物能力的发展，在儿童创造能力发展序列中出现的时间较晚，这在四、五年级学生的“科研课题”中可以看出端倪，有些课题体现出的创造力明显高于其他课题。比如，有的学生做了一把新潮椅子的设计、实验，而有的则在比较市面上几种常见洗涤剂中哪一种的去污效果最好。

这一年龄段的儿童，把创新等同于原创手工制品或解决问题的方案。他们不再满足于“仅仅想出一个好点子”，而是一定要亲手把它做出来。偏爱把创意做成实物，是儿童创造力的特征之一。

创新意识不是美术和音乐的专利。它不仅仅存在于音乐、美术、文学创作这些学科课程中，在学校课程以外的科学、社会学，乃至更多的领域中都有所体现。

鼓励青少年培养创新意识是非常重要的。初中阶段，教师们经常重点培养学生的认知和社交技巧。但是，只有那些儿时的创新之火始终未熄的人，才会成为引领人类社会革新的动力。研究显示，若没有有意呵护，儿童的创造力会在四年级时坠入低谷。幼儿园时期的天才小画家，再也不敢仅因个人喜好，就把天空涂成艳丽的橘红、粉红色了。

表 1-1 认清创造力

创造力不需要别人的认可。事实上，历史上有创造力的人不被身边之人认可的情况，比比皆是。 你知道吗： · 阿尔伯特·爱因斯坦直到四岁才会说话，七岁才识字。 · 贝多芬的音乐教师有一次这样评价贝多芬——“他永远无望成为一名真正的作曲家”。 · F.W. 伍尔沃思二十一岁时，在一家干货店找到了一份工作。但是老板不让他接触顾客，因为老板觉得他这人“没有足够的理解力”。 · 列夫·托尔斯泰曾被高校勒令退学。 · 曾经有一位报纸编辑炒了沃尔特·迪士尼的鱿鱼，理由是他“缺乏创意”。 · 亚伯拉罕·林肯参加“黑鹰战争”时是队长，战争结束后成了士兵。 · 曾有一位编辑说路易莎·梅·阿尔科特的作品永远不可能“流行”。 · 温斯顿·丘吉尔小学六年级没毕业。 · 艾萨克·牛顿在校成绩惨不忍睹。 · 托马斯·爱迪生的教师说他笨得什么也学不会。 · 海军少将理查德·伯德飞越南北二极之后，宣称“不适合服役”，从海军退役。 · 根据西部联盟电报公司的备忘录记载，其公司的某位高管曾说过：“亚历山大·格雷厄姆·贝尔发明的电话缺陷太多，对我们毫无用处。”

创造力与多样性

有一种创新，是把个人体会完美地表达出来，并让旁人也能获得身临其境的感受。而另一种创新，是你发现了从未有人解读出的大自然的深意。

在创造力发展的几个不同阶段里，它一直在不停地改变着。人们都清楚大人是怎么创新的，但是，看看孩子们怎么创新，我们会不会有更大的收获？幼儿教师是否把创造力作为儿童成长的一部分，至关重要。对幼儿来说，有没有原创性，是衡量他们是否有创新潜能的核心标准（泰加诺、莫兰&索耶斯，1991）。因此，幼儿教师必须了解哪些过程与方法可以促进儿童的原创思维。

原创性

幼儿园的孩子们做手撕拼贴画的时候，就有原创性元素的存在。一个叫玛丽的小女孩在试玩各种材料时，意外地发现了一种制作立体拼贴画的方法。类似这样的发现，就是原创的形式之一。尽管在幼儿园里制作立体拼贴画算不上多新的点子，但是，对从未接触过立体造型的玛丽来说，这件作品绝对称得上“原创”。再想想，如果幼儿园教室里，孩子们正在给他们自己的自画像涂色。大部分孩子都在外轮廓上着手——添些头发、画画五官，或是画上一件外衣，而路易斯却把画中人体内的骨骼给画出来了。这对路易斯来说，就是一个创举。

创作的过程

我们再来谈谈玛丽的立体拼贴画：幼儿教师必须要重视“**过程**”。就是说，认真观察孩子们的创作过程，比评价他们的作品要重要得多（这个立体拼贴画也许并不完美，而且刚完成就散架了）。毕竟，只有前者才能促进他们原创思维的发展（在这一阶段，孩子不断地探索、尝试各种材料）。要知道，幼儿还没有能力把创意做成实物（如一幅画工精致的作品，或一项有用的小发明）。因此，重点是：在他们的创作过程中，发掘其创造潜能。

幼儿园教室里，处处可见原创思维。那里天天都像上演着一出大戏，背景就是孩子们的各种原创行为——一次新的设计、偶然得知了用积木来堆城堡更好，或者是收获了一种独特的方法来处理人际关系。（泰加诺等，1991）

创造力的重要性

创造力是人类文明的主要驱动力。从车轮到轮船，以至电话、汽车、飞机、收音机、电视、电脑、自动化、电子工业、核能源、空间旅行，一切都从创新而来。伟大的发明、科学发现、尖端科技的推动力、所有的艺术表现形式——包括绘画、文学、音乐、戏剧——都以创造性思维为最高准绳。因此，人类文明的进步和成就，都是新思维和创新的结果。与生俱来的创造力极大地改善着我们的生活水平。

时代在快速发展，情况不断地发生变化，我们需要创造力来处理每一个新问题。而且，也没人能准确地预测出，为了即将出现的新问题，我们该提前获取什么样的知识。至少，很明显，现在孩子们学的东西，到时候大多没用了。就算我们活到老，学到老，也很难保证自己会的知识正好能解决那些还未出现的麻烦。只有创造力，才是应对未来的最佳手段。

儿童得有机会自由地展示他们的创造力。他们本来就愿意提出新观点，获得新体验。他们享受创造带来的快乐，并从中受益。比如：

- 学会让自己快乐
- 尝试用多种方式解决同一问题
- 激发思考的潜能
- 发展个性
- 培养新技能
- 体验“与众不同”的快乐

如果教师鼓励孩子们发展创造力，他们自

读一读　解放自我，拥有创意

保罗·托兰斯是一位研究儿童创造力的先驱。他认为，要想成为一位促进儿童创造力发展的教师，我们得先“解放自我，拥有创意”。以下是解放自我的一些建议：

- 别害怕为某件事情着迷。
- 了解自己的长处，不断练习、提高它，并为之骄傲。
- 不要被别人的观点左右。别理会他人强加给你的规则，我的地盘我做主！
- 一定要有一位能够帮助你的良师益友。
- 不要浪费精力试图全面发展。
- 做你喜欢的事，并且要做得精彩！
- 学会独立。

以上小建议，有多少适合你？你有成为这样一位教师的开放胸怀吗？选择一两条最想做的，试试吧！

己也能获得以下益处：

- 课程多元化
- 学会分辨儿童的独特技能
- 和孩子们更亲近
- 更好地避免犯错
- 使用最少的标准课程和外部评价

创造力的特点

保罗·托兰斯时常强调，教师们最满意的儿童，往往没什么创造力的特征。比如，有位教师发现一个孩子用牙咬的方法“很有创意地”来端杯子，结果把奶洒了一地。这种异想天开的尝试，让这位本想鼓励孩子“创新”的教师怎么也喜欢不起来。

不听话的孩子确实挺让人发愁。但是教师也应知道，很多天纵奇才恰好就是这么“不招人喜欢”，比如：倔强、爱挑剔、傲慢自大、不满现状（托兰斯，1962）。但是这些缺点有时也是优点，比如：对创新思想的倔强，就成了坚持；对新情况的不满，会演变成不断地质疑和分析，然后是提出改善的办法。

平心而论，我们现在并没有搞清楚：这些不招人喜欢的地方到底是不是创造力的源泉？或者它们仅仅是“天才”的成长过程中，身边的教师、同学、家人处理不当的后果？反过来说，托兰斯也发现了，创造型儿童其实也拥有很多讨人喜欢的特征，像：果断、好奇心强、直觉准确、敢于冒险、偏爱复杂的观念、有幽默感等。

我们指出鼓励创造力发展的所有负面因素，并非是说教师就可以不作为了。相反，这是要启发教师们，不要随意阻碍孩子的创意，要认识到，这些行为也有好的一面。从理想的角度来说，只要加强理解，就能更好地接受和重视儿童的创造力。能否接受创造力至关重要，接受它，教师才能鼓励儿童更进一步发展。接下来，我们就总结一下鼓励幼儿创造力发展的几种常用方法。

帮助孩子展示自己的创意

我们至少能做八件事，来帮助孩子们表现自己创新的天性。

帮助孩子们接受改变　在接触新环境的时候，孩子们经常会变得过分焦虑。在这种情况下，他们是无法展示出创造潜能的。

帮助孩子认识到，很多问题根本没有明确的答案　当孩子们无法直接找到问题的答案时，这样做可以帮助他们避免焦虑。

表 1-2 创造性思维

下面的引文可以大致分为两类。第一类引自一些眼界狭隘的人：如果你不支持创新思维，那么他们这些后知后觉的话，正好可以见证你的内心。第二类则来自那些极有创新意识之人，它们可以帮你打开眼界。有些话，在今天看起来已经有些可笑，但说此话的人，无不是当时之权威。

· 我已经走遍了全国的每一个角落，和每个最优秀的人聊天，而聊天的结果就是：我确信，“迷信数据处理”的热潮，在年底前绝对会消退。——普伦蒂斯·霍尔，商业书籍出版部主编，1957

· 根本没必要人手一台电脑。——肯·奥尔森（Ken Olson），数据设备公司的创始人、董事长兼总裁，1977

· 我很高兴失败的是克拉克·盖博（Clark Gable）而不是加里·库珀（Gary Cooper）。——加里·库珀决定不出演《飘》的男一号时，如是说

· 开饼干店的主意糟透了。而且，市场调查报告显示，美国人都喜欢吃脆饼干，而不是你做的那种又软又耐嚼的东西。——这是大部分投资者给黛比·菲尔兹（Debbi Fields）的回答。而后，菲尔兹自己创办了“菲尔兹夫人的曲奇”，被誉为“世界第一的曲奇连锁店”。

· 他们的声音令人生厌，而且边唱边弹吉他的方式都快过时了。——迪卡唱片有限公司用这样的理由拒绝了甲壳虫乐队，1962

· 我们去了雅达利，告诉他们：“嘿，看看我们的点子，它绝对让你震惊，这里面好多零件都是你们生产的。怎么样？愿意资助我们吗？只要让我做这个，把所有权给你们都成。只要发工资就行，我们给你打工。”但是他们还是拒绝了。接下来我们又来到惠普公司，他们的回答是：“对不起，我们不收大学还没毕业的。”——苹果电脑有限公司的创始人史蒂夫·乔布斯（Steve Jobs）曾试图请雅达利和惠普公司投资他们的“史蒂夫 - 沃兹尼亚克个人电脑公司”。

· 640K 的内存绝对够用了。——比尔·盖茨（Bill Gates），1981

· 没有失败的实验，只是实验结果超出了我们的预料而已。——巴克敏斯特·福乐（Buckminster Fuller）

· 如果一个想法一开始并不荒谬，那么它就毫无希望。——阿尔伯特·爱因斯坦（Albert Einstein）

· 在这个急速发展的时代，原地不动就是最快倒退。想象力是最佳的翅膀。——劳伦·巴考尔（Lauren Bacall）

· 问题是：一点险都不想冒，就是最大的冒险。——埃丽卡·容（Erica Jong）

· 如果你能想到，你就能做到。

· 请您把脚步放轻，因为它正踩在我的梦想之上。——叶芝（W.B.Yeats）

· 别忘了：只有死鱼才随波逐流。——马尔科姆·马格里奇（Malcolm Muggeridge）

帮助孩子们了解，很多问题都有无数个可能的答案 鼓励他们寻找更多的答案，然后他们才能比较出哪个更适用。

帮助孩子们学会判断、接受自己的感觉 不能让孩子们为自己的感觉而痛苦。让大家都学会尊重别人的想法，而不是急着下判断。在这样一个平和的环境里，讨论和争论都是激发思考的最佳武器。

孩子有创意，当给予奖励 让孩子们明白，创意是宝贵的。他们做得越多，就越该得到鼓励。还有一点也很重要，就是要慢慢地让孩子了解到，创意所达到的成就本身，已经是最好的奖励了。

帮助孩子们在创造中感受到快乐，并解决问题 成年人应该创造条件，帮助孩子们认识到为自己做事、自己寻找问题的答案是有趣的。

想一想 教师眼中的创造力和创新型学生

那么，在教师的心里，课堂上应该教哪些与创造力有关的内容呢？爱达荷大学有一项研究，专门针对此问题进行调查和记述。研究者们还想知道，教师们如何定义“创造力”，如何评价“创新型学生”。

四所公立小学的教师参与了这次问卷调查，问卷包括很多关于创造力的开放式问题。比如：“您对‘创造力’一词的第一感觉是什么？”“请谈一谈，您认为创造力有哪些关键特征？”“普通课程也需要培养儿童的创造力吗？”“请列出创新型学生的五点特征。”“请谈一谈，您在课堂里采取哪些行动和策略以促进学生创造力的发展。”

问卷调查的研究结果显示，教师普遍认同这一观点，即他们觉得日常教学中确实应该注重创造力的培养。问卷中，大部分教师同意研究者关于创造力特征的看法，但是并不觉得这些特征有专家们说的那么重要。教师们大都能准确地判断出很多有创意的行为，例如：原创思维、想象力、好奇心、尝试思考、艺术和语文上的创作等。

研究的另一个发现，就是教师大都把成就的特征与创造特征搞混了。他们往往把“有创造力的学生”描述成“高智商”“语言能力强”“有强大的动力”。当问及“谁有创造力”时，他们又常常把有创意的学生描述成“有成就”。研究人员探讨了这二者间的区别——聪明的孩子总能做出高质量的作品，但并不保证有新意。

在这项研究中，教师常常意识不到创造力的主要特征。例如，从未有教师提到“用多种方法解决某一问题”或“在同一任务中达成多个目标”这两种特征。而这二者是公认的发散性思维的标志。还有，没有一位教师提到创造力的某些因素，如：思维的流畅度（创意想法或作品的多样性）、周密性（将一个已有的想法或作品提升至更深层或更新奇的阶段）。

研究还发现，教师经常把学生的创造性活动视为“顽劣”。创新型学生经常因为精力过剩、好争论、自私、固执等，而不讨老师喜欢。

最后，该研究还发现了一个最不好的现象，大部分参与问卷调查的教师都认为，培养创造力不是普通老师的责任，应该有一位专门的教师负责此事。

研究人员总结：除非教师明白如何定义、辨别、欣赏创造力，或给他们定下指向高难度检测标准的以内容为驱动的课程教学要求，否则他们很难较好地培养孩子的创造力。（阿尔金海曼 & 莫勒－雷诺兹，2005）

根据此项研究的内容，想想你要如何在教学中用上培养创造力的知识，主动创设一个鼓励学生创新的环境。

让孩子学会欣赏自己的“与众不同” 大人们往往喜欢奖励听话的孩子，这对发展创意极为不利。孩子们应该学会欣赏自己的独特之处。

帮助孩子培养毅力——“坚韧不拔” 鼓励他们做事情要“坚持到底”。给他们创造一个机会，当大家都见异思迁的时候，自己一人坚持到底。

总结

创造是一种思维或行为方式，它由个体原创，由自己或他人评判。幼儿天生就有创造力，这意味着他们经常因行为方式独特，而被他人品头论足。从幼儿园时期开始，只有大人们都鼓励孩子们运用发散性思维，才能刺激其创造力的发展。鼓励创造力发展对幼儿和教师都有益处。对于再大一些的儿童来说，创造力的重心变为制作有创意的成品或制订有创意的方案。

孩子总能做出很多令大人窝火的“创举”，其中，最让人头疼的就是“问起来没完和乱摸乱碰”。时间长了，最和善的家长也会忍不住批评他们两句。理解和接受孩子的这类行为，对激发他们的创造潜能大有帮助。了解儿童最初的想法和思维的过程，都是理解儿童这些“创举”的关键。

应该让孩子尝试去解决问题，经常用他们全新的视角解读当下的情形、彰显自己的灵活性、勇于冒险。只有在这种情况下，他们的创造力才有用武之地。大人们可以通过多种方法帮助孩子表达创意，比如告诉他们，“改变本是生活的一部分”或者是“生活中的难题，很少能轻易解答”，诸如此类。当孩子们在这种轻松的环境里找到感觉后，他们会变得更有创意。

关键词		
大创造力	创造力	创作过程
聚合性思维	发散性思维	小创造力

学习活动

▶ 换个角度，想一想

尽管创造性思维确实很难，但不代表它一定无趣。以下这个活动就可以证明这一点。独自或找几个朋友一起试试吧！完成之后，把你列出的内容和别人的做个比较，或许会更有趣。

1. 所需材料：纸、笔、手表（闹钟亦可）。

2. 时间：2 分钟。

3. 任务：列出一块普通砖头可能的所有用途（不限于它的本来用途：盖房子）。估计有些想法会有点傻气，但是别担心，这个游戏的关键就是异想天开。

很多类似的小物件都可以用来玩这个游戏，而且都特别有趣。比如：钉子、粉扑、曲别针、钥匙、皮带、杯子、书本……

▶ 胡思乱想

一旦开始想象，创造性思维就出现了。这是在和自己的思想玩游戏。以下就是一个帮助你体验创意过程的小练习，单人/团队完成皆可。

1. 材料：纸、笔。

2. 时间：不限。

3. 从以下 15 个任务中，任意挑出几个完成。

（1）如果房间里完全没有木制品，会成什么样子？哪些事没法做了？

（2）假如在一个小时里，你既不能说话，也不能写字，那你该如何和人交流？会出现什么麻烦？有可能出现哪些可笑的情境？要是这种“失语状态”持续一整天，又会如何？（这一条要两人以上完成）

（3）送你一百万美元，但是必须得在2分钟内花完。列出你花掉它的所有办法，再和同学们比一比。

（4）如果你遇到火星人，只能问三个问题，你会问哪三个问题？和同学们比一比你们的问题。

（5）如果尤利乌斯·恺撒初次遇到埃及艳后的时候你在场，但是你只能说一句话，你会说什么呢？

（6）假设有一个小时，你能变化成世界上的任何一个人。你想变成谁？做什么？和同学们交换一下看法。

（7）如果人们一觉醒来，发现自己的身体变成原来的两倍大，接下来会怎样？

（8）用“想象（IMAGINE）”一词的七个字母分别为句首，造一个句子。每个句子都要与这一章所讲的“创造力、想象力、独创性”等相关。

（9）选择你想拥有的创造力的一两个特质。比如：你想变得更开放或更有毅力。那就在一个月的时间里尽量多地练习。把你所有的努力都记录下来，再看看自己的改变。

（10）创造力在学校里总显得有些格格不入。如果你鼓励了创造力，那你估计得为学生闹的乱子头疼一个礼拜。你能发现他们行为中的创造元素吗？关于激发学生创造力，你还有没有其他方法？建议多问问学生的看法。

（11）开始收集所有关于创造型人才的书籍，尤其是那些把创造力特质描述得很全面的书，并与大家分享。分析平日里教艺术、科学或社交课程的老师是哪种类型的老师。你的学生能说出你鼓励原创、独立、坚持等创造力特质的具体例子吗？

（12）阅读一位创造型人才的两部传记，一部小时候的，一部长大后的。比较两本书间的不同，然后说一说：这两本书都准确地描述了此人一生的功过吗？二者间的区别会给学生带来什么影响？

（13）将一张纸裁成小卡片，然后把创造力的特质列在其上，一张卡片写一个。做好后就把它放在你的办公桌上。在接下来的两周里，如果哪位学生展现了卡片上所写的创造力特质，就把他的名字写在那张卡片上。再有第二次，只要在其名字下画“正”字记数即可。就算学生在做坏事时展现了这些特质，也要记录下来。两周以后，看看谁是第一名，他是不是你心目中“最有创造力”的学生？

（14）接下来的一周，组织一次不同寻常的班级活动，最好是你班上的学生听都没听说过的那种。观察一下学生的反应，并根据结果想想，自己平时的教学是不是该做些调整？

（15）如果必须用一个学科名词定义自己，你会怎么称呼自己呢？作家/教师，还是科学家/教师？选择一个你想拥有的创造力特质，开始培养自己吧！记得要把自己的创意全都记下来，集成一本“创意笔记”。一个月后，看看你所有的创意，当中有没有你想进一步发展的东西？

本章回顾

1. 对以下术语进行简短的讨论：（1）创造力；（2）聚合性思维；（3）发散性思维。

2. 教师应怎样帮助学生增强彰显创造力的意愿？列出五条。

3. 列出三条儿童参与创造性活动的好处。

4. 列出创造型人才的几种特质。

5. 讨论“原创思维”和“创作过程”这两个术语。

6. 幼儿和青少年在创造力方面的区别是什么？

7. 为什么聚合性思维和发散性思维对创造力都很重要？

参考文献

Aljughaiman, A., & Mowrer-Reynolds, E. (2005). Teachers' conceptions of creativity and creative students. *The Journal of Creative Behavior*, 39 (1), 17-34.

Hoefferth, S. (1998). *Children at work and play*. Ann Arbor, MI: University of Michigan Institute of Social Research.

Honig, A. S. (2006). Supporting creativity in the classroom. *Scholastic Early Childhood Today*, 20 (5), 13-14.

May, R. (1975). *The courage to create*. New York: W. W. Norton.

Raudsepp, E. (1980). *More creative growth games*. New York: Pedigree Books, G. P. Putnam's Sons.

Ripple, R. (1999). Teaching creativity. In M. A. Runco & S. R. Pritzker (Eds.), *Encyclopedia of creativity* (Vol. 2). San Diego,CA: Academic Press.

Runco, M., & Pritzker, S. (Eds.) (1999). *Encyclopedia of creativity*. San Diego, CA: Academic Press.

Senge, P., Cambron-McCabe, N., Lucas, T., Smith, B., Dutton, J., & Kleiner, A. (2000). *Schools that learn*. New York: Doubleday.

Strom, P., & Strom, R. (2002a, March). Too busy to play. *Parenting for High Potential*, 18-22.

Strom, R. D., & Strom, P. S. (2002b). Changing the rules: Education for creative thinking. *Journal of Creative Behavior*.36 (3), 183-200.

Taylor, M. (2000). *Imaginary companions and the children who create them*. New York: Oxford University Press.

Tegano, D. W., Moran, J. D. III, & Sawyers, J. K. (1991). *Creativity in early childhood classrooms*. Washington, DC: National Association for the Education of Young Children (NAEYC).

Torrance, E. P. (1962). *Rewarding creative behavior: Experiments in classroom creativity*. Englewood Cliffs, NJ: Prentice-Hall.

Torrance, E. P. (1970). *Encouraging creativity in the classroom*. Dubuque, IA: William C. Brown.

Torrance, E. P. (1971). Creativity and infinity. *Journal of Research and Development in Education*, 4 (3), 35-41.

第二章

关于促进创造力发展

▶ 教学目标

学完本章，你应该能够：

1. 了解创造力和课程的关系。

2. 知道“玩耍、探索”对促进创造力发展所起的作用。

3. 说出四种鼓励学生运用创造性思维的方法。

4. 当你为了鼓励创造力发展而修改自己的课程时，有没有遇到什么问题？请列出三个。

5. 在鼓励“与众不同”的教学中，有没有什么要遵循的原则？请列出四个。

创造性思维不像火车站，而更像是带你去遨游的火车，这种说法是不是挺有意思？学着创新，感受创新，体验创新，都一样快乐。在一个师生都了解创造性思维过程的重要性的环境里学习，更是其乐无穷。在课堂中加入创造性思维的元素，有助于学生更加积极主动地学习。正如一位教师所说：我以前觉得孩子玩得太高兴会影响学习，现在我知道怎么让他们的学习效率更高了。本章阐明了创造力和教室环境之间的关系，还列出了很多鼓励幼儿运用创造性思维的方法。后面的章节仍是顺着这个思路，进一步强调适合创造力教育的特定学习领域。

创造力是日常生活中不可或缺的一部分。它在教学中、阅读中、吃饭时无不有所体现——而且不仅仅局限在美术、音乐、戏剧表演或某些专门的创造性活动中。创造力要完全融入教学的血液才好。不过，要想有创意，也得先有知识和技能做基础——如何使学生学会这些课程大纲里要求的内容，本章也有详细阐述。此外，读者们也要记住，创造性思维是会“传染”的，它会在师生间、学生间、教师间自由传播。

在教学中培养创造力

创造力的关键是幼儿需要学习必需的基础知识和技能来实现他们的创意（阿马比尔，1983；巴伦，1988）。没有该领域的知识技能基础，就谈不上创造。就像一个厨师得先掌握基础厨技，才能开始创新菜品。不同类型的儿童可能需要不同的知识和技能，而课程设计就是教师为特定的儿童群体选择适合其发展的知识和技能（伯利坎普，1997；卡茨 & 查德，1989）。

在之前提到的“用途”测试中，小朋友们要说出几个常见物件所有的“用途”。他们说的用途越是“稀奇古怪”，越能体现他们的创造力（托兰斯，1962；瓦拉赫 & 科根，1965）。在说到“衣架”和“小刀”时，有些儿童几近词穷，这个现象让研究人员困惑不已。后来，他们认识到，孩子之所以大脑一片空白，是因为他们平时都不怎么接触“衣架”之类的物件。想来也是，谁敢让幼儿园的孩子乱碰这些东西呢？结论是：知识和技能是创造力的前提。后续的研究更加验证了这一推测。孩子说自己熟悉物件的用途时——比如盒子、纸片——果然有优秀的表现（莫兰等，1985）。巴伦（1988）曾断言，创意之树扎根于知识的土壤——没有知识，就没有创造。

从此，幼儿教师又多了一项重要任务：不但得给孩子们提供提高创造力的环境，还得帮助他们掌握必要的知识技能。课程以何种方式呈现给学生，是由教师来决定的。创造力的发展，就取决于课程的呈现方式（特加诺 & 伯德特，1991）。

> 如果你想拥有创造力，就得保有一点孩子的心性——他们创造发明的天性尚未被社会磨灭。
>
> ——让·皮亚杰

想一想 用右脑思维的孩子们

我知道，和“标新立异”的孩子相处虽然快乐，却也充满挑战。他们学习、生活的方式非常独特，总能让我大开眼界，进而反思自己的教学方式。有些孩子属于“右脑思维型”（简称“右脑型”）。

所谓的“左脑型”或“右脑型”，是指学习的时候，由于左右脑功能不同所带来的学习偏好。

左右脑我们都要用，但是往往用其中一边较多。如果你是“右脑型”，那说明你习惯使用右脑，或者右脑比较强大，它帮你处理大部分外界信息。当然，并不是说你就不用左脑。可能你左右脑的使用比例为 4：6。同理，当我们说孩子是“左脑型”或“右脑型”时，也不是说他们只用某边的大脑思考问题，只是相比另一边，这边的大脑用途更广而已。

左右脑的思维方式不同，处理问题的方式迥异。左脑处理问题的方式是“由小及大”，它把事情按顺序排列来处理，极富逻辑性。而右脑更擅长“由大及小”，它不爱排序，更喜欢宏观地把握事情。接下来我们再谈一谈，左右脑各有什么技能特长。

左脑。左脑最擅长的是书写、理解标志符号、语言、阅读、拼音等技能。还有一些“通用”技能也是左脑所擅长的，如：细节定位、读背能力、听从指控、听觉联想等。这些技能都需要经常练习，所以老师才要求孩子们辨识符号，学习阅读、语言、拼音等，还让他们注意事物的细节，并听从指挥，最重要的是，老师天天和孩子们对话。

总之，大部分学校课程其实都与左脑有关，一般来说，我们只关注这一类型的学生。

右脑。右脑擅长的技能和左脑迥然不同。它能识别和加工语言以外的各种声音，还负责操控肢体语言。

尽管运动中枢在左右脑都有，但最关键的部位在右脑。它依我们身体在空间中的位置进行判断（在运动、创造性活动、舞蹈中都起重要作用）。

认知，绘画，处理形体、样式和几何图形的能力都在右脑，还涉及辨别光与色，然后再形成视觉的能力。

音乐及歌唱是典型的右脑活动，各种艺术创造也是拜右脑所赐。尽管有些左脑型的孩子也很有艺术才能，但是他们的“艺术”过于规整，过于一成不变，并拘于固定的绘画模式。他们的创作题材，不是母亲节，就是感恩节的火鸡。左脑型学生更擅长完成“任务式创作”。

而右脑型学生会创造出谜一样的画面。除非有人要求他们把画中的故事组织成语言，否则他们自己也不清楚为何要这样画。比如，有的孩子的画面上，左边下着大雨，右边却画上一个大大的太阳。

右脑型的孩子，在听完故事后，喜欢再用自己的语言把故事简单地复述一遍。不过，创新的天性会促使他们给故事添油加醋，甚至篡改结局。在大人看来，这是刻意地夸张和渲染，其实只不过是天性使然罢了，“改编故事，添油加醋，篡改结局”都是他们的情感需要。要知道，右脑可是“感和情”的天下。

另一种了解右脑型儿童的方法，是依据此类儿童的行为特征来推断。尽管很多右脑型的儿童并不典型，但还是很容易辨别的。我们在此列出了右脑型儿童的所有特征供您参考：

- 喜欢做白日梦
- 爱用短句，且说话爱漏词
- 很不听话
- 喜欢做鬼脸，或者用更新奇的方式来与人交流
- “精细动作困难症”比左脑型孩子更严重（如剪贴等动作），尤其是完成规定任务时；在做熟悉的任务时，儿童是很少出现这种问题的
- 回忆地点和事件都没问题，但是回忆符号表征时有困难，比如姓名、字母、数字等
- 多动
- 做事的时候喜欢离开座位
- 喜欢把东西散开，再聚拢，乐此不疲
- 比别的孩子更闹
- 总爱对别的孩子又打、又绊、又戳
- 意气用事
- 在教室这类最熟悉的地方也能迷路
- 经常忘了本来想做什么
- 知道正确答案，却不知道从哪里得来
- 讨论的时候经常跑题
- 时不时地当上“领袖”
- 时常边工作边嘟囔

了解了这些以后，你应该反思一下自己的教学：自己的课是否只针对其中一类学生？你跟右脑型学生有共同语言吗？去图书馆找些专门面向右脑型学生的课例，也许会对你有帮助。最后，切记：每个孩子都是独一无二的！（维塔利，1982）

在玩耍和探究中培养创造力

请仔细观察幼儿园里的孩子们在玩电脑的时候，是如何在玩耍中进行探索的。刚开始面对这个新鲜事物的时候，孩子们只是在键盘上乱摁一气——看看每个键的作用，然后才知道每个键都有不同的用处。这一探索过程有时甚至能持续好几个月，时间的长短取决于孩子每天玩电脑的频率。当他们理解了电脑所有功能之后，立刻就转向新的“课题”，比如，我能用电脑做点什么？通过探索掌握了使用技巧（比如学会了用鼠标），他们才正式开始玩耍。

再强调一次，拥有电脑功能的基本知识、技能是至关重要的一步。不过在正式学习电脑知识之前，很有必要先让学生亲自尝试一番。掌握了这些之后，他们就能使用电脑发挥他们的创造力了。

孩子们在探玩身边的各种材料时，他们也是在“塑造”自己的大脑（科尔曼，1995）。很多大脑研究专家，包括科尔曼（1995）都认为：“经历（尤其是孩提时代的经历为佳）塑造大脑。”所以，正是儿时主动探究事物的经历，让我们变得独一无二。另一项研究也提及：“挑战和与环境互动，二者至关重要。”（雅培，1997）在幼儿时期，老是被动接受不足以支撑孩子健康成长。正如一句中国谚语所说的那样，听过的会忘记，看过的会记住，只有做过的才真正明白。因此，在玩耍中探索世界，于哪个年龄都是创造力培养的核心。

为促进创造力发展而修改课程

提起课程，我们一般想到的是教学内容，而很少把它当成“如何教的诀窍”。“学习”一词，本就有探究和玩耍之意。而“诀窍”一词，在这里意指“遵循特定的规则，细心设计步骤，努力拿出具有精确度的产品”。要知道，每位孩子都是一个复杂的个体，不可能整齐划一。虽然他们学着同样的知识，学习方法却迥然不同。因此，这个“诀窍”也得不断调整才成。记住，学生的成长需求，永远像灯塔一样，指引着我们合理地安排教学顺序。

当你想修改课程以使其更好地促进创造力发展时，可以参照以下几点建议：

1. 课程得适合幼儿的发展。也就是说，要保证学生的身心都活动起来，而且，必须是主动参与，而非被动接受。

2. 要注意孩子们的兴趣。挑选的媒材与活动得是孩子们感兴趣且比较熟悉的。所以，最好邀请孩子们一起来为课堂设计活动、挑选媒材。

3. 只要能引起儿童锐意探索的媒材，就尽可能多准备一些。孩子们的探索既有物质层面的，也有精神层面的，所以要给他们留出足够的时间。多想想，他们在探索什么？

4. 进行教学设计的时候，要考虑到儿童的类型有不同，悟性有高低（关于各种类型和悟性的差异，在第五章有详细阐述）。请保证您的设计能满足所有学生的需求。

5. 鼓励学生多使用发散性思维，并保持好奇心。鼓励他们多问问题，更要鼓励他们自主探索问题的答案，不要过分依赖别人。

6. 提问就加分，以此来鼓励学生们的好奇心。有好奇心的学生能得到实实在在的奖励，这是这种策略的最大特点。

7. 确保孩子们有机会和他人交流，产生互动——不论是与其他孩子还是和大人。在这样一种被信任的环境中学习，对孩子极为有利。

在教学中提高儿童的创造力

关于设计创造性活动，我们有必要强调一下：教学的氛围愉快、课堂作业有创意，都不能保证儿童创造力的提高。关键是，他们有没有在学习过程中使用创造性思维。“创意教学”（意味着教师很有创意）和教学生学会创意是有天壤之别的。比如，你用一本《创意活动》

作为教学内容，书中插图再可爱、活动再新颖，对学生来说也不过是又一次填鸭而已。一条标好涂什么颜色的龙，再配上一些有趣的小问题，也许算得上是插图画家的创作。但是从学生的角度想一想，“按照要求涂色、回答几个小问题”，他们有机会发挥创造力吗？如果有人设计了一个螺旋形的填字游戏，对他来讲当然有创意。但孩子们面对的，还不是得按照线索得出正确的答案（这是聚合性思维），然后填在正确的地方？以上两例，有机会发挥创意的人是设计者，而不是学生。有更多类似的教师在课堂上绞尽脑汁想体现创意的例子，但是孩子们自主发挥的机会寥寥无几。

要教学生发展创造力，必须换个角度思考，想想学生最需要什么。只有让学生亲自设计填字游戏，他才有可能练习创造性思维。或者是孩子们亲自计划了一次科学实验、从某个角色的角度讲述一则童话、改写了“白雪公主”（说不定正好是自己的“继母”讲给他听的），只有在这类情况下，孩子们的创造力才能有所提高。要想提高孩子们的创造力，我们不仅要让自身充满创造精神，还要给孩子们提供知识技能、背景信息，以奠定他们创造力发展的基础。这样做，教学成果虽不像书中呈现出的那么光彩耀目，但孩子们在你的课堂上，实实在在地探索答案、解决问题、相互交流。

综合课程与创造力培养

最能鼓励幼儿发挥创造力的是综合课程。综合课程避免了人工地切割教学内容。虽然很多老师都觉得把必需的知识分门别类更方便，但综合课程不是这样设计的。

通常，综合课程以单元课程的形式出现，针对某一问题进行深入探究。每个单元都包括一系列的学习活动，由整组同学一起，探究某个相对宽泛的话题。综合课程的每个单元都涵盖全部学科领域（阅读、数学、美术、音乐、社交等）。课程中，教师为学生设置了话题和任务框架。不同单元的课时各不相同，从数天到数周不等，这要看话题的难度和孩子们的兴趣大小了。

在综合课程里，孩子们可以感受“整体式”学习。比如，他们可以用各种方式来探索“社区邻里关系”这一话题——读资料、听故事、在社区里画壁画、为社区邻居们准备小吃等。有这么多学习方式供他们选择，就不必非得拘泥于艺术了，他们完全可以在各个学科领域自由地翱翔，创造性地展示自我。

幼儿创意课程和差异化教学

差异化教学是一个与有效教学相关的术语，是思考教与学的一种方法。若要论起来，它起源于“培养创造力”的几个小原则。现将这些原则列出，供读者参阅：

1. 即使同龄的孩子，在学习基础、兴趣爱好、学习风格、学习经历、生活环境方面也不可能相同。

2. 上述不同，影响了他们需要学习的内容和节奏，还决定了他们需要得到他人怎样的帮助。

3. 把学习和兴趣、经验联系起来的学生，学习效果最好。

4. 在受人重视、受人尊敬的环境里学习，孩子们的学习效率更高。

5. 学校和教师的根本职责，是尽可能地激发儿童的潜能（汤姆林森，2000）。

差异化教学是对幼儿课程教学的完善，而不是要取代原来的教学方法。差异化教学指的是，教室里的每一个孩子都能够选择适合自己的教学方法和内容。使差异化教学更具备“差异性”的是，所有教学目标都是学生们参与制订的。最后，在实施差异化教学的教室里，课程往往要与幼儿的经验和兴趣联系起来。

差异化教学算不上一个新现象。在过去“一室一校”的日子里，满足不同学生的学习需要

读一读 教学中的挑战，不仅针对学生，更针对教师

我们不能老是为难学生，有的时候也要挑战自我。我们设计的“小课题”中隐藏的各种挑战，就是这一理念的最佳体现。教师要多问自己如下类似的问题：

· 我在开始教学前，有没有先好好地观察学生？

· 当学生刚学会一种技巧的时候，我有没有为他们提供多种不同的情境，以加深他们对此技巧的理解？只有做到了这一步，才能转向新的学习目标。

· 我每天都为学生设置了开放性活动吗？

· 在孩子们能够接受变化的时候，我有没有每天为他们增添新的学习材料？

· 我受得了每天挑战自己吗？我该如何挑战自己，使自己成为一个合格的学习型教师？

——摘自丘奇（Church）发表于《今日幼儿教育学刊》（Scholastic Early Childhood Today Magazine）2002 年 3 月刊的文章

就曾给教师带来极大的挑战。近年来，特殊教育、资优教育和多年龄段课堂教学领域的成功经验越来越多，相关研究逐渐加强。同时，还有对人类大脑、多元智能和发展真实性评价的研究成果，这些都为当代差异化教学方法提供了途径。

总之，差异化教学的目标是满足每位儿童的不同需要，最大限度地帮助儿童成长。操作上，它根据儿童的需求，提供多样的学习经验。更多详情请参见第五章。

多肯定，促创新

经常接触孩子的大人们，对促进儿童创造力发展负有更大的责任。平日里，幼儿探索这个世界的时候，大人们一颦一笑中所包含的些微情绪，都会被孩子们捕捉到。一个经常得到肯定的孩子会有安全感，这更有利于其随时随地地表现自己的创新意识。

以下建议教您如何给孩子“正面肯定”：

1. 直接告诉孩子们，他们的好奇心，对世界的探索，还有各种千奇百怪的表现都有价值。

2. 当孩子开心地做什么感兴趣的事时，请不要指手画脚。

3. 除非他们自己觉得“玩烦了”，否则不要打断他们。

4. 只要孩子愿意，请让他们使用自己的方式来做事。

5. 给他们一个轻松的环境。

6. 鼓励他们的猜想，尤其是当他们做得有模有样的时候。

如何与少年儿童相处

高小阶段（五、六年级），课程标准对教师要求更多、更具体。所以，如何设计出促进儿童创造力发展的课程，对老师来说是个更大的挑战。尽管课标已经规定了教师要教什么、教到什么程度，还规定了很多参考书目、教学材料，只要发挥我们的主观能动性，还是能够在教学中促进少年儿童的创造力发展的。这里是帮你达成此目标的一些小建议：

1. 尽量不要使用物质奖励（比如小红花、奖品之类）；相反，要多激发孩子的成就感。

2. 避免让孩子们觉得，每位同学都是“竞争对手”。

3. 鼓励孩子们在学习时进行自我监督，而不是全靠老师。

4. 尽可能地让孩子自己选择“做什么”“怎么做”。

5. 有意识地教学生“自我激励”，学会辨别自己的兴趣点，以及不要为“外在”（如物质奖励）而学习。

6. 请他们多想自己的天赋和优势，以帮其建立自尊。

7. 尽全力鼓励孩子们当一个“积极、独立”的学生，不能永远靠老师指点。帮他们更自信地掌控自己的学习过程。

8. 给他们充足的时间去玩，去熟悉各种各样的材料。尽可能鼓励他们展开“幻想”。

9. 想尽办法告诉孩子们，你欣赏他们的创造力，希望他们自己尝试创造。

10. 有机会就告诉孩子们，你就是个“自我激励”型的人，而且特别享受思考和创造的过程。

促进少年儿童的创造力发展，以下几点补充也很有用：

1. 时间。给孩子相对宽松的时间来探寻，来追求极致。在他们全身心投入时，在他们完成一个个有趣、有创意的任务，激情满满时，一定要陪伴在其左右。

2. 空间。找地方帮他们放置未完成的作品，以便下次继续完成。建立一个吸引他们的工作室，色彩和谐，有自然光，有丰富的学习资源。

3. 材料。提供大量有用、有趣的材料供其学习，写作方面、艺术方面的都要有，让他们可以自由地创新、尝试、表达想法并创作。

4. 环境。给孩子们创建一个轻松的氛围，允许他们在一定限度内吵闹、混乱、自由地做事。

5. 丰富。要求孩子们用课上所学的知识去解决一些课外的问题。促使他们回忆自己在课外活动时的经历，再想想那些经历对自己有什么意义。

诚然，国家课程标准和高难度的学生测验确实有些让人束手束脚。但是，为了促进孩子们的视觉和思维的发展，冒险还是值得的。要让学生觉得，在每天的学习过程中，创意的电流都能激出思想的火花。若做不到这些，还不如早早关灯放学为妙。

为学生提出创造性问题

设置一些问题，让学生可以尝试着创造性

想一想 创新型小学教师能够帮学生达到多大的成就？

马萨诸塞州哈德利的研究人员探索了“教师教法的创新性”与“学生成就”之间的关系。这项研究首先调查了3—6年级的48位教师如何进行创造性教学，然后记录了这些班级的学生阅读、语言、数学等几科的成绩。此项研究持续了整整一年，所有的教学设计均在研究范围之内（沙克特、图姆、齐夫金，2006）。

每节课上，教师的创造性教学都从频率、质量两个维度进行评分。这些分数通过一个数学模型总结，方便为教学作用的大小定级。

研究结果显示：1. 大部分教师没有使用任何教学方法促进学生创新；2. 激发学生创造力的教师，他的学生的学习兴趣会大幅度提高；3. 面对少数民族学生较多、执行力不强的班级，教师普遍不愿进行创造性教学（沙克特等，2006）。

鉴于创造力的好处已经尽人皆知，所以研究人员更觉得，研究结果使人不安。创造型人才更容易快乐、取得更大的成就、获得更多的奖励；他们取得发明专利，发表文章，经商成功，当上领导，被人需要的可能性都比其他同学更大（契克森米哈，1996；达西、列侬，1998；芒福德、西蒙顿，1997；托兰斯，1995；美国劳工部，1991）。

经过长达400小时的观察，沙克特等人发现大部分教师都没采取什么特殊的教法来促进学生创造力发展。在八种不同的课堂教学中，每节课上出现创造性教学的平均次数还不到1次。就在这为数不多的案例中，学生的创造力虽然被激发起来了，创意迸发的方向却往往与教学目标不一致。此外，关于这次教学活动的深层目的，教师不说，学生也不甚明了。

即使考虑到此次研究的局限性（比如样本量偏少，观察频率也不够高），结果也足以说明创造性教学可以大幅提升学生的学习成绩，这与其他教育者在“标准与评价运动”中的见解恰恰相反。很多教师都抱怨说，让学生应付考试的压力就已经够大了，况且教育评估标准已经定好了如何去教，他们哪还有空间和精力去促进孩子们的创造力提升呢？因此，大部分教师觉得，要提高学生的分数，就得专心进行应试教育，与此无关的教学内容就没时间开展了。后来的研究证明了这种推理是荒谬的，数据显示：“帮助学生提高分数”和“培养创造力”是相互补充的，而非像教师们所说的“相互抵触”。研究结果明确显示，要提高学生的分数，最好的做法是一边关注“课程标准”，一边拓展自己的教学方法，包括探索创新型教学方法。结合研究成果，再回想你本人在小学的经历，你认为此项研究的结论有现实意义吗？

地作答。例如，让他们“试着描述天空”就比“天空是什么颜色的”更容易激发创造力。前者使用的是开放型问题（发散性思维），鼓励孩子们勇于说出他们的感受和个人体验，他们不仅可以用各种色彩或云朵装饰天空，飞机、小鸟、直升机也可以让天空更加漂亮。而后者只需要他们用一个词描述天空（聚合性思维）。说不定这类问题会让孩子认为，能够描述天空的“正确词语”是唯一的！

接下来我们再举几个具体的关于问题的例子，它们都是为激发儿童的创造潜能而专门设计出来的。

1. 用你的想象力改良事物。培养孩子们创造力的最佳方法之一，就是让他们用想象力改良身边的事物。以下是一些例子：

- 再甜一些，会不会更好吃？
- 再小些，会不会更好？
- 再快些，会不会更有趣？
- 再安静些，会不会更好？
- 倒着跑，会不会更刺激？
- 再大一些，会不会更有趣？

2. 使用其他的感官。以不同的方式使用他们的感官，幼儿能更好地发挥自己的创造潜能。比如，可以要求他们闭上眼睛，猜猜手里拿的是什么东西。（用一块海绵、乳胶、小石头以及一颗葡萄、一小片砂纸之类的物件来做这个游戏。）另一个方法是让孩子们闭上眼睛，猜猜他们听到的是什么。（让他们分辨洗牌、硬币相互碰撞、磨砂纸、撕纸之类的声音。）

做这些练习的时候，应该告诉孩子们让他

们做这些游戏的原因——为了让学习变得更有趣、更有效。

3. 能锻炼发散性思维的问题。无论什么时候，只要你问的问题需要思考很多种答案，就能培养孩子们的创造力、想象力。以下是关于“如何使用水”的问题举例：

- 你可以如何使用水？
- 哪些东西可以在水上漂？
- 水给我们带来什么好处？
- 为什么凉水凉，热水热？
- 水可以呈现哪些不同的颜色？为什么？
- 为什么会下雨？雨为什么会停？
- 哪些东西总是会沉？

孩子们很喜欢与沙子、冰、烟、汽车之类事物有关的发散性问题，这些问题能够培养他们开放的、灵活的思维。

4. 会发生什么？已经有很多教师成功地使用这类问题，激起学生思维的火花，放飞他们的想象力。下列问题都是常用的：

- 要是世界上的树都是蓝的，会怎样？
- 要是人人都长得一样，会怎样？
- 要是世界上没有汽车了，会怎样？
- 要是人人穿着一样的衣服，会怎样？
- 要是所有的蔬菜吃起来都像巧克力，会怎样？
- 要是没有表来计时，这个世界会变成什么样？
- 要是你能飞，你会做什么？

5. 有多少不同的方法？另外一种能促进儿童想象力发展的问题，以“你有多少种不同方法……”展开。以下是一些例子：

- 勺子可以有多少种用法？
- 纽扣可以有多少种用法？
- 琴弦有多少种用法？
- 这件物品有多少种新用途？为了适应这些新用途，我们要将其进行怎样的改造？

这些问题都可以帮您提高儿童的创造力。一般来说，只要接触过这些游戏，儿童自己就会产生更多类似的问题。这类游戏能够同时帮教师和儿童打开创造世界的大门。思想有多远，我们就能走多远。

教师应该掌握的激励技巧

有些孩子需要别人提供一个创新的“起点”。事实上，孩子不一定非得准备得非常充分后，才能进行创新活动。和做其他事情一样，孩子在创新的时候一样会不安、厌烦。再有能力的教师，也会面临这样的问题。但是，激励孩子们继续进行创新活动的方法，其实有很多。

基本需求 首先，要确定孩子们的身体是不是足够舒适、放松。困倦、饥饿或有病痛时，谁还有心思创新呢？所以，这是进行创造性活动的大前提。

兴趣 花心思发现并利用引起学生兴趣的事物。对于他们喜欢做的事，孩子们不仅乐此不疲，而且会尽全力将其做成。一旦体验了成功，孩子们会更加沉浸其中。说起获取孩子们的兴趣点，或许可以尝试询问家长。

朋友 虽然不能老这样，但教师还是应该尽量鼓励孩子和他的朋友们一起做事。在上课时，很多教师有意避免这种情况。他们担心，一旦这些“狐朋狗友”聚集在一起，不但容易嬉笑打闹，还会影响其他同学。事实上，即使出现了这种情况，教师该反思的也是自己设计的课堂活动是不是太无趣了。

快乐的活动 请不要干涉孩子们开心的活动。注意，只要“不干涉”就行。因为孩子们知道做什么最开心，根本不需要教师来管。鼓励他们玩自创的活动，鼓励他们自己去挑活动。

材料 这里还要强调，孩子们参加每项活动都应该是自愿的。认真思考过以下几点的教师，都能给学生带来快乐：

- 这些课堂活动是否令人兴奋？
- 是否给孩子们提供了相对自由的环境？

- 在这些活动中，孩子们用得上想象力吗?
- 在这些活动中，孩子们有机会玩吗?
- 这些活动是否有类似游戏的地方?
- 活动中是否避免了互相评判?
- 设计活动时，刻意弱化竞争元素了吗?
- 活动中笑点多吗?

目标 允许学生给自己设置目标，并设法达成。达成目标的过程是最快乐的。所以，应该给孩子们机会去计划些什么。有些活动的结果本身就能吸引孩子们不断为其奋斗，应该给他们参与这样活动的机会。若是活动的结果都不吸引他们，那活动还有什么价值?

多样性 活动的内容和形式要有多样性。不仅关注接下来要做什么，还要关注怎么做，这才是明智之举。比如，教师让孩子们坐下看电影、坐下画画、坐下听故事，虽是三个不同的活动，却都需要坐着。只改变了事情的内容，却不改变形式，这有可能导致烦躁——那就必然会对创造力有害了。

常态是创造力的天敌。为了评价创造力而设置的一系列标准，说不定反而会损害儿童的创造力。

挑战 多给孩子们提供挑战。这是要让他们知道，接下来要做的事有多刺激。最好的方法是：让孩子们知道下一个活动既棘手，又有危险，还有点神秘。这种方法就是靠“激将法”来吸引学生——“你肯定赢不了”。

强化 强化儿童的创造性行为，最关键的一点，是要给活动设计一个孩子们喜欢的结果，这样他们会不由自主地再做一遍。吸引孩子的可以是老师的一个笑容、一次夸奖、达成目标后的喜悦、把作品挂在教室里展示、与朋友分享，或仅仅是任务成功地完成了。关键是要让孩子们感到，自己的一切努力都值得。

孩子的感觉 尽量保证孩子们对所做之事的感觉良好。有些教师可能会认为，只要孩子们在认真地做事或学习，这就够了。事实可能并非如此。最重要的不是孩子有没有做，而是他们做事的时候感觉如何。如果孩子们觉得做事的时候很焦躁，甚至对自我都感到很厌烦，那就必须引起教师的重视了。教师永远得知道孩子们的感觉如何，这要靠倾听、观察、心态平和，并且关心孩子。

总结

创造力是很有趣的。在课程中融合创造力元素，可以造就孩子们积极学习的心态。只有很会培养创造力的教师，才能做到既让孩子以自己的步调学习，还能在他们自学时，不横加干预。

幼儿创造潜能的展现需要一定的知识和技能做基础。而幼儿教师设计的课程，就像是导游给游客们制订的“游览路线”——它决定着要把哪些景色介绍给游客们。创造力就取决于课程展现的方式。差异化教学是一种思考“教与学”关系的方法，其目的就是让孩子的成长“最大化”——通过满足孩子的需要、协助孩子进步来达成。

提问可以鼓励幼儿发挥创造力。在开展创造性活动的时候，学生们也可能会不情愿。所以要利用他们的兴趣，给他们成功的希望，通过强化、增加挑战性等多种方法，来帮助学生开始创造性活动，并持续下去。

学习的环境得让孩子们开心，别限时、别施压，还得能促使学生表达自我、交流思想。只有在这样的环境里，孩子们才能把创造力发挥出来。

关键词		
差异化教学	综合课程	生动的场面
情感型的大脑	左脑型	思考型的大脑
宏观思维	右脑型	

学习活动

1. 看看今天的报纸，有没有发现故事和广告里的创意亮点？想想这些创意所对应的情境。社会大众能接受这些创意吗？

2. 想想文化对创造力的影响。你有没有其他表达方式/行为更有创意？为什么？在你的班级里，哪种创意最被学生们（他们代表了学生文化）看重？他们所看重的创意和你一样吗？

3. 亲手完成一个有创造力的课题是提高创造力的最佳，也是最有趣的途径之一。找一个问题，并尝试用新方法来解决它。比如，发明一种类似于牙医头上戴的镜子一样的装置，可以让人们不用爬梯子就能查看房檐引水沟里有没有落叶；或者是提醒年轻人收衣服的装置。在我们身边就存在着很多小麻烦等着我们去解决。看一看，还有没有什么东西可以再加强一些？简化一些？或是变得再精致一些？或者，你也许更喜欢来一次像文学创作、艺术探索之类更有创造性的尝试？不管是什么，记下你的想法、感觉、活动流程，以及针对这样的一个问题苦苦思索，是什么感觉。

4. 来一次创新版的“慢慢认识你”——此项活动最好由一个小团队来完成。首先准备好以下材料：小纸盘、餐巾、柠檬片或柠檬块、葡萄、椒盐卷饼、糖果、葡萄干、花生酱、香蕉片、巧克力屑、小棉花糖、不同形状的稻谷、甘草糖（扯成小段），还有其他小零食。首先，每个人有7分钟的时间在小纸盒/餐巾上写下与自己性格相近的味道（从准备好的零食中挑选）。每人至少使用7种零食来描述自己的性格特征，并且要尽量描述得有新意。首先保证描述得准确，然后，能幽默一些更好。最后，再给7分钟，让每个人“介绍”自己。介绍完成后，大家可以分享自己的“性格”（把零食放在一个大糖饼上分享）！

5. 从自己的角度简单解释一下这句引自艾莉丝·沃尔克的话：“我想找回妈妈的小花园，却发现，最后自己创造了一个。”

6. 记住这句话：“房子就是个居住机器。”（勒·柯布西耶）说一说，你现在所住的房子是不是真的如此？注意描述的语言要有视觉感。

7. 列出你人生中三次最大的挑战，再回忆一下当时的感受。

（1）在那时你有没有可能失败？

（2）促使你挑战的动力何在？

（3）成功之后是什么感觉？

（4）教孩子的时候，这些经历有什么用？

（5）这些经历与创造力有什么关系？

（6）听一听学生们关于此事的反应。

8. 试想自己变成了以下物件，会有什么特征，和学生们一起交流。

自行车　　气筒　　独轮车

皮管　　耙子　　沙滩排球

说一说你的感觉。你的感觉和孩子们有什么异同？为什么？

9. 在你教学的时候，录下10—15分钟的录音。分析一下自己问问题的习惯：每次问完问题后，你一般会留下多长的时间让学生思考？学生回答后，你一般如何回应？

10. 观察一节课，并记下可以让学生体验的创造性活动。这些活动可以在多大程度上促进创造力的发展？说一说你自己的感受，并为这些课程的改进提几条建议。

11. 观察一位老师提问的方式，他留给学生回答问题的时间，以及他如何回应学生发言。这些互动是否有效地促进了儿童的发散性思维？为什么？

12. 玩之前考虑“到底有多少种玩法”，练练自己的发散性思维。使用多样物件：钥匙、积木、曲别针、铲子、纸杯。把自己的回答与孩子们的做个比较。

再玩一玩“改良物件”的小游戏，把自己的结果与学生的比一比，看看谁更有创意。

13. 同时观察一个幼儿园的孩子和一个五年级的学生画画。二者由于年龄差距而具有的创造力差距有没有显示在绘画过程中？那名五年级学生的“创造力年龄”是否真比幼儿园的孩子大？

14. 挑几个高小的班级，观察他们美术课程以外的课堂教学状况。注意教师在面对下列情况时，奖励创造性行为的方法有没有不同：当学生们问出了探究型的问题时；用多种方法完成一个任务时；享受探索的过程时；不满足于简单的答案时；向教师提问时。哪位教师的回应最符合本书给出的建议？

15. 从你自己的班里选出最有创意的学生。他是班里公认的“最有创意的”吗？挑选的标准是什么？这个标准和本书的观点相同吗？

游戏活动

▶ 玩水

玩水可以促进孩子创造性思维的发展。尤其是教师可以问一些促进思考、促进发散性思维的问题，设置一些小障碍，以达到促进创造力发展的目的。下面列出了一些类似的问题：

1. 你能用瓶子挤出水枪的效果吗？你能给植物做一次“淋浴”吗？

2. 你能找样东西接住一滴水吗？一个瓶盖能接多少滴水？

3. 能不能想一些词来谈谈“我们能用水做出哪些动作”以及“水能用来做什么”？（洒、倒、滴、流、下毛毛雨、淋浴、洪水、激流、飞溅、搅动、泛起涟漪等。）

4. 你能收集雨水吗？怎么收集？

5. 你能让水喷多远？

6. 你能做一些放在水里会变化的东西吗？

7. 找一找，有多少东西会浮在水面上？有多少东西会沉下去？

8. 你能用水发出多少种声音？

▶ 关于水的发散性问题

问孩子们以下问题，促使他们使用发散性思维：

1. 请列出水的一些用途。

2. 水对人类有什么作用？

3. 什么东西老是沉在水底？

4. 水能呈现出多少种不同的颜色？

顺着孩子们的回答，继续鼓励他们用画、塑的方法，把自己的答案表达出来。

顺着这个思路，设置更多关于火、沙子、烟、冰之类物体的问题。

▶ 关于空间的探索

如果孩子们需要扩展延伸，试试以下几种方式：

1. 让孩子们设想自己在宇宙中的另外一个星球上，在那里，他们比在地球上更重。让他们试着抬起比以前重一倍的胳膊。

2. 让孩子们假装自己在月亮上。再试着抬起很轻的胳膊——几乎没什么重量。然后再让他们试着在空间中“飘浮”。

3. 让孩子们做一些熟悉的活动，比如跳舞、和着节拍运动，但是设想自己是在一个重力更大的星球上做这些动作的，因此动作要更加缓慢费力。

▶ 气球运动

注意：请勿让三岁以下的儿童接触气球。

给每位孩子一个吹好的气球。由于气球易破，所以多准备一些气球备用。给每个气球系一条约三尺长的绳子，把绳子绑在孩子的手腕上。

然后，带领孩子们到户外，跟他们聊聊气球是如何随风飘动的。鼓励孩子们尝试轻轻地碰气球，让它动起来。让孩子们以气球为道具，不断尝试新的动作。若是再大一些的儿童，可以挑一个无风的日子，让他们以小组为单位，一起玩气球，不能让它落地。如果在室内活动的话，应该让孩子用气球玩一些更有创造力的游戏。要求孩子设计一个与众不同的动作不停地拍气球，看谁坚持的时间长。

▶ 更多关于气球的游戏

带着孩子到教室外，假设他们每人手里都拿着一个气球。当你发出“放手”的指令时，他们把手放开，让想象的气球升空。然后引导学生想象着自己就是那个气球，缓缓地向空中飘去。

▶ 落叶

在这个游戏中，孩子们可以重复叶子的一生，以此感受大自然的周而复始。可以使用一些轻柔的音乐做背景（安东尼《四季》中的《秋》和帕赫贝尔的《D大调卡农》都是不错的选择）。你可能还得弄一片真正的落叶标本，或者是秋天里大树的照片。

和孩子们聊一聊，秋天的树叶会发生什么样的变化——它们如何变了颜色，又是如何凋零。鼓励学生模仿树叶飘然落地的过程。请一些学生说一说，如何用手模仿这一过程。

1. 多拿一些色彩斑斓的树叶，创造出秋天的氛围（用纸剪成的树叶亦可）。把一片树叶从空中抛下，让同学们想出尽可能多的语言来描述。同时，用一张大纸把孩子们用到的语言都记录下来。

2. 让孩子们把手抬高，然后模仿一片在空中飘摇、翻滚的树叶。这里可能会用到刚才记在纸上的词语。然后，找一块地方，让孩子们用整个身体把这个动作再模仿一遍——在教室的一边画上一棵大树，在另一边放上一堆树叶，让孩子们模仿的这片树叶从大树的一边“飘落”到树叶堆。

3. 让孩子们都来到教室里大树的一边，把手放在大树的枝杈上，想象着这片树叶还“长”在大树上，然后，旋转飞舞着落下。提醒他们，先踮起脚，把手尽量抬高，然后越来越低，直到蹲在地上，让手缓缓地“飘”进树叶堆。

4. 和着音乐，送每一片“叶子”启程。请已经“落进”树叶堆的同学放松，倾听音乐，重复刚才所做的一切。如果需要，就轻轻地拍拍树叶堆里的孩子，让他们缓缓地把手重新“长”到大树的枝杈上，再展示一遍树叶飘落的过程。

5. 互相观察也是一种极佳的学习方式。每次可以只让一半的同学玩这个游戏，另一半站在旁边静静地观察。时不时地喊停，让“落叶”们定住不动，会给这个游戏增加很多乐趣。然后，让观众们就树叶的形状、位置展开评论。表演组与观众组交换位置后，要求表演组做出和刚才不同的动作。

▶ 创造性游戏

让孩子们把自己的身体当零件，一个一个地组成一部机器。还可以让一部分同学边出声边动，让其他人猜，这是一个什么零件。让孩子们尝试着装一架割草机，有人做轮子，有人做机身，有人做扶手，再安排一个孩子推着割草机工作。割草的时候，可以让所有人模仿它工作时的声音。还有一些东西模仿起来更好玩，如打蛋器、CD（激光唱盘）机、垃圾处理机、烤面包机、削铅笔刀、喷泉等。

▶ 想象游戏

把孩子们分成两人一组。一个孩子握住另外一个的脚踝，来模仿一条蛇。这条蛇在教室里慢慢爬行，并与其他的蛇连接起来，变得越来越长。如果你不喜欢蛇，也可以把它叫作毛毛虫或蚯蚓。

▶ 猜猜我是什么

不许出声，学生只能用肢体语言表达一件物品。比如，让孩子们表演飞机着陆、水泥车卸车、闹钟报时等。尽量让孩子们自己表达，当他们实在没主意时，教师可以适当给些建议。

▶ 围巾

给每位孩子一条很轻的围巾，放一段器乐或者打开一个播放音乐的电台，鼓励他们和着音乐，以围巾为道具跳舞。鼓励孩子们在跳舞时大胆地说出当时的想法。

▶ 假装自己是一件物品

教师说出一件没有生命的物品，让孩子们用身体呈现这些物品的形状。如果有人对这件物品做了什么，孩子们还得模仿它变化时的样子。比如：

1. 给橘子剥皮。
2. 拿油灯。
3. 长满了藤条的墙。
4. 用曲别针夹住书页。
5. 一块融化的冰。
6. 气球放气。
7. 一朵白云慢慢从空中飘过，形状一直变化着。
8. 从烟囱里冒出的烟。
9. 把一枚弯曲的钉子钉进纸里。
10. 一个在地上弹的橡胶球。
11. 在水中飘摇的船。
12. 一支利箭从空中穿过。
13. 用榔头把钢筋敲弯。

本章回顾

1. 描述创造力和课程之间的关系。
2. 描述玩耍和探索是如何促进创造力发展的。
3. 说出四种促进幼儿创造力发展的提问策略。
4. 在你为促进创造力发展而修改课程时，一定遇到过不少的问题，请列出至少三个。
5. 说出差异化教学至少四个特征。

参考文献

Abbott，C.（1997，March）. To be intelligent. *Educational Leadership*，6–10.

Amabile，T.（1983）. *The social psychology of creativity*. New York: Springer–Verlag.

Barron，F.（1988）. Putting creativity to work. In R. J. Sternberg（Ed.），*The nature of creativity*. New York: Cambridge University Press.

Bredekamp, S. (Ed.). (1997). *Developmentally appropriate practice in early childhood programs serving birth through age 8* (Rev. ed.). Washington, DC: National Association for the Education of Young Children (NAEYC).

Church, E. B. (2002, March). When to challenge children. *Scholastic Early Childhood Today*, 34.

Csikszentmihalyi, M. (1996). *Creativity: Flow and the psychology of discovery and invention*. New York: HarperCollins.

Dacey, J. S., & Lennon, K. H. (1999). *Understanding creativity: The interplay of biological, psychological, and social factors*. San Francisco, CA: Jossey-Bass.

Goleman, D. (1995). *Emotional intelligence*. New York: Bantam Books.

Katz, L., & Chard, S. (1989). *Engaging children's minds: The project approach*. New York: Ablex.

Moran, J. D., III, Milgram, R., Sawyers, J. K., & Fu, V. R. (1985). Original thinking in preschool children. *Child Development*, 54, 921-26.

Mumford, M. D., & Simonton, D. K. (1997). Creativity in the workplace: People, problems and structures. *Journal of Creative Behavior*, 31, 1-6.

Schacter, J., Thum, Y. M., & Zifkin, D. (2006). How much does creative teaching enhance elementary school students' achievement? *The Journal of Creative Behavior*, 40 (1), 47-65.

Tegano, D., Sawyers, J. K., & Moran, J. D. III. (1989). Play and problem-solving: A new look at the teacher's role. *Childhood Education*, 66, 92-97.

Tegano, D. W., & Burdette, M. (1991). Length of activity period and play behaviors of preschool children. *Journal of Research in Childhood Education*, 5 (2), 34-38.

Tomlinson, C. A. (1999). *The differentiated classroom: Responding to the needs of all learners*. Alexandria, VA: ASCD.

Tomlinson, C. A. (2000, September). Reconcilable differences: Standards-based teaching and differentiation. *Educational Leadership*, 57 (8), 7-11.

Torrance, E. P. (1995). *Why fly? A philosophy of creativity*. Westport, CT: Ablex Publishing.

Torrance, E. P. (1962). *Guiding creative talent*. Englewood Cliffs, NJ: Prentice-Hall.

United States Department of Labor (1991). *What work requires of schools*. Washington, DC: U. S. Dept. of Labor.

Vitale, B. (1982). *Unicorns are real*. New York: Ablex.

Wallach, M., & Kogan, N. (1965). *Modes of thinking in young children: A study of creativity-intelligence distinction*. New York:Holt, Rinehart, & Winston.

第三章

审美的概念

▶ **教学目标**

学完本章，你应该能够：

1. 知道审美的定义。
2. 至少知道三种提高儿童审美感知力的方法。
3. 至少知道儿童审美能力的五个好处。
4. 至少与儿童讨论美术的三种基本元素。

审美一词，与欣赏美、感受美有关。审美需要依仗的是感觉。比如欣赏美丽的夕阳，倾听小雨的音韵，或是喜欢某人的神采，等等。对于爱憎，每个人的感觉都有自己独特之处。审美经验强调的是纯粹为了快乐而做一件事。尽管也有一定的目的性，却没有什么特别的目的 。儿童生活的目的，恰好与审美的目的完美重合。有时，你开车的目的，也许仅仅是享受速度的快感、马达的轰鸣或是欣赏沿途的风景，并非要见什么人，办什么事。同理，儿童玩积木的时候，也不是非要搭出个什么东西，他们的目的就是感受积木的形状，看看它们倒塌的时候是什么样子。

幼儿从审美经验中获益良多，他们简直对美着迷。他们喜欢自然、喜欢创造、喜欢凝视，以及谈论艺术。他们通过各种方式表达自我的感受——语言、歌唱、动作、音乐、舞蹈，比大人们开放得多。儿童从不为艺术分科的观念所拘束，那常常是大人们画地为牢的想法，幼儿将全部艺术理解为一个整体。艺术让他们创新，使他们好奇，给他们启发。

有趣的是，那些“最有创造力”的艺术家们，也不过是赶上了幼儿的水平。在当代艺术领域，综合型的艺术是一种新潮流。比如，环境雕塑、舞蹈与电影的融合、展览与戏剧的融合（参演的演员混在观众中间），都是综合艺术的最佳例证，都是大人们把艺术融合的最新尝试。

上述例子可能都是大人们创作出来的复杂艺术，但其方式与幼儿没什么不同。比如，幼儿经常边唱边画，或是边舞边玩泥巴。幼儿几乎是下意识地在表达中融合所有艺术门类——包括绘画、运动、舞蹈、戏剧、音乐、诗歌。

审美是人类的基本特征之一。孩子们时时感受着身体的各个部分传递来的不同感受。他们的感官接收器始终处于开启状态，而且这些体验与思想是相连的。孩子们审美感受的出现，要远远早于创造能力。所有孩子体验的世界都包括有审美因素——喜欢缎子边的毛毯，摆弄发光的手机，选择色彩艳丽的玩具，等等。这些选择都完全出于个人喜好，或者说，品位。当婴儿长成幼儿，他们就开始用各种方法来把握这个世界——尝尝、摸摸、闻闻、看看、听听……幼儿园孩子的感知力更强、灵敏度更高、感觉也更细腻。他们喜欢使用大量的材料来创造。（芬妮、莫拉维克，1987）

我们应该一直帮助孩子寻找生活中的美，以此发展他们的审美感知能力。这是每个孩子，也是每个人的潜能——人人都能创造、发明、快乐、唱歌、跳舞，以及感受爱和惊奇。

有时候孩子会主动地按照大人的意愿说话、做事，以此讨好大人。教师应该意识到，这个天性里蕴含着多少教育的契机。很多教师表面上喜欢让孩子们发现美，其实却从来不鼓励孩子们发展自己的审美感受。他们只要求孩子们做到“一致”与“遵从”。孩子只有在自主选择和评价中，才能提高审美品位。识字确实是一项教育目标，但别忘了，我们的最终目的是让孩子有能力用语言来表达自己的观点、感受和想法。如果没有这些，单单学认字又有何用？每个孩子都有选择美，感受快乐和奇妙的权利。

儿童只有在实践中才能获得审美感知力，他们去感受、去触摸、做出回应。滚动一个小球、闻闻花香、抚摸一只小动物或听听故事，都可以提高审美能力。最重要的就是要为孩子提供一个安全的环境，没有竞争，也没有大人横加指责。

审美和学习质量

审美学习，意味着一个人思想和感觉的结合。通过艺术，思想与感觉得以表达。人们往往通过绘画和雕塑来表达他们对生活的感受，这就是艺术的重要性，它可以加深我们对生活的理解。并非所有的孩子都要成为艺术家，但是发展审美感受和欣赏艺术的能力，是每个人都不可或缺的。

教师可以从多种途径来促进孩子审美感知能力的提高。比如科学活动就非常适合孩子们提高审美和艺术表现，孩子们在陈列了各类石头、木头、树叶的科学展览中，通过触摸、闻、探索，把自己的感受全面地调动起来。他们可以学会很多艺术元素，比如展品身上的线条、形体、样式、色彩、质感等。

只有帮助孩子们多注意大自然的多样与不同，才能培养他们的感官体验：感受和观察光滑与粗糙的树皮、普通石头的重量与浮石的轻飘、羽毛般或皮革般的树叶、光滑的大理石与黏稠的焦油。所有这些感受，都有机会在各种艺术中得以表现，诗歌、声音、动作以及其他类的艺术形式，都可以表现出来。

艺术是整体发展的典型。听完一个故事以后，有的孩子想把它演出来，而有的想用绘画的形式表达，有的想创作一个关于故事的舞蹈，还有的想创作一首音乐。凡此种种，都可以进一步启发其他的孩子。这种活动可以固定下来，不仅在艺术课程之后，其他课程结束也可以照此法，让孩子们交流思想。这样，可以防止学生把本是一体的工作与玩乐、艺术与学生、思维与感觉区分对待。

有三种基本方式，可以在课堂有效地发展幼儿的审美经验（科伯、汤顿，1992）:

1. 提供更多进行艺术创作的机会。

2. 给孩子们更多的机会去欣赏和讨论艺术。

3. 帮助孩子们意识到身边的艺术。

三条中，第二条是最容易被教师忽略的。很多教师觉得自己不是艺术家，所以没能力和孩子们探讨艺术。其实，只要有机会，孩子们都很喜欢谈论艺术。

以下建议，可以帮助您设置出好的讨论问题，促进儿童进行审美讨论:

• 设置一个艺术中心，并在图书角放一些关于艺术家的书。

• 在艺术中心里的某一安静的角落，放一些“真正”的艺术类图书——所谓真正，即是说，不一定非要放儿童类的书。只要能看到艺术作品，孩子们无论什么书都是愿意看的。

• 在墙上、展示板上挂一些大师作品的复制品。但是记得要定期更换，因为若是挂的时间太长，它们就成为环境的一部分，没人会注意了。

• 适当情况下，在科学学习桌上摆放艺术品，晶洞、陶片、水晶饰品都是不错的开始。

• 邀请一些艺术教育家到教室里来，和孩子们分享艺术作品，和孩子们一起摸摸、看看、聊聊。

• 给孩子们一个选择他们最喜爱的美术作品复制品的机会。

• 请把这些复制品挂在离艺术、写作中心近一些的地方。

> 有一个两眼清澈如水的小孩子，名叫里莎。那时，是妈妈抱着她第一次来到幼儿园参加艺术班体验。她参与了班里的各种小活动，观察、聊天、做事，尤其是去博物馆参观，那是她最喜欢的一件事。里莎对艺术的喜爱展露无遗，我特别期待她正式加入这个班级。
>
> 后来，在一个星期天的下午，我正在博物馆进行一个项目的介绍。当时人很多，我费力地扫过众人，希望能有人回答我这个关于绘画的问题。突然，里莎不知从什么地方出现了，她的妈妈说，刚才偶然路过这里，里莎说听到了我的声音，一定要来听我“讲课”。里莎快速地看了眼我展示的艺术作品，然后开始回答我的问题。我们聊得很愉快，从画作的色彩、形体，到作品的主题，无所不聊。她当时只有三岁。由于有了里莎，我那天的项目陈述做得十分出彩。

对高年级小学生审美教育的建议

儿童在七至八岁进入一个新的发展期，在这个时期里，他们开始有了抽象思维（第十章有详细阐述）。从这一点来看，此年龄段的学生不仅能从审美的角度欣赏艺术，还有能力表达自己的观点、审美趣味、审美经历。因此，教师完全可以组织学生讨论“什么是艺术”“为什么你觉得这是艺术”“为什么它不是艺术”之类的问题。

马修·布兰迪作品讨论的例子表明：应重视学习环境中学龄儿童提问的价值。在这样的环境里，学生喜欢对艺术提问并表达自己的感受。在审美问题的相关讨论中，教师应该鼓励学龄儿童提问，尽可能保证学生有艺术体验及提出疑问的时间和环境。

审美敏感的益处

审美敏感不仅仅意味着“我看到”或“我听到”，而是“我享受我所看到的”或“我喜欢我所听到的”。它意味着儿童进行了尝试和甄选。审美敏感对儿童来说非常重要，因为它改善学习品质并且鼓励创作过程。儿童的审美敏感还有许多其他益处:

• 儿童对待问题的敏锐度提升，因为他们对于自己的小世界有更多的洞察力。这就意味

想一想 艺术教育可以提高学术成就、减少犯罪、降低税收

里文基艺术工作室立于纽约，它受美国政府的委托，通过对已出版的研究项目进行统合，评估艺术教育的宏观影响，判定艺术教育的社会经济学价值，以供政府决定是否进一步促进艺术教育发展。主要研究发现如下：

· 学校的美术课帮助学生得到更高的学术成就，更多的阅读、写作技巧和更健康的人格。

· 如果不考虑学生的社会经济背景因素，上过美术课的学生，其阅读和数学水平比没上过的更好。

· 艺术有助于学生挑战更高难度的学习——在美国，有35%的学生有学习障碍，不得不在高中时期辍学。

· 在青少年司法教育体制中增加艺术技能训练，可以促进学习，让学生变得更有自尊，使违法者重新回归社会并减少再犯的可能性。

· 如果能够在青少年司法教育体制中更广泛地开设美术课，就有可能省下数一亿美元的监狱经费，更能给大人提供一个安全的社会环境。

· 艺术能减轻压力，促进自信。

里文基艺术工作室的创始人里文基·希蒙，是一位在国际上备受赞誉的艺术家。他已经在自己所创的“革命性”教学方法上钻研了十五年，并已申请专利。他已经成功教育了上千位各个年龄段的学生。并且已经证明，其教学方法对有学习障碍、生理缺陷的学生极有帮助。

着他们能为其他儿童和成人提供更多的帮助。

·儿童更有可能成为自学者，因为他们对于自己知识的缺陷更为敏感。

·对儿童来讲，因为他们的好奇和遇见的惊喜，生活变得更加有趣。

·儿童更有忍耐力，因为他们懂得做同一件事有许多可能性。儿童更独立，因为他们能开放地面对自己的想法，对于同样的事由，他们会是更好的提问者。

·儿童能够更好地应对复杂的问题，因为他们不期望寻找唯一正确的答案。

审美体验

幼儿的审美体验可以采取多种形式表现，

在一个教师设计的“艺术与历史”单元，展示了内战时期摄影师马修·布兰迪作品的图片并据此开始讨论。教师向学生讲述布兰迪经常把摄影作品中死去战士的尸体和战争场景中的其他物体进行重新构图和安排，用这个事例鼓励学生进行思考：布兰迪的做法中有哪些应该引起我们的注意？

这引发了学生不同方向的讨论，诸如“真实的”摄影艺术与“舞台式”摄影艺术二者间的区别，以及在最真实的场景中哪些才是艺术。学生们运用自己的评价方式质疑布兰迪的作品价值。有的学生将其作品视为充满“政治含义的”，几乎没有艺术价值；有的认为他像其他艺术家一样运用了自己的“道具”。一个学生将这幅作品与之前看到的一幅静态图片做对

比。毫无疑问，讨论引发了对马修·布兰迪生活和作品的相关研究，更重要的是，该讨论帮助学生学会如何反映并表达他们对艺术的意见，同时思考他人的观点。

如欣赏大自然的美丽、享受音乐或者诗歌的旋律和想象的画面、欣赏高水平的艺术作品。对于儿童来讲，有关审美特质的认知就是如此自然，并非一定要具备专家的才能。

以艺术欣赏为例，成年人所认为的严格的“博物馆”经验——欣赏优秀的艺术作品，对于那些尚未发展到敬畏“聪明才智”的儿童来说，仅是一种愉快的体验。在儿童早期教学活动中，艺术欣赏可以通过“学着观看”和“学着创作视觉作品”综合发生。引导儿童欣赏艺术作品，应该是一系列快乐的经验，给他们充分的时间去看、感受、评论以及提出问题。当儿童能够学会用自己的眼睛和思维去“看”作品，他们就会开始探索画家、雕塑家、建筑师的思维和技法。

对于幼儿，我们从不过分强调语言的准确。我们鼓励儿童用语言表达自己，并且对其他儿童的言语作出反应，让儿童从语言中找到快乐，感受语言的多样性以及含义的细微差别。为什么不在视觉上也这样做呢？我们要鼓励儿童远离艺术的功能性，从审美可能性中寻找满足感（艾皮斯坦因，2001）。

幼儿教师有责任带领儿童认识艺术家，向他们介绍一系列美术作品，将我们文化中最好的部分提供给他们，而不仅仅是讲述那些最简单、最著名的内容。

绝大多数儿童能够见到不计其数的卡通人物形象、广告、简单的海报，这些物品并不能促进儿童的审美发展，有时候还会对他们造成

读一读 非常特别的艺术（VSA）

VSA是一个国际非营利性组织，1974年由珍·肯尼迪·史密斯大使（Jean Kennedy Smith）成立。三十多年来，VSA致力于创建一个能够让残疾人学习、参与、享受艺术的社区。至今为止，来自60多个国家，超过五百万人通过遍布全球的网络参与了VSA的项目。

任务 这个机构的工作范围很广，囊括了全球各种年龄阶层和能力的人。但他们的任务很简单——将社会各层面的残疾人以艺术的方式聚集在一起。

关于VSA 作为美国国会指定的残疾人艺术项目协调机构，VSA依靠其遍布地方和全国的连锁机构提供多样的项目和对应各阶段的创新的、终身学习机会。

通过艺术的学习 VSA的项目编制和主动权有以下四个基本原则：

· 每个身患残疾的年轻人都应具备接触适合艺术学习之经验。

· 所有学校中的艺术家和艺术教育者都应该在其教学计划中为残疾学生做充分准备。

· 所有身患残疾的儿童、青少年和成人都应对社区文化设置和活动有完全接触。

· 所有渴望从事艺术事业的残疾人都有发展所需技巧的机会。

为改变而努力 VSA承担了推动改变的任务——改变认知和实践，从一个教室到另一个教室，从一个社区到另一个社区，最终是整个社会。要让所有人都有实现与艺术接触的均等机会仍然有很长的路要走，但是VSA是一个很好的起点。

读一读 提升环境审美品质的建议

给予环境特殊的注意能帮助年幼的儿童发展审美感受。对于如何提升环境用以发展儿童的审美意识有如下建议：

色彩 过于明亮的颜色会主导房间的整体感受，影响艺术与自然的美感。如果可以选择的话，尽量为墙壁和天花板选用轻柔、明亮、中性的颜色。

协调地运用色彩使儿童将学习区看成是一个整体而非独立区块。避免在同一个地方有过多种类的图案，免得学生分心或受到过度刺激。

陈设 将类似的家具摆在一起，尽量保持中性和自然的颜色，这样有利于儿童将注意力集中于架上的学习资料。选择家具时最好使用天然的木质而非金属或塑料。如果必须上漆，给所有家具选用同种自然的颜色以便在室内移动时不会破坏整体视觉感受。定期让儿童使用刷子和肥皂水尝试刷洗家具。

储物 轮流替换书架上的教材，避免将它们杂乱地堆在一起。拥挤凌乱的书架看起来缺乏吸引力，而且难以让儿童恢复原状。篮子的收纳效果很好，如果使用存储桶，就将同类物品放在一个架上。若使用硬纸箱来存放物品，用色卡纸将其包裹或者直接涂色。

装饰 收集并展示儿童的艺术作品。以优秀的艺术作品代替过分装饰的、老套的海报。确保大部分的作品（不管是儿童的还是成人艺术家的）都展示在儿童视平线的高度位置。在教室中展示材料时注意避免过多的视觉刺激。在置物架的顶端放置雕塑、植物以及贝壳、石头、鱼缸等体现自然美的物品。避免在置物架的顶端放置教师个人的物品。如果实在必要，用有盖的箱子或小桶做个教师置物箱。

户外 将游戏场设计与大自然巧妙融合，而不是突兀地摆上游戏设施。如果可能的话，尽量选择木头、麻布等自然材料，少用带有油漆的金属、塑料，或者纤维玻璃。提供足够的空间储存材料，提示儿童、家长和教师在户外都不得随地乱丢垃圾。增添一些小细节，如布置一个小花园或者在周围摆放小石头，以此显示户外也需要格外注意和保护。

（资料来源于《美丽的东西——儿童的审美发展》，刊登于1987年9月刊《青少年》，作者芬妮和莫拉维克，依据美国青少年协会的许可改编）

伤害。教师们经常会说“孩子们喜欢啊”但事实上儿童喜欢某些东西——比如糖果或者熬夜——并不意味着对他们有利。儿童可能从来没有看过凡·高的《向日葵》，玛丽·卡萨特的《母女像》或者亨利·摩尔的雕塑，如果很早介绍，他们就能学会欣赏这些艺术作品，以及各种文化类型中的艺术和工艺，从这些经验中渐渐地学会欣赏艺术。

讨论艺术的语言方式

在群组讨论中，应该鼓励儿童对某种特殊的色彩、线条的移动、形状和大小的对比、肌理的多样性等设计要素进行讨论。帮助他们像成人一样，就某一个特定的艺术形式或音乐片段进行思考和感受，他们对于审美的理解以及讨论其概念的意愿和能力，都会在这种经验中

想一想 幼儿的审美意识——理论上的观点

许多理论家对幼儿及其审美进行研究并撰文。作为幼儿教师，要意识到早期幼儿教育的重要性和班级实践的关系。下面是一些关于幼儿审美发展及如何提高审美的总结。

教幼儿欣赏艺术并没有看起来那么难。幼儿在很小的时候就有了审美感受，无论是托盘中各种各样的美食还是婴儿床上悬挂的玩具。（丹科·麦吉，2006）

当儿童表达对颜色、形状、声音、味道和材质的喜好时，他们实际上就在做出审美选择。在幼儿开口说话很久以前，他们对形状、颜色和其他周围刺激物的反应帮助他们形成了特有的与世界互动的方式。（施尔玛赫，2002）

幼儿成长过程中，当他们观察环境中线条、材质、形状、颜色、设计时，就不断萌发审美感受。包括书中的图片、博物馆或媒体中的艺术作品。这些审美感受为理解“艺术语言”提供了一个良好的开始。（安德森、布兰特，2005）知识渊博的老师利用这个学习过程向儿童指出在美丽的艺术作品中发现了什么。

让幼儿融入并欣赏艺术作品的发展适应性教学方式包括玩耍、谈话、验证经验。（丹科·麦吉，2006）玩耍包括发现艺术作品和可触摸的物体之间的联系；谈话意在让儿童集中注意力并用有细节的语言表述艺术作品。当浏览艺术品时，成人可以为儿童做一个示范，用丰富的语言将他们看到的自然景物和艺术作品的审美感受进行描述；最后，验证经验引导儿童融入相关艺术活动。在“欣赏”过程中，儿童发展了他们的感知能力。“观察、反思、创意、参与艺术课程，引导和改善感知。真正的感知需要思考。”（安德森、布兰特，2005）

具备审美经验是被直觉感受深深影响的结果。直觉感受驱使我们反应和思考。（契克森米哈，1996；艾斯纳，2002；古德曼，1984；帕森斯、布洛克，1993；西格斯蒙德，2000；史密斯，2002）

审美教育功能并不为艺术活动所独有。艾斯纳（2002）建议：审美经验绝不只是严格地限定在美术范围内……审美经验在每个人面对世界的每个角落都有强大的潜力。

马克辛·格林（2001）建议教师遵循赫伯特·里德的思想并教学生感受“住在音乐里，在画中移动，在一群雕塑中穿梭，待在诗歌里”，我们应该教会学生谨慎地使用直觉和感受理解万物。这样，我们就能简单提出问题或对日常被忽视的美景引起注意而为学生创造更多的“哦，原来是这样”的时刻。（弗兰纳里，1977）

教师可以让学生慢慢地闻闻学校厨房烤面包的香味，听听早晨的声音，抓住并尝尝落下的雨滴，体会用煤渣在高墙上涂抹的感受。教师可以拿一些时间来拓展这些课程，让学生与同伴讨论并写下审美感受和体会。当学生意识到自己创造了这些感受时，他们就开始爱上美和这种有意义的学习方式，完全不需要请一个艺术家来班里讲那些被动的感受。（埃德，2005）

得以增长。

艺术语言是学前语言的延伸，都会使用诸如“颜色、形状、线条、大小”等词语。儿童和艺术批评家都会使用描述性的词语，如“空”或者“满”，以及具有比较意味的词，如“浅”和“深”。在鼓励艺术欣赏的过程中，教师可以帮助儿童扩展这些普通词汇的使用方法，不仅侧重于词汇的功能性，还要描述观察的结果。如因颜色而引发审美感受的反应：亮红色的裙子让画中的舞者显得非常可爱。

教师用深思熟虑的话语让儿童的艺术经验变得有意义，比如：

- 谈论艺术时运用描述性而非判断性的词语，可以说“我看到……”或者“它让我想起了……”而不是“我喜欢它”或者“这个真好看”。
- 一个小组艺术活动之后，鼓励儿童仔细看其他人的作品，并提问：“用同样的纸张和笔画出的作品为什么每张看起来都不同呢？”
- 运用介绍性语言讨论艺术作品的效果和审美趣味。比如，“这些颜色看起来很忧伤”或“页面上的小点点们看起来好忙”“这个巨大的、明亮的圆圈让我的眼睛重获光明。”
- 让儿童对艺术目的和感受作出反应：“为什么你觉得这位艺术家作品尺寸很小，而另一位艺术家却总画超大尺寸的画？”这样的问题能引发儿童认真思考。

审美活动应该根据他们的兴趣和理解能力进行选择。作品或音乐的细节就像一件艺术品的社会—政治隐喻等信息一样，对儿童来说毫无意义。儿童被一幅画、一段音乐或一个舞蹈吸引，很可能是因为表现的事物是他所熟悉的，或者是被大胆的颜色、强烈的节奏、惊心动魄的故事情节所吸引。艺术欣赏中的各种艺术形式都应该被提及：绘画和雕塑、芭蕾和爵士舞、进行曲和协奏曲等等。

艺术欣赏还应该包含日常生活中各类工业或人工制品的审美。儿童每天被不计其数的物品包围：家具、衣服、玩具、建筑、机器以及电影、电视、报纸、图书、杂志、广告、展览中数不清的图片。良莠不齐的设计例子充斥周边环境，有了审美体验和指引，儿童就能对他们所处的环境更为敏感，提升选择和甄别的品位。

总结

审美是对美的事物的欣赏和赞叹。培养儿童审美经验的目的就是帮助他们成就一个充实、富足的人生。

儿童通过动手做、感官体验、用心感受、对事物作出回应获得审美感受。当儿童在幼年时期学习成长时，审美感受也随着他们思想、感觉的发展而逐渐发展。这些审美感受让儿童能够对他们的所学和经历表达出自己的想法。儿童八岁以后，随智力发展能够处理更多的抽象概念，这时他们就可以参与有关审美感受的讨论，比如艺术本质的讨论与思考。具备更高审美敏感性的儿童更有可能富于创造，也能享受学习的快乐。

教师能够让儿童融入艺术以便提升其审美感受，向他们介绍知名的画作、音乐、舞蹈、文学作品，让他们探索周围环境，避免用单一的方式处理复杂的问题。

儿童能够从他们的审美经验中获益，因为这样能够使他们的生活充满乐趣，大开眼界。能够运用一个人的品位或者了解一个人的偏好，这是基本的审美意识，可以提高学习的质量。儿童的审美感受也能帮助他们变得更敏感、更独立、更宽容。

关键词		
审美	多媒体艺术	

学习活动

▶ 意识与感知

要运用一个人的审美感受，就必须密切注意他的个人兴趣。这就意味着要对自己和周围的环境非常了解。

1. 仔细审视自己，试着想个新方法或者找点新发现。

2. 移至一个安静且放松的地方，坐下来休息几分钟。然后用“我想到……”这样的句子说出你这一刻的想法。请注意辨析这想法是由自身内部而来还是外部而来。

3. 重复刚才的话，然后看看发生了什么。

（1）你的感觉变了吗？

（2）你的感觉包含幻觉、思考和想象了吗？

4. 重复刚才的话，这次要想到人物。

（1）你想到了谁？

（2）这意味着什么？

5. 继续重复刚才的话，思路上做些改变：比如想到一朵花、一幅画、过去的某人、小孩子、你最喜欢的地方等。

6. 注意：想到自身外在事物时，不能同时又去想自身内在事物。

7. 和儿童共同参与此项活动有什么意义？与其他人交流，看看他们对此活动有何想法。

▶ 水果

这个活动旨在通过密切注意日常事物找出新发现。

1. 拿出三种不同的水果。闭上眼睛然后一个一个拿起，用指尖从上到下仔细感觉。

（1）这些水果有何不同？

（2）这些水果有何相同？

2. 把这些水果紧贴你的脸放好。

（1）这次感觉有何不同？

（2）这些水果的温度如何？

3. 闭上眼睛闻闻这些水果。

（1）这些水果的香味有什么不同？

（2）哪种是你最喜爱的？

4. 睁开眼睛，观察水果。

（1）对着光源观察。

（2）你有什么新发现吗？

5. 你从这个活动中发现了什么？（注意你不能品尝或者吃掉水果）

（1）不吃掉水果，你还能从中获得快乐吗？

（2）与儿童进行这样的活动有什么意义？

6. 将你的答案与其他同学交流，看看他们对这个活动有何想法。

▶ 博物馆探秘

这个活动组织一群儿童安排一次当地博物馆之旅。通过如下活动帮助儿童在展览馆中集中注意力。

1. 找一幅特别有趣的图片。比如在挂满画作的室内，让儿童寻找某一幅特定的图片：“你能找到有一只熊、一个房子或妈妈和小孩的那幅画吗？”

2. 问儿童：“如果你身处这幅画中，会是什么感觉？你想要去哪里？如果在那里的话你想做什么？”

3. 让儿童寻找某些方面有相同之处的两幅画作。比如：相同的颜色、相同的物体、相同的感觉。

4. 拿好你的放大镜，开始艺术调查毕加索名作《悲剧》，让艺术史学家能够通过你找出的线索，发现隐藏其中的另一幅画作。

5. 探寻你周围环境中一个较近的地方，如购物中心、公园或者任何想去的地方。像一个艺术家、作家、科学家、历史学家或数学家那样游览。仔细观察并尽可能多地将有趣的想法、疑问、困惑记录下来。反思你的观点如何影响着你的经历。

游戏活动

▶ 关于艺术的讨论

一、展示凡·高名作《星月夜》的图片。根据作品问儿童如下问题：

1. 你在这幅画中看到了什么？
2. 你注意到这幅画的颜色和线条了吗？
3. 说说你觉得这幅画中最重要的部分是什么？为什么？
4. 这幅画给你的感觉如何？
5. 你认为画家在画这幅作品时是什么感受？

二、另一种关于《星月夜》提问的方式是让儿童设想自己就在画作展示的场景中。

1. 如果你在这幅画中，你最想在哪里？
2. 感觉如何？
3. 你觉得你能闻到什么味道？
4. 有什么动物可能会住在那里？

这些问题同样适用于教师选择的其他任何作品。

▶ 大自然中的艺术

自然之美是儿童灵感的持续来源。通过与大自然的接触，许多儿童获得了最初想法和设计的概念。安排多种体验方式用以帮助儿童与自然物接触，观察并发现颜色、线条、形状、样式、肌理等。

1. 为大自然中的物体和材料布置一个大展示板。
2. 收集大自然中的物体，如花朵、小草、枝条、石头、贝壳、豆荚种子、苔藓、羽毛等。以便做“摸与看”的展示。
3. 走一圈观察物体的颜色、形状和材质，在班级讨论中与别人分享你的发现。
4. 观赏电影、表演剧，或者读小说和诗歌萌发儿童感受。
5. 布置一个角落或者置物架用以放置儿童喜爱的漂亮东西。可以请孩子们的父母帮忙制作，这些作品可能会展露家族遗传的艺术细胞。注意经常更换展品，多样性和强烈的对比能够激发儿童的兴趣。
6. 给儿童摆放物体的机会，要求以愉悦的审美秩序排列。花束、水果、蔬菜摆饰，或者收集干掉的树枝、叶子、带土壤的豆荚种子，也可置于泡沫块上。
7. 提供放大镜、万花筒、棱镜、安全镜等物品帮助儿童强化视觉敏感性。
8. 向儿童描述其艺术作品时，使用与颜色、形状、材质、样式、位置安排相关的词语。
9. 保持留意自我感觉的热情并和儿童分享感受。
10. 除了上列内容，你还能补充什么？

▶ 用肢体表示原色与间色

小学阶段的儿童可以认识色彩，还能通过肢体语言对色彩作出反应。让儿童表演下面的动作，然后说出每种颜色给他们的感觉。

1. 你是夏日天空中亮黄色的太阳。
2. 你是冲击海岸的蓝色波浪。
3. 你是水罐中被榨成果汁的橙子。
4. 你是天空中飞过的蓝色小鸟。
5. 你是一朵正在盛开的紫罗兰花。
6. 你是一只正在筑巢的红雀。
7. 你是蜡烛上跳跃的火焰。
8. 你是围绕花朵嗡嗡叫的黄蜂。
9. 你是轻轻落到地面上的绿叶。
10. 你是地面蠕动的绿色小虫。
11. 你是火场中越烧越旺的火苗。
12. 你是罐子上一朵非洲紫罗兰。

儿童会非常喜欢类似这样的活动，并用他们自己的肢体语言表示原色和间色。活动结束时，请儿童讲讲这些动作表示的色彩给他们的感受。

▶ “露西科学探索项目”——身体雕塑

科学项目和学校的科技课程给儿童唾手可得的机会去探究、实验以及操作技术设备。在下面活动中，这些经验能激发出更奇妙的发明。

听到下面的设计方案后，儿童以小组为单位用肢体和类似于机器的声音创作新发明。他们可采用目前正在使用的设备（如计算机），或者随幻想创造出充满未来感的巧妙设计。

设计方案：露西是2090年的二年级小学生，她要创造一系列的高科技设备。作为“露西科学探索项目”的组员，你要完成发明、创建设备，为设备命名，展示操作方法，然后为班里的其他同学介绍。

▶ 关于秋天的审美经验

秋季是儿童户外探索的绝佳时间，可以学习季节更替的知识并发展审美情趣。与自然相关的经验能培养儿童萌发好奇，幼年时期也是与自然界开始直接的、不间断互动的最佳时刻。当幼儿身处于熟悉和舒适的环境中时，他们学习的效果最好。在进入茂密的森林冒险之前，仔细观察你自己家后院或者操场上的叶子、动物或者当地的公园。在探索环境的时候注意安全，成人应该让儿童触摸、感受、闻气味等。

幼儿天生就对大自然的美丽和建筑的鬼斧神工非常敏感：秋风吹动树叶旋转的节奏、迷人的色彩；干草和种子的纹理；丰收的形状和颜色……教师此时大有可为，可以从多方面帮助儿童扩展对世界的理解，并鼓励他们学会观察、感受和思考。

1. 从大自然中收集物体以供教室陈设使用。鼓励近距离观察大自然的精妙设计。

2. 带领儿童徒步行走，寻找并观察树木、庄稼、云朵、建筑、交通工具中的色彩、形状和材质。集体讨论时与其他人分享自己的发现。

3. 让儿童把他们看到的自然美景画下来并涂上颜色，加上自己的感情和想法。其不断增长的视觉经验在绘画过程中逐渐展现出来，解释环境的能力也会相应成熟。

4. 鼓励儿童观察身边的事物。讨论叶子为何会改变颜色并观察改变的时间。玩一个游戏，看谁能找到最大、最小、最不同寻常颜色的叶子。观察常绿植物或松树，讨论松针和松果为何可以保持常绿而不掉落。讨论人为何需要厚衣服而动物会长出过冬的厚厚皮毛。

5. 收集不同形状和尺寸的叶子并给儿童展示，叶子一面光滑另一面粗糙。让他们拿出一张纸盖在叶子上，并将叶子粗糙面用蜡笔涂上颜色。这样叶子的轮廓就会显现出来，更换颜色会更加有趣。这种方法适用于任何有肌理的物品。

秋天正是苹果丰收的季节，告诉儿童世界上有超过10000种苹果！去食品店选几种苹果每样买一个，让孩子们指出这些苹果的相同和不同之处。说出每个苹果的名字并品尝一小块。如果从每个苹果上切下两块，他们能品尝出相同或者不同吗？

本章回顾

1. 给审美下定义。

2. 列出三项教师能够帮助儿童培养审美力的举措。

3. 列举儿童具备审美力的五点益处。

4. 列举至少两种向儿童介绍艺术家作品并且让其融入艺术欣赏的具体方法。

5. 列举至少三种可与儿童讨论的艺术元素。

6. 有哪些审美活对四至五年级的学龄儿童是合适的，为什么？

参考文献

Anderson, T., & Milbrandt, M. (2005). *Art for life*. Boston: McGraw-Hill.

Childhood Education (2003). "In the News" Art education boosts academic achievement, cuts crime, and lowers taxes. March 22, 2003.

Colbert, C., & Taunton, M. (1992). *Developmentally appropriate practices for the visual arts education of young children*. NAEA Briefing Paper. Reston, VA: National Art Education Association (NAEA).

Csikszentmihalyi, M. (1996). *Creativity*. New York: Harper Perennial.

Danko-McGhee, K. (2006). Nurturing aesthetic awareness in young children: Developmentally appropriate art viewing experiences. *Art Education* 12 (9), 21-32.

Eisner, E. W. (2002). *The arts and the creativity of mind*. New Haven, CT: Yale University Press.

Epstein, A. A. (2001). Thinking about art: Encouraging art appreciation in early childhood settings. *Young Children*,56 (3), 38-43.

Flannery, M. (1977). The aesthetic behavior of young children. *Art Education* 30 (1), 18-23.

Gardner, H. (1990). *Art education and human development*. Los Angeles: The Getty Center for Education in the Arts.

Gardner, R. (1973). *Understanding children*. New York: McMillan.

Goodman, S. (1984). *Of mind and other matters*. Cambridge, MA: Harvard University Press.

Greene, M. (2001). *Variations on a blue guitar*. New York: Teachers College Press

Heid, K. (2005). Aesthetic development: A cognitive experience. *Art Education*, 58 (5), 48-53.

Henderson, D. E. (1986). *Shakespeare*. New York: Vintage.

Parsons, J. J., & Blocker, H. G. (1993). *Aesthetics and education*. Urbana, Illinois: University of Illinois Press.

Schiller, M. (1995, March). An emergent art curriculum that fosters understanding. *Young Children*, 50 (3), 33-45.

Schirrmacher, R. (2005). *Art and creative development for young children*. Clifton Park, NY: Delmar Cengage Learning.

Siegesmund, J. (2000). *Reasoned perception: Art education at the end of art*. Unpublished dissertation, Stanford University, Palo Alto, CA.

Smith, R. A. (2002). *Aesthetics and criticism in art education: Problems in defining, explaining, and evaluating art*. Chicago, IL:Rand McNally.

Villeneuve, P. (2003). A child named Risa. *Art Education* 56 (4), 4.

第四章

提升审美经验

▶ **教学目标**

学完本章，你应该能够：

1. 描述三种感觉与知觉。

2. 选择具有良好审美潜质的材料。

3. 列举四项教学方针帮助儿童操作一些审美材料。

4. 列举六项教学方针指导与儿童谈论其艺术作品。

人们探索世界追求自认为重要之物，寻找他们所需和观察他们所要，这方面学龄前儿童和成人是一样的。设想现在将一群人带入一个房间观察桌上物品。桌子上有一些食物、一杯水，还有少量现金。饥饿的人最有可能看食物，口渴的人会望着水，欠债的人更倾向于桌上的现金，而正需要家具的人可能会仔细看看那张桌子。

儿童也在寻找他们想要的东西：疲惫的儿童需要休息的场地，孤独的孩子渴望伙伴。问题的关键在于：只有这个儿童在生理上感到舒适、安全且有归属感时，才有可能发展其审美感受。

观察与理解

儿童用多种方法看世界：摸摸、拍拍、戳戳、挑挑拣拣甚至尝尝，这都是幼儿接触世界的方式。儿童寻找他们所需，也会观察引起他们兴趣的事物。某些东西可能因为各种原因引发儿童的兴趣，如绚丽的色彩，令人激动的外形，新颖的形式，有趣的构造，丰富的变化，动人的画面，怪异的形态等都能引发兴趣的因素，这样列举下去似乎没有尽头。然而，对于准备有趣的活动，还是有一些基本教学原则的。

儿童能用多种感受体验吗 儿童喜爱那些不仅能看和听，还能动手触摸的东西，这比单纯地看和听更能激发他们的兴趣。

儿童能否与它互动 儿童喜爱那些能够参与其中的活动，对他们来说，一只图片上的天竺鼠永远无法取代活生生的天竺鼠。同样的道理，一款设计精巧的互动游戏也无法替代儿童与小伙伴们玩游戏时真实场景中的快乐和学习体验。

儿童是否有兴趣 儿童的兴趣点与他们熟悉的事物以及生活中的部分事物紧密相连。若谈论他们从未吃过的食物，根本无法产生谈论他们喜爱食物的效果。

活动是否节奏适宜 活动步调太快或者太慢最终都会令人厌烦。注意观察：当故事过长时，有多少儿童开始坐立不安？留心他们是如何对那些吸引成人但对儿童太过复杂的玩具失去兴趣的。

活动是否有回报 这个活动是否有趣、充满冒险、令人兴奋？最终是否有价值？如果答案是否定的，如何期望孩子们喜欢？儿童只有觉得自己有能力找到藏着的宝藏或者猜得出谜语时，才会觉得活动有趣。

意识、感觉和想象

有三种基本的意识或感觉类型。第一种是与外面的世界联系——实际上是与某事件关联。这就是看、听、问、尝和触摸；第二种是人自身的感觉。皮肤下的发痒、紧张、肌肉运动、身体不适及肌肤紧绷都是这类感受的表现。第三种是超越当下和现实的感受，它通常被称为幻想，包括梦境、记忆、想象和猜想。

每种知觉和感受对儿童都非常重要。所有这三种感受都能在同一种活动中发生。根据儿童当时的需求不同，任何一种感觉都可能显得比其他两种重要。大多数教师关心儿童与外界发生联系时的感受和体验，如触摸、观察和倾听，但儿童内心对此的感受和想法也非常重要。教师必须同时注意另外两种感受，因为它们也是审美感受的一部分。与幼儿相处的教师每天都应该问自己两个问题，每个问题的答案都应该是肯定的。第一个问题与儿童内心的感受有关：“孩子今天是否做了什么事情让他感觉到了快乐？” 第二个问题与儿童的好奇心有关：“孩子今天是否做了什么事情能帮助他不管是在过去、现在还是未来都能发挥想象力？”

课程计划活动以及户外教学都应该以这两个问题为出发点进行规划和评价。如果教师的答案是肯定的，那么其教学工作就能够与儿童的知觉和感受紧密相关。

寻找并组织审美材料

每位老师都对“哪种材料对儿童最适合”有很多想法。有时理想的材料过于昂贵或者不易得到，学校的预算有限，有时连一些普通的材料也拿不到。这里有三种潜力很大的资源：废物利用，即通常所称的“垃圾”，五金材料以及孩子们带来的物品。

在描述如何组织并运用这些材料之前，有几点选择审美材料的建议：

- 选择那些儿童能感觉、探索的材料（触摸、看、闻）。
- 选择那些儿童能操作的材料（转动、弯曲、切割上色、标记）。
- 选择那些能用多种方式运用的材料（抛掷、反弹、搭建、固定、塑形）。

教师不是审美材料的唯一来源，孩子们自己也喜欢寻找材料，因为在探索过程中往往会有意外发现。有时他们对材料的搜索可能会集中于某些特别的事物，比如可供绘画或者搭建的东西。在寻找审美材料的过程中也包括对寻常材料的创新运用。比如，儿童会改变作画方式，通过混合木屑、沙子、大米、五彩纸屑来代替平常的绘画。在创建新事物的过程中，伴随他们的经历，很自然地就可用头脑风暴的方法考

想一想 审美及改变平常为不寻常

神经科学研究成果表明，大量材料、经历、环境的变化会给大脑带来新鲜感。人们总是被不寻常或新鲜的事物吸引（丘奇，2002）。

让他们以各种方式观察并体验更多的可能性、事件和情境，集中注意力，组织熟悉的活动或将已获得的技能适应新材料、新环境非常重要。换句话说，一个原有的基本活动可以通过改变形式的方法实现全新体验。

以不同的方式进行活动，能帮助儿童运用弹性思考技巧，鼓励发展其审美感受，同时也能让他们以各种方式观察并体验更多的可能性、事件和情境。

你可以从一次精彩的活动开始，邀请儿童运用他们已知的新材料或新情境。如改变绘画工具：用玉米棒、滚筒、海绵甚至是羽毛掸子等；改变纸张：鼓励孩子使用壁纸、纸袋、报纸或者将皱纹纸置于画架上，问孩子们："在这种纸上你准备怎么画？"

现在花一点时间，停下来思考所有能化平常为不寻常的方法，这对于教师和儿童来说，都将是令人愉悦的审美体验。

虑这幅画作可以用于何处。

若发现的材料让日常创意活动变得更加有趣时，他们对于新的可能性就会格外留心。对教师和儿童来说，这都是对材料和审美经验持续供应的源泉。

学龄儿童也喜欢收集各种材料，可以鼓励他们在收集过程中进一步与艺术元素结合。比如，可以参照他们设计的方案收集材料并按照艺术的方式分类，如线条、形状、材质、尺寸和颜色。随着儿童年龄增长和兴趣日渐浓厚，类别的数量也会越来越多。

材料的审美运用

教师和幼儿收集的材料在使用时，会受到收集者的兴趣和想象力的限制。当然，搜寻的地点和时间有时也会为审美材料设定界限。对于幼儿和教师，最重要的是他们对材料的使用都具有很强的个人色彩。要知其然，更要知其所以然。不管是美术作品、搭建作品还是其他活动，制作的过程以及幼儿的个人参与是关键，而不仅仅是已完成的结果。

幼儿不仅要有机会寻找材料，更要试着进行实验。提供更多的实验机会，才能让儿童感到需要什么。诸如"你对这些东西有什么想法？"之类的问题，可以帮助教师和儿童开始探索，对了解幼儿的内心想法也会有帮助。他们看起来是快乐、有梦想、悲伤、温和还是活跃？根据儿童自身的经历与兴趣点，这些问题可以帮助他们实现自己的目标。

在创作过程中，另一项重要的考虑就是材料的数量。注意不要给儿童太多的材料，过多的选择会让他们无从下手。且一种材料的特质可能会在过多材料中无法凸显。例如，使用一种特定的颜色（灰色）或者单一材料（纸），这样儿童就能在自己的审美选择中学到更多，掌握特殊的技巧。对材料的探索是最初审美经验的重要部分，对于四五年级的学龄儿童，这个过程通常涵盖了更多更复杂的艺术活动。这个年龄段的儿童更专注于作品中传达的特定思想，不像幼儿容易被过多的材料吸引，有更强的意愿运用材料创作。对于幼儿来说，提供多种有趣的材料更为重要。

> 没有想象力的人犹如无翼之鸟。
> ——穆罕默德·阿里（Muhammad Ali）

使用审美材料的指导

当儿童探索新材料时，教师需要提供指导。指导方式必须温和、有支持力并具有敏感度，这样才能让儿童知晓如何充分利用材料及了解材料的不同之处。下面是一些如何给幼儿指引的建议：

提出问题的目的是帮助儿童得到他们寻找的结果 教师应该反问自己："我应该如何向儿童提问才能帮助他们更好地理解自己心中所想？"这也有助于协助幼儿找到答案。当儿童在画画时，这个问题可能会关乎颜色；当他们在做纸艺时，这可能关乎形式，比如问："你准备将它变成什么形状？"或者更进一步，问问纸给他们怎样的感觉，而不仅仅只将注意力放在形状上。

避免出现过多示范及步骤程序 仅用一种方式重复教授可能会使幼儿审美感受丧失，重复说教会让他们停止思考。比如，为什么总是从纸的中间开始画？为什么不尝试从边缘或者底部开始画？为什么不改变纸的形状，运用三角形、平行四边形或圆形的纸？

运用范例或举例子时要积极向上并富有创意 在今天的大多数课堂中范例使用已经非常普遍，对于儿童来说，恰当地使用范例像一个出发点，能产生良好的效果——激发每个儿童在面对普通、平常的主题时能找到其独有的创新途径。很多时候，简单参考1—2个例子（不应为单纯"复制"范例）可以激发儿童，创作属于自己的艺术作品。此外，将同龄人的作品范例展示给儿童看，会起到鼓励作用——说明他能创造类似的作品。教师在活动讲解及范例使用时应鼓励每位幼儿以其独有的方式进行创作。可以说，"克莱尔，我喜欢你丰富多彩的用色"或者"吉米，你用那张纸做的设计非常漂亮，与众不同！"这样能清楚地表明各种创作方式都可以被接受。

帮助儿童选择他们喜好的材料 问问幼儿他们想要使用的材料、完全不用的材料以及可能用到的材料，对儿童及其选择要有耐心。请记住：对于幼儿来说，哪怕最简单的教师建议也会成为主要的参考来源。选用什么颜色的纸、什么颜色的蜡笔和颜料、什么形状和尺寸的纸张以及如何使用，都是儿童应有的选择权利。如果他们决定同时使用很多材料，他们就需要更多的创作时间，但花时间发展创造力和美感是值得的。

帮助儿童追求审美品质 帮助儿童感受差异性。例如让孩子们展示他们的喜好或想法，问他们什么是明亮、较为黑暗、比较高兴和非常难过。鼓励学龄儿童区别并分析更为微妙与复杂的视觉关系，如光线是如何影响我们对色彩、材质、形状的感觉。

涉及单一感受时，帮助儿童运用其他感受 可以让幼儿说说从画中看到了什么，或者画一画从音乐中听到了什么。颜色不仅能用肉眼感受，还可以从情绪、音乐或肢体动作中感受到。鼓励学龄儿童去探索在艺术中的空间和距离，同时也鼓励他们继续以艺术的方式表达所看、所知以及感觉和想象。

帮助儿童感受艺术的基本元素：线条、节奏、形状、对比 线条是艺术的基本元素之一，它与创造性活动（如舞蹈）有强烈的关系。举例，当儿童扭曲或摇摆身体时，可以暂停音乐或给一个指令，让他们像"冻结"一样。教师指出当动作停止时身体摆出的不同的线条，从背部到伸展的手指线条很美。儿童也可以观察其他孩子在空间中类似的有趣身体曲线。回溯到对于伸展、弯曲、扭转的身体线条的理解，再用黏土、蜡笔或颜料表现出来就会非常自然。

节奏通常与音乐、舞蹈、诗歌联系在一起，也作为美术的重要元素。我们可以在儿童天性稚趣的画作中看到重复出现的、以某种方向路径流动的形状、颜色、纹理，其中就有节奏，我们也可以在他们重复样式的积木、动作和音

表 4–1 与儿童谈论其艺术作品的建议

教师如何与儿童谈论其作品并鼓励他们分享艺术感受，很大程度上决定了儿童如何使用艺术媒介表达自己。这里是一些对于教师帮助儿童促进艺术表达的建议： · 运用正确的艺术词语。教师可能会说，“你调出了间色。”“你是怎么运用那个浅色的？”“我看你画了直线、折线、斜线。”“你能指出画中独特的形状吗？”可以评论的元素：线条、形状、形式、纹理、色调、空间和色彩。设计可用的原则：平衡、运动、重复、强调、对比。 · 鼓励儿童对他们的艺术经历进行思考。保留艺术档案并对儿童的作品提出问题：“你最喜欢哪幅图片？”“哪幅作品是你最认真的？”当儿童在一幅画上花了几天时间，根据你每天观察到的变化与他交谈。 · 提出整合性问题。“你使用了什么颜色？”“这里有什么几何形状？”“你觉得这幅画让你想起了哪些艺术家？” · 提出发散性问题。“在这幅表现农场的画中，你使用了什么材料？”“你对莫奈的画作有什么看法？” · 聚焦儿童使用艺术媒介的方式。“我看你用蓝色的笔画了一些圆圈。”“你如何将黏土杯子的边缘做得这么高？”“你用黑色画了阴影。” · 提示儿童的行为。“你把蓝色和红色混在一起想调出什么颜色？”“你用黑色画了阴影。” · 用动作介绍新的艺术概念。当你介绍某个概念时，不妨示范一个过程。可以在创作时这么说：“我想用更浅的蓝色涂天空，所以我往蓝色中加入更多的白色颜料。” · 用言语表述问题并帮助儿童找到解决方法。一个孩子使用白色蜡笔在白纸上涂画并对结果十分沮丧。教师可以问：“你试着用其他颜色，我们来看看你的画会变好吗？为了让我们看到这些线，你还能用其他颜色吗？” · 鼓励儿童讨论并制定应对艺术问题的解决方法。“我们的纸箱校车需要窗户，这个盒子里有哪些我们能利用的材料吗？比如这片塑料。除此以外我们还需要什么？” · 鼓励儿童谈论自己的艺术作品。教师说：“给我讲讲画中的这个部分吧。”儿童答道：“我画了宠物，一只猫、一只沙鼠，还有一只狗。”老师问：“再讲讲你的画中还有什么？”儿童答道：“我画了一些连起来的星星。” · 分享艺术经验。倾听儿童对自己的作品和其他人说了些什么，鼓励儿童描述他们的创作过程。

乐中找到节奏。设计中的节奏比比皆是，如几何样式的节奏，在美国本土传统创作中比比皆是：编织、陶艺、珠饰、沙画等，这些作品通常描绘山川、河流、太阳等。

另一个元素——对比，则提供了所有艺术种类中最有趣的特点。心思细腻的教师经常帮助儿童意识到对比的力量，指出两种相邻的颜色如何突出形状。让儿童观察树木粗糙的树皮和光滑的叶子。比起男女主人公微妙的区别，儿童会更喜欢特征明显、更为夸张的“鬼怪”玩偶。

与幼儿相比，学龄儿童脑中“对比”的概念有了进一步扩展。色环中包括对比：儿童可以在色环上看到某色与另一个相对的颜色（称为“补色”），相比较色环上挨在一起的所谓“近似色”，补色有更强的对比效果。此外，暖色的概念（红、橙）和冷色的概念（蓝、绿、紫），也对学龄儿童在作品中制造出对比效果很有帮助。

展示儿童的作品

要发展儿童的审美敏感，教师非常重要的一项工作就是把作品展示给他们的父母和其他人观赏。一个可取的原则：如果儿童对他们的作品感到满意，那就将其展示出来，作品不一定要严格完成，但应展示在与儿童高度相符的视平线上，这样儿童和成人都能欣赏。当然也不是集体里的每个儿童都必须展示他的作品。

读一读　创建“教室博物馆”

在展示项目中，通过教室博物馆为所有年龄儿童提供贯穿全年的审美体验。以更有意义的审美方式进行“展示并讲述”活动，能为儿童提供很多创新的机会。

何为教室博物馆

教室博物馆即收集并展出特定主题的工艺品和其他物品的地方。展示并讲述儿童带来的物品和工艺品，主题会很鲜明，展览也会变得越来越有趣。儿童收集或整理展示品时，会涉及做决定、解决问题以及沟通交流，这些都能锻炼他们的能力。从家里带来的“珍宝”、家庭工艺品或者某次的偶然所得等都非常有价值。这种分享很有教育意义，也令人愉快。博物馆的主题依据老师和孩子们的兴趣，每个月都会更换。

成功的关键要素

· 精心选择每年的第一次展览。

· 制定清晰的学习目标，以博物馆展览作为工具促进儿童发展。

· 利用恰当时段的宣传期刊和醒目的告示邀请家长参加。

· 在教室中设计一处简单、有吸引力的博物馆区域。利用悬挂图片的背景布和展示桌布置环境。

· 强调突出孩子们的工艺品以及展示和讲述的体验。

· 选择一个孩子作为馆长，激发他的责任感。

· 引导儿童展示并讲述收集来的工艺品，培养他们对所有展品和贡献的尊重，确保展品的安全（尤其是易碎和不易保存的物品）。

在年度计划项目开始时，最好的主题就是“自我介绍”。这个主题可以鼓励教师和儿童之间更多地交流学习，感受集体的力量。

建立我的博物馆的步骤

· 启发（与儿童一起）——探索博物馆的概念，讨论要建立“我的博物馆”所需要的物品，规划家庭帮助的方式，确定给家人博物馆通知，建立常规的分享程序。

· 贡献（来自儿童）——“我的博物馆”的工艺品会经常令人惊喜，描述起来也很有趣。每个人一点一滴的记录都活灵活现、非常生动，学生们分享毛绒玩具、幼儿杂志、家庭照片、玩具、旅游纪念品、故事书、芭蕾舞鞋等物品。

· 交流（儿童间的）——语言能力发展使儿童成长，学习了思考和解决问题的技巧。

· 效果（儿童的）——每个儿童都以儿童为中心展示和分享，创建了一个充满关怀和同情心的社区，在这里，每个儿童都非常重要，友谊也由此萌生。

如何让博物馆继续运转

创建博物馆下一个月的主题，可以先与孩子们进行头脑风暴，设想有可能的主题和思路，他们最想要学习哪些内容？什么东西最能激起他们的好奇心？他们最想把哪些特殊的兴趣和同学分享？激励出许多主题想法，再结合算术、图表、预测和比较等数学技巧进行投票。

位列第一的选择成为下一次博物馆的主题，第二个则是后续可能的主题，老师也可以根据内容挑选并确定适宜的主题。主题每年都可以不同。以上启发、贡献、交流、效果等步骤对于博物馆计划非常重要。

想一想 倾听，鼓励儿童审美感受的发展

真正倾听儿童并鼓励他们的梦想和幻想，是发展儿童审美感受的基本态度，一位年轻的老师兼母亲与我分享了一些从儿童的问题、成人的答案和倾听中感悟到的心得。很多年以前，一个朋友给了我很多简单、重要的建议，告诉我应该如何去看待儿童和学习。当幼儿非常好奇时，一定要先问问他们怎么想，而不要直接提供成人已知的答案。

不久以后的一个春天，五岁的雅拉和我坐在沙发上观看外边飘落的鹅毛大雪，“妈妈你有没有想过，这些雪花是从什么地方来的？”她问道。

我本来准备开始给她讲水的三态和水循环是怎么回事，水冻结了会发生什么，但是我突然想起了那位朋友的建议，所以要求她先自己想想是怎么回事儿。“你有没有想过，那些雪花是天使从天堂掉落下来的翅膀碎片？”雅拉说出这样的话时，我理解了。春天那些特别的雪花激发了她非科学的美学层面的抽象思考。她已经知道了水循环的一些事情，但这时她更想超越科学知识有进一步的想法。孩子非常好奇，他们经常会提问或让我们解释，复杂的事情是如何实现的？但是大多数时候他们并不真的希望知道我们怎么想。相反，他们想要分析并和我们分享那些他们反复思考的问题。一个细心的倾听者经常能从倾听儿童那学到更多。（怀特，2002）

设置展览能向儿童展示表现手法的多种可能性，如绘画、剪贴、黏土等等。让房间里体现出儿童的多样性、喜好和兴趣，如同一间体现优雅装饰和居住者技艺、兴趣的屋子。儿童不是克隆人，所以我们自然不希望看到25幅写着不同名字的类似作品挂在屋子里，这如何能体现出儿童的多样性和差异性？

在每天结束前将作品展示给儿童欣赏，让他们讨论彼此的作品，同时向他们示范如何做出正确、积极的评价。确保把所有的作品带回家以显示对艺术家和艺术的尊重，仔细保护好儿童的作品，将未干的画折叠会破坏画面，应等待画作干燥后再卷好。

向父母阐述儿童的创意作品

我们应帮助父母了解他们的孩子在创造性工作时候的状态。所有人对于“什么是创造性天赋”都有自己的想法。父母也不例外。然而对于父母来说，理解他们的孩子究竟喜欢什么、对创作有何种感受，远比看到已完成的作品更重要。家长们应该理解为什么有些材料被孩子们使用，有些却没有，更重要的是父母应该学会接近孩子，了解他们制作的礼物、艺术展览以及展示品——这都表现了他们的审美感受。孩子们会高兴地对着这些展示品说：“这就是我做的。”

父母都想要了解他们的孩子，而幼儿的创意作品可以帮助父母做到这一点。教师可以展示视觉范例帮助家长了解创造的过程，并且指出过程中创造性经验的重要性。教师还应该向学龄儿童的父母展示并欣赏这些连续的作品，观察到在孩子的创作过程中作品变得越来越细致，有了越来越复杂的细节。

极少数儿童会成为专业艺术家，但更多的鼓励及艺术体验可以让他们学会用多种媒介享受美的事物，并且能根据审美理解辨别好坏。每个人天生就会对赏心悦目的日出、优美的画作以及音乐片段有所反应，这些审美经验帮助我们在当下生活得更加完满。孩子展露对于这些美好事物充分的理解和欣赏是天生的，不需要刻意教，但需要引导。在这个节奏日益变快

的世界，审美经验提供了一条通往每个人内心的道路，人们能发现自己感兴趣的事物，获取内心平静，掌握内心平衡。更重要的是儿童学会如何关爱大自然、欣赏艺术之美，从而支持并保护这些珍贵的资源。

发展教师自己的审美感受

幼儿教师需要保护儿童的天性、想象、好奇以及对生活的热爱和学习，就像保护我们的环境一样，刻不容缓。同样，幼儿教师也需要发展并保护自己的审美感受，当你阅读完这本书的时候，你会发现有些活动引起了你的注意，直通心灵并且反映了你的人格特性和处世哲学。的确，人的个性特征和处世哲学决定了你会如何设计、实施活动。这本书中所有的想法和活动都是帮助你构建并且完善活动，以适应面对一群儿童的需要。只要你喜欢，将任何一个想法应用在幼儿身上都会非常成功。你需要大幅度调整自己，不要害怕将想法和个性融入与儿童的相处中，促使你和孩子以更多的能量投入并激起更多幻想和激情，就有可能真正为儿童创设充满创意的环境。

互联网与学龄儿童的审美经验

在本书的活动部分，有许多为学龄儿童设置的活动包含了虚拟艺术博物馆的参考资料，这些虚拟博物馆大体上分为两类：一种是实体机构的延伸，比如大都会博物馆的网站；还有一些博物馆是只存在于线上的虚拟机构，比如虚拟的迭戈里维拉网络博物馆网站（Virtual Diego Rivera Web Museum）。有一些虚拟的艺术博物馆，如国家修道院博物馆，主要是依靠企业的捐赠运营。还有一些如美国遗产博物馆，是有特殊兴趣的人与艺术圈的企业合作之结果。这些虚拟艺术博物馆的共同目标就是收集、保存并且分享世界各地具有审美意义、文化价值和历史价值的物品。

如何有效利用这些数字资源支持学生的学习，面临一个很有挑战性的问题：学生是否能以有意义的方式找到线上的资源并合理应用。这个以互联网为背景的任务鼓励学生探索、搜集信息并进行批判性思考，然后对手边的课程主题得出个人的结论。举例来说，保罗·盖蒂博物馆的网站上提供了大量的艺术图片、主题展览、视频片段以及相应的文字。根据所教学生年级不同，让他们对出现在网站上两个不同时期的艺术作品写相关的比较性分析文章，再分享其比较结果。还可以更大范畴地有选择地讨论问题：如“艺术在这段时间里是如何进行变化的？”另一个班级的活动设置则将学生变成虚拟的艺术评论者，选择一个正在虚拟美术馆上进行的展览，对其进行批判性的评论。如史密斯美国艺术博物馆在其网站上提供了超过三十个的艺术展览。老师可以为学生提供评论样本来阅读并讨论什么可能被纳入学生的评价，以此了解艺术批评者所扮演的角色。

第三种虚拟美术馆活动是让学生将网站上学习的艺术作品作为个人艺术创作的链接或过渡。让学生选择一个正在展出的线上展览，选择其中与个人创作相关的作品，然后根据教师给出的分析问题对所选作品写分析。在写作完成之后，让学生概括他们对作业中学习过的艺术家、概念、主题的理解。

总结

儿童总是寻找他们需要和想要的，并总是被那些有趣和有回报的东西吸引和刺激。感受和知觉分为三种类型，第一种就是通过五种感官获取的基本感觉；第二种是人的内心感受；第三种是幻想。可以使用许多具有审美潜力的材料，任何能被儿童探索、处理并且以不同的方式使用的材料都具有审美潜力。重要的是：材料本身以及使用都是儿童个人的表达。在幼儿的审美活动中，老师和家长应将注意力放在过程而非结果，帮助儿童探索审美感受。对于四五年级的学龄儿童，这个过程包含了更复杂的创造性内容。教师可对所有年龄段儿童给予支持、鼓励及合适的引导，问一些有助提高创造力的问题，避免使用过多的范例，帮助儿童获取审美感受。教师能在多大程度上与儿童进行艺术谈话并鼓励分享其艺术感受，决定了他们如何用艺术表达自己。将儿童的作品悬挂在他们视平线高度的位置上，体现了对他们参与的尊重，家长对展示作品的欣赏也应该注重儿童创造过程的重要性，而不仅仅是最终完成的结果。教师的角色就是帮助父母了解儿童的作品。有效利用互联网资源，有助于学龄儿童的审美发展。

关键词		
教室博物馆	对比	节奏

学习活动

▶ 美丽的事物

每个人对美的事物都有体验，不同的人对“什么是美”也会有不同的想法。用五种感官测试美这个概念，将是一次有趣的体验。

1. 写三种你通过每种感官感受到的最美的事物（有生命或无生命均可）。

2. 当你列好清单，尽可能地重新回想那些感受和感觉。

3. 回答下列问题：

（1）你列出的大部分事物是有生命的还是无生命的？

（2）其中几项与人有关？

（3）你的答案中有让你感到惊讶的吗？

（4）你遇到美丽事物的频率如何？

（5）哪种感官的体验最多？

（6）在生活中发现美在多大程度上取决于观察者？

（7）与儿童一起进行此项活动代表什么？

4. 将你的答案与其他同学的进行比较。

▶ 神奇的旅行

1. 找一个安静的地方让自己放松，闭上眼睛回想有什么事情让你觉得非常神奇。

2. 把自己想象成某一样东西（花一些时间来得到“它”的感受）。

3. 运用尽可能多的形容词，描述当时的情况。

4. 把以下答案作为这个实验的结果：

（1）你感受到了怎样的情绪？

（2）你喜欢那些让你惊奇的事物吗？

（3）你为什么不喜欢？

（4）你想用某种方式改变吗？

（5）将你的答案与同学的答案进行比较。

（6）你觉得孩子会喜欢用类似方式幻想吗？

游戏活动

▶ 通过艺术的审美思考

帮助儿童思考新想法，对下列提示作出回应：

（1）如果你能够发明一种新的交通方式或交通工具，它会是什么？试着把它的样子画下来。

（2）如果你有一张形状非常有趣的纸，你想用它来做什么？

（3）你觉得巨人眼里的世界看起来会是什么样子？请画一张图画或做一个模型把你想象的场景表现出来。

（4）你能用一个空箱子和硬纸板做什么？按照你的想法排列或组合这些东西。

▶ 感官体验

视觉

（1）颜色。让儿童寻找这个房间里的颜色：“你们能看到多少件红色的东西？”或者玩猜谜游戏：“我看到在这个屋子里有一样绿色的东西，谁能找到它？”颜色有时候会让我们想到非常重要的事情，比如交通灯告诉我们什么时候该走，什么时候该停；一条路上红色的小旗代表着危险；建筑物上的红灯代表是紧急出口；我们必须遵守这些信号。我们可以把颜色混合起来调出一些新的颜色（让儿童做混色的实验）。用棱镜观察色彩，吹出肥皂泡泡并且观察泡泡里的彩虹。

（2）形状。展示一些圆形、椭圆形、矩形和三角形之类的物体，让儿童找找房间中有哪些物体是这些形状的，我们也可以同时注意色彩和形状：找一个红色的椭圆形、蓝色的圆形或一个橙色的金字塔形。

（3）尺寸。比较儿童和物体的尺寸大小，发展下列概念：大、更大、最大、超级大、小、高、短、厚、薄、宽、窄等。

也可以玩猜谜游戏：“我正在想象教室里一个白色、圆的东西，是什么？（钟表）”。

听觉

（1）录音机。儿童可以听他们自己的、其他同学的或教室中的声音，在户外教学的过程中带着录音机，记录周边环境中的声音。然后在旅途中将这些声音回放，让儿童能够记住发生这些事情的场景顺序。记录环境中的声音：汽车通过的声音、走廊或者街道上的脚步声、小孩蹦蹦跳跳的声音、奔跑的声音。提问：“动物的声音听起来都像什么？有哪些声音是最大的，你会如何描述声音，你能把那个声音画下来吗？”

（2）街道角落。听下列声音并分辨它们：汽车在角落里转弯的声音、大风吹过广告牌的声音、灯变换时的声音、狗叫的声音、下雨的声音、车轮压过湿湿的马路上的声音、动物足迹的声音、高跟鞋在路上的声音、胶底鞋在路上的声音以及来自建筑物的嘈杂声。

（3）教室里的声音。听听不同玩具的声音、钟表滴答滴答响的声音以及积木掉落的声音。让儿童闭上他们的眼睛，然后提问：“这个声音从哪里来？这是什么声音？”让一个小朋友在房间的前后和侧面来回跑，再猜猜看“这是什么声音”。

（4）听诊器。听听儿童的、成人的以及动物的心跳声，在吃过快餐之后，听听人胃里的声音。通过听诊器听一听桌面上滑过的不同物体发出的声音。

（5）节奏。拍手击出简单复杂的节奏之后并要求儿童重复一次，再让他们打出自己的节奏引导活动。

▶ 味道和气味

教导儿童在品尝或闻奇怪的物品之前，一定要保持警惕。

（1）烹饪。做布丁、糖果和蛋糕，在制作之前、之中、之后闻一闻味道，能否通过嗅觉分辨在做什么？尝尝焦糖、白糖、砂糖、玉米糖浆、枫糖浆，制作柠檬饮料，含糖和无糖的各一杯。榨番茄汁、苹果汁和橙汁，问问儿童他们闻到了哪些喜爱的和不喜爱的味道，尝试画一幅表现味道的图画。

（2）点心和午餐。谈论品尝下列滋味的区别：汉堡包和腊肠、花生和花生酱、薯条和土豆泥。分别讨论味觉和嗅觉的区别。通过闻厨房的味道，让小朋友们猜一猜今天中午吃什么？

触摸（触觉意识）

（1）粗糙还是光滑？教师与儿童讨论触摸的感受。不同材质的物品随处可得：如丝绸、麻布、羽毛、绳子、贝壳、镜子、球、浮木、珠子、毛茸茸的拖鞋等等，让儿童分成小组，并给每组一个物体，让组内每个儿童说说这个物体给他怎样的感觉。举羽毛为例，胳膊和腿伸直，手拿一根羽毛，然后从这一边到另一边轻轻移动，看看感觉如何。

（2）制作拼贴画。一幅各种材质的拼贴画就像是一个展示牌，所有的学生都可以带来一些小玩意儿用于以后的作品制作。让学生带来不同材质和肌理的物品，如砂纸、绒布、天鹅绒、粗麻布、塑料、瓶盖儿、小卵石以及曲别针，把这些东西粘到板子上。剪贴画一旦完成，儿童就可以用笔和纸在上面做拓印。这个展示板提供了更多拓展性词语的学习机会：粗糙、光滑等。

（3）创造性肢体动作。让儿童感受一种材质（如丝绸），然后通过动作表达体验到的这种感受。用各种不同的材质表现如下感受：不平的，光滑的，粗糙的，多刺的。

（4）户外的材质。①可应用的词汇：粗糙、光滑、崎岖不平、柔软、坚硬、尖锐、冷、热、湿、干、相同、不同。②在刚出发时问问孩子："你觉得这个东西感觉怎么样？"或者"让我们感受这栋建筑。""让我们感受一下大树的背面。"③如果儿童无法理解"粗糙"这个词的意思，就在他感受树干时和他说："树摸起来非常粗糙，看看还能找到哪些其他东西也是这样的感觉？"④如果儿童对"粗糙"这个词语的意思非常熟悉，那么可以问："你是否能找到与这棵粗糙的树感觉不同的东西？"（比如光滑的叶子。）或者"你能不能找到与粗糙的树干摸起来差不多的东西？"⑤继续行走，触摸一些新的物体，并且说出材质的名字。注意对年龄很小的儿童，从最简单的反义词开始，比如，粗糙和光滑，柔软和坚硬，潮湿和干燥。

（5）盒中藏宝。把物体藏在盒子里，让儿童触摸并描述他们的感觉。给儿童一个物体，让儿童从盒子里找到尺寸和形状或只是形状匹配的物体，并从盒子里拿出来（有些儿童可能需要同一只手感受这两个物体才能完成任务）。在盒子里放进多个或类似的物体可以提高任务难度。

（6）隐藏多种感受的物体。综合感受袋游戏适合发展儿童的审美感受和描述性词汇。将一个有趣的物体放到袋子里，然后让儿童用他们会的、尽可能多的词语，描述感受到的这个东西。把这些词语像一首诗一样写成一行：大、光滑、软绵绵、圆的……是枕头！

（7）砂纸字母游戏——低年级。给儿童提供从砂纸上剪下来的字母并让他们分组游戏。蒙住其中一个孩子的眼睛，另一个孩子拿字母给蒙住眼睛的孩子，让他感受并猜猜是哪个词？每正确识别一个就加一分。让小组中的成员变换位置继续游戏。

（8）触摸字母表——低年级。收集单词表中的不同字母开头的物品，用它们代表不同的字母，如用棉球（cotton ball）代表字母"c"，用牛仔布（denim）代表字母"d"，用积木（brick）代表字母"b"，等等。儿童触摸物品，并将触摸物体的感受与物体的名称联系起来。

▶ 五颜六色的泡泡

这个活动通过观察大量的微妙颜色变化来提升儿童的视觉感受和审美技巧。他们将看到光线如何改变颜色。材料：气泡包装纸、透明包装胶带、医用滴管、食用色素、混合杯、水、剪刀。

程序如下：

1. 按照预定的尺寸剪下气泡包装纸。

2. 使用透明胶带将泡沫布粘贴于窗户玻璃表面上，保证在幼儿用手能够到的高度。

3. 在泡泡的顶端切开一个微小的切口，让幼儿自行决定要切哪个泡泡。

4. 让儿童用医用滴管往每个泡泡里挤一点儿食用色素，填满泡泡的四分之三。

5. 在食用色素中加入不同剂量的水，形成不同深浅的颜色。

6. 孩子可以决定选择颜色以及这些颜色在泡泡纸上的排列，可以用一种颜色和不同剂量的水混合，通过食用色素的浓度探寻如何使颜色发生变化。

7. 鼓励儿童混合这些颜色并调出新的颜色。

8. 这个活动结束时，用透明胶带包好每一个泡泡。

▶ 我的感受

1. 给儿童分发大张的绘画纸和水彩颜料。

2. 让儿童闭上眼睛然后听教师慢慢地、清楚地说出那些引发感情的词：爱、恨、冷、软、有趣、大笑。

3. 闭着眼睛，老师每说出一个词，就让他们用手中的笔画出他们听到、感受到的情绪。

4. 让学生们讨论每一个词让他们有怎样的感受，学龄儿童可以把他们对词语的文字性描述写在作品背面。

▶ 我的想象——幼儿园及以上

材料：棉线或者毛线、剪刀、纸张、胶水、可洗的马克笔或蜡笔。

1. 让儿童在一张纸上粘一条15—20厘米长的毛线。

2. 让儿童与左边或右边的小朋友交换已粘好毛线的纸。

3. 让儿童想想在新拿到的这张纸上要表达的内容。

4. 让儿童用马克笔或蜡笔以原有的毛线画为基础创作新形象。

5. 让儿童讨论他们的作品，说说为什么会变成这样。

▶ 著名的艺术作品带来的快乐

利用著名的艺术作品进行词汇联想是一种好方法。举例来讲，当我们看凡·高的《星月夜》这幅作品时，让儿童描述那些旋转的、蓝色天空和明亮的橙色星星。在一张大的卡片上用大写字母把想到的形容词写下来。然后把所有的卡片都放到形容词的袋子里，让每个儿童选一张。每个儿童可以画出三件他认为月那个形容词能描述的事物，比如“多刺的”这个词可以描述一株仙人掌、一个松果或者一只豪猪。儿童会对其他同学的画感兴趣，猜猜他们选择的形容词描述了什么。

▶ 彩虹反射

在户外明亮的阳光下悬挂一块水晶或棱镜，尽量把它放在类似白墙的浅色底面上。在阳光明媚的天气让孩子们去户外用已经挂好的棱镜或水晶捕捉阳光，讨论棱镜捕捉的彩虹颜色，他们都看到了哪些颜色？以前在天空中看到过彩虹吗？把棱镜拿下来让孩子继续观察，看看阳光从前面和后面射进来各有什么区别？当它们移动时会发生什么？让儿童拿着棱镜去一个有阴影的地方，彩虹消失了吗？解释棱镜如何折射太阳光并产生颜色。为儿童准备记号笔、颜料以及大张的白纸，让他们去画自己心中喜欢的彩虹，最好提供不同形状和尺寸的棱镜，这样儿童就可以使用它们深入探索彩虹。

还可以用棱镜教授色谱的课程，告诉孩子们当阳光照射玻璃杯的时候也会出现彩虹，以及雨后空气中的水滴就像棱镜一样能够折射彩虹。

▶ 风的话

阅读诗人罗伯特·路易斯·斯蒂文森（Robert Louis Stevenson）作品《风》的第一节。

风又快又狠，尖叫着吹过
它唤醒了我的心
再一次向着大海启航
听着绳索的哀怨
变形的木头吱吱作响
还有那背风处飞扬的旗帜

在大风天里带孩子们到户外，或者在室内通过电风扇模拟刮风的环境，让儿童闭上眼睛感受风在他们脸上和背上经过的感受。手里拿一张纸巾，然后观察它的运动，鼓励儿童想出所有能描述感受以及风运动的词。

▶ 大自然中的绘画

计划一次集体绘画创作，先感受一次雨中徒步、风中舞蹈或其他户外的经历，然后回到教室讨论看到、听到、尝到、感觉到了什么。与儿童讨论哪些可以画进集体创作中，并让每个儿童谈谈他的感受，创作能代表他们个人经验的作品，再把图片和设计作品粘在墙面的大纸上。

▶ 与阴影、云彩和彩虹快乐玩耍

在夏日的晴天让儿童变换手形和身体，玩阴影游戏。花时间认真观察云彩，找到那些有趣的形状，然后编故事。再看其他能产生灵感的云朵继续编故事。

晴天时用花园里的软管或洒水器制造彩虹，让儿童试着停止并重新开始制造彩虹，反复做实验让他们明白为什么能这样。

把水晶带到学校，在阳光下旋转并提问，“为什么水晶可以折射出彩虹？”解释纯净的阳光包含了所有颜色，从太阳照射出来的光线（也叫射线）碰到水晶的许多个面，就会弯曲并显示出所有的颜色。我们平时不能看到所有颜色是因为太阳射线只会在平面上反射，但水晶或棱镜不止一个面，这些面破坏了阳光射线并把光线中所有的颜色都显示出来。孩子们会喜欢透过水晶看到的彩虹中的颜色，让他们运用这些颜色设计或者创作一幅剪贴画。

本章回顾

1. 列出三种类型的知觉与感受。

2. 对如何选择审美材料给出三个建议。

3. 列出四个帮助儿童利用审美材料进行创作的建议。

4. 讨论如何将父母带入孩子的审美经验发展过程中。

5. 列出几项与父母讨论“如何理解孩子的创意作品”时需注意的重点。

6. 列出一些展示儿童创意作品需要考虑的要点。

7. 列出六项与儿童讨论他们的艺术作品时需依据的准则。

8. 对学龄儿童审美活动有什么不同的期许？

9. 给出与幼儿讨论他们的作品时一些良好的提问范例。

10. 为发展学龄儿童的审美感受，应如何使用互联网？

参考文献

Church，E. B.（2002，March）. When to challenge children. *Scholastic Early Childhood Today*，33–38.

Clemens，S. C.（1991，January）. Art in the classroom: Making every day special. *Young Children*，4–11.

Roland，C.（2005）. A sample of virtual museums. *School Arts*，December 2005，p. 28.

第二编

计划和实施创意活动

▶ **学完这一编，试着回答下面这些问题：**

1. 我对班级里幼儿的注意力范围和活动水平了解多少？如何把这些信息运用于教学计划中？

2. 依据幼儿的发展水平和个人的兴趣爱好和需要，我应该如何改进教室的环境？

3. 我是否注意到‘因材施教”的重要性？如何在班级里贯彻该内容？

4. 在班级里对儿童进行分组时是否考虑到了个人兴趣爱好的不同？

5. 在设置课程过程中，我是否将多元智能学习方式融入了班级中的儿童活动？

6. 为了应对儿童个性学习，我是否在班级里设置了相应的对策和方法？

7. 依照布鲁姆对学习方式的分类，我是否设置了鼓励儿童更高思考水平的课程？

8. 我是否为幼儿设置了一个积极和安全的硬件环境？在班级中对于环境设置和管理实践，有哪些明显的优点和缺点？

9. 我的班级中，是否使用了适合儿童发展的所有媒体？需要做哪些变化改善儿童的学习方式？

10. 我的班级中是否反映了所有适合儿童学习、了解的种族和民族文化？

11. 在教室布置、课程安排、媒体使用上我应该如何鼓励独立学习和探索？

12. 我对现有教室中安排的教学方式是否满意？儿童是否喜爱这种方式？我应该如何重新安排让自己和儿童更愉快？

13. 班级的教室环境安排、媒体选择、兴趣中心、课程展示是否受到儿童的喜爱？这些内容是否鼓励了聚合性或发散性思维？

14. 在规划一个充满创意、安全的环境时，如何满足来自不同背景的儿童的需求？

15. 我是否了解国家标准的内容，并采用与之相符的方法？

16. 为了尽可能做一名全面的教师，我是否一直努力改善自己的教学技能？

17. 我为儿童设置的环境是否提供了所有类型游戏的空间、时间和机会？

18. 在儿童的整体发展过程中，游戏起到了什么样的作用？

19. 我应该如何布置教室环境才能鼓励儿童在游戏中注重问题解决和探索？

20. 我是否为不同发展水平和不同文化背景的儿童准备了充足的戏剧扮演教具？

第五章

儿童、教师和创意活动

▶ **教学目标**

学完本章，你应该能够：

1. 讨论以下概念：因材施教、过程性学习、多元智能理论、发展适宜性教学法。
2. 解释布鲁姆的分类系统以及其在早期儿童教育中的地位。
3. 提出一些问题以更好地理解和应对儿童的发育水平。
4. 讨论适应于幼儿注意力的活动方式。
5. 讨论三种能对儿童的创意产生影响的教师态度。
6. 解释教师在儿童的创意活动中作为促进者的特点。
7. 为创意活动列出总体的规划准则。
8. 讨论过渡期的解决策略。
9. 讨论国家标准。

儿童是计划创意活动的源头。每个儿童都是独一无二的，都有自己独特的生存方式和对世界的回应方式。教师应该注意每个孩子的发展水平、力量、能力以及特殊的个性。有了这样的认识，教师就可以将自己的个性与每个孩子的独特性格结合起来，以此创建成人和儿童互不影响、互相尊重的环境。

观察玩耍中的孩子能帮助成人理解这个儿童。教师能够看到一个孩子如何操作教具以及和其他孩子互动。依照以往许多创意活动中的教育经验，教师应被视为一个促进者。促进意味着伴随、引导、提供机会、善于发现、关怀但是不打扰。教师允许幼儿直接操作教具，教师只是扮演一个助手的角色而不是决策者或者裁判。在创意活动中我们强调多元化的思考而非正确的答案，所以也就没有裁判的必要性。引导和反馈对孩子很有帮助，因为创意活动是开放性的，没有简单的评价标准。教师的角色在于激励、探究、试验。

> 我从来没有教过学生，我只是给他们提供学习的条件。
>
> ——阿尔伯特·爱因斯坦

考虑儿童的特性

发育水平

在许多早期幼儿的图书和杂志中，我们经常能看到“发育水平”一词。总体来说，在谈到一个孩子的发育时主要指四个领域的成长：身体、社会、情感和认知，这构成了我们观察及理解儿童成长的框架。统整四方面发展可以塑造儿童的面貌。当某个特定的活动能满足儿童这四个领域需求时，我们就能确定儿童的各方面成长都被激发鼓励。

另一个有关儿童发展的问题就是个体差异。两个年龄完全相同的孩子可能会在某几个发育领域表现完全不同，而这两个孩子都处于正常的发育水平范围内，这就是个体差异。所以，教师不仅仅要有发展阶段的知识，还需要考虑到每个孩子在四个主要发展领域的发展状况。

一个孩子的能力与他的发育水平密切相关。教师如果能了解这点，在规划创意活动时就有可能避免失败。

回答下面的问题对更好地理解幼儿并和他在一起活动会有帮助。

- 这孩子的特别之处在哪里？
- 这孩子的兴趣是什么？
- 这孩子的优点是什么？
- 这孩子已发展哪些能力和技巧？
- 这孩子的家庭生活情况怎么样？
- 这孩子如何与成人交流？
- 这孩子如何对其他孩子回应？
- 这孩子的运动技能发展如何（大小肌肉群）？
- 这孩子如何表达自己？
- 这孩子语言能力如何？
- 这孩子如何解决问题？
- 这孩子喜欢用什么材料创作？
- 这孩子如何学习？

当你对这些问题有了答案，你就可以顺利地设计满足儿童需求的创意活动。

发展适宜性教学法（Developmentally Appropriate Practice，缩写为 DAP）

发育水平和个人差异是 DAP 的两个要素。DAP 包含于美国幼儿教育协会（NAEYC）发布的细则中，涵盖儿童早期教育的许多核心概念，也是《早期幼儿教育中的发展适宜性教学法》书中的一节（布瑞德坎普、科普，1997）。这份细则在儿童早期教育领域中对 DAP 给予肯定，大多数早期教育专业人士也对 NAEYC 发布的基本观点和指导原则表示同意。

DAP 意味着用如下方式教育幼儿：

- 无论一个还是一群，在有孩子的地方与他们直面交流。这意味着将其身体因素、情感因素、社会因素以及认知发展个性纳入考虑。
- 帮助每个孩子达成有益于他的发展、既有挑战性又有实现可能的目标——教师只需伸把手，而不是拔苗助长式的跨越。
- 认识到影响事物挑战性和实现性的因素各不相同，取决于各种因素：学习者在各领域的发展以及经验、知识、技能的积累，还有学习时机发生的环境。（科普、布瑞德坎普，2006）

DAP 的一个基石就是“意向性”。教学行为满足了学习者的需求并帮助他们达成目标并不是偶然发生的。从安排教室到接触儿童，再到课程计划，一个优秀的教师每做一件事都是有意为之。（科普、布瑞德坎普，2006）

在 DAP 教室中，教师可看做主管，必须安排好环境条件以便儿童从身边无数学习经验中做出选择。我们期望能在教师主导和儿童选择之间寻找一种平衡。

每个 DAP 班级都有完善的结构，通常不会由教师主导。教师会为教室做精心准备和安排，根据时间、空间和课程的概念框架组织安排。详细列出与儿童身体、社会、情感和头脑中认知需要相符的课程，并在教师引导和儿童选择活动间保持平衡。

DAP 教室的教师会计划如何为儿童构建知识，考虑他们已知的和未知的内容。教师的看法会随着时间和儿童的需要发展，从粗略经验到精细的技巧和概念不断深入。例如在早教班级中，应该鼓励幼儿使用任何他们知道的字母书写。起初，幼儿可能仅知道自己的名字，随着学习更多的发音和象征意义的词并知道拼法，他们就能将这些符号写下来。在传统教室中，教师不会鼓励孩子运用他们已知的信息书写，而要等到他们学会所有字母的发音和符号关系后才开始。

在 DAP 早教班级中，儿童参与完成许多独立或小组任务，教师在过程中选择重要因素并最大限度地与幼儿互动。教师用挑战性和充满趣味的材料布置环境、安排活动，然后退后观察、鼓励，加深儿童的体验。在 DAP 环境中，教师提出有助于思考的问题然后做出适当评价。（巴克莱、布雷尼，1994）

NAEYC 在其关于适应早期幼儿发展实践的陈述中提到，需要为四至八岁幼儿主动学习构建相应课程。策略如下：

- 儿童从教师准备的各种学习区域中选择自己的学习活动。包括戏剧表演、积木、科学、数学、游戏和猜谜、读书、录音、艺术和音乐。
- 希望儿童身体和心理上积极主动，选择教师准备的或由他们自发开始的活动。
- 大多数情况下，儿童能独立或在随机小组里活动。
- 给儿童提供明确的学习活动引导，包括与其生活经验相关的材料和人。（布瑞德坎普，1997）

总之，为幼儿设置的发展适宜性环境希望让他们充满好奇地探索、实验并独立思考。

仅靠一系列课程推动发展适宜性教学远远不够，更要强调我们对主题学习过程中重点和具体例子的理解，这会直接影响教师设计和贯彻课程。可以明显看出激起三至五岁和八至十岁儿童兴趣和积极性的事物完全不同。科普和布瑞德坎普（Copple & Bredekamp，2006）将 DAP 教室的课程描述为使用主题单元和项目的课程。该课程会随儿童发展、学科目标以及孩子个人的需求及背景等相关知识而不断发展。

最后，对任何有关“何为适宜发展性”的解释都是个动态发展的概念。它没有特指，仅是领域内对基础内容的相关思考。对 DAP 地位的陈述就像及时回访某个特殊的时间点，能够反映出早期幼儿教育领域内知识和想法变化。

瑞吉欧（Reggio Emilia）的方法

与 DAP 类似，瑞吉欧在幼儿班级里整合艺术的幼儿教育方式得以广泛传播。瑞吉欧是位于意大利北部的一个小镇，小镇的孩子们每天都会有利用艺术媒介表达想法的活动。活动主要源于他们的兴趣和想法，其课程计划中有展示他们个人如何捕获事物表达创意的活动。在这样的教育方式影响下，孩子们可以用一种自然的、远超他们年龄的艺术方式表达自己（克莱德等，2006）。

瑞吉欧的教育理念中，艺术课是作为解决问题的活动整合进学校的整体课程中，而不是无关的、为学生个人目的教授的课程。儿童的艺术创作更强调概念，其艺术作品呈现了学习的成果。视觉艺术被看做以艺术媒介展示儿童观念和想法的一种语言（布鲁纳，2004）。

独特的记录方式是瑞吉欧的教育方法中最标新立异的活动。美国幼儿教师非常熟悉的记录方式有：记笔记、录像、语言表演、写评论和备忘录。但是在瑞吉欧的教育方法中，幼儿特有的记录方式是艺术作品或摄影作品。记录小组认真安排儿童的作品展示，对其内容和审美情趣都给予极大重视。记录文档用孩子说的话（有时候也有教师说的）描述了孩子的作品所表现出来的图像、思想和过程。记录结果会展示在三折页、公告板或者图表上。将儿童和教师的对话用大号字打印出来，这样儿童、教师和父母等观看者就能很容易地阅读。这种记录的方式让儿童的学习过程变得可视化：通常能展示艺术经历从开始到结束的全部过程。（克莱德等，2006）

以瑞吉欧的方法与儿童在一起活动必须从反思性实践开始——反思自己和同事正在使用的方法，要对教师的职业发展肩负责任，不断地思考、协作和质疑。（沃姆，2005）《像瑞吉欧那样工作——给美术教师的入门介绍》（NAEYC,2005），里面给出了如何在班级中参考使用瑞吉欧方法的指导意见，是了解、学习瑞吉欧教学法较好的参考书。

加德纳（Gardner）2004 年将瑞吉欧的教室视为世界上最好的幼儿园："是人类可能性的光辉见证。"在美国是否有可能在早期幼儿教育中创建类似闪光的例子？可以从运用视觉艺术作为课程学习的基础开始。

差异化教学

DAP 的基础概念就是差异化教学。"差异化教学"这个词通常与幼儿个性化计划和教学策略相联系。简单讲，差异化教学意味着提供不同类型的学习经验和环境以适应每个孩子不同的需求。

一个刚入职的教师很快就会发现：没有任何两个儿童的学习步调或学习方式是一致的。有些孩子需要大量的练习，而有些却很快就能掌握。有些很容易适应新材料，而有些要花很长时间。在小学阶段，有些儿童能通过阅读学习，有些儿童却从聆听和视觉图像中学到更多。有些小学生有书写障碍，但是却能用美术或音乐表达复杂的想法。

在使用差异化教学策略时，教师必须找到与每个孩子能力匹配的方法，以确保课程内容和活动符合小组中每个孩子的需求。

差异化教学课堂的特征

差异化教学课堂最明显的特点就是以幼儿为中心。下面是体现差异化教学的指标：

- 教师和学生接受并尊重彼此的相同点和不同点。
- 教师主要是时间、空间和活动的协调者，而不是信息的提供者。教师的目标是帮助学生成为独立、自力更生的学习者。孩子们和教师一起制定团队目标和个人目标。
- 孩子能独立或在不同大小的群体里工作，弹性地分组。
- 根据学生的需要灵活利用时间安排进度。
- 学生可以决定自己学习的主题、工作的方式以及呈现学习成果的途径。
- 教师利用不同的教学策略以使教学符合不同学生的需求。
- 以多元方式对学生进行评价，而且从每个学生的起始阶段衡量其进步。
- 评价是引导教学的持续性和诊断性活动，通过评价资料有计划地调整学习任务。

差异化教学时，为应对不同发展水平的儿童，学习、活动和教材需要多样化。可能会为了反映儿童不同的个人兴趣，而在主题部分有所变化，活动和材料也会随着学生偏爱的学习或表达方式不同而不同。差异化教学是一种思考教与学的方法。

> 混合幼儿园中的"老师"——经常会让一年级新生当幼儿园的"老师"。一天，有个孩子把手放在头上说："为什么老师会选这个工作？这也太难了！"
>
> ——米歇

差异化教学和过程性学习

另一个与差异化教学有关的词就是过程性学习：学习重在过程而不是结果。在过程性学习中，重点在于促进儿童思考和解决问题，而不特别强调确定的结果。幼儿教室里存在大量让儿童主动参与学习活动的机会，而不是唯命是从，不假思索地接受别人的知识。在过程性学习中，儿童不仅仅在做中学，还会对学习过程有所反思。这样，他们就能举一反三，将一个学习情境中的信息转换到另一情境。例如，一个儿童玩积木，在不停地搭建和毁坏的过程中，他学会了掌握平衡。这个过程包括了尺寸、重量，以及物体的放置。相应地，这些概念可以在科学发现角“浮还是沉”实验中应用。

向父母解释过程性学习

一位非正式的观察者很可能将儿童的过程性学习视为“玩”或者只是“到处乱跑”。然而，这类学习的重要性就在于自发、持续，并有可能转移到其他学习情境。幼儿教师需要向孩子的父母解释过程性学习的重要性。看起来似乎没用的事情，实际上却是孩子以主动探索的方式存储、收集信息的过程。过程性学习帮助儿童发展信息处理的能力，这种能力可以跨越课程领域应用。更重要的是，过程性学习强调学习者自己发现信息，这种独立、主动的学习是终身学习的关键。

差异化教学与多元智能

当使用差异化教学策略设计幼儿教育活动时，如果你想满足儿童的个性需求，就有必要了解多元智能。依照霍华德·加德纳的多元智能理论，我们每个人都拥有八种“智能”或是变得聪明的方法。（加德纳，1999）有些人善于使用双手，有些人善于作诗或者唱歌。每种智能都能让我们面对世界，我们生命中每种智能不同的体现方式，造就了世界上每个独一无二的个体。

通过了解多元智能，我们能帮助儿童提升他们的个人能力。但多元智能不仅仅聚焦于个人的独特性。设想一个成人除了写诗和做数学题以外，连一些日常生活中的事如开车和做饭都不会做，会是怎样的状况？一个人需要有多方面的才能。

重视多元智能对于残疾儿童也很有意义。特殊的残疾能影响大脑的某部分区域，但是其他部分能正常运转。例如“低能天才”尽管在认知或社会发展方面有限制，在某个特殊领域却有超凡的技巧或能力。利用多元智能理论对身患残疾的儿童进行教育可能会帮助我们发现或者“唤醒”那些隐藏的天赋。所有幼儿都需要发现他们自己的兴趣和能力，尤其是那些身患残疾的儿童。重视多元智能会帮助他们发现自己的擅长之处，从而更关注自身的能力，而不是残疾。

我们每个人都有八个维度的智能，以下内容会告诉你如何认识成人和儿童的多元智能。

语言智能（言语智能）

语言智能优势的孩子有如下特征：小时候喜欢听故事、讲故事；能有效地表达自己，并使用语言和丰富的词汇说服别人；喜欢猜字游戏；可以通过聆听成功学习，因为他们能用倾听和重复的技巧将信息分类。

学龄以后会有丰富的词汇量，对词意、语法规则、书面语和口语的功能非常敏感。记者、律师、讲故事的人通常展现出这种智能。

数理逻辑智能

有较高数理逻辑智能的儿童对事物如何运作非常感兴趣；喜欢提问和探究；能轻松使用数字；喜欢解决问题；能理解逻辑方式、类别、关系、因果，喜欢战略游戏、逻辑谜题和实验、喜欢使用电脑。科学家、会计和编程人员通常具有这种能力。

视觉空间智能

有较高视觉智能的人能识别3D图像；能将获取的信息和头脑中的图片转换为图像；必要的时候能从之前识记过的图像提取信息。

视觉空间智能优势的儿童能理解几何学并识别物体在空间中的关系 在学校中能成功掌握几何学；擅长视觉艺术、雕塑、建筑和摄影。喜欢迷宫和拼图游戏、空闲时间喜欢画画或者玩乐高游戏；会萌发有趣的幻想，喜欢做白日梦。

音乐智能

音乐智能是一种以音乐的形式理解和表达自我的能力。拥有这种智能的儿童喜欢与音乐相伴，他们可以按照曲调来歌唱，并且能够说出各种音乐类型的不同之处，他们可以欣赏优美的旋律。

具有音乐智能的人，拥有听识音调、节拍和音乐模式的能力。他们参加学校的合唱队或者乐队。他们喜欢独自唱歌或打鼓。他们能够记住并重复只听过一次的旋律。他们精通节奏和旋律，想去研究或学习音乐，并且对学习起来与唱歌、打拍子或吹口哨有关的新事物非常容易。

身体运动智能

身体运动智能是一种灵活运用身体去表现自我的能力。拥有这种智能优势的人，常习惯于用自己的身体去交流和解决问题。他们擅长从事跟自己的身体、双手和手指相关的项目和活动。

这种类型的人偏爱于借助自己的身体或感觉去学习，他们在触摸、操作、移动或感知领域的学习能力非常突出。

拥有身体运动智能优势的儿童，在游戏、扮演、动手操作和建造等领域表现得非常出色。这些孩子运用身体及其感官来处理信息（如在教室中扮演历史人物或允许他们用乐高积木搭建高楼等）。具有身体运动智能优势的儿童比较好动，他们喜欢运动、舞蹈和表演，喜欢做手工和从事机械项目。

人际智能

人际智能是指理解人际关系的能力。拥有这种智能优势的人懂得并关心人与人之间的情感，且能与他人进行良好的互动。这类人在与他人接触时，常常会换位思考，善于发现人与人之间的不同，并且对他人的动机、情绪和意图非常敏感。这类人对人的面部表情、姿态和声音很敏感。在与家人和朋友相处时，他们能与个人或多人保持良好的关系。

拥有人际智能优势的儿童，总是有很多朋友。他们关心自己的朋友并且愿意帮助朋友解决问题。这类儿童喜欢教导其他的孩子，并且乐于参加学校的组织和俱乐部。他们具有很强的影响力，是天生的领导者。

内省智能

拥有内省智能意味着拥有思考和理解自我的能力。拥有这种能力的人能够察觉自己的优势和劣势，以及情绪和动机。他们能有效地利用自我约束的能力去达成自己的目标。

这些儿童常常激励自己。他们会监督自己的思想和感受，并能有效地控制它们。内省智能的儿童须拥有绝大部分时间是属于自己的安静空间。他们更倾向于独立地学习，对他们而言，最好的学习方法是观察和聆听。他们喜欢单独地玩耍，并且自觉地去制定目标。他们对自我的感受和情绪很敏感。

自然探索智能

自然探索智能是指一种识别植物、动物和其他自然环境的能力。拥有这种智能的儿童喜欢从事跟自然相关的活动，如钓鱼、爬山或露营。

拥有自然探索智能的儿童喜欢户外活动，并且与外界和动物保持着非常密切的关系。他们很容易在自然中发现图案和目标。他们喜爱收集鲜花、石头和树叶，喜欢与动物或自然事物相关的故事、表演和话题。他们对照顾小动物以及学习动物学的知识很感兴趣，也很关注濒危物种。他们很容易学会目前已在世界上发现的物种特征、名称和相关信息。

通过对以上人类智能的探究，儿童成为全面发展的个体，他们的成功可以体现在生活中的许多方面。幼儿教师需要去辨别每个孩子所展现出的不同优势。有些孩子的优势反映在词汇方面，有些反映在音乐方面，还有一些则反映在对视觉刺激的感应方面。此时教师工作的重点就是，保证其所设计的活动能允许儿童以适合他们的方式来表达。如果儿童有机会以恰当的方式来发展自己的特殊智能，并且在并不突出的智能领域也有所提高，他们就可以利用多种途径来发展智能了。

总之，多元智能理论对帮助儿童学习和真正理解他们的所学是有益的。尽管多元智能理论对教师的启发很大，但它并不是一个教育惯例（尼科尔森·纳尔逊，1998）。你必须自己决定如何恰当地在你的班级情境中运用它。

布鲁姆分类

另一个适合我们在有效教学策略中讨论的概念是布鲁姆分类。本杰明·布鲁姆（Benjamin Bloom）和他的同事们发展了自 1956 年就被教育家所采用的分类系统。这个分类系统的结构与问题分类和教学设计的结构有着相似之处。此分类共有六个层次：

- 识记——记忆内容的呈现
- 理解——用自己的话来陈述一个问题
- 运用——将所学知识应用于新的情境之中
- 分析——辨别事实和推论
- 综合——将部分重组成一个整体
- 评价——对想法和事物的价值做出评判

20 世纪 50 年代，布鲁姆发现在评价学生的学习时，95% 的测试问题仅仅要求他们思考的是学习的最低层次——对信息的回忆。然而，只有这些信息或知识是不够的。无论是过去还是现在，如果不能将知识转化成了解如何、何时以及在何处应用的能力，那么知识就是无效的。

在早教班级中，教师必须帮助学生提升思考的层次。为了培养儿童的创造力，更高层次的思考（位于知识和理解两个层次之上）是非常重要的。正如我们所学的那样，创造性活动的焦点并不是以用“正确的”方法做事为标准，而是以富有创造性地发展不同的思考和学习方法、探索不同的材料，并从中获得快乐为目标。正如前面章节讨论的，创造性思维包括创造一些新颖或独特的东西，其目标在于刺激求知欲和促进分歧。表 5-1 展示了布鲁姆分类所包含的思考层次，以及与每个思考层次对应的相关建议。

差异化教学与有特殊需求的儿童

根据儿童的特殊需求改造教室的过程与因材施教的想法十分相似。这两种情况，教师都提供了适合每个学生的活动与内容。以下是在一些早教班级中，对有特殊需求的儿童所采取因材施教策略的一些具体方法。

- 根据每个儿童的发展水平，展开此阶段的培养工作，使其能够顺利地向下一阶段过渡。举个例子，每个儿童的动作发展情况有所不同，有的儿童就可以完成一些比较复杂的行为，如系鞋带，或者在其他孩子只会画线条时，他却可以创作出复杂的绘画。但是，对于一个在运动领域有特殊需求的儿童，也许在他们只能通过指指点点来进行语前交流时，其他的孩子却已能够运用很多词语了，即使这些词语与他们

表 5–1 布鲁姆分类

识 记		
关键动词	尝试提出问题	可能的活动和结果
说	在……之后将会发生什么?	请为主要的事件列个清单。
列举	有多少……?	请制定一张事情的时间表。
描述	那个……的人是谁?	请制作一张事实的图表。
叙述	你能为……命名吗?	请列出故事中的所有……
查找……的地点 / 定位	描述……发生了什么?	制作一张能够展示……的图表
书写	谁跟……说的?	背诵 / 叙述一首诗歌。
寻找	你可以说出……的原因吗?	
陈述	发现……的意义?	
命名	……那是什么?	
	谁对谁错?	
理 解		
关键动词	尝试提出问题	可能的活动和结果
解释	你能用自己的话说出来吗?	通过剪裁或绘画图片来表示特殊的事件。
说明	你能简单写个概要吗?	举例说明(图解)你所理解的主旨大意。
概述	你认为接下来发生了什么?	绘制一幅展示事件顺序的连环漫画。
讨论	你怎么认为?	根据你的喜好彩绘一幅图画。
辨认	主旨是什么?	为这个故事编写一本书。
猜测	关键特性是什么?	
重申	你能从中辨别吗?	
翻译	两者之间的差异是?	
比较	你能为我举一个……的例子吗?	
描述	你能给出一个关于……的定义吗?	
应 用		
关键动词	尝试提出问题	可能的活动和结果
解决	你还知道……的其他例子吗?	制作一个模型以证明其操作方法。
展示	这可能发生在……?	制作一本与学习领域有关的剪贴簿。
使用	你能通过特点进行分组吗?	制作一张纸质的地图。
举例说明	如果……,你想改变什么?	收集图片证明一个观点。

建造	你能将所学运用到自己的一些实际经历中吗?	制作一个……的黏土模型。
完成	你想问有关……的什么问题?	彩绘一幅……的壁画。
检查	从这些信息中,你发展一套关于……的说明吗?	
分类	如果你必须……,这些信息有用吗?	
分 析		
关键动词	**尝试提出问题**	**可能的活动和结果**
分析	刚才可能发生了什么?	制作一张能展示家庭关系的图表。
辨别	这与……如何相似?	上演一场跟主题相关的戏剧。
检查	……中潜在的主题是?	设计一张收集信息的问卷。
比较	你能够将……与出现在……中的……作比较吗?	通过调查得出信息来支持观点。
对比	你看见的另外的效果是什么?	制作一张智力拼图。
分类	……中的转折点是什么?	制作一张表来说明收集到的信息。
辨认	……中的问题是什么?	写一份商业广告以理解这一产品。
解释	你能解释在……发生了什么?	
通知		
综 合		
关键动词	**尝试提出问题**	**可能的活动和结果**
创造	你能设计一个……吗?	发明一个可以从事特殊任务的机器。
发明	为什么不创作一首关于……的歌呢?	创造一个新产品。
创作	你有解决……的办法吗?	为它命名,并计划一个市场销售活动。
预测	如果你可以使用所有资源,你会如何对待……?	写下与……相关的感受。
安排	你为什么不用自己的方式去对待……?	为……设计CD、图书或杂志封面。
建构	如果……将会发生什么?	创作一个关于……的电视节目、戏剧、玩偶表演、角色扮演、歌曲或哑剧。
设计	你能想到多少方法?	为……想出若干解决办法。
想象	你能创造一个新的与众不同的用于……吗?	

建议	你能为美味菜肴创造一张新食谱吗?	
策划		
规划		
评 价		
关键动词	尝试提出问题	可能的活动和结果
判断	有关于……更好的解决办法吗?	为评价……的说明制定一份标准。
挑选	判断……的价值。	制作一本关于5个重要规则的小册子。
选择	关于……你能为你的立场辩护吗?	使人确信……
决定	你认为……是好还是坏?	举行一次以特殊兴趣为主题的辩论。
证明	你如何处理……?	写一份半年报告。
辩论	你建议为……而改变什么?	准备一个案例来介绍你对……的观点。
核实	你相信吗?	
讨论	你如何看待……?	
推荐		
评价		
交流		
估价		
排序		
决定		

复杂的想法并不相同。因此，所有需要必须针对他们自己的情况，然后再帮助他们提高。

· 根据每个儿童的优势和劣势来设定环境，以帮助他们变得更有能力，不管他们是否有特殊需求。

· 以正确的方式与孩子互动，使他们能够站在自己的角度去思考和解决问题。这种互动需要在一种持续的、互信的关系中进行，这样儿童就可以与旁人一同参与进来（格林斯潘，2001）。

· 确保儿童能逐步调动起他们的所有感官。如果儿童在视觉处理方面存在某些障碍，那么教师可以在开始设计一些依靠其他感官进行绘画的活动，如听觉、嗅觉、触觉等，作为吸引他们的方式。逐渐地向他们介绍简单的视觉处理经验。随着儿童意识到自己能够成功，他们会感到自己很能干，并且更加愿意去参加一些他们认为具有挑战性的活动。

· 增加可控的、易于达成的挑战，保证儿童的成功率能达到70%—75%。另外，在儿童想去迎接每个新挑战时，别忘了使用亲切和关爱的鼓励性话语和活泼的赞美（格林斯潘，2001）。

针对学龄特殊儿童的教学

以下是针对有特殊需求的学龄儿童而开展的与个性化教学和教室改造相关的建议。

· 调整期望学习或达成目标的数量。例如，如果要求一般的学生知道 50 个州，那么对于有特殊需求的儿童，要求他们记住其中的某一些就可以了。具体的数量可视学生的具体情况而定。

· 调整分配给他们的时间，使其能够在规定的时间里学习、完成任务或进行测试。例如，允许有特殊需求的学生有额外的时间来完成有时限的任务。

· 增加个人辅导的数量。例如，允许同学互教，将比较优秀的学生与特殊学习者组成一组以提供帮助。

· 调整教学方法。例如，提供给学生课程的录音带或录像带。允许实地考察做客演讲，同学互教、电脑辅助或由学生制作的影像作品。

· 调整技术难度、问题类型或学习者处理工作的标准。即使任务是依据老师的叙述完成的，也要允许学生发挥创意。例如，学生会根据主题画一张作业或者进行一次采访。并允许学生有自己的想法。

· 调整学生教学反馈的方式。例如，允许学生以画图、写散文或完成一个与课程相关的特殊电脑软件程序的方式进行反馈。

· 调整学习者积极参与的任务范围。根据他们的能力制定学生参与的工作，不管是智力方面的，还是身体方面的。

· 调整使用相同材料时的目标或期待的结果。比如，同样是要求写一段文字，有障碍的学生与健康的学生相比，显然在写作任务中会耗费更多的时间，所以在此时请调整对他们的期望。

· 提供不同的指导和材料以实现学生的个人目标。例如，与其要求有特殊需求的学生记住 50 个州的名字，不如让他们去玩玩美国的拼图。

注意力与儿童的生理需求

当教师在设计创造性活动时，还有一个必须考虑的是儿童的注意力广度和活动模式。这意味着，成功的创造性学习体验与陷入混乱中的创造性行为是不同的。

注意力 请记住，一般儿童注意力的情形是：年龄越小的孩子，注意力集中的时间就越短。对于还在学步的小孩和两岁大的孩子来说，他们最多平均可集中两三分钟的时间。注意力集中的时间会随着儿童的成长而逐渐增加，一般认为，六岁的孩子平均最多可以集中 15 分钟。通常教师会高估孩子的注意力，因为孩子们看起来好像很专注，其实不然。但是当幼儿的注意力减弱时，他们的表现是明显的——他们可能会哈欠连连、转过头、坐立不安、扭来扭去，甚至离开座位，走来走去以给出一个清晰的信号，表示他们此时对任务的注意力已经用尽。

幼儿教师需要捕捉到这些注意力正在丧失或已经丧失的明显信号。当这些信号出现时，就应该转移到其他主题、开始新活动、提问、做一些“伸展运动”，或通过改变其他步伐去吸引儿童的注意力。但是，如果教师已经设计好适合发展的活动——那些不太容易并且具有一定挑战性的活动——即便是很小的孩子也能有较长专注的时间。留意可让孩子保持较长兴趣的活动，并且将它们纳入课程设计中，这将是观照孩子发展需求和兴趣的好方法。包括那些能唤起儿童多元智能的活动，也是为幼儿计划适合发展活动的一部分。

很多教师感到很有必要“锐意进取”，尽管儿童对其课程计划缺乏兴趣或是不太参与。虽说中途改变已经制订好的课程计划很难，然而迫使儿童在与他们的需要和兴趣不相符的活动中集中精力则更难。正如许多有经验的教师所言，针对儿童特殊的需要和兴趣进行教学活动会比较容易，根据需要作出调整以满足他们变化的发展需要是必需的。例如，如果艺术中心的兴趣减少了并且孩子们有权利去选择他们想去的地方，教师就需要重新评估中心的活动是否符合学生的发展需求。

儿童也许准备好了从撕和粘转向尝试使用剪刀，因为他们的运动技能已经从之前撕的经验中获得了良好的发展。或者他们也可能开始尝试使用彩色的马克笔来替代蜡笔的一步改变。重点是通过活动和工具的改变来使儿童适应他们当前的发展水平，你在帮助这些学生更持久的依靠自己的力量完成任务。但是，幼儿从不讨厌一次又一次地使用相同的媒材，只要有新的、有趣的和令人激动的主意、思想和感受想要去表达。随着思考和感受持续地积累，儿童的想法、感受和信息将会不断地丰富起来。

当儿童产生了迫切想要表达的思想和感受时，他们就会因为想赋予这些想法以形式而变得具有挑战性，就会不断地探索运用各种颜料、黏土、蜡笔、画纸和马克笔的新方法（泽费尔特，1995）。

另一个适用于注意力短暂的方法是将注意力集中时间相同的儿童安排在一组。例如，一

读一读 “不让一个孩子掉队”法案

当“不让一个孩子掉队（NCLB）”法案将学校的注意力集中在尽可能完成年度教学任务之时，关于这项法案在教学方面的负面影响也开始显现出来，尤其是在难以完成年度教学任务的学校。（尼尔、吉斯邦，2005）。

最近的两个研究证实了一大批相关报道，报道中描述了 NCLB 法案是怎样将学校课程缩减至只是为数学、英语测试做准备的。“学术萎缩：美国公立学校人文学科的状况”描述了艺术、外语和初级社会研究课程正在被挤压（冯察斯特罗、扬茨，2004）。基础教育委员会 2004 年 3 月份的报告表明，拥有大量低收入家庭孩子的学校的课程萎缩问题是最严峻的。

一份来自全美联合学校董事会（the National Association of State Boards of Education）的报告也认同 NCLB 法案限制了学校课程的多样性。报告认为艺术与外语教学已经被边缘化，并且处于被完全排除在公立学校核心课程范围之外的危机之中（迈耶，2004）。

报道的这个部分，其最关键之处是学校简化成为备考的地方。考试就是课程，教学必须服务于提高分数，所有关于其他学科的需要——来自儿童本性的需要和社会需要——均被排除在外了。在小学阶段，提高学校考试成绩的方法是让某些学生不在被测试的人群中（排除的标准因州而异），方法包括将这些学生登记到其他学校，或者用其他方式从学校的统计报告中抹去学生的姓名和他们的分数，或者只抹去分数（尼尔、吉斯邦，2005）。

有关这点的一个案例：肯塔基州有一条规定，要求学生在一个学年中就读同一所学校至少 100 天，以便他们的得分可以计入学校分数统计，可这样就会迫使一些不需要留级的学生被留了下来（尼尔、吉斯邦，2004）。在休斯敦的学校里，NCLB 法案也引发了一些有争议的做法，例如将学生保留在九年级使他们不能进行十年级的考试，还有安排更多的学生参与特殊教育计划，使他们的考试成绩不计入学校总成绩（CBS 新闻，2004）。

学业评定是问责制的一个重要组成部分。然而，评估不能仅仅包含易于测量的标准化测试。正如我们所了解的，发展适宜性教学、布鲁姆分类和个性化教学都告诉我们孩子需要的不是国家标准，而是课程基准。当他们在面对 NCLB 法案的内在挑战和其他课程标准时，这些课程的准则可以成为他们的导向性力量。

想一想 为什么要做填色练习？

许多的幼儿老师要求孩子们对预先画好的画来添加或者完成涂色。一个四年级的老师要求学生做一份读书报告然后给他们一幅画让他们来涂色作为报告的封皮，这样做，创造力又在哪里？

无论什么时候我和学生或者是同事讨论起涂色问题，他们都会分享他们涂色的经历：涂色以前是，现在也是一种休闲活动。那为什么它对孩子有坏处呢？

涂色就是成人创作好画来占用孩子的时间的。占用孩子们的时间其实是我们想要做的，例如，让孩子在漫长的自驾旅途中保持安静。在绘本中涂色是一件特别放松的事情，孩子们不用去思考怎样完成这个工作。这样的活动会减少孩子独立思考的能力，导致他们每次都依赖老师。

老师有时用这种方法，这样他们就可以完成自己的工作，比如说批改作业或者课堂练习。孩子们习惯于看成人创作的图画，当要求他们创作自己的作品时，他们会感到沮丧，因为他们的作品被要求与孩子的类似而不是与成人的类似。如果孩子感到灰心，他们就会对绘画和创作的过程失去兴趣。

组三岁儿童的教师可以在10分钟时间里，平均安排四个活动，每个活动占据2—3分钟。可以是四个不同的手影表演，也可以是两首诗、一个手影表演和一首歌；或者是两个“老师说”的游戏和两个手影表演。你重点要了解幼儿的具体情况。

与注意力集中的时间有关的另一个重点是杰出的个人天赋。有些三岁大的儿童会从事非常喜欢的活动课超过3分钟，而一年级的学生却不能参与5分钟的语言艺术课！在这种情况下，你就需要考虑个别儿童和特定活动之间的契合点。

活动模式 幼儿在符合他们当前发展水平的新活动中，表现得非常好——这些活动既不太难也不过于简单。改变活动的形态，以保证新旧活动的趣味性并且适合幼儿的发展。好的活动模式是首先以一个熟悉的（喜欢的）活动开始，复习一些其他相关的活动，然后再转而介绍新的和不同的活动。例如，在介绍“B”时，教师可能会以一首喜欢的歌“按钮小丑（Buttons,the Clown）”起头，然后她会让儿童辨认以“B”作为首字母的事物图片，并稍后介绍B的发音和相关的单词。在相似的活动模式中，四岁儿童的教师会以一场令人喜欢的5只小猴子的手影表演作为开始，并让孩子扮演这5只猴子，然后再介绍一本关于猴子和猴宝宝的新书。

幼儿的活动模式也需要考虑其生理特征。儿童率先发展并练习粗犷动作相关的技能，同时也需要练习精细动作。因此，安排活动时应该兼顾两者。举个前面的例子，四岁儿童的教师就兼顾了粗犷动作（像猴子一样跳跃）和精细动作（手影表演）的活动。一堂课应包含各种类型的活动，这样有助于增加儿童注意力集中的时间，因为这些都是儿童所喜欢的动作活动。

幼儿的创造性活动必须平衡好动与静的关系。任何单独一项活动都不适合幼儿的发展需求。请记住下面给出的规则：年龄越小的孩子，他们接受过度刺激的趋势就越大。应该限制正在学步和两岁儿童的活动数量，避免过度刺激。随着儿童操作能力的增强，活动的数量会逐渐增加。

同样，在单独的教学环境（或课程）中，

想一想 教导特殊需求的孩子——真相或虚假

许多成年人在和一些有残疾的人相处时缺乏经验，通常残疾人会被安排到专门为他们设计的活动中。对于这些以前缺乏与残疾人相处经验的老师来说，在班中有残疾人同学会给他们提供一个去学习如何评价残疾孩子的机会，还能够更好地理解残疾人。老师和其他的成年人会发现随着对残疾孩子的熟悉，对残疾孩子的缺陷会有一种新的认识。例如你会发现以下这些现象。

· 盲人孩子不会自动地通过其他的感官途径获得信息，他们必须学会通过听觉、味觉、触觉和移动来代替视觉。成人必须帮助他们来发展这些技能。

· 失聪的孩子即便是特别严重，他们也不会特别安静，他们会喋喋不休或者是胡言乱语。

· 患有唐氏综合征的孩子通常会特别开心或者友爱，但他们不会一直这样，你会为他们的愤怒和顽强抵抗感到吃惊。

· 有严重或者多种身体缺陷的孩子，比如脑瘫患儿，会有正常的或超乎寻常的认知能力，从而掩盖他们表达能力的缺陷。

所有年龄的幼儿都需要动静交错的活动，因为如果超出了能够安静就座的时间，他们就会觉得很难熬（他们无法安静地久坐）。举个之前一年级的例子，教师通过让儿童走到黑板前写下一个字母 b 或者向以字母 b 为开头的物体走过去，以这样的方式平衡了动静活动之间的关系。由此这节课就照顾到了儿童不能安静久坐的生理限制。在四岁儿童教学的例子中，我们看到了有关类似的安排：活跃行为（跳跃）和安静行为（聆听故事）。在追寻动静结合的活动中，教师还要考虑到幼儿需要活动和适当休息的生理需求。

团体活动之间的过渡阶段 如果团体时间过长而又无趣，或者要求过于严格，那么从团体时间向下个活动的过渡就会变得很混乱。如果团体中的儿童表现出扭来扭去或不舒服的样子，那么你将很难转换到下一个活动。

如果没有采取相应的预防措施，那么即使是一个短暂的兴趣小组时间，也会以大批孩子的离去而告终。请思考在下面的情形中，教师应采取什么预防措施：

> 老师正在给孩子们放映幻灯片。在放映间隙，她建议孩子们站起来，跳一跳，伸展一下身体，活动活动筋骨。正当她要再次启动放映机时，克莉丝汀和三个小朋友向她跑过来。老师看着克莉丝汀问："怎么了？"克莉丝汀报告说："约翰在干扰我们，他还在不停地扭动。"

立即消除扭动是个不容易的过程。实践证明，每个孩子都需要以自己的方式和时间去安静下来。如果一群幼儿，没有任何扭动的行为，反而会更令人担忧。一群健康的孩子需要有位耐心的老师，能接受每个孩子对安静要求的不同回应方式。

另外，为了避免团体时间过后可能会出现的混乱，建议提前与儿童分享当天的作息计划，这样儿童就可以了解接下来的安排。反复重申一些特殊的规则。然后在每个活动的开始和结束时可以提醒孩子："还记得在今天的故事结束后，我们要做的事情吗？""准备出去散步时，记得要拿上外套哦！”“当我们要离开这个圆圈时，如何避免大家撞在一起？”当孩子们参与到实施计划和规则制定的过程中来，他们会更容易理解、记忆，并主动去遵守这些规则。不要只记得提醒忘记的人，当儿童在活动中的进展顺利时，也要及时给予他们正面的强化。但是，正面的强化也不应过于随意或习惯性地给予，因为这样会让儿童怀疑它的真诚性。一般来说，一些真诚的反应，如一个笑容，一个轻拍的动作，总会比一些普通的话语更有效果。

转换时刻到自由活动时间 为避免儿童在自主选择时间开始时疯狂地来回冲撞，关键的策略是确保他们拥有足够的时间去从事他们喜欢的活动。如果自由选择的时间太短或令人感兴趣的活动太少，那么一些孩子就会跑去霸占他们所选定的活动。其他人则不再打算参与任何活动，而选择漫无目的地到处乱跑，因为他们知道很快就会结束。因此，拥有足够有趣的活动，并在第一选择不能满足时，允许儿童有第二个选择。然而，如果自由选择的时间过长，也会使儿童感到疲倦，他们会不再尽心尽力地学习，甚至会出现偷懒、捣乱等不端的行为。灵活、敏锐地观察学习和游戏的情况，从中把握给予自由活动的具体时间。

重新回到团体时间 通过一个小小的前期宣传可以促进向团体时间的过渡。在包里放点东西能培养孩子对未知事物的兴趣，当孩子们进一步问时，就可以告诉他们：“具体内容，我将在团体时间向你们展示。”孩子们也期待有机会在团体时间展示他们的积木、艺术作品或绘制和装订的图书。可以在早晨预告今天会进行的一些令人兴奋的事情，这些暗示将会使儿童在全天都保持着高涨的兴趣。

在团体时间开始时，应该安排一个老师或助教和孩子们在一起。不要试图在远处控制儿童的行为，那样是很危险的。

你可以尝试不同的方法。当所有的孩子都坐下来看书时，也请你和他们一起坐下。你可以跟其中的一些孩子分享书的内容或等待一个合适的时机，提醒孩子们阅读时间快要结束了。对于阅读完毕的孩子，你可以收集、整理他们的书，而对于没有阅读完的孩子们，则请允许他们继续阅读。如果有些孩子看完书后到处跑，那么你可以通过组织一个小小的讨论，或以一个手影表演来吸引他们的注意力。当把书收齐后，你就可以进行下一个团体活动。这样的过程顺应了儿童的天性，也尊重了他们对读书的兴趣。

探讨与教师/照顾者有关的因素

态度

态度是促进幼儿创造性活动的基础。如下所示的教师的一些态度和思想，将有助于儿童创造性行为的生成：

容忍小错误 当儿童不必再担心结果是否完美时，他们反而会更加富有创造性。

避免直接告诉儿童解决问题的最佳途径 直接告诉儿童解决问题的最佳途径意味着：第一，教师知道；第二，儿童不知道；第三，如果儿童下一次想知道，一定要问老师。

关注儿童正在做的事情——而非最终的结果 在创造性活动中，对于那些正在进行游戏、画画、搭建的幼儿来说，尽管他们对完成任务和制作他们自豪的东西很感兴趣，他们与成人的想法却不尽相同。这些经验以及他们在从事过程中产生的想法和感觉，也许比最后作品呈现的效果更重要。这就是幼儿经常会用积木来搭建一个复杂的建筑，然后立刻又推散它，并从中获取巨大乐趣。他们想看看将会发生什么！

年龄较大的孩子和幼儿一样，他们也享受创作的过程。但是，处于这个自然发展阶段的儿童会更加关注作品本身。因此，在创造性活动中，以一个开放的视角，例如“如果……会……”的方法，将有助于大龄儿童既注重创作过程又重视创作结果。

避免陷入“班级必须保持安静和有序”的误区之中 安静不是乐趣的特质，纯净并非发现的伙伴。因此，规定好时间并给予孩子一定的自由度很重要。

融入儿童的活动中 通常情况下，儿童将与他们一起画画、工作或者郊游、散步的老师视为他们的好伙伴和朋友。对于儿童来说，老师也在做的事情，一定是有价值的。这样既能激发儿童的参与意识，也有助于教师自然地融入孩子们的世界。另外，这些活动确实很有趣！但需要注意的是，不要让儿童照抄模仿你的行为，确保在这种情形发生之前“悄悄地溜走”吧！

成功的策略

教师在设计创造性活动时，需结合儿童的需求和内心兴趣。此外，为了评价所设计的活动是否符合这群特殊儿童的发展，以下列举了一些一般性的设计向导，这些向导将有助于确保活动的成功。

准备

通常情况下，教师想尝试他们从未体验过的创造性活动——或许他们在书里读过、从朋友处有所了解，或曾在工作坊中看到过。之所以想要进行尝试，是因为他们觉得这样可行并且儿童也能从中受益。这些尝试通常会取得成功，但也有失败的时候。失败的原因在于教师没有摸清问题是出在活动本身，还是准备活动和提供的方法上。以下所提供的一些建议，也许会对活动，尤其是初次进行尝试的活动有益。

在带孩子活动前，自己先试试 如果可能的话，课前教师须先身体力行。因为有的时候，事情听起来会比实际操作要容易些，可以鼓励儿童去尝试，但这并不意味着将其作为实验品。

确保所需的工具都准备妥当 剪刀太少，没有画画的彩笔，没有粘纸的胶棒都可能给学生带来挫折。挫折对于创造性是无益的。

把活动预先设想过一遍 在心中（或纸上）默默地设想活动呈现的最佳方式。考虑好在一天中安排活动的最佳时间，设想材料分配的方式。在预先的活动中，一边思考一边依序记下必要的步骤。

必要时可修改活动，以满足儿童的发展需求 很少有一个活动能适用于所有文化、情境或不同类型的儿童。应确保为有特殊需求的儿童准备好适合他们使用的材料。对此，教师应保持敏感。

用最少的时间介绍活动，好让儿童清楚地了解活动的方法 在这部分中，没有必要让孩子记住条条框框的规则，理解是最重要的。

在儿童活动开始后，要不停地巡视 教师依然在此扮演的是引导者的角色。他们在必要时，为学生提供有用的建议，解答学生的疑惑，并鼓励儿童试着回答自己的问题、解决自己的困难。

创造性活动的呈现

创造性活动能否成功受其呈现方式的影响，而教师在孩子进行活动时所采取的引导方式，则对其呈现方式具有很大的影响。因此，教师在设计每项活动时，应该做到：

- 确定活动的目标。
- 确定在活动中可能学到的东西。
- 列举活动所需的材料。
- 决定如何进行活动。
- 决定以何种方式，激发并保持儿童的兴趣。
- 预估儿童可能提出的问题。
- 设计活动评价的方法。
- 设想后续的活动安排。
- 设想清理时间和要求。

每个星期的创造性活动都应具有多样性，这样就能为学生提供多种选择来满足他们的不同兴趣。不仅要重视每个课程领域，还要顾及某类行为。确保每个星期都有戏剧表演、唱歌、

读一读 说话时请注意！

当老师与孩子说话时要注意，有乐观情绪和缺乏乐观情绪的孩子对同一句话的理解可能是不同的，当你在与孩子们相处时下面几条建议可能会对你有帮助，同时有助于孩子们的成长让他们珍惜自己的独特性。

· 在和孩子说话时让他的注意力集中在你身上，把你的手放在孩子的肩上或者借助呼唤孩子的名字，尽可能地放低心态与孩子平等交流。

· 要根据孩子的年龄来选择说话的方式，越小的孩子你越需要表达得简单、易于理解。

· 你要让孩子感觉到你希望你的话被重视，孩子会被成人语气和动作中透露出的信任所影响。

· 要给孩子思考问题的时间，因为他们的反应没有成人那么快，不要自己抢着回答自己的问题。

· 告诉孩子什么可以做而不是什么禁止做。多用正面的语气和表达，不要总是批评他们。

· 只给他们必需的帮助和指导，和孩子一起行动来支持语言上的建议。

· 多用鼓励的语气而不是沮丧的语气和孩子说话，例如"你一定能做到！"而不是"是不是太难了？"

· 多用具体的语言来指导孩子的行动，而不是一般的语言，例如"你要先穿上你的袜子，然后是鞋子"而不是"穿上你的鞋袜"。

· 多用愉快的请求而不是严厉的指令，例如"你现在可以把你的东西捡起来"而不是"快把东西捡起来！"。

· 使用替代性的建议而不是负面的评论，例如"用那个抽屉里的铅笔"而不是"不是用那个"。

· 如果可能的话给出孩子两种选择，例如"你是自己洗脸还是需要我帮助你洗？"这意味着孩子可以任选一种方式洗脸。当孩子必须要洗脸的时候千万不要给他选择"不"的机会，例如"你想洗脸吗？"。如果你不打算去遵守孩子的选择请不要尝试着说"你是否想要……"。

· 记住你可以否定孩子做出的事情，但不要否定孩子。你可以这样说"你是一个很好的攀登者，但是你没必要去攀登这个架子，这个架子顶不是很结实"。

· 和孩子一起合作（试着去告诉或者示范给孩子如何独立完成这件事情）是为了孩子更好地学习而不是替孩子做事情。

· 请在孩子面前遵守诺言，举个例子，比如你跟孩子说下一个轮到他，你要确定并且尽快地安排他的活动。即使孩子发现了另一个想要参与的活动，也要让孩子来决定是否离开当前的活动。

· 鼓励孩子用语言（要摒弃武力、哭闹和哼唧）和你沟通他们的问题、需要和愿望。

· 身教胜于言教，有许多事情是这样，比如礼貌要"抓"而不是"教"。

户外活动和团体计划等活动进行。

当为幼儿介绍新观点或新活动时，速度不要太快。正如之前所学，基于儿童的需要，不同的教学方法，需要不同的时间。儿童需要一定的时间去创造和探索新材料，尤其是那些较小的幼儿，也许需要更多的时间。活动应重复多次进行，使儿童学会处理材料的新方法并通过重复扩展他们理解力。有意地将教室中的特定艺术活动隔几天进行一次，好让不想在前两天尝试它的孩子，有选择它的机会。

应密切注意活动的流程，学习活动应建立在前后的基础上。例如，有的孩子在画苹果前，可能会想先尝一尝、闻一闻，摸一摸。一旦儿童投入创造性的活动中，用一些鼓励的话语来保持他们的兴趣就显得很有必要。尤其是当儿童遇到问题时，一点小小的鼓励和帮助是很有用的。儿童需要有足够的时间来完成一项活动，请注意不要在他们刚燃起兴致时打断他们。

完成一项创造性活动

在每天结束的时候，教师都要评估当天的活动。思考一下，为了让隔天的活动效果更好，还可以做哪些方面的修改和创造？当天的成功之处是什么？学生在活动时的兴趣如何？他们的对话和游戏意味着什么？教师想要做什么？这一过程可用这几个关键词来概括——“提问、思考、感受和决定”。因此，一个从事幼儿教育工作的人，总是需要对这些新的信息和反馈怀有/持有开放的心态。

成功的策略——国家标准

到目前为止，本章的所有内容都围绕着以发展的方式来教育幼儿的方法展开，这些方法也是促进儿童创造性活动最基本和最直接的方法。然而，今日美国的幼儿教师还必须了解三个全国性的法案和标准：（1）教育立法（2）内容标准（3）教师标准。以下则是针对这三部分进行的简略描述。

教育与立法

2001年，美国国会通过了“不让一个孩子掉队（NCLB）”的法案。这项特殊的法案，因为高度重视提高美国学校为所有儿童创造更多教育公平的机会而广为人知。NCLB法案的目的是为所有儿童提供一个公正、平等和重要的教育机会，以获得一个高品质的教育。其中，最受关注且饱受争议的条款是国家为评定学校在提高学生学业所得方面的发展而制定的标准和实施的年度评估的要求。

内容标准

NCLB法案要求教育部门制定有挑战性的学业内容标准和学术评估。这意味着基础学科拥有许多由国家制定的学业标准以及新的或经过修订的国家“测试标准”。即使许多州已经拥有了这样的标准和测试大纲，但NCLB法案要求各州在测试类型、参与测试的人，以及学生和学校反映的结果等方面更加一致。这项法案自开始生效，就要求三至八年级的儿童在2005—2006学年进行一次年度的阅读和数学测试，2007—2008学年则必须对科学进行评估。这意味着三至八年级的儿童每年都要参加国家的标准测试。许多州和地区还将更小和更大的孩子也纳入他们的测试计划中来。

内容标准对于学前至五年级的老师来说同样重要。尽管大多数国家标准是为学前至十二年级的学生制定的，它们通常由多种语言构成，因此广泛适用于幼儿园的很多情况。有些国家标准针对的是儿童的初级阶段，因此包含了前幼儿园期。同样，大多数州已经发展了或者正在发展他们自己的内容标准，当然也包含了学前幼儿园期的部分。“领先计划”就已经发展了自己的一套标准，即“领先学习成果框架”（Head Start Child Outcomes Framework，2002），此框架对于学校的成功是非常重要的。

由于内容标准的发展，许多幼儿教师越来越多地将学科标准整合到他们的教学计划中，并且参与到多个州的标准制定活动中。大多数教师认为，必须制定幼儿课程的一些目标和标准。但他们也了解这个年龄阶段的学习特性，并认真地定义着什么样的内容标准才是最合适的，能有效地融入学前班和幼儿园的计划之中。因为以游戏的方式来建构课程并不意味着课程不严谨或者不以内容为基础。

重视评价是NCLB法案中的一部分，幼儿

的观察力是幼儿早期训练的核心。正如先前所示，很多课程超出了幼儿的理解力，教育者应尽可能多地了解每个孩子的特点、优势和需要，这样就能建立起一个有效的环境来支持所有年龄层次孩子的发展和学习。

此标准的议题再次强调：作为幼儿教育的专业人士，我们需要建立起自己的评价标准，而不是服从于他人的做法。我们可以更广义地看待“评价”这个词，而不是仅在标准化测验与评估的狭窄范围内理解。从发展的视角来看，我们更重视讨论评价的“作用”，将“评价”视为帮助儿童与他们的家人实现有价值的目标的一种手段，而不是以评价本身作为目的。

幼儿学习标准

内容标准不再属于基础教育的领域。我们将拥有专门针对幼儿早期的学习标准。自 2005 年的 8 月起，就有 45 个州针对交流和读写能力制定了学习标准，44 个州制定了数学标准。另外，这些州中的大部分已经发展了科学、社会研究、社会 / 情绪发展、身体发展与健康以及创造性活动的学习标准。

那么，幼儿早期的学习标准是什么呢？重点州立学校管理者委员会（CCSSO）的幼儿教育评估联盟将幼儿早期的学习标准定义为“描述幼儿在以下领域的学习和发展期望：卫生和身体健康，学习方法，语言发展和符号系统，以及围绕在我们身边事物的一般性知识”。

大部分制定好的学习标准是针对三至五岁儿童的。但是，也有一些州已经研制（或正在研制）对婴幼儿的学习标准和期望。

所有这些州的早期学习标准都有着许多共同的特点，它们都是基于儿童发展可接受的一般性知识，不同之处则体现在版式、具体内容的内涵或发展领域等方面。另外，已确定的标准所包含的条款数量也是广泛的（斯科特·里透、卡根、弗雷罗，2004）。在联邦政府层面，“领先计划”研制组在 2000 年开始研制“儿童领先学习成果框架”。如今这个框架已是国家领先计划中评价有效性的重要部分（恩隆德，2006）。

幼儿园年幼儿童与年长儿童的标准有所不同，因为年幼儿童的主要任务是获取和完善基础技能——这些技能有助于他们在今后顺利地获取学习内容。“在幼儿早期，发展这些基础技能（为之后学习打下基础的技能）如同掌握内容本身一样重要。”（秀尔、博德罗瓦、梁，2004）因此，建议幼儿早期的学习标准涵盖社会 / 情绪发展、身体发展、学习方法，以及与教育有关的传统内容等领域（斯科特·里透等，2004）。

在整个教育领域，思考如何使用这些标准是有原因的。美国幼儿教育协会（NAEYC）和美国教育部幼儿专家协会（NAECS/SDE）2002 年发布声明警告说：“如果不能很好地发展和执行这些标准，那些易于受到伤害的幼儿就会出现教育和发展的危机”。

而若能恰当地使用它们，也会有一定益处。

- 标准强调了这样一个事实：处于婴幼儿、学前阶段的儿童，在学习和发展方面都存在着惊人的潜能。为了保证儿童在学校和生活中获得长期的成功，提供有质量的幼儿早期发展计划是有价值并且十分重要的。
- 标准可以帮助不同年龄的孩子建立期望，为其技能和能力的交流建立共性。
- 标准提供了一个义务框架——是教育者向家长、整个社区以及他们自己展示幼儿早期学习计划的一种方式（恩隆德，2006）。

正如所有其他的国家标准一样，早期幼儿学习标准也存在一定的弊端。

- 它们会导致千篇一律的教学风格。
- 它们会给幼儿带来课程失败的责任危机和不适当的期望压力。
- 它们会导致对幼儿使用测验或其他类似的评价方法。
- 它们会导致人们认为直接指导是保证达

读一读 开启多元智能，试试这些想法！

以下是一些可以帮助你开启多元智能教室活动的建议：

对于在安静工作中喜欢敲打、哼唱、打拍子的学生，为他们提供一些细的塑料吸管，这样当他们轻敲桌面时，就能尽可能地避免引起他人分心。

对于喜欢撕纸、在桌面上涂鸦或课本上戳洞的肢体动觉型学生，可以在他们的桌上放置一团黏土，方便他们在需要时可以随时操作。

对于音乐型的学生，可以先为他们提供一个耳机和一组音乐以帮助他们集中注意力。

在班级读故事之前，请先想一想，如何同时关照音乐型或肢体动觉型的孩子。例如，在读一本与动物相关的图书前，指导学生要在你读到动物名称时，相应地发出那种动物的声音。

指定不同的语调代表你所教的标点符号。当你在黑板上呈现出需要补充标点符号的句子时，请学生选择能够代表标点符号的语调来阅读句子。

在练习词汇时，让具有音乐智能优势的学生创编一首与该词汇拼法（或意义）相关的 rap 或歌曲。让具有视觉空间智能优势的学生画一幅“文字图片”或“数学真相画”。首先，在纸中间写下该词汇或是数学原理，然后在它们旁边画一幅可以帮助他们记住这个词汇的画。对于具有语言智能优势的学习者而言，让他们运用词汇创造一个纵横填字游戏。不论是具有语言智能优势，还是音乐智能优势的学生都会喜欢运用词汇或数学原理创作押韵感十足的诗歌。

成标准的唯一途径，而儿童通过自我主导、探索进行学习的方法则是不为人所信服的。

许多经验丰富的幼儿早期教师倾向于反对增加早期学习标准的清单。但是对于幼儿早期的教育者而言，对早期学习标准采取积极的兴趣以确保幼儿参与其中的最佳兴趣是非常重要的，这是因为在所有与幼儿相关的问题中，教育者需要对承认和尊敬最小公民在所有标准和课程问题中的发展保持持续警惕。

教师准则——INTASC 准则

洲际新教师评估和认证团体（Interstate New Teacher Assessment and Support Consortium，缩写为 INTASC）准则是新教师资质许可的范本，这些准则由职业教师代表和来自 17 个州的个体教育机构一起起草。帮助所有学生获取 21 世纪的知识和技能是这些准则的一个共同核心。这些准则的一个重要特征是以教学效果为基础——也就是说，他们强调的是教师应该知道能做什么而不是为了获取许可证完成罗列的课程清单。

总结

给儿童规划创意活动要从儿童的认知出发，为了规划恰当，有一些问题要考虑儿童本人、儿童的环境情况和教师自己的感觉。教师的规划需考虑如下几点：（1）儿童的需要和兴趣；（2）他们的发育水平；（3）能够利用的材料和资源。这些是 DAP 的基本概念。如何通过了解每个孩子的“智能”来满足儿童的需要，多元智能理论为不同类型的学习实践提供了理论支撑。布鲁姆的分类法给了我们一种鼓励儿童交流思想，在规划创意活动中需要考虑的其他因素的工具和活动模式。儿童在某些活动中能专注多久，教师应有合理的预期，教师也应该知道如何指导这些活动以便在活跃的活动和安静的活动之间有一个良好的平衡。

尽管儿童天生会拿他们自己的作品与其他儿童比较，但在创意活动中竞争是无需或是无用的，重要的是让儿童知道个人感觉是正常的和合理的，有时这些感觉的表达可能引起一些问题，因此可能需要修正。对一些问题如“儿童如何能有创造力”“儿童对它的感觉如何”的感性回答有助于指导教师促进创造性行为。

当给儿童规划创意活动时教师也应该考虑到他们自己的需要、兴趣、技术和能力，他们的态度对创意活动起着决定作用。

在创意活动中，教师是扮演促进儿童创意表达的角色，这通常意味着教师具备儿童发育水平和技能的相关知识、对儿童有着关怀的态度、帮助儿童处理材料的意愿。这意味着教师的引导不受干扰或批判。

为确保创意活动的成功，认真规划是很有必要的，而且，必须关注和思考活动的提出、儿童兴趣的维持、活动完成的方式等方面的问题，当创意活动完成后，它的成效应该从个人和计划目标两方面来评估。NCLB 法案、幼儿园学习标准、INTASC 准则是保障优质教学的方式。

关键词		
活动模式	差异化教学	国家标准
注意力集中的时间	促进	“不让一个孩子掉队”法案
布鲁姆分类法	个人差异	过程性学习
发展的水平	重要指标	瑞吉欧教学法
适宜发展的练习	多元智能	

学习活动

1. 请找出本章中能够促进幼儿创造性行为的“态度”词汇。

· 从你的个人生活中举一个可以与本章某态度词汇对应的例子。

· 判断一下这是你现在所拥有的一种态度或者是你需要去改善的人。

· 根据提高的需要，说说你将如何开始改善这些态度。

2. 下面是教师用于为创造性活动营造良好氛围的一些策略。

· 针对童年早期创造性活动的环境制定 5 份要做的事和不能做的事的清单。

· 如果可以，比较并讨论你和你同学的清单。

· 观察优秀教师指导童年早期创造性活动的情形。为了促进儿童创造力的表达，他都做了些什么？

3. 运用这一章所学关于创造性活动设计和表达的相关内容，为三岁和三年级，或四岁和四年级的孩子设计一个创造性活动。在你的活动计划中，请考虑以下内容：

- 儿童发展的需要
- 注意力集中的时间
- 身体能力
- 活动水平
- 恰当的材料

- 恰当的动机

4. 运用观察表来评估你自己的多元智能。你会为从中了解到的自己而惊讶吗？你会将它应用到你的教学中吗？如何应用？

5. 运用观察表来测评你的个人教学风格。你最擅长的智能是什么？最不擅长的智能是什么？你会因为自己的弱项而忽略某些类型的活动吗？

本章回顾

1. 讨论设计符合儿童注意力集中时间的活动的方法。

2. 至少列出两种符合孩子活动程度的活动设计方法。

3. 列出了解孩子，与孩子一起活动需要回答的十个重要问题。

4. 讨论幼儿内心情感与表达情感两者间的差异。

5. 解释老师融入孩子创造性活动时扮演促进者的意义。

6. 列出创造性活动所需要的步骤。

7. 讨论时间节点转换的策略。

8. 讨论发展阶段一词。

9. 定义差异化教学、过程性学习和多元智能。

10. 讨论标准中的课程内容、教师资格和NCLB 法案。

11. 联系 5 个教学标准，描述什么是优质的教学。

12. 解释布鲁姆分类法是如何激励儿童创造性思考的。

13. 列举发展适宜性教学法的特征。

参考文献

Barclay, K. H., & Breheny, C.（1994, Sept.）. Letting the children take over more of their own learning: Collaborative research in the kindergarten classroom. *Young Children*, 33–39.

Bredekamp, S.（Ed.）.（1997）. *Developmentally appropriate practice in early childhood programs serving children from birth through age 8*（Rev. ed.） Washington, DC: NAEYC.

Bruner, J.（2004）. The rights and potentials of children and adults. Crossing Borders International Conference, Reggio Emilia, Italy.

CBS News. "The Texas Miracle." November 26, 2004. http://www.cbsnews.com.

Clyde, J.A., Miller, C., Sauer, S., Liebert, K., Parker, S., & Runyon, S.（2006）. Teachers and children inquire into Reggio Emilia. *Language Arts*, 83（3）, 215–226.

Copple, C., & Bredekamp, S.（2006）. *Basics of developmentally appropriate practice. Washington*, DC: NAEYC.

Cornett, C. E.（2003）. *The arts as meaning makers*. Upper Saddle River, NJ: Merrill/Prentice Hall.

Gardner, H.（2004）. The hundred languages of successful educational reform. *Children in Europe*, 6, 16–17.

Gardner, H.（1999）. *Intelligence reframed: Multiple intelligences for the 21st century*. New York: Basic Books.

Greenspan, S. I.（2001, September）.

Creating an inclusive classroom. *Scholastic Early Childhood Today*, 33–34.

Gronlund, G. (2006). *Make early learning standards come alive: Connecting your practice and curriculum to state guidelines*. St. Paul, MN: Redleaf Press.

Head Start Bureau. (2002). The Head Start Child Outcomes Framework. Online: http://www.headstartinfo.org.

Meyer, L. (2004). The complete curriculum: Ensuring a place for the arts and for language in America's schools. *The State Education Standard*. Washington, DC: National Association of State Boards of Education.

The NAEYC and the National Association of Early Childhood Specialists in State Departments of Education (NAECS/SDE). (2002). *Early learning standards: Creating the conditions for success*. Available at http://www.naeyc.org/about/positions/pdf/position_statement.pdf.

Neill, M., & Guisbond, M. (2005). *Failing children*. Cambridge, MA: Fair Test.

Neuman, S., & Roskos, K. (2005). The state of state pre-kindergarten standards. *Early Childhood Research Quarterly*,20, 125–145.

Nicholson-Nelson, W. (1998). *Developing student's multiple intelligences*. New York: Scholastic.

Rettig, M. (2005). Using the multiple intelligences to enhance instruction for young children and young children with disabilities. *Early Childhood Education Journal*, 32 (4), 255–259.

Scott-Little, C., Kagan, S. L., & Frelow, V. S. (2004). Inside the content: The breadth and depth of early learning standards.*SERVE's Expanded Learning Opportunities National Leadership Arena*. Greensboro, NC: SERVE, http://www.serve.org.

Shore, T., Bodrove, E., & Leong, D. (2004). Child outcome standards in pre-kindergarten programs: What are standards; what is needed to make them work *Preschool Policy Matters*. Washington, D.C.: National Institute for Early Education Research, no. 5.

Stipek, D. (2006). No child left behind comes to preschool. *The Elementary School Journal*, 106 (5), 455–465.

Tomlinson, C. A. (2000, September). Reconcilable differences? Standards-based teaching and differentiation. *Educational Leadership*, 7–11.

U. S. Bureau of Labor Statistics, Department of Labor. (2005). Labor force statistics from the Current Population Survey:

Characteristics of the employed—Employed persons by detailed occupation, sex, race, and Hispanic or Latino ethnicity.

Online: http://www.bls.gov/cps/cpsaat11.pdf.

vonZastrow, C., & Janc, H. (2004). *Academic atrophy: The condition of liberal arts in America's public schools*. Washington, DC:Council for Basic Education.

Weinstein, R., Gregory, A., & Strambler, M. (2004). Intractable self-fulfilling prophecies fifty years after Brown v. *Board of Education. American Psychologist*, 59, 511–529.

Wurm, J. P. (2005). *Working in the Reggio Way: A beginner's guide for American teachers*. Minneapolis, MN: Redleaf Press.

第六章

创造性的环境

▶ 教学目标

学完本章，你应该能够：

1. 描述一个适合儿童进行创造性活动的环境。

2. 描述有特殊需要儿童的创造性活动环境需要考虑哪些事项。

3. 讨论建立活动中心需要考虑的因素。

4. 列举并描述能够激发儿童创造力并发展技能的兴趣中心的环境。

5. 列举六个为幼儿选择进行创造性活动的器材的要点。

6. 列举五个早期教育环境中需要考虑的安全要素。

环境对于创造性活动的发生是十分重要的。幼儿对消极的情绪和环境非常敏感，一个黑暗的房间或拥挤的空间比雨天更容易影响到他们。空间的安排与各种器材的提供，对儿童的创造性经验有很大影响，对于那些有特殊需求的儿童，影响则更大。

概论

舒适的物理环境是创造性活动成功进行的关键因素之一。以下是一些评估儿童早期活动环境时可以参考的基本指导方针：

· 良好的音质效果有助于沟通。窗帘和地毯可以帮助消除噪声，同时也增加了舒适感和美感。选择能够提高房间光线的墙壁颜色，黄色与其他浅色系就不错。墙壁最好能清洗，至少孩子能够触碰到的地方都是可洗的。

· 地面应该是容易清洁并耐磨的，能让孩子们坐上去感觉很舒适；应该是能够隔音的。油毡、地毯、橡胶和塑料砖是比较合适的地板表面。地板上铺着地毯的区域，使团体活动无需椅子也很舒适。

· 适当的温度、光线和通风是非常重要的。需要注意的是，与成人相比，儿童更贴近地板，并且温暖的空气上升后，取而代之的是较冷的空气。所以在孩子所处的高度安装一个自动调温器或者温度计也许会有助于你了解他们所感受到的气温。与此同时，我们还需要注意的是，与成人相比，任何年龄阶段的儿童都会更有活力，所以，也许对你而言不舒服的温度，他们却不会感觉到冷。

· 考虑房间中的自然光源。当儿童学习时，不直接面对强光感觉会更加舒适。对于那些有视力障碍和视觉限制的儿童，我们应该确保房间里有充足的光线。

· 对于创造性活动而言，自来水和洗涤槽是前期准备和后期清洁必不可少的部分。它们应该靠近需要使用的区域。如果空间内没有可用的洗涤槽，一桶干净的肥皂水、海绵和纸巾也能够满足清理工作的需要。

· 为了使儿童学会收拾东西，应该提供一个易于拿取日用器材的储存空间。

· 椅子应该足够轻，以便儿童搬动时不会发出太多的噪声。放在桌子旁边用于进行创造性活动的椅子不需要有扶手。当使用轮椅的儿童坐在桌子上时，给他在脚下放一个小凳子。

· 应该有能够容纳 4—6 人进行小组活动的桌子。对于需要放大型纸张的艺术活动，长方形的桌子更加合适。小型桌子则具有多种功能，既可以单独使用，也可以组合在一起。桌面最好是可清洗的，塑料贴面就是很好的材料。

· 为了使孩子能够独自去看、触摸并且选择材料，应该采用低矮而且不深的开放式架子。坚固耐用而又方便移动的架子能够使教室的布置更加灵活，并且有助于建立兴趣中心。

安全因素

我们也应该特别考虑到物理环境中的安全因素。以下是几项重要的安全检查项目。

· 确保所有位置低的窗户区域是安全的。

· 当心并且移走有毒的、含铅的颜料以及有毒的植物，特别是能结出莓果的植物。

· 确保买的或教师自制的材料对儿童是安全的。阅读标签——上面可能提到了材料是有毒的。问问自己：这件物品是否可能引起割伤、刺伤或擦伤？这些吸引人的闪光的亮粉会不会粘到手指甲里？喷雾器喷出的气体是否有刺激性？一个两岁的小孩会不会将物体的颜料弄到嘴里？

· 避免使用永久性的或有香味的马克笔，因为永久性的马克笔也许含有有毒的溶剂，而有香味的马克笔会使学生养成咬、闻艺术材料的坏习惯。溶剂型马克笔与钢笔，打开时通过浓烈的气味就可以立刻辨别出来。要为幼儿购买无毒、水溶性的马克笔，一个好的经验法则是：如果一根马克笔的标签上写着“无毒”或没有写“永久性墨水”，那么这个墨水就可能是水溶性的。水溶性的墨水不仅使用安全，而且更容易从墙上和衣服上去除。

· 在创造性活动中，第一次使用新材料的老师要了解安全使用的方法。大多数幼儿了解到危险性之后，都能学会小心使用。在讨论如何使用剪刀时，可以提问：“当你拿剪刀的时候，怎样才不会伤到自己和他人”？两三岁的孩子通常需要大人制定一些规则——例如：“黏土是用来制作模型的，而不是食用的。”四岁或者更大一点的孩子可能对安全操作工具的规则了解得更多一些，然而，他们仍需要口头的提醒或简单的标示。

· 盖好热水管和暖气片。将所有电源插座安上保护盖。在杂货五金行和电器行有一种特制的插座保护盖卖。

· 在禁止幼儿进入的区域安装只有成人才能使用的门把锁，这可以在五金店买到。另外在儿童禁入区域的橱柜上要安装高把手。

· 检查设备，确保没有挂钩或其他锋利的物体伸出来，特别是在儿童的高度范围内。

· 对于有视觉障碍的孩子，要让家具保持在固定的位置，直到孩子熟悉房间的安排为止。当房间的安排或设备变换位置时，要记得提醒孩子。

· 确保在火灾或其他紧急事件中，有足够的逃生通道。

· 经常性地检查消防通道、消防警报、烟雾检测器和灭火器是否处在工作状态，并且放置在了教室的适当位置。

空间与设备的安排

早期教育的空间安排对创造性活动的安全和成功有很大影响。成人在安排设备时需要考虑一些因素。

儿童的年龄与发展水平

一个房间如何安排应根据使用该空间的孩子的年龄和发展水平而定。例如，两三岁的儿童在简单、狭小、封闭的空间就很不错。这个年龄阶段的儿童，如果处于一个过大或设备过多的空间中可能会不知所措。然而，由于他们粗动作技能发展迅速，所以要有足够大的空间来让他们进行粗动作发展的活动。这当中的平衡非常重要。正是因为两三岁儿童的协调能力还没有发展得太好，所以空间应尽可能有序。

相反，五岁的孩子由于重心更稳所以协调性更好，不再像两三岁孩子那样频繁跌倒。对于五岁的孩子而言，房间里有较多的器材不会再产生空间或安全的问题。然而，这个年龄阶段的儿童需要足够大的空间以允许他们奔跑、跳跃、攀爬和扮演。为幼儿组织的空间，应该足够开放，以便让儿童依据身体协调的水平安全而舒适地四处活动和工作。同时，也要为乘轮椅的残疾儿童准备活动室及无障碍设施。建议每个学龄前的儿童拥有 12—16 平方米的面积。中高年级的学生需要在更大空间里学习。一个较大的学习空间，可以允许他们活动其更强壮的身体。让不同小组做课题活动时能有足够的空间，这是适合这个年龄段的学生的教学方法。查阅专业拓展阅读文本，来获得关于发展水平的更多信息，达到技能发展的里程碑，并获得成功的建议。

管理

为幼儿安排空间还要考虑空间的管理。开放性的游戏空间不应该大到难以妥当照顾孩子。常见的办法是将空间划分为有人数限制的兴趣中心和活动区域，以这种方式划分空间更有利于对孩子的管理。我们可以使用低的、可移动的障碍物，如儿童高度的公告栏、书架或者房间隔断。这样不仅能看清整个区域，同时也能使房间的利用更加灵活。

当班里有特殊需要的儿童时，老师需要了解这些儿童的特定限制，并确认一天的活动能够满足他们的需要。例如，与坐轮椅的儿童在一起时，老师应确保他们在长时间里（20—30 分钟）没有待在同样的位置，也应该了解何时将他们移动到进行活动的邻近区域。

灵活性

空间要尽可能保持开放性和灵活性，这样才能适应儿童的成长和发展，并根据他们的需要做出调整。由于早期教育课程内容在年初和年终一定会有所不同，所以早期教育的环境一定要反映出孩子的变化和发展。随着儿童处理新概念能力的不断提高，房间新添加的器材、设备以及兴趣中心需要加以整合。相反，当孩子长大后不再需要时，这些材料、器材甚至是整个活动中心都需要储存起来。对小学中高年级的孩子也是同样的道理。对于孩子而言，一成不变的教室不但会令他们感到索然无味，也是缺乏刺激的环境。在灵活的环境中，空间可以轻易地重新安排来适应新的活动中心，而不需要大兴土木。

在与有特殊需要的儿童一起学习时，这样的灵活性同样适用。例如，在开学初，有视力障碍的儿童需要在有指定座位的教室中。这样可以帮助他们记住同学的声音和名字。要向同学解释清楚指定座位的原因，使他们了解座位安排的重要性。另一个有效的建议是，确保儿童知道他们在发言前要表明自己的身份。

通行顺畅

即使在教室中活动的选择越来越多，空间也应该尽可能地使各小组活动成员通行顺畅。例如，交通流量不应该对需要集中的活动造成干扰。如果语言艺术中心远离出入口，那它更有可能被儿童使用。同样，如果积木区是处在远离出入口和障碍物的区域，被使用的频率也会更高。年龄大些的儿童喜欢艺术中心位于一个能够让他们集中精力学习并且不会受到打扰的地方（远离门口或重要的交通线）。

让孩子参与空间的安排。有时四岁或较大的孩子能帮忙决定特定角落的位置并说出理由。例如，一个幼儿园老师与儿童一起讨论木工工作台应位于何处。他们在做决定时，明智地考虑到了安全与吵闹的因素。较大的孩子在执行他们的空间重组计划时，可以帮忙搬桌椅以及其他设备。

个人空间

在早期教育阶段，儿童不仅有身体和智力方面的发展，而且他们的自我意识也在发展。因此，为每个儿童规划一个属于他们自己的空间非常重要。孩子在这个空间内可以放置自己的私人物品、多余的衣服、艺术作品和需要带回家的联络簿，这样可以帮助儿童发展自我意识。将儿童快照贴在个人空间中也是协助发展个人意识的不错的方法。快照甚至能让孩子在认识自己的名字之前就能知道这个空间是属于私人所有。每一个儿童都期望拥有一个只属于他自己的地方。

只有明确建立孩子对所有权的理解，他们才能进一步学会分享。有一个属于自己的储物柜，可以帮助儿童学习所有权和自我照顾的概念，这都是独立意识发展的基础。

如果没有足够的空间放置个人的储物柜，那么可用有标注的洗碗盆、干净的塑料鞋盒、大的冰激凌罐子，甚至牛奶塑料盒来代替。个人空间的重要性在于认同每个儿童的个人需要，这等于告诉了儿童“你很重要”。

在发展积极的自我概念过程中，儿童也需要隐私。除了尊重儿童的个人置物柜外，空间中还需要有一个安静的地方供其独处。特别是随着儿童智力的发展，他们需要时间和空间去思考。可独处的安静空间可以激发孩子们的反思，在这个空间中儿童可以畅游在自己的思考以及对世界的心理认知中。年龄大一点的儿童同样需要隐私和个人空间。所以教室里需要特别规划一个能尊重孩子独处的空间。

而对于那些注意力不足的孩子，个人空间是基本的需要。当有注意缺陷的儿童拥有了自己的材料和工作空间时，最有可能成功。

活动 / 兴趣中心

活动和兴趣中心是一个特定的区域，在这个区域内，教具的规划方式是要让孩子在没有教师反复指导的情形下学习。儿童在这里能够和教具及其他儿童交流，从而学习某些知识和技能。教师根据儿童发展的需要规划每个活动中心的活动。

学习中心是儿童通过与其他孩子以及周围环境的互动，从而进行学习的地方。中心的环境是为孩子的个人主动探索而精心准备的，孩子在这个环境里从做中学。以活动为中心的早期教育模式，通过为儿童提供许多游戏、实验、探索的机会激发他们的创造性，当幼儿沉浸于活动中时，能够帮助他们解决问题、学习基本技能和理解新概念。在活动中心里，幼儿可以操作教具、参与对话以及进行角色扮演，并且根据他们自己的水平和速度来学习。

大部分的教育学者和专家建议幼儿的活动中心应包含如下：

表 6–1 艺术品展示规划

通过策划儿童艺术作品的展示方式，可以告诉儿童你非常重视他们的作品。这里是一些关于如何安排学生的艺术作品的建议。

策划一个能够反映儿童思想和经验的艺术作品展 让儿童帮忙选择可以展示的物品。他们也许想（或者让你）写下为什么这件特殊的作品对他们而言有意义。

将儿童的艺术作品进行有趣的分类 明确的主题，独特的色彩或者特殊的媒介。

无论是室外、室内还是教室，都可以用来展示艺术作品 利用好走廊、楼梯间的墙面以及其他表面平整的地方，例如门，这些都可以作为你们的画廊。

展示不同阶段的艺术作品 将制作过程中的作品拍照并编成文档，这样其他人也能欣赏到制作过程。

在儿童可视的范围内展示作品 为这些展示品标记上型号较大的、容易阅读的文字，要让它简单却又可以引人注目。大一点的儿童可以整理展览的标题，也可以裁剪，甚至能够写出标题。

小心地搬运作品 让儿童知道你欣赏并且看重他们的技能和创造力。将他们的作品装裱起来。选用色彩对比强烈以及质地有趣的背景，例如粗麻布或起皱的硬纸板。鼓励年轻的艺术家们签上自己的名字。在他们的作品上写东西时要得到他们的允许。将口述笔记写在可撕下的纸条上。大一点的儿童可能想为他们的作品写一个简短的介绍。

以令人兴奋的方式展示作品 可以使用树枝来陈列可移动的展品，不要将作品钉在公告板上或是用线绳悬挂作品。你可以利用电冰箱外包装的硬纸板制作一个有四个展示面的可移动展示亭。

为易碎的或三维的作品安排一个专属的区域 用稳定的架子或者矮一点的桌子来展示黏土、雕塑或木工作品，利用硬纸板加强保护。

提供个人展示空间 让每个孩子可以在已经划分好的公告栏中选择一块儿自己的小区域。让他们通过选择并改变以前的作品来见证自己的成长。

建立一个可以让父母收集艺术作品的空间 将儿童储物柜的顶部空间作为"艺术品架"，或者将较大的、有隔板的包装饮料的硬纸箱从一边打开改造成一个"艺术品邮箱"。将艺术作品卷好用硬纸筒寄到家里，以防止褶皱和撕坏。

美工区 这是一个为绘画、拼贴制作、剪裁准备的地方。它应位于离水源较近和光线较好的地方，同时要远离粗动作发展区。

家务 / 戏剧扮演中心 这是一个用锅碗瓢盆模拟熟悉的家庭情景的地方，并且可以"尝试练习"社会角色、生活对话和"成人"的各种职业。

积木区 在这里儿童可以用大小不一的积木、组装玩具、乐高等物品进行创造。

益智操作中心 益智操作中心的活动通过儿童对教具的使用，如智力拼图、游戏钉板和益智游戏来提高儿童肌肉能力，手眼协调能力，心理、语言和社会技能。

科学 / 探索中心 这是一个发现、探索和提问的地方。儿童在这里可以学习自然科学知识。他们可以展示他们在家里或人行道上发现的东西。

音乐区 这个中心是儿童听音乐、唱歌、舞蹈创作以及演乐器的地方。

语言艺术中心 是儿童可以独处的地方，他们在对书的世界探索的同时进行思考。

沙子和水游戏空间 在这里儿童通过对沙子和水的感官经验来学习。如沉浮实验；重量测量、数量对比；船的制作；在沙子上画图形和数字、彩绘以及沙雕游戏等。

社会研究中心 人物与地点 这是一个特殊的区域，在这里儿童可以学习家庭、文化、种族、社区意识、特定职业与生活方式的差异。

木工中心 可以通过抛光、固定、钉牢、钻孔和磨光木头来发展大小肌肉。

户外游戏区域 这个中心提供了一个自然的学习环境，在这里，室内领域的学习活动可以得到拓展。

活动区域的选择：时间和地点

在设置活动中心之前，你必须决定活动中心的类型、开始使用时间及活动中心的位置。以下是一些应该注意的事项：

- 这些要全天开放，还是只开放一天的某段时间或只有一星期的某几天开放？理想的选择是每天在固定的时间开放，这样可以让孩子事先设计、选择，然后融入活动中。老师可以在刚开始时先搭建中心框架，然后再在学年中逐渐地增加、调整或修改。
- 教室里有什么地方可以为活动中心提供潜在的设备？你可以有创意地利用墙壁、地板、黑板、桌子、角落及缝隙。
- 活动中心需要限制使用的人数吗？如果需要，该如何决定？又如何让孩子了解这些限制？活动中心需要做好规划，能够让儿童独立地或分小组地工作。活动中心儿童小组的规模，要依据可利用材料的数量、活动中心的目标、空间的考量以及避免造成过度混乱的原则来决定。利用画树枝人及数字的方式签名可以显示出使用一个特定中心的人数。一些有注意缺陷障碍（Attention Deficit Disorder，缩写为ADD）的儿童可能在各个活动中心之间徘徊。做一个活动中心的照片展示，让孩子可以从这些照片中选择，并制定个人的活动时间表。
- 什么样的活动中心可以使学习内容均衡？这取决于儿童和教师的个性。
- 可以让孩子有多大的自由进出活动中心呢？理想情况是，儿童应该在教师的指导下，按照自己的速度行动，这样可以使课程具有更大的独立性。
- 儿童如何知道在每个活动中心中做什么？一些活动中心比其他中心需要更多的指导。你可能需要使用图片和符号将日常的活动画出来（用手和正在流水的水龙头来提醒儿童要洗手；将围裙挂起来提醒儿童艺术活动和烹饪之后的清洗工作）。确保你的活动中心有适当的设备可供有特殊需求的儿童使用。例如，肢体障碍的儿童也许需要以不同的方式使用艺术材料，如靠着枕头在地板上画画。对于视觉障碍的儿童，确保活动中心能够提供除了听觉之外的其他活动。使用轮椅的儿童的高度不同于其他孩子，给他们提供一个以小球粒填充的豆袋椅来进行地板时间的活动。对于没有力气长时间站立的儿童，可以让儿童在带有画架的桌子上坐着画画。

活动中心教具的维护与管理

活动中心教具的保管状况良好并且整齐地放在开放式的架子上，就等于告诉儿童这些教具是有价值的而且十分重要，需要小心使用。儿童如看到一堆教具混乱在一起，拥挤地放在开放式的架子上，不是破损就是缺东缺西，他会得到什么样的信息？当孩子看到损坏的书时，他又有什么想法？

当环境中教具被妥善保管且能够多次在相同的地方找到所需物品时，幼儿的学习状况表现的最好。教具妥善保存，有助于发展儿童的自助技能和自我控制能力，同时也可以使儿童更加爱护教具并且更好地使用它们。例如，在工具或者其他器材上贴上图案可以帮助儿童学会识别教具并且能够将其放回合适的位置。将开架式的储物架用图片和文字标识清楚，有助于儿童寻找他们需要的教具。当柜子里放置一些贴有标识的教具时，儿童就很容易将它们归回原处。

积木区中也可以使用标识，利用彩色的亚克力贴纸剪下涂色部分的形状并把它们粘到积木背面和柜子上。架子上清晰的标记甚至可以帮助年幼的小孩独立使用和维持环境。针对视觉障碍的

表 6-2 多元智能所需的材料——学龄前儿童

语言智能	图书；地图；杂志；字母；黑板；白板；米 / 沙；刮胡膏 / 指画颜料；纹理字母；图画用纸；层布贴合机；铅笔 / 钢笔 / 马克笔；投影仪；字母的猜谜游戏
数理逻辑智能	操作性物品；计算器；算盘；乐高 / 积木；钉版；绳线游戏；数字棒；积木；游戏币；谜语；弹珠 / 豆子；几何形状 ；吸管 / 细绳 / 黏土；形式积木
视觉空间智能	乐器 / 积木；彩色铅笔 / 马克笔 / 蜡笔 / 颜料；傀儡戏；压舌器；小发光物；操作性物品；黏土 ；海报；谜语；沙子 / 水
音乐智能	乐器；耳机；盒式磁带 / 录音 / 唱片 /CD；播放器；键盘；音乐书；摄像机 ；可以发出声音的厨房用品；音效；自然的录音；声音；玩具麦克风 ；作曲家的海报；磁带录音机 / 空白磁带
身体运动智能	录音带；CD 与 CD 机；以小球粒为填充物的豆袋椅；大型电机设备；扮演游戏的衣物和道具；操作性物品
内省智能	图书；谜语；美术工具；盒式录音带 / 录音机；电脑；显微镜；参考资料；书写材料；黏土；乐器
人际智能	美术工具；运动器材；乐器；玩偶剧院；图书；录像机；种子 / 园林工具；电脑；烹调用品
自然探索智能	玻璃容器；显微镜；蚂蚁农场；种子；土壤；喂食器；鸟类饲养箱；园林工具；放大镜

孩子，可以剪出不同触觉的形状粘在柜子上以帮助他们在操作中发现积木并将其归位。

在多用途的空间的活动中心

许多早教班级的活动中心是在多用途的场地中的。如在家庭式托儿所、教堂中设立的托儿所以及公立学校的托儿所中，在放学后或周末必须将教具打包储存。如果教具需要经常整理和储存，那么活动式的柜子将会有很大帮助，如果没有柜子，桌子和箱子也可以使用。无论利用哪种方式，儿童都应该了解收拾玩具并把它们归位的方法。利用“视觉线索”，如把红色油布铺在储藏桌上，把白色油布铺在游戏桌上，这样有助于儿童记住安排的原则从而使环境更具多元功能。

可变换的多用途空间必须充分利用大量便携的活动箱，这也适用于小教室或公立中小学的托儿所。一个特殊活动所需要的教具——相关图书和图片、为老师准备的相关问题的提示卡、诗词、游戏和歌曲都可以放在一个活动箱内。例如，消防道具箱里可能有消防帽、消防管子、有关消防员的图书和球。儿童可以使用这些道具和箱子里的其他东西，将其当成一个小型的专题活动。教师也可以运用问题、图书、提示卡和教学计划来让活动中心和课程结合起来。

无论是应儿童的要求，还是老师事先准备的活动，活动箱都可以在室内外使用。活动箱可将科学活动，如沉浮游戏或烹饪活动所需的所有教具都放在里面。保存在不同的箱子里的物品都可以进行分类、比较和序列的游戏，用完将它们再放回原来的箱子中。

创造性活动设备的选择

幼儿周围的设备既能促进也能扼杀儿童创造力的表现。能鼓励创造性活动的设备应具有以下特性。

设计简明 有太多细节的玩具不利于儿童

自由地表达自我。对于儿童而言，蜡笔、积木、黏土、沙子、 绘画颜料，还有空的硬纸盒都是既简单又实用的工具。

多方面通用 好的设备应该适合儿童的发展阶段，能够让男孩和女孩在多种活动中都能使用。

鼓舞作用 设备应该能让孩子自行操作并鼓舞他们。如果成人时刻注意儿童使用器材，这可能会阻碍儿童的创作。并且，长时间解释如何使用器材也是没有必要的。

体积大且容易使用 由于孩子的肌肉正处在发展阶段，体积非常小的器材可能会让孩子变得很紧张。大的玩具卡车和货车是很合适的。空心的大积木比实心的小积木更好。

耐用的 易碎的器材很容易被二至五岁的儿童弄坏。用坚硬的枫木做成的器材比用质地柔软的松木做成的器材更坚固。用橡胶轮子制成的汽车玩具要比木轮子好一些。

对于大一点的儿童，耐用的器材也很重要。例如，一个高质量的滚筒才能经得起此年龄阶段的孩子长时间强而有力的印刷。

合适的运作顺序 器材出故障是最能阻碍创造力的事情。对器材做日常的快速检查，确保它处于一个良好的运作状态。年龄大一点的

想一想 改善上课流程的技巧

如果你同大多数老师一样，一直在寻找改善每日上课流程的方法，你可以考虑下面提供的一些建议：

· 将小本的书整齐地放在塑胶餐巾纸固定架上。这可以在折扣店买到。

· 当发现玩具和游戏的小零件散落在教室里，每次都忘记把它们归位，那么就使用一个特定的容器来装它们。一个拉链式的塑料包也可以，这样做不仅节省时间，而且你下次也会知道去哪里找缺少的部分。

· 如果你要长年保存海报、图片或其他物品，那就可以贴上透明的亚克力贴纸。这样既方便儿童拿取，而且污迹和指印也容易擦掉。

· 将新的拼图和棋盘游戏喷上透明漆（当然要在室外远离儿童的地方去弄），它们可以长久保存。

· 空的食品盒可用于戏剧扮演中心，如果要用它当成学习游戏时的道具，用报纸填满并用胶带封起来会比较牢固，但要确保清洗掉所有的碎屑。

· 当用漂白水清洗家具和设施时，可将调好比例的漂白水装入彻底洗干净的喷雾瓶中，这样既方便使用，又可以保护双手不受到漂白水的浸泡。

· 不要用胶带把纸粘在墙壁上，可以用一点牙膏轻轻地拍打固定，当要改变装饰时，牙膏会比较容易清洗。

· 如果孩子想把画展示在墙上，可以在画的时候，用隐性胶带把画纸粘到桌面上。这样不仅作画时画纸不会滑动，而且当儿童完成作品时，你也可以直接撕下来把作品贴在墙上。

· 为了让作品和给父母的便条便于孩子携带回家，可以让儿童制作一个“罐式包包”（你可能必须为幼儿制作）。给每个儿童选择一个适合他们使用的罐子，然后用亚克力贴纸包裹起来。在罐子的两端打两个直径约2厘米的小洞。将绳子穿过洞口，再打一个结，盖上盖子。让每个儿童在罐子上写上自己的名字。老师卷好作品并把它放到罐子里。儿童像戴项链一样把罐子戴在脖子上，或者像手提袋一样拿在手里。这样就不会再丢失作品！

表6-3 多元智能所需的材料——一至五年级

语言智能	参考书籍；胶水；百科全书；剪刀；电脑；桌面排版软件；公告板；宝库；字/词典；信模板；句型条；不同的纸；报纸；笔记本；杂志；编书的材料；学生自制的书；文具；有声书
逻辑数理智能	形式积木；量角器；联结积木；天平标尺；卷尺；益智游戏；尺子；策略游戏；建模组合；可当计数器的物品；骰子；数字棒；可供分类的收集品/分类；科学器材
视觉空间智能	马克笔；艺术印刷品；蜡笔/有色粉笔；录像设备；拼贴材料；录像带；蜡笔；图标；图形软件；彩色铅笔；电脑；油印蜡纸；益智游戏；橡皮图章；图表；绘图工具；海报；建筑工具；颜料；黏土；各种画纸；乐高组件
音乐智能	锥形记录器；记录设备；耳机；音乐软件；磁带/CD；键盘和耳机；自制乐器；有关音乐家和音乐的书；乐器
内省智能	私人的、安静的地方；个人收藏；学术期刊；公告板/小黑板；书写材料；智能的个人海报；与个性发展有关的故事、书和文字；自检；独立项目
身体运动智能	服装；智力拼图；各种各样的道具；沙子；帽子和围巾；工艺用品；建模套组；工具；堆积木；建筑材料；玩偶；运动书和杂志；触觉学习；剪刀
人际智能	能让儿童围坐在一起的大桌子；小组游戏和谜语；有关自传和传记的书；冲突解决用具和海报；辅导活动；小组计划；棋盘游戏；舒适的椅子/毯子；书写用纸
自然探索智能	玻璃容器；显微镜；蚂蚁农场；种子；土壤；喂食器；鸟类饲养箱；园林工具；放大镜

儿童可以帮忙检查并写下一个需要特殊修理的清单。最好选择一个你可以支付得起且质量最好的教具。从长远来看，这样比较省钱。

适当的数量 太多的玩具或设备会降低这些教具的使用率。过多的积木会使孩子不知所措。同样，由于积木数量太少而不能完成一项创作也会造成挫折，所以设备的数量必须适当。

能鼓励儿童共同参与 许多器材是为儿童单独使用而设计的。但是，儿童需要共同参与并了解其他人的想法和做法。因此，我们必须提供让儿童共同参与的器材。

安全性 安全是为幼儿选择器材时需要考虑的关键因素。我们需要考虑这项设备是否符合儿童的发展阶段（例如，你不能为一岁半的孩子挑选太小、容易吞咽的玩具），是否是用无毒和不易燃的材料制成，是否存在一些可能引起伤害的尖锐边缘和粗糙的表面，以及这项设备能否在外在的环境中安全地使用。

其他的考量 为创造性活动挑选器材和教具时，要记得考虑以下条件：

- 不要因为某个教具或设备看起来很“好看”就选择它。相反，在挑选每一个物品时必须考虑它的发展性。例如，问问自己，这件东西对孩子的粗动作与精细动作有何帮助？对孩子的智能成长、自尊及社会技能有何帮助？
- 要拒绝廉价商品的诱惑。要挑选坚固、耐用的器材，因为从长远来看，一个高质量且耐用的物品不但用得更持久而且更加省钱。
- 根据目前你所拥有的设备来选择新物品。努力营造一个均衡的环境，它能够拥有许多创造性表达的资源：可以单独工作，两两一组，小组或是大团体。除了提供粗动作或精细动作发展的器材外，也要选择对儿童的感觉统合有用的物品。器材应该看起来具有刺激性，摸起来很有趣，并且儿童乐于操作。这样的器材同样适用于年纪大一点的孩子。

读一读 在活动中心中使用颜色代码

使用颜色和符号系统可以帮助儿童独立使用活动中心。即使孩子不知道如何阅读，他也可以快速掌握颜色识别系统。颜色和符号可以用来识别活动项目，引导儿童在活动中心内外行动，并且可以让儿童独立地寻找并归还所使用的教具。

特殊的符号与颜色识别系统可以帮助儿童辨别和确定每个中心的位置。符号可以使儿童识别每个中心学到的内容。颜色识别系统可以帮助儿童轻易地找到中心的位置。例如，艺术中心的符号可以是一支画笔，它的颜色代码可能是红色的。每个中心在入口处都悬挂着一张与之相关的符号和颜色的卡片。

为了管理活动中心的人流量，活动中心入口处的卡片同时也应标示活动中心内所能容纳的儿童数量。儿童中心能够容纳的人数基础上，我们可以在卡片底部夹上相应数量的同色衣夹。例如，艺术中心可以容纳 10 个儿童，就放上 10 个红色衣夹。这些衣夹等同于儿童进入活动中心的“门票”。当儿童进入时，他们获得这些衣夹并且佩戴好，离开时再将衣夹放回卡片上。当卡片上没有衣夹时，就代表此中心人数已满，儿童必须选择其他还有可用衣夹的活动中心。

- 所有设备应该适合于儿童的尺寸，而不是玩偶式的尺寸大小。具有实际生活或成人尺寸的设备也是很重要的。比成人尺寸小一些的（而不是玩具工具）铁锤和螺丝刀在建构活动中也比较适用。

- 考量一下儿童的总数和一次性使用这些设备的人数。十个两至三岁的孩子需要提供基本的设备数量。如果儿童的人数增加，那么你需要准备更多的积木、汽车与卡车等。还要考虑小组中儿童的年龄，因为两三岁的儿童有比较多的时间进行单独游戏或平行游戏（孩子坐在一起但并没有互动玩耍），所以必须要有足够的积木、人员、汽车和骰子来允许儿童能在同一时间进行类似的游戏。然而，还有另外一个策略是保证儿童能有与喜欢的东西相类似的物品。

兴趣中心与多元智能

正如我们在前面章节学习到的，幼儿有多种学习方式。你可以用多元智能的概念选择其中的教具和设备，让活动中心符合多元智能。表 6–2 展示了为学龄前儿童准备的材料和活动清单。表 6–3 为一至五年级的儿童提供了同样的信息。你并不需要照单全收，把每个活动中心都堆满教具，重要的是为小组中的儿童提供多样化的教具。

总结

为确保幼儿的创造性表达有一个适当的环境，我们必须注意安全、空间大小与安排方式、灯光、声音与家具。在学前教育中，规划环境需要了解儿童的需求，同时也需要注意活动的交通线、儿童的发展技能和安全。每个儿童个人空间的安排也需要规划。

我们需要平衡教师规划与儿童自我指导之间的关系。兴趣或活动中心能够帮助儿童自己做出选择。不同活动中心的安排和规划影响着儿童使用创造性材料的方式，环境的安全性以及如何鼓励儿童的自助技能。

由于创造性活动对促进儿童的发展非常重

要，因此创造性教具与设备的选择应多加注意。而最好的设备应是设计简单、多用途、容易操作、体积大而且坚固耐用、有良好的使用状况、数量足够、适合小组合作，另外，还要具有安全性。

当然设备必须存放在适当的位置，儿童才能轻易拿取并使用它，也才能发展他们的自我动手能力。此外，和多元智能有关的教具也应该放在活动中心。

关键词		
活动中心	兴趣中心	

学习活动

1. 请从本章提供的活动中心中选择一个进行规划。为这个活动中心设计一个独特的版本，并详细描述它，列出其包含的物品与活动。

2. 画一张适合创造性活动的理想教室规划图。想象你所需要的经费、教具、空间，然后开始创作。画完后，列出你觉得其中重要的东西，先从最重要的部分开始，并和同学分享与讨论。

3. 运用小积木或其他相似的物品展示你如何规划教室空间，以确保教室兴趣中心动线的顺畅，以及活动小组彼此不相干扰。

4. 仔细查看学校提供的清单。找出一些你在规划理想教室、进行活动时所需的家具、书柜和游戏设备。

5. 找一本玩具和设备目录，或直接去玩具店，列出一张适合儿童游戏的教具清单。想象你有 1250 美元来购买这些设备，制定一张你想购买的物品清单。你要假设自己没有后悔的机会。

本章回顾

1. 列出十项对幼儿有利的物理环境要素。
2. 讨论设立活动中心的设想与要求。
3. 列举安排幼儿环境主要考虑的要素。
4. 列举五个幼教专家建议的适合幼儿创造力表达的活动中心，并分别描述它们能发展幼儿的哪些技能。
5. 至少列出五个适合幼儿创造性活动设施的重要因素。
6. 讨论选择设备的安全预防措施。
7. 讨论适合特殊需求孩子的环境。
8. 列出运用八种多元智能的教具形态。

参考文献

Hunter, T. (2001, March). Taking the long view. *Young Children*, 82.

Karnes, M. (2003, May). Art for children with special needs in All About Art Inside and Out. *Scholastic Early Childhood Today*, 33–39.

Myers, B. K., & Maurer, K. (1987, July). Teaching with less talking: Learning centers in the kindergarten. *Young Children*, 20–27.

Patillo, J., & Vaughan, E. (1992). *Learning centers for child-centered classrooms*. Washington, DC: NAEYC.

第七章

游戏、发展与创造

▶ 教学目标

学完本章，你应该能够：

1. 指出并讨论受到游戏影响的四种成长方式。

2. 为游戏中的旁观者阶段、独立阶段、平行阶段、联合阶段与合作阶段下定义。

3. 讨论一下什么样的环境适合鼓励有特殊需求的孩子参与社交游戏活动。

4. 讨论一下孩子参与暴力型游戏的原因，并想一想如何解决这样的问题。

对小孩子来说，游戏和工作之间有区别吗？孩子们必须去参加比赛才能称之为游戏吗？游戏就一定要有玩具吗？他们天生就会游戏，还是需要被教导之后才会呢？

这些问题的答案都很重要，可以帮助我们定义什么是“游戏”，可以引导我们去理解孩子们从创造性游戏中获得了什么，可以帮助我们了解孩子的游戏需要买什么样的材料以及如何安置这些材料，还可以帮助我们设计一些活动，让孩子在创造性游戏中不断成长。

什么是游戏

对于成年人来说，游戏就是在完成工作之后想要做的事，是一种放松的方式。而对于幼儿来说，游戏就是他们一整天都在做的事，游戏就是生活，生活就是游戏。

幼儿不会区分游戏、学习和工作，他们完全是根据自己的天性在做游戏。充满挑战的事总是能够激起他们的兴趣，只要他们想，随时都可以进入游戏状态。为什么孩子喜欢游戏呢？因为游戏是源于他们的内在动机，也就是说，即使没有人告诉他们，他们也知道要做什么以及如何去做。然而，如果成年人不合时宜地介入他们的游戏中或者组织他们做游戏，反而会降低他们的兴趣，甚至会导致他们停止游戏。

对于青少年来说，学习也许就意味着是一项工作，所以每当完成了学习任务，他们才会开始去做游戏。而对于幼儿来说，他们的心智发展就源于他们的游戏，处理生活问题的社交能力也来源于游戏。另外，想象力的发展和肌肉的发展也都来源于游戏。

游戏就是一个活动，没有必要非得创造出一个结果。一个孩子可以做游戏，一群孩子也可以做游戏；有时需要借助玩具或者工具，有时仅仅只要孩子运用他的想象力就可以了。游戏的时间有时只是几分钟，有时甚至可以持续好多天。

我认识两个老师，他们经常带班里的学生去一个没有任何游乐设施的公园。起初，孩子手足无措，也不知道在那里该做什么，而那些老师们则故意装作忙于准备食物的样子。很快，这些孩子就带领同伴开始了他们的探索游戏。他们一会爬到树上、山上、围墙上，一会又为了躲避其他人而藏到灌木丛里，还会相互追逐嬉戏。有时他们会收集木棍，或者探索松果、鹅卵石、羽毛等一切他们觉得神奇的事物。只有当某个同伴被卡在出不来的地方时，他们的“寻宝队”才会回来找老师寻求帮助。而老师们就限定他们只能在能被看到的空地上玩。这样让孩子自己去发掘乐趣而毫不干涉他们的教学方法，真是棒极了！

游戏的类型

游戏的类型主要有两种：自由型游戏（或者自发型游戏）和组织型游戏。无论是在哪一种类型的游戏中，孩子们都可以一个人玩，或者一群人玩。每一种类型中，材料和设备都是可有可无的。一般说来，自由型游戏就如同它名字所指的一样，是灵活而充满弹性的，不受成人的干扰。同时，也是一种自主选择的、具有开放性的活动。以下的场景可以让我们大致了解自由型游戏。

组织型游戏也是具有开放性和灵活性的，但是，有时必须按照所提供的材料和设备去安排活动的组织顺序。

教师可以通过提供象征玩具和用于装扮的衣服来改善组织型游戏。所谓象征玩具就是特别接近真实物体的玩具，比如玩具娃娃、玩具车、碟子、餐具、火炉、电话和医生的装备等。装扮的衣服则包括手提包、饭盒、公文包、各种各样的帽子和珠宝。这些象征玩具可以帮助孩子模仿大人的样子，假装去参加各种社交活动。当孩子模仿大人在生活中的举动时，我们通常称之为戏剧游戏。他们假装喂孩子、开车去工作、做晚饭、打电话等等。这些与孩子的文化和交流相关的道具，可以帮助他们建构和表达他们对生活中的人或者具体事件的理解。

游戏的顺序

在过去的岁月中，早期教育的研究者们已经发展出了大量的关于游戏的理论。其中，帕滕（Parten），早期研究者之一，发展了游戏顺序的概念（帕滕，1932）。根据帕滕的说法，在游戏活动中是存在着一种大致的顺序安排，这可以从幼儿的活动中观察到，而这些游戏活动的类型也可以根据不同阶段进行分类。

最早的游戏阶段是旁观者行为，在游戏里他们只是被动地看着或者和参与的其他小朋友交流。在刚刚开始学走路的时候，幼儿也是经常独自玩耍。这个阶段被叫做独立游戏阶段。游戏的过程中，他们在借助物体去探索之前就已经使用他们的感觉去探索了，他们会去触摸、去闻、去看、去听。在游戏的经验中，操作和使用材料是十分重要的部分。在早期的游戏经验中，相比于使用材料，幼儿更容易迷恋于材料的操作。随着学步儿童的社交范围逐渐扩大，他就会进入平行游戏阶段，也就是说孩子们会挨着坐在一起玩耍，虽然偶尔会有交流，但是并没有真正融入一个圈子里。

随着在家庭以外的社交关系有所增加，儿童和其他孩子一起游戏的能力也有了进一步的提高。这样看来，这些孩子可能已经进入了联合游戏阶段。这种类型的游戏可能只是因为他们待在了同一个群组里而采用了这个名字。比如，一个孩子可能是因为在“圈圈谈”和“小组游戏”的时候参与了手指游戏就会被说成是参与了社交游戏。日常活动也会出现在孩子之间，他们之间会交换玩具或者模仿别人的行为。尽管所有的孩子都在做着类似的活动，也没有具体的角色设定，也没有组织的目标（比如搭建东西或者扮演参加茶话会等）。最终，他们在成长的时候会越来越适应社会的这种连接，幼儿开始和其他的孩子一起讨论、计划并实施游戏活动，这种以相互交流为特色的游戏类型被称之为合作游戏阶段。孩子们会一起合作建立某些东西，或者扮演同一类角色。

儿童发展中游戏的重要性

在一个允许探索、发现和游戏的环境中，孩子可以学得最好。游戏是儿童成长发展中的一个重要部分，通常也和孩子的生理、心理、情感和社会成长有着紧密的联系。

体格发育

游戏在许多方面有助于儿童肌肉的发育，如投掷球或举起物体。将物体放在另一个物体之上或抓握工具都能增加孩子的肌肉发育和手眼协调能力。游戏需要孩子们寻找物体，感受纹理，闻到各种气味，听到声音和辨别味道，这都有助于他们发展自己的感官。

孩子们会花费大量的时间精力在游戏中形成这些能力，而且还会增加难度，使任务更具挑战性。任何一个曾经和一岁小孩生活或者相处过的人，都会记得那些小孩对于类似于走路这样的基本技能，有着执着的追求。而对于青少年来说，这样重复性的肢体活动也同样是游戏中的主要特色。我们经常可以看见孩子在运动场上充满狂热地游泳、攀爬或者玩球，这就是很好的证明。

当一个孩子在获得对身体的控制权的时候，其自我认知也会有所提高。比如在奔跑的时候，他会觉得非常振奋。当一个孩子用尽最后一点力气完成目标之后，她的自我感觉会非常好。当孩子发现自己所具有的力量时，他对自己的价值和胜任程度的提升会感到满意。幼儿特别喜欢肢体游戏，简直是全身心地投入。在做游戏的时候，他会制订自己的计划，决定做什么和怎么去做，并用自己的方法去实施。

当孩子有机会做肢体活动时，他们的力量就会持续不断地增加。当他们越来越熟练时，他们就越来越爱冒险，并且为了测试自己的力量而采取一些合理的冒险。如果是他们自己给自己设置挑战，就不太可能会遇到意外。不需要预先设定目标，他们跟随自己的脚步去发现自己可以做什么，还有什么不能做。

五到八岁的幼儿可以在游戏中发展他们的肢体。在初期阶段，孩子无论是站着还是坐着，几乎总是动个不停。然而，到了这个时期快结束的时候，八岁的孩子就已经发展出了平衡感，动作变得优雅而顺畅。事实上，他们一直就在不停地运动着——跳着、跑着、追逐、争夺。在比较精细的活动中，他们的速度和流畅度也在增加。他们在拿取东西的时候已经很轻松而随意了，当然，也可以随意地丢弃掉。而且在这个年龄段中，有规则性的游戏开始受到孩子们的欢迎了。

四五年级的孩子依然需要一些对体能有要求的游戏。只要看一眼这个年龄段的孩子就会发现，其中有一个因素特别突出：这个年龄段的孩子之间的差别很大。这个阶段的孩子年龄也许相同，甚至在一个年级里，但是有很多地方并不相同。他们在个头、兴趣、互动、能力之间的差异都是很明显的，反过来，这些也会影响他们发展的方方面面。孩子、家长和老师们都应该意识到这些区别是属于正常范围的。

这个年龄段的孩子已经可以很好地控制自己的肌肉了，他们的力气增长得很快，非常强壮，热衷于运动，而且会很容易地掌握住游戏的技巧。当看着这些孩子在玩的时候，甚至都会怀疑他们是不是能感到累。他们很有毅力，胳膊很长，手脚长得很大。由于身体的某些部位发展得不够平衡，这个年龄段的有些孩子会显得笨笨的或者有点奇怪。

八岁到十二岁的孩子会选择要求越来越苛刻的肢体游戏，因为这些游戏会提供更好的机会发展他们对肌肉的控制和协调能力。在这个年龄段，不知疲倦和无限的热情是他们游戏时的共同特征，他们特别喜欢跑步、翻滚、在丛林里攀爬、游泳，他们还会采取更高级的游戏活动如轮滑、跳绳、滑冰、投掷和捕捉。由于孩子的体能和协调性都有所提高和改善，他们也被允许参加一些团队游戏或者比赛，而这些比赛会因为他们的体能状况而直接影响到比赛的结果。

心理成长

游戏可以帮助孩子的心智发展，通过游戏活动，孩子也可以理解“上”和“下”、“硬”和“软”、“大”和“小”这样的概念。游戏还可以帮助孩子建立知识体系以及培养分类整理东西的能力。孩子可以学习分类、分级和探索答案。在户外玩耍的时候，孩子们学会去感知四季变化时身边的世界会有什么不同，或者去观察他们身边每天的细小变化。

皮亚杰（Piaget，1962）将游戏定义为同化，或者是儿童在努力将环境的刺激转化为符合他自己观念的东西。他的理论坚持认为游戏本身并不一定会导致新认知结构的形成。皮亚杰声称游戏仅仅就是为了娱乐而已，而且如果是让孩子去练习他们之前就已经学过的东西，那么就不一定会学到新的东西。简而言之，游戏会反映出孩子已经学会了什么，但是不一定会教给孩子新的东西。

皮亚杰将想象游戏描述为幼儿象征性思考的最纯粹的形式之一。根据皮亚杰的说法，游戏允许孩子根据自己的兴趣和认知，将现实世界融入他自己的世界中。这样说来，想象力游戏对于孩子的智力发展有着强有力的作用。有些研究者甚至认为，想象力游戏是儿童语言发展的重要组成部分。（戴森，1991；卡根，1990；莫尼亚诺夫，1990）

与之相反，维果茨基（Vygotsky）认为游戏确实能够促进认知能力的发展。孩子不仅练习他们已经学会的东西，他们也会学到新的东西。游戏不仅反映所学的（正如皮亚杰认为的那样）而且可以创造想法。

根据维果茨基的说法，游戏可以为孩子提供获得信息的机会，以此为额外学习奠定基础。比如，通过玩积木，孩子可以发现两个木块之间没有区别，从而可以学习到“同等”的概念；或者通过玩水和沙，孩子可以了解到“容量”的知识，进而发展可逆性思考。

其实在观察孩子的游戏活动时，皮亚杰和维果茨基的理论都有大量的例子可以证明。一个孩子在他的游戏屋里穿上雨衣，戴上火警帽冲进假想的火灾中去营救他的泰迪熊，是在练习先前从火警那里学到的知识，这个可以支持皮亚杰的理论。另一方面，当孩子在玩积木时对他的老师说“看，我把两个正方块组合到一起可以得到一个长方块！”时，他就是从游戏中发现了新的知识，这支持了维果茨基的理论。无论孩子是在练习先前已经学到的知识还是发现了一个新的知识，游戏在幼儿教学中的价值是显而易见的。

孩子在探索石头、草地、花朵、泥土、水或者其他事物的时候可以获得对周边环境的理解。通过这些经验，幼儿会概括出自己的理解：往土里加水可以做成泥；将水注入沙子里，水会很快地消失不见；蒲公英的种子在风中会被吹散；湿的袜子在太阳下可以被晒干。

在孩子玩耍的时候，他们的空间感也会随之发展。比如当他们围着院子里的大箱子爬进爬出的时候，他们对于“里外”“上下”“围绕”这些概念的认知就更为清晰了。当听到有人称这个大箱子为“巨人的箱子”时，他们就会把这个新词和具体的含义对应起来。在玩沙的时候，借助游戏的经验，对于“深”“比较深”“最深”这样的词汇会有比较深刻的认识。

户外游戏

孩子有两个教室——室内的和室外的。室外的游戏环境是室内的延伸，而且室外游戏的区域应该像室内游戏中心一样精心地设计与安排。室外游戏应当鼓励孩子锻炼运动技能和社交技巧，同时也可以帮助孩子重新确定他们已知的认知结构，并建立新的认知结构。利用这种方法，室外游戏的环境为观察和评估所有发展区域提供了基础和依据。

福克斯（Fox，1993）针对幼儿在室外游戏中“观察的实用性”做了调查。通过观察四到五岁的儿童在室外玩耍的情况，她发现孩子在室外游戏时，涉及了加减、认知形状、模仿、一对一通话、对数字的感觉、事件的排序、使用序号、关于介词的知识、对于开头和结尾处辅音的辨认等内容。福克斯从她年幼的观察对象身上发现了大量关于问题解决、创造性思考、社交能力、语言使用、或精或粗技巧的例子。尽管室外的观察不能替代课堂评估，但是同样可以给教师们提供关于幼儿的有用信息。正如福克斯所说：“这些调查在不被注意到的时候就能进行，无需介入孩子的活动中去，也不用把孩子放在高压的测试环境中。”

孩子们可以在室外学到哪些在室内学不到的东西呢？在室外，孩子们按照自己的想法利用水、泥土、木棍、沙子、树叶等自然资源去做一些创作。巨大的空间也可以减少孩子们在活动中声音方面的限制，允许他们自由地探索、计划并实施。在院子里，孩子们可以观察水是如何流动的，球是如何滚动的，而且在身体的推搡、摇摆的过程中学习和其他小朋友的相处之道。院子就是孩子在假想游戏中和同伴一起感知世界的地方（佩里，2001）。

大孩子的游戏和认知发展

年龄大一点的儿童可以从游戏中学到很多的观念，他们在游戏中学习游戏的规则和战略。他们开始在各种各样的活动中提升技能的水平，并培养对某些具体运动或活动的偏好。

孩子不断成长的认知能力使他们被允许参加一些更为高级的组织游戏或者团队活动，在这些活动中规则将会引导实际的行为。尽管年幼的孩子也会经常一起玩（事实上，通常他们只和距离比较近的同伴玩），他们也经常独自玩耍。而八到十二岁的孩子也可能会有意无意地独自游戏。然而，他们已经增长的认知能力（特别是十至十二岁的儿童）允许他们可以参加一些要求团结或者有复杂规则的活动。具备十至十二岁认知能力的孩子也可以参加一些和文字相关的游戏，如猜谜等。

当今的科技可以让青少年参加许多新形式的游戏。孩子们可以独自或者和其他人一起玩电脑游戏。例如像下棋这样的游戏软件要求孩子学习做决定，而其他的软件则可能涉及写作和复杂的思考。随着科技在社会中的普及化，孩子们获得了空前的机会去接触问题解决程序、CD、激光压缩视盘（VCD）和角色扮演软件。许多八至十二岁的孩子在学校可以利用最新的高科技电脑和电子设备去玩游戏了。

情感成长

测量孩子的情感是否健康的关键点，在于孩子如何感知自身。创造性的游戏活动会帮助孩子建立积极正向的自我观念。在游戏活动中，答案没有正确或错误之分，孩子不用面对失败的威胁，他们学着把自己当成一个有能力的人。尽管有时候在游戏中会有一些不如意，但是也绝对不会构成压力。因此，在创造性活动中幼儿可以学着将自己看做是成功而有价值的人。这是建立正向自我认知的第一步，也是十分重要的一步。

孩子在创造性游戏的经验中也会学习如何理解和表达自己的情感。在童年早期的时候几乎时时刻刻都可以看到他们在表达自己的感觉，如扮演医生给别人打针，或者通过谴责玩偶以表达对新生婴儿的嫉妒等。但是创造性活动并不仅仅局限于负面情绪的表达。孩子会在呵斥玩偶之后的下一秒，把它放在摇椅上，转而轻唱着小曲，哄它睡觉。

创造性游戏的另外一个情感价值就是可以给孩子提供掌控环境的机会。孩子已经学会用他们喜欢的方式去控制整个状况。一切都在孩子的掌握之中，他们利用想象力创造了所需的条件，并在游戏的过程中练习做选择和做决定的能力。

用游戏去测试情感的表达是一种十分安全而又容易被接受的方法。通过游戏，孩子可以重新创造那些对他们比较重要的经验，也可以细化那些有特殊意义的经验。孩子会觉得在游戏活动中十分安全，而且可以释放压力和不安。比如，当苏珊挥舞锤子并看到她在木头上制造的深痕时，她会觉得自己很强大。因此，通过砸木头给她提供了一种可以接受的方法去释放她的紧张和侵略性，她可以从锤一块木头中得到愉悦。

小学高年级的孩子在和同龄人玩游戏的时候情感成长得比较快。孩子们在一起玩的时候会学着去接受其他人的做事风格和个性，并试着感受如何才能成为集体的一部分。当一个孩子得到同伴的认可和接纳之后，他就会开始拥有自尊和自信，并且会十分愿意去尝试解决新的问题或者参加新的活动。

社会成长

游戏是孩子们随时随地都会有的行为，不过，游戏和社会、文化之间还是存在着差别的。萨拉（Sara Smilansky，1968）在关于游戏的研究和调查中开创了一个新的思路，她发现，对于孩子来说，社会戏剧游戏的有很多的优点。尽管有些研究者（温伯格、斯塔基，1994）对此存在争议，但是他们也只是一小部分而已。

在游戏中也存在着文化的差异。一般说来，文化越是复杂，这个社会里的游戏也就越复杂而且具有竞技性。（萨顿－斯密斯，1980）

在幼儿阶段的文化与社会课上，孩子游戏的相似性要多于差异性。因为幼儿很少被社会化，而且他们更容易创造他们自己的游戏而不是采用社会中流传下来的游戏活动。无论是对幼儿还是其他年龄的孩子，游戏都是一件具有个人价值和意义的活动，与传统的理论和研究无关。

根据大卫·埃尔金德（Dvaid Elkind，2003）的说法，尽管上述的这些理论发表之后产生了大量关于游戏的研究，但是并没有一个新的理论可以表明孩子的发展取向。埃尔金德声称所有关于游戏的研究只是揭示了问题的一个方面——成人。在他看来，成人在观看儿童游戏的时候或多或少都促进了儿童的健康发展。尽管他不否认儿童游戏的发展价值和意义，但是他坚持认为游戏即使不是很重要，也依然具有个人的、平等体验的价值。

在学校，教师可以在休息时、中午时或者在课堂时间上帮助青少年通过游戏活动，使一般性游戏的活动技巧变得熟练。然而，在一般活动中需要获得的技巧不仅仅是身体上的成熟，还和社会适应性紧密相连。在和其他人交往时表现得比较愉快的孩子，将会不断努力，以保证他能够在参与的同时避免被其他孩子嘲笑。教师应当帮助这些孩子在游戏中找到快乐的感觉。当设施、设备和游戏空间都能得到有效支持时，这个年龄段孩子的发展才能得到真正的提高。这个年龄段的孩子因为看起来好像已经“长大了”，所以他们在这些运动游戏中的能力常常被高估。

为有特殊需求的孩子设置激励社交的环境

为了能让有特殊需求的孩子融入正常的早期教育中，我们应当为这些孩子提供和其他孩子交流的机会（哈林，1992），最终目的是通过这些交流让他们之间建立起友谊。即使首次共处于同一个教室时，那些正常发展的孩子在有特殊需求的孩子中间显得更为愉快。这些孩子可能会表现出非常强烈的愿望，想要去接触和照顾这些有特殊需求的孩子（柏根，1993），而且会对他们使用的设备有着极大的兴趣。（戴尔摩德、史黛西，2000）他们也许会花大量的时间去观察大人是如何和那些有特殊需求的孩子交流的，但是在自己去做的时候又会很不确定如何去接触那些同龄人。这些孩子很可能会乐于和其他人玩乐而放弃“帮助”有特殊需求的同学。在这种情况下，教师应提供更多机会让孩子去相互交流。小孩子经常会把“朋友”解释为那天陪他一起玩的人。

教师应该安排好物理环境和日常安排表为孩子提供机会去交流和互动，并且让这些孩子学习规范自己的言行，做出恰当的行为。（泰勒、彼得森、默里 – 施瓦兹、吉洛，2002）

用来设置物理环境最好的一个方法就是用特别准备的玩具。在游戏时间，用社交玩具如积木、球类、微型汽车，而不是独立玩具如蜡笔、可塑面团、谜题时，孩子们就会更倾向于交流而不是独自玩耍（贝克曼、科尔，1984）。同样，通过限制孩子游戏的空间，或者在集体游戏的时候，把有特殊需求的孩子跟同龄人放得近一点，也能增加他们的交流。（布朗、福克斯、布雷迪，1987）

通过创设游戏中心，或者在集体游戏的时候安排固定的座位，可以做到限制空间，从而促进孩子注意力的集中，以确保有特殊要求的孩子能够一直和正常发展的儿童待在一起。（吉达、皮尔索斯、申普、卡恩伯森，1994）我们可以根据儿童的“个人教育计划”（Individual Educational Plans，缩写为 IEP）制定这些策略，并使之成为日常课程和活动中的一部分。

暴力型游戏

很多早期教育的教师都很关心如何处理课堂上关于英雄与战争的游戏，尤其是关于暴力的世界新闻越来越多时，人们对于这种游戏类

表 7–1 关于游戏理论的总结

理论家	游戏的定义	主要概念
帕滕（Parten）	游戏是测量孩子社会成熟度的标尺。	游戏中的发展阶段：旁观者、独处者、平行、联系、合作
皮亚杰（Piaget）	游戏是种同化——孩子让世界去适应他	游戏的三个阶段：感觉、象征、有规则的游戏
史密兰斯基（Smilansky）	游戏帮助儿童发展社会性	戏剧游戏的六个标准：模仿角色、扮演、学习角色腔调、在角色游戏中能坚持、互动、口头交流
维果茨基（Vygotsky）	游戏直接促进孩子的认知能力	象征性游戏促进抽象思考

想一想　文学与艺术中的儿童游戏

历史上，就有社会对儿童游戏表现出了兴趣，我们可以从早期的文学和艺术作品中看到相关的信息。在古希腊，成人对儿童的感情是喜爱而又温和的，儿童游戏在这里受到鼓励和支持。欧洲在文艺复兴之前只有很模糊的一些信息是关于儿童游戏的，他们几乎不关心这个，但是这并不是说儿童没有游戏。在进入现代以前（十六世纪以后），孩子的活动和成人的活动没有什么区别，即使是在游戏方面也是一样。而且相比起现代，以前的孩子也没有时间去游戏，他们在田地里或者在家里做家务，承担着和成人一样的责任。即使是到了19世纪，孩子依然要离开家去工作。在很小的时候他们就必须获得成人的技巧，以适应他们所生活的时代。生活在底层的孩子要学习的是工作技能；生活在上层的男孩学习打猎和剑术，而女孩则学习针线、绘画和音乐。

通过观看绘画作品，我们可以了解到早些时候的游戏是怎么样的，一些著名的经典绘画作品描绘了孩子的游戏。在宋朝（960-1279），中国的很多艺术家创作出了大量描绘儿童游戏的作品，被称为《百子图》。这些绘画作品现在就展示在中国台湾的台北"故宫博物院"，而美国博物馆以及其他地方也有收藏。这些中国画展示了上层和下层儿童的游戏形式。

另外一个广为人知的绘画作品是《孩子们的游戏》（Children's Play），这是由佛兰德斯的画家彼得·勃鲁盖尔（Peter Bruegel, 1525—1569）所作。这幅画生动地描绘了80多种儿童游戏，他描绘了一群村庄里的孩子，而这些孩子全部都是生活在社会底层的。由于画中的许多游戏都能被辨别而且今天依然还在流行，我们可以说这些画揭示了穿越时空的游戏的延续性，真是太神奇了。

20世纪早期美国艺术家莫里斯·普德伦加斯特（Maurice Prendergast, 1859-1924）用水彩描绘了曼哈顿下城的一个游乐场，并命名为《东河》（The East River）。这幅画不仅描绘了当地风景，还在画中展示了成人和儿童在游乐的场景，其中游乐场中的沙坑与秋千等一些设备现在依然还在使用。

这些由宋朝画家、勃鲁盖尔和普德伦加斯特所画的画描绘了不同时空、不同文化的孩子。他们从不同的视角表现出了孩子所处的不同环境，但是他们都拥有一个共同特点，就是：游戏是儿童出于本性的活动。

型的关注似乎也在不断地增长。

正如我们本章所讨论的，游戏是幼儿课程教育中不可缺少的部分。然而，在当今时代里，由于战争的频发，幼儿时期关于超级英雄的游戏似乎成了一个问题。有些教师很疑惑为什么强调斗争的游戏会这么重要呢？为此，有些教师转而去安排一些更容易管理的游戏，而其他的教师则通过减少幼儿的游戏时间来解决这个问题。短期来看确实减少了问题，长期来看却削减了可以从游戏中获得广泛发展的益处。在我们考虑如何解决超级英雄与战争游戏的问题之前，我们有必要分析一下这种游戏的形成原因。

在生活中的暴力元素方面，现在的孩子比教师曾经接触的还要多。因此，教师必须帮助今天的孩子去面对和处理这些暴露出来的暴力

想一想 更多关于游戏的信息

当孩子在探索自己、观察别人工作和学习的时候，游戏是最自然也是最好的方法。他们是天生的探索者，他们有着强烈的需求在真实的体验和自然的环境中探索自己的世界。以下有五个标准可以区分幼儿的游戏和其他活动。

· 游戏是一个过程。游戏活动本身比结果更重要。

· 游戏是孩子自发的。孩子做游戏活动不是为了别的原因，仅仅是想要做而已。

· 在游戏中，任何事都有可能发生，桌子上铺上床单就可以变成城堡，待在里面的小女孩就可以变成公主。

· 游戏是考验规则的竞技场，可以有逻辑，也可以没有逻辑。规则总是自由地在游戏中出现或消失；这些规则也许是简单的，也许是复杂的，因为这些规则完全是根据幼儿自己先前的知识而创造出来的。其中有一个规则就是：需要有一个制定规则的角色。比如，当幼儿在玩过家家的游戏时，你会经常听到孩子中的某一个在向其他孩子分配角色（例如，他会说“你来当妈妈”）。

· 游戏是一个非常需要思想参与的活动。孩子可能会全神贯注于他们的游戏，即使要求他们停下来，他们也可能不会停。当孩子调查、探索、询问时，游戏使他们的大脑处于一个积极思考的过程中。（赫维茨，2003）

在幼儿的课堂里，游戏和课程应该是紧密相连的。对于幼儿来说，一堂有质量的课程很大程度上需要依靠游戏。学习去区分不同的游戏类型，也许可以让你更加理解它们的重要性。以下是游戏的分类：

· 练习型游戏——仅仅是为了取乐而不断重复的游戏，如玩沙子，让沙子从指缝间落下。

· 创建型游戏——孩子在创造某些东西的游戏，如搭积木。

· 混战游戏——正如名字一样，这样的游戏会有一点粗鲁，包含着欢笑与假装。（和侵略性游戏不同，这类游戏是在安全的范围内实行的，属于可接受的游戏类型。）

· 戏剧型游戏——给孩子一些机会去扮成别的人或者动物，甚至物体的游戏。

· 规则型游戏——有一套规则的游戏，如“抓鬼”这样的游戏。

弄明白这些游戏的种类可以帮助教师设置适当的游戏活动，以满足所有孩子的发展需要（赫维茨，2003）。当你下次看见孩子正沉浸在游戏中时，要明白他们是在为了成为一个成功的学生或者社会成员在做练习，也是在发展他们今后所需的技能。所以，就让他们尽情地玩乐吧！

因素。我们来思考一下孩子生活中存在的暴力因素有何影响吧。

日常生活的暴力 孩子会把暴力带进游戏当中，是因为许多孩子每天都可以在生活中遇到各种形式的暴力。他们可能是在家里或社区里看到的，也可能从电视的娱乐节目或者新闻上看到的。

如果你去观察玩暴力型游戏的孩子，你就会发现他们总是很关注游戏中的形象、困惑、恐惧和侵略等方面。而这正是他们在游戏中需要理解并从中挣脱出来的部分。通常情况下，对战争游戏特别痴迷的孩子是最可能有暴

力倾向的，是急需从中解脱出来的。（莱文，2003）

感觉 大部分的孩子都在寻找让自己感觉强大和有力量的方法，而游戏就是一个可以获得强大感觉的方法，并且十分安全。在小孩子的眼中，含有暴力的游戏，特别是和力量以及所向无敌联系在一起时，是非常让人着迷的。然而那些喜欢在战争游戏中去感受强大和安全的孩子，其实是感到最无力和容易受伤害的。（莱文，2003）

媒体、玩具和暴力 现今很多受欢迎的动作人物都被制作成了玩具，仅仅是从外表和运转方式就可以给孩子一些强有力的信息，正是这些信息组成了孩子的游戏内容与方向。与之相反，一些具有开放性的玩具则可以让孩子自由操控，例如积木和填充型的动物玩具等。

许多动作和战争游戏的玩具，都是和暴力的电影、电视节目和电子游戏紧密相连的。这些玩具因其可以提供夸张的力量和热情而具有强大的吸引力。通常情况下，这样的玩具会引发儿童去复制和模仿他们在荧屏上看到的暴力故事。很多孩子会沉迷于模仿传媒中出现的暴力情节，而忽略了可以发展创造性和充满想象力的游戏。

处理孩子的暴力游戏 没有简单而有效的办法可以解决孩子的暴力游戏，但是，有些方法可以缓解这个问题。

- 无论在任何地方，尽量减少孩子看到暴力元素的机会。大部分幼儿主要是在家里接触到暴力的，所以家庭问题是很关键的。

教师可以通过家长工作坊或者家庭实时通信的方式，帮助家长学习如何保护孩子避免接触到暴力，也可以帮助家长学习处理已经存在的暴力问题。另外，教师也可以为家长提供一些关于选择开放性玩具的信息，避免用到以暴力为主题的玩具。（莱文，2003）

- 多进行可以促进想象力和创造力的游戏，而且要注意与模仿游戏之间的区别。当孩子每天在同样的暴力游戏中，而不进行任何思想创新的时候，那就是在模仿游戏了。皮亚杰把这种行为称之为模仿而不是游戏。（卡尔松–佩吉、莱文，1987）

- 多花点时间去观察孩子的游戏，看看他们都在玩些什么以及是怎么玩的。利用这些信息帮助孩子学习新的方法，从以模仿暴力内容为主题的游戏中走出来。比如可以让孩子通过往木头上砸钉子、摔打陶土或者推倒积木的方式来抒发他们的情绪。

- 鼓励孩子通过绘画或讲故事的形式表达自己的感觉，用这种方法来解决暴力的问题。而稍大一点的孩子可以通过写故事或者写诗来解决同样的问题。

- 和孩子聊聊暴力游戏。当孩子在安全

人偶：一个简短的历史

人类学家相信最古老的人偶应该是用于宗教祭祀的，但是如今一些人偶已经被当做是玩具了。人偶通常可以反映出产生时代的风俗、文化和生活方式。时至今日，人偶主要被看做是一种玩具，但是对于另外一些人来说，人偶依然被看做是珍贵的艺术品。

古代的人偶在制作时会采用很多的材料，例如木头、陶土、贝壳、玉米棒子、羽毛、动物皮以及骨头等。在4000年前的埃及，木质的“划桨人偶”就已经出现了。在14世纪晚期的欧洲出现了比较时尚和流行的纸质玩偶，并且一直流行到了19世纪。而在19世纪早期，又发明了会叫“妈妈”“爸爸”的人偶。

20世纪早期，罗丝·欧尼尔（Rose O' Neill）制造出了天使娃娃（The Kewpie doll），其原型是她的小弟弟。“再见宝贝”（Bye-Lo-Baby）制造于20世纪20年代，作者是格蕾丝·普特南（Grace Putnam），因为获得了巨大的成功，这个玩偶被授予了“百万美元宝贝”的称号。最受欢迎的椰菜娃娃（Cabbage Patch Kids）产生于20世纪70年代中期，由泽维尔·罗伯茨

（Xavier Roberts）制作。破烂娃娃安（Raggedy Ann）在20世纪早期由艺术家约翰尼·格鲁埃尔（Johnny Gruelle）制作，而在20世纪20年代又制作出来她的兄弟——安迪·芭比，全名是芭比·米丽森·罗伯茨（Barbie Milliacent Roberts），生产于1959年。在1965年，斯坦利·维斯顿（Stanley Weston.G.I.Joe）根据一个叫“中尉”（The Lieutenant）的电视节目制作了特种部队，这成为男孩们的第一个动作人物玩具，而且事实证明，其影响力要比节目本身深远得多。芭比的男朋友叫肯（Ken），在1961年时被制造了出来。套娃是一种内部中空的木质人偶，里面可以连续地放几个相似的人偶。据说这种玩具起源于日本，但是俄罗斯艺术家的制作使其更加有名。

感和暴力的感觉之间挣扎和矛盾时，他们需要知道：大人就在身边陪着他们，并且会在整个过程中给他们提供所需的帮助。（莱文，2003）和孩子聊一聊是什么让他感到恐怖和困惑。当一个孩子说到一个让他感到害怕的问题时，比较适合问一个开放性的问题，比如你可以简单地问一下：“关于这个，你听说过什么？”这样你就可以针对困扰孩子的问题作出准确的回答！

· 一定要记得孩子并不会像成年人一样去理解暴力，他们可能会对此产生误解。我们大人就要试着去纠正他们的错误观念，帮助孩子区分现实和幻想。例如，并不是每一架在学校上空飞过的飞机都会携带炸弹；现实生活中的人不会像金刚战士一样来回变形。

· 鼓励孩子参加有创造力的游戏，这样他们就可以把暴力转换为积极的行为。为他们提供设备、时间和良好的环境，让他们用正当的行为去表现含有暴力的想法。给他们一个正确的引导，这样他们就可以第一时间用平和的方式去对待其他人。同时，我们还应当肯定和赞扬他们的努力。比如，你可以说：“我很高兴在现实生活中，你可以和斯科特一起去解决你的问题……”这些真实的生活经历可以抵消孩子在暴力中学到的一些有害信息。

向孩子解释这个世界。此时的幼儿比以往任何时候都需要找到方法，去解决他们看到的暴力。对于大多数孩子来说，游戏是可以帮助他们的一种重要方法。而游戏在帮助孩子得到满足的过程中，我们也同样扮演着至关重要的角色。

总结

对于幼儿来说，游戏不是工作完成以后的某些事，而是生活中的主要部分。游戏可以是经过组织的，也可以是自发和随机的。可能是需要戏剧化和特殊设备的，也可能是采取比赛形式的。研究游戏的理论家有很多，其中就有帕滕、皮亚杰、史密兰斯基以及维果茨基。根据幼儿的社会化水平的演化，游戏发展通常有一个自然的顺序。而游戏的发展阶段包括旁观者阶段、独自游戏阶段、平行游戏阶段、联合游戏阶段、合作游戏阶段。

在创造性游戏中孩子的需求得到满足，通过游戏活动，他们可以学到关于他们自己、其他人以及周围世界的一些知识。创造性游戏在早期幼儿教育中有一些具体的目的——用于促进身体、思维、社交和情感的成长。通过观察孩子的创造性活动可以看出游戏的不同发展阶段，在游戏中三岁的孩子和五岁的孩子是绝对不同的。三岁的孩子还不能区分真实与假象，他们喜欢装成好像什么都知道的人。四岁的孩子开始倾向于有攻击性的游戏角色，以使他们能够展示出他们的侵略性。五岁的孩子已经可以区分想象的世界和真实的世界了，他们也能更好地控制自己的感情。教师可以设置良好的环境以鼓励有特殊需求的孩子参与游戏。同时，在早期幼儿教育时应注意导致儿童暴力游戏的原因，并学会如何处理这样的问题。青少年喜欢可以让他们提前完善他们能力的游戏活动，他们喜欢有规则的比赛，对于这个年龄段的孩子来说，社交和情感的成长与身体的发展是一样重要的。

关键词		
联合游戏	想象游戏	平行游戏
合作游戏	旁观者行为	独自游戏
自由游戏	组织型游戏	自发游戏

学习活动

1. 观察不同年龄的孩子做游戏的情况，不要让孩子知道你在看着。观察不同年龄段的几个孩子在游戏时的表现，每一组至少要观察 10 分钟。他们的游戏活动是相似的吗？他们之间有什么区别？将需要观察的孩子分为两组：（1）幼儿园至三年级的为一组。（2）四五年级的孩子为一组。他们的游戏活动是相似的吗？他们之间有什么区别？观察在每一组中最流行的游戏形式是什么？你会为你看到的惊讶吗？为什么？

2. 本章讨论了孩子成长和发展的四个区域（生理的、心理的、社交的、情感的），选出一个游戏活动，并讨论活动对孩子的这几个方面有什么作用。从本章讨论过的游戏中，为每一个年龄段的孩子选择一个活动。对比一下各个年龄段的活动。

3. 观察一下三岁组的孩子和五岁组的孩子在玩戏剧型游戏时的情况。他们的游戏在哪里是不一样的？又有哪里是一样的？把各个阶段的孩子分成组去观察他们玩戏剧型游戏时的情况：（1）幼儿园至三年级的为一组。（2）四五年级的孩子为一组。他们的游戏哪里是不一样的？又有哪里是一样的？是否观察到了一些让你觉得惊讶的事情？和你的学生一起分享你观察到的。

4. 试一试动物饼干游戏。这是孩子比较喜欢的一个游戏，在这个游戏里孩子可以更好地理解游戏创造的可能性。

（1）拿一盒动物饼干，站在一个足够长的镜子前，随机从盒子里摸出一个饼干，看清楚是什么，然后吃掉它。完成以后，你要“变成”你所选的动物 2 分钟，观察你作为那个动物时的行为。多做几次！

（2）回答这个活动的相关问题：①做这些动作时你有什么感觉？②创造性行为和愚蠢的行为之间有什么区别？③游戏如何帮助人们发展创造性或者让人更具备创造性？

5. 选择一项儿童完全是为寻求乐趣而做的活动，列出他们能从中学到的东西。

6. 记录两个孩子在一起玩时的对话，看看是否有证据可以表明其中一个孩子在主导这个游戏？如果是，你的结论依据是什么？另外，和班里的其他人比对一下你们的发现是否相同。

7. 去参观一个当地的游乐场，描述一下可以使用的设备，哪一个是最受欢迎的？讲讲为什么你会这么认为？哪些方面的设备和布置会有利于孩子游戏？请解释一下。

游戏活动

▶ 拓展游戏的体验

有一个方法可以鼓励并促进孩子进行游戏活动，那就是更换在活动中心里经常使用的那些材料。在你的兴趣班里增加一些不同的材料，这样会有助于拓展孩子的游戏体验。

戏剧游戏中心

- 增加一些具有开放性的材料，如床单、围巾、大纸箱等，问问孩子："你们可以用这些做什么？"
- 当孩子想要在游戏中增加新元素时，为他们准备一箱子不同寻常的东西吧！里面可以是工具、沙滩排球、有趣的眼镜、帽子等。
- 在读完一个受欢迎的故事之后，让孩子们用自己的方式去复述这个故事。

积木区

- 增加一些绳索和小球，问孩子们："你们可以用这些做什么？"
- 增加铝箔和手电筒以启发孩子建造新的样式。
- 用活动中心里不同寻常建筑的照片去启发孩子创造新的建筑样式。

影子游戏

- 晴朗的天气里可以到室外去，让孩子们分成组并做一些滑稽的动作，同时让他们观察自己的影子。向大家推荐一个"复制猫（模仿领袖）"的游戏："所有人都跳！所有人都扭！所有人都舞起来！"（其实就是跟着带头人的动作去做就行。）
- 在游乐场上玩影子连接的游戏，让孩子们分成组，并将他们自己的影子和别人的影子连接起来。

▶ 想象力练习

孩子喜欢"变成"某种动物或者"假装"成其他东西。这些活动有助于发展他们的大肌肉群，同时也是很好的创造性活动。在活动中，鼓励孩子们缓慢而又轻巧地移动。一旦他们采取了自己理解的方式去表演那个物体或动物，建议他们在继续保持缓慢呼吸的同时保持住那个动作。

- 树。一起闭上眼睛回想你们见到过的树木，然后站起来举起你的手臂，让你看起来像是一棵树。慢慢地呼吸，并试着保持这个姿势30秒。
- 山。坐在地板上，让双腿交叉或者用任何让你觉得舒服的姿势，慢慢地举起你的手臂形成一个山顶的样子。当你做出这个姿势的时候让其他的孩子也假装自己是一座座巍峨而宁静的山。你或者组里的任何一个人都可以描述一下接下来可能看到的宁静景象。
- 猫。找一个舒适的地方像猫一样蜷缩起来，假装是在火炉旁或者阳光下这样温暖而舒服的地方睡觉，然后醒过来，伸伸懒腰。
- 海龟。把你的背部弄成壳一样的圆形，并把你的头、胳膊、腿蜷缩在这个壳下。将这个姿势保持一会，然后再慢慢伸出你的脖子、胳膊和腿。（丘奇，1993）

以下的游戏活动具有创造性，可以大幅提高动作技能，并且需要用到大肌肉群。

猜猜我是什么

让孩子试着去扮演一些东西，在这个过程中一句话都不能说。可能是飞机正在降落，也可能是一个趾高气扬的公鸡在空地上招摇过市，或者是一个多厢货车在卸货，又或者是一个钟表在报时。

戏水游戏

一个灌满了水的浅水坑或者大浴盆都可以用来进行创造性游戏。孩子可以倒水，混合或者搅动。他们也可以用一些肥皂制造一些泡沫出来。他们也许喜欢用水和大画笔“画出”一个栅栏或者校园。可以用很多的东西组合到一起做成一个可以漂流的船（铝箔比较好用）。当他们发现水、工具和其他材料可以帮助他们清理垃圾时，他们在清理时的方式也会发展出有创意的一面。

玩软水管

孩子喜欢玩带有强力出水口的水管，他们可以通过将把大拇指按在管子上，从而了解到这样做会产生什么结果。借此，他们就会明白，正是压力促使水从管子里出去的。他们可以把水喷到天空上去形成彩虹；或者用水去冲击不同的东西，从而可以听到不同的声音。

将一段花园水管配备一个有喷嘴的水龙头，可以做成一个加油枪以用于户外的骑乘玩具。这个喷嘴可以在五金商店里买到。

幼儿的游戏

• 纸箱为孩子提供了许多有益的游戏机会。把大小不同的纸盒捆绑在一起，或者用强力胶粘到一起就可以做成一个“火车”了。用一些坚实的枕头或者填充物支撑住这些盒子，让各个部分的高度有些变化。把火车放在有软垫的地方或者在周围放些枕头，鼓励幼儿爬上火车的顶部，从车尾一直爬到头。爬上爬下的活动可以提高孩子的活动机能、手眼协调以及保持平衡的能力。你也可以把开着口的盒子组成一个“隧道”，让孩子从中爬过，这样可以增强他们的身体意识。

• 幼儿很喜欢撕扯编织物，所以，可以在空的纸盒里放一些围巾或者尼龙等材质的织物。然后可以播放一些音乐，让孩子拿着围巾跳舞。

• 在水盘或者沙盘里添加一些东西。一个大的塑料管或者塑料盒是比较简易的沙盘。在里面放上一些泡沫粒、棉花球、碎纸，甚至是泥土。并把一些小的塑料玩具藏在盒子里，给孩子一些望远镜、漏斗或者杯子等，让他们去挖掘，这样他们会很开心而且还可以锻炼他们的手眼协调能力。

使用包装盒

许多孩子收到的玩具都有一个大包装盒，过一段时间之后，这些孩子就会把那些有趣的玩具放在一边，然后转而开始玩空的包装盒了。据此看来，我们有必要给孩子提供一些这样的盒子去玩。这些盒子可以有很多有创意的用法：他们可以把盒子组成一个火车、房子或商店，也可以做成山洞或者藏身之处。孩子甚至会为此把盒子的内外都粉刷一遍。

挑战

环顾一下室内，找出一些鼓励孩子进行创造性活动的方法。

• 在家政区，关于围巾、枕头和纸袋，你有几种用法？你能创造出什么东西来帮助你携带婴儿吗？或者你能用这些东西建造一个你的杂货铺吗？

• 在积木区，你可以建造出能容纳所有车辆停泊的地方吗？你有几种方法可以建造出和教室一样长的路？你又有几种方法可以搭建一座桥、城堡、公寓或者塔？

• 在科学中心，你可以用多少种不同的物体吹出泡泡？你如何用海绵捡起东西？你可以用多少种方法产生风？

• 在水池和沙地里，你可以找出多少种方法保存住沙子（或水）而不会从漏斗中漏出来。你可以用多少种材料做出可以漂流的船？你可以制造什么东西把沙子从一个地方运到另一个地方？

• 在室外，你有多少种方法可以形成影子？你能做出几种可以在沙子里挖洞的工具？你能想到多少方法让你和你朋友在共同夹住沙滩排球时保持平衡？

• 在艺术中心，不用工具的情况下，你能用多少种方法改变一片纸的形态？你能用报纸和橡皮筋做出什么？你能同时用多支蜡笔作画吗？

本章回顾

1 列出游戏活动可以促进孩子哪四个发展区域的发展。

2 阐释不同游戏的发展顺序以及不同阶段的特点。

3 比较并描述婴儿、幼儿、两岁半儿童和四岁儿童在游戏中的特点。

4 描述一下幼儿园中三年级和四、五年级儿童的游戏特点。

5 讨论一下，为了鼓励有特殊需求的孩子参与游戏活动，教师可以做出哪些调整。

6 讨论一下哪些原因致使儿童产生了暴力游戏，并讨论在早期幼儿教育中应如何处理。

参考文献

Beckman, P., & Kohl, F.（1984）. The effects of social and isolate toys on the interactions and play of integrated and nonintegrated groups of pre-schoolers. *Education and Training of the Mentally Retarded*, 19, 169–174.

Bergen, D.（1993）. Facilitating friendship development in inclusive classrooms. *Childhood Education* 69, 234–236.

Brown, W., Fox, J., & Brady, M.（1987）. Effects of spatial density on three- and four-year-old children's socially directed behavior during free play: An investigation of a setting factor. *Education and Treatment of Children*, 10, 247–258.

Carlsson-Paige, N., & Levin, D. E.（1987）. *The war play dilemma: Balancing needs and values in the early childhood classroom*. New York: Teachers College Press.

Church, E. G.（1993, February）. Moving small, moving quiet. *Scholastic Pre-K Today*, 42–45.

Diamond, K. E., & Stacey, S.（2000）. The other child at preschool: Experiences of typically developing children in inclusive programs. In S. Sandall & M. Ostrosky（Eds.）, *Young exceptional children*. Monograph series no. 2: Natural environments and inclusion（pp. 59–68）. Longmont, CO: Sopris West.

Dyson, A. H.（1991）. The roots of literacy development: Play, pictures, and peers. In B. Scales, M. Almy, A. Nicolopoulou, & S. Ervin-Tripp（Eds.）, *Play and the social context of development in early care and education*（pp. 98–116）. New York: Teachers College Press.

Elkind, D.（2003, May）. Thanks for the memory: The lasting value of true play. *Young Children*, 58, 46–50.

Fox, J. E.（1993）. Assessing cognitive development by observing children's outdoor play. In M. Guddemi & T. Jaambor（Eds.）, *A right to play: Proceedings of the American Affiliate of the International Association for the Children's Right to Play*, Sept. 17–20, 1992, Denton, Texas,（pp. 128–131）. Little Rock, AK: Southern Early Childhood Association.

Guida, J., Pirsos, S., Schempp, K., & Cuthbertson, D.（1994）. Making inclusion work: Angela is supported by a circle of friends. *Exceptional Parent*, 24, 43–46, 84.

Haring, T.（1992） The context of

social competence: Relations, relationships, and generalization. In S. L. Odom, S. R. McConnell, & M. A. McEvoy (Eds.), *Social competence of young children with disabilities*, (pp. 307–320). Baltimore: Paul H. Brooks.

Hurwitz, S. C. (2003). To be successful—Let them play! *Childhood Education*, Winter 2002/2003, 100–101.

Hymes, J. L. (1981). *Teaching children under six*. Columbus, OH: Merrill.

Kagan, S. L. (1990). Children's play: The journey from theory to practice. In E. Klugman & S. Smilansky (Eds.), *Children's play and learning: Perspectives and policy implications*, (pp. 173–185). New York: Teachers College Press.

Levin, E. D. (2003). *Teaching young children in violent times: Building a peaceable classroom*. 2nd. ed. Cambridge, MA: Educators for Social Responsibility.

Monighan-Nourot, P. (1990). The legacy of play in American early childhood education. In E. Klugman & S. Smilansky (Eds.), *Children's play and learning: Perspectives and policy implications*, (pp. 59–85). New York: Teachers College Press.

Parten, M. (1932). Social participation among preschool children. *Journal of Abnormal and Social Psychology*, 27, 243–269.

Perry, J. P. (2004). Making sense of outdoor pretend play. *Young Children*, 58 (3), 17–21.

Perry, J. P. (2001). *Outdoor play: Teaching strategies with young children*. New York: Teacher's College Press.

Piaget, J. (1962). *Play, dreams, and imitation in childhood*. New York: W. W. Norton.

Smilansky, S. (1968). *The effects of socio-dramatic play on disadvantaged preschool children*. New York: Wiley.

Sutton-Smith, B. (1980). Children's play: Some sources of play theorizing. In K. H. Rubin (Ed.), *Children's play*, (pp. 63–72). San Francisco: Jossey-Bass.

Taylor, A. S., Peterson, C. A., Murray-Schwarz, P., & Guillou, T. S. (2002). Social skills interventions: Not just for children with special needs. *Young Exceptional Children*, 50, 19–23.

Vandenberg, B. (1986). Play theory. In G. Fein & M. Rivkin (Eds.), *The young child at play*. Washington, DC: NAEYC.

Vygotsky, L. (1978). *Mind in society: The development of higher psychological processes*. Cambridge, MA: Harvard University Press.

Weinberger, L. A., & Starkey, P. (1994). Pretend play by African American children in Head Start. *Early Childhood Research Quarterly*, 9, 327–43.

第八章

使用科技来促进创造力

▶ **教学目标**

学完本章，你应该能够：

1. 至少列出五个适宜儿童发展的电脑软件的特点。

2. 列出四个应该让幼儿使用科技的原因。

3. 列出儿童网站的四个基本类型。

4. 描述一下早期幼儿教育中使用科技的例子。

专心芝麻街的艾默（ELMO）有电子邮箱，紫色恐龙巴尼（Barney）和他的朋友们也会在他们的电脑上使用交互型的光盘，甚至是在电视节目中，儿童喜欢观看的人物也都在使用电脑，电脑成为他们每天生活中的一部分。

今天，这种情况在儿童早期教育中也同样存在，电脑已经成为很多儿童学前经验的一部分。通常你会发现，在学习中心和自由活动期间，至少都有一个专门供儿童使用的电脑。这些科技正确确实实存在于儿童早期教育的活动中，正如电脑、数码相机、摄像机、电子游戏、交互型CD和数字激光视盘（DVD）等，

随着儿童早期教育中科技使用逐渐广泛，教师比任何时候都需要了解适合孩子运用科技的最好方式。本章提供了一个基本的信息框架，讨论在早期儿童教育过程中通过使用科技帮助其发展的恰当方法。

科技与适当的发展练习

在讨论早期儿童教育中的任何一种科技之前，我们很有必要考虑一下科技和幼儿之间的关系。

正如我们在第五章看到的一样，适当的

发展练习是幼儿教育体验的潜在前提。尽管在早期儿童的课程中的很多方面都采用了 DPA 的理论，但是幼儿使用电脑方面的理论，还是大量欠缺。正如课堂上的其他材料或者理论一样，为了确保电脑科技可以提高幼儿的学习经验，科技也必须采用 DPA 的标准去实行。美国幼儿教育协会已经出版了关于早期儿童教育环境中按照 DPA 使用电脑的指南。（NAEYC，2006）

当我们在课程中想到电脑集成时，我们可以把它当成是一种操作系统。这也是孩子们看待电脑的方式，他们也是把电脑当成是种可以操作和控制的东西。任何一个老师只要肯在高质量的早期儿童教育软件上花些时间就会发现，电脑和早期儿童教育的其他材料，如书本、积木、橡皮泥等，是截然不同的。如果使用的是正确的软件，在使用多种设置的三维屏幕操作时，电脑完全是开放性的，而且有很多可以发掘的潜能。而孩子需要做的仅仅就是点击鼠标，并把屏幕上的东西拖到指定的地方就可以了。有时这些图像就跟图画书中的图画一样是静止的，有时它们又是活生生的（鸟儿在飞，人在行走）。因此，就像玩积木和猜谜语一样，电脑图像是用于操作的组成元素。

和其他的操作活动一样，电脑可以在很多地方使用。使用方法有很多种，既可能促进成长又可能会阻碍成长。蜡笔在幼儿早期教育中是一个重要的主题，没有人会质疑这一点，但是这并不意味着我们认同两岁的儿童应该在具有同样图形的纸上用蜡笔涂色，或者在练习簿上按照字母表按线描绘字母表上的字母。同样，电脑是幼儿正当使用的工具，但是仅限于幼儿采用了正确的方法，并鼓励他们将电脑用于辅助探索等而不是作为工作表中的华丽摆设。

在和五岁以下的孩子一起工作的时候，一定要记住电脑更像是一个甜点而不是主餐。在这个年龄段的孩子最好是通过活动和亲身探险的方式在环境中学习。五岁以下的孩子可以偶尔地使用电脑，但是每天长时间地坐在电脑前进行操作不利于发展孩子的精神需求。

使用科技的重要性

在早期儿童教育中，科技可以用于达成多种目标。

可以提供多样化的课程 一些孩子在看录像、看 DVD 或者使用电脑的时候可以提高学习效果。而所有的幼儿课程必须要满足孩子不同的需求，因此，课程必须要具备丰富多彩的活动，以适合每一个孩子的需要。使用科技就是其中一种方法。

科技使孩子在学习中带有高涨的兴趣 科技可以帮助儿童了解真相，学会享用学校的设施，同时也可以发展学生的技能，特别是创造能力的发展。

科技让孩子着迷于具有创造性的材料 在使用科技的过程中，孩子会热爱需要动手的活动，而可以使用的创造性的材料有摄像机、电脑、磁带、录音机和其他一些科技产品。

科技可以辅助甚至建立新的活动 通过使用科技产品，孩子可以学会用另外一种方式去表达或者练习他们学到过的知识，这也可以说是在巩固孩子的所学。

发展创造力的活动

科技可以带来丰富性、有趣性，让人沉浸、融入以及巩固其所学。其中最重要的一个优点是它可以给孩子提供发展创造力的机会。而这些创造力会体现在他们使用科技进行设计、操作以及表达他们自己的过程中。

录像带

孩子可以去计划并且拍摄一个课堂活动的录像带，他们可以在校内或者校外录下戏剧表演、舞蹈、野外旅行等其他活动。

今天，在学校里可以获得相当便宜的录像带，这些录像带非常轻便而且易于使用，它们可以达到和电影以及幻灯片一样的效果。价格不仅不贵，甚至还可以将错误的地方删除并重复使用。孩子们也可以立刻看到他们的成果。录像机可以在戏剧表演活动的时候使用：录一场戏剧，也可以录孩子的艺术表演。有些孩子喜欢讲故事或者复述喜欢的事件。游乐时间也会进行创作，这些都可以录下来。同时，也可以录野外旅行，野外旅行的录像带可以用来激发孩子创造出一些可以讲的故事或者新的游戏。

当孩子对录像带感到厌倦的时候，还可以把它删除后重新使用。因此，尽管录像机很贵，但是比不断购买或租借现成供应的录像带还是便宜了很多啊。

我们可以在图书馆或者其他代理商那里租到电影录像带，这些电影可以用来变成一个可以参与的游戏——创造型戏剧。比如，首先播放一个在一开始就介绍故事和人物的电影，然后当播放到一个特殊的片段时，把电影关掉，让孩子扮演其中的角色去继续表演，并用自己的方式给故事设定一个结局。录像还可以启发孩子绘画方面的思维。

摄影

幼儿很喜欢拍照片，只要有一台廉价的照相机就可以将不同的活动、物体、人等一切他们感兴趣的东西拍下来。一台 35 毫米带闪光灯的照相机并不昂贵，而且幼儿操作起来比较简单，在室内和室外都能用。

照相可以说是孩子们体验这个世界的另外一种方式，对于小学中高年级的孩子来说，尤其显得有趣而充满挑战。其中有一个有趣的活动就是由教师或者孩子制定主题，然后让小学的高年级同学根据这个共同的主题去摄影。这个主题可以是特殊的人或地方，让你感到开心或者不开心的都可以。孩子可以在学校周围来个短途旅行，记录下他们心中和眼中所看到的影像。

> 当一名教师看到幼儿第一次拍照的时候，他们就会情不自禁地想起他们自己当初第一次拍照的经历。你还记得你第一次用拍照的方式去记录你的世界时，那种兴奋的感觉吗？就像是魔法一样，你拥有了一种方法，让你可以轻松捕捉到生命中那些特殊的人或事。在相机的帮助下，你可以将今天保留到明天甚至永远。摄影已经成为语言的一部分了，而且它可以超越词语的限制，让观者在思想、感觉和创造性等方面可以达到共鸣。（萨维奇、霍尔，1999）

所有年纪的孩子都可以用摄影表达自我。由于很多照相机价格低廉、操作简便，所以很多初学者都可以拍出很好的照片。孩子们可以通过照片和文字与其他人分享他们学校里的特殊世界。

对于幼儿来说，一定要让他们觉得摄影是一件很轻松的事。要向他们解释清楚，拍照也是一种很有趣的活动，他们可以拍下在学校时所经历的并且愿意记住的任何事物。对于大一点的孩子，你的要求可以稍微抽象一点。比如，你可以要求四年级的孩子用各种他们能想到的方法拍摄关于友谊的照片。但是，不要限制他们应该拍什么，要让孩子成为他们自己的领导者。

花点时间向孩子们解释并示范一下如何拍照——包括如何安装胶卷、设计照片、激活闪光等等。在艺术中心放一些没有装胶卷的照相机，让孩子们去练习，在他们用没有胶卷的相机练习了一阵子之后，他们就可以去使用真正的相机了。

当孩子第一次拍照的时候，老师或者其他大人需要手把手地指导他们打开相机、装上胶卷、看一看取景器、提前试一下胶卷，并随时准备回答孩子提出的问题。

当孩子外出拍照的时候，一定要记得让他们随身带上铅笔和笔记本，记录下拍每一张照片的拍摄地点和意义，这样他们就不会忘记他们要拍的是什么了。而且要让孩子每次拍完之后就立刻记下关键词或做一些编号之类的笔记。这些笔记最后可以组成一个故事。一定要让孩子明白，你要他们在照片里描述的是他们个人的想法和情感，而不是别的什么。

尽管孩子可能需要一些帮助，但是一定要记住，你只是一个旁观者的角色。孩子在校园里拍照的时候尽量让他们能够独立行动。如果他们更喜欢待在室内，提醒他们注意使用闪光灯。为他们提供技术支持和设备，至少也要为他们提供一个便宜的照相机。最后，当孩子沉浸在新发现的喜悦中时，和他们一起分享这种通过新的学习途径而获得的乐趣。（萨维奇、霍尔，1999）

数码相机

数码相机可以让你立刻看到你拍到的照片，并且可以删除你觉得不满意的照片。这些照相机在教育上也有不可思议的作用。比如，家长会的时候在教室里贴上有标签的照片，向父母们展示他们孩子的创造力。

数码相机的性能主要依赖于像素，像素越高，照片越清晰。教室里应当至少备有200万像素的相机以及强力充电电池。

当然，你也需要一台电脑来配合数码相机一起使用。这台电脑就像是你的暗室，一旦你把照片导入电脑里，你就可以根据自己的喜好选择你想要的照片，你也可以在里面存储上千张照片以备日后使用。

对于教师来说，数码相机是一个强有力的工具，你可以建立一个文件夹，把孩子一年的艺术作品拍下来存储进去。你也可以给每一个小朋友拍照并打印出来，然后贴在他们的小房间或者个人空间里。

无论是普通相机还是数码相机都可以用来记录孩子的成长过程。很多时候，当孩子用艺术材料和木块在进行创作时，我们无法从最终完成的作品中看到这个制作过程中的一些想法和具体操作。而用照片记录下来的方式则可以展示出具体的步骤，并且给孩子创造一个重新审视自己创作的机会。

以下是数码相机的一些其他使用方法。

- 尝试一下定时照相。每个月都让孩子站在同一棵树前拍照，这样可以观察到四季的变化。
- 保存记忆。当孩子记不清事情的时候，就把当时的照片拿出来。
- 用活动照片装饰公告栏，让孩子们开心一下。
- 让孩子成为摄影师。让孩子在教室里、在操场上或者在行走时拍照。孩子们可以跟老师一起，在相机上或者在电脑上，观看他们完成的作品。当然，要再次确认拍照这件事最重要的就是他们的想法。当你通过孩子的眼睛去看这个世界的时候你一定会感到震惊和喜悦。

编辑数码图像

在相机上或者使用任何一个型号的照片编辑软件都可以进行基本的编辑操作。这里有许多软件或者网站照片编辑服务，可以帮助你编辑照片以及设计布局。这些工具使得导入/导出照片、编辑照片、添加效果、编成相册等变得容易起来。以下介绍三种这类资源：

- ——谷歌相片处理工具（Picasa）可以免费从谷歌上下载，并且只需点击一下就可以完成编辑和添加效果的工作。
- ——柯达影廊（Kodakgallery）这款免费下载的软件可以很好地帮助你储存和编辑数码照片。使用一键编辑工具可以提高光亮度、裁剪，甚至可以完成四到一百张照片的拼贴工作。
- ——喀嚓鱼（Snapfish）是款惠普照片服务器，可以上传相机、电脑甚至手机邮件照片。安装照片秀可以获得更多功能。所有这些照片工具都可以让你和你的同事、父母分享你的电子照片，以此可以强调某个特殊的事件。

“智力”玩具

新一代的智力玩具拥有如同人脑一样的微处

理器，多亏了它们，我们不必非得拥有昂贵的电脑就可以拥有高质量的交流和学习的机会。这里有些在商店里容易买到而且受欢迎的智力玩具。

· 音乐方块（Music Blocks）可以让儿童体验音乐的结构。

· 儿童平板（Leappad）是一个杰出的早期语言体验玩具。孩子可以通过触摸字母就可以听到这个字母被清晰地念出来，而且有多种语言可供选择。

· 电子绘图装置（Pixter）。

· 问题天空（Question-Air）是类似于“烫手的山芋”（hot potato）一样的游戏，但是其中的问题主要是跟教育相关。

· 会说话的显微镜（GeoSafari Talking Microscope）让孩子通过这个玩具来观察放大的虫子。

苹果便携式数字多媒体播放器（iPods）

苹果便携式数字多媒体播放器（iPod）是一个很好的电子音乐播放器，同时也可以用来存储照片或者电影。最早的苹果便携式数字多媒体播放器（ipod）还装有硬盘，而最新版本的随机存储器拥有更多神奇的功能。苹果便携式数字多媒体播放器（Ipod）的内存只能在电脑上通过运行专门的软件（iTunes）进行操作，因此，我们可以浏览里面的东西、往里面存东西或者购买电子内存等。这些主意都不是苹果公司想出来的，但是苹果公司将其包装并营销得很好。时至今日，有许许多多适合孩子使用的电子音乐播放器，其中包括费雪儿童数码产品（Fisher-Price FP3）和闪迪音乐播放器（Sandisk Sansa），而后者还有一个内置的麦克风。

费雪儿童数码产品简直就是无可挑剔的，这款电子音乐播放器让孩子可以将最喜欢的歌曲和故事置于指下。由于学前的儿童还不会念歌曲的名字，因此在播放器的播放键后面，可以显示出每一个跟歌曲相关的标志。FP3 播放器可以在电脑上下载软件，这样就可以很轻松地在里面建立文件夹以储备各种类型的文件，比如我们可以将音乐 CD 里的音乐传到播放器里。

光盘和光盘播放器

光盘和光盘播放器在幼儿教室里越来越普及了。光盘在光盘播放器中播放，就像是盒式磁带在盒式磁带播放器里播放一样。光盘也被用于早期儿童电脑软件中，以达到产生音效和叙述故事的作用。用光盘播放音乐比大多数的盒式磁带效果要好，对于幼儿来说，倾听这种音乐是一种良好的体验。

小学教室里的交互白板

交互白板是放在教室最前端的一块板子，像是一个很大屏幕，并且和电脑以及投影仪相连。电脑上的任何图像都可以投射到这个学习板上。教师和学生可以直接在板子上写东西、做笔记，并且还可以强调某些图像。

交互白板还可以让使用者在电脑屏幕上对一些信息进行注释和强调关键点，这项技术可以让呈现者用手指或者电子笔直接在白板上做标记，他们还可以运用一种移动设备去操作白板，就像使用鼠标操作电脑一样。

有些教师喜欢在使用交互白板的时候直接站在教室的前面，而有的教师则喜欢在教学时在室内来回穿梭，因此他们会在移动的时候使用无线板去操作电脑或者交互白板。无论电脑上有什么，都可以让整个班里的同学看见。

交互白板的操作者可以将课程、活动、教学建议打包。在白板销售商的网站上，还有让教师分享、下载照片和课件模板的地方。

科技与多元智能

科技产品可以满足多种学习方式的需求。在第五章讨论过的许多智能都可以通过使用科技而有所提高。表 8-1 概括了适合每一项多元智能的科技和软件类型。在将科技投入幼儿教育时，教师应当时刻谨记使用多种理论和与之相适合的科技产品，以满足所有学生的需求。

早期教育中电脑的价值

正如我们所见到的，电脑在学前的环境里已经找到了它的一席之地。在早期学习的环境里，电脑学习和手指绘画、玩彩泥、看书等其他的活动都是一样的。孩子可以用电脑程序制作出五彩缤纷的图像、栩栩如生的绘画以及音乐，这些都促进了幼儿的发展。

21 世纪的孩子使用电脑作为日常完整生活的一部分，那些沉迷于电脑的孩子也非常善于聚精会神思考。事实上，在某个角度来说，这些程序和工作单的集中性是相似的。一定要明白让幼儿使用电脑的过程其实也是你和孩子一起探索和发现的过程。你在第一年使用电脑的方法，在五年以后可能会大不相同。

依据最新的研究发现，总结出了一些结论，而这些结论是关于学龄前儿童早期教育中电脑的价值。

幼儿可以有效使用电脑 研究者一直在持

表 8-1 科技与多元智能

根据加德纳的多元智能理论，教师可以通过在每个智能领域提供丰富的机会，鼓励学生发展。以下是一些关于如何将科技融入多元智能每一项的建议：

语言智能

使用文字处理程序有助于语言教学，还可以学习写作、编辑和修改。同时，对于学习来说，网络也是极其重要的。通过写邮件，孩子可以提高他们的语言技巧。以下还有一些能让孩子从中受益的科技：

- 桌上电脑出版程序
- 让孩子编故事、写诗和散文的程序
- 多媒体编写
- 用影碟来呈现创作
- 磁带录音机

逻辑数学智能

电脑程序可以提高逻辑和批评式思考的技能。这些可以以游戏的形式促进孩子的思考。比如，数学操练程序在让孩子学习数学中的概念和函数的同时，也提供有趣的游戏，以保持孩子的兴趣。数据程序可以帮助探索和整理数据信息。以下还有一些能让孩子从中受益的科技：

- 问题解决软件
- 电脑辅助设计软件
- 游戏策略软件
- 绘图计算器
- 多媒体编写软件
- 电子制表软件

视觉空间智能

绘图程序可以帮助孩子发展创造力和视觉技巧。同样，通过浏览网页、整理文件夹也可以促进孩子对空间的理解。以下还有一些能让孩子从中受益的科技：

- 绘画程序
- 图像组织程序
- 画图程序（画图、微软绘图软件）
- 利用视觉线索的阅读软件
- 网页程序

（续表）

- 三维软件
- 游戏软件
- 可以让孩子查看图纸、地图、图表的电子制表软件
- 多媒体编写程序

音乐智能

有一些电脑软件可以帮助孩子谱写或演奏音乐。以下还有一些能让孩子从中受益的科技：

- 谱曲软件
- 影碟播放器
- 融合故事、音乐、乐器为一体的软件
- 伴有音乐的阅读软件
- 让孩子可以创作自己音乐的软件
- 和音乐、乐器相关的光盘驱动器
- 磁带录音机
- 写歌和编电影的文字处理程序

身体运动智能

使用电脑可以帮助发展手眼协调能力，操作电脑可以让孩子在学习的同时充满生机。以下还有一些能让孩子从中受益的科技：

- 可以让孩子操作键盘、鼠标、操纵杆等其他装置的软件游戏
- 可以让孩子在电脑屏幕上移动物体的电脑程序
- 文字处理程序
- 动画软件

人际智能

可以让两到四个孩子以小组合作的方式使用电脑，这样有助于增强孩子的交流与合作的技能。以下还有一些能让孩子从中受益的科技：

- 需要两个人以上的电脑游戏
- 需要呈现小组成果的程序（让孩子可以设计团体呈现的程式，如：power point）
- 电子交流软件
- 电子邮件
- 远程教育
- 任何一个可以帮助别人的软件

自省智能

电脑可以帮助孩子建立起个人技巧，同时让孩子可以拥有不同的学习风格和能力，孩子可以根据自己的情况使用电脑。以下还有一些能让孩子从中受益的科技：

- 任何一款可以让孩子独立完成任务的软件
- 只需要一个人的游戏
- 头脑风暴和问题解决软件
- 教学软件
- 用来记录感觉的文字处理程序
- 有助发展的多媒体文件夹
- 视频编辑器

续不断地观察孩子和电脑的互动。他们在合作与交流时展现出了高水平的语言能力。和猜字谜或搭积木这种传统的游戏活动相比，玩电脑可以更多地激发出孩子在社交和其他活动类型方面的能力。从全面发展的角度来看，孩子的理解力和其他能力都有很大的进步，其中还包括社会情感、精细程度、概括程度、交流、认知和自助技巧等。（哈廷格等，1998；哈廷格、约翰森，2000）

休·布雷德（Sue Bredekamp）是华盛顿幼儿早期教育国家联合会专业发展的导师，他说："当孩子在电脑前，并按照我们所想的那样在使用新软件时，他们其实也正处于一种思考状态。而且，对于幼儿来说，电脑操作是一项真正的社交活动。孩子们会三三两两地在一起活动，这和成人们在一起用电脑工作是完全不同的。"（米尔斯，1994）

电脑是交互的 "交互"这个词在这里有两种含义，包含了幼儿在操作电脑时的两种交互类型：孩子与电脑之间、孩子与孩子之间。孩子与电脑之间的交互类型很大程度上取决于软件。很多软件会让孩子针对一个问题做出反应，之后会对答案做出反馈。而有些软件已经有了很大发展，甚至让孩子可以根据屏幕上相关信息做出多种反应。

孩子与孩子之间的交互主要是依赖于环境的设置与安排。当孩子们紧挨着坐在电脑前面时，他们会讨论他们正在做的是什么，并且在操作的过程中会互相帮助。一些软件为了让更多的孩子能够参与其中，努力将自身拓展到最好的状态，甚至有些软件就是为此而设计的。

教师一起参与也能产生很大的影响。教师可以安排两个孩子一起坐在电脑前，同时让另一个孩子和大人成为一组。在他们操作电脑的时候，教师在鼓励孩子合作的同时，也鼓励孩子和成人之间多交流。

操作电脑可以提供关于合作的新形式和新的实例，就像是互相帮助、教学、互相讨论各自的想法、沟通以及表扬等。同时也可以增进残疾儿童和正常发展儿童之间的社会交往。（克莱门特、萨拉玛，2003a；哈廷格、约翰森，2000）

电脑的摆放位置起到促进孩子学习的效果 最适宜摆放的地方是电脑中心里容易被看见的地方。显示器的摆放应当适中，这样才能让整个班级的学生看到。（格兰、赖特，1997）尽管有些孩子在别的活动中心，但是他们会很好奇在电脑中心发生了什么。所有的这些设置都会刺激同龄人去思考、社交、发展语言以及做一些合作的游戏。另外，一个显眼的电脑中心可以让你足不出户就能了解这个领域。只有当孩子需要你帮助的时候，你才需要到电脑中心提供帮助。而且如果有孩子处于不是特别忙的情况下，你可以请求他自愿帮助其他人解决问题。这样可以帮助孩子锻炼他们独立学习的能力，也有助于他们同龄人之间互相学习。力争让男孩与女孩获得平等使用电脑、合作的机会。

年龄与使用电脑之间的关系 年龄并不是使用电脑的限制因素，如果是适合年龄段的软件，而且要求只是点击鼠标的话，即使是两岁的儿童也可以熟练地操作电脑。学龄前的儿童很容易就能学会开启电脑、装光盘、在键盘上打字以及理解图标等。

上小学前，孩子们就应该在充满乐趣和支持的环境中，去探索那些具有开放性并且适于发展的软件。这些经验会帮助他们获得一些科技设备所需的基本技能，比如打开或关闭程序、保存或打印文件、用鼠标定位等。这样会让孩子对他们使用电脑的能力更加自信，并且可以为以后工作使用高级软件提供一些基本的技能和准备。当孩子进入小学阶段以后，他们可以使用一些常规的软件。同时，成人应该根据孩子感兴趣的学习经验示范一些可以用于课程方面的科技。比如，成人可以展示如何使用电子邮件或者文字编辑软件之类的交流软件，这类适合对孩子与家庭、班级之间进行交流的软件，比如用电子文件、摄像机记录班级里情况或者

读一读 电脑维护

无需为了保持电脑的顺畅运行而将自己变成一个科技“专家”，这里有一些维护的方法，可以保护你的电脑并延长使用寿命。

· 每天打开电脑之后就尽量让它维持开机的状态，在结束你一天任务之前不要关掉你的电脑。有些人喜欢在一天之内把电脑开开关关好几次，这样会引起电脑内部频繁地断开与聚合，产生的压力会导致元件提前老化。

· 定期清理你的磁盘碎片。个人电脑的开机系统和多元自控系统的发散文件碎片在硬盘上。一些特定的软件会结合这些碎片工作，这样可以减少硬盘运行时的磨损，从而提高系统运行。当你的电脑运行到一定的限度的时候，比如到90%的时候，有些程序会通知你进行碎片处理。你可以根据个人使用电脑的情况，自主选择每个星期、每个月或者半年清理一次。但是千万不要使用会让你的硬盘经常要整理碎片的程序，否则它反而会造成更多的磨损。

· 为了确保安全，在有暴雨的时候，如果不是为了工作，尽量不要在你的电脑上插网线等。附近的闪电会立刻电击电脑的电压保护器，甚至会烧毁电脑。利用电压保护器或者不间断的电源供给以保证电脑维持一个较低的电压。

· 当你的硬盘运行出问题的时候可以使用硬盘驱动清洁套件，最少一年也得清理一次才能达到维护的标准。

· 不要按照清洁套件生产者的建议做清理，这样只会加重硬盘写磁头的负荷。

· 你的电脑应当插在地面上三插口的电源插座上，最好是专用的电路。当你正在使用电脑的时候不要随便移动你的电脑，也不要或插或拔电缆线，除非你的电脑是插在通用串行总线（USB）接口上。

· 如果你的显示器脏了，要及时清理，但是不要用玻璃质的清洁用品，否则会损坏显示器的保护膜。先用异丙醇或者蒸馏水把无绒布弄湿，再擦洗显示器。

· 当不使用光盘的时候，将其放在罐子里或者珠宝盒里，避免产生刮痕。如果不小心粘上了尘土或者指印，用柔软的无绒布或者CD清洁套件轻轻地擦掉就可以了。

运用多媒体设备记录孩子的学习情况。（墨菲、德卡斯夸、麦克纳马拉，2003）在这种情况下，孩子可以亲眼看见如何有目的地使用科技设备，并且在大量接触到这些先进软件以后从中受益最终能够独立地使用这些软件。

孩子更喜欢活动 就像在玩其他游戏一样，孩子喜欢操作电脑，并且他们不喜欢遵循游戏规则。他们会观察按下一个新的按键时会发生什么，甚至会故意把全部的按键一起按下。毫无畏惧地尝试是孩子在使用电脑时的一个重要的优点！

对于幼儿来说，一个好的环境包括了感知、成人与儿童的对话、儿童与儿童的对话，以及一系列的适宜活动。电脑可以起到辅助和补充的作用，但是无法取代孩子利用所有感官去探索时的体验。科技是一个工具，由于这是工作时最好的工具，我们应该加以利用。（墨菲等，2003）

但是只有开发出扎实的基础课程后，教师才应该考虑买一台电脑。积木、沙子、沙水桌、艺术材料、书本是幼儿项目中的必要物品。

为幼儿选择软件

我们应当慎重选择适宜幼儿发展的电脑软件，根据研究显示，不同类型的软件有不同的作用。（克莱门特、萨拉玛，2003b）开放型的程序促进合作，操练型的程序则鼓励轮流使用，同时也会促进竞争。而暴力性游戏会导致侵略性的产生。（克莱门特、萨拉玛，2003b）以下的十一条标准可以区分出软件是否适宜发展：

1. 适应年龄的。软件所传授的观念和所描述的理论真实地反映了幼儿的状况。

2. 由儿童掌控。孩子是活动的参与者、执行者并决定了事件的顺序 而不是一个只会根据已定的活动作出反应的人。软件需要让孩子参与进来而不是让他们被动地融入活动之中（克莱门特、斯瓦米纳尔，1995）。决定活动步骤的应该是孩子，而不是程序。

3. 清晰的指令。由于大部分学前的孩子还不识字，所以语音指令是很有必要的（耶兰，1995）。即使有书面指导，他们还是会跟随语音指令。而这个指令一定是简单而准确的。如果选项有图标，这会让孩子的选择更加清晰，也更容易去选择。

4. 增加复杂性。入门的起点很低，孩子可以很容易地学会如何操作软件。学习顺序很简单，一个概念接着一个概念（NAEYC,1996）。软件程序会随着孩子的深索而进行拓展，并教给孩子一些学习技能。通过拓展软件的复杂性，孩子从中建立起他们的知识体系。

5. 独立探索。在初步接触后，孩子已经可以在没有成人监督的情况下独立操作软件了。

6. 注重过程。使用软件的过程是如此迷人，以至于结果被排在了第二位。孩子们在探索中学到了知识而不是在训练某种具体的技能。学习的动机是来源于人的本性而不是表扬、笑脸贴纸和奖励的结果。

7. 反映真实世界。软件在真实世界某些方面的模仿是简单又可信的，让孩子接触到了具体物体的样子以及了解这些物体的功能。

8. 具有科技特色。软件应当具有高质量的科技效果帮助孩子集中注意力。其中会有一些五彩缤纷的、整齐的、真实的、活生生的图像。在电脑屏幕上的物体还会有真实的音响效果和音乐。从光盘上下载的软件运行速度足以保持孩子的兴趣。

9. 实验与失败。软件可以提供给孩子尝试多种选择的机会，在解决错误与问题的过程中建立起知识体系。

10. 看得见的转变。孩子对软件有很大的影响，软件会根据孩子的回答改变目标和情况。（NAEYC，2006）

11. 对于双语孩子来说，优先选择“同时”转换两种语言是一个十分重要的特点。有的程序可以让学生和每一页所提供的即时翻译“紧密相连”。

在这个列表中，需要明白的是，有些软件可能忽略所有的标准而只遵循一条发展的原则，而有些软件的发展标准要多于其他的。你需要尽可能地选择能够满足上述标准的软件。

选择适宜发展的软件

教师基本上可以有两种方法帮助他们去选择适宜发展的软件。首先，他们自己可以使用软件量表去测评一些软件。这种测评的量表有很多种，比如格兰 / 谢德（Haugland/Shade）发展软件量表（格兰、赖特，1997）可以帮助教师理解高质量软件的关键部分。

其次，许多的个人或者组织都设计出了一些系统可以帮助教师去评估软件。使用已经存在的软件测评系统的好处就是先前的软件无需再被评估了，因为已经有很多的教师、家长和孩子广泛地试用过了。

互联网和早期教育

在网上有大量丰富的教育机会在等待孩子的关注，而且它们的潜力还没有被完全开发出来。然而根据研究发现，互联网的拓展程度不及软件。其实，互联网可以为孩子在解决问题、批判性思考的技能、做决定、创造、语言技巧、

读一读 特殊孩子的辅助科技

对于有残疾的幼儿来说，科技提供了广泛的设备，让他们能够参与活动和学习。有些设备是非常高端的技术，比如声音混合器、盲文阅读器、变形玩具和电脑。然而，在早期幼儿的教室里，那些简单和低科技的工具也同样很有价值。比如，装有特殊把手的餐具、画笔或者填充玩具，能够让孩子在没有人帮助的情况下握住这些东西。

使用科技去帮助有特殊需求的孩子，也许不会像提供有把手的餐具那样简单。因此，我们必须考虑那些科技的水平是否能够让孩子完全与进去，考虑什么样的科技才是最适合那些有特殊需求的孩子，考虑在可用的空间和资源的环境中哪些可以合理利用。（穆利根，2003）

让孩子的特殊需求和科技相符是同等重要的。在选择如此繁多的今天，大人们很有必要熟悉孩子的活动，并且要熟悉辅助科技的专家。这样的合作形式可以使孩子获得更多独立的能力，同时也能确保科技让每一个人受益。

对于辅助科技的选择是让人兴奋和充满希望的，但是并不是每一个设备都能适合每一种环境。有些可能太贵了，有些则太笨重了，不便于在家和学校之间携带，还有些在复杂的环境中用法过于单一。

一定要认真分析环境，选择确实能够帮助孩子参与的设备或科技（穆利根，2003）。除非能够符合孩子的能力和环境的需求，否则即使是最先进的设备也是毫无用处的。让有特殊需求的幼儿参与到每一件事、每一项活动中去，关键就在于寻求合适的设备。选择正确的辅助科技可以让孩子更加独立、坚强，也更加有表现力。

以下的网站可以提供更多关于辅助科技的信息：

· 幼儿“N”技术研究所（Tots “n” Tech Research Institute），这个网站所提供的设备和材料旨在帮助有特殊需求的孩子，让他们能够像托儿所和活动中心的其他孩子一样，关爱自己、更加独立，和其他人交朋友、交流。

· 国家早期儿童辅助科技中心，这个网站会提供各种类型的辅助科技、筹资渠道和现行立法。

· 儿童保育 ++（Child Care Plus+），这个网站提供了大量早期儿童教育免费或者低廉的资源，其中有玩具配套的工具组件，包含了材料和使用说明，增加了感觉输入，能够促进独立游戏。

知识、研究技巧、调查信息、社交技能、自我评估等方面提供大量的学习机会。

如今已经有相当多的网站如雨后新笋般出现，由于很多网站没有经过审查，所以在让孩子使用之前有必要先检查一下。以下是孩子使用网站的四种基本类型：资讯型、交流型、交互型、发布型。

资讯型网站

因为有声音和音响的帮助而增色不少，提供了相当丰富的资源。教师和家长们可以通过示范或者协助的形式帮助孩子去回答问题、探索新发现以及获得知识。比如，一场虚拟的动物园之旅，可以让孩子有机会看到动物的图片、听到动物的声音、观看动物的影像，从而发掘他们内在的喜好，斯密森尼研究所的国家动物园，还有博物馆的虚拟之旅都是这种类型的网站。另外一个例子就是可以在网上来一场意大利之旅，了解更多孩子们来自罗马的“电子笔友”。

交流型网站

孩子可以和朋友、亲戚交流，还可以和对面的教室甚至地球另一端的城市相连接。仅仅通过邮件地址，孩子就可以和班里的小组通信、编故事、写诗或者一起完成课堂任务。

同样，孩子还可以通过邮件向不同领域的“专家”提问，例如通过数学博士网站不仅可以获得问题的答案，而且有更多的机会可以探索和数学相关的东西。

交互型网站

和软件程序非常类似，主要使用声音、音效和高质量的图像。约瑟法·谢尔曼（Josepha Sherman）为三到八岁的儿童提供了一个关于互联网安全的说明。众多的网站都是根据主题分类好的，当你在探索的时候，你会发现其中的某些网站会比另外的网站更合适。

另外一个交互的网站是企鹅俱乐部。这个网站建于2005年，是一个为儿童设计的闪存型（Flash-based）游戏，有众多的玩家参与，是一款可以免费使用也可以订阅的游戏。在用有效的邮箱账号注册之后，孩子需要从许多的企鹅世界中选择一个并进入。孩子可以利用地图随时随地进入或跳出游戏，可以去访问冰屋，这就是一个类似于家或者城堡的地方。在很多浏览器上都有下载播放器的设置，不过在网页上探索就不需要下载播放器，而且没有什么风险，可以轻易地进入并开始游戏。作为一种语言体验，程序会让孩子不停地打字，促使他们和其他人不断地交流。同时，也有很多游戏是要求有逻辑思考和策略的。

发布型网站

发布型网站可以用来发布和展示孩子的作业成果。即使是三岁的孩子都明白自己的作品在一个全世界都能看见的网上发布意味着什么。你可以想象到他们为此会有多么骄傲！当他们创造出新的图画和故事的同时也会激发他们学习的欲望。

注意事项

尽管互联网的潜力是无限的，但是有些警告需要强调一下。任何人都可以在网上传东西，而其中的一些东西可能对孩子是有害的。所以一定要有一个保护装置，比如：“儿童办公桌：互联网安全”（1998），“网络保姆”或者“网络巡逻”。

出于安全考虑，很重要的一点就是要让孩子明白：他们不能在网上和陌生人分享自己的个人信息，比如他们的姓名、地址、电话号码、父母的姓名。最好的办法就是让孩子在上网的时候用一个笔名，比如可以采用他们喜爱的小狗、小猫或者玩具的名字。（格兰，2000）

博客

博客一词来源于“网络日志”。美国联合通讯社的新闻专线就是一个典型的例子，根据特定主题公布出它们的想法，播报者可以将新闻代理从世界上选出的“爆炸性”新闻发布在博客上。电脑上的布告栏可以被视为现今博客的前身。

博客如此受欢迎的关键原因是它的建立和维护方式十分简单。博客会根据年代时间的顺序展示出最新发表的文章，博主只要将他的想法打出来，然后点击“发表”就可以了，博客会自动处理其余的部分。然后，发表的博文就会出现在博客网页的最顶端。

如果你只是希望有一个可以交流的平台，那么博客就可以建立这样一个传统的网站，不需要任何特殊的软件，也不需要花太多时间，更不需要懂超文本编辑语言。

不一定非要让父母成为你的目标受众，如果想要和高年级的同学进行对话，通过博客，可以创建一条信息并邀请那些同学去访问你的博客并添加留言或评论。或者，也可以将教师变成自己的目标受众。

读一读 科技真的能够帮助孩子成功吗？

“孩子的伙伴”是个国家非营利组织，不鼓吹任何关于孩子的主义。它们最近对美国的孩子进行了数字检测，主题是“我们在哪，我们要去哪里”。测试的结果也许能回答这个问题。

根据发布者所测量的40项指标可以看出美国的孩子和青年是如何使用信息和交流科技的，而且主要是和成就、健康、经济机会和公民参与相关。这项研究主要是采用了已有的一些调查和对联邦政府的数据分析，同时还有美国2003年的人口普查数据分析。

好消息

美国的孩子有机会接触到科技并从中受益。在学校七到十七岁的孩子中，有57%的人会用电脑完成他们的作业，而53%的教师会在教室里使用科技进行教学。事实上所有的学校都连接了互联网，而且大部分的公立中学（88%）都拥有并维护着自己的网站。

根据这份报告，学校七到十七岁的孩子里大约有40%的人，会在家里通过使用文字编辑程序或者桌面发布程序训练他们的技能。越来越多的学生喜欢使用互联网连接到当地的社团组织，并且大约有40%的人会访问他们所在俱乐部、组织、团队的网站。

不是特别好的消息

然而，对于低收入或者少数民族的孩子来说，他们所看到的会是另外一番景象。尽管利用科技的潜能可以提高学术成就，而且学校里七到十七岁的孩子也有77%的人会在家用电脑完成家庭作业，但是他们是来自高收入家庭（每年可收入75000美元）。而每年收入不到15000美元的家庭中，只有29%的孩子会使用电脑完成作业。另外，虽然家长可以使用网络给老师发送电子邮件，从而了解孩子作业和学校相关事情。但是，低收入家庭的父母发送的频率只占高收入家庭的三分之一。

这种不平等的现象也一直存在于少数民族中。比如在使用互联网搜索健康信息时，美籍华裔的少年占23%，白人少年占22%，而这些是美洲印第安人、美国黑人和拉丁美洲人的两倍。

在经济机会上面也出现了空白。七到十七岁的孩子中，生活在低收入家庭（每年收入不到15000美元）的儿童仅仅有17%的人会使用文字编辑器和桌面发布系统，高收入家庭的孩子可以达到57%。而且，在使用这些软件的频率上，白人儿童和美籍亚裔的儿童是拉丁美洲儿童、美国黑人、印第安人的两倍。

好消息

根据测量结果显示，当低收入家庭的孩子有机会使用科技的时候，他们会将其用在提高学习的方面（阿扎赞，2006）。比如，低收入家庭的孩子可能会比高收入家庭的同龄人更喜欢下载指导学习的软件（比值是43%与36%）。轶事信息也表明信息和交流科技可以在很大程度上帮助视觉和听力受损的儿童。

这份报告最后建议，解决平等使用科技问题的最好办法，就是确保每一个孩子在家庭里、在学校里、在社区里都能有机会使用科技工具。

博客的另外一个用途可以是教师每天的反馈。你可以在每天早上学生来之前，或者下午他们离开以后，写一些东西。在博客里，教师可以记录下一整天的课程，分析今天学到的技

读一读 课堂上的基本科技

在早期儿童课堂里，使用科技做练习已经越来越常见了。在很多教师的培养方案中，报考者必须将科技作为一种教育和学习的工具，去展示可靠的知识和技能。

以下所列的是今天早期儿童课堂中比较适合的基本科技：

· 数字图像和视频是早期儿童课堂教育里最让人兴奋的科技应用。照片和视频一直都被用来反映孩子的学习经过，或者记录孩子的学习情况，让孩子能够记住学了什么。

在易用性方面，随着数字图像工具的费用在减少，班级里的这些工具在使用上也得到了简化。通过使用电子图像，可以记录孩子的活动并上传到电脑上，孩子也可以在电脑上找到这些资源并根据自己的意愿进行复习。这些图像可以让孩子和大人、同龄人去讨论某个事件，或者可以将其作为写作、绘画的材料，又或者可以用于其他形式的处理和表达。

· 文字处理和写作的工具（比如软件联合生产的写作）可以免受写信格式在细节要求上的限制，自由地表达自己。对很多孩子来说，这些工具可以作为一种辅助的科技，让他们在真实写作的过程中不那么灰心。对于另外一些孩子来说，当他们看到自己的故事和想法能够以一种正规的形式出现时，会非常兴奋。并且，为了能够看到作品“出版”，客观上会促使他们慎重地编辑和修改他们的作品。

· 类似布罗德邦德软件公司的“创意空间”（kid Pix）这样的计算机艺术课程，是孩子了解计算机的绝好途径，让孩子了解到计算机具有开放性探索能力。“创意空间”计算机艺术课程会提供大量的选择让孩子去表现想法，比如让孩子用标志、主题或者其他的特殊效果去徒手绘画，并通过结合，创造出一种更为复杂的视觉效果展示。很多程序都会提供多种媒介的选择，例如声音、卡通片、录音等，让孩子能够创造出多种类型的作品。有些程序仅仅能够满足三岁孩子的使用需求，他们可以很容易地进行操作，并且这些程序会根据孩子知识的增加而随之拓展。

· 展示软件通常是艺术程序中的一部分，孩子可以借助多种媒介展示他们的想法、经历和对他人的理解，例如“超级工作室”（Hyper Studio）就是这样的软件。孩子可以在程序中把关于艺术的部分做成幻灯片，并把这些幻灯片放入展示器里和其他人一起分享。

· 调查工具可以针对孩子感兴趣的主题，做正式的或者非正式的调查研究。这些调查工具可以是适合年龄的网站，也可以是提供信息的软件程序。这些应用，可以拓展教室和图书馆，并提供拥有大量主题的多媒体数据库。

能或者强调第二天课所要准备的要求。博客变成了一本可以记录班级成长和明确教学需求的电子日记。如果博客是公开的，那么家长们、学生们，甚至同事们都可以和你的课堂学习同步，还可以提供他们的帮助和支持。

维基百科

维基百科是一个可以让阅读者增加和编辑内容的网站，与大英百科全书相比，有过之而无不及。因为维基是公共的，人人都能参与编辑。第一个维基词条“WikiWikiWeb”是根据夏威夷火奴鲁鲁国际机场 RT—52 巴士的“Wiki Wiki”命名的，在夏威夷，这个词的意思是“迅速”。

维基百科可以说是一个合作式的公众平台，因为任何人都可以对已有的内容进行编辑和修改。维基百科是网络上的百科全书，是学生在

读一读 电脑和干眼症

根据《眼光与视觉科学》这本杂志的研究结果，人在斜视电脑屏幕时，每分钟都会减少一半的眨眼次数。而这将会为一种叫作干眼症的病创造生成条件。詹姆士·桑迪（James Sheedy）是俄亥俄州立大学的验光教授，同时也是这项研究的主要作者，他说："人们在读书或者看电脑的时候容易使用斜视，而这会导致人的眨眼频率降低。眨眼会让眼球保持湿润，所以当你长时间地用电脑工作时，你可能会比平时眨眼的次数要少很多，这样就会引起眼疲劳和干眼症。"

人们之所以会斜视，主要是为了两个目的：斜视会让视力更加清晰，不需要聚焦就可以辨别出物体的外形。同时，斜视也可以减少所看到物体发出的闪光。所以，自觉或者不自觉地，人们在用电脑工作的时候是斜视的。

研究者请了十个大学生来做试验，每个参与者的视力都是20/20。试验时让他们的眼睛都距离电脑屏幕两尺，并采用不同程度的斜视盯着屏幕。研究者会在他们每个人的下眼皮处放置两个微小的电极。这个电极是和肌动电流图相连的，而肌动电流图可以记录下肌肉里的电流活动。

肌动电流图可以测量到不同程度的斜视。参与者越是眯着眼看，他们就越少眨眼。这样就会让他们的眼睛有疼痛和灼烧的感觉，他们也会出现眼干、刺激或流泪的感觉。仅仅是轻微程度的斜视都会减少将近一半的眨眼频率，从每分钟15次到每分钟7.5次。

尽管干眼症不会产生大危害，而且解决的时候只要用眼药水就可以了，但是人依然会觉得刺激和疼痛。桑迪说，下一步他要找出眼疲劳和干眼症的生理学原理。

写研究论文时最喜欢用的资源搜索库。维基的共同创办人吉米·威尔（Jimmy Wales），将其描述为"一个致力于创建对于地球上每一个人来说都是高质量的多语言百科全书，完全免费而且是用他们自己的语言编写的百科全书"。到2006年8月为止，维基百科已经收录了用200种语言编写的460万篇文章，还有超过130万篇的英语版本。（2006）

或许你的教师会把维基百科当成是减少发放材料的一种方法，或者你自己就是一名教师，你可以根据孩子正在学习的主题建立一个维基词条，也可以通过使用维基让家长们了解你班级里的情况。再高级一点的用法就是，当有的学生错过了某些课程时，可以用维基作为一种工具去下载他们需要补上的作业。维基可以让每个人都参与进去，老师和同学能够在互相完成的成果上继续创造。

总结

科技能够提高早期幼儿的课程的质量，这主要是由于：

- 科技可以提供多种课程。
- 科技可以引发出很多有趣的学习体验。
- 科技可以让儿童创造材料或者产生新的想法。
- 这些科技是依赖于孩子在学前的课程中所学到的东西。

在早期儿童教育的课程里，电脑正在迅速地普及。在选择适合发展的软件时，应注意十个要点：适合年龄、由儿童掌控、清晰的指令、可拓展性、独立探索、注重过程、反映真实世界、具有科技特点、实验与失败，以及看得见的转变等。还有四个儿童网络的类型：资讯型网站、交流型网站、交互型网站和发布型网站。

关键词		
博客	交互的	维基百科
数码相机	智能玩具	

学习活动

▶ 拍摄有创意的照片

1. 准备一台低廉的相机，拍摄一卷彩色的胶卷，尽量让每一张照片都具有创意。

2. 拍摄以下的内容：①一场美丽的日落。②一座简陋、破损的屋子。③一栋美丽的建筑。④看起来很有趣的人。⑤正在绽放的花。⑥兽类。⑦一只色彩鲜亮的鸟

3. 用这些照片结合一些经历，讲述一个有创意的故事。

4. 用数码相机做一次同样的活动。

▶ 数码相机活动

1. 做一个“人脸画廊”。用数码相机给你的小组里的每一个孩子都拍一张照片。将闪光灯关掉，用变焦摄影的方式靠近每个孩子的脸部，捕捉下每一个细节。将每一张照片用相同规格的纸张打印出来，做一个“人脸画廊”展览板。如果你没有彩色打印机也没关系，黑白照片看起来也是非常棒的。

2. 把家带到学校。给父母们提供教室里的照相机（或者用一次性相机），让他们周末的时候带回家。同时提供给他们一个“拍摄清单”，其中包括有孩子的卧室、宠物、最喜爱的玩具和家庭成员。任何一台 200 万像素的相机或者数码相机都可以完成这个拍摄。用这些相片做一个海报栏或者公布板，以突出孩子的个性。如果你没有数码相机，你可以采用一次性相机，一些厂家生产的一次性相机正好适用于这种活动。

▶ 额外活动

1. 录一盒有趣的声音，请孩子去辨别这些声音。也可以试着去录下这些声音：①电脑键盘的声音。②关门的声音。③车启动的声音。④喷气式飞机降落的声音。⑤噪声。⑥音乐。⑦砰爆米花的声音。

2. 为学龄前儿童提前审视一下为他们所设计的电脑软件，是不是能够让孩子进行独立创造？是不是适合发展？是否容易操作？

3. 结合你和孩子相处的经验，运用你在阅读时学到的东西，选择本章末尾所提供的相关研究，并针对幼儿使用电脑的发现做一个报告。

游戏活动

▶ 照片活动

照片谜语

将每个孩子的照片放大并粘贴到图画纸上，然后用裁纸机把每个照片裁成三张水平的纸条。把你用作谜语的部分在桌子上或者地板上展开，让孩子用其他不同的脸部组合成一个新的脸。当孩子在做这个游戏的时候，让他们想一想，如果这些创造出来的“人”是真的话，这些人会有哪些特点。并要求他们写下这些人的个性，比如：“她像梅格一样热爱运动，又像德鲁一样有很强的数学能力。”为了方便保存，把这些纸条都打上孔做成活页夹，让孩子们可以在空闲的时候打乱，再重新组合。

身体做成的字母表

让孩子通过用身体摆出字母的造型锻炼他们的团队合作能力、问题解决能力和交流能力。然后用照片拍下这个最后的结果。首先，问问孩子打算如何摆出字母的造型。需要多少个孩子一起参与？他们的身体要怎么摆？鼓励孩子倾听和用语言技巧完成各自的字母任务。把主动权交给孩子，然后迅速闪开，站在坚固的椅子上，寻找个好的角度拍照。将这些照片张贴出来或者粘在剪贴簿上，让孩子多熟悉一下字母表。或者集中起来，让他们用复制的照片作为小卡片玩一些非常简单的游戏，也能让他们更加熟悉字母。

音乐和朋友

有一个很棒的游戏，叫作“认识你”。摆一圈抢椅子，把照片放在椅子的背后（由于这不是一个竞争性的游戏，所以在这里不需要特地减少一把椅子）。让孩子围着椅子站成一圈，然后开始播放音乐。当音乐停止的时候孩子们要立刻坐到离自己最近的椅子上。让每个孩子确认自己坐的椅子上是谁的照片。稍大点的孩子，可以说些跟这个同学之间的有趣的事情。稍后，用胳膊和腿的照片取代脸部的照片，增加孩子挑战的难度。

我的玩偶

让孩子们把他们特写照片里的脸、身体裁剪下来，粘贴到稍厚点的纸上并压制。用胶带或者强力胶水将特制的木棍或者手套，贴在玩偶的背后。孩子们也可能会用纸、布或者做些服装给玩偶打扮一下。孩子可以用“我的玩偶”讲故事，训练一下讲故事的能力。让孩子们自己当主角，和玩偶一起表演他最喜欢的故事，或者表演他自己编造的故事。让孩子在有大量空余时间的时候，用玩偶寻找乐趣，这也是学生们表达自己的另外一种途径。

扭乐

用摄影照片玩一个经典的游戏，叫作“扭乐”。将每个孩子的照片放大并裁剪做成游戏板，并用强力胶水将其粘到坚固的圆形硬纸板上。将这个圆板压制后用胶水粘到扭曲板上或者地板上。让学生分成小组后轮流玩这个游戏，但是需要一个“发令者”叫出名字和手脚的左右方向。比如“把你的右手放在贾斯伯上。”稍大点的孩子可以给出更为复杂一点的指令，比如“把你的脚放在有棕色头发的朋友身上”或者“把你的手放在会演奏小提琴的朋友身上。”

变脸

只要在照片上放透明纸，孩子们就可以一次又一次地变脸。他们可以根据自己的想法，通过增加小胡子、改变头发颜色、加个帽子等给自己增加一些特点，做出想要的改变，变得也许是诙谐也许是严肃。让孩子想一想并写下他们在这些变化中学到了什么。当他们想要做出新的改变时就擦去原先添加的标记，做出新的来。多少次都可以！

▶ 硬件 / 软件的移动

这个活动旨在帮助孩子了解硬件和软件在电脑中使用方式的不同。让孩子按照顺时针站成一个圈，当教师喊道“硬件”时，孩子们就要握住前面的手呆板地行走，而当他们听到“软件”的时候就要放松他们的身体并围着圈像一个布娃娃一样边走边摆动四肢。一旦孩子适应了这种听指令的行为，就提升发令的速度。

也可以增加其他的指令。当孩子听到“团结”时，他们就要找到一个拍档并将手臂连在一起。一个像硬件一样机械地行走，另外一个像软件一样晃动四肢。如果要让“软件儿童”离开对方重新开始独立行走，就下达指令：“转动磁盘”。当活动结束之后，可以让孩子描述一下在独自行走或者和伙伴一起行动时那种被限制的不舒服感。

▶ 科技的舞蹈活动

在这个活动中，孩子可以通过创造性的动作了解科技并发表他们的理解。

1. 准备一个磁带（不要超过 3 分钟），录下各种可以用电开启机器的声音，如微波炉、咖啡机、搅拌机等。在这 3 分钟里不需要太多的声音，只要将这些声音按不同长度并置，并重复播放就行。

2. 播放磁带。在学生们确认了这些声音的来源之后，讨论一下这些科技产品能在什么地方发挥作用（在厨房、货仓还是其他地方）。给学生布置一个任务，或者单独准备或者结成小组，让他们根据磁带中的声音准备出一些可以用舞蹈表现的动作。要求他们在选择动作的时候一定要联想到这些科技产品的功能。

3. 播放三到四次磁带，让孩子们能够做出准备和彩排。鼓励孩子依据对科技产品的功能和感觉选择适当的动作。表达的方式可以采用手指活动、摇摆手掌、跳舞或者其他自创的动作。表演舞蹈动作，并针对与科技功能的相关性提出对动作的批评和建议。

▶ 上电视

在新年开始的时候，用纸箱子做一个电视。在箱子上剪一个洞作为电视屏幕，然后用纸和黏着剂把电视的机身盖住。孩子特别喜欢做这个！让孩子做一个读书报告，或者做个“广告”，又可以让孩子“在电视上”讲故事。当孩子在电视机后面的时候，他的同学们只会看见他的头在电视框里。你会发现学生们非常喜欢这么做。

▶ 互联网活动

多亏了互联网，你的学生在不出教室的情况下就可以看到南非的豹子、意大利的火山或者洛瓦的昆虫。

谷歌地球

科技可以将抽象理论变得活生生。如果你在寻找这样的例子，没有什么比谷歌地球更合适的了。谷歌地球可以让你的电脑变成超级全球动力系统，同时具备了搜索能力和缩小分辨率的能力，甚至可以看到你家的后院。这个程序是对谷歌地图的拓展，采用了过去三年卫星所拍摄到的图像，并且从谷歌中增加了一些有趣的当地景观。

你可以缩小到具体的地址或者沿途的路线，也可以看谷歌地球的使用者所标注的注释。年幼的孩子可以了解到他们的邻居，了解他们的城镇、县、国家以及大陆。也有很多其他的教育人员在使用，主要是用于地图和地理方面，当然也可以间接地用于科学、历史和数学。

谷歌地球可以进行升级，而且对于个人使用是免费的，尝试用谷歌地球做以下活动：

- 利用你的邮政编码或者其他搜索信息找到你的社区。
- 在你看你的社区时，列出人造的建筑。
- 找到你的学校所在，标出其海拔、经度和纬度。
- 放大你学校周围的地图，找出并辨认最小的特点，并将你看到的列出来。
- 将你们社区周围能看到的有趣的事物列出一两个，并标清楚位置。
- 指导学生学习如何安全上网，并给出上网的建议，让他们能够在玩游戏、看卡通和访问其他网站的时候成为一名“互联网专家”。
- 让学生了解基本的上网准则，并让孩子定义网络礼节、网上行为和网络空间等词。

本章回顾

1. 列出四个原因，解释一下为什么在学前的课程中使用科技是很重要的。

2. 说出几个适合幼儿使用的科技产品名称。

3. 列出为幼儿选择电脑软件时会考虑到的五个因素。

4. 列出电脑对幼儿的潜在价值。

5. 儿童网站的四个基本类型是什么？

参考文献

Azzam, A. M. (2006). Digital Opportunity. *Educational Leadership* 63 (4), 89–91.

Children's Partnership (2006). *Measuring digital opportunities for America's children: Where we stand and where we go from here.* Online: http://www.contentbank.org/DOMS.

Clements, D. H., & Samara, J. (2003a). Young children and technology: What does the research say? *Young Children* 58 (6), 34–40.

Clements, D. H., & Samara, J. (2003b). Strip mining for gold: Research and policy in educational technology—a response to "Fools Gold." *Educational Technology Review* 11 (1). Available online at http://www.aace.org/pubs/etr/issue4/clements.cfm.

Clements, D. H., & Swaminathan, S. (1995, September). Technology and school change: New lamps for old? *Childhood Education*, 72 (1), 48–53.

Cordes, C., & Miller, E. (2000). Fool's gold: *A critical look at computers in childhood.* College Park, MD: Alliance for Childhood.

Haugland, S., & Wright, J. (1997). *Young children and technology: A world of discovery.* New York: Allyn & Bacon.

Haugland, S. W. (2000). What role should technology play in young children's learning? Part 2. Early childhood classrooms in the 21st century: Using computers to maximize learning. *Young Children* 55 (1), 12–18.

Healy, J. (1998). *Failure to connect: How computers affect our children's minds—for better and worse.* New York: Simon & Schuster.

Hutinger, P. L., & Johanson, J. (2000). Implementing and maintaining an effective early childhood comprehensive technology system. *Topics in Early Childhood Special Education* 20 (3), 159–173.

Hutinger, P. L., Bell, C., Beard, M., Bond, J., Johanson, J., & Terry, C. (1998). *The early childhood emergent literacy technology research study.* Final report. Macomb, IL: Western Illinois University. ERIC ED 418545.

Long, C. (2006). Getting wiki with it. *NEA Today*, 25 (2), 16–17.

Mills, J. (1994, February 13). Tots use computers before they learn to read. *The New York Times* (Reprinted in The News and Observer).

Mulligan, S. A. (2003). Assistive technology: Supporting the participation of children with disabilities. *Young Children* 58(6), 50–51.

NAEYC (2006). NAEYC Position Statement: Technology and young children—ages three through eight. http://www. naeyc .org/about/positions/PSTECH98.asp.

Ohio State University (2006). Squinting while staring at a computer monitor can cause painful dry eye.

Savage, M. P., & Holcomb, D. R. (1999). Children, cameras and challenging projects. *Young Children*, 54 (2), 27–28.

Savetz, K. (2003). Ergonomics for the littlest computer user. Available online at http://www.sesameworkshop.org/parents/solutions/information/article.php?contentId=74305&

Sherman, J. (2003). *Internet safety.* New York: Scholastic.

Yelland, N. J. (1995, Spring) Encouraging young children's thinking skills with LOGO. *Childhood Education*, 71 (3), 152–155.

第三编

艺术与幼儿的成长

▶ 学完这一编，试着回答下面这些问题：

1. 在课堂管理及教学练习中，怎样鼓励幼儿自我概念的发展？

2. 在自我概念发展方面，艺术课的优势和劣势是什么？怎样完善艺术课程，使它更有利于幼儿积极自我概念的发展？

3. 我有足够且适当的艺术材料来开展大/小幅度的活动吗？我要增加或去掉什么材料以改善我的艺术课呢？我是不是为有特殊需要的儿童做出了适当的改变？

4. 我班的幼儿能否在教室及我组织的活动中全面发挥身体和心理潜能呢？

5. 我的课堂能否反映每个幼儿在社会情绪和社交发展上的差异？

6. 我班的幼儿在与艺术有关的技能上是什么发展水平？

7. 我的教学是否是以社交－情感、生理－心理和艺术发展水平的知识为基础的？这些知识是不是体现在我对材料、教材和兴趣中心的选择上？

8. 我能否意识到每个幼儿的个人图式？我能识别它们吗？我是怎么与幼儿交流他们的艺术作品的？

9. 当家长误解其孩子的艺术发展、身心发展和社交－情感成长时，我是怎么协助家长理解的呢？

10. 我是否鼓励幼儿谈论自己的感受？我是否鼓励通过建立既定模式来考量幼儿的想法和行动？

11. 在艺术课上，我能做什么来改进我目前的教学呢？

12. 我对教学策略中的社交－情感、生理－心理和艺术发展水平的处理是否满意？在所有这些发展领域，我要改变什么以更好地满足幼儿的个人发展需要？

第九章

艺术与社交 – 情感成长

▶ 教学目标

学完本章，你应该能够：

1. 定义术语“自我接纳”“自我概念”和“社交能力”。

2. 描述艺术课如何能增加幼儿的自我概念和自我接纳。

3. 讨论艺术课怎么有助于发展幼儿之间的关系、幼儿与教师之间的关系和幼儿与小组之间的关系。

术语“社交 – 情感成长”，涉及两种成长：情感成长是幼儿的感觉的成长，社交成长是幼儿作为小组一员的成长。

学做小组的一员涉及很多社交技巧。例如，幼儿必须学习与家庭以外的儿童和成人相处。通常，幼儿第一次与其他孩子分享成人的关注发生在幼儿早期，而此时涉及的社交技能，包括幼儿在小组里遇到的所有事情，例如，学着怎样分享材料，怎样轮流做事，怎样倾听其他儿童说话，自己怎样以及何时做事，等等。

这一章涵盖了幼儿在学前艺术课上所表现出的社交和情感成长。尽管社交 – 情感成长与生理 – 心理成长同时在幼儿身上发生，但为清楚起见，我们把它们分布在书中不同的章节陈述。在这章与下一章学习和应用的概念，适用于其他所有创造性活动和材料。

我们在教孩子学习艺术，而不是把艺术教给孩子。这句话前后两部分中有一个微妙但很重要的区别。在幼儿教育时期，孩子是第一位的：强调的重点在孩子身上，以及怎么教他们，而不是在艺术上以及艺术怎么教。艺术在整个幼儿时期的教育及幼儿全面发展中扮演着重要的角色，客观上讲，所有的创造性活动只是为了促进所有地区的幼儿健康发展，从而最大限度地发挥他们的全部潜力。

本章分成四个主要部分：（1）自我概念与自我接纳；（2）幼儿之间的关系；（3）教师与幼儿之间的关系；（4）幼儿与小组之间的关系。

自我概念与自我接纳

自我概念可以定义为幼儿对自己的特点（外貌、技能和能力）以及与其他幼儿相似或不同特点的认知。

所有幼儿都喜欢良好的自我感觉，这种良好的自我感觉叫作自尊。幼儿对自己感觉良好并相信自己能把事情做好，这就表示他有一个良好的自我接纳感。有积极自我概念的幼儿能接受他们的优点和缺点，而幼儿课程能提供一个培养每个幼儿发展积极自我感觉和良好自我概念的环境。

从出生起，幼儿就要学着了解并接受他们的一生。他们要了解别人对待自己的方式，例如，宝宝容易接受父母抱自己的方式，父母是紧紧地、温柔地抱着宝宝的，这让宝宝学会感受爱和美好。因为宝宝还不会使用语言，所以宝宝理解爱的唯一方式就是身体的接触。

在幼儿课程中，幼儿必须学会接纳自己并感觉良好。艺术课程对这个领域有特别的帮助。当幼儿感觉自己在艺术上能做好，他们在自信和自我接纳方面就进步了。

在艺术课上，幼儿能更多地了解自己及自身能力，并肯定对自己的感觉。例如，一个幼儿在画板上用了很多明亮的颜色，并对自己的作品感到骄傲。他大声地对教师说："我是哈瑞，请帮我把名字写在画上，我喜欢画漂亮的颜色。"当这个三岁幼儿查看他画了什么时，我确定这个孩子自我概念的成长是明显的。这种通过艺术培育获得美好自我感受的方式，对积极的自我概念的发展是至关重要的。

良好的自我概念对中小学高年级学生同等重要，他们同样需要创造性表达自我、被鼓励及情感安全的环境。他们只是因为身材更高大显得更加肯定自己，但这并不意味着教师可以忽视他们在创造性活动中自我意识的发展。

国家及各州的标准决定了小学及以上程度教师的教学目标、学生的学习目标和规定的学习经历。一般对四、五年级的儿童来说，教师从不考虑他们的兴趣及个人经历，只是依据规定的课程把艺术课强加在他们身上。这种方法与花时间倾听、了解孩子并通过把孩子放在中心位置来调整课程的方法相比，花的时间更少。相比之下，成年人指挥儿童活动，会更容易、更轻松。

在这个成年人主导的模式中，儿童主要学习到的是服从成人的指令。成人通过一个接一个的活动引导儿童，而这些活动多与季节和假日有关，儿童学业评价的标准也主要看他们服从的能力。

著名艺术教育家维克多·罗恩菲德（Viktor Lowenfeld）清楚地解释了改变以成人为中心的重要性：

> 因为每个过程都涉及了孩子的全面发展，而不仅仅是一个简单独立的片段。艺术教育会成为以孩子为中心的教育的催化剂，在这样的教育中，个人的创造力潜能比题材本身更重要，这样的教育让孩子的内心平衡，这样的教育与科研成果一样重要。（罗恩菲德，1957）

很明显，这种方式能帮助孩子自我接纳。幼儿教师需要计划的艺术课程，是能让每个孩子的自我接纳有机会成长的艺术课程。这样的课程应该是以孩子为中心，这就意味着要根据孩子们的年龄和能力水平计划课程。

理所当然，课程如果以孩子为中心，就是发展适宜的——是满足每个孩子的具体个性化需求的。这样的话，在艺术课中，教师在为不同水平的孩子选择合适的材料和活动时就有了清晰的指引。

通过艺术课鼓励幼儿自我接纳

心理安全的环境对孩子自我接纳的成长是至关重要的，这种安全的接受环境并不是自然出现的，教师要根据以下几点精心策划营造。

接受孩子目前的发展水平 如果成人积极地接受孩子，孩子就能感受到这种接纳。这并不意味着孩子不应该被挑战。相对于孩子目前的水平，艺术活动可以有点儿轻微的挑战，但是也不能太难，以免让孩子受挫。幼儿一旦通过艺术活动获得成功的快感，就会更加肯定自己的能力和技巧。

自信建立在幼儿和教师之间的循环关系中。当教师对孩子展示自信时，也帮助孩子建立了更多的自信。

当四岁的罗斯内姆正用蓝、红、白色和自由的笔锋在纸上挥动时，颜色不经意间在纸上各处混合了。突然，他的笔在半空中停了下来，他斜眼看着他的画。“看，粉色在这里！看这儿！”他指向一片朦胧的薰衣草区域说。

“是的，”老师抓住他这个兴奋时刻说，“是你创造了它们，是你创造了这些特别的颜色。”

罗斯内姆毫不犹豫地回答：“噢，那是红色和白色的混合。”

“所以无论何时你想要粉色都可以调出来。”老师总结道。

教师用这种方式让他更有自信，罗斯内姆能有目的地重复改变色彩，并且这种技能是他意外发现的。罗斯内姆的回应强调了他的自信及他有能力控制这个反应中的艺术媒介。

根据小组中幼儿的年龄层次提供舒适的环境 教师通过布置房间以使幼儿感觉像待在家里一样。房间里应该有适合幼儿尺寸的桌子和椅子。青少年的房间同样需要精心布置，这个年龄组需要合适的尺寸及有支撑力量的桌椅。尤其是四、五年级儿童身材尺寸的差值是不断扩大的，只有不同大小、高度的设施才适合这个年龄段。例如，小号的桌椅就不适合身体快速发育的五年级儿童，当椅子小、人块头过大时，孩子肯定感觉坐着很不舒服。如果需要，应该把桌椅分布在地板上或工作区，让幼儿自由自在地发挥而不用担心从高处掉落。若成人经常告诉幼儿“太乱了”，幼儿很难对自己与自己的作品感觉良好。如果把海绵和毛巾放到幼儿能拿到的地方，幼儿也能把自己弄乱的地方打扫干净。像这样微小的责任感对他们来说是一种乐趣，同时也是帮助他们树立独立意识和自信的好方式。幼儿通过自行善后，不仅学会了自己照顾自己，而且还增强了自我接纳能力和个人自豪感。

为有特殊需要的幼儿提供合适的环境 教师要想办法让有特殊需要的幼儿适应环境，以便他们能融入课程中成功地发挥自己的作用。表 9-1 呈现了一些如何为有肢体残疾的幼儿做出改变的方法。

提供适合儿童年龄的材料和活动 艺术课上，教师要根据幼儿年龄和技能水平提供能操作的工具材料，并帮助幼儿获得成功感。成功可以使幼儿自豪自信，并能让他们知道自己能把事情做好。成功孕育成功。

提供完全由幼儿自己操控和参与的创造性材料与活动 幼儿自己独立完成活动，可以让幼儿感觉更自信，使他们更确信自己的艺术能力。要想这样，教师就必须成为一个好的观察者，并能准确地知道什么材料和活动对每个孩子的发展是适宜的。由于幼儿在快速不间断地成长和发展，所以幼儿的发展水平与与之相适应的材料、活动之间的关系是千变万化的。当幼儿自己选择媒介、过程和表达方式时，创造力的发展过程就为幼儿提供了获得独立精神和个人自主意识的机会。

幼儿之间的关系

幼儿只有当自我接纳以后才会接纳其他的幼儿。在幼儿艺术课上，幼儿与同龄的其他孩

表 9–1 帮助身体残疾的幼儿适应环境的建议

· 为肢体运动受限的学生设计言语活动。
· 运用"好友系统"。同伴可以为有听觉障碍的幼儿静静地讲解要点，为肢体活动受限的幼儿推轮椅或设置访问区域。与看得见的朋友在一起，可以逐渐探索出更多的空间。
· 用触摸使之平静，并引导和协助幼儿。
· 不要让轮椅成为障碍；要与对待其他正常孩子一样，给使用轮椅的幼儿频繁的触觉鼓励。
· 关注肢体大部分能动的孩子，为他们安排跳舞和哑剧活动。
· 多关注胳膊、腿受损孩子的面部表情，多强调手、胳膊能动的孩子的手势。
· 给出清楚的细节，以便孩子有画面感。
· 为有视觉障碍的孩子描述艺术材料、工具、图片和道具，并告知详细信息，以便孩子创造心理图像。
· 让有视觉障碍的幼儿经常通过触摸学习。
· 让有听力障碍的幼儿靠近音乐播放器，感受振动。
· 如果有听力障碍的幼儿是唇读者，确保他们可以看见你的脸，尤其是你的嘴唇。不要背着窗户站，以免影子投射在你的脸上，而使幼儿看不清你的嘴。不要夸大你的讲话，这会违背教幼儿观察的教理。
· 如果失去听觉的孩子说话太轻，听不到，就请他们重复讲解。
· 对失去听觉和言语迟缓的孩子，多运用视觉线索，如图片、道具、手势和卡片上的说明。

子之间有许多不同，有积极创造经历的幼儿能诚实地接受自己与其他孩子的能力。

艺术课堂是发展幼儿之间关系的好地方，在这儿，幼儿可以一起动手、聊天和相处。艺术课也为幼儿提供了探索、尝试新工具，使用熟悉材料的放松时间，这符合幼儿的发展水平。与此同时，这也给幼儿创造了许多互动的机会。

艺术的自由，在于鼓励幼儿谈论自己或其他幼儿的作品。而艺术活动中的颜料、画笔、纸、糨糊和其他材料也为孩子们提供了源源不断的话题。

分享想法与意见

艺术活动也为幼儿提供了学习其他孩子对事物不同看法的机会。例如，三岁的男孩可能第一次听到其他同龄的孩子是怎样评论他的画的。因为在家，这个孩子或许经常听到成人的评论，而在幼儿环境中，他可以见识到同龄同学的想法和感受。像把画架一个挨一个排好这种简单的行为，就可以鼓励幼儿的这种类型的社会学习。同样，当四、五年级的学生共同计划为班级创作一幅壁画时，他们也将会学习相互之间的许多想法和意见。

尽管分享对于孩子来说是新鲜的、兴奋的，但一些幼儿开始是很难接受的。幼儿或许对自己和自己的艺术作品感觉很好，然而，他们也必须学会接受其他幼儿对自己作品的想法。

分享想法及谈论自己或他人的作品，是一种新的关系形式的开始，这是一种分享关系。孩子开始明白其他幼儿有不同的想法和感受。这种类型的分享让孩子明白：人们虽然有不同的想法和感受，但仍然可以做朋友。孩子也要明白：每个人不是每时每刻都有想法和意见分享的，有时也可以同意别人的看法。

到四年级时，儿童能发展相当强大的关系网。因为这个阶段儿童的社会行为得到进一步发展，拥有朋友使他们内心获得安全感，所以要多鼓励儿童发展朋友关系。到儿童读四、五年级时，他们已经开始参与同学团体。正是这个平等的学生组织，成为这个年龄层社会性发展的焦点。在同学团体内，孩子的需求以下面这些方式得到满足。

1. 孩子在小组成员和团体活动中，找到行为和成就的模仿偶像。

2. 在同学团体中，孩子可以使其他成员关注并发现自己的需要和欲望。

3. 当融入团体时，孩子会学着用不同的方式看待自己。

4. 当询问或做特定的事情时，团体成员会提供支持。

5. 在同学团体的帮助下，孩子走向成熟，对父母的依赖越来越少。

社交能力

社交能力，即与他人相处的能力，在幼儿之间的关系中是另一个重要的因素。在过去的二十年中，大量的机构研究表明：如果幼儿在六岁左右没有社交能力，那他们的一生可能处于“危机”之中。危机有很多，例如，心理健康状况不佳，从学校辍学，成就小，在校学业出现困难（麦克莱伦、卡茨，2003）。

同伴关系为孩子的社交发展做出大量的贡献。正如一个研究者所说：成人习惯上评价儿童的最好童年的标准不是智商，不是学校等级，不是班级表现，而是是否与其他孩子和谐相处。

一般不讨人喜欢的孩子有攻击性和破坏性，不能与其他儿童维持紧密的关系，不能在同等文化中为自己建立一个空间，这种孩子面临严重的“危机”。（哈塔普，2002）

在幼儿课程中，孩子一起做事，并学习相互之间如何相处，分享材料和想法，在小组中学习互谅互让的社交技能。

读一读　早期的利他主义

依据意第绪语（Yiddish）谚语，“如果你需要一只援助之手，你将发现它就在你的胳膊尽头”，马克斯·普朗克（Max Planck）进化研究所做了相关研究。

德国莱比锡（Leipzig）的人类学研究者则通过观察儿童和黑猩猩探寻“援助之手”。

研究者研究了几个“成年人正在挣扎并需要帮助”的方案。其中一种方案是，一个人突然把东西掉在地上捡不起来。

菲利克斯·沃纳肯（Felix Warneken）和迈克·托马塞罗（Mike Tomasello）发现，十八个月大的幼儿自愿且自发地帮助陌生人。“结果是惊人的，因为这些幼儿那么年轻——他们仍然在穿尿布，他们勉强能够使用语言，”沃纳肯说，“但他们已经展示了援助行为。”

努力帮助他人，不求任何利益，就叫利他主义。到目前为止，研究者只证明人类是利他主义者，但是从未证明那么小、缺乏语言技能的幼儿也有这种能力。研究表明，哪怕没有社会化大多的婴儿，也愿意并且能够自发地帮助他人。

但是利他主义是人类独有的吗？沃纳肯也对人类饲养的黑猩猩设计了同样的救援任务。尽管黑猩猩对太复杂的任务不能施助，但当它们的饲养员正要取东西时，它们确实援助了。这些新发现证明，利他主义的初级行为出现在我们“近亲”（猩猩）进化中。“这是第一次有实验显示出有目标的无私帮助存在于任何非人类灵长类动物中，”沃纳肯说，“黑猩猩的行为主要是为了自己的目的，但在我们人类的实验中，没有奖励，儿童仍然会提供援助。”（马克斯·普朗克，2006）

感觉的表达

创造性的艺术活动过程允许幼儿充分表达个人的感受与想法（杜威，1958；罗恩菲德、布里顿，1987）。艺术可以说是心灵和情感的净化器。运用的材料的颜色、大小或代表性的位置都反映出个人的情绪，这种健康情绪是难以用语言来表达的。

教师会经常注意到，幼儿使劲儿捶打黏土或打钉子的行为，好像是在缓解紧张和沮丧，这是值得关注的。怕黑的幼儿或许会画一些棕色、黑色或紫色，来表达他的感受。明亮的颜色或笑脸符号或许是表达开心的经历。艺术是发泄情绪的工具，这是每个时代的艺术家都公认的（罗恩菲德、布里顿，1987）。

幼儿通过艺术而不是破坏行为表达强烈的情绪，更能使其情绪得到宣泄。掌握幼儿情绪的教师可以更好地理解儿童，帮助幼儿克服沮丧的情绪。同样，教师若能接受幼儿的欲望和乐趣，就可以分享从而加大幼儿的乐趣。

合作与分享

与其他幼儿一起进行创造性活动，让孩子有机会与其他幼儿相处。与他人相处让孩子知道了分享与合作的价值。

有限的蜡笔、颜料、纸，意味着幼儿不得不学会分享。他们很快懂得，分享是小组合作的必备条件。例如，两位年轻画家共用一罐红色油漆，这是现实生活中学会分享的例子。同样，孩子在三维的活动中分享木工工具，这也就教给四、五年级的孩子怎样以合作的方式运用有限的设备。

幼儿之间的合作也是艺术课程的一部分，当幼儿帮助其他孩子在纸上粘种子、清洁刷子、扣围兜的扣子时，幼儿也就体会到了合作的意义。这确实是从做中学，这就是在积极学习社交能力。

教师与幼儿之间的关系

幼教在孩子们的眼里是非常重要的人。孩子们仰望着老师，往往会很真诚地对待老师。

在幼儿课上，幼儿学习一种与成人相处的新方式，这里的成人指的是教师而不是孩子的父母。于是，一种不同于家里成人与孩子关系的新的关系建立了。

学习环境与家里的布置是不一样的，所以幼儿要学习在家以外的地方如何做，如何采取行动，也要学习在一个人数较多的团体里如何做，如何与其他儿童分享成人的关注。

幼儿从教师那里学习艺术及了解自己。教师帮助他们明白，做自己并用自己的方式表达想法是完全正确的。善解人意的教师让幼儿知道，参加艺术或创造性活动并表达乐趣的过程，比完成作品或活动更重要。随着青少年的不断成长，其作品也越来越复杂，这是这个年龄段的特点，教师应多鼓励他们探索用多种不同方式来表达想法。教师让孩子们接触用到了许多新的艺术技能，体验了更多感觉，因此在孩子眼里，教师是一个非常重要的人。

在孩子眼里，教师或许是第一个真正的成年朋友。因此，艺术课上建立一种良好的师生关系尤为重要。融洽的师生关系会影响孩子所有的学校生活。

建立关系

师生之间要建立友好关系并不是一件容易的事儿，这种友好关系不会速成。然而，最好的教与学的互动就发生在师生之间存在这种友好感觉时。下面是一些增进师生关系的方式：

- 欢迎每个孩子进入教室，让孩子感到被你需要，也觉得自己是特殊的。
- 当与孩子们说话时，要看着他们的眼睛。
- 当与孩子们说话时，要喊出他们的名字。
- 懂得儿童喜欢以自己为傲的心理。

读一读 对教师非语言提示的研究

佛罗里达大学的一个研究者发现，儿童能很快捕捉到教师的肢体语言，了解教师对他们的看法，这些肢体语言与看法对他们的班级有深刻的影响。

佛罗里达大学教育学院的助理教授维奇·吉格瑞斯－科（Vicky Zygouris-Coe）说：“我们的教学内容、我们的教法及我们创建的班级学习社区，将不只是你如何看待学生，它们也会成为他们如何看待自己的证据。”这是维奇·吉格瑞斯－科为了佛罗里达大学的论文而做的研究。

维奇·吉格瑞斯－科发现学生经常以教师的肢体语言、教师叫他们的顺序及教师对他们的感情强度来解读教师对他们的态度，许多学生甚至对教师的赞美投出怀疑的目光。

她花了五个半月的时间为论文收集数据，以当地小学两个四年级班级的六十名学生为研究对象。她每周至少观察两次教室环境，每个月在班级日记时间让孩子们做四次问卷。问题都是开放式的语句，如“我的老师认为我是……”，并鼓励学生写几段话解释一下他们的答案。几天后开问题会议，维奇·吉格瑞斯－科在个别谈话时，就他们的回答采访一些学生。

教师能做的最重要的事情之一是：尽可能努力了解他们的学生。来自教师的积极的非语言反馈——眼神交流，关注孩子的讲话，让学生知道你了解他们的优缺点——可以去除学生学习过程中的障碍，让整个世界都变得不同起来。

维奇·吉格瑞斯—科说：“我希望这能让教师慢慢意识到，儿童是如何解读教室里发生的一切的。”“我建议教师给每一个孩子最细腻的反馈，并不一定是针对他们行为的方方面面，而是通过频繁尝试让孩子知道：他们对孩子的进步、行为、生活及其他具体内容的想法和看法。”

“如果教师能多花时间倾听学生怎样感受、怎样想，他们的行为怎样影响学生的观点，那么教室的学习环境可以得到极大的改善。”维奇·吉格瑞斯－科说（哈梅尔，1999）。表9-2是实践中具体的非语言提示清单。

- 尽可能多地与每个孩子聊天，并倾听他们说话。
- 用正常的说话声音与幼儿交谈。

接受

教师准备艺术课时，除了接受幼儿的个人发展水平外，还有无数机会对幼儿持接受态度。例如，当米雷利斯嘲笑了三岁莎伦的蜡笔画“乱涂乱画”时，教师实事求是地回应道：“莎伦正努力尝试许多不同颜色的蜡笔，这正是每个人画画的开始——粗的、多彩的线条。”莎伦心满意足地笑了，米雷利斯说了声“噢”，然后继续思考自己的想法去了，他或许没有反驳教师的回应，而是积极接受了这个教室里涂鸦的正常行为。

这件小事揭示了一种态度，米雷利斯或许意识到，当莎伦得到教师的解释与说明时，表示她是被老师接受的。当幼儿感到对自己很重要的人接受他们时，他们就能更好地树立自信心。

当教师接受并尊重每个孩子的生理和艺术能力时，幼儿之间才能彼此接受。幼儿通过互相接受，能学到不同于自己的想法、意见和感受。这些新想法能使幼儿感到艺术课更丰富更有趣。

读一读 与幼儿合作：另一种建立自我概念的方式

幼儿参与布置是很有趣的，不仅有助于建立自我概念，同时也能改进房间的外观。例如设计公告栏（或墙面装饰）可增进很多技巧，这不像任何其他的学习经历。以下是一些涉及自我概念的尝试性的及真实的公告栏设计想法。

· 手印——把棕色牛皮纸粘贴在一面墙上，用明亮的颜料（每个字母一种颜色）在纸的顶端写上标题“自己动手”。幼儿首先把手按在涂有颜料的海绵上，然后直接把手随机地按在墙上。用孩子的名字及日期标注每一个手印。

· 图案——通过在纸的背面测量水平线，为每个孩子在公告栏上创建横条纹空间。在条纹的最左边，写上幼儿的名字。然后为幼儿准备各种各样的材料让他们去画（橡皮图章、印花字母等），为他们准备签署垫或浸泡在油画颜料中的海绵，允许幼儿创造任何他们想画的样式或图案。

· 名字——在大的公告栏上覆盖明亮坚实的衬底，把纸划分成一个网格，为每个孩子提供一个区域，把每个孩子的名字用彩笔写在网格的顶部。首先，利用此布告栏玩配对游戏，如让幼儿将自己的名字卡片与墙上的名字配对，邀请幼儿用标记、蜡笔或颜料装饰他们的名字。慢慢地，幼儿能用其他多种材料排出他们名字的形状。

· 艺术作品——幼儿经常被告知不能在墙上乱写，但现在他们可以自由地在房间里至少一块布告栏上涂画。如果想再画一次，就用牛皮纸(或包装纸)覆盖在大的公告栏上。（你也可以先在墙上钉几层纸，以便在需要时撕下顶层露出新的一层）。然后，邀请幼儿画出内心想象的内容。如果你分享一个特别的故事、事件或一次特别的旅行，用下一层新的牛皮纸就可以创造即时壁画了。

让幼儿参与装饰房间，可以增强他们对自己及环境的自豪感。他们会很自豪地展示他们的房间及他们创造的公告栏。

提供一个尊重个性的环境

教师欣赏幼儿在体验新的艺术活动时存在的差异性，就像经历任何其他的新体验一样。一些幼儿热切地投身到新的活动中，或许他们被新材料或活动的新鲜感吸引。而其他一些幼儿却对新鲜事物持暂时退缩的态度，他们仍然退缩到熟悉的安全地带，不愿意冒险尝试新材料、新过程。

敏感的教师会试着提供一个可供幼儿自己探索的环境以使不同的幼儿逐渐适应。例如，三岁的玛丽因不愿尝试指画而拒绝老师的邀请，当陶土活动出现时，她也有同样矛盾的心理。其实她想玩这些黏黏的材料，但又担心弄得到处脏兮兮的。所以她对邀请的回应是：自己慢慢走开，然后去教室继续玩小汽车。最后，她朝着指画区域驾驶着小车，同时发出稳定的、持久的引擎声——“朗姆酒—朗姆酒—朗姆酒”。她几乎看都没看画指画的幼儿，然后转弯跑回了积木中心。又一次，玛丽走近，然后停上了她的引擎声。她瞟了几眼画画的人，同时假装检查车的车轮。鉴于玛丽没兴趣且不情愿，老师决定再多给她点儿时间。那天老师唯一对玛丽说的话是：“当你想画指画时，你才能选择你喜欢的颜色。”

几天后，玛丽说："我想用蓝色。"教师准确地读懂了玛丽的非口语行为，并尊重她个人的独特表现方式。

相同的方式也适用于青少年。例如，一些孩子或许第一次不愿使用新的艺术技术，如用手推加墨的辊筒印刷。善解人意的教师应接受这种不情愿的个别性，并安排其他的替代活动。

幼儿与小组之间的关系

幼儿在参加创造性活动时，就是在学习如何融入小组。在学校的小组与在家里不一样。在学校，孩子既是学生，又是小组的一员。

作为小组的一员，孩子学会很多事情。在艺术上，孩子学习如何"遵循"，例如，学会遵循说明需求，使用画笔。当组内幼儿一起画壁画时，五岁的孩子要学习遵循小组的计划创作。学习遵守清洁规则是幼儿小组学习遵循规则的另一种方式。

另外，孩子也学习在组内如何领导别人。例如，当一个六岁男孩负责组内的绘画时，他就是在学习成为一个有责任心的领导者。因此，在艺术课上，幼儿有许多学习的机会，时而学习当领导者，时而学习成为跟随者。

如何扮演好小组成员的角色是一种社会经验的学习。幼儿小组从事创造性活动，对孩子来说也是一种小型社会团体的缩影。在这样一个小组内，幼儿学习如何分享与合作。身为社会团体的一分子对他们自己也是有优势的，例如，与同岁的其他幼儿一起学习、玩乐、分享想法。但也有缺点，即幼儿也必须要遵守组内规则，但其实在学校与他人轮流或共同玩耍，也不是一件容易的事。

作为小组中的一员，孩子要学会尊重他人的权利与想法。学习尊重他人也是孩子在校外生活的一部分。幼儿在学校内获得的团体经验，有利于他们很快融入校外的社会小组。

因为幼儿天生以自我为中心的特质，所以他们面对困难时，必须要学习调整自我利益，处理组内生活。幼儿必须先学习自律，自律是合作、轮流担职的先决条件，是融入群体的必要技巧，且解决人际冲突的技能也会逐渐发展。创造性活动发生在开放灵活的氛围中，为这些社会学习提供了有价值的环境。

创造性的经历给幼儿如此大的乐趣，这对他们了解自己及他人是非常有效的，并且真实的小组生活也会变得更好，这是多么幸运啊！

表 9–2 教师的非语言提示清单

在幼儿工作中，用这个清单评估你自己的非语言行为。勾选适用于你教学的所有条款。

——当我与幼儿说话时，用眼神交流。

——当学生说话时，我关注他们。

——我用积极的方式承认孩子的长处。

——我用正常的声音说话。

——我欢迎每个孩子进入房间。

——我用积极的方式承认孩子的弱点。

——我真诚接受幼儿之间的区别。

——我会给他们应得的真诚的赞美。

——我真诚地评价孩子的作品。

——我用孩子的名字而不用"亲爱的"或"甜心"。

——我改变叫幼儿名字的顺序。

——当儿童不举手回答问题时，我会呼吁他们举手。

——我对幼儿公然表达自己的感受。

——关于敏感问题，我不对孩子撒谎。

——我尊重每个孩子的个性。

你可能想要制订计划，解决你没勾选的上述项。

总结

具备良好计划的创造性活动可以帮助幼儿发展良好的自我感觉及能力。在这些活动中，孩子学习与其他幼儿相处，与父母之外的成人相处，也学习融入群体。幼儿在艺术课上学习的社会技能，也能帮助他们适应校外的其他小组。

关键词		
融洽	社交能力	社交－情感成长

学习活动

1. 你第一个同龄小组也许是由你的邻居或学校的同学组成的。你还能记得他们的名字吗？他们长什么样？他们对你怎么样？你加入这个组感觉怎么样？

2. 在那个时期，你接触的儿童中，谁是受欢迎的，谁是和蔼可亲的，谁是被排斥的，谁是孤立的？你怎么评价你自己？

3. 这个组发生过什么事儿？是什么导致小组分裂？你还能记起当时的感受吗？

4. 如果你有一个时间机器，你想回到童年时代告诉儿时的自己你的消息吗？你想去未来给你的孩子一个消息吗？这些消息是什么？与你的同学分享一下。

5. 举例说说曾经帮助你获得自信的一个老师，用简单的话描述一下这个老师并写下来。把这些记忆拼贴起来，与你的同学分享你的回忆。

6. 回想你的童年时代。你能记起曾害怕、担忧、焦虑的事情吗？写下一些你不开心的记忆，包括造成这种感觉的情境。想想与儿童在一起时的工作，你是不是为孩子创设过相似的情境？与你的同学分享你的记忆与想法。

7. 心理安全感要求教室的每个孩子都感到自己被接受、自己很重要并且有价值。审视你的教室中孩子和教师的形象，想想教科书、海报、日历及任何其他有可能的材料中教师和孩子的形象。想想性别和种族的不同是不是会影响你所有学生的心理安全感。

8. 在有盖子的鞋盒上做一个槽，装饰鞋盒并写上“私人信件”这几个字，然后鼓励学生给你写信或写卡片（或画画）。你要确保逐个回复每一封信。一些学生或许把信箱作为机会，写更多描述感觉、想法或问题的个人笔记。记得对所有的信要保密。

9. 与你的学生分享你的感受。如果你在学生们辛苦了一天后，为他们提供一块黑板，让学生把他们的名字写在上面，那么也一定记得时不时写上你自己的名字。

10. 倾听。设置一个“一分钟听到”的环节。儿童需要意识到你会倾听他们的想法，但设置界限也很重要。

游戏活动

接下来的活动记得多在现实生活中开展，当然也可以在教室中进行。

▶ “我可以”能力记录册

向父母展示孩子学习到的幼儿特殊技能。用孩子作品的样本做一个“我可以”的剪贴簿，展示“我可以画”“我可以涂颜色”“我可以贴”的作品样本。

▶ 教师的生活

一天教师迟到了并向幼儿解释她的车子有一个轮胎漏气了，教师突然惊奇地听到一个四岁的孩子说：“你不是睡这儿吗？”在孩子心中，这个教师明显成了教室的一部分。你班的幼儿对你了解多少？你是居住在一间公寓里还是一栋房子里？你是开车还是坐公交来学校？你结婚了吗？你有小孩吗？与学生谈论你的生活，这有助于拓展他们对世界的理解。

▶ 小组合作活动

尝试这种活动，可以鼓励发展幼儿的自尊及团体合作的精神。你需要一张桌子、蜡笔、彩色笔、纸和胶带。将纸用胶带粘贴在桌子的顶端，在纸的中间写上图画的主题——例如“我们组的艺术”，允许幼儿在团体时间或自由时间在纸上画画。当完成（自己喜欢的）图画时，把它从桌上取下来，用胶带粘在墙上或者放在公告栏中。可以改变纸的形状或颜色，可使用圆形或方形、动物或树的形状的桌子，或让小组的艺术作品尝试一个特别的主题：自然、家庭、动物。

▶ 镜像活动

用足够大且方便移动的镜子，鼓励发展幼儿、幼儿大班至三年级、四至五年级儿童的自我认知。

· 幼儿——把幼儿带到镜前，一次带一个。鼓励他们看镜中的自己，让他们指出你说的身体各部分：“鼻子”“肚子”“嘴”等。

· 幼儿大班至三年级——当他们看到镜中的自己时问以下问题：“人为什么照镜子？”“为什么人喜欢看自己？”“你看镜中的自己时最喜欢自己的什么？”然后让两个孩子一起照镜子，并让他们互相说说对方的特别之处。

· 四至五年级——让他们看镜中的自己。问他们，看到什么特征能让自己想起父母、兄弟姐妹、一个重要的人或其他的亲戚的面貌？自己看到什么特别之处？在自己的影像中能看到什么线条和形状？让两个儿童照镜子，让他们比较互相看到的脸的线条和形状，要求他们互相说说，对方的影像有什么特别之处，他们是不是像一个很重要的人？

▶ 做相册

1. 目标：观察自己和他人，学着欣赏自己和他人。

2. 过程：让每个孩子照一张自己的照片。

① 用一张大的彩纸，在每张纸的一侧打孔，用纱线穿过孔把纸系在一起。

② 把每个孩子的照片粘在纸上，把孩子的名字印在照片的下面。

③ 把相册放在外面以便幼儿能看到并分享、讨论照片。

④ 制作私人照片成长图，要用孩子一年中不同时间（生日、外出、节日等）拍的照片。幼儿从这些照片里可以收获时间感、变化和成长。

⑤ 幼儿可以随时为这些照片口述故事或写些短的描述性语句，这些“故事页”是可以全年添加到相簿中的。

▶ 自我意识、自我接受与合作的活动

衣服的尴尬

收集当年存储在学校或前一年打包带走的备用衣服。这个活动要用一个足够高的镜子。学校生活结束时，鼓励每个孩子试着穿上以前备用的衣服，然后在镜中检查自己。这个活动提供了一次充满惊喜的具体的测量经历。讨论一下为什么现在衣服变“紧”了。

身体形态

1. 目标：鼓励幼儿对自己及身体的积极感受，鼓励幼儿之间的合作。

2. 材料：大张牛皮纸、蜡笔和颜料。

3. 过程：让一个孩子躺在一张纸上，让另一个孩子用蜡笔在纸上画出这个孩子身体的轮廓，然后再由身体轮廓的主人在上面画画或涂颜色。

4. 在孩子画外轮廓前，让孩子观察自己的穿着及衣服的颜色，可培养儿童的自我意识。

▶ 烤蛋糕（适合三岁幼儿）

1. 目标：学习运用身体各部位，了解其他儿童的名字。

2. 过程：教师示范边拍手边唱歌：“烤蛋糕，烤蛋糕，厨师烤蛋糕。用你最快的速度给我烘烤一个蛋糕。滚面团，拍面团，在面团上写上（孩子的名字），为他（用孩子的名字）和我把它放在烤箱里。”

① 歌里用上所有幼儿的名字（或组里的每个孩子都可轮唱以另一个孩子的名字为歌词的歌）。

② 经常重复它，幼儿就能记住相互的名字。

壁画

1. 实地考察之后创作一幅壁画。所有的幼儿一起在纸上制作，或在大纸上通过粘贴幼儿作品来完成并展示。

2. 活动变化：装饰学校的一些窗户；利用窗户策划一场木偶戏，让幼儿自行制作木偶。

我喜欢

逐个要求幼儿说出他们喜欢或感兴趣的事情，用录音设备记录这些语句并按下暂停键。短暂性暂停后，要求每个孩子说出自己的名字，然后记录下来。开小组会议时，为孩子们播放录音带，播完他们感兴趣的每条语句后，要求他们识别出说话的人。当他们听到记录在录音带上的名字时，让孩子们验证自己的猜测。

之后可以在艺术中心播放录音带。一些幼儿或许想试试他们在录音带上听到的画笔、记号笔、黏土或其他的媒介的声音。就录音带来说，另一个可能有用的地方是图书角：可以用耳机使孩子们安静地听到自己及朋友的声音与评论。另一些幼儿或许想口述一个从录音带上听到的故事。

▶ 这使我快乐

1. 带一样东西来，并对幼儿说：“我想和你分享一些能使我快乐的事情。”解释为什么这样东西使你开心。例如：“这是一个我很喜欢的人给我的项链。当我戴上它时，它使我想起那个人和跟他在一起的美好感觉。”“现在，我想给你个机会分享与我们有关的一些东西，并告诉我们它是怎么让你高兴的。”

2. 要求幼儿带东西到学校，给每个孩子一个机会，与小组分享他的东西。此活动可以持续数天。

我的选择（四五岁幼儿）

你将需要：（1）旧杂志（学校和百货公司的各式目录、自然杂志、体育杂志及任何流行的家庭杂志）；（2）剪刀；（3）糨糊；（4）色纸；（5）衣架；（6）毛线（或绳子）；（7）类似衣架的三角形大小的标签。

把孩子的名字标签系在悬挂架的中央，并预留三根绳子吊在悬挂架的杆上。让孩子们浏览一下杂志，剪下三张或更多能代表他最喜欢的事儿或活动的图片。让孩子们把图片粘在色纸上，然后把组装的图片系紧或钉在连接悬挂架的绳子上。鼓励孩子们说一说他们的选择。“衣架”可以挂在教室的“晾衣绳”上或其他任何合适的地方。

填写你的才能板

在这个活动中，你能给孩子们机会发现他们其实是别人所认为的有才能的人。这个活动也有助于发展语言技巧。

开展活动前，与孩子们讨论词语“天赋”的含义，并强调每个人都有特别的才能。讨论个人才能，帮助孩子们把这个词的含义与他们自己的经历联系起来。

这个活动中，你将需要杂志、报纸、照片、剪刀、胶水和纸碟。

引导孩子们观看呈现人们从事所擅长的事的图片。给孩子们展示如何把图片剪下来，然后粘在才能板上。孩子们完成后，展示给同伴或者帮助其他小伙伴制作。

面部哑谜

通过唱歌开始活动，比如“如果你高兴，你就……”，通过玩“老师说”介绍面部表情和肢体语言可以用于表达想法，把重点放在嘴、眼和鼻子的变化上。

准备：让站在镜前的一组孩子做各种面部表情，并给出暗示，如你表示同意，你不同意，你非常累，你非常兴奋，你饿了，你很高兴，等等。当他们能读懂每个人的表情时，孩子们就为面部哑谜做好了准备。

过程：在索引卡上写一个词或想法。画一幅画说明这个感觉，或从杂志上剪下有用的图片。

混淆卡片，让多组孩子选一个代表去拿第一个卡片。代表根据卡片的说明做出相应的面部表情，其他孩子试着弄清楚他想表达的意思。猜对的玩家可以去拿下一张卡片。

变化：卡片可以是动物、最喜欢的故事情节或其他任何吸引幼儿并能演出来的主题。对幼儿来说，要以两或三个差距较大的表情开始。他们可以从回收的杂志上撕下照片以帮助区分面部表情。

我的一半

材料：数张轻巧的纸板，老旧杂志和产品目录，彩色笔，蜡笔或画笔及笔刷，钝尖剪刀，胶水。

过程：

· 让孩子们浏览杂志和产品目录，找一幅他们喜欢的图片。让他们把图片剪下来并贴在纸板上，然后把图片的一半剪下来。成人或大点的孩子可以帮助年纪小的孩子剪。

· 把所有的半张图放在箱子或袋子里。

· 绕过放有半张图的箱子或袋子，要求每个孩子取出其中一张。继续绕过箱或袋，直到所有的图被取出。

· 要求孩子举起他拿到的半张图片。要求其他的孩子浏览他们的半张图片并找出谁拿着另外一半。邀请这些孩子把图拼在一起。孩子们可以把完成的图放在桌上。

· 问哪个孩子选择了这张图片，然后请这个孩子说说为什么这是他喜欢的图片。继续开展活动，直到每个孩子都有机会谈论他们选择的图片为止。

▶ 观察大自然

让孩子去外面感受大自然的奇迹，可以增强孩子积极的自我意识。要多尝试一些这种活动。

· 在门外找到一株能随季节发生显著变化的植物——或许是花、树叶、水果。孩子们一周观察它一次。如果可能的话，孩子们最好能测量它的成长。要记录芽的大小、树皮的颜色及其他的变化，并用丰富的语言描述现象。

· 在季节周期，要求孩子们记录植物的不同生长情况。以文档保存这些变化，文档不仅包括季节的变化，而且包括绘画和写作的过程。

· 小组讨论商定并回答他们观察到了植物的什么变化。用蜡笔画下植物今天的生长情况，包括细节和颜色，用蜡笔一层层地创造质感。

· 在画上标上孩子的名字和日期。询问他们是否能看到叶子上的露水或树枝上的冰晶。可以用闪闪的光晶和胶水装饰画面。

· 孩子在画的背面写上植物的名字（老师可以帮助不会写字的孩子），并写上现在是什么季节，植物发生了怎样的变化，你认为下一步它将怎样变化等。

· 让孩子去户外画植物，可以让孩子直接观察。

· 选择一棵树、或一株灌木，问问孩子们怎样照顾它。

· 在年末，每个孩子用图展示四个季节。

▶ 自然的戏剧化

在我们的日常世界中，可以通过现象得到有关戏剧化的启发。鼓励孩子假装（通过他们的身体动作表演）自己是以下任何一种事物：

· 叶子在轻柔的风中挥舞着，慢慢地，风变成大风，最终叶子飞到空中。

· 雪轻柔地下，做出一个雪人，然后融化。

- 一块圆锥形的冰块或冰柱在太阳下融化。
- 雨滴下来，快速流下，然后太阳出来了，彩虹出现了。
- 一个很难行走的冰丘。
- 在浓雾中找到一条可以通行的路。
- 联想到在冬天的工作，例如铲雪。
- 一个融化的雪人。
- 冬天的体育运动——滑冰、扔雪球等。
- 描述小鸟绕着喂鸟器飞、吃种子、在空中飞。

你和孩子们也可以想一些其他的情境。

▶ 花窗

如果你用孩子们创造的有关花的作品来装饰窗户，只要你喜欢，花就能经常绽放。当孩子们看到他们的作品每天都被展示时，他们的自豪感油然而生。为了安全起见，装饰窗户前要确保窗户是关闭和上锁的。孩子们可以用厚厚的颜料和彩色笔在窗户上画花。开始，孩子们直接用黑色的蜡笔在窗户上画出花的外轮廓，然后他们可以用厚厚的颜料或彩色笔填满轮廓线。当来年春天的花朵在门外绽放时，他们也能让花在窗户上绽放。窗户杰作是可以不断添加形象的，当动物出现时，孩子们也可以把动物添加到窗户上。在冬天，孩子们为了期待春天的到来，当知更鸟或蒲公英还没到出现的季节时，孩子们就可以把它们画在窗户上展示了。

本章回顾

1. 定义术语“自我接受”“自我概念”及“社交能力”。描述一下有良好自我接受能力、自我概念及良好社交技能的孩子的特征。

2. 选择下面选项，哪一项能协助发展自我接受能力，哪项不能。

①柔情地紧紧抱着孩子。

②每天为孩子补充维生素 C。

③鼓励幼儿自己照顾自己。

④教导孩子如何照顾自己。

⑤尽可能多地让婴儿独处，因为过多地接触容易导致溺爱孩子。

⑥做早期牙齿护理。

⑦赞美能自己穿衣服的孩子。

⑧对孩子吃饭时的脏乱感到很沮丧。

⑨让孩子每年做视力检查。

⑩让孩子因不能走好路感到羞愧。

3. 为下列有关艺术课和孩子的自我接受问题选择最合适的答案。

①艺术课应该计划为

- 以成人为中心
- 以孩子为中心
- 全年的活动

②对课上的每个孩子，老师应该

- 鼓励孩子做更有挑战性的工作
- 只赞美完成活动的幼儿
- 接受孩子当前的水平

③为了给孩子们一些挑战，教师必须提供的活动是

- 有一点超出他们的当前水平
- 超出 2 或 3 年难度的活动
- 只向某一些孩子提出挑战

④布置好的艺术教室

- 最好在建筑物的北边
- 有适合孩子尺寸的椅子和桌子
- 大部分是大的椅子和桌子

⑤教师应该在什么基础上选择艺术材料

- 使用者的年龄
- 材料的价格
- 经销商类型

⑥买高质量艺术材料的原因是

- 材料的成本低
- 幼儿更喜欢高质量的材料

- 幼儿用高质量的材料能做出好作品

⑦在计划艺术课时，教师应该考虑每个孩子的

- 种族和性别
- 年龄
- 年龄、能力和感兴趣的程度

⑧艺术课上的成功

- 只依赖于高质量的材料
- 帮助孩子建立自豪感和自信心
- 依赖于教师的教学态度

⑨帮助幼儿建立自信的较好方式是要告诉孩子们

- 他们做的什么是对的
- 如何提高他们的绘画水平
- 模仿其他孩子们的作品

⑩帮助幼儿建立自信的另一个好方式是

- 告诉他们做的什么是错的
- 手把手教，帮助他们提高绘画技能
- 鼓励孩子出错后再试一次

4. 连连看：根据第一列关于孩子之间友谊的陈述，从第二列中找出最佳答案。

关键动词	尝试提出问题
①一个孩子能接受其孩子们 ②分享想法可以帮助孩子们 ③帮助另一个孩子清洁刷子 ④与其他儿童和谐相处 ⑤好的幼教经验	a. 认识到不是所有的人都有同样的想法 b. 影响往后所有的学校生活 c. 使孩子自我感觉良好 d. 对孩子毫无效果 e. 是一个学习合作的例子 f. 只是发生在自我接纳之后

5. 讨论为什么在学龄前艺术课或任何幼教课上教师如此重要。

6. 列出教师帮助孩子自我接纳的两种方式。

7. 列出三件孩子学着融入团体的事情。

8. 列出孩子在团体中的一些优势。

9. 列出孩子在团体中的一些劣势。

参考文献

Cornett，C. E.（2003）. *The arts as meaning makers*. Upper Saddle River，NJ: Merrill/Prentice Hall.

Dewey，J.（1958）. *Art as experience*. New York: Capricorn Books/G.P. Putnam's Sons.

Harmel，K.（1999）. *UF researcher: Teachers' nonverbal clues affect student's performance*. Online at http://www.sciencedaily.com/releases/1999/01/990122130911.htm.

Hartup，W. W.（2002）. *Having friends，making friends，and keeping friends: Relationships as educational contexts*. Urbana，IL:ERIC Clearinghouse on Elementary and Early Childhood Education，ED345-854.

Lowenfeld，V.，& Brittain，W. L.（1987）. *Creative and mental growth*（8th ed.）. New York: Macmillan.

Lowenfeld，V.（1957）. *Creative and mental growth*（3rd ed.）. New York: Macmillan.

Max Planck Society（2006）. http://www.mpg.de/english/illustrationsDocumentation/documentation/pressReleases/2006/pressRelease20060302/index.html.

McClellan，D.，& Katz，L. G.（2003）. *Young children's social development*: A Checklist. Urbana，IL: ERIC Document EDO PS-93-6.

第十章

艺术与幼儿的身心成长

▶ 教学目标

学完本章，你应该能够：

1. 解释艺术怎样协助幼儿身体得到发展。

2. 描述艺术怎样协助孩子的心理成长。

3. 讨论艺术在孩童早期教育的位置。

这一章介绍了艺术与幼儿身心成长的关联性。在孩子身上，我们能看到身体、心理、社交及情感成长同时发生，但为了方便清晰地表述，身心成长在这儿分开讨论。

艺术与身体运动的发展

在孩童早期课上，跳舞、制图、绘画、粘贴及其他的活动都能锻炼肌肉，帮助孩子的运动发育。许多创造性活动不仅能锻炼肌肉，而且能帮助孩子大小肌肉同时发育。在我们探讨每一种运动发育类型之前，让我们先看看成长和发展的总体格局。

身体发展模式

人类发展的过程依据普遍的模式，包括三个基本的成长趋向。第一个趋向是从大肌肉到小肌肉或从粗大运动到精细动作发展。大（粗大）到小（精细）的运动发育意味着，脖子、躯干、胳膊和腿的大肌肉群先于手指、手腕及眼部的小肌肉群的发育。这就是孩子们先学会走，后学会写字或涂鸦的原因。

第二个成长趋向是从头到脚趾（或从顶端到末端）的发展。这种成长趋向解释了婴儿先学会抬头后学会走路的原因：肌肉的发展是从头部开始的。

第三个成长趋向是从内到外（或从中心到边缘）的发展。这解释了婴儿先学会翻身后学会用胳膊推的原因。因为躯干的内部肌肉先发展，先会翻身后会推或坐。了解了这些基本的发展定律，尤其是从大到小的运动发育，对为孩子设计合适的艺术活动是非常重要的。现在让我们说一说大块及小块肌肉群的发育。

大肌肉群发育

孩子的身体比重随着他的成长在经常发生变化。因为身体的不同部分以不同的速率在成长，所以身体比例并不稳定。身体比例失调经常发生在出生到六岁左右时，上半身显得比下半身长。依幼儿的发展定律看，身体比腿发育得快，所以婴幼儿重心较高，很容易跌倒。

然而到了六岁，幼儿的身体比例就会与成人的相似。当孩子成熟到与成人比例相似时，他的重心就会渐渐稳固于身体中心，由此孩子的身体平衡感会更佳，能更有目的地运动。

因为胳膊、腿、脖子及躯干的大块肌肉群优先发育，幼儿到学前年龄时就能很好地使用大块肌肉。他们能随意走、跑、坐及站。他们能轻易地使用胳膊和手做出像拍手和攀岩这样的大运动。小点的孩子很享受大的运动活动。大部分三岁及许多四岁的幼儿能运用大块肌肉作跑、摆动和跳的动作。他们不像五岁幼儿已开始发展精细的运动技巧（像剪、绑或系带）。

幼儿艺术课不仅仅是在活动式的游戏方面给孩子锻炼大块肌肉技巧的机会，还有许多不同的方式。比如，在大纸上用刷子画画与跳舞一样，都是锻炼大块肌肉的好方法。孩子是否在绘画创造或随音乐律动时有广泛的手臂动作，只有当大肌肉群得到一定程度的发育之后，这些小肌肉群的操作技能才得以被掌握。

幼儿创造性活动提供了许多锻炼大肌肉群的机会。包括绘制小组壁画、肢体行为艺术、绘制架上油画、捶打黏土、蜡笔擦画等。

小肌肉群发育

手指、手掌和手腕中的小肌肉群常被用以参与画、剪、撕和捏（黏土）等动作。所以这些美术活动或其他有小肌肉群参与的活动，都可以帮助幼儿提高自己对小肌肉群的控制力。

对于不同年龄段的幼儿来说，其所需掌握的小肌肉群技能不尽相同。比如，大多数三岁幼儿的小肌肉群还没有开始发育，因而，他们的力量状况还不足以支持他们熟练地使用剪刀。

在下面的报告中，一位教师发现为某些幼儿制定有益于小肌肉群锻炼的艺术活动是颇有难度的。

> 对幼儿来说，用废弃的纸袋制作面具是一项有意义的活动。然而，我却发现，对于不少幼儿来说，使用剪刀是一件十分困难的事情，这让他们十分容易感到沮丧。他们急于制作一个面具，却始终解决不了使用剪刀的问题，这大大影响了他们的进度。我尝试了一些办法来帮助他们，比如让他们先在纸上剪一个洞，或者先剪出“眼睛”的一部分等，并鼓励他们分步骤完成。也许一些教育理论家会说，我应该让儿童独立完成作品。但是，我能感受到儿童迫切希望能完成一件作品的心情，同时我也不希望任何一个幼儿被忽视。每一个孩子都希望把自己制作的面具带回家并放到抽屉里作为永久纪念。有一个小女孩一整天都戴着自己的面具，我甚至不能说服她在吃饭时摘下面具。（作者笔记）

练习折纸和撕纸，以及后来对安全剪刀的使用等，都可以帮助幼儿锻炼小肌肉群。幼儿的肌肉发育越好，他们对剪刀的操作使用也就越轻松。并且，不断地练习和锻炼是促使肌肉发育的主要途径。教师应当鼓励幼儿去通过撕纸、贴纸、捏黏土、玩玩偶、画指画等动作幅度小的艺术活动来锻炼小肌肉群。

同时，教师也可以向幼儿提供合适的小型玩具或道具，以帮助幼儿锻炼小肌肉群。在下面的报告中，教师计划将黏土作为媒材，帮助幼儿掌握部分操作技能。

四岁到五岁期间是小肌肉群发育的黄金时期，在此之后，通过小肌肉群活动来锻炼肌肉仍然十分重要。用铅笔画画、按要求折纸、用黏土制作人偶、制作模型等，都是十分有效的锻炼活动。

> 在我的活动设计中，我希望侧重于对幼儿操作技能的提升，所以我选择使用黏土及稻草秆、牙签、纽扣等可以插入黏土中的素材。幼儿可以用这些素材来制作小动物、图案和怪兽等。幼儿可以相互分享他们制作怪兽的方法。如果他们愿意，他们甚至可以摔碎这些怪兽。我认为，黏土是一种帮助幼儿释放其对某些事物的恐惧、想象和情感的绝佳道具。这次的黏土活动进展十分顺利，活动当天，孩子们怀揣着相似或不同的想法聚到了黏土桌前。（作者笔记）

通过小肌肉群锻炼活动，幼儿的肌肉得以发育，并为其以后的书写操作等奠定良好的基础。指画、黏土等借助手掌和手指来完成的活动都会在将来成为幼儿轻松完成书写动作的强大推动力。在更加庞杂的学习任务到来之前，这些艺术活动帮助幼儿做好了肌肉力量方面的准备工作。

大肌肉群和小肌肉群锻炼活动

在幼儿活动中，我们应将大肌肉群和小肌肉群锻炼活动进行合理的搭配。幼儿的大小肌肉群都需要得到锻炼，艺术活动将给予他们这一机会。

教师首先应当考虑到并尊重不同年龄段的幼儿对于大小肌肉群发育的不同需求。这也就意味着，教师需要各种各样的教学器具，更重要的是，教师对于不同阶段幼儿的合理态度。合理的态度表示允许儿童尝试和使用其他年龄段的器具。在这类活动中，我们并不要求所有四岁的幼儿必须要熟练进行剪裁操作，或为一件衣服装上扣子。同样，五岁的幼儿也可能仍然对黏土保持强烈的兴趣，可能他们仅仅是为了娱乐。年龄再大一些的儿童也拥有继续使用这些器具来锻炼大小肌肉群的自由。这对于他们来说可能是一种自然的发展状态，即便是中、高年级的儿童，也存在着喜欢用黏土“搞乱房间”或画指画的情况。这些无可厚非。

艺术活动同时提供了精细操作和粗犷操作的经验。在幼儿的创作过程中——将木棍插入塑料泡沫中，将不同的标志组合排列，在架上油画中使用刷子等——他们在大幅度的运动和小幅度的操作中忙前忙后。这些活动会帮助幼儿提升大小肌肉群的控制和协调能力。这两种类型的发展不仅对孩子以后在学校学习字母和数字有帮助，而且对整个身体运动都很重要。为孩子们提供各种各样的材料，如，蜡笔、画架油画、剪刀、再生材料及黏土，将帮他们发展胳膊和手指上的不同肌肉。

手眼协调能力

在早期幼儿教育中，当孩子在锻炼大小肌肉群的时候，他们也在提高本身的手眼协调能力。而所谓的手眼协调能力就是指在使用眼睛的同时，他们也有能力使用手去做事情。有些活动可以让孩子在游戏的过程中运用手眼协调能力，绘画就是一个很好的例子。当孩子们在画画的时候，他们要用眼睛去选择颜色，同时还要用手握住并使用画笔。

在用陶土做模型、粘贴以及手指绘画的时候都会需要手眼协调能力。在以上所有的活动中，孩子都要不断地接受手眼协调的练习。

艺术活动与阅读准备

手眼协调能力对于以后的学校活动是很重要的，许多阅读专家相信，良好的手眼协调能力可以帮助孩子进行阅读。绘画和玩球的活动可以让孩子同时使用眼睛和手，从而帮助孩子获得阅读中所需要的技能。而手持一本书，眼睛从左往右地阅读时，也需要最基本的手眼协调能力。

阅读专家认为大肌肉群和小肌肉群的发展模式会影响到阅读的能力。简而言之，孩子必须在发展小肌肉群之前先找机会发展大肌肉群，例如眼睛在阅读时从左往右运动等。绘画活动中左右和水平运动的发展，对于阅读中从左到右的观看方式有很大的帮助作用。由于艺术活动可以锻炼手眼协调能力和从左到右的观看方式，所以对于未来的阅读来说是有重要意义的。

探索艺术材料可以增强孩子对形状的感知力，帮助孩子发觉环境和艺术中二维、三维之间的关系。当他们说出："我的黏土像馅饼一样圆""我画出了书本那样的方形"或者"这个玩偶的头形和我的不一样"时，这就表明他们在这些创造性活动中了解到了形状的一些知识。视觉敏感度——是一种观察和辨识形状和形体的能力，此能力隐含在所有的艺术活动中。这也是在开始学习阅读时所需要发展的能力。

肌肉运动的控制

随着儿童的成长，他们开始对身体进行更好的控制。

孩子大小肌肉群组的发育和手眼协调能力的成长都是肌肉运动控制的一部分。（表10-1包含了一些建议的艺术活动和课程，主要是针对两岁到十岁的儿童发展全方位的肌肉控制能力。）孩子在多种活动中的表现都显示出对肌肉的控制能力。一个善于观察的教师可以评估出单个孩子在某个活动中的运动技能，并且还可以评判出他在其他活动区域中的相似技能。比如，在艺术活动中，教师通过儿童早期的爬行可以辨别出儿童对肌肉的控制程度。同样，孩子握住蜡笔涂鸦时就是在细微地控制着肌肉。当他们能有效控制肌肉时，他们就可以控制涂鸦时的方向，并且可以将线条组合成基本的形体了，并最终可以画出一幅画来。

因此，教师可以根据孩子的艺术作品判断出他们的肌肉控制情况。比如，当有父母询问是否要五岁的孩子学习钢琴时，教师可能会根据孩子还不能使用剪刀裁剪的缘由建议家长放弃，因为孩子的肌肉还没有发育完全。通过观察孩子们在艺术作品中的肌肉控制程度，可以让教师了解到每一个孩子在其他领域中的发展状况。

艺术与心理成长

艺术和思考技能

艺术活动包含了孩子的精神层面和身体层面，不仅需要使用艺术工具的肢体能力，还需要创作过程中的思考能力。现在我们来想一想艺术活动中思考技能和艺术是如何联系起来的。

创造型艺术是一个很复杂的精神活动，需要孩子使用多种技能，如问题解决能力、预测能力、设计能力，还涉及原因和影响。比如，想一想如果孩子想要画一个人。首先，他需要先知道那个人长什么样，然后在纸上用形状和线条呈现出那个人的特点。这对于三四岁的幼儿来说可不是件简单的事！

艺术不仅可以反映孩子的思想，还可以提高他们的思想。假设一个稍大的孩子想要画一只蚂蚁或者蚊子，通过观察，他可以了解到二者之间的区别，然后开始动手画。在画的过程中，这个孩子就可以梳理他学到的知识，并强化他所学到的。

艺术也可以帮助幼儿获得更多的直接经验，当孩子在调查和实验的时候，他们可以了解更多关于工具和材料的物理特性。他们将思考：如果我用画笔以这样或者那样的方式去画画的话，分别会出现什么样的效果呢？我如何将金属片立在木头上呢？我应该在纸巾上抹多少胶水呢？当你给孩子提供丰富多样的材料让他们自由探索时，你就会拓展他们的学习机会。

艺术和感知运动发展

因为孩子总是从做中学到很多东西，所以当孩子的身体在成长的时候，他们的心理也在成长。皮亚杰在研究幼儿的时候，将这种从做中学的行为描述为感知运动发展。

“感知运动”一词是由“感知”和“运动”组成的。“感知”与身体的五种感官相连，而“运动”指的是身体的行为活动。感知运动的学习包括了在活动中所使用的身体感官。

根据皮亚杰的理论，心理发展的基础是和物理知识同步的，而这些物理知识来源于和物体的互动。孩子们通过感觉、品尝、闻、观察和倾听物体来建立起物理知识，也通过扔、敲、吹、推、拉等方式让物体产生移动。他们用各种方法将物体混合、加热、冷却或变形，看看这些物体会发生什么。随着物理知识的发展，孩子可以更好地比较、分类、排序，从而和他们作用过的物体之间建立联系。

艺术中感知运动的学习

艺术中一个感知运动学习的例子是用黏土捏塑。在捏黏土时（运动活动），幼儿使用他们的知觉（感官），例如感觉和嗅觉，学习黏土知识及如何使用它。教师可以直接告诉孩子们黏土的感觉及如何使用黏土，但只有孩子们自己亲身使用黏土时才能真正学会。孩子需要这种通过触摸黏土及其他艺术材料的感觉有所探究。

在艺术课上，孩子们用这种感知运动的方式学会很多事情——即从做中学。许多想法和概念是从不同的艺术活动中学到的。正如孩子们在艺术活动中锻炼不同的肌肉一样，他们也在多种艺术活动中学到了新的概念。通过使用艺术材料研究创造，鼓励孩子们用自己的感官不断地了解环境。

创造性活动与知觉

触觉　运用知觉的艺术活动教给孩子们许多重要的概念，例如，使用黏土帮助他们了解了硬和软的概念。幼儿用手捏制黏土时感觉到黏土的软度，当黏土干了需要水时，他们感到黏土变硬了。用这种方式使用黏土时，孩子们不仅学到黏土是软的，而且它也可以变硬。

幼儿通过创造性活动提高对材质的辨识能力。比如，幼儿用各种纸和面料做拼贴，在不同的材料上涂擦蜡笔，在不同表面拓印不同的物体等。幼儿有机会了解质感丰富的工作台：砂纸的粗糙度，夹板的光滑度及木材碎片的清晰度。艺术材料的质感帮助幼儿增加对人与动物身体外在的知识，纱、棉及毛皮面料可用于制作人的头发、胡子或动物大衣。

视觉　艺术活动除了涉及触觉也涉及视觉。孩子能看到并能感受到使用的艺术材料，艺术活动中的视觉能帮助孩子学习很多重要的概念。

当孩子们使用不同材料时，能感觉到材料的尺寸、颜色、形状及质感的相似和不同之处。通过使用不同类型的艺术材料，他能学会“大”“小”“宽”及“窄”的概念。孩子能认识到不同尺寸的蜡笔画出不同尺寸的线，宽刷子的笔触看起来与窄刷子的笔触不同。他了解到用尖笔写的数字看起来与用画笔写的数字不同。

基本形状的概念要通过用剪刀剪、用黏土捏、画及绘制来获得，孩子也可以用废旧材料做拼贴的形状。

艺术活动中，孩子可以经历外形相似但感觉不同的物品。如沙子和玉米面外观上看起来很像，但当孩子把它们粘到纸上时就会感觉到不同。用这种方式，孩子就会意识到，只用视觉来了解一样东西是不够的。

在艺术活动中，年龄大的幼儿可以学习观察和运用艺术的基本元素。例如，它们学着在画画时用线和形状表达特定的心情或感觉。

表 10–1 两岁至十岁孩子的运动技巧、特征及活动建议

	特征	活动建议
两岁	好动，注意力时间短	提供推拉玩具；鼓励玩敲打板凳、吊袋和软黏土；提供自由玩耍的户外游戏，包括爬、跑、滑、翻筋斗。
	实际的操作兴趣；堆叠多个物体的能力；拉开、填满、变空箱子	提供套套杯或积木让幼儿堆叠或拆解；提供可拆解的玩具，例如串珠（大到不能吞下去的珠子）；提供能把沙子、水、大米、豆子、岩石等装入或倒空的容器。
	精细运动技巧的发展	提供蜡笔、粉笔、画笔和画纸让幼儿涂鸦与绘画，确保所有的材料是无烟和无毒性的；允许孩子用清水及大到可以操控的刷子"画"人行道、建筑物、三轮车等；提供幼儿玩面团、指画、撕纸的机会等。
	语言技巧的发展	鼓励孩子与你聊天。鼓励孩子使用"我""你""我们""他们"这些词；与孩子讨论图片中的物体，请孩子指出图中物体或说出它们的名称，一定要告知孩子物体正确的名称；玩有趣的动作游戏，给出要遵循的指示，如"关上门""拿起娃娃"；教孩子认识不常见的物体，如灭火器、温度计、螺丝刀、三脚架。
	喜欢模仿	鼓励玩手指游戏；背诵童谣，鼓励孩子重复它们；玩"我是镜子"游戏：站或坐在孩子对面，让他模仿你做的每一件事。
	对喜剧表演感兴趣	提供玩具娃娃、衣服袋、马车、娃娃床、假装对话的玩具电话。
三岁	大肌肉运动技巧的增长发展	提供户外自由玩耍的机会；提供幼儿爬、跳、骑轮玩具的机会；玩"追随领导者"的游戏，要求积极的肢体运动。
	对小肌肉的良好控制	提供机会自由玩耍各种尺寸形状的积木；提供各种操控性玩具和活动，例如钉板和钉套，鼓捣玩具，3—8 个部分组成的拼图；鼓励孩子自己穿脱衣服，准备食物，摆放餐桌，给植物浇水。
	运动更协调	提供艺术活动。鼓励用画笔、蜡笔、粉笔、有颜色的笔、拼贴材料、黏土、面团等材料自由表达。确保所有的材料是无烟和无毒性的。
	语言技巧和词汇的增长发展	每天给孩子分组或逐个读故事；鼓励孩子讲故事；用磁带记录他们的故事；鼓励孩子们说一说感兴趣的任何事。
	开始理解数字概念。通常能抓住 1、2、3 的概念。能依次数出许多数字，但可能会遗漏一些数字。	计算感兴趣的物体的数量，例如，饼干，杯子，餐巾，玩具娃娃。尽可能数的时候移动物体；让幼儿有数数的机会；在房间展示号码；利用日历，图表，称，以及标尺。
	享受音乐，开始能跟随节奏表达律动感	每天提供音乐活动；唱歌，拍节奏；为孩子们提供机会随着音乐摆动身体；鼓励孩子们创作歌曲；用磁带记录并为孩子们回放当作背景音乐跳舞或唱歌。
	对事物的起源及发生过程持好奇的态度	提供新体验引起问题。简单真诚地回答幼儿的问题。孩子使用参考书去发现答案，进行简单的科学活动：磁铁会吸起什么？做冰块，做冰激凌，种种子，做水晶球，在有风的日子放风筝。

四岁	良好的身体平衡和协调能力，大小肌肉运动技能的生长发展	每天提供幼儿积极自由玩耍的机会；提供机会让孩子在曲线、直线、平衡木上行走；鼓励将沙包顶在头上走；玩游戏“看你能跳多快”“看你能单脚跳多快”“看你能跳多高”；投掷球（中等大小，软）、沙包、毛线球。
	小肌肉运动技能发展迅速，用绘画和艺术表达周围的世界	提供机会制作各种艺术作品。鼓励孩子们讲故事或叙述已完成的作品；鼓励孩子们混合原色以产生间色，并说出颜色的名字。
	手眼协调能力增长，但自己穿衣服还是有些困难	鼓励幼儿做拉拉链、解扣子等脱衣动作；鼓励孩子撕和剪；鼓励孩子自己系鞋带。
	根据类似的特征分类的能力	玩乐透数字游戏；依据颜色或尺寸给扣子分类；提供种子的混合。按类型排序；活动结束后，根据形状把积木分类；玩押韵的文字游戏。
	逐渐了解号码、尺寸、重量、颜色、纹理、距离、位置及时间的概念	在对话中，多使用相关联的词；玩“老师说”的游戏，如“把铅笔盒放在大块积木旁边”或“爬到桌子底下”；提供布样和其他不同质地的材料，讨论不同之处，让幼儿蒙上眼睛并要求他们匹配重复的纹理。
	认知周围世界的意识	创建一个简单的喂鸟器，为鸟提供饲料；记录观察到的鸟的种类；安排实地考察，去各种感兴趣的社区场所（公园、消防局、警察局）。
	有生动的想象力，喜爱戏剧游戏	提供各种装扮的衣服；鼓励操作道具进行戏剧性表演，如收银机和空食盒、茶具及儿童尺码的家具。
五至六岁	良好的平衡感和身体协调能力	鼓励肢体随着录音、故事、韵律摆动；鼓励伴随音乐或韵律跳跃；教导幼儿简单的民间舞蹈。
	非常爱好肢体活动	鼓励幼儿跑、跳、平衡和爬的自由游戏；玩拔河游戏；鼓励在垫子上翻滚弹跳的运动。
	手和手指小肌肉群的发展和协调	鼓励画、涂、剪、贴和黏土创作；提供一些钉木游戏和操控性玩具；教导幼儿用大号针头缝纫，缝成鸡蛋纸箱或穿孔卡片；分享简单的木工经历。
	手眼协调能力的增长	允许孩子们复制形状、信件和号码的设计；为孩子展示写信时如何使用他的名字；鼓励试接小球。
	区分左右的能力	玩强调从左到右的游戏；游戏要求方向感，如“把你的右手放在鼻子上”或“把你的左脚放在绿色的圈里”。
	能区别重量、颜色、尺寸、纹理和形状	玩分类游戏。按岩石重量排序，按重量或形状分积木，按颜色分弹珠或种子，布料配对。
	对数字概念的理解力增强	计算感兴趣的任何东西——饼干、纸巾、杯子、树叶、橡子、树、儿童、教师、男孩、椅子等；辨认可见数字，如日历、钟表、测量容器或其他设备的号码。
	喜欢笑话、逗趣歌谣、谜语	读幽默故事、谜语、逗趣歌谣。
	喜欢创造性、戏剧性活动	用肢体扮演盛开的花、降落的雪、树叶、雨、蠕动的虫子、蛇、吹的风；扮演故事，使用的好的故事如：帽子出售，三只粗暴山羊，三只小熊。
六至十岁	良好的平衡感和身体协调能力	鼓励有挑战的运动如水平和垂直的跳跃；介绍更复杂的运动技巧，如接力跑、障碍课程等。

	更有尝试肢体活动的动力	鼓励跑、跳、平衡、投掷和接的自由游戏；介绍基本的运动如棒球、篮球和足球。
	手和手指小肌肉群的良好发展和协调	为精致的运动练习提供许多挑战及各色的艺术活动；鼓励立体造型的艺术活动，如木工、纸型、服装制作等。
	手眼协调能力提高	继续鼓励抛、投掷和接的技巧；鼓励包含多种技巧的活动，如躲避球。
	学习运用和提炼开发较早的技巧和感知能力	孩子们以艺术活动来表达形状、形式、颜色和各种媒介的线条；提供让儿童辨认和分析艺术要素之间关系的活动，例如如何用光影响颜色、质感和形式的感觉。
	能更熟练地使用数字，思考更灵活	介绍运用计算器解决数学问题；挑战关于基本概率和评估活动 / 问题；允许他们分小组解决问题。
	幽默感不断提升	提供笑话书、幽默故事、逗趣歌谣和韵律书；鼓励他们写自己的幽默片段。
	享受戏剧化活动，但自我意识逐渐成为重点	鼓励儿童以简短的表达呈现自己的想法，例如速写、小插图、“定格”场景及哑剧；为他们提供观摩其他同学戏剧活动的机会（例如，中学生表演、舞蹈排练等）；为孩子们提供伟大艺术家的书、音乐和艺术作品让儿童欣赏体验。（格里胡、达斯门，1997）

读一读 幼儿是否相信他们听到的所有事情

童年期是幼小心灵接受新的大量信息的时期。直到现在，还有人认为幼儿相信大部分他们听到的事情。新的研究揭示了孩子的能力在幻想与现实之间的区别。

幼儿通过对话、看书及传播媒介，继续接受新信息。他们接收到的信息必须是事实（例如，太阳系中星球的名字），但是有一些信息并不是基于真相，而是代表不存在的实体（例如，复活节的兔子），孩子们需要断定哪个信息是真的哪个不是。四岁的幼儿会把新信息提交到前后语境中使用，决定是否是真的。

这是得克萨斯州和弗吉尼亚州大学的研究者在研究中的主要发现之一，研究发表于儿童发展刊物。

研究者在三项研究中，让400个三至六岁的幼儿分别接收新的真假信息。一些幼儿听到信息把它定义为科学术语（“医生用冲刺做药”），而其他的孩子用幻想条款定义它（“仙女用它做仙尘”）。研究者发现孩子们有能力用上下文线索决定信息的真假，这种能力在三至四岁的孩子发展显著。

此外，当新信息以有意义的方式与熟悉的实体联系，且提交给孩子时，他们更喜欢用上下文线索做出新信息是否是真的的决定，而不是把新信息简单地与实体联系。

得克萨斯州大学的教授杰圭琳·伍利（Jacqueline D.Woolley）解释说“这个研究提供了一个关于幼儿区别幻想与现实能力的新视野”，他是这个研究的主要作者。“当前的研究显示，幼儿不相信他们听到的一些信息，他们可以使用周围的语境提交一个新的实体，并做出该实体的真实与幻想性质的推论”。（伍利、范瑞特，2006）

色彩观念　色彩的概念是在艺术课上学的。当幼儿绘画时，就会学到许多颜色的名称、调色的方法或如何把颜色调成亮色调或暗色调。在这种感觉体验中，孩子学到颜色并不是既定的，而是根据需要变化的。

当儿童开始感知颜色的不同时，他们就会体验明暗色调、间色和复色，活泼和呆板、暖色和冷色的对比。孩子们可以用画笔、蜡笔、绳子、毛线和电线画出直线、曲线、线圈等线条，创作出各种二维和三维的造型。农村的孩子们观察到田里高大的小麦或草迎风的斜线，然而城市的孩子关注的是城市建筑与天际线的鲜明对比。

观念的转变　变化对幼儿来说是一个重要的概念，而且是发展得十分缓慢的概念。皮亚杰（1955）在他的关于婴幼儿智力成长的著作中强调，心智发展建立在孩子对周围环境探究互动的基础上。依据皮亚杰理论，孩子逐渐了解事物的可变性，主要是他经历到身边不同物体在不同环境中的改变而来的。例如，通过使用颜色、调和颜色及明暗色调，孩子认识到事情可以变：黏土可以从硬变到软，石膏可以从液体变成固体，这些经历让幼儿了解事物具有可变性。

艺术中的“从做中学”帮助孩子心理成长，使他在思想上变得更灵活。孩子学习思考事物变化的前后关系，并理解不是所有的事物都是固定不变的。这种思考方式叫作灵活的思考。（见表 10–2）

艺术活动中提供各种不同的材料，有助于灵活思考的发展。在做拼贴时，幼儿试着比较不同素材的特征，并观察新的材料和熟悉的材料之间的关系。灵活的思考鼓励孩子们把特别的工具与特定的过程结合，了解哪种工具与哪种材料搭配最好。例如，薄的刷子可以画出窄的线，厚的刷子可以创造出宽的笔触，锋利的针适合缝毡，而钝的针适合开放式的编织面料。

能够灵活思考，可以使幼儿更加充分地准备日后的课业学习。数学、拼写、科学课都需要灵活的思考能力。以烹饪课为例，即使只是做一个蛋糕，也得不停改变配方才行。学数学的时候，学生学的就是数字怎么通过加减而改变。在拼写中，单词也会因单复数，不同的后缀、前缀而变化无穷。所以，灵活的思考是日后学习的基础。

词汇与艺术

在活动的过程中，学生能自然地掌握与创意材料相关的更多词汇。在使用这些材料的过程中，孩子们也会自然地尝试用语言描述素材和作品，这一过程能够促进创造力的发展。教师在比较材料的大小、重量、色彩、质感、形状时所用的词汇，会直接影响孩子们的词汇。幼儿将旧知识和新经验经合起来，就会促进语

表 10–2　呆板的思考与灵活的思考

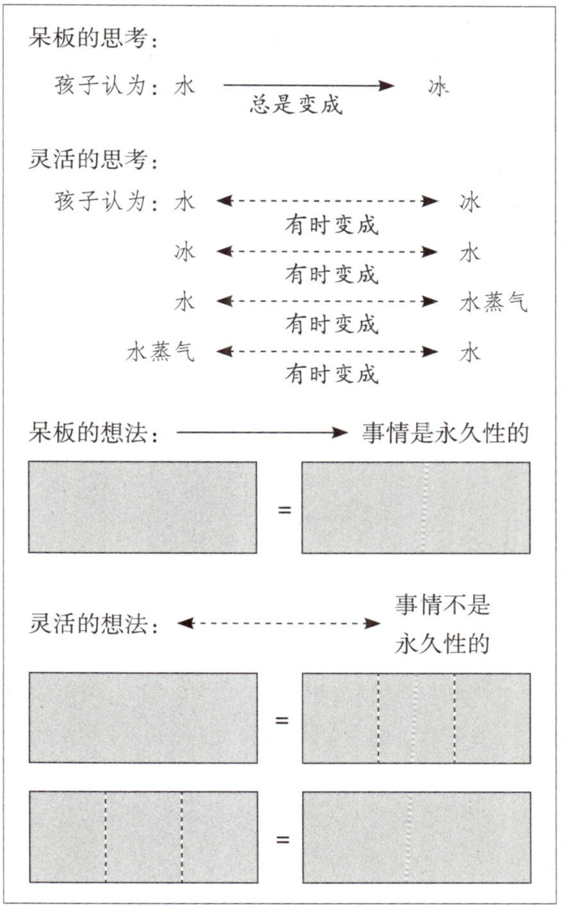

言能力的发展。例如，三岁的劳拉把他的指画放在桌子上，喃喃地说“天啊、天呀、湿湿的作品”，他的同桌接着说，“天啊、天呀、红色的作品”。

在进行艺术活动时，儿童可以获得成长。随着他们的成长，他们学会越来越多的词汇：厚、薄、硬、软、直、曲、暗、亮、滑、黏。当他们使用各种美术材料时，这些词汇也很快地进入了幼儿的世界。例如，一个五岁大的孩子在活动中用口语表现对方位的认知，“我把我的名字写在上面”“我在黏土下面放了一块板儿”“我把烟从烟囱里抽出来了”。

在描述天鹅绒这样的材料时，教师会用到“柔软和顺滑”这样的词汇，形容麻袋的碎片则称“粗糙、不同、令人发痒的”。即使是“质感”这个词，孩子们也是从这个过程里学来的。当他们看了不同质地的衣服，得到了不同的感受，会很自然地用“质感”来形容这些不同。然后，孩子们把关于天鹅绒的这些感受都放在一起：“它的质地柔软、顺滑”。这就是感官学习——把所有的感觉联系在一起。

学习感受事物之间的不同，还需要学习一些相反的概念。在数学和科学这样的科目里，它显得尤为重要。硬和软的区别与数学中加和减的区别就有些相似，含义都是相反的。在从事艺术活动时掌握相反的概念能有助于孩子在之后其他的学科中学习必要的思维概念。

读一读 学习第二语言时，孩子的大脑得到了哪些发展？

人人都知道，儿童比大人更容易掌握一种新语言、新技能（如学一门乐器）。近来，一项脑科学研究在进行解剖时，偶尔发现了儿童拥有这种能力的原因。

在加州大学洛杉矶分校，几个研究人员用磁共振成像来扫描三至十五岁儿童的大脑。首先，这些孩子都是身心健康的，而且绝对没有学习障碍方面的问题。在四年时间里，研究人员每隔两周给他们的大脑做一次扫描，然后根据扫描结果，画出这段时间里，儿童和大脑成长的变化图，其研究成果已经在《自然》（Nature）期刊发表。

保罗·汤姆森（Paul Thompson）博士和他的同事们发现，三至六岁时，幼儿大脑的前端有一次井喷式的成长。在六至十三岁时，这种速度的成长从前端移到了后边，大脑的这个部位掌管得正是语言技能（汤姆森，2006）。汤姆森博士对结果非常意外：“一般我们认为大脑发展最简单的方式是整个大脑以相同的速率成长，然而研究结果却是，大脑的成长完全呈波浪式。”汤姆森推测，三至十三岁的儿童学习语言的效率应该是最高的，因为掌握语言系统的大脑在这一时间段里成长最为迅速。研究人员还发现，十三岁以后，语言系统的发展速度直线下降。

汤姆森博士强调，这并不是说，过了这段时间就不能学语言了，只是三至十三岁时学语言更加容易。

在十三至十五岁青少年的研究中，关于动作技巧的部分变化最大。汤姆森博士将其形容为一个“更为硬线的大脑”。因此，学习乐器、运动之类的活动，一定要把握住这个关键期。

研究人员希望他们画出的大脑发展图，可以促进教育把最适合发展的技能，放在最合适的时期。（塔卢克达尔，2006）

读一读 运动能力的发展

在阅读这一章的时候，你是一直坐着不动读书吗？有没有站起来四处活动一下？有没有在读书间歇里休息休息？有没有出去给朋友们打个电话？

想想成人是如何学习的吧。当成人工作的时候，一般会把需要用到的材料都放在桌子上。还有，成人会找一个特别舒适的地方来阅读和沉思。再有，成人还需要和朋友们经常聊一聊自己的想法。

这些都不稀奇，但是如果你允许孩子也这样去学习的话，那结果就会令你称奇了。

我们允许孩子在学习过程中有足够的与成人相似的空间和弹性吗？

孩子们也需要同等的机会——拥有工作空间、得到各种材料、与他人交谈。我们应该给孩子们提供他们所需要的学习环境。而不是要求他们坐在指定的位置上，只有五六年级时才允许他们结伴学习。

在幼儿的学习过程中，幼儿可依不同需求选择适当的学习环境。只有这样，他们才能独立工作。他们需要可以自由支配的时间、需要能够和其他人合作、需要适当的场地。这样的自由度，现有的课堂是无法给予的。要是教师不给予支持和回馈，孩子们只好向同学求助。重要的是，他们不再是老老实实地坐在课桌后面，等着老师来帮忙，而是试着自己解决问题。

可是，看着自己的孩子在这样的课堂里，家长们甚至有些教师们，极有可能会感到不安。但只要是有经验的幼儿教师，对这样“乱哄哄”的课堂观察上一年，就会发现它在长久意义上对孩子能力发展的好处简直超乎想象。

就像大人们一样，孩子也需要足够的空间来工作。他们要求自己来挑选，而不是让别人替他们设计好一个空间。给他们一个完全设定好的学习环境，就剥夺了他们寻求自己最佳学习效率环境的机会。这种支持性和创造性的环境就如同工作时的工具一般，对幼儿和成人而言都是十分重要的。所以说，并没有一个特别有效的模式来布置教室。教师需要与孩子们一起，设计出一个独特的学习环境来激励学生学习。

比如，一个教师做了以下的安排：她把教室分成很多区域，没有中心。教室中间的一个小圆桌上，贴着很多标语：“安静，请静静地工作。”她设计了一个没人打扰的学习环境。这是专门为孩子设计出来的，在这里，他们可以静静地学习，没人打扰。其他的桌子都三三两两并在一起，为6人以上的小组而设。她还在教室设置了一个“收听区”，那里既有孩子们出版的图书，也有孩子们朗读自己故事的录音；有的孩子在教室外养鸟，并用纸笔认真地做记录；一张大桌子作为“出版社”，足够放下封皮、胶水、黏合剂和标签。能这样设计教室，说明这位教师已经能够考虑学生的需求。这和规规矩矩地摆放桌椅板凳的教师，区别是多么明显！

艺术与总计划

幼儿艺术课程能够帮助幼儿获得社会、情感、身体和思想方面的成长，它给孩子们提供了一个适合自己的速度和方式的成长机会。

艺术不应该是带来这种成长方式的幼儿教育课程的全部，自由才应该是整个幼儿教育课程中适合自己速度发展的重点。而艺术活动所提供的探索、创造和放松的特性应该是所有幼儿教育活动必须强调的部分。艺术能够帮助幼儿在创造性思维和感受中成长，这些能力并不仅限于艺术，对所有其他的领域也一样。幼儿在艺术中发展起来的对自己和工作的自信及好感，会拓展到校内外其他的事物和情境中。从这个角度看，艺术不能只被认为是这个课程的一个独立的部分，它的学习方法和策略与其他课程是相通并且密不可分的。

总结

幼儿经由身体做事而进行心智的发展。在艺术课程中，他们学习到许多重要的概念，这些概念在之后其他的学习经历中也将会用到。艺术活动教孩子们通过运用身体、感官和心智进行感觉运动的学习。调动所有感觉的艺术活动给幼儿提供了一个完整的学习体验。

幼儿在艺术活动中学习到一些重要的概念，如硬、软和相同、不同的概念。艺术活动也有助于发展幼儿的思维能力：灵活思考、观察能力、倾听遵守规则的能力，并学习新词汇。总而言之，艺术能够帮助幼儿发展创造性思维态度，这态度将会有助于幼儿在日后所有学校课程中取得成功。创造性艺术不能也不应该从整体的幼儿教育课程中分离出去。

关键词		
从上到下发展	粗大运动发展	从内到外发展
精细运动发展	手眼协调	感觉运动
灵活思考	感知运动	视觉灵敏度

学习活动

1. 在幼儿课程中观察孩子们。描述孩子们在艺术中心、积木区以及家政区或者戏剧中心玩耍时的大小肌肉运动发展情况。

2. 利用表 10–1 中的信息，为表中列出的每个年龄层设计你自己的活动。

3. 倾听一组画画的孩子谈话，录下或者记下来。把你观察到的和这章关于词汇和艺术的信息进行比较，并与同学讨论你的发现。

4. 参观一间幼儿教室，调查和描述教室里适合下列条件的设备和材料：

①大、小肌肉的活动

②手眼协调活动

③阅读准备活动

④动作协调活动

⑤利用上一题的观察结果，描述教室物资和设备的优缺点。你会提出什么改进方法？

游戏活动

下面的活动是为了帮助幼儿同时锻炼大小肌肉能力及手眼的协调而设计的，和你的同学及孩子们一起尝试做一下这些活动。

▶ 精细运动的活动

编织盒

编织可以教会孩子图案以及制作织物的基本思路，也有助于发展精细运动能力、连续思考及对空间关系的理解。

材料：一个盒盖（最好是纸板），各种颜色的纱线，打孔器，塑料针和剪刀。

准备：在盒盖四周距边缘打孔，为编织做准备。

过程：让两三个孩子在旁边观察，给他们演

示怎么将线的一端穿过孔洞然后系牢（把结系在盒盖内侧）。再将线穿进一根针内，让孩子们把线来回穿过盒盖上不同的孔，于是可能出现不同的图案。然后演示怎么样用第二根彩线增加编织物的图案和颜色。还可以用手指将第三根线编织在中间。让孩子们做出自己的图案。

当孩子们能更好地控制塑料针上的线之后，可以鼓励他们进行下一种编织活动：将线从盒盖顶部缝纫到盒盖底部。利用一根缝线，孩子们可以穿针引线，感受一下真正的编织过程，从一端开始，最后留下一个尾巴打结。孩子们要保证线是被均匀拉直的并且能保持紧绷和牢固。你可能需要帮助孩子们穿线，也可以利用手指编织粗一些的线，那样比较不容易缠绕在他们的小指头上，以降低挫败感。

变化：为了使活动更艺术化，可以加入珠子和羽毛进行编织。

撕纸，打孔和装订

孩子们喜欢撕纸、打孔和装订，可以用一叠旧杂志和报纸来达到这个目的。这些简单的活动能够提供有效的精细控制练习，对于低龄幼儿来说是富有趣味性的。如果你没有打孔器或者孩子年纪太小不会用，那么他可以用木勺柄在纸上打大一些的洞。

如果是用打孔器，那么将孩子们从白色蜡纸上打下来的小圆片收集起来放进装满水的罐子里。当把盖子盖紧之后，孩子们就可以摇晃这个罐子，里面就制造出了一场“雪景”。

给孩子们各种质地的彩纸，光滑的、皱的、厚的和薄的。让他们挑战撕成小的、大的、宽的不同形状。孩子们应该会喜欢将所有这些有趣的形状粘贴或者装订在一张长条的纸上，做成一张大的五颜六色的壁画，然后把这张壁画贴在墙上，让所有人都能够看到！

▶ 其他精细运动的活动

1. 装饰一件衬衣。让孩子们用蜡笔在一件白的或者浅色衬衣上画一幅画，然后在图案上平铺报纸再放于熨衣板上，用熨斗熨平，那么这张画将会永久地留在衬衣上。

2. 水彩和盐。孩子们喜欢用水彩画画，但是有时候这些颜色看起来太素了。当一张画画完（用足够的水使它成为一张潮湿的画），趁它还湿着的时候撒一些食盐在上面，盐可以使颜料分离，从而使得这张画变得完全不一样。这是一项很好玩的活动，可用来讨论物体的变化：老师可以和孩子们一起讨论他们看到的画的变化。

3. 用手和脚作画。①材料：指印和指画专用纸。②过程：孩子们踩在指画上，把他们的左脚、右脚和双手印在画上。

4. 剃须膏创作。一项容易做的游戏就是拿剃须膏喷在空的水槽或水箱中，用食用色素给剃须膏染上孩子们选择的颜色。乐趣的一半在于观察剃须膏变色，另一半就是用手指沾着染色的剃须膏在纸上创作。如果要想把这幅作品保留下来，拿一张干净的白纸盖在孩子设计的画上，用手平擦这张纸然后掀起来，悬挂晾干。

使用剃须膏的另一个好处是，在活动结束之前的几分钟内，部分幼儿觉得烦躁不安时，挤一些剃须膏在每个孩子面前的桌上。演示它膨大、变化的过程，演示用剃须膏是怎样做出山峰以及瘦削弯曲的造型的。当时间分配完后，每个孩子可以用海绵清理干净。这样，孩子们高兴，桌子也变得亮堂又好闻了。

5. 创造性雕塑。在家附近散步途中、在一次田野旅行时或者周末与家人的旅行中，收集各式各样的天然物，比如浮木、风化板、贝壳、石头、树枝、干花、松果及树叶等等。用一个平的石头或者是一块木头作为雕塑的基底，剩下的就取决于孩子的想象力了。动物就是很好的创作题材。让孩子们先设计出造型，然后在底座上把天然物粘贴到一起。可以用记号笔在脸上画画，做装饰或者增加一些必要的细节。

▶ 手眼协调活动

1. 注水。准备一个装满水的锅，提供不同尺寸的塑料容器、挤压瓶、漏斗及过滤器。孩子们很喜欢把水从一个容器倒进另一个容器中。

2. 积木保龄球。在地上准备长长的一组积木，让孩子们围着它坐成一圈，每个孩子都有一次机会以球击倒积木。

3. 音乐和绘画。在孩子们绘画时播放音乐。

4. 滚球。让能接球的幼儿练习投—接的动作，不会接球的孩子用滚球的方式让其接住，注意能接住球并回投的幼儿，把这种能力与他们在艺术活动中动作控制的表现进行比较。

5. 用水作画（户外活动）。装满一桶水，然后让孩子们用水给建筑物或人行道“上色”。建议使用大号油漆刷，水桶要足够小到他们能提着到处走。

6. 草刷子。选一个好天气，把孩子们带出去散步，收集花朵、野生燕麦、一枝黄花和有趣的草。第二天，让每个孩子把这些东西浸到不同颜色的蛋彩颜料中，用它们当涂料刷一种或者几种颜色。如果孩子们不愿意用他们的草刷子作画，可以让他们就只是把草浸到颜料里，等它们变干后用塑料袋带回家。这些干的上了色的草就有了个好去处。

7. 重复自然形式的拼贴。①另一种天然的拼贴作品可以用种子、豆荚和其他散在地上由风传播的东西做成。② 孩子们可以把这些东西按照大小、圆直、粗糙光滑、软硬等来分类。③一个塑料卡通鸡蛋就是一个很好的存放小东西的容器（用之前要确保用热的肥皂水洗干净）。④通过对比形状、纹理和颜色，这些东西可以重复运用。每组作品都讲述了天然材料的故事。

8. 自然的设计。从户外散步收集到各种自然界的材料后，一些孩子可能会想要把它们做成花束。给孩子们提供各种容器，比如易拉罐、旧花瓶或者纸杯。还需要沙子、大理石、鹅卵石、黏土、橡皮泥或者盐泥等，用来做固定自然花束的基底。孩子们随意地在基底上安放材料直到自己满意为止。可用的材料越多，作品就会越有意思。这些都是很好的客房中心或者是餐桌上的装饰品。

9. 自然的行走照片。在户外散步时拍照，这个活动用数码相机、普通相机甚至是一次性相机都可以实现。挑战拍一些能描述一系列事件的照片，把它们带回教室，按顺序展示这些照片。让孩子们为这些照片想标题，然后随着照片顺序思考显示的事件中发生的故事。不会写字的孩子可以把标题和故事口述给老师听，也可以录下来留着以后欣赏。

10. 展示最喜爱的收藏品。在户外散步时，鼓励孩子们收集一些吸引他们的东西。他们可能会喜欢收集树叶、橡子、小松果、细枝和有意思的石头等等。这些东西可以展示在盒盖，硬纸板或者纸盘子里。如果孩子愿意，这些东西可以粘在一个基底上保持得更久一些。

▶ 肌肉控制的评量活动

1. 作品样本。收集二岁至六岁孩子的作品样本，按照孩子们在作品中展示的肌肉控制程度将它们分类。

2. 障碍训练。用椅子、桌子或者木块做跨越障碍训练，钻、爬或者绕，注意这个训练对于三岁、四岁和五岁孩子的难易程度。

3. 动作歌。唱一首动作歌曲，例如幸福拍手歌。用不同的指示，“拍拍你的手”“拍拍你的手，点点你的头”“拍拍你的手，摇摇你的头”，注意哪个孩子能够表演复合动作，哪个孩子只能做简单动作。注意他们的年龄。

4. 绳子游戏。把一条长绳子放在地上摆成弯弯曲曲的形状，让孩子在上面走。观察多少个孩子能做到，能做到多好。把绳子摆成一条直线，假装它是一根钢丝，让他们“在钢丝上行走”，手里拿着一把真的或者假的伞用来保持平衡，观察每个孩子的平衡能力。轮流让两个孩子先把绳子举得很高，然后逐渐放得越来越低，剩下的孩子则从绳子下穿过而不能触碰绳子。把绳子直直地放在地板上，让孩子们用走、单脚跳、双脚跳、爬、蹦或者任何其他能想到的方式跨过去，观察每个孩子的身体控制能力。

▶ 大块肌肉活动

1. 毛毯雕像（适合幼儿园以上的孩子）。让孩子们用他们的肢体摆造型。试着摆出他们选择的各种形状，然后让孩子保持一个姿势不动，把一张毯子盖在他身上就做成了一个“毛毯雕像”。两个孩子可以做成合作伙伴雕像：一个孩子用手和膝盖支撑趴在地上，另一个孩子坐在他的背上；或者两个孩子相距一米左右，面对面站着，手臂举起向前弯曲，指尖触碰形成一个拱形。这些都只是建议，可以让孩子们的创造性来指挥他们的行动。这项活动是个可以拍成照片展示的好机会，大一点的孩子可以为他们的照片写上标题，并为这次活动创建自己的档案袋。

2. 猜猜我是什么。选择 15 到 20 张不同的动物图片，把它们放进旁边椅子上的一个盒子里。教师从围坐在地板上的一组孩子中（一个四到五人的小组最好）选择一人从盒子里抽出一张图片，然后这个孩子要把这张图片上的动物表演出来让其他孩子猜，猜中者接着抽取图片进行表演。图片可以加以变化，如使用交通工具的图片，其中包括火车、卡车、喷气式飞机、汽车、轮船和公共汽车。

3. 肢体创作。邀请孩子们用他们的肢体创造不同的形状。比如，三个孩子可以伸直躺在地板上，连接他们的身体做出一个三角形，四个孩子可以把他们的身体摆成一个正方形，其他四个可以摆成一个矩形，等等。询问小组里的其他孩子是否知道同学们做出的形状的名称，给他们讲解正方形、三角形和矩形等名词，继续这个活动直到所有的孩子都有机会参与其中。给这次活动拍照并张贴在参观者能看得见的地方。

▶ 感知活动

下面的活动是为了锻炼感知能力而设计的，同你的同学和孩子们一起尝试这些活动。

1. 用放大镜探索。给孩子们提供放大镜和一满盘各式各样的东西——邮票、钱币、石头、树叶。鼓励年纪小的孩子说出他们看到了什么，或者让他们把看到的东西画下来。

和年龄大的孩子讨论颜色、线条、形状以及其他可见元素的特征。给他们提供机会把看见的东西描绘下来，挑战一下让幼儿把用放大镜看到的图案或特征做一个设计。

在野外散步时使用放大镜，鼓励孩子们说出他们看到了什么。提供机会让他们以平面或立体创作表达对“放大镜下的世界”的感受。

2. 纸巾筒望远镜。收集纸巾筒做成望远镜，孩子们用这些纸巾筒从一个更小的视角观察世界，像这样的观察能够帮助孩子们关注一个单一的区域。鼓励孩子们讨论他们看到的事物，并把看到的画下来。年长的孩子可以挑战一下，看看他们是否能够通过望远镜看到独特的设计元素。

3. 用不同的颜色观察物体（西尔弗拉特，1964）。让孩子们用透明塑料或者彩色玻璃纸观察四周的物体。他们可以看到棕色的桌子用“黄色”玻璃纸观察会变成什么样子，或者通过“红色”看到的蓝天是什么样。当孩子们明白了不同颜色的物体用不同色纸观看时会呈现不同的变化，并且只用一张色纸观察缺乏新鲜感时，可以让他们把两种颜色重叠（把红色叠在蓝色上）来观察。

4. 调颜色。通过有色纸观看，可以帮助幼儿学习颜色之间是怎样结合产生出新颜色的——特别是两种原色的结合是怎么创造出间色的，孩子们可以依据这种颜色寻找与之相关的物体。

材料：剪刀；红色、黄色和蓝色的玻璃纸。（你可以在各类商店的包装纸柜台购买。复活节时包裹篮子用的就是这种玻璃纸。）

准备工作：把各色玻璃纸裁剪成10厘米长5厘米宽的尺幅。

过程：把四个孩子召集起来，给他们每人一张裁好的玻璃纸，让他们对着光看手里的玻璃纸。让他们将自己看到的颜色描述出来——比如：蓝色代表了水或者天空。

给每一个孩子一对不同颜色的玻璃纸，让他们重叠起来对着光观察，然后说出看到的新的颜色。教师还可以给他们另一组玻璃纸，但最好给他们红黄蓝等三种颜色，要求孩子们互相交换手中的玻璃纸。当他们对此的好奇心越来越弱时，把大家召集到一起，让他们说出自己重叠而看出来的颜色，还有这些颜色分别代表哪种东西。

自由活动：允许每个孩子剪裁玻璃纸制作自己的色彩“组合”，他们还可以把裁好的玻璃纸粘好做成自己的彩色玻璃纸作品。

教师要努力让孩子们将良好的色彩感觉与生活相结合。比如：有的孩子会说“黄色是阳光的颜色，它让我很开心”“蓝色是海洋的颜色，我喜欢海浪”。

5. 猜影子。在这个活动中，孩子们要学习光、阴影和距离的相关知识，影子游戏也会培养孩子们的创造表现力。

首先，这里需要一个手电筒或者灯泡，还有衬布以及不同种类的水果。

将衬布挂在桌子后面，把水果摆在桌子上。

从衬布后面，打一束光，依次照在每一个水果上。孩子们会努力猜测出香蕉、葡萄、苹果以及其他的水果，同时也会猜测这些水果的形状以及如何出现在衬布之上。

然后组成小组，在墙上打上光，让孩子们使用手指摆弄出影子。他们一定会喜欢摆出兔子耳朵、鸭子、狗、怪物或者别的抽象图形。他们也可以使用玩偶，教师可以给孩子们播放、节奏感强烈的音乐让他们尽情玩耍。让孩子们把手里的玩偶离光源近一点，再远一点，让他们自己观察这其中的变化。

在晴天走出教室，鼓励孩子们在户外的阳光下做一些简单的肢体活动，观察他们自己的投影。你甚至可以让他们做类似“跟随领队”的游戏。

▶ 听觉训练

1. 室内声音训练。①让所有孩子闭上眼睛然后准备说出他们听到的所有声音。②播放出诸如鸟叫声、钟摆声、锯木头声、铃声、鼓声还有其他声音（比如撕纸声与流水声），让孩子听到以后猜出各是什么声音。③让一个孩子闭上双眼，同时让另一个孩子张嘴说话，之后让闭眼睛的孩子猜测是谁在说话。

2. 模拟响尾蛇声。让孩子准备一个小的塑料瓶，里面装几粒豆子，全班闭上眼睛，让拿小瓶子的孩子围绕全班边走边摇晃装着豆子的小瓶，然后让全班孩子说出声音自何方向发出以及声音的高低变化情况。

3. 易拉罐发声训练。在四个相同的易拉罐瓶子里面依次放入四种东西——一个小木块、一块黏土、一团棉花、一小堆沙子。全部装好以后，摇晃易拉罐，然后让孩子们猜测瓶子里装的是什么。

4. 鹦鹉学舌。使用一个纸袋叠成的鹦鹉玩偶，或者就用手掌相交模拟鹦鹉，然后讲话。与学生一起讨论鹦鹉是怎样重复学舌的。一起与学生做游戏，学生说一句，老师学一句，然后双方互换角色。当然一开始说的必须是单个词语，而后所说的要连成完整的句子。

▶ 嗅觉和味觉训练

1. 面包画。用四分之一量杯的牛奶和几小勺食用色素作“画”，然后在白面包片上用干净的画笔蘸取色素牛奶调制的颜料进行绘画，将画好的面包片放入烤面包机中烤制，最后烤好的面包片可以涂抹黄油食用或者做成三明治。总之这将是一次与众不同的品尝。

2. 品尝水果沙拉。①为了进行更多味觉训练活动，儿童需要制作一次水果沙拉。每一个孩子需要各自带来一种水果：苹果、桃子、梨、葡萄以及柑橘等。② 孩子们自己动手给香蕉和苹果去皮，洗干净葡萄，然后用水果刀将它们切成块。③孩子们应该品尝每一种水果沙拉，然后他们需要尝试出水果混合之后的味道。④最后，每一个孩子和大家分享一种水果的味道以及外观。

本章回顾

生理发育

1. 阐明了肌群发展。

2. 列出三个小肌群的位置。

3. 阐释小肌群活动并举出三个实例。

4. 阐释大肌群活动并举出三个实例。

5. 列出三个大肌群的位置。

6. 判断下列活动是否都可以锻炼儿童大小肌群的发展：

①画出四肢的形状。 ②使用剪刀。

③捣碎黏土。 ④手指绘画。

⑤使用手指扮成玩偶。

⑥用毛笔画色彩画。 ⑦敲钉子。

⑧黏土造型。

7. 在下面选出最准确描述儿童艺术活动中肌群发展的表述：

①绝大多数三岁儿童

a. 小肌群得到快速发展

b. 小肌群未取得良好发展

c. 大小肌群均取得良好发展

②检验小肌群控制能力的方式是让孩子：

a. 捣碎粘

b. 走跷跷板

c. 剪纸

③肢体发育过程：

a. 从小肌群到大肌群

b. 从大肌群到小肌群

c. 从上肢到下肢

④为了能够充分发挥小肌群的作用，一个孩子应该使用：

a. 手指肌肉

b. 大肌群

c. 眼部肌肉

⑤学前年龄的儿童能够：

a. 充分发挥小肌群的作用

b. 充分发挥大小肌群的作用

c. 充分发挥大肌群的作用

⑥能够锻炼大肌群控制力的是：

a. 用大号毛笔在大张纸上画画

b. 用剪刀剪纸

c. 用手指绘画

⑦制订艺术学习计划时，教师应该：

a. 给四岁孩子大量的大肌群训练活动

b. 让三岁孩子做大量的小肌群活动

c. 所有年龄段的孩子都进行大小肌群训练

⑧最需要进行大肌群活动的孩子应该是多大?

a. 三岁 b. 四岁 c. 五岁

⑨教师应该让孩子们知道可以自由地：

a. 单独做小肌群训练

b. 尝试所有的活动

c. 单独做大肌群活动

8. 阐释手眼配合并举出两个例子。

9. 讨论哪些专业强调过手眼配合的重要性。

10. 描述如何在一幅作品中了解儿童的肌群控制水平。

心理发育

1. 阐明感知觉运动的学习训练并举出一个实例。

2. 下面哪一个概念是儿童在艺术学习中通过触摸学习到的?

①新的单词 ②硬／软

③真／假 ④大／小

⑤光滑的／粗糙的 ⑥颜色的名字

⑦黏土的手感

⑧各种颜色阴影的差异

⑨玩面团的感觉 ⑩甜／酸

3. 选出最恰当的关于艺术如何促进孩子心理发育的表述。

①正确的促进孩子心理发育的因素有：

a. 词语表达 b. 歌唱 c. 思维

②艺术学习中的心理发展也会在哪些学科中体现？

a. 数学 b. 手指游戏 c. 烹饪

③在艺术学习活动中可能会介绍的新的词语：

a. 总会使孩子们不知所措

b. 有助于拓展孩子们的词汇量

c. 对于幼儿影响甚少

④能够提升孩子触觉灵敏度的是：

a. 上一节钢琴课

b. 做一幅拼贴画

c. 一个视觉游戏

⑤ 学生在学习中会学到的色彩知识是：

a. 如何擦除错误的颜色，选择正确的颜色再画上去

b. 如何选择正确的颜色调色和上色

c. 首先命名颜色，然后学习调色方法，最后学会如何提亮或者加深

⑥思考儿童艺术学习的新思路是：

a. 灵活的思维

b. 单一的思维

c. 思维定式

⑦让学生观察并学习黏土形状和质感的变化有助于他们发展的：

a. 单一的思维

b. 灵活的思维

c. 思维定式

⑧在艺术作品中，幼儿通常会运用哪些感觉？

a. 触觉和视觉

b. 嗅觉、味觉、触觉、视觉以及听觉

c. 触觉和嗅觉

4. 试讨论幼儿艺术学习计划中以创造性的思维为目标的儿童心理发育。

5. 阐释和论证艺术学习计划应当借鉴的其他学科的学习计划。

6. 艺术教育应该从整个学前教育体系中独立出来吗？给出你的回答。

参考文献

Gallaghue, D. L., & Ozmun, J. (1997). *Understanding motor development: Infants, children, adolescents, adults* (4th ed.). New York: McGraw-Hill.

Piaget, J. (1955). *The child's conception of reality*. London: Routledge & Kegan.

Silverblatt, I. M. (1964). *Creative activities*. Cincinnati, OH: Author.

Talukder, G. (2006). *Brain development study may provide some help for educators*. Online at Brain Connection. http://www.Brainconnection.com/topics/?main=news-in-rev/brain-development.

Thompson, P. M. (2006). Growth patterns in the developing brain detected by using continuum mechanical tensor maps. *Nature*, 204, 190-193.

Woolley, J. D., & VanReet, J. (2006). Effects of context on judgments concerning the reality status of novel entities. *Child Development*, 77 (6), 16-23.

第十一章

儿童发育水平与艺术学习

教学目标

学完本章，你应该：

1. 能够以儿童涂鸦阶段所运用的适当的媒材描述儿童在该阶段的艺术表现。

2. 能够运用儿童涂鸦阶段的正确媒材阐明前图式化阶段的基本图形。

3. 通过讨论理解儿童形象化艺术表现阶段。

4. 能够运用正确方法研究儿童艺术表现的群组阶段。

5. 能够对学龄前儿童和学龄儿童开展艺术活动及其相关材料进行研究。

随着儿童的成长发育，他们的身心开始发展并且也出现了新的技能。与此同时，他们在艺术上也发展出了多种能力，四岁儿童的艺术作品看上去与三岁儿童的迥异。实际上，这种差异不仅体现在作品外表，更体现在其创作的方式之上。

很久以来，人们一直尝试去解释为什么全世界所有儿童按照他们所知的方式去绘画。关于儿童绘画的解释，历来也有很多理论，几乎每一种理论都试图为儿童创作艺术提供解释，同时也为儿童教师提供教学策略。而学界对此一般持两种认识，一种认识为：所有的儿童在艺术学习中会经历不确定的诸多阶段；另一种认识为：儿童艺术的发展进程取决于儿童自身的生长发育。

儿童创造力发展水平与艺术表现阶段

正如青少年会经历诸多生理发育阶段一样，他们在艺术创作能力上也会经历一个循序渐进的过程和特定的阶段，这些过程和阶段我们称之为艺术发展阶段。发展阶段对于每一个儿童在不同年龄段的艺术学习具有指导作用，但绝非生硬的教条，一些儿童也许会在他们各自年龄段的发展阶段内上下波动。发展阶段的完整体察让教师们可以对儿童艺术创作中已出现和未出现的问题胸有成竹。

我们认为儿童每个年龄阶段的艺术水平的发展都不存在一个明确的定式，因为并非所有的三岁儿童都具有相同的行为习惯，三岁儿童也并非与四岁儿童毫无相同点。但是确实存在一个名为“发育成长”的缓慢过程，并且几乎每一个孩子都必须经历这个过程，在诸多发展阶段中也会存在大量的重叠情况。在同一幅作品中，也许会同时出现两个阶段的特征，而一个儿童在发展到下一个阶段之前也许或多或少地出现某种回流现象。对于发展阶段的理解有助于一个成年人接受并认同儿童现阶段的发展情况。

自1830年埃比尼泽·库克（Ebenezer cooke）第一次关注儿童绘画发展的连续性阶段开始，到罗达·凯洛格（Rhoda Kellogg）的《儿童美术分析》（Analyzing Children's Art,1970）和维克多·罗恩菲德（Victor Lowenfeld）的《创造与心智的成长》（Creative and Mental Growth of the Child,1987），美术教师们已将艺术活动的教学目标建立在“儿童艺术是发展的”基础之上。而当一种理论发生变化时，人们都提出一个相似的发展模式——其中一个即从涂鸦到写实表现的渐进模式。由于儿童的成长与发育，艺术能力日渐发展，儿童每一发展阶段都是其后天成长与天性禀赋的共同作用，这些阶段都是相续的，而每一阶段都是以逐步前进为特征。尽管我们对于儿童艺术发展阶段已经有了明确的界定认知，但是儿童艺术发展的年龄划分是因人而异的。由于儿童的身心发育日渐成熟，他们的艺术创造能力也日趋成熟。孩子们学习绘画、做模型以及盖房子，正如他们自小学习走路一样——缓慢而以他们自己独有的方式进行着。在这个过程中他亦步亦趋地学习每一样新的事物，就如同他们对此早有准备。一般我们认为儿童艺术的发展经由试验与探索（绘画的涂鸦阶段），到基本图形的呈现，再到象征形象和名称的形成。

大龄儿童不断地成长发育，而后将他们的各种能力提升为艺术创作能力，进而可以创作出更加丰富的艺术作品，并且他们也越来越关注于个人思想的表现。罗恩菲德将儿童九至十一岁这一年龄段称为“群组阶段”。这一年龄段最大的特征就是：儿童更加独立并且更加渴望融入群体当中。

随之而来引发了关于儿童绘画发展阶段的讨论，学界意图对于儿童艺术发展进行普遍的指导。实际上，基础艺术发展阶段的界定与认知，适用于所有儿童的艺术学习，因而儿童绘画自然会成为讨论与研究的主要焦点。

表 11-1 儿童艺术发展的几种理论

维克多·罗恩菲德（Victor·Lowenfeld），《创造与心智的成长》（1978）

涂鸦期——初期自我表现：两至四岁

样式化前阶段——首次表现尝试：四至七岁

样式化阶段——形体概念的形成：七至九岁

群体阶段——写实绘画的形成：九至十一岁

推理的阶段——拟定自然表现：十一至十三岁

赫伯·里德（Herbert Read），《通过艺术的教育》（1966）

涂鸦阶段：两至四岁

线条阶段：四岁

图形的象征主义阶段：五至六岁

图形的写实主义阶段：七至八岁

视觉写实主义阶段：九至十岁

压抑阶段：十一至十四岁

艺术的复现：十四岁

罗达·凯洛格（Rhoda Kellogg），《儿童美术分析》（1970）

涂鸦阶段——20种基本涂鸦：两岁

综合阶段——基本图形：三岁

组合阶段——两个或者更多的图解：四岁

形象化阶段——具象艺术：五岁

儿童绘画

一般而言，教师所关注的早期儿童绘画发展存在三个阶段：涂鸦阶段、基本图形阶段以及形象化阶段（或称错画阶段）。而写实绘画阶段，一般指九岁或更大的儿童，这一重要的儿童绘画基础阶段也是美术教师们应该关注的。

涂鸦阶段

大多数儿童在一岁到二岁时开始涂鸦绘画，孩子们一旦不再将手里的东西塞进嘴里的时候就会得到一只蜡笔或者马克笔，他们将会用任何握在手里的东西进行涂鸦，并且在周围的任何东西上进行涂鸦。而他们最初的“作品”通常是一堆毫无目的的线条。但是这些最初的涂鸦与他们之后的绘画有很大联系，这种联系就如同一个婴儿的呓语与他之后的言语的紧密联系一样。

儿童也许在初次握持蜡笔的时候会拿倒或拿歪，或者把笔紧紧攥在手里，抑或拿在另一只手里。儿童对于自己的初次涂鸦会表现出兴奋并且从中获得愉悦，他们往往乐衷于涂鸦过程中的身体活动。这就是儿童们一贯的行为——他们并不看重最终的结果——而这对于读懂他们至关重要。当一个孩子手里拿着绘画材料，他们就会开始随机地操作和探索，这样的探索不仅使孩子获得愉悦，而且有助于下一步的创作与发现。

如果你关注一个孩子的绘画或歪歪扭扭的涂鸦，你就会发觉这是一种以感觉运动为基础的活动。当一个孩子绘制图画的时候，他们身体上每一个部分都在活动，而所有的活动都为了让蜡笔或毛笔跃然纸上。一旦这个孩子开动了，休想让他停下来！其结果是，无论孩子的画面是什么样的效果，他们的画纸上通常会被油彩与蜡笔盖得严严实实的。

> 自孩子发现物体的样子并试图用线条把它画在纸上的那一刻起，他发现了他永远不会丢失的东西，他发现了艺术。这个奇妙的事情会在每个孩子两岁左右的时候出现。
>
> （凯洛格、奥德尔，1967）

早期涂鸦阶段：凌乱而随性的涂鸦

在早期涂鸦阶段，儿童尚且不能够完全控制自己的手部活动，进而无法完全控制纸上的绘画，因而这一阶段被称为凌乱而随性的涂鸦。此时儿童们的用笔方向是随性并且不定向的，用笔的方向取决于他们在何处作画，是在地板上，还是在矮桌上，而用笔方向同时也会影响涂鸦作品的表现。但是，这个阶段儿童并不能够按照自己的意愿和目的去操作蜡笔，这种情况，不受他们主观意愿与客观能力控制，简言之，儿童对蜡笔的操作能力低下。

由于该阶段的绘画本身是一种感知觉经验活动，所以有时候儿童并未察觉到自己在画画。早期的儿童涂鸦并未将儿童自身与涂鸦绘画联系起来。事实上，这些涂鸦的孩子从他们自己的创作过程中获得了很大程度上的自我满足，这种自我满足可以仅仅从操作涂鸦材料而获得！他们很开心地从盒子里倒出蜡笔，而后画完又把它们塞回去，蜡笔在桌子上滚来滚去，在手里翻来覆去地玩。

这个阶段的儿童绘画就是感知觉活动，当儿童们绘画的时候，他们会两只手握着蜡笔，一边涂抹，一边哼唱着有节奏的曲调，他们甚至全然没有注意到手里的蜡笔都已经画到纸外面了。

对于幼儿而言，因为涂鸦过程具有更重要的意义，所以给涂鸦作品命名或者涂鸦完了讲故事就显得无关紧要了。对于处在早期涂鸦阶段的低龄儿童来说，成年人对涂鸦过程的评价显得尤为必要。关注整个创作过程，我们会说：

表 11-2 涂鸦阶段观察表

儿童	年龄	肌群活动	手臂活动	涂鸦种类	纸张的使用	早期情况	后期情况
评估：							

“你画满了一整张纸” “你画画的时候整个胳膊都在全力开动”或者”你的蜡笔在纸上来去地挥洒”，这种评价都是适合涂鸦阶段的。一定要不时地保存儿童涂鸦绘画的案例，用评价档案的形式保存一整套儿童涂鸦的可视记录。

罗达·凯洛格为我们带来了儿童艺术发展阶段的一个深广视角，她指出：“与生俱来的视觉兴趣是儿童涂鸦的重要动机。”她将儿童涂鸦分为二十种，这其中并无特定的发展顺序。

后期涂鸦阶段：可控的涂鸦

儿童在经过一定发展之后就会发现他们的肢体活动与绘画的联系。大约六个月以后，儿童就开始涂鸦了，但是这个时间点因人而异，这至关重要的阶段就是可控的涂鸦阶段。此时，虽然我们成年人总是无从分辨这些涂鸦中的差别，它们看起来依然像是毫无头绪的涂鸦，但是它们确实较之前的涂鸦有了显著变化。

对于儿童而言，涂鸦控制力的逐渐增强是一件十分重要的事情。现在他们能够自己控制自己手下的线条，绝大多数后期涂鸦阶段的儿童能够将所见与所画整合于一体，所以该阶段的儿童涂鸦绘画时常流露出强烈的情感，而这就是一项重要的进步与发展。

由于儿童的这种变化，教师们便开始鼓励他们去尝试新的涂鸦技法，如今他们会用单线条、锯齿线或者圆圈进行涂鸦了。而当儿童反复运用这些新的涂鸦技法的时候，也就意味着他们对创作活动的控制力与日俱增。所以在这样的涂鸦艺术创作中，他们往往能够更加专注。

凯洛格的儿童画发展理论所阐述的可控涂鸦被看作是二十种基本涂鸦的固定样式，在儿童反复使用的涂鸦样式中都有一种或多种被他们视为挚爱。而这些固定样式的涂鸦与较早的即兴涂鸦样式是有区别的，前者“既需要观察又需要手眼的协调配合”（凯洛格，1970）。就此而言，儿童的眼睛开始明确地指导他们的双手，并且他们开始以这种非常愉快的方式进行反复的涂鸦。

在后期涂鸦阶段，涂鸦中的重复性运动开始出现，也就是说，儿童已经开始去认识周围的世界了。在这一阶段，曼陀罗状涂鸦作为一种时常出现的复合涂鸦样式，被认为是一种典型的圆形涂鸦样式。这一阶段中，儿童也会运用流纹线、波浪线、粗黑线以及像涟漪的线条进行涂鸦。

涂鸦阶段与平面媒介

“平面媒介”这一术语往往在平面艺术中被频频提及，例如，油画、素描、版画以及涂鸦就属于平面媒介范畴。

刚开始进行涂鸦的儿童需要安全以及容易使用的画具。对于一岁半到三岁的儿童而言，大号的无毒蜡笔就是他们进行平面艺术创作的绝好画具。对于幼儿，铅笔危险而且不便于使用，一套优质的幼儿专用蜡笔是最好的选择。蜡笔的质量取决于有多少蜡质可以从纸上刮下来——蜡质越多，蜡笔的质量越差。一旦儿童使用劣质蜡笔作画，他们就不得不使劲攥着笔去画，这就会引起他们的手指疼痛。越小的孩子越应该用大号的优质蜡笔作画。选取大号的并且完全拆封的，孩子们就可以运用整支蜡笔包括笔尾进行作画了。优质的蜡笔是坚固耐用的，并且在初次涂鸦时可以很顺手，更可以绘制出使孩子们兴奋激动的明快干净的色彩。

由于肢体活动是此阶段儿童最热衷的，所以他们需要大幅的白纸（至少 45cm × 60cm）作画，这种尺寸的纸张可以提供足够的空间使得儿童可以挥洒自如。大纸不仅拓展了各个方向的绘画空间，而且儿童可以进行随意的涂鸦。当然，纸张的形状可以是各种各样的，诸如矩形、三角形、圆形以及椭圆形。

涂鸦阶段的儿童应该尽可能地使用大幅的白纸，蜡笔在白纸上涂鸦会呈现出更好的效果，而同时儿童也可以更容易地看到自己的涂鸦成果。报纸的分类广告部分也适合进行初级绘画，报纸上的小广告部分也勉强可用，油印的广告背景对于涂鸦并无大碍，这一部分给儿童们提供了大量的绘画场所，同时也给他们反复涂鸦提供了便利。

儿童在一次绘画中只需要几支蜡笔就足够了。在早期涂鸦阶段，儿童对身体活动的控制是我们关注的焦点，而太多的蜡笔往往会分散正在涂鸦的儿童的活动注意力。例如将一盒 32 色的蜡笔给儿童，他们就会开始玩蜡笔而不去好好画画，最后不再去涂鸦。这种干扰不仅紊乱了儿童手臂运动，也影响了身心的专注程度。正确的方法是：我们可以在孩子们开始画新的东西时，给他们添几支新的蜡笔。总之，绘画的工具应该尽量简单与方便。

对于涂鸦期的儿童而言，绘画是另一种高级的平面绘画艺术活动，因为它为儿童提供了一种最灵活易变的绘画方式。两到三岁的儿童应选用笔杆约 30 厘米，笔毛为 2 至 2.5 厘米长规格的画笔。同时，用干的肥皂混合颜料，这样的颜料足够厚，可以控制。绘画用纸要选取比报纸更厚的纸张，以防止儿童反复涂抹而坏掉。如果是第一次进行这种绘画活动，初学者应该坐在一张平桌前而非站在画架前。因为对于初学的孩子们来说，控制水与颜色是很困难的。同时这些初学的小艺术家们一旦站在画架前画画，很容易精力不集中而四处游走。拼贴画、撕纸画以及指画也是这一阶段广受儿童青睐的绘画形式。在这些绘画活动中，美术教师们就更要费心了，因为孩子们很容易用嘴去尝颜料，或者把画具乱拿乱放。最后，对于儿童而言，绘画的最大价值就在于对颜色与材料的试验。

涂鸦阶段的观测

观察低龄儿童阶段（一至三岁）的学生并记录下他们涂鸦时的各项活动内容，通过一张观察表格能够完成你的观察研究。

年龄 首先记录儿童的年龄。牢记涂鸦阶段的平均年龄在一至三岁，观察其间儿童如何发展，也许会发现某种阶段性重复。

肌群活动 观察并记录儿童如何握蜡笔：用两根手指或五指攥紧蜡笔还是其他方式。如果孩子用两根手指紧握蜡笔，就是良好活动控制的开端，与之相比，五指紧攥的方式就稍弱一些。观察在整个绘画过程中，儿童是否能够拿稳蜡笔而不让笔掉地，这也是对活动控制情况的重要观察。同时还需要尽可能地记录儿童绘画过程中其他的细节，以便我们能够掌握儿童活动能力的完整情况。

手臂活动 在涂鸦的时候，儿童往往会出现一种或者多种手臂运动的方式。需要记录的是：运动方式是否有张力，是否剧烈或是其他。不同方式的手臂运动会影响将来涂鸦中的基本图形。

涂鸦种类 记录儿童涂鸦的种类，这些涂鸦也许是可控的、不可控的、圆圈状、线状或者是之前所罗列的形状。

纸张的使用 涂鸦时选用的纸张有很多种，也有很多不同的使用方式。可以从左向右涂鸦，可以反过来或者就用纸的一部分涂鸦，还可以移动位置，从多个方向进行涂鸦。在这里我们要观察儿童是否了解如何使用画纸，年龄大一些的儿童通常可以更好地控制自己的画纸。

尝试一下以下的活动，观察并且记录：

· 给儿童提供几支松软的各色粉笔进行涂鸦，观察新的涂鸦工具是否会给他们带来与众不同的表现效果。

· 换成较小的画纸，观察儿童的手臂运动、呈现的涂鸦种类以及用纸的方式有何新的变化。

· 在儿童的视线中放两支其他颜色的蜡笔，观察他们是否会使用这两支笔，之后看看儿童用了这两支笔后，他们的涂鸦有何变化。最后比较仅由一支笔画的作品与多支笔共同完成的作品的优劣。

基本图形/样式化前阶段

儿童该阶段发展出了诸如矩形、方形以及圆形等基本图形，并且他们在该时期能够发现与认知这些简单的图形。更重要的是，他们经过身心发展已经能够通过肌群控制与手眼配合来再现简单图形了。凯洛格认为：基本图形就是“自然而然的图形”。这些“图形是由单一线条形成交叉以及圆形的轮廓线、三角形和其他形状线组合而成的”。（凯洛格，1970）

在这个阶段，儿童的绘画作品看起来有条不紊，这是因为儿童可以通过控制用线来绘制基本图形了。一般来说，三至四岁的儿童正处于基本图形发展阶段，这一阶段也被学界称作“样式化前阶段”，而这就意味着在这个阶段基本图形的绘画不再代表什么特定的事物了。例如儿童反复地画不同大小的长方形，就此而言，他们所画的这些长方形并不代表他们心中的表格或者房子，这仅仅是他们所画的一个个基本图形而已。

在这个阶段，儿童就像成年人一样使用自己的画具并且对于材料也有了稳定的控制力。现在他们完全可以控制自己的涂鸦了，他们可以随心所欲地画各种圆圈与线条了，也能够重视自己的涂鸦了。三到四岁的孩子如果发现马克笔没水了，是不会画画的。与此同时，他们也会主动给自己的画取一个名字，以便拿回家后可以陈列欣赏。

所有这些都值得反复记录研究，在儿童艺术发展当中有些发展过程与阶段会出现重复。比如一个三岁的儿童将会在绘制基本图形的同时随机地进行涂鸦，而另一个三岁孩子则完全处于涂鸦阶段当中。儿童绘画发展水平只不过被认为是一种指导，而非一种年龄与能力水平的人为框定。

早期基本图形：圆形与椭圆形

一般而言，儿童所画的第一个基本图形就是椭圆形或者圆形，这就标志着早期图形阶段的开始。儿童因涂鸦中对简单圆形的理解提升，从而获得了绘画的发展。在他们掌握了椭圆形与圆形之后，就开始使用圆点与线条进行画龙点睛了。

另一种早期的基本图形是曲线与弧线。在之前的早期涂鸦阶段，儿童绘画多由于肢体进行反复摆动与独臂运动而产生，而现在变成统一方向的运动，这样而成的线条显得比较弯曲，同时受到了水平线与垂直线的影响。画出一根复杂的弧线则会锻炼儿童的肌肉控制力。

在凯洛格成熟的图像发展理论中，儿童开始绘画六种图形：长方形、椭圆形、三角形、十字交叉、对角交叉以及其他奇特的图形。

后期基本图形：长方形和正方形

随着三至四岁儿童肌群控制力的进一步提升，他们能够画出更多种类的基本图形。当儿童能够随心所欲地画出他们想要的任意长度的分割线时，长方形与方形就跃然纸上了。他们将分割线连接起来就形成了方形与长方形，这标志着他们进入了后期基本图形阶段。实际上，圆形、椭圆以及长方形都是源自儿童对线条控制而产生的基本图形。

基本图形与二维艺术

基本图形阶段的儿童具备了相当的肌群控制力和手眼配合能力，并能运用它们去掌握各种各样的画具。除了蜡笔画，儿童也可以尝试蛋彩颜料画，蛋彩颜料非常适合儿童作画，因为颜料可以十分顺畅通过毛笔画到纸上。初学者使用放置于约500毫升压缩瓶内的蛋彩颜料是比较方便的。由于蛋彩色粉能够溶于水并且具有极强的兼容性，所以同样适合作画。注意在将颜色溶于水的时候一定要确保远离儿童，因为在这个过程中会产生二氧化硅等对儿童有危险的物质。

对于后期涂鸦阶段的儿童用一支长杆的铅笔再合适不过了，因为这些大孩子不会再被铅笔伤到。同时可以提供各色各样的纸张，不论报纸还是图画纸都可以。孩子们首先要用大量时间熟悉诸如素描、色彩画、模型、剪贴等相关绘画工具，切不可仓促让他们接触新的绘画方式与工具。这一阶段的首要教学目标是让学生们掌握素描、色彩以及模型的用具使用。

这个阶段，针管笔或彩色马克笔都是很好的选择，它们可以营造出干净、明快与耐看的优异效果。在基本图形时期，当儿童热衷于欣赏画面效果的时候，这些画笔就可以发挥最大的作用了。同时也要注意，尽量不给他们压力与束缚，才能让他们大胆地进行绘画。要选用无毒水性的针管笔，这样一旦儿童不小心溅到衣服上较容易清洗。

现阶段不宜选取过大尺寸的画纸，原因在于儿童目前的肌群控制能力决定了他们更适合在较小尺寸的画纸上作画。所以我们并不需要过于宽大的空间与随意无序的活动，使用大小恰当适中的画纸即可。

当然我们还需要选取不同颜色与材质的画纸还有大量的彩色铅笔和马克笔。这个阶段的孩子喜爱使用不同的颜色与方式去勾画基本图形，而这正是他们练习绘画技能的主要方式。这一阶段应该观察儿童绘画中反复出现的图形，同时不要试图去强制他们用其他方式填充画纸，这对于他们独立完成图形绘画极为重要。尽管他们画出的图形简单至极，但是每一幅绘画都是他们不断肌群运动的成果，儿童们也许会将

读一读 马克笔水分的保持

对于专注的小画家来说，总会弄丢笔帽。时间久了，马克笔就会干掉。更换干掉的马克笔造价高，所以在这里提供给大家一些“保持马克笔水分”的妙招来延长马克笔的寿命。

· 将打开的笔帽放入一个装满人造黄油和熟石膏的陀螺容器内（确保石膏不会灌入笔帽中）。当石膏完全干透了，把马克笔插回嵌入石膏陀螺的笔帽中，这样整个笔帽可以垂直放置，并且方便马克笔来回取放。

· 当马克笔水干的时候，取下笔帽，在笔头上加水，这样做也可以重复使用马克笔。

· 通过将笔芯取出直接作画的方式来重复使用干透的马克笔。

· 尝试用干的坦培拉颜料（或食物颜料）涂抹到笔头上，使笔头可以继续使用。

· 从学校商店里购买空塑料瓶，装满水性颜料，用马克笔蘸取使用。

想一想 儿童为什么绘画

儿童拿起画笔最主要的动因就是他们对于绘画有极大兴趣。你是否目睹过一个孩子完全沉浸在绘画当中的执着？我们都可以回忆起自己童年时对于所喜爱事物的瞬间体验。对于艺术家而言，即兴作画是一种没有束缚的自由艺术创作。这种绘画方式也鼓舞儿童脱离脑海中的记忆进行自己想法的艺术探求。这种即兴而起的绘画对于所有年龄的儿童都意义非凡。

其他绘画的缘由：

·儿童生活在社会环境的影响之中，并且时常以绘画来描述自己的经历。他们的读写能力尚在发展当中，而此时绘画可以取代文字语言的功能，即帮助他们与自己细腻内心想法建立联系。儿童绘画可以告诉我们他们的所想所感。一个七岁孩子用画笔描述了他的妈妈生完自己的小弟弟刚从医院回来的场景：这个小弟弟被他画成满脸微笑的形象，而他的妈妈正抱着他的小弟弟，弟弟和妈妈都被画成整体亮颜色而以深色细节进行点缀。在另一边的小画画的是自己以及他的爸爸和妹妹，他们被画成更小的，细节更少的形象。这个孩子似乎是要在整幅画中传达这样一个信息：新生儿与妈妈是注意的焦点。

·绘画可以让儿童体验和练习多种绘画用具与过程，当然，这在学校的艺术课程中都可以实现。艺术教学教会儿童观察、创造、表现以及用绘画形式与元素进行尝试。

·绘画让儿童学会创新。在绘画中，儿童可以发现很多事物，事物的特点以及他们所想象出来的世界。这些绘画都很重要，同时不论孩子们喜欢与否，都能发展出儿童的自主意识。

一幅成人看起来稚拙的画作引以为傲。

基本图形阶段的观测研究

对于基本图形绘画阶段的儿童的观察研究需要记录下现场观察的相关内容，这些关键的内容可以记录在观察表中。如果我们同时观察了涂鸦阶段与基本图形阶段，那么两个阶段不妨相比较，以通过对比而得出二者之间的区别与特点。

年龄 记录下儿童的年龄，观察这个范围之内的儿童情况，是否在两个阶段中出现重叠现象。

肌群活动 观察儿童如何使用蜡笔，记录下儿童使用画笔的具体情况，如是否紧握画笔，是否能够流畅熟练地用笔，同时注意记录儿童作画时手臂运动以及手部活动。那些以手部活动为主而手臂运动较少的儿童拥有良好的肌群控制能力。在基本图形阶段，儿童越来越少使用手臂的运动去作画了。

基本图形的种类 记下较早的儿童所画出的基本图形的种类，观察他们画得如何，是完美表现还是粗糙并脏乎乎的？在早期阶段，粗糙并脏乎乎的画面是常见的。而到了后期阶段，他们的作品就变得清晰与容易辨别了。

在儿童们绘画简单图形的时候，要注意观察他们所画的图形之间的区别，看看是否一个比另一个更加清晰。孩子们画得比较清晰的图形往往是他们刚开始第一个所画的。不太清晰的图形往往在习作阶段常见，而后通过训练与学习，最终会变得清晰美观。

纸张的使用 涂鸦阶段中使用的纸张要确保其规格相同。另外，观察儿童是否用一种或

表 11-3 基本图形阶段观察表

儿童	年龄	肌群活动	手臂活动	基本图形的种类	纸张的使用	早期情况	后期情况
评估：							

多种基本图形填充画面。如果发现他们反复画同一种图形，那就预示着他们正在形成一种新的基本图形。大致在这一阶段的早期会出现这样的情况。

形象化 / 样式化阶段

在两个早期的阶段完成之后，儿童们具备了绘制各种各样图形的能力，这出现在儿童艺术发展的下一个阶段——形象化阶段。许多四岁和大多数五岁的儿童正处于这个阶段。样式化阶段出现于儿童能够运用自身能力绘制特殊图形或样式的时候，在这一时期样式化更加丰富。

凯洛格认为，儿童从基本图形阶段就开始进步，一直到形象化阶段，而这一切开始的标志就是他们能够将原有的图形组合或打散，比如将两个基本的图形结合在一起，或者将三个及更多的图形结合到一起。

在儿童能够将图形进行组合与打散之后，他们就能够画出以某人或某物为初始的独特的绘画，这样就完成了将儿童抽象的意象过渡为形象化的意象的过程。

此时的儿童画与之前涂鸦阶段的作品大相径庭，现在他们不再满足于从肌群运动中获得的愉悦了，取而代之的是，儿童们开始有目的地画画了。在之前涂鸦阶段的基本图形更加倾向于单纯的臆想，而今儿童则更加融入自己的独特想法，一种全新的绘画方式自此开始了。现在儿童们只画自己最感兴趣的图形，而不像以前一样不加遴选去画。这时混合的涂鸦也不再受他们的青睐了，这样一来，儿童开始画属于他们自己的象征符号。对于儿童而言，他们笔下的象征符号是非常重要的一个视觉形象，它可以是一个人，一只动物，一棵树，也可以是其他类似的形象。在艺术语境中，如此运用象征符号的艺术叫作具象艺术。这就标志着，儿童已经渐渐远离了以触觉为主的纯生理对于感官的刺激，开始了具象表现的尝试。这个时候儿童会发现自己笔下所画的事物与外界真实存在的事物之间的联系，他们画素描和色彩，并开始用绘画作品来记录想法和表现情感。

在具象表现阶段中，绘制象征符号的能力直接来自基本图形阶段的发展。这一阶段的基本图形表现也渐渐弱化了儿童单纯与其身体活动之间的联系。此时儿童所有的能力都能够整合起来去绘制象征符号，这才代表了儿童心中真实的想法与意图。在较早的涂鸦阶段，儿童主要专注于身体的运动，并尝试材料是否适合他们自己。而今，儿童在涂鸦中表现了对于他们自己很重要的想法。他们的图画也许仍然会被认为是纯粹的涂鸦，但是现在看上去确实像一个真的人或者一只真的狗了——一种代表了儿童生活中的真实象征符号。

人的形象往往是儿童们的最初象征符号，人通常被画成一个圆圈代表头部，两条直线代表了双腿或者身体的形象，我们称这种形象为“蝌蚪”，因为他们的“人”有着细小的身体和巨大的头部以及夸张的双腿。其他类似的象征符号还包括树、房子、花以及动物。孩子们可以告诉你他们所画的象征符号都代表着什么。

在儿童掌握了基本图形的绘画之后，他们就更愿意尝试绘制象征符号，花卉与树就是螺旋状涂鸦或圆圈与成群的直线相结合而产生的。而房子、窗户、门、旗帜以及其他相似物体就是由长方形与直线结合而成的。

成年人习惯性地称儿童初次创作的作品为“儿童画”，因为它们包含了可认知的事物。如果儿童仅仅是单纯地涂鸦，成年人不会认为那是艺术，因为看不出来他们所画的是什么。然而，能否辨识出儿童画中的图像，并不是判断其是否为艺术的标准。艺术是自我表现，在任何阶段任何形式下都有价值与意义。

由于目前儿童进入具象表现时期，所以他们需要能够容易操作并且便于能力发挥的画具去呈现它们所想的象征符号。现在小号的蜡笔、毛笔以及水性颜料可以拿来给孩子们使用了，因为这些画具更容易表现他们心中的写实意图。五岁左右的孩子乐于使用更加具体的颜色，所以需要给他们准备大量的各色颜料、蜡笔以及马克笔。

对于该阶段儿童而言，给画好的作品命名和保存是一件十分重要的事情。这些孩子会要求教师记下自己作品的名字，同时写下与之相伴的故事。这些孩子还会关注其他孩子的作品。他们还会把自己的作品带回家，同时把一些作品陈列在教室里。

可发展性评价档案

形象化阶段中，学生的可发展性评价档案整理是很重要的一个内容，这项工作刻不容缓。在学生早期创作具象艺术作品开始就应该做学生的作品评价档案了，比如，当卡莱尔第一次画了一幅名为“小狗”的涂鸦，她的老师记下了这幅画并且将它放入了卡莱尔的档案夹中，几年过后卡莱尔的绘画档案就建立起来了。

保存档案并非意味着单纯地收集与保存儿童的作品，档案中的具体类目应该包括儿童艺术学习的全部过程。档案中的每一部分应出现以下主题：“这一部分反映了学习者哪些学习情况？”再比如，选取的关于早期与晚期的儿童涂鸦作品需要非常直观地反映出学生的发展情况。相比较而言，用文件夹里保存儿童的涂鸦作品样品也许不能非常清晰地呈现儿童的发展，使用数码相机则可以很便捷地保存儿童的作品。

对于艺术家们而言，保存一份档案或是一些自己的代表作品是司空见惯的，他们的档案中通常汇集了各个时期的作品，以反映出他们艺术发展的所有具体情况。当然，在档案中也会按照不同媒材或介质进行分类收集，这样可以体现出他们自己的多才多艺。比如，他们的档案里会有他们自己的蜡笔画、粉笔画、纯线描以及水彩作品。

在儿童艺术教学中，很多美术教师发现了儿童学习档案对四岁以上儿童的巨大作用——对他们的艺术学习具有极大的帮助作用。同时，档案习惯的形成对儿童、美术教师以及家长而言大有裨益。

创建学习档案（或文件夹）最大的益处在于能够让学生的艺术学习发展情况变得直观可见，而非仅仅是空洞的语言和数据。换言之，你只需随手一翻就能对学生的进步一目了然。

我们可以用订书钉将一个大号的棕色信封以及两片带标签的木板订在一起做成一个口袋，或者从周边比萨店找来一个比萨饼盒作为档案夹。我们还可以对这个档案夹进行个性化设计，比如用孩子们的照片或绘画作品装饰等。儿童档案应该长期放在学校保存并且方便查阅，档案中要有儿童的所有绘画作品。儿童可以将自己作品的简短介绍抄写在里面，以丰富自己的档案。学习档案可以为儿童、教师和家长完整地呈现艺术学习的过程。

在家长会期间，一份学习档案（或文件夹）可以极大地帮助教师们，它是一份显示了学生近期学习成果的作品集。这样一来，借助这些直观的档案，就可以避免单纯的主观评价，从而让家长和教师都更加客观地评价学生的学习与发展。

档案的另一个好处就是：它能够培养儿童的审美判断力。通过让他们自己参与档案整理的方式，儿童可以了解选择的过程。当然，学会选择绝非易事，并且这个培养过程需要时间的积累。但是就像其他别的能力一样，假以时日、机会与引导，让儿童从档案中学会自己选择作品进行学习鉴赏，终究会让他们形成自己独特的审美喜好。档案中每一件作品，一定要做记录和标记然后写下简短的评语。标签上要注明作品使用的材质，简评也要言简意赅，比如："乔治首次命名了一幅素描作品，叫作'爸爸'。"

综上所述，在早期儿童艺术学习计划中运用学习档案是再合适不过的了，尽管在具体操作时我们还应该谨慎为好。但最重要的在于：如果我们试图运用这种发展性评价档案，那就要毫不犹豫地一直做一年。如果半途而废，那必定是前功尽弃。如果我们雄心勃勃地开始一份学习档案然后只是蜻蜓点水般完成一小部分，长此以往档案的效用就会逐日递减——这样的档案倒不如从一开始就不要去做。如果我们本着创建可发展性评价档案为目标，就应该尽可能持之以恒地去完善它，让它全面完整地反映儿童的学习发展情况。许多美术教师发现用档案可以充实他们的教学内容，并且他们需要把这件事情放在头等重要的位置上优先布置。当然这期间也并不保证不会有少量的零散记录等消极情况的出现。

总之一定要把儿童的发展情况收入其中，尽管这需要很长的时间与过程，也不要忘记记录儿童个人审美喜好的发展与创建儿童学习档案一样重要。

早期形象化阶段

在早期形象化阶段中，儿童的作品中往往包括了他们的一种或多种象征符号图形。儿童开始练习这些象征符号绘画，他们的画纸上出现了很多相同的物体形象，比如：一个孩子在一幅画中可能会反复画窗户与门。同样，在早些时候，儿童们的画作会是一些毫无关联的形象与事物。这些绘画都是儿童尝试描绘不同象征符号的代表性行为，这个时候，绘画往往一蹴而就，很快就完成。

在早期形象化阶段，儿童处于时刻创新自己的思维中，一时间，象征符号发生了巨大变化。有可能他们今天所画的人的形象完全不同于前几天所画的，这个阶段，会有大量的不同图形代表着相同的事物。较早的儿童绘画在表现方式上非常灵活丰富，孩子们赋予自己创造出来的形象各种含义。尽管他们也许不能够准确地描述自己意欲表现的事物，但那些形象代表了他们自己的某种愿望。

后期形象化阶段：图式的运用

在后期形象化阶段，儿童通过练习，可以迅速并且准确地画出象征形象。很多四至五岁的儿童更青睐于他们自己的喜好并且以创造出一系列象征形象为骄傲。儿童此时总偏好于一些明快且整洁的象征形象，现在他们有时候会在纸上画一个或者多个象征形象。这些纸上的形象都明快简洁，并且操作简单。如果孩子们也能够在纸上画出他们名字含有的字母，那么他们也许会感到这些也都属于图画的一部分。

儿童有时想要一蹴而就地画出他们所想的，而忽略了他们实际的造型能力，事实上这种能力是需要通过持之以恒的练习获得的。四至五岁的孩子能够运用他们的绘画讲述故事或描述

读一读 幼儿艺术教育的要点

了解幼儿的艺术学习发展情况仅仅是一个开端。学会和小孩子们进行沟通非常重要。这里为你准备了一些建议和指导，能使你在和小艺术家们沟通时有的放矢：

要接纳一个孩子的原创作品，尽量避免自行修改他们的作品。要理解他们在创造每一个形象的时候，诸如物体的比例和位置以及各个细节的完整等你认为很重要的东西，对他们而言无足轻重。只要完全认同他们自己的创造就可以了，你要做的只是去观察哪些是他们强调的，哪些是他们忽略的，因为这些是他们艺术能力发展的重要线索。

要知道孩子们的手眼协作与肌群发育是他们进行绘画训练的结果。一定不要使用那些填色练习的书。不要以为让儿童填满图样可以提升他们的协调能力，他们的手眼协调和肌群发育是要靠绘画创作来提升的。

每次上课都要给予孩子充足的绘画材料。儿童需要对此有不间断的体验，从而使他们获得长足发展。

儿童绘画需要持之以恒的训练。如果你每天给他们很多机会去自己画画、制作、粘贴以及注模，那么他们就会很开心。这样一来，他们就会对艺术学习保持长久的兴趣。反复训练和对学生开放的材料才会让他们获益。

不要发给孩子们填色书或者裁剪好的模子，这就等于是告诉他们：“你做不到那些，你的能力还不够。”

给孩子们提供足够的材料（颜料、黏土、蜡笔、木块等）以便使用。

当与他们评价作品时，语言要温和。不要问一个孩子：“这是什么？”这样问很不恰当。评价他们的作品时偶尔用到“漂亮”“很棒”或者“棒极了”并不会让他们感觉到自己的作品如何与众不同。不可以让他们使用模板之类的“捷径”，即使他们困惑地说“我实在画不出来”的时候也不可以。他们无法复制大人所画的东西，那根本不属于他们，那些所谓的“捷径”也就代表着你认为“我知道你一定画不好”。

要告诉孩子们你为什么喜欢那些作品：比如仔细解释蓝色圆圈边上的红色线条的美感，或者提及那些蓝色的点，适时地评价你所看到的有助于帮助孩子们集中观察作品的能力。要引导他们思考他们的绘画思路，启蒙很重要，比如你可以问他们“奶牛如何吃草呢”或者“一只动物有几条腿呢”？

要充分认识到孩子们各自作品的独特性，不可以横向比较孩子们的作品或者有所偏好。在孩子评价别人的作品时要留心观察。例如：听到一个孩子感叹“噢，他画了一幅文字图版游戏！”的时候可以回应“这是达斯汀的创意”或者“那是莎妮娅的主意”。

帮助孩子们找到自信并以自己的作品为傲，一定要强调他们每一个人创意的独一无二。尽管他们使用的材料和方式都是一样的，也要充分尊重他们的创意多样性。

事件，这些绘画中的象征形象的命名，是单一的儿童画变成完整的视觉交流图形的重要一环。虽然他们笔下的图形好像与之前的毫无区别，但是孩子们现在所画的被他们叫作“太阳”的图形现在却代表了一个特定的事物。

五到六岁的儿童一般在画一幅图画之前，脑海中会有很多经历与形象的积累，在此基础上，他们的绘画由他们所熟悉的并有意义的象征形象组合而成。当儿童们有了新的经历与想法就会开始创造新的象征符号，但是这个时候，儿童还不能画出他们所不熟悉的事物，因为他们从未见过的东西是画不出来的。另一种情况是：那些好心的美术教师不了解这个阶段的儿童实际情况，而期盼所有的五岁的孩子都能够在画画时运用象征形象。这种期望并不适当，因为能够运用象征形象的儿童年龄很大程度上因人而异，就如每个孩子学会走路的时间并不相同。一旦儿童发展到了一定阶段，他们自然会学会运用象征形象作画，不必着急，欲速则不达。在这个年龄阶段以及所有年龄阶段中，创造性的表现手法是目标所在，无需要求孩子的绘画以特定的象征形象作为最后的目标：如一栋房子、一棵树或一只动物等，除非孩子自己选择了它。

儿童需要反复进行一段时期的艺术学习，为了能让他们具备使用艺术材料进行艺术创作的能力，同时也增加这个过程中的安全系数，这样他们就可以用绘画艺术来表现想法与感受。四到五岁的儿童已经有了很多机会去画画，他们将会经常游走于灵活的涂鸦绘画与表现性的象征符号或者写实绘画之间。

在后期形象化阶段，每一个孩子都有自己的方式画人、房子以及别的形象，这些个人的绘画方式称为“图式”。在六岁孩子的画中，通常可以见到一种图式或者个性的图形，儿童在进行了大量的象征形象练习之后才会形成自己的图式。当儿童的绘画技能越来越成熟的时候，他们的绘画开始显露出来自他们自己想法的直接经验。一旦他们有了自己的图式，象征形象就会变成特定的形象，每个孩子的图式都是独特的，正如每一个成年都有一个自己的独特的命名一样。一个孩子也许会对他的小伙伴说“那是查德的画，我认识他画的树”或者“我知道这是扎瑞纳的色彩画，因为只有她的天空是这样画的”。这些孩子已经发展出了自己的清晰的图式语言，并且别人可以一眼看出来。

儿童所画的图式对于儿童艺术意义非常重要，这重要性不亚于儿童所生活的环境与人生经历。当然，儿童绘画中的情感也是很重要的。

儿童在图画中画图式并不依据真实的大小和尺寸，但是每一种尺寸都能显示出事物情感的重要性。例如，儿童看来很重要的人和物体都会被画得比较大并且细节丰富。如果他们画一棵树，那么枝干就会画得比较大，因为他们喜欢顺着枝干爬树。如果是一棵苹果树，那么苹果就会画得硕大无比。

儿童在绘画中对他们周围的世界还会有其他的回应方式：一幅描绘儿童在湿草地上散步的绘画一般会把脚和脚趾画得特别大，这也许说明了孩子在清晨漫步的独特感受。

首次命名作品的重要性

在儿童发展出自己的图式的同时，他们开始命名自己的作品。对于他们而言，给一幅画完的画起名字是非常重要的。这种迹象表明儿童的想法已经发生改变，说明他们正在将自己的画作与周围的世界建立联系，这是一种全新的交流形式——通过艺术的交流。

一个五岁的小女孩也许会这样想：“我的爸爸是一个高大的人，他有头还有两条长长的腿。”然后她画了一个头还有两条长腿并且给这张画起名叫“爸爸”。通过绘画，这个小女孩逐渐建立了她爸爸和她的画作的联系，现在一个人的象征符号变成了“爸爸”。当然，孩子不会每次都对画面里的所有东西口头命名。

在儿童运用图式的过程中，他们表现出了自身的个性特点。他们不仅表现出了对于他们而言重要的创造性过程，还显示出了他们的想法、感受以及所见。从儿童最早的绘画到最复杂成熟的绘画，他们一直在表达着自己对生活的理解。

形象化阶段的观测研究

当我们观察形象化阶段的儿童时，一定要随时记录他们的发展情况。你可以尝试使用一张观察表格去记录你的观察结果。

年龄 记录下孩子的年龄，以便检视出形象化阶段儿童的平均年龄。在各个年龄段之间会出现重复现象，比如：你也许会看到简单的形象和基本图形在同一幅画中。

基本图形的组合 观察儿童如何把诸多基本图形组合成一幅画。非常单一的几种基本图形组合意味着儿童处于形象化的早期发展阶段。一个显而易见的实例是：儿童画里的花通常由一个单一的圆圈以及一束线条组成，并且一朵花由许多圆圈构成椭圆形的花瓣以及以束叶状线条等基本图形组合而成。这表明儿童处于形象化阶段的后期阶段了。

物体的大小 不论是早期阶段还是后期阶段，儿童都会用所画人物的尺寸和大小来彰显重要与否，画得比较大的人物对于儿童而言是重要的。例如，他们会把自己或者他们妈妈之类的人物画得非常大。夸张的大脑袋长在一个小身体上，这种情形在早期形象化阶段比比皆是。

需要注意观察一幅儿童画中人与物的大小。一个喜爱动物的孩子，画的狗往往比人要大很多。也就是说：画中物体的大小完全取决于它们在孩子心中的重要程度。

物体的数量 在每一幅画中记下所有画中物体的数量。如果一幅画中只有少量的形象出现，就意味着这个孩子还处于早期形象化阶段。儿童画这样的画表明他们正在发展造型能力。

在后期形象化阶段，儿童可以画多种象征形象与物体。与此同时，这个时候儿童更像是在用绘画讲故事。

细节 记录儿童每一幅画中的所有细节。这些都会说明儿童在该阶段所处的水平。

在早期形象化阶段，儿童画中的所有形象的细节并不是很丰富。例如，一个圆脑袋，圆乎乎的身体以及身处的两条胳膊和腿构成了早期的人物形象。而一张画中的人要是被画成具有完整手臂、双手以及手指等细节丰富的样子，就说明了这个孩子处于后期形象化阶段了。

观察既定物体的细节是否比其他部分更多。儿童对于既定物体的经验积累能够引起绘画中细节的增长，举例而言，爱爬树的孩子通常把树干画得很粗壮。特别的视觉经验也能够使得绘画的细节更加丰富，例如，孩子在下雨天从外面回来后，会把雨滴画得非常大。

形象的运用 记录儿童如何运用形象。观察画面中是否充满了为了填充空间的无关紧要的形象以及是否看起来更像习作图形。若每个形象之间联系极少意味着儿童尚处于形象化早期阶段：儿童正在画象征形象并且还没做好用绘画讲故事的准备。

可以肯定的是，如果孩子们能够将每个所画的形象联系起来，则说明他们已经进入了形象化的后期阶段。这样的绘画是一种讲述式的绘画，它意欲讲述故事，这是儿童用于交流沟

表 11–5 形象化阶段观察表

儿童	年龄	基本图形的组合	物体的大小	物体的数量	细节	形象的运用	作品的命名	早期情况	后期情况
评估：									

通的一种视觉图形。

作品的命名 当孩子决定阐述自己的作品的时候，教师一定要聆听。在学生给画好的形象和人物或者与画面所有相关的事物起名字的时候，一定要注意记录，但是不要强迫性地去问孩子“你画的是什么？”。作品的命名必须是由他们自己完成，即用他们自己的想法。儿童与外界进行交流的能力是其发展中极其重要的一步。命名作品这种行为只有在儿童自己感觉它有意义的时候才具备价值。

群体阶段

根据罗恩菲德的儿童发展理论，九到十二岁的学生步入了艺术学习发展的群体年龄阶段。这个年龄段的孩子已经不再将自己周围的环境象征化表现了。他们意欲探索万物的想法告诉他们自己：此时必须要关注与了解事物的内在结构，因为这样才能将自己所见真实地描绘出来。这是孩子们第一次意识到自身在面对周围万物时缺乏描述客观事物的能力。

此时学生会更加专注于自己的画看起来效果如何。他们会以一种批判的眼光看待自己的绘画，还会发问：“这两只胳膊有什么问题？它们太短了而且弯曲的程度也不太对。”“为什么这个人看起来没有像真的跑起来呢？”“这个人和房子相比，画得太大了，我该怎么办呢？”这种情况表明学生们的绘画中将会出现更多的细节，不过他们的绘画依然不够写实。这个时期的学生发现了自己绘画中的空间感，他们开始画地平线了，他们的画也时常将很多物体重叠安排到一起。

由于学生已经变得更加社会化了，他们开始将自己的作品与其他人的作品相比较。他们与日俱增的自我意识正是极度自我审视的原因所在，通常对于自己的作品变得审慎批判，意图使自己作品中的形象更加写实。这时候，如果他们的作品不能太写实，他们就会变得非常沮丧。所以“我画不好”这一句话成为这个阶段学生嘴里出现得最多的一句话。

由于他们的造型能力尚且不够完善，作画意识却先一步发展，所以他们的绘画中时常出

表 11-6 儿童画发展过程与阶段

阶段	年龄	肌群活动	画画的目的	阶段特征
凌乱而随性的涂鸦阶段	一岁到三岁	不成熟的肌群控制力以及手眼配合	为了活动的纯生理感知觉需求	缺乏方向感或者画画的目的，在活动中没有心智上的有机联系
自控性涂鸦阶段	学前低龄期	逐渐提高的肌群控制力与手眼配合	自控性涂鸦	探索并操作画具；尝试去发现自己能够做到的——学习颜色、材质、工具以及技法；经常重复动作；有目的性地绘画而非偶然为之
基本图形阶段	三到四岁	比较成熟的肌群控制力与手眼配合能力，可以控制方向与线的尺寸大小	热衷于线条的神奇体验	熟练掌握基本图形：圆形、椭圆形、线条、长方形和方形；建立了绘画与心智的联系
形象化阶段	四到五岁或更大	具备非常成熟的肌群控制力与手眼配合能力	借助绘画与外界交流沟通；表达个性与象征性绘画的联系	组合基本图形以创造初期的象征形象，以命名作品作为交流的形式

读一读 艺术发展的阶段（一至五年级）

对于儿童而言，学习艺术一个最主要的目的就是培养他们的原创能力与艺术表现力。在这一层面上，儿童通常可以随意绘制图画。一至五年级儿童的艺术活动需要在以前的创造性体验基础上进一步发展。

为了设定适当的教学目标并且能够指导孩子们的艺术学习发展，你必须对该年龄段儿童创造艺术作品的典型发展阶段了然于胸。

儿童艺术发展阶段的大致情况就像前文所提到的，在此我们不妨聚焦于空间的营造、比例的探寻以及儿童艺术活动技能水平训练。但是每一个阶段都是处于特定年级水平中的大多数儿童发展的典型，我们很难发现一个班级发展的变化幅度与范围，也很难搞清楚单个学生一年中的学习变化。

也许我们能够推测出儿童复杂的绘画能力的变化，这种变化与上文所提及的相类似。在每一阶段中，一些学生更热衷于欣赏绘画而非去亲自创造绘画（也存在截然相反的情况）。

第一阶段（幼稚园到二年级） 儿童开始画出象征形象以代表具体物体，比如：人、房子、树木。这些画出来的具体物体通常“飘浮浮”在平面空间中。而物体的大小面积取决于这个物体在儿童心中的地位，画得越大就代表它在儿童心中越重要。绘画时的肢体运动通常是做涂鸦式的线条。三维立体的绘画作品会影响初期的造型水平，以及借助媒介的艺术训练发展水平，并且会对生理的协调发育产生影响。

第二阶段（二年级到三年级） 在儿童画画的时候，线条与边界线通常意味着画面的空间分割，如地面与天空的交界等。物体也许会被安置在一条线上或者在画纸的边缘上，而各个物体的比例是由不同的尺寸大小显示的，比如一栋房子要比一个人大。每个物体的动态则由每条线与每个图形的具体位置所决定，不是方向上的细微变化。那些接受指导的儿童在借助三维手段以及适当的构思表现自己的作品方面有总体提升。

第三阶段（三年级到六年级） 儿童开始尝试新的方法去描绘整个画面，这些新的探索对儿童记忆力、逻辑能力的影响远胜于对他们回想能力或观察力的影响。当绘画的正常比例得以确立和发展的时候，儿童也就学会了运用对角线来观察和描绘运动的物体了。很多学生具备了与三维立体观念紧密联系的能力，并且意欲尝试新的媒介材料与技术。

第四阶段（四到六年级） 在画画时，学生们在探寻一条能够描绘出记忆中的或者观察到的画面的方式，一些学生开始运用透视法表现物体的远近关系。 学生画画时的肢体运动也渐渐丰富。越来越多的个人风格和喜好开始出现，同时越来越多的绘画技巧随着巧妙的构思而出现，这样他们开始进行更加独特且具有表现力的创作。

现比早期要多的偶然性（更加重要和生动的）。这时候，美术教师一定要鼓励学生自我接纳的学习态度，教师们对于学生的问题要有所准备，对于问题的回答要有针对性和方向性。如果教师给出的回答是模棱两可的，那是难以让学生满意的，很可能最后会抑制学生的表现欲，或者消磨掉他们在艺术学习中对个人表现的兴趣。教师应该和学生一起讨论人物的比例尺度，尝试让孩子去摆姿势，或走，或跳，或抬起胳膊。带领全班学生走出教室，去观察并描绘大树、房子、动物，以此拓宽并加深他们对结构、形式、颜色、物体关系、质感、动态等的理解。还可以让孩子们把自然界和人造的物体拿到教室里来研究，借此让他们体察绘画中的组织结构、画面平衡关系以及整体效果。使用公告板和其他手段使学生形成自己独特的构思，之后让学生们形成自己的专属绘画思维。

不断运用蜡笔进行创作对于早期阶段的学生而言很容易学有所成，但是如果长此以往，到了四年级仍然使用蜡笔单调地画画，就会变得很糟糕了。教师应该鼓励学生用蜡笔进行新的技法尝试，创造出属于自己的新的蜡笔画技法。教师要设法为学生的探索提供机会与条件，以让学生们发现当蜡笔混合以其他媒介或工具时所产生的丰富艺术效果。

美术教师应该帮助学生从所熟悉的媒介中探索出新的方法来表达自己的审美体验。例如，在这个阶段要让学生尝试使用滚筒与木块去创作版画。加入一些群体性的学习课程（如壁画）也是可以的，这样可以让学生互相分享自己的才智。在这个阶段的学习中，每一个学生都应该在原来的基础之上收获新的技能与知识。

总结

通过本章的学习，我们了解到：随着儿童在身心上的逐渐成长，他们发展出了新的艺术技能。本章我们学习了儿童的三个发展阶段：涂鸦阶段、基本图形阶段和形象化阶段，这些都是学前美术教师最为关注的焦点所在。小学中高年级的美术教师需要让学生具备和发展形象化绘画的技能，以此让学生在每个发展阶段都能学有所成 。

一岁到三岁的儿童进入涂鸦期表现阶段，这个阶段几乎囊括了儿童初次描绘物体到有自控力地涂鸦这一阶段。在这个阶段，儿童所热衷的是涂鸦活动中的肢体运动。

大支的、优质的蜡笔是儿童们涂鸦期的最好选择。为了让他们能够有足够空间进行肢体活动，教师应该配发给每一个孩子足够大的画纸。在观察表格中，年龄、肌体控制、纸张的使用都应该记录在册。

基本图形阶段基本上涵盖了儿童们三到四岁的时段，儿童已经通过涂鸦发展出了更多的肌肉控制能力以及手眼配合能力。当学生们在自己的涂鸦中塑造出了简单的图形并且能够反复运用它们的时候，基本图形就应运而生了。圆形与椭圆形是最基本的图形，随后儿童开始学会画长方形和方形。现在，孩子们更加热衷于看到他们亲手画出自己所钟爱的图形了。

在基本图形时期，我们更有必要让儿童接触更多的材料去表现涂鸦艺术。为此，以图全面的研究，儿童年龄、肌群活动、纸张的使用用以及基本图形的学习情况都需要记录在册。

而形象化阶段一般指处于四岁到六岁的儿童的艺术学习阶段，早期的基本图形已经被孩子们组合成了象征形象，人、鸟、花卉还有动物都是象征形象的代表。这一时期，儿童对于自己画作的命名也是一件头等大事，这时候，儿童意欲用绘画与自身以外的世界交流沟通 。一个孩子的画作往往是独一无二的，是他自己想法的独特流露。

在形象化阶段，儿童画了很多复杂凌乱的绘画。在观察表格中需要记录的是儿童的年龄以及儿童画的细节。九岁到十二岁的儿童处于群体阶段。群体这一称谓，始于罗恩菲德，他

读一读 儿童艺术的研究

亚伯达大学教授马琳·考克斯·比斯霍普博士说："和其他技能训练一样，儿童画可以发展他们的智力，丰富他们的情感体验并且使他们精神愉悦。"在收集了全世界近1000幅儿童画作品后，考克斯·比斯霍普发现全世界的儿童画具有共性，并不受语言与文化的制约。她说："我们在借助阅读和写作与世界上其他种族沟通之前，绘画就可以充当沟通的桥梁了。"

在跨文化研究中，考克斯·比斯霍普将因纽特儿童的作品与美国西部其他儿童作品进行比较。她一件一件地将这些作品背后的儿童作者带入自己的研究之中，点点的技巧、线条的质量以及色彩与空间的运用——她还试图用统计数据解释性别差异等因素。令她吃惊的是：因纽特儿童的作品与其他美国孩子的作品几乎没有太大差异。她认为儿童画受制于文化的同化作用，并且每一个孩子都会同时受到卫星电视、共同的教材以及南方文化的影响。

令她更震惊的是，她似乎正在发现：无论儿童住在哪里，他们的视觉意识发展基本持平。"所有的孩子都学画画，在相同的阶段都用画画诠释自己眼中的世界，这是多么难以置信。尽管诸如特定的游戏、民族服饰以及住房等文化表征会发生改变，但是孩子们在艺术上创造空间、图形、小人物或者土豆先生的脑袋等行为是不受文化地域制约的，所有地区的孩子在相同的年龄都会去画这些东西。

考克斯·比斯霍普说："发展儿童的视觉阅读能力至关重要。" 因为每天向我们砸来的信息中有百分之八十是视觉信息。" 视觉阅读能力就是阅读单个意象和整体视觉环境的能力。"并且儿童与生俱来就有这种能力，简而言之："我们早就失去这种能力了，而他们却独有。"

她认为视觉世界的表现能力来源于直觉、情感等右脑区域的活动，我们的语言能力更多地来自左脑的抽象逻辑思考活动，在语言学习的过程中，我们不知不觉地压制了儿童的视觉创造力。我们一般只关注儿童是否能在阅读与数学上取得高分，而忽略了儿童还可以作诗， 还可以打动人心，还可以画一张画——这进行情感活动的重要一方面被我们忘到哪里去了？

艺术巨匠们对儿童艺术都有着高度评价与深刻认识，加索以收集儿童作品而被人津津乐道。他收集这些作品是因为他想要借鉴儿童的艺术手法，毫无疑问，他瞬间热爱上了儿童艺术。

讽刺的是：儿童画中那些珍贵的，具有独创性的个人的特质在大多数成年人看来微不足道。"一方面，我们欣赏儿童艺术，因为它很漂亮、单纯。"考克斯·比斯霍普说道，"另一方面我们又会根据看上去并不复杂的作品表面来评判一个现代艺术家。当我们说'嗨，我六岁的孩子也能够画成那样'，我们也许忽略了一些重要的事：也许现代艺术家也是个孩子， 依然具有儿童一样的对线条、色彩和形状的观察能力。"事实上，我们一直忽略这样一个事实：儿童画能够捕捉一瞬间的奇妙。

认为这个阶段的儿童会不自觉地去融入群体之中，而这是他们之前所不曾有的发展特征。

儿童绘画发展的这些阶段与儿童在特定时期的绘画发展几乎是同时开始和结束的。在早期的儿童绘画培养方案中，美术教师必须为他们选择适合的活动，计划合理的学习内容。每一个年龄段的孩子都有其各自的特点，而这是每一个教师必须深思熟虑的。

关键词		
基本图形	群体阶段	具象艺术
可控的涂鸦	后期基本图形阶段	样式
儿童绘画发展情况	后期形象化阶段	涂鸦阶段
凌乱而随性的涂鸦	形象化阶段	象征形象
早期基本图形	学习档案	二维艺术
早期形象化阶段	学前阶段	

学习活动

▶ 为积累艺术经验而做适当准备

1. 参观一个学前班级。检视发给儿童的画具，诸如毛笔、剪刀、蜡笔等所提到过的。依据这些发放的画具进行清点总结，以便从各种各样的画具的操作性来观察儿童的绘画实际能力。

2. 使用可以被切碎的玩具和器材，并搜集一系列适宜早期儿童的图片资料。这时候需要注意的是所选取的图片要能够体现出儿童的年龄阶段与发展状态、适宜性、表面内容完整性、灵活性、永久性以及安全性。

3. “当我女儿七岁的时候，有一天她问我的工作是什么。我告诉她我在大学上班——我的职责是教孩子画画。她疑惑地盯着我说：你的意思是他们不记得怎么画画了？”

思考这段引文，你将如何回答这个孩子的问题？“他们忘记如何思考？如何绘画了？”如果你是美术教师，你会如何教学生继续画画？

▶ 涂鸦期艺术训练

1. 练习

①目标：体验一下肌群发展不完善条件下的低龄儿童的涂鸦。

②用自己另一只不常写字画画的手去画一幅蜡笔画

③与你的同事或同学进行讨论：

a. 用笔时那种笨拙不灵活的感觉

b. 手指与整个手腕控制力不完善的运动体验

c. 受限于能力不完善而无法描绘出既定物体

d. 一时间无法很好地控制蜡笔、纸张以及自己的手

④尝试在自己膝盖上作画，然后说出自己的感受并讨论，弄清楚这样画画如何影响自己最终的画面效果。然后讨论经过这种体验，改变了哪些东西？

2. 练习

①目标：体验单纯肌体运动的愉悦感。

②闭上双眼进行涂鸦

③体验类似早期儿童的感觉，思考并与你的同学进行讨论：

a. 你要克服成年人的观察习惯与绘画习惯是很困难的。

b. 当你仅仅为了活动肢体而画画的时候，感觉如何？

c. 在你的涂鸦中会出现什么图形？

d. 你感觉你的涂鸦看起来怎么样呢？

▶ 认知与提高艺术能力

在一岁到五岁的儿童画作品中收集范画。将这些收集来的儿童画分为三部分，每一个绘画阶段选择一幅，并给出选取这些画的缘由，尤其是那些不太容易确认绘画阶段的作品。

1. 记录并阐释以下不同涂鸦阶段的情况：

①早期或后期涂鸦阶段。

②涂鸦的样式（圆形或者锯齿状的）。

③蜡笔的控制。

2. 记录并阐释基本图形阶段的情况：

①基本图形所运用的样式。

②这些图形如何明确地表现。

③儿童对蜡笔的控制力。

④早期和后期的基本图形阶段。

3. 记录并阐释形象化阶段的情况：

①早期或后期阶段。

②什么样的基本图形能被整合为象征形象。

③显著的象征形象。

4. 选用相同的范画，说明“为什么一些人相信儿童是在画他们感受到的、了解到的以及观察到的。”

5. 选取优秀的图书制作一个书单。这些书应该是介绍给儿童的，让他们能够从中学到绘画技能，就如同他们通过不同绘画媒介与技法所学到的一样。

6. 与几个儿童一起（或者至少一个）去尝试以一次促进艺术学习的经历，比如去触摸一棵树或者套捕和观察一只蛾子，然后让儿童们去画一张画，以此弄清楚生活经验如何促进艺术学习。

7. 收集一到五年级的学生绘画范例，要按照年级进行分类。运用“想一想”当中所呈现出的阶段情况，讨论每一个范例如何与各个阶段/发展水平相匹配（或者不相匹配）。

8. 收集一个阶段的绘画范例（一到五年级的均可），依据它们所代表的阶段发展情况进行分类。例如，可以把这些范例分为两大类，第一类是最能明显体现出该阶段发展水平的范画，而另一类就是体现不出该阶段发展水平的范画。然后讨论这些范画中最显著的儿童绘画能力的发展情况。思考如何培养这些创作出范例的儿童，并与其他人分享你的想法。

9. 要对初次进行具象绘画的孩子给予特别的关注，一字不差地记录下对他们的评语，要每隔 15 分钟记录一次。那么在儿童的口头表达与图画表现之间的关系到底是什么，这需要每一个美术教师的探寻。

10. 拿一件五岁孩子的图画作业来说，要罗列出所有他所画出的建立在形体与颜色基础之上的具象物体，而同时也要罗列出没有建立那种联系的物体。然后需要思考的是：为什么孩子们会如此选用颜色，并用这些颜色与所见的物体结合进行绘画？

11. 收集一个二年级孩子所画的有人物的图画，寻找这一幅画中有多少不同形象的鼻子、嘴巴、身体、手臂及其他部分。在这其中，他运用了多大比例的几何图形去表现这些人物细节？比较三年级同题材的学生图画，在表现细节的比例上发现异同。

12. 需要保存一份关于儿童绘画中所具有的夸张性或简略性成因的研究列表，然后尝试在儿童的图画中进行解读。

13. 筹划一节美术课，以画人为主。这节课要适应于幼儿园、二年级和四年级的儿童，对于所有授课班级都用同样的画具与画纸，课后比较所有作品并且记下不同年级儿童的差异。

游戏活动

1. 向孩子们展示经典艺术作品。例如：蒙德里安的《红、蓝和黄的组合》，波洛克的《关于一的细节》（1950 年），还有凡·高的《柏树林》。观察这些颜色丰富的作品对儿童颜色的倾向与选择，人物的造型以及细节的影响。

2. 在一定的时候，放一些音乐，然后比较放音乐与不放音乐的差异。

▲ 架上绘画的新变化

- 使用同一种颜色不同的色度
- 使用有色纸——有蜡笔色度的报纸或者褪色的图纸
- 使用相同颜色的有色纸
- 使用白色和黑色颜料
- 使用不同大小的毛笔或者都是平头和软头的画笔
- 像儿童在木板上所画的一样去描绘物体，或者在干黏土上作画。
- 在大箱子上面作画
- 在长尺幅纸上创作壁画
- 在围墙上用水与大号毛刷作画
- 在纸上用蜡笔作画，涂完颜色后就是一幅蜡笔画
- 使用所有的蜡笔，刚一开始的时候要用白色和其他少量颜色进行调和使用
- 用多种颜色画一张桌子， 并且鼓励儿童选择他们喜爱的颜色
- 听着音乐去画画

▲ 粉笔画和蜡笔画

要求儿童在一张纸上用蜡笔画出一个形象或者标志，然后把这张画弄褶，但是注意不要撕破。然后让他们把画弄平整，用毛笔蘸上水性颜料去画。而这种颜料可以很好地融入蜡笔的粉末中。在画干透了以后，用毛笔蘸满薄薄的白胶均匀地涂上。 这样可以营造出晶莹剔透的效果。

▲ 用软性材质作画

让儿童用棉球蘸湿颜料然后把它抹或者摁压在另一张纸上。同样，可以让孩子们尝试用棉球蘸满干稠的颜料，并把它蹭到一张干燥的纸上。 这样可以营造出一种有趣的效昊。

▲ 棉布涂绘

让儿童用棉布蘸上颜料当毛笔用。

▲ 点图

把纽扣粘在小木钉上， 以便于儿童作画。可以经常变化纽扣的尺寸、形状以及样式。

▲ 海绵擦画

把海绵切成各种形状。让孩子们用各种形状的海绵蘸取颜料，然后把海绵上的颜料掸、压、弹到画纸上。

▲ 纸巾绘画

让学生把纸巾搓成球状，蘸上颜料，然后在画纸上用掸、压和弹的手法作画。

▲ 肥皂人

将肥皂水与面混合在一起倒入模具中，它们洁白柔软并且儿童易于操作。制作肥皂水混合物时，在一个大的容器中倒入一盒肥皂片。慢慢加水直到混合物变得黏稠。让孩子们和你一起制作，然后让孩子们拿几个葡萄大小的球混合到一起，给孩子们足够多的小球。你还可以给他们牙签、烟斗通条以及小金属片，让他们装饰自己的肥皂人。

▲ 蜡笔绘画

尝试多种蜡笔的绘画表现。儿童也许会喜欢在以下材质上绘画：

纺织物　　鸡蛋壳　　纸巾卷　　砂纸
木板　　石板　　线轴和衣架
硬纸板　　泡沫盒子

▲ 手指绘画与冰块

由于手指绘画的灵活性， 我们可以运用手指蘸取颜料在光滑的纸面上作画。 但是在开始画的时候不要弄湿画纸，因为那样难以让手指在纸上施展。给每一个孩子一块冰去吸取颜料，然后在纸上做出各种图案。

▲ 拓印画

A. 玩具拓印画

让儿童把旧玩具车（玩具卡车之类的）的轮子蘸上颜料，然后在画纸上滚出痕迹，并组成一幅图画。

B. 塑料拓印表

让儿童用塑料字母表玩具蘸取颜料进行作画。

C. 纸杯拓印画

让儿童将一个纸杯倒置于一张纸上，然后顺着纸杯的边缘敷上颜色，然后压住边缘就会形成一个杯子图形。

D. 梳子拓印画

让儿童将颜色滴洒在梳子齿上然后取走梳子，在梳子的齿印上继续作画。

E. 在黏土上绘画

让儿童把大块黏土捣成一寸（约3厘米）厚的平坦碎片，然后他们会用一片一片的黏土和铅笔描画出一个个形态各异的图案。 如果有必要的话，既可以用毛笔和颜料直接画出图形来， 也可以采用上面的印制办法把它们呈现在纸张上。

▲ 织物绘画

将小块的粗麻布、尼龙网或者别的纺织物包裹到一块海绵上，将这块海绵系牢到一个晾衣架，也可以用一条细绳或塑料固定到一个木槽中，让儿童运用这些纺织物蘸着颜料去绘画。

▲ 松果印制

卷起整个或者一部分松果去作画，儿童可以将其中较大的用于描绘形象与图案。

▲ 综合绘画

用浓稠的蛋彩颜料混合以稀淀粉液作画，要把这些用混合颜料绘制的部分单独留出来。趁着混合颜料在纸上还未干透，儿童可以继续添加一些其他的混合物，比如：盐、咖啡渣、鸡蛋壳、亮片、有色米、小塑料球、种子粒、玉米粉、小珠子。当这些材料混合了颜料之后会形成奇异的画面效果。

▲ 鼓励学生绘画

教师要尝试着随时鼓励所有年龄段的孩子们，让他们运用自己的想象力与表现力将自己所见变为所画。

- 让学生在一幅画里画出现实世界见不到的东西
- 让学生在一幅画里面尽可能多地画动物
- 画一张大脑结构或者心脏结构的图
- 设计一部机器或者设备来帮助总统先生
- 画一张人物画，让大家看看你是否已经提升自己画人的能力了
- 画一幅波涛汹涌的大海或者车水马龙的城市
- 让学生画一幅自己学校的图画，并鼓励他们秀出自己的独特校园设计
- 让学生设计一幅给大象称体重的有趣图画
- 画一幅地下城或者水下城的幻想画
- 设计一个训练小狗的机器人

▲ 零散时间的小画

如果课堂时间允许，可以尝试让你的学生画以下的内容：

自己的鞋子　　自己的午餐

美术老师	一个小伙伴	一个噩梦	一片叶子
一只攥着东西的手	一件小物件	自画像	
一辆小轿车	一个梦		

本章回顾

1. 用以下内容描述一个小孩在涂鸦阶段的情况：①年龄；②肌群控制的程度；③涂鸦的动因 。

2. 罗列出一个孩子在基本图形阶段能够画出的三种基本图形。

3. 描述出一种儿童涂鸦中的样式。

4. 呈现出四种象征形象的例子。

5. 讨论并分析儿童作品命名的重要性。

6. 解释术语“二维艺术”，并且举出一个儿童艺术的例证。

7. 罗列出儿童涂鸦阶段与基本图形阶段时期所适合的绘画材料。

①在涂鸦阶段，哪种是最合适：a. 蜡笔的尺寸与规格；b. 纸张的尺寸与规格

②在基本图形阶段，哪种是最合适的；a. 画具；b. 纸张的尺寸和规格

8. 早期和后期的基本图形组合各举一例。

9. 看下表，哪一个所罗列出的绘画特征更好地代表了形象化阶段?

形象化阶段	儿童绘画特征
早期形象化阶段	a. 数量少并且相互无关的形象 b. 越来越多的细节描绘
后期形象化阶段	c. 叙述性的或者故事性的绘画 d. 重要的形象总是画得更大 e. 人通常把头画得很大

10. 选择正确描述基本图形阶段的表述：

①具有良好肌群控制能力的孩子：

a. 经常把笔掉到地上；

b. 绘画时用力很大。

c. 更多地运用手部发力而非手臂。

②一个早期的基本图形是：

a. 被充分描绘的。

b. 并不是很清晰的图案。

c. 组合而成的象征形象。

③在后期基本图形阶段，一个儿童：

a. 基本图形画不好。

b. 能够熟练地画基本图形。

c. 能够用更加现实的图形填满画纸。

11. 描述出群体阶段的儿童艺术发展情况

参考文献

Feeney, S., Christensen, D., & Moravcik, E. （1995）. *Who am I in the lives of children? An introduction to teaching young children* （5th ed.）. Upper Saddle River, NJ: Prentice Hall.

Kellogg, R., & O’Dell, S.（1967）. *The psychology of children’s art*. New York: CRM, Inc.

Kellogg, R. （1970）. *Analyzing children’s art*. Palo Alto, CA: National Press Books.

Lowenfeld, V. （1975）. *Creative and mental growth of the child* （6th ed.）. New York: Macmillan.

Lowenfeld, V. （1987）. *Creative and mental growth of the child* （8th ed.）. New York: Macmillan.

第四编

早期儿童艺术学习计划

学完这一编，试着回答下面这些问题：

1. 如何在我的艺术课上体现出“艺术课强调的是学习的过程而非结果”？

2. 当艺术课程设立之后，目前这个班级中不同年龄和发展水平的学生，应该如何有计划地开展绘画教学并选取材料呢？

3. 在制订教学计划和准备教学活动的过程中应该如何避免沦为平庸？

4. 准备课程的时候，需要一直以早期儿童艺术学习的基本目标为出发点吗？

5. 是否需要在本班级中针对所有学生开展平面和立体的艺术创作教学？

6. 学生是如何使用我给他们的绘画用具和材料的？他们产生主动探究的动机了吗？

7. 如何提升正在进行的二维、三维艺术活动的吸引力，拓宽学习范围？

8. 班级中的孩子能够通过平面、立体媒介掌握什么技能？是否已经制定了与之匹配的课程内容？

9. 在儿童学习使用平面、立体介质方面，什么教学策略最好？

10. 应该如何调整自己的课程以便学生更加熟练地掌握画具的使用？

11. 在课程计划当中是否考虑到了学生的其他特殊要求？

第十二章

基础：目标、创建，材料与策略

▶ 教学目标

学完本章，你应该能够：

1. 独立阐述早期儿童艺术学习计划。
2. 描述早期儿童艺术学习计划基本的设置。
3. 罗列早期儿童学习计划中的基本材料与所需设备。

艺术体验是早期儿童艺术课程的重要组成部分。然而，若要使儿童艺术体验同时具备创造性并非易事，这就需要详细而深入的学习计划来创设创造性艺术体验的环境。本章一共分为三个主要部分：（1）计划目标；（2）创建艺术学习活动；（3）运用基本的材料与设备。

早期儿童艺术学习的基本目标

早期儿童艺术学习计划借助大量的媒介与活动为儿童表达想法、感受、动作以及能力提供了时间与空间。

过程比结果重要

艺术学习计划为儿童们提供了很多用绘画材料与技法表现自我创造力的机会，所有艺术体验的重要目的绝非活动的结果，而是创造的过程本身。在这个过程之中，儿童凭借自身的创造力去表现美术体验与感受。个体自我的表达是举足轻重的，一幅作品的成功全然在于创造的过程而不在于我们所看到的最后的作品成果。罗恩菲德就强调了儿童通过艺术进行创造的重要性，他认为：

> 艺术对于儿童而言非同寻常，与成年人完全不同。对儿童而言，艺术是一种表达的方式。事实上，两个儿童之间都不完全相同，每一个孩子从很小的时候就与众不同，因为他们都在自己的环境中持续地发育、感知以及理解。孩子处于动态发展中；艺术就成为他们自我思维的一种语言。（罗恩菲德与布里顿，1987）

另一个强调早期儿童艺术学习过程重要性的原因是：儿童对于绘画材料的掌握并不熟练。更多创造性的努力被用于尝试绘画材料的操作体验中，在这一过程中，儿童对工具和材料的使用更加熟悉。同时，孩子们更热衷于自己动手，而非关注是否能够画出一幅完整的作品。尽管如此，我们也希望每一个孩子在开始动手之后都能够有一个完整的艺术作品。这种完善的艺术教学计划一般用于幼儿园阶段的儿童。年龄稍微大一些的孩子发展到了较高的水平时，会更加主动地进行绘画方面的创新。

儿童画画、做纺织品、做黏土造型、做木艺以及石雕，用这些方式创造艺术作品以表现自己的想法。在艺术学习计划中，重点必须落在对艺术体验的长久关注以及创作过程的教学上。通过让儿童自己探索并创造独一无二的作品，创造性的艺术活动为他们的自我表现提供了更多机会。

儿童所需

儿童艺术学习计划的第二大目标是满足儿童学习发展的需求。这就意味着该计划在设计之前要考虑到儿童年龄、能力以及兴趣水平等因素。所以，如果要制订一个针对三岁儿童的学习计划，就要选定合适的材料和活动，因为这个年龄的孩子在肌群控制能力上并不完善。丰富的绘画材料和活动可以很大程度上激发他们的学习兴趣，同时他们基本可以脱离成人的帮助独自使用绘画材料了。两岁左右的孩子首先学习撕和拼贴，这些都不需要使用剪刀，而三到四岁的孩子就可以独立使用剪刀了。先学习撕贴，再独立使用剪刀的情况在四岁、五岁和六岁的孩子身上也很多见。在一个混合了各种年龄段的班级当中，计划中的材料与活动必须能使所有孩子都各得其所。对于高年级的小学生而言，由于他们已经具备了创造更加复杂形象的造型能力，所以为了提升他们的表现力就需要更多的材料与更丰富的活动。这时教师的任务就是使学生的学习资源利用率最大化，因为这样才可以让学生发展自己的艺术想象力与造型能力。

另一种教师满足学生需求的方法就是提供给学生们适当的资源去开发他们的多元智能。

原创性与独立性

第三个主要目标是让每一个孩子都能够独立思考与创作。在绘画时，孩子们需要使用和探索所有的绘画工具与材料，这鼓励了孩子们思维的原创性与多样性。同时，给予学生们他们所能够掌握的材料会让他们更加得心应手地创造自己的艺术作品。引入儿童多元智能培养的艺术材料对于他们更是一种发展的动力。例如：给予一个具有聪明才智的孩子丰富的艺术表现材料就是在鼓励他创造出属于自己的绘画模式与造型结构，而这个过程其实是儿童逻辑技能自然而然表达的过程。总而言之，儿童艺术创作的原创性与独立性是他们创造力的基础。

对于稍微大一些的孩子，教师应该让他们在材料运用和具体操作上更加自由，以图他们能够更加独立。如果条件允许，尽可能多地为孩子们准备工具与材料供他们选择和使用，表达他们的想法。

因而，教师应该一改从前所依赖的“包办”式的教学方式，引导学生自主操作，独立绘画，这样一来学生们就可以运用适当的工具与材料去塑造自己的艺术作品。

创造性思维

早期儿童艺术学习计划的另一个目标是让孩子成为有创造性思维的思想主体。有创造性思维的孩子在学习时更加自由和灵活。当他们面对恐惧与挫折时往往毫不退却。在本学习计划中，学生得以正确发展自我，从而达到充满创造力地自由灵活地学习生活的目的。在这种环境中他们能够更好地掌握艺术材料与工具，可以让他们对自己的能力更加充满信心。

如果儿童对自我、教师或其他同学感到不安或者不自在，他们就不会在此时去染指艺术。

我们知道，所有孩子都有他们自己的学习风格。这些个人的学习风格将会影响到他们每一个人在艺术活动中的表现。

个性化发展

最后，艺术学习计划必须使儿童按照自己的规律和速度去发展。学习计划也许能够在某种程度上激发儿童的学习兴趣，但是他们真正的发展依旧是凭借自身的动力。正如同孩童凭借自己的努力学会走路一样，他们也要按照自己的发展特点去学习绘画。

在计划中，低龄儿童可以按照自己的方式去长时间地成长、探索以及用材料进行试验。两到三岁的孩子大部分处于肌群发展的高级阶段。我们通常期望这些孩子能够探索材料，热衷于尝试蜡笔，擅长在周遭涂鸦，喜爱颜色抹到手上或者脸上的感觉，并且尝试黏土技法。实际上，儿童并不急于用艺术表现自己的想法与思维，同样，他们如果对作品不感兴趣，也就不会去动手创造作品了。

儿童有时间与机会用材料去探索艺术是三至四岁或者五岁的时候了，这时候他们会在表现自我的时候增强对材料的控制力。而学龄前儿童已经拥有了表现自我的艺术技能。这得益于他们能够接触到更多的艺术媒介与资源。

当我们与有特殊需求的孩子学习工作时，儿童个人成长发育的速率也必须被我们考虑进来。

每一个孩子的成长都可以让他们自身感觉愉快。那些身心健康愉悦的孩子在美术课和其他课上也会学有所成。

艺术学习活动的创建

无论是否要设立一个专门培养儿童的艺术中心或者教室，首先都必须要有完整的学习规划纲要。在这项创建中，我们都必须考虑班级中学生的年龄因素，因为每一个年龄阶段都具有丰富多变的能力和多种兴趣，而这都需要我们因材施教。在第六章中有对不同阶段儿童的特殊学习需求的完整表述。而在这里，我们的阐释基于适用于儿童自身年龄的发展而展开。接下来我们所要考虑的是创建艺术学习活动最基本的方面：

整体考虑 学习艺术之前需要秉承易于使用和分发艺术材料的原则进行规划。一种行之有效的规划方法是：将易溶于水的材料与干燥材料分开保存。例如：我们可以把黏土和水彩颜料放在教室中离水池比较近的地方。

为了最大限度地发挥艺术材料的作用，孩子们应该从束缚之中解脱出来，不需要担心自己的衣服会被染脏。那么儿童就需要穿上罩衣去尽情绘画，从而做到高枕无忧。男式衬衫经过裁剪搭在孩子们的胳膊上是再好不过的罩衣了，或者也可以让他们直接穿上一件旧的衬衫。这些“艺术工作服”就像是他们自己学习的记录一样：衣服上的墨点和各种颜色的印记俨然就是他们自己学习艺术的点滴啊！儿童还要知道在哪里存放自己的作品比较安全，哪里适宜存放怕水的作品，等等。作为教师，给予教学诸多的准备工作是必不可少的，而这更是教师职责的所在。

锋利的学习工具比如剪刀必须放到儿童不能轻易够到的地方，因为这些尚且不能独立安全使用剪刀的儿童一旦拿到它会有危险。通常这些危险的工具应该放在教师讲台附近的桌子上，一方面有利于安全，另一方面易于分发。画架要放在不太拥挤的地方，一定要远离过道，以防止孩子们受伤。另外，画架旁也可以挂孩子们的罩衣和未干的作品。当然，用于挂衣服和作品的这些架子要适宜孩子们存放自己的画作，以防止孩子们碰到他人未干的画。

在低龄儿童的班级当中，这种存放和晾干作品的架子可以广泛使用。但是专业的画架往往价格不菲。我们可以用组装的书架来完美替代昂贵的架子。将硬纸板固定在四块砖块顶端

表 12-1 学习风格和艺术活动（加德纳，1993 年、1999 年）

类型	对应的学习内容	乐意为班级做的事情
外向型 乐于合作，善于交流，群体意识强烈，性格外向	团体学习活动，需要给予或者接受他人反馈，适应作为团体的核心	寻找并提供学习材料，协调大家
内向型 个人主义的，独行的，性格内向	单独学习活动，关注于感受、梦想与个人世界，学习目标明确	在记录本上整理好各种类目，在课前课后协助老师
行动派 热衷活动，善于实践，健谈	引入更多的活动，比如舞蹈等；更多接触材料与工具的机会	多跑腿，扮演老实的角色，分发并收集学习材料
能说会道型 擅长有条理的言辞、语句、阅读以及写作	更多的语言，带入故事讲述等方式	大声朗读说明，记录本分类，创建海报样式
勤学好问型 好奇的、乐于尝试的；对于数字、模型以及事物之间关系很敏感	需要更多的模式、物物关系与象征形象的学习；需要解决更多的实际问题	将找来的材料与工具有序分类，协助他人解决问题
思维敏捷型 富有想象力，有创新精神，擅长安排颜色与图案	更多的颜色与标志等内容；引入油画、素描与雕塑；需要更多的实际想象力	创办艺术展览，设计表格与海报
热爱音乐型 爱好乐曲、曲调、声音以及自然界的一切声音	更多的曲调、歌唱、哼唱、听力训练等	整理歌曲，思考歌曲的安全性，筹办有关音乐或音乐家的展览
户外活动的爱好者 对户外感兴趣，喜欢大自然	收集自然物品，观察和记录天气，辨认植物和昆虫，做树的拓片，创建自己的动物活动	在花园里帮忙，照顾教室里的宠物和水族，整理从自然中收集来的物品
英语非母语	少说话的活动，说母语活动，涉及简单的名称和文字游戏	用母语创建标签和海报，为布告栏制作图像或图标，与其他学生分享他们的文化

读一读 有特殊需求的儿童

所有的学生都能从创造性的二维和三维媒介和不同的艺术尝试中受益。因为每个儿童都有特殊的需求，鼓励原创和真正创造性的工作是至关重要的。

当你引导美术活动和调整教学以满足学生的特殊需要时，创意是最重要的考虑因素之一。临摹作品及抄袭成人艺术的作品，或者基于以上两种模式，而没有明显地反映学生的创意的活动，是不应该受到鼓励的。

先天因素在学生学习美术技能时有一定影响。在中低年级学生中，要鼓励各种不同的美术创作与理解，而不仅仅是教授绘画技能。把学生区分为“班级艺术家”以此与其他学生对比是不明智的，应尊重所有学生的努力和他们对美术的理解。

有视觉障碍的学生可以参加作品的讨论，特别是与学生自身的经验相关的主题。在美术活动中，提供的一些可接触的材料，如黏土、美纹纸、布、小盒子，或者是可以让学生摆弄的木块。

有言语及听觉障碍的学生对口头交流反应很慢。使用非语言沟通：让学生指出他们所看到的，或者使用手势来回应。通过图表等直观教具传达信息，非语言沟通对所有学生都适用。

有行动障碍的学生可能需要使用备用的工具和材料来进行一些美术活动。复健专家可以帮您解决一些特别的问题。一些特殊的工具对有身体障碍的学生会很有用（如特殊的剪刀，可以含住的铅笔或笔刷口罩）。

有智力障碍的学生难以掌握艺术和其他科目的复杂概念。即便如此，他们仍可以直接对艺术做出回应，并且很有见地。他们往往能够更加成功地通过艺术来表达自己的想法和感受，而不是文字。把困难的活动简化并分解成具体的步骤，鼓励对独立思想的表达。

不会说英语的学生可以采用上述非语言方式。把这些学生所在国家的艺术及文化介绍给全班同学。这将扩大所有学生的艺术背景知识，帮助他们互相交流。

尊重文化差异。艺术的一个重要方面就是了解其他文化的艺术。邀请你所在社区的个人和团体，协助认识不同文化的艺术和作品。社区可以帮助你了解在艺术及技艺方面有独特文化传统的学生。所有的学生都可以从自己社区的“活文化”中受益。

（四块砖要平放罗列）。这样几层罗列起来，作品放在上面就可以晾干了。另外两种方法是：（1）将未干的画作挂在与成年人等高的晒衣绳上；（2）挂在轻便坚固的衣架子上面即可。用以上方式都可以把画晾干。当然更加便捷的方法是晾在窗台。

剪裁 25.4 厘米的正方形纤维板来将湿的或未完成的黏土作品转移到一个通风的地方。孩子们可以直接在板子上造型，这些板子可从贮木场的废品堆里找到或者廉价购买，泡沫基板或瓦楞纸板也可以使用。为了扩大桌面以方便干燥艺术品，可以在桌子的上面放大块的硬纸板。你可以在仓储式商店找到一些硬纸板，它们经常被用来装大批量的商品，并且每天都会被丢弃很多，很容易得到。

儿童使用湿的材料后洗手的地方必须在他

们附近。如果教室里没有水池，可以用装一半水的厨用塑料桶，把桶放在低的支架上，并放上纸巾和废纸篓。在艺术区还可放置有小海绵的水桶，这样可以让儿童自行清洗。

准备工具材料 为孩子们每天的艺术体验准备工具材料，教师应确保每天有指定的地点、设备和材料。举例来说，老师应该例行准备纸、画架和颜料供儿童使用。这样一来，在画架区域，活动就可以顺利进行，老师也可以自由安排教室的其余部分。

每天都在固定的地方为孩子提供纸、蜡笔、铅笔和黏土。撕纸、剪切和粘贴用品也应该准备好并放在容易拿到的地方（有关耗材和它们保管的具体建议将在本章的后面提到）。作为准备的一部分，老师要引导儿童学习所有设备的使用和护理。

在做准备时，要确保儿童有他们所需要的材料，知道从哪里取，知道如何使用，并鼓励他们追求独立的、创造性的活动。

设立每周一次的活动 除了日常活动，为提高孩子们的创造性体验，老师应该设置每周的美术活动。例如，老师可能计划开展一个拓印单元，每周介绍一种拓印技术。当然这不能取代孩子日常的艺术体验。老师要提前准备一个拓印区，这样可以避免因准备不充分而导致的儿童到处乱窜。

在新计划开拓之前，应该以上一周的工作评估为参考。虽然计划已经经过深思熟虑，教师也必须对突发事件做出相应的调整。例如，一场突如其来的暴风雪将会延长孩子户外玩耍的时间; 或者有一天早上大楼外出现道路施工，大型机器会出现在大街上。聪明的老师认识到这是一个很好的学习机会，可以安排时间让孩子观察工人如何工作。

每周的计划中，当决定用什么样的材料和设备时，教师的计划要平衡好孩子已经熟悉的材料和新材料之间的关系。如果孩子以自己的方式自由地使用材料，教师不必担心孩子会对每周相同的活动失去兴趣。儿童们在运用材料上获得满足后，他们会很喜欢重复这个体验。

因为某些活动比其他的活动需要更多的监督，老师需要考虑在一定时间内活动的次数。要求密切监督的活动依赖于分配给这个教室的教师的数量。在仔细观察和决定这周的活动之后，老师必须考虑如何最好地安排时间，例如，是否有需要特别留意的区域。如果介绍一个新材料或技术，通常需要老师更多地引导他们。在这种情况下，老师应该与儿童共同参与并指导。除非有几个老师在一个房间里，否则不要安排多个需要密切关注的小组活动。

每周和月度计划必须考虑到时间、儿童的发展水平。在一个学年的开始，过多的选择、过多的开放空间可能扰乱儿童，因为他们还不熟悉教室或学校。学期初，老师应该帮助儿童适应学校，过多新的和令人兴奋的材料会给儿童带来压力并分散他们的注意力，即使是较大的儿童也一样。使用熟悉的媒介和设备会使儿童们感到更自在。例如，即使很害羞的儿童也会很自在地使用蜡笔和纸。儿童开始认识彼此，在教室里感觉到更自在，了解了日常活动后，就可以增加新的材料和活动。

设置艺术区，方便儿童们进行创造性体验 具体的材料和它们的使用在本章后面会分别讨论。以下有关于儿童材料使用的一般性建议。

儿童在一个能在固定地方找到素材的、有组织的环境中，会表现得更好。例如，为方便儿童拿取，艺术材料要放在与儿童同等高度的、开放的储物架上。再者，把材料分门别类，如纸或糨糊分开放。最后，在儿童型号的桌子上使用桌垫或托盘帮助儿童组织个人工作区域。

美术活动最好在儿童型号的桌子上和画架上开展。虽然有些儿童可能偶尔喜欢在地板上工作，但是对于常规的美术活动，桌子还是很重要的。限制艺术区内儿童的数量以确保每个儿童有适当的空间和充足的材料。

读一读 教师小技巧

教师准备的材料和空间决定了儿童和教师的艺术经验是否成功。以下是关于艺术体验活动准备材料和陈列儿童作品的一些建议。

· 装剪刀的容器可以用牛奶瓶或漂白剂瓶。在容器上简单地穿一些小孔，把剪刀插在孔里面。把装蛋的硬纸盒颠倒过来，每个墩都是一个很好的容器。

· 装颜料的容器可以是松饼罐和塑料蛋盒、盛酸奶的软饮塑料盒。因为它们很大且不易翻倒，这些工作可以在室内也可以在室外进行。为了防止颜色混合并方便清洗，要在每个容器里面只放一把刷子。

· 大的金属爆米花锡罐（在节日期间这种罐子很常见）是放工艺材料很好的工具，可以用来装纸巾筒，归类清管器和纸带。将不同的颜色放在不同的罐子里，这样会帮助你节省时间，找到想要的颜色并检查什么颜色用完了。

· 用尼龙搭扣可防止铅笔掉在地板上。在每个桌子的角落粘上一个2.5厘米长的尼龙搭扣（粗糙侧），然后将光滑的那面粘在铅笔的橡皮下面。除了使铅笔用起来方便，还可以避免频繁地削铅笔。

· 当马克笔干了，在纸杯中倒入少许的指甲油清洗剂，把马克笔尖浸泡在溶液中30秒。在使用前先晾5分钟，指甲油中的丙酮储藏有水分，可稀释凝固了的颜料和油墨，之后马克笔就可以继续用了。

· 魔术清洁橡皮是清洗干擦板最好的工具。它们甚至可以擦掉干擦板上顽固的马克笔污迹。

· 从纸巾或厕纸中取出纸管来储存招贴。把卷起来的海报放在纸管中，贴上标签或进行颜色编码归类以方便拿取。你可以将硬纸管放在小的拉链式塑料袋中储存。

· 装蜡笔容器可以是彩绘的或者覆盖了贴纸的果汁和蔬菜罐。

· 蜡笔碎片放在高温的烤箱中，在松饼托盘上熔化。冷却后，可以用来拓印和画画。

· 一个美术活动卡片文件夹对组织活动有帮助。

· 密封的咖啡罐和塑料食品容器可保持黏土的湿润，以备使用。

· 在周边放两个或以上废纸盒，装满纸，以便儿童选择他们想要的尺寸的纸。

· 在墙上挂一个钉板，在钉板的孔中插一些挂钩来悬挂大的购物袋或透明塑料袋。工作服也可以以同样的方式挂在钉板上（当然，是等同于儿童的高度）。

· 在钢琴或书柜后面挂鞋袋，这个袋子里能容纳许多小东西。

· 把一个大纸箱刷上油漆做成三维亭来悬挂画作。用鞋盒展示儿童陶艺作品。

· 共享黏土，把黏土做成蛋糕的形状，把“蛋糕”放在一张小桌子上，并用塑料刀来切分，使每个儿童有一块黏土来操作。

· 在教室里与儿童视线水平的墙上或公告栏上展示幼儿有创意的作品。把公告板放低一点以便儿童们在上面添加材料，如果用可滑动的透明有机玻璃框架，幼儿就可以安全地触摸。

· 让作品易触到，用软木砖为学步儿童做低的公告板。用不同的纸或用布覆盖的盒子做基座，展示黏土雕塑，在盒子一侧展示易碎的黏土模型。

设置艺术活动——按不同年龄设置

除了前面所讨论的一般问题外，还有一些与设置幼儿艺术活动相关的年龄问题。

幼儿的艺术活动

较小的儿童会受益于一个规划良好的区域，在这里他们自由移动、探索，对活动和材料做出自己的决定。然而，计划这个年龄阶段的活动，有些特殊注意事项必须牢记于心。因为学步儿童以及两岁儿童非常活跃，他们会本能地想要探索一切，所以他们所使用的材料必须是牢固的，而不应该包括可能被吞食的细小的碎片。

一次只放适量的材料，这样幼儿不会因为有太多的选择而感觉到压力。材料应经常轮流使用，儿童应该学会在地板或桌子上工作而不是带着材料穿过教室。

艺术材料，例如蜡笔、面团、彩色马克笔、粉笔、颜料，以及沙子和水，必须随时供这个年龄段的儿童使用。这些材料的使用应该在成人的监管下，以确保合理地使用。同时，因为这个年龄段的儿童不喜欢分享，同样的材料的备份将有助于减少争抢。

教室里有多个艺术活动同时进行时，在各活动间穿梭和儿童注意力的分散也需要考虑进去。需要水的活动，如玩面团和水彩画，尽量安排在靠近水槽的地方。学步儿童很容易跌倒、抓、跑，因此需要整洁、开放的空间。他们也很容易因其他活动分心，为了完成任务或减少干扰，美工区要做视觉上的区分。这个年龄段的儿童，偶尔独处和安静非常重要。如果暴露在有太多的活动的地方，儿童很容易兴奋。把所有的因素都考虑在内，划分和组织空间本身也是一门艺术。几个安排中哪个最适合儿童的需要通过不断尝试去调整。

两至四岁儿童的艺术活动

大部分的两到四岁的儿童，其兴趣和注意力持续的时间都很短。即便是最有趣的活动，他们的兴趣持续时间也不到 10 分钟。然而，我们必须记住，每个儿童都是不同的，兴趣持续的时间也可长可短。

教师必须了解的关键要点是：首先，策划吸引学龄前儿童兴趣的活动，简单地说，对这个年龄段的儿童来说，基本的艺术活动是最有趣的。其次，教师必须做好接受这一事实的准备：活动必须在短的时间里抓住儿童的兴趣。对成年人来说很短的时间，对儿童来说可能是相当长的。最后，应该准备可供选择的和额外的艺术活动，给不感兴趣或者完成得比老师预期快的儿童。

由于两三岁的儿童需要较多的协助，因此老师一天只安排一个需要成人指导的活动。有时老师也会把全班分成不同的小组，以便指导。这样的活动设置，除非有几个大人，不然肯定很困难，活动也将会受到限制。在幼儿时期，老师和儿童之间的一对一交流是必要的。此外，整个组参与的艺术活动经常会导致一致结果，而不是个性的表达。

组织需要协助的艺术活动的一个普遍的方式是，让儿童轮流到材料已经准备好的美工区。这个空间通常可同时容纳四到六个儿童，可提供同伴交往以及师生互动的机会。如此安排，可以让儿童自由选择，并给儿童一个自己做决定参与哪种活动的机会。

对较小的学龄前儿童，开始最好只使用一些基本材料，这样可避免活动太混乱。一次提供一部分蜡笔或颜料，一次粘贴一两个材料，这样可以鼓励儿童去实验每一种材料或工具。先让他们学会使用基本的工具和技能，然后就可以陆续增加新的颜色和种类。

为什么和什么时候提供多种材料，这是值得仔细考虑的。当儿童尝试过基本的表现材料后，再介绍不同的材料。但不要给儿童太多的材料，使他们不知所措。两至三岁的儿童和大一点的缺乏安全感的儿童可能仍然需要熟悉的材料，因为相同的和简单的材料能给予儿童安全感。善于观察的教师将会注意到：当一个儿童在使用艺术材料上失去了兴趣，或儿童重复地拿同样的蜡笔或每天都画一些符号时，即是给儿童新刺激的时候，如改变工具或换新材料。所以，设计活动时要考虑较小的学龄前儿童的兴趣、能力和技能。

拼贴 对幼儿而言，拼贴是一个很适合的活动，因为可以在他们的兴趣持续的时间内迅速地完成，而撕或贴也促进了小肌肉的发展。幼儿在学习挑选材料，安排布置他们的拼贴时，也会从心理上受益。在活动中，他们学习感受物体的形状和颜色，并发展了用不同于一般的方式使用材料的能力。

有时，幼儿会把注意力放在糨糊上，而不是粘贴的物体上，不要太担心，这也是拼贴中的乐趣。老师必须确保这个材料是适合儿童使用的，如避免过小、易放入口中的材料。

第一次接触拼贴的儿童，开始只让他们撕和粘贴，可为他们提供报纸、彩色薄纸和任何容易撕的彩色废纸。如果需要，可以演示如何撕出不同的大小。然后把这些纸片任意粘在彩色的图画纸上。此活动很适合不愿意或不会使用剪刀的儿童。想尝试剪刀的儿童也可以提供剪刀，当然不应该强迫儿童使用剪刀。

当儿童掌握粘贴的基本技能后，可以添加更多的材料，如大纽扣、布和纸（用不同的颜色，纹理、形状）、瓶盖。材料必须是安全的，不锋利，颜料不含铅，而且不能小到能被吞食。

为了使儿童有不同的感觉，不同的材质也可以用来当底板，如纸板、鞋盒盖，甚至麻布。老师和儿童应该运用他们的想象力来开发新的材料。

绘画 学龄前儿童也可通过颜料在色彩和形式的探索中得到很大满足。因为在画架前控制水滴的流动是一件很困难的事，所以让儿童在桌子上画画比在画架上更容易。而且，站在画架前，儿童很容易分心、走动。通常，这个年龄阶段的儿童喜欢把一种颜色添加到另一种颜色的上面，并且很享受这种效果。最重要的是，他们享受绘画这个过程。指画对这个年龄段的儿童来说是一个特别好的活动，因为可以一遍一遍地操作。这种活动强调的是过程，而不是结果。对这个年龄段的儿童来说，学习使用颜料是最基本的方法，也是非常重要的。这个年龄段的儿童乐于感受颜料，甚至用他们的上臂和手腕去创作。

为了节省指画的成本和尝试新的东西，让儿童在油布、塑料布、搪瓷桌面上画。然后把几张报纸铺在桌面上，轻轻抹平，这样画就可以转印在纸上。可能会有一些学龄前儿童不喜欢指画，不要强迫。应该安排儿童喜欢的一些美术活动。

拓印 拓印是一个适合这个年龄阶段儿童的能力、兴趣的美术活动。基本的拓印活动是儿童把物体浸在颜料里或在物体表面涂上颜料，印在纸上。同时，这也发展了儿童手和腕的小肌肉。因为每个东西都有自己的印记，所以他们知道每一个物体都有自己独有的特征。

对学龄前儿童而言，木块拓印是一个好的开始。把各种尺寸和形状的木块放到浓稠的颜料中并印在一张纸上。小树枝、木质的线轴、木质衣夹、瓶盖都适用。

在掌握木块拓印后，也可用其他物体来印制。本书中介绍了很多物品。开始拓印的一个好的方式是，使蘸上墨水的物体，如木质线轴、松果、马铃薯捣碎器一步一步地在纸上“走”到纸的另一边，再“走”回来，来回拓印。三四条线后，儿童已经做出了一个图案。

使用完一个颜色，洗净，再使用另一个颜色。三岁的儿童喜欢运用同一个拓印物体尝试不同颜色。他们甚至反复在同一张印画上使用不同的颜色。幼儿的更多拓印活动见第十三章和本章末。

蜡笔 蜡笔是幼儿最基本的、最熟悉的也是最简单的材料。给他们粗的蜡笔，因为大的、粗的蜡笔易握住，不像细的蜡笔易折断，而且能在纸上画出漂亮的颜色。

可以通过小面积着色来测试你的蜡笔的质量。质量好的蜡笔，一个颜色叠加在另一个的颜色上面很容易形成新的颜色。例如，在蓝色上叠加黄色，如果得到的不是鲜艳的绿色，蜡笔的质量就较差。再者，如果指甲能刮掉蜡，就证明这个蜡笔含蜡太多，蜡质与色粉融合得不好，质量差。

如果没有粗蜡笔，也可以买细蜡笔，但它们比较容易折断。为避免儿童因折断蜡笔而哭泣或受挫，最简单的方法是剥离蜡笔外面的纸，折断所有蜡笔，把它们放在托盘里。这样儿童就可以把注意力集中在画面，也没有来自比比谁的蜡笔是“新”的压力。

只使用几个颜色的蜡笔，鼓励儿童尝试不同的蜡笔用法，如用蜡笔的宽头或尖头来画。一般几个颜色就够了，不要买太多颜色的蜡笔，现成的颜色愈多，儿童混合、创造新的颜色的欲望就会降低。通常对颜色的需要，取决于儿童的年龄、发展水平、个性。

用蜡笔在46厘米×61厘米的新闻纸上画画刚刚好。而且，儿童应该有足够的纸，不应限制他们的使用。

大部分学龄前儿童只把蜡笔用在纸上。下面介绍使用蜡笔的其他几种方式，老师可以尝试一下。

- 配合蜡笔使用的各种材料。将蜡笔涂在许多材质的表面。包括：瓦楞纸板、纸礼品盒、食品托盘，泡沫塑料也可以；蜡笔在砂纸上也可以画出有趣的效果。
- 蜡笔拓印。蜡笔拓印是学龄前儿童很容易掌握的技术。将纸放在有纹理的表面上，用剥去表层纸的蜡笔在纸上摩擦，纹理便会显现在纸上，会形成一个图案。还可在凹凸不平的材料，如食品托盘、树皮、树叶、人行道、砖、瓦楞纸板上拓印。这项活动可以促进儿童大小肌肉的发展。
- 油水分离。另一种使用蜡笔的方法是油水分离。先让儿童用蜡笔在纸上画图案；然后在图案的周围涂上稀释的水彩颜料，并铺满图案以外的区域。在蜡笔覆盖的区域，会形成一种“抗力”，使其不会被颜料覆盖。深色水彩效果最佳，可呈现夜晚的感觉，这对儿童来说是一个令人激动的体验。

四至六岁儿童的艺术活动

相较于较小的学龄前儿童，有适合这个年龄组的材料和活动。尽管有一定的重叠，但是还是有明显的不同。

如，四至六岁的儿童，手指肌肉、手、腕的灵活度都有很大的提高；幼年儿童扣衣服、使用剪刀都会有很大的困难，这个年龄段多数人能用蜡笔、马克笔，甚至是铅笔和钢笔。由于他们还对家庭和学校以外的活动有浓厚的兴趣，所以要充分利用外部环境刺激学生的兴趣。他们画画和涂色的目的性更强，设计图案和图画都能胜任。

五岁或更大的儿童，如果有各种材料，会发现完成相同的任务的不同方式。例如，如果胶水不在手边，他们会用胶带和订书机来替代；没有纱线，就会用其他纤维打结、缝合、编织。找到一种令他们满意的材料，将更容易借此来表现他们的想法。大点的儿童知道通过不同的材料表达颜色、线、形状和纹理。

首次合作和小组美术活动通常会在幼儿园出现。在大多数的情况下，儿童在一起讨论，但会单独工作；然后教师帮助他们，安排个人在小组里的任务。

如果安排适当的美术活动，一至五年级的儿童将持续释放他们的创造潜能。现在让我们考虑一些具体的美术活动、所需的材料及策略。

读一读 积极看待注意缺陷多动障碍（ADHD）

如果你搜索“多动症”（ADHD），在网上你会发现大约624000条相关信息，丰富的信息有助于增强人们对它的了解。绝大多数资源都把多动症表述为“失调”，并且列出患多动症儿童的各种缺陷和困难。家长、教师、卫生保健专业人员和儿童自己在了解关于多动症诊断的消极方面之后都会变得非常沮丧。（舍曼、拉斯姆森、贝德拉，2006）

3%—5%的学龄儿童患有注意缺陷多动障碍（MTA合作组织，1999），这是一种最常见的儿童神经失调病症（席托、泰吉珊、本德尔·弗兰克，2000）。

注意缺陷多动障碍可以分为：多动行为、冲动行为和注意力缺乏行为，或三者兼具（美国精神病学协会，2000）。

许多研究注意缺陷多动障碍的人不认为多动症是负面的诊断，但诊断的社会观察是消极的（舍曼等，2006）。一位研究者指出注意缺陷多动障碍是一种特征而不是一种障碍，并概述了一个论点——注意缺陷多动障碍的特点与一个特定的基因相关，并称它为“爱迪生基因”，爱迪生被认为有注意缺陷多动障碍（哈特曼，2003）。研究者声称，这个特点与行为和技能相关，在狩猎采集社会曾是一种优势，在进化的过程中被保留下来。他认为这些注意缺陷多动障碍的症状可以被看作适应的特性。比如，注意力持续时间短、规划能力差、做白日梦、不耐烦可以被描述为灵活监测环境的能力，及时应变，对新的情况和声音的迅速反应，这些特点在狩猎采集社会生活中至关重要。（哈特曼，2003）。

但这些特点对农业社会来说是不可取的。农民的特点是耐心，有目的地组织，从始至终集中注意力。虽然警惕周围环境的变化和快速反应对猎人有利，但有计划、耐心，并保持注意力对农民更好。（哈特曼，2003）。

不幸的是，现代北美文化通常有利于农民的特点而不是猎人的特点，尤其是在教室。当儿童听讲时，他们被期望静静地坐在桌子前保持他们的手不动。他们必须在一个项目或课题上花费较长时间；作业必须在课余时间完成；信息是通过阅读、听或看来获得，而不是做。有农民特征的儿童是“正常”的，会表现得表较好；而有注意缺陷多动障碍的儿童，往往难以达到学习目标和遵守课堂规则。

本章讨论的目的是希望教师积极地看待教室里的注意缺陷多动障碍儿童，积极地看待是改善注意缺陷多动障碍儿童环境的第一步。

基本设备、材料和使用方法

以下列举的是儿童美术活动需要的基本材料和相关策略。在选择下列策略时，老师必须考虑儿童对肌肉的控制、协调能力和小组中儿童的整体发展水平。

绘画材料和使用方法

1. 将结实的纸（20 厘米 x 30 厘米或 30 厘米 ×46 厘米）平铺在桌上或地板上，或将它钉在墙上或画架上，也可以搭配使用不同形状和颜色的纸。

2. 直径为 2 厘米的大型蜡笔。儿童的小手指肌肉控制这个刚刚好。去掉蜡笔的表层纸以方便儿童使用蜡笔的侧面和两端。蜡笔是儿童理想的材料，大多数蜡笔画在纸上的效果都很好：它们醒目，颜色丰富，干净，廉价，由油、蜡质混合而成。蜡笔有不同类型，一般儿童使用的是软些的，或半硬的。

3. 多色和粗细不同的水性（可擦除的）彩色马克笔颜色漂亮、清晰，与颜料相比有明显的优势，在用完之前一直都能保持颜色鲜艳和清晰。

大多数学校把蜡笔或钢笔放在同一个篮子里。为了让儿童有一个单独的、全套的所需的颜色及工具，应该把它们放在不同的盒子里，这样可以减少争吵。另一个方法是选择用宽口的盒子依颜色放蜡笔。

粉笔及使用方法

1. 一个黑板与板擦，一叠湿 / 干的纸。

2. 一盒全彩色和白色粉笔。

粉笔廉价，颜色丰富，一般用在黑板上，但儿童在黑板上创作表现不佳，让儿童在人行道上创作会表现得较好，因为水泥粗糙的表面更容易使颜色被画上去并固着于表面。当孩子蹲下来画，他们更容易辨别画了什么。考虑到安全，必须给儿童解释为什么只能在指定位置画。

有些儿童不喜欢将粉笔混色使用，而有些儿童喜欢。不应该强迫儿童去改变，而应鼓励他们借助其他的工具，如手指、棉签等去探索。这样儿童就会做得很好，也会喜欢用粉笔表达。

粉笔最好是画在稍微粗糙、砂质表面的纸上，这样的纹理易固着粉笔的颗粒。很多纸如廉价的马尼拉纸都有这个效果。

粉笔很脆、易折断；作品也不易保存，完成后，应喷上“固定”液（普通发胶就行），并放在通风口风干。

湿粉笔的笔触具有强化效果。各种溶液可以做出有趣的效果。粉笔可浸在牛奶、糖和淀粉水中。水干之后会在粉笔表面形成保护层，在使用时，教师可以拿一块旧砂纸擦一擦粉笔头。

不同颜色的、粗的、软的粉笔易混色，所以应在每支粉笔上覆盖一张铝箔，保留约半寸粉笔外露，既防止弄脏，也可以防止混色，同时也方便存储。粉笔是发展儿童小肌肉、帮助儿童自由表达的入门材料。

在光滑的纸上画，先把纸用淀粉溶液浸湿，然后再用干粉笔画。用淀粉溶液摩擦少，也不伤纸。

另一种方法是，把粉笔浸在糖水中（一份糖，两份水）约 15 分钟，然后在干纸上画，干了之后，糖能使干粉笔看起来更有光泽。

刷涂材料

1. 把纸用图钉或夹子固定在画架上，画架必须适合儿童的高度，这样儿童不用踮脚也不用弯腰。也可以让他们坐在铺有报纸或旧浴帘的桌子上画画。

2. 各色纸（40 厘米 ×60 厘米）。

3. 三到四罐水彩颜料。这些颜料可以混合适当浓度的洗涤剂粉末。

4. 颜料罐。必须底平，不会轻易翻倒。把喝完的牛奶盒剪断就很好。另外，也可用塑料有盖的果汁瓶来储存颜料。

5. 每个罐子里放一把长柄刷子。手柄长 30.5 厘米、毛长 2 厘米的刷子适合儿童使用。软骆驼毛刷子可以让儿童自由挥洒。刷子弄湿后，聚锋效果要好；硬毛、平头的刷子难以产生流畅的笔触。

6. 工作服。袖子剪到适合儿童手臂长度的旧衬衫可以做成工作服。油布或塑料围裙也不错。大的塑料垃圾袋或报纸都可以改成艺术工作服，如在塑料袋的底部剪出头部和手臂开口。旧衣服也可以用来做工作服。

7. 晾干作品的地方。

调颜料 尽管调大量的颜料会节省老师的时间，但是对儿童来说是一个很好的学习机会。他们喜欢做这个，每天安排一两个学生帮忙。水和颜料的比例关系到颜色的丰富性、明度、黏稠度，因此，最好先把颜料放在容器中，然后再一点点地加水。一些老师喜欢用淀粉溶液来代替水，因为它会使颜料更加黏稠，然而这样会增加费用。加少量的液体洗涤剂可以使清洁更容易。另一种易于清洁的方法是，把纸裁成适合画架的大小并粘在画架上，当幼儿完成后，可以用湿纸巾或毛巾轻易擦除，而下一个学生又能立即使用，这教会了儿童如何清理并保持活动中心整洁，也可以发展儿童手眼的协调能力。

老师可以向儿童演示：画画时，把笔在颜料罐子上刮几下，这样颜料就不会滴下来；笔放在对应的颜料罐里，以保持颜料的干净。

一次在画架上多粘几张纸。很多老师把儿童的名字写在纸的背面，以避免儿童上色时把名字遮盖而无法辨认。为每个儿童保留一本成长作品集，方便在家长会上与家长分享儿童一年中的发展与进步。也可以用数码相机把作品拍下来，用录像的形式呈现儿童的成长。

在画架上画画 刚开始在架子上画，但只提供三原色（红色、蓝色、黄色），然后逐渐增加一些其他的颜色。在每瓶颜料瓶上贴上标签，如在蓝色颜料瓶上贴印有词语“蓝色”的

读一读 作为美术工具的计算机

现在的学生是有史以来最复杂的视觉观众。世界已经数字化，艺术世界也已经数字化，我们的学生很擅长使用电脑找东西。小学教室很少有计算机实验室，我们怎样才能使学生创造数字艺术？有许多方法可以把计算机转变为一种艺术工具、研究工具，以及演示工具。

艺术工具 如果学生成对或者轮流工作，六七岁的学生可以用他们名字首字母设计简单的标志并且用一个文字处理程序给它上色。学生可以扫描纹理或图案做一个数字拼贴画。他们可以用不同的颜色和字体创作诗歌、设计书籍的封面，设计单词和字母图案，它们打印出来并折叠后是一个雕塑作品等。学生可以在计算机艺术博物馆网站了解计算机艺术家。

研究工具 科学技术是最常用的艺术研究工具。小学生可以看艺术家的传记、人物生平、事迹、艺术风格或流派的演变和艺术媒体信息。当然，学生在研究中需要受到监管。他们需要一些安全的网站，其中没有淫秽信息。

演示工具 老师和学生都可以利用计算机做艺术报告。学生可以扫描自己的作品，做一个数字画册呈现给班级同学看，并向他们解释选择这些作品的原因。四五年级的学生可以对艺术家和制作艺术品的技术做一个简短呈现，用扫描的图像和文字资料比较不同艺术家和风格的差异（沃里克，2006）。

蓝色纸条，刷子应该彻底清洗并放好。教儿童如何擦洗使用后的画板及画架。

每天活动后，彻底清洗所有的画笔，笔毛弄干净放回原处。用湿毛巾和肥皂清洗画架和围裙。洗净、放回颜料瓶。剩余的颜料盖紧或用铝箔封好。挂好围裙和罩衣。

指画材料和使用方法

1. 表面光亮的纸。可以是厚的不透水的纸、抽屉衬纸、特定的手指绘画纸、冷冻包装纸、光滑的礼品包装纸。

2. 用水把纸张润湿。最好是用湿海绵或抹布，也可以把水直接喷洒到纸上。

3. 指画颜料。可以是特定的指画颜料，干水彩颜料混合液体淀粉或液体洗涤剂形成的浓稠溶液。

4. 用架子晾干完成的作品。

5. 每人一件罩衫。

6. 用来洗手和清洁的水池。若无水池，放一桶肥皂水、海绵和纸巾。

在活动之前，桌子的表面必须铺上油毡或塑料；孩子们应该穿上罩衫；准备大量的纸巾和干净的抹布；光面纸在盆里浸湿后平放在桌子上。

画指画最快、最简单的方法是用干的蛋彩颜料和淀粉溶液结合。舀一满勺淀粉溶液在纸上，撒上干的颜料。另外，有些老师喜欢把干的颜料加入淀粉溶液中搅拌。无论之前你准备得多充分，要根据儿童的需要，做出适当的调整，以便儿童有充足的颜料涂。允许儿童做色彩实验，如用手指、手掌、拳头、手臂来画。

儿童可以使用现成的颜料，也可以自己调配。把调好的溶液分成数份，然后再添加颜料。儿童可以添加自己喜欢的颜料——食用色素和颜料粉末；可以用盐瓶装粉末状的颜料，撒在溶液上，用手指调匀。混合颜料中加入肥皂（不是清洁剂）可以增加色彩的丰富性。指画也可以用有趣的材料，如布丁、冰淇淋、剃须膏。不过一定要检查标签上任何可能会让儿童过敏的成分。

其他不同的做法。另一种方法是在桌子上覆盖白色油布，让儿童在油布上画画。活动结束后，颜料可直接冲洗掉。这项活动适合所有年龄的儿童。

为了制造不同效果，可用蜡纸代替指画纸，其透明的特性会产生一个有趣的效果。将液体餐具清洗剂混合深色水彩颜料（一份颜料、一份肥皂）应用到蜡纸上，均匀涂抹在蜡纸表面，儿童就可以用手指做一个简单的设计了。指画也可以不需要纸张。儿童用手指直接将颜料涂在塑料托盘或桌面上。完成以后，把一张纸放在指画上面，轻轻抹平，转印在纸上。用这种方式，托盘或桌面也很容易冲洗干净。

粘贴材料及使用方法

1. 小瓶糨糊。（给每个儿童一勺糨糊放在方形的蜡纸上，防止浪费）。木质的压舌板是很好的涂抹工具，也可以用手指或胶棒。

2. 不同尺寸、颜色的纸。

3. 拼贴材料。不同颜色、形状的废布、纱、羽毛、锡纸、线、豆类、木屑、瓶盖、纽扣、塑料泡沫、岩盐、树皮和任何其他看起来很有趣的东西。

4. 钝头（安全）剪刀（左、右手型）。粘贴活动应远离堆积木等大肌肉活动区域。所有材料应放在儿童高度的架子上。材料归类放于篮子或透明塑料盒中，儿童需要时，可以很方便地找到他们想要的材料。有些儿童喜欢撕、贴，另一些儿童则更喜欢剪和贴。当然，儿童应该先学会剪刀的安全使用规则。教师还必须保证所有的儿童使用的都是安全剪刀。

糨糊放在小塑料瓶中，使用完，让儿童把盖盖上。帮助儿童用数字或色标标注罐子的底部和顶部。向儿童演示如何用颜色和数字匹配罐子和盖子。用这种方式，儿童不仅学会了盖盖子，同时也认识了数字和颜色。演示如何冲洗糨糊刷和放回材料。安排一个晾干作品的地方。

可将家庭回收废弃物用作清理工具。如用铝质罐头瓶、冷冻食品托盘装颜料、糨糊、胶水等材料。在活动结束后，你可以回收铝质罐头瓶。另一种方式是，用胶带把大的袋子固定在桌子的一侧。儿童完成作品时，可以很容易将废料从桌子上推进袋子里，然后丢进垃圾桶。

回收艺术材料和使用方法

1. 糨糊、胶水、胶带、订书机。
2. 彩色薄绵纸。
3. 彩色胶带、胶圈、星形物和图案。
4. 蛋彩颜料、粉笔、蜡笔、彩色马克笔。
5. 零碎材料——蛋托、塑料泡沫、塑料瓶和盖子、松果、羽毛和纽扣。回收物的艺术活动有大量的材料，所以材料都要归类，并在一个等同于儿童高度的地方放置这些材料。

废布应该放在一个盒子里，在外面贴一块废布，让儿童很清楚地知道盒子里是什么东西。塑料透明盒是非常适合储存碎料的，因为很容易看到里面的东西。纽扣可以放在松饼罐、塑料袋 、塑料盒或木质珠宝盒中。关键是让每种材料放在特定的地方，为活动做准备。

若能井然有序地整理这些材料，把胶水、剪刀、纸和其他材料放在儿童能够得着的地方，不仅能鼓励儿童独立工作，还能使清理变得非常容易。

陶土和面团的材料及使用方法

1. 黏土、陶土和面团。
2. 用塑料贴面的桌子。
3. 黏土工具，如擀面杖、饼干模型、勺子、塑料刀。

玩黏土和面团活动要远离大肌肉活动区，如积木、汽车玩具、攀爬玩具。在桌子上铺上

想一想　艺术展览

除了公告板外，还有很多方法来展示儿童的艺术作品。以下有一些想法帮助你用新的方式展示小艺术家的作品。

· 个性化展示。在一个大的公告板上，为每一个艺术家标记一块单独的区域。让儿童带上自己的照片，要求他们画自画像挂在自己的作品上。鼓励儿童讨论和选择他们想粘贴在公告栏上的作品。

· 交互展示。让儿童做一组拼贴材料并且展示出来，当观众看的时候，鼓励他们去触摸它。在图片上做一个窥视孔，鼓励儿童去猜窥视孔的下面是什么，如果他们猜的正确，就把画举高。

· 在鱼线上悬挂线制雕塑（wire sculptures）。

· 在地板上放置方纸箱，在上面粘上透明的玻璃纸，可以透过玻璃纸观看作品。

· 为展示作品做一个有弹性的“晾衣绳”，展示在墙上时有0.6厘米长的伸缩范围。把它钉在一个地方，用小衣夹挂儿童的作品。绳子伸缩范围小，就可以在固定的地方用衣夹来夹新作品。

· 一个有趣的展示方法是，在教室地板上，将一块巨大的、清晰的防碎玻璃盖在儿童的艺术作品上，鼓励儿童仔细观看他们的艺术作品。

塑料或油布以便清理。幼儿喜欢在单独的塑料垫、纤维板、方块麻布或牛皮纸购物袋上玩黏土。报纸不适合，因为纸受潮后会和黏土粘在一起。黏土作品变硬后，就可以彩绘，所以要把黏土放在一个通风的地方来晾干。因为需要几天才能晾干，所以应选择放在较少使用的角落。

任何黏土作品都需要经过几个阶段：成型、干燥、画。因为这个活动比较耗时，一些儿童可能会失去兴趣以至于不能完成作品，所以教师必须了解儿童的兴趣持续时间，准备材料、成型、干燥、绘制所需的时间，再决定儿童能否坚持到最后。不然作品完成得太匆忙，对老师和幼儿都不是愉快的经历，大家也就感受不到活动的乐趣。

陶土 湿陶土可以在任何艺术供应商店里买到，它比干粉更容易处理。陶土有两种颜色：灰色的和赤色的（赤土色看起来很漂亮，但会弄脏衣物，而且很难清理）。陶土需要在一个密封的容器里储存，以保持其可塑性。如果孩子们要玩一整天的话，把它搓成大的球，用拇指按个坑，然后在坑中放入水，再放在容器里。用油布包陶土，挂起来晾干，抖一抖，收起来，下次还能用。

做面团 尽量让儿童参与到做面团中，这样，儿童会学会配比、搅拌，获得想要的效果，并有机会分工合作。

把生面粉放在较深的洗碗盆中，这样可以保证儿童有更多的参与机会。蛋彩粉状颜料是最有效的染色剂，它会使面团有一种鲜艳的颜色。倒水前，先加色粉。面团可保存在冰箱，重复使用。使用前，先把面团取出放在常温下，避免过硬而无法使用。剩余的第二天使用的要添加面粉或玉米淀粉以减少黏性。

清理 用海绵擦桌子、垫和板子。麻布干燥后，轻拍上面的黏土，然后叠起来。杂货袋可以扔掉。粘上黏土并结块的手和工具不能在水槽里洗，以避免排水管堵塞。可以先用纸巾来擦手和工具，在装肥皂水的盆中清洗。等黏

读一读 创造性的预算

绘画用品可以占用你很大一部分的预算。以下建议可以帮助你减少预算，甚至可以激发你的创造力：

1. 水彩盒里剩余的水彩颜料可以放入蛋托里，让它们变干变硬，以便再次使用。

2. 装颜料容器必须结实、廉价。如下是可以做颜料罐的材料：

· 同时用几种颜色的话，用蛋托和松饼的盒子比较适合。

· 用棉签画画时，蛋托很适合。将装蛋的盒子分成 3—4 块，再在每个蛋托内倒入少量的颜料。

· 用清洗剂的瓶子储存液体颜料，既方便储存，也方便再次使用。

· 使用颜料杯时，最好做一个不易翻倒的杯架，可以使用牛奶瓶或果汁盒来做。

· 海绵有很强的吸水性。在海绵的中心剪一个洞，然后将海绵套在颜料罐上，海绵既可以吸收滴出来的颜料，也可以使瓶子不翻倒，保持桌面干净。

· 用弹簧夹夹棉花球画画也很有趣，弹簧夹就如画笔的手柄一样，儿童很容易抓握。

土颗粒沉淀下来，把肥皂水倒掉，再把沉淀物扔进垃圾桶里。注意：儿童可能会在水槽中洗手，工具也可能会包在纸巾里。

煮熟的玉米淀粉是唯一特别难清洗的东西，因为它们会在锅底留下一层坚硬的锅巴。但在凉水里浸泡一两个小时就会形成果冻状的物质，很轻易就能刷掉。若在午睡时间浸泡，儿童会对浸泡后软化的胶状物感兴趣，可以让一两个儿童来清洗。

木工材料和使用方法

1. 软木块（木材边角料）。
2. 大头钉。
3. 木质的线轴、软木塞、树枝。
4. 木质纽扣、绳子和丝带（可以钉到木头上，或者系在钉入木头的大头钉上）。
5. 瓶盖。
6. 小尺寸木工工具（先提供锤子和钉子，根据情况再提供锯、螺丝刀、钳子、钻）。
7. 工作台。
8. 砂纸。
9. 把老虎钳或C形夹放在工作台的角落，与工作台齐高。
10. 安全护目镜。

较大儿童适用：

11. 螺钉和螺丝刀。
12. 铅笔、尺子、卷尺。
13. 锉刀、木工刨、水平仪。
14. 撬棍。

木工需要在一个远离其他活动区的独立区域进行。给儿童提供大量的好木料和令人满意的工具，以及一个高度适中的牢固工作台。

木工活动最基本的工具是铁锤，必须是坚硬的，而非图钉软锤。锯子必须是横锯，长度适合儿童使用。好的台钳可以提高活动的安全性，最好有两个，以便工作台两边的儿童都可以使用（C形铁夹可以提高锯木的安全性，也较为便宜，否则，当儿童锯木时，把木板钉在桌子上，之后去掉铁钉会是件烦琐的工作）。

年幼的儿童很喜欢锯包装电子设备的泡沫塑料，这样的材料或石膏板很容易钉进钉子，两三岁的孩子玩起来正好。大一点的儿童可以配合些软木。

橱柜工厂是寻找木材废料的好地方，但需挑选表面光滑的。不同长度、大小的木材可以增加趣味。木材的种类越多，越具有挑战性。另外，在一个老树桩上钉钉子对儿童来说也是非常有趣的。

木工活动需要成人的指导，因为儿童很容易用锤子和锯子伤害到自己或其他人。以下是指导老师和成人的注意事项：

- 尽可能地靠近木工活动区，每个孩子都能在老师触手可及的范围内。
- 一个成年人指导的儿童不要超过四个。一次只能有一个儿童使用锯子。
- 向儿童演示如何使锯子及锤子，以免伤害到自己和他人。
- 一次只取少量的钉子。
- 永远不移开视线，就算只有几秒钟。
- 经常使用的工具挂在工具板上，不经常使用的工具放在橱柜里。把每个工具以略图标记在橱柜上，以便儿童依据图案放回原处。（更多木工信息见十四章）

木工活动的调整：

- 随着儿童技能（自我控制）的提高，要变换儿童使用的工具。
- 在五金店购买论斤买的各种尺寸的钉子，儿童喜欢把不同的铁钉分类。分类后装在小的箔盘中。盘子可以钉在板子上，防止翻倒。
- 提供各种用于木工的装饰，如电线、粗毛线、木质线轴（包括可穿过线轴的钉子）。
- 让儿童戴上护目镜。
- 提供圆形物品当轮子，如瓶盖、扣子。
- 提供各种尺寸的木钉，以配合不同尺寸的孔。
- 年幼的儿童可以使用有手柄的橡皮锤。

安全

在本章任何美术活动中，要确保使用的美术用品都是安全的。潜在危险的材料如下：

- 粉质黏土。很容易吸入并且含有硅，对肺部有害。可用不扬尘的湿黏土。
- 油质颜料（需要用溶剂如松节油来清理）。应只使用水质颜料。
- 商业染料，含有化学添加剂。只使用天然的植物染料，如用甜菜、洋葱皮等制成的染料。
- 油性马克笔可能包含有毒的溶剂。应只使用水溶性笔。
- 即时混凝纸可能含有铅或石棉尘。只使用黑白报纸、糨糊或液体淀粉。
- 即干胶、橡胶或其他溶液调制的胶水有毒。只使用水溶性胶水。
- 喷雾颜料可能有毒，而且喷雾也使它们更加危险。

教师应该：

- 阅读标签说明。
- 检查适用的年龄范围。如贴有圆形的AP（批准的产品）和CP（认证产品）标志的材料，即使摄入，对儿童来说是安全的；有方形的“健康标签”的产品只适合十二岁以上的儿童使用。
- 阅读标签说明，并遵照指示做是避免儿童接触有害化学品的最好的方法。一般危险的消费产品肯定标有识别危险化学品的标志。对警告标签也必须认真对待。它们之所以存在，是因为这些产品中含有的化学物质被吸入、被摄入或被皮肤吸收，都会有危害。

仔细寻找标签并阅读：

危险——极易燃，有腐蚀性或剧毒

毒——毒性较大

警告或注意——毒性较小

- 查找其他关键的短语，如“吞食有害”“避免与皮肤接触”和“易燃”，这些都表明材料有直接或潜在的危害。旧的材料（例如橡胶旧瓶子）或“专业”的产品（如一些颜料和摄影冲洗液）可能没有警告标签。让儿童远离未标记的产品。
- 检查通风。在大多数情况下，打开一个门或窗是不足以通风的。你可以通过打开窗户，打开风扇来通风。如果天气允许，也可以把你的艺术作品放在外面。
- 只使用无毒材料，避免因孩子无法阅读或理解安全标志所带来的危害。
- 不要一边使用材料，一边吃东西；用后要洗手并整理材料。
- 除非是专业产品，否则不要用作皮肤彩绘或作为食品添加剂。
- 不要更换材料的原始容器，避免丢失产品包装上有价值的安全信息；原始容器的密封性也比较好，可避免儿童摄入。
- 了解你的学生。
- 注意儿童的过敏原，如对小麦过敏的儿童，可能对混凝纸中的面糊过敏。其他易过敏的材料包括粉笔、其他粉尘材料、水基黏土和含石化物质的材料。
- 注意学生的习惯，如把东西放在嘴里（这可能发生在任何年龄阶段）或其他过激的行为。运用你对学生的了解来设计安全的美术活动。
- 如果标记上写着“无毒”或未说明是“永久性墨水”，这种墨水就是水性的。水性材料不仅使用起来很安全，而且很容易从墙上擦掉。

为有特殊需要的儿童调整课程计划

许多早期教育课程考虑了有特殊需要的儿童。尽管这本书不是一本特殊教育的教材，但还是在此提供了一些关于如何调整课程计划以适应有特殊需要的儿童的基本信息。

发育迟缓

发育迟缓的儿童学习新技能需要重复多次。因此，发育迟缓的儿童会出现这样的情况：今天似乎已经掌握了任务，同样的任务第二天又不会了。这种前后不协调在发展迟缓的儿童中很常见（古尔德、沙利文，1999）。

开放的美术活动最适合发展迟缓的儿童。有效的策略是：技术示范、任务分解、手把手教。当场示范或是把活动分解分成一系列的小步骤都很有帮助，但最为重要的是帮助他们一步一步地完成。此外，有些儿童可能会需要你完全手把手地教，如将蜡笔放在儿童的手中，然后握着儿童的手在纸上画线。

手部肌肉无力的儿童抓握困难。对于这些儿童而言，短粗的材料（粉笔、蜡笔和刷子等）比市面上销售的材料更容易抓握，可以把粉笔和蜡笔弄断以方便他们使用。

其他的建议包括：

· 用彩条粘在画笔的末端约一寸的地方，提示儿童的手指应该放在这儿。

· 为手臂大肌肉发育迟缓的儿童准备大纸张。

· 在美术活动中，将纸水平地放在桌子、地板上或粘在画架、门、墙上。在这之前先铺一层塑料、浴帘、桌布，避免弄脏。

· 用胶料、夹子等固定纸，避免滑动，同时鼓励儿童用不握笔的手按着纸。

· 对于脑瘫儿童来说，通过身体和口头不断地提示：一只手画画，另外一只功能性差一点的手配合着按着纸，这样孩子会从中受益。

· 将纸放在结实的衬衫大小的盒子里，以形成一个防护墙，来防止笔画出纸外。

· 黏稠的材料可以增加阻力，并使线条更加清晰。可以用玉米淀粉、盐、糖、面粉、木屑或沙子等材料增加黏性。

身体损伤

针对上身、手臂、手、手指活动有障碍的儿童，美术活动必须做出相应的调整。下面是一些有用的策略。

· 用胶料、夹子固定纸，防止滑动。

· 鼓励儿童用不握笔的手按着纸。

· 将纸放在结实的衬衫大小的盒子里，以提供一个防护墙，防止笔画出纸外。

· 使用黏稠的材料增加阻力并使线条更清晰。

· 可以在颜料中加入玉米淀粉、盐、糖、面粉、木屑、沙子，使其变黏稠。

视觉障碍

视觉障碍是一个通用的术语，包括从弱视到完全失明。有视觉障碍的儿童通过触觉、嗅觉、味觉和听觉了解周遭的事物和人，他们无法观察和模仿。为此，教师在活动中要向他们描述房间的模样，家具和玩具摆放的位置，房间里的其他人在做什么，这些对他们来说很有帮助。

虽然有些有视觉障碍的儿童不喜欢光，但大部分儿童还是需要明亮、均匀的照明。为了减少刺眼的光，可以用一张暗色的桌子。如果没有这种类型的桌子，可以在桌子上贴一张浅色绘画纸，并把桌子放置在房间里不刺眼也没阴影的、光线最佳的区域。另一种减少反光的方式是使用亚光纸来代替白纸。

其他的建议如下：

· 使用高对比度的材料，如在浅色的纸上使用明暗对比强烈的颜色。有视觉障碍的儿童很容易辨别红色、黄色、橙色，尤其是在深蓝色的背景下。

· 在纸的下面放张网格筛子，当儿童用蜡笔涂完颜色后，能感觉到凸起的创作效果。

· 如果儿童没拿过蜡笔或马克笔，那就要教儿童如何抓握。

· 把纸垂直挂在与眼睛水平的位置的架子上或是贴在墙上。让儿童的头和眼睛保持中正。

· 用马克笔或蜡笔来代替颜料。当儿童使用颜料时，视线经常要在画纸和颜料之间来回转换，用马克笔和蜡笔可以减少视觉转移。

· 在颜料中添加增稠剂、香料等。在颜料中加入青柠檬汁、香草精、肉桂，就能使儿童闻到清香的气味。可以在颜料中加入沙子、盐、面粉、玉米淀粉、木屑使颜料变得黏稠。

· 让儿童有足够的时间来完成作品。因为美术活动对有视觉障碍的儿童而言是非常疲劳的，应降低活动的强度，鼓励他们经常休息，经常做放松的活动。（古尔德、沙利文，1999）

注意缺陷 / 多动症和行为问题儿童

有注意缺陷多动障碍（ADHD）的儿童对任何老师都是一个挑战。有注意缺陷多动障碍（ADHD）的儿童注意力持续的时间很短，而且好动。有注意缺陷（ADD）的儿童则只是注意力的时间很短，没有多动症。

以下是相关的建议：

· 设置相对自由的艺术活动如用手指绘画抓住儿童的兴趣，延长注意力时间。因为这些活动允许儿童用非语言、和谐的方式表达他们自己。

· 用时间或其他提示从一个美术活动过渡到另一个活动。如在清理之前、活动之后的歌，是给儿童几分钟的适应时间，告诉儿童不久之后便是打扫时间。

· 先给儿童一个明确的预期。例如，这个活动可以持续 15 分钟。时间快到时，提前给一个提示。

· 允许儿童站在桌子上或跪在椅子上。有时候，这些姿势可以使儿童注意力时间延长。如果儿童喜欢坐着，要保证椅子有一个合适的高度，使儿童的脚能平放在地板上。

· 在美术活动中允许儿童躺在地板上，这个姿势使身体的大部分与地面接触，可以使好动、烦躁的儿童安静下来。

· 给儿童多种选择，而不要抱怨。提供的选择对你来说要能接受，儿童也可以控制。例如，问一个儿童愿意用粗的刷子还是细的刷子，是用蓝色的纸还是白色的纸。

· 工作区要界限分明、空间足够。如果可能，让注意缺陷多动障碍儿童的画架靠近桌子，让他们单独工作。或把纸放在托盘上，为儿童提供一个明确区分的区域，集中他们的注意力。

· 充分利用儿童额外的精力，让他们做教室里跑腿的工作。如，将通知从老师那里拿到办公室；课程结束后，把椅子放到桌子上；或者帮老师整理材料，把画挂好。

· 确定一个安静的区域和创造时间，以保证与孩子一对一互动，并一起解决问题。

总结

幼儿艺术课程是幼儿教育中的一部分，让儿童有机会接触各种材料和技术。提供时间、地点，让他们把想法、感受、感觉、行动和能力结合起来，用在他们自己的创造中。

学步儿童是非常活跃的，试图探索每一件事。因此，他们需要牢固的材料，且不能有被他们吞食的细小的碎片。一次只放适量的材料，因为有太多的选择会使儿童有压力。艺术材料如蜡笔、粉笔、面团、颜料都需要经常供给初学走路的儿童使用。但这些材料都需要在成人的监管下使用，并鼓励他们正确使用。关于学步儿童艺术中心的设置，空间要大并保证其通畅，因为学步儿童很容易跌倒，喜欢随处抓、跑动。

二至四岁的儿童兴趣持续的时间很短。即使是最有趣的活动，他们的注意力也仅仅能持续 10 至 15 分钟。因此，教师必须准备几个活动，或有备选的活动。适合这个年龄的儿童的美术活动有画架画、指画、拓印、拼贴、蜡笔画、面团、制作简单玩偶、雕刻。

四至六岁的学龄前儿童小肌肉发展得好一些，可以很好地控制手指、手和手腕。所以他们更喜欢用剪刀、小刷子，并尝试用各种颜色的马克笔。这些活动也适合小学中、高年级的学生。

美术活动的目标必须考虑儿童的年龄、兴

趣能力。美术活动的一个重要目标是培养儿童的创造力和独立工作的能力，但主要目标是让儿童以自己的速度成长。

教师在艺术课程中扮演着非常重要的角色，他们必须选择合适的材料、合适的方法设计美术活动。教师应不断调整幼儿的课程，来满足有特殊需求儿童的需求。

学习活动

1. 除非检测和实验，否则很难真正做到鉴别面团配方各自的优点。在班级活动中，有志愿者把面团做好带到课堂是最好的。

2. 假设一个坏仙女已经挥动她的魔杖，规定在你学前教育的一年中只能选择三种基本的创造性自我表达的材料，你会选择哪三种？为什么？让一到五年级的儿童也回答相同的问题。

3. 假设同样的坏仙女再次挥舞魔杖了，现在你的创意活动中只能购买颜料和胶水（甚至没有纸），在只提供这些材料的条件下，能开展什么样的活动呢？请具体说一说如何获取必要的免费材料。

4. 观察一个或几个幼儿美术活动。在观察中注意这几点：①设备及活动是否适合幼儿的年龄、能力和兴趣？②艺术区是否布置得恰当？③幼儿是否能自由地月材料做他们想做的东西？

5. 为下列美术活动布置一个教室，真实的或想象的：①指画。②拼贴。③制作布偶。布置时需考虑：①水源的位置。②区域准备。③材料准备。④儿童的准备。⑤教师准备。⑥活动本身。⑦清理。⑧完成或未完成的作品的晾干及储存。

6. 画出为三至五岁儿童设计的教室图纸，包括以下活动区：刷子和指画；蜡笔；粉笔画；黏土；木工；布偶；废料艺术；混凝纸活动。

图纸上必须显示这些空间：储物空间、储水空间、儿童高度的架子、光源、干燥区域。

7. 询问儿童什么部分最难清理。记录答案，再看哪项出现的频率最高。检查看是不是因为教室布置、材料的摆放、水源或其他原因。

8. 找零碎的东西。①可以用于美术活动中的东西，包括：线轴、泡沫塑料、羽毛、纽扣和铝箔。②用最适合的方式将材料分类存储，并在每个容器上贴标签以便儿童辨识。

9. 为一至五年级的儿童画美术活动教室草图。活动区的布置如第 6 题所示。

10. 公元 105 年，中国汉代官员蔡伦发明了纸，蔡伦纸是用竹子、桑树纤维、渔网和破布做成的。在纸发明之前，人们用什么来书写？你能说出纸的十种用法吗？还有其他什么材料可以做纸？你知道现在的纸是由什么做的吗？你们学校回收纸吗？

11. 尝试以下这些美术活动后的清理诀窍：

幼儿园到二年级儿童：让他们站成一条线，伴随着有趣的音乐围着教室行进。最前面的儿童捡起队伍前面的垃圾，然后走到最后面。依次轮到下一个儿童。儿童喜欢玩这个游戏。

三至五年级：在房间里走动，捡三个垃圾就做一个记录。给儿童 1 分钟的清理时间，并给予奖励。

12. 比较幼儿园用的一系列艺术材料。按对儿童最有价值的顺序排列。其中有没有不符合儿童发展水平的材料？为什么？

读一读 沙子、艺术和探索

传统的沙盘往往局限于通过挖、轻拍、平滑、推、装砂等活动来发展儿童的协调性和视觉感知。沙盘可以定义成感官台，因为它能给儿童提供许多感官体验。这也是艺术探索的一个区域。

学龄前儿童活动的沙盘或感官台通常是矮的桌子，里面有沙子、车辆、动物、铲子和各种各样的漏斗、杯、勺。因为预算有限，许多幼儿园教室里没有沙盘或感官台。用一个大的、装满沙子的、有活动盖子的塑料桶也能给提供儿童很多创造性的体验，对儿童来说也很有价值。

沙盘提供了大量的沙子，让儿童以沙为基础形状创造性地表达。在感官台上的美术活动课程也会涉及许多触觉经验。当儿童在使用感官台时，试试如下触觉体验：

· 在课程中，把沙和塑料花放在感官台上面。在桌子上放几个花盆、手铲、装满水的喷雾瓶。儿童可以把花种在花盆里并在感官台上做花床。

· 把碎纸散落在感官台上，加一些磁性物品和磁铁棒。儿童可以在不同的项目中寻宝，并给一个杯子来放他们的“宝物”。

· 在感官台上试试这种“神奇”的实验。找一个干净的、容量为一升、带瓶盖的苏打瓶，用钻头（或锥）在瓶底穿三个小孔，装满水并盖上。不拧上盖，水会从瓶底流出来；拧紧瓶盖，则水不会流出。这对幼儿来说，几乎是“不可思议”的。他们会反复拧紧、拧开，这也有助于他们的小肌肉的发展。对年龄较大的儿童，这也是介绍空气和压力关系的好方法。

· 在商店的渔具部门买一些胶鱼放在感官台上，或者加几个小的水网来抓塑料鱼。在水里加蓝颜色的饵料，会使它变得更有趣。

· 在感官台的宠物组增加一些毛绒玩具，再添加狗骨头、狗粮、测量装置等，孩子们会很喜欢给他们的“动物”喂食。

· 把绿色复活节草“种在”感官台上，并添加大量的塑料虫子、蝴蝶、蛇和其他小动物。儿童会喜欢寻找和识别这些动物。昆虫方面的书也可以放在手边，以便他们查阅虫子的资料并和感官台上的昆虫进行对照。

· 把狂欢节珠子放在台子上。提供剪刀、碗和一个大镊子。让儿童测量穿珠子的线的长度，用剪子剪珠子中间的线，用镊子夹珠子，并按大小和颜色分类。这是一个锻炼儿童手眼协调能力的极好的活动。

本章回顾

1. 在美术活动中，作品和过程哪个更重要？为什么？

2. 选择描述幼儿艺术教育的重要目的：

①艺术给儿童一个去尝试新材料和技术的机会。

②艺术帮助儿童做出完美的艺术品。

③儿童有机会表达经历和感受。

④美术活动重点是不断地尝试各种材料的经验。

⑤幼儿学会如何复制样品。

⑥学会评价自己的作品和其他儿童的作品。

⑦在艺术上的成功有助于培养儿童的自信。

3. 根据下列活动选择一系列材料。

①蜡笔画

a. 新闻纸或马尼拉纸（20 厘米 ×30 厘米或 30 厘米 ×46 厘米）

b. 白色皱纹纸

c. 彩色薄纸（46 厘米 ×61 厘米）

d. 彩色马克笔

e. 去包装纸的大蜡笔

f. 有包装纸的大蜡笔

②粉笔画

a. 彩色、白色粉笔

b. 彩色薄纸

c. 湿的和干的纸

d. 黑板

e. 橡皮

f. 铅笔

③ 水彩画

a. 画架

b. 30 厘米 ×30.5 厘米的皱纹纸

c. 普通的或柔软的 40 厘米 ×61 厘米的新闻纸

d. 图画纸

e. 蛋彩颜料

f. 指画颜料

g. 胶水

h. 水彩笔：30 厘米长手柄，2 厘米长笔毛

i. 工作服

j. 晾干作品的区域

④指画

a. 粗糙多孔纸

b. 光亮的纸

c. 水

d. 蜡笔

e. 用指画颜料

f）彩色薄纸

g. 工作服

h. 晾干作品的架子

⑤粘贴

a. 小罐胶水

b. 小罐糨糊

c. 23 厘米 ×30.5 厘米的皱纹纸

d. 彩色薄纸

e. 普通的或马尼拉图画纸

f. 左、右型的钝头剪刀

g. 拼贴材料

h. 订书机和订书钉

⑥布偶和废料的艺术

a. 纸袋

b. 盒子

c. 剪刀、纸、糨糊、颜料

d. 木棒

e. 面团

f. 彩色胶带

g. 纸板卷

h. 杂物

i. 密闭的容器

j. 袜子和手套

⑦ 陶土和面团

a. 橡皮泥

b. 陶土

c. 开口容器

d. 密封容器

e. 胶木桌子

f. 油布

g. 颜料

h. 剪刀

i. 陶土工具

j. 现成的面团

k. 在儿童协助下做的面团

⑧木工

a. 颜料

b. 工作台

c. 软木

d. 瓶盖

e. 砂纸

f. 木质的线轴、软木塞、树枝

g. 陶土

h. 铁钉

4. 为下列幼儿美术活动基本目标的陈述，选择正确的选项。

①美术活动最基本的目标是：

a. 培养优秀的艺术家

b. 符合儿童的年龄、能力、兴趣

c. 融入整个学前课程中

②学习成为一个有创造力的思考者

a. 小学阶段比幼儿阶段更重要

b. 不是美术活动的目标

c. 是美术活动中的一个重要目的

③美术活动必须让儿童自由地：

a. 以他们自己的步伐成长

b. 做他们高兴的任何事

c. 违反安全规则

5. 以下使用材料的技巧最佳的描述是：

① 针对年幼的儿童，最好如何开始?

a. 提供多样的材料

b. 最基本的材料

c. 小肌肉活动

②老师必须避免：

a. 做示范让儿童模仿

b. 在材料上帮助儿童

c. 在清理时间提出建议

③绘画活动应该：

a. 在安静的活动区

b. 在远离攀爬玩具的区域

c. 只在有阳光时提供

④指画最好用：

a. 粗糙、多孔、干燥的纸，在木桌上

b. 光亮的纸，在地板上

c. 光亮的纸，铺有胶木和油布的桌子上

⑤如何最好地保存粘贴材料：

a. 不让儿童拿到的地方

b. 放在与儿童高度齐平的架子上

c. 上锁的柜子里

⑥回收废料美术活动需要：

a. 大量的整理好的材料

b. 杂乱摆放的材料

c. 少量的材料

⑦木工是一种什么活动：

a. 几乎不需要监督

b. 需要成人细心监督

c. 对儿童来说太危险了

⑧在木工和其他的活动，最重要的是鼓励儿童：

a. 模仿老师的作品

b. 模仿其他儿童的创意

c. 以自己的想法创作

6. 列出为学步儿童布置美术活动区的一些特殊的考虑事项。

7. 列出大一点的学龄前儿童的技能、兴趣、能力。

8. 列出适合较大学龄前儿童的美术活动。

9. 下列关于二至四岁儿童的技能和能力的叙述中正确的是哪几项?

①较小的学龄前儿童通常是：

a. 小肌肉比大肌肉发展得好

b. 大肌肉比小肌肉发展得好

c. 大肌肉和小肌肉发展得都好

②较小的学龄前儿童的兴趣持续时间

a. 长，超过 20 分钟

b. 短，不超过 1 分钟

c. 短，10 至 15 分钟

③为学龄前儿童设计活动时，教师应该：

a. 整个组只设计一个主要活动

b. 供不同兴趣的儿童选择

c. 只设计有挑战性的活动，激发儿童兴趣

④供学龄前儿童使用的好的艺术材料是：

a. 钝头剪刀、宽头刷子、大的蜡笔

b. 窄头刷子、圆珠笔、陶土

c. 橡皮泥、面团、彩色马克笔

10. 为下面有特殊需要的儿童至少列出两个合适的艺术活动：

①发育迟缓。

②视觉障碍。

③注意缺陷。

④身体障碍。

参考文献

American Psychiatric Association.（2000）. *Diagnostic and statistical manual of mental disorders.*（4th）Washington，DC: Author.

Clemens，S. G.（1991）. Art in the classroom: Making everyday special. *Young Children*，46，4–11.

Gardner，H. E.（1993）. Multiple intelligences. New York Basic Books.

Gardner，H. E.（1999）. Intelligence reframed. *Multiple intelligences for the 21st century.* New York: Basic Books.

Gould，P.，& Sullivan，J.（1999）. *The inclusive early childhood classroom: Easy ways to adapt learning centers for all children.* Beltsville，MD: Gryphon House.

Hartmann，T.（2003）. *The Edison gene: ADHD and the gift of the hunter child. Rochester*，VT: Park Street Press.

Lowenfeld，V.，& Brittain，W. L.（1987）. *Creative and mental growth of the child*（8th ed.）. New York: Macmillan.

MTA Cooperative Group（1999）. A 14–month randomized clinical trial of treatment strategies for attention–deficit/hyperactivity disorder. *Archives of General Psychiatry*，56，1073–1080.

Sciutto，M J.，Terjesen，M. D.，& Bender Frank，A. S.（2000）. Teacher's knowledge and misperceptions of attentiondeficit/hyperactive disorder. *Psychology in the Schools*，37，115–122.

Sherman，J.，Rasmussen，C.，& Baydala，L.（2006，Summer）. Thinking positively: How some characteristics of ADHD can be adaptive and accepted in the classroom. *Childhood Education*，196–200.

Warwick，S.（2006，October）. But I only have one computer. *School Arts*，34–35.

第十三章

二维艺术活动

▶ 教学目标

学完本章，你应该能够：

1. 描述工具和材料，掌握图画（拓印）和拼贴等二维美术活动的技法和技巧。

2. 定义“拼贴”“蒙太奇”。

以儿童的发展水平、创造力、审美能力为基础，计划和实施创造性活动。现在让我们具体来看图画的制作，拓印、拼贴的一般程序。在这一章你会注意到，本章列出的活动并没明确地标注适合哪些特定的年龄群。这是因为任何艺术活动的设计都是为了使儿童积累艺术经验，对年龄没有限制。用你关于儿童发展水平的知识，从书中选择适合的艺术活动。当然，你会发现，前面章节讲的儿童发展水平的知识对决定实施哪个活动很有帮助。儿童对活动的兴趣、热情和能力应该作为活动适应性的向导。

图画制作

本章图画制作的概念是指任何形式的有目的的视觉表达，以涂鸦开始。一个常见的错误是认为只有能分辨出何种形体、物体的作品才是画作，但儿童常常用各种形式表现。

对年幼的儿童来说，绘画的行为是自然的，是一种用视觉交流自己想法及感受周遭世界的方式。儿童可能用颜料、粉笔、蜡笔作画，而每种材料都有让儿童探索的独特特点。

敏感的教师会了解和欣赏儿童早期绘画

的魅力和与众不同。通过唤起儿童的经历来激发他们的潜质，并记录下来。因为老师尊重每个学生的个性，所以鼓励儿童表达对世界的感受。如此，儿童形成了自己独特的表达方式。在一个班上，每个儿童的画作，就像他们的外表和性格，都与众不同。

有适当的激励，儿童就会热切地探索材料，并期待活动的进行。大部分幼儿渴望在绘画中表达他们自己。然而，一些儿童可能需要更多的鼓励来走出第一步。教师的鼓励，可让平时不主动的儿童活跃起来。

可以读一个熟悉的故事或唱一首歌来激发儿童兴趣。这种方式适合能将故事、诗、歌和自己联系在一起的儿童。也可以问一些问题，如最喜欢的人物，编一个新的故事结局，最害怕哪部分，最喜欢哪部分，然后按照自己的想法画出来。

有很多方式可以鼓励儿童，如颜色、形状、大小、质地、动作、情绪。下列方法可激发儿童的天性和探索精神：

- 在徒步旅行中细致地观察。
- 在旅行中，收集一些物品，作为观察角的陈列物品。
- 设立一个有趣的展示栏，陈列你和儿童的作品。
- 表演戏剧化的故事、动物、鸟类等。
- 如果儿童没发现使用才问："蜡笔末端和侧面画出来的笔触是否一样？"
- 当有新的发现并能与其他儿童分享时，儿童会表现出真诚的喜悦。
- 鼓励儿童从家里带材料，并用于活动中。
- 分享不同艺术家相同或相似的题材的作品，这有助于儿童理解他们可以用许多不同的方式画画。
- 在一年中的某些时候展示每个儿童的作品，值得注意的是每个儿童看到的事物都不一样（包括颜色的非现实用法）。
- 提供回收的材料用来装饰或作为艺术工具。儿童将会找到各种方式创造性地使用它们。例如，把扣子穿在一起，粘贴成拓印画的外形。
- 在特定的时间添加新的材料以符合儿童的兴趣。生活在多雪地区的儿童可能需要大量的白色颜料。温暖的春季要很多色彩柔和的颜料。金、银色的纸适合用于节日装饰。毛绒织物可能会强化儿童对动物或宠物的兴趣。
- 准备不同种类、颜色、形状的纸。多样化的材料会得到儿童更多的反应和尝试。

随着儿童理解周围环境能力的增加，他们的成长会逐渐体现在他们的图画中，孩子自己也能评估自己的进步。这时，老师和儿童可以思考图画的不同处理，使用不同的媒介，或进行儿童想要的尝试。

使用笔刷画画

用笔刷画画会鼓励儿童自发地使用颜色，是指画之外，儿童喜欢的另一种绘画形式。

材料　基本材料如下：

- 浓缩成块的脱水水彩颜料，很方便个人及小组使用。水彩颜料不能太干、太硬，太硬就不适合幼儿使用。相较于方盒颜料，儿童更喜欢椭圆盒子的水彩颜料。因为颜料笔刷很难触及方形颜料盒的边角，小套装的颜料比大套装的好。小套装的颜料会促使儿童自己调颜色。很多水彩套装里都有塑料水彩刷，建议不用。一定要用天然纤维毛的笔刷。

最好购买标有"适用于所有媒介"或"可用于油、丙烯和水彩"的笔刷。专业的水彩颜料笔刷，太软了，不适合幼年儿童使用。不要买画墙壁的画笔或平头的画笔。也可以使用笔头是天然毛的塑料毛刷。

块状颜料的使用：放几滴水湿润颜料；笔刷在水中浸湿，用笔轻刷颜料，直到颜料变成乳状，均匀即可。粉末颜料（蛋彩画颜料）的使用：在罐子里放 1/4 的干颜料。慢慢加入水，不断搅拌，直至呈较稀的乳状。加入少量液体淀粉或洗涤剂作为黏合剂。用足够的颜料调成鲜艳的颜色。需要使用时再调制，因为颜料混合后放久了容易变酸。装粉末颜料的容器可以是牛奶瓶、果汁罐、酸奶瓶、咖啡罐、塑料杯、剪断的塑料瓶。一套颜料可以放在番茄篮子里、装饮料的箱子里、托盘里以方便携带。

- 纸张。至少是 30 厘米 ×46 厘米的：卷纸、马尼拉纸、报纸、墙纸、冷冻纸。
- 用来画画和洗笔盛水容器可以用咖啡罐、牛奶瓶、果汁罐、切断的塑料瓶、带手柄的牛奶塑料容器。
- 作画时纸巾或废纸可吸取笔刷中多余的水分。
- 用于保护绘画区域的报纸：儿童可在铺好纸的桌子上、公告板上、黑板上、地板上画画。
- 一块适合儿童用的海绵，用来清理。

材料的护理和存储

- 在颜料干之前，把画平铺在地板上。靠着墙的地板最适合（或做一个干燥架）。
- 用纸巾擦画画工具，并用纸箱储存。
- 清洗笔刷，吸干水分，平顺笔毛，刷毛朝上立于罐内晾干。
- 每次使用笔刷后都要及时清洗，否则笔刷易变形。不要将笔毛朝下摆放。

过程 用水彩笔画画时，教师可能演示如下技巧：

- 如何使用颜料盘。在每块颜色上滴一两滴水，使它湿润。
- 运用不同的笔法，鼓励儿童自由地尝试：点点，用刷毛的侧面，平铺，用粗线条、细线条、曲线等。
- 如何在纸上混色：在笔的两侧各蘸一种颜色。
- 如何制造不同的纹理：用海绵、碎纸、布、纸板、绳子、树枝、牙刷来创作。一把硬刷子蘸少许颜料就可以制造出有趣的纹理效果。
- 如何处理笔刷上多余的颜料和水。
- 如何清洗调色盘。
- 如何冲洗和晾干画笔。

更多作画技巧

- 将淀粉溶液加入颜料中使其变稠，避免颜料太稀而滴洒。
- 可以在颜料中混合液体清洗剂使黏性增强，这样颜料可以更好地附着在光滑的材料上，如铝箔纸、蜡纸、塑料、泡沫塑料。
- 为使颜料气味清新，可以加几滴薄荷精华或冬青、丁香精油。
- 为增加感官体验，尝试在黄色颜料中加入柠檬香味，绿色中加入薄荷，白色中加入香草等。但要谨慎，不要让孩子们去尝颜料，尤其是年幼的儿童。
- 收集整理儿童的代表作品，将它们收录于其作品集中。作品集可呈现儿童的创造力的发展，儿童们也会喜欢看到自己过去一年在控制力和表达上的进步。
- 用数码相机为儿童作品做一个数字作品集。用日历提醒自己在每月的某一天将数码相机充上电，拍下这一天特别的一刻，尤其是儿童的作品。结束后，将相机中的资料传到硬盘上标注日期的文件夹中。过四个月后，从每个文件夹中选择 10 张照片，并按月份分类。对家长和儿童来说，这是看到孩子过去的一年在艺术上的进步的有趣的方法。

蜡笔画

大部分学龄前儿童已经接触过蜡笔。

材料 蜡笔可用在很多材质的表面，如报纸、包装纸、图画纸、瓦楞纸板、布、木料。蜡笔颜色醒目、色彩丰富、干净廉价，是一种理想的绘画工具，且用在大部分的纸上效果都不错。轻轻地涂一层，能有半透明的效果，若用黑色蜡笔涂上去，既可以掩盖，又可以做蜡笔刮画。

过程 鼓励儿童尝试用蜡笔的各个部分探索绘画效果，来满足他们表达上的需要。蜡笔的用法非常多。

想在纸上画出明亮鲜艳的颜色，最好的方法就是在纸的下面垫一张有弹性的垫子，再用力压印。

· 用蜡笔的尖端可画出细线条，用末端和侧面可以画出粗线条。

· 不同压力的变化可画出或微妙，或稳定，或绚丽的色彩。

· 用长短不一的线条和力道不同的点按可制造出不同的质感。

· 用笔的侧面或是在同一方向上紧密排线来画出平滑感觉。

· 用扭、转蜡笔的方式可画出弧线，其他的动作也可制造不同的效果。

· 以重复的笔触呈现节奏感。

· 有缺口的蜡笔，在绘制时会形成负线，这会形成有趣的图形。

· 尝试用蜡笔在指画纸上作画，然后用手指涂抹。

· 年龄较大的儿童可结合蜡笔和纺织品一起使用。儿童用蜡笔直接在布上画。然后把布放在两张纸的中间，将烧热的铁放上去，布上就会形成永久的图案。布的编织式样和纹理不同，产生的图案效果也不一样。

不要使用彩色书籍或同幅彩图。经常让儿童看彩色的图画书实际上是告诉他们，他们的作品还不够好。如，着色狗的图案就是暗示你的画也应该是这个样子，这是狗的正确画法（费尔特，1995）。相反，给儿童各种材料、足够的时间，自由地让他们按自身的发展水平来作画。

蜡笔混合其他的材料以创造出不同的感觉，例如：

· 蜡笔结合白色的粉笔在彩色的图画纸上画。

· 将不同形状或纹理的物体放在纸的下面，用蜡笔反复涂擦。

· 油水分离，先用蜡笔画出明亮的色彩，然后用深色水彩颜料覆盖。

· 用水彩画一个颜色丰富的背景，晾干，在上面直接用粉笔或蜡笔作画。

· 以白色颜料为底，在上面涂上其他的颜色，可使颜色变得更加鲜亮。

· 用蜡笔（油画棒）用力涂，会得到润泽的效果。

粘贴

糨糊是创造性表达的重要媒介之一，相比“老式的白色糨糊”，胶棒更容易使用，减少了很多麻烦，所以很多教师已经不再使用糨糊，而选择使用胶棒。然而，胶棒的黏性、质地、气味和多变性不如“老式”白糨糊，它可以提供给儿童许多探索的机会。当幼儿用手指蘸糨糊，大多数的儿童会把糨糊弄在手上，用手指反复弹压来感受它的黏性，过一会儿，还会把糨糊涂在手上，甚至揉进手掌。当糨糊干了，儿童又会有不一样的感觉。当儿童开始洗手，糨糊由硬变得黏黏糊糊，这一现象让儿童非常感兴趣。糨糊是一种能激发儿童反复探索的材料。

给予足够的糨糊和一张纸，一个儿童几乎总是把糨糊涂抹在纸上，就像画指画一样。儿童用手在纸上扫，并把糨糊抹得平滑，直到它变得光亮。在糨糊结块的地方，儿童很喜欢把它压破，挤出来。用糨糊涂抹过的纸对儿童来说也是一个艺术创造。

用这种方式探讨粘贴时，儿童把纸撕成很多小块，并一块一块地粘在一起，在这个过程中会用到大量的糨糊。期待用这些媒介可以完成什么期待，会让儿童非常兴奋。当儿童试图把他们创造出来的纸块拿起来时，会发现纸变重了。

成年人不要指导儿童如何使用糨糊，而应该让他们自己去发现。最后，儿童把一些颜色丰富的、随意的形状安排在一张大纸上，开始创造一个拼贴。刚开始儿童可能不会注意设计图案到后来将学会仔细安排这些碎片，以达到良好的平衡。以成人的标准来看，儿童使用的糨糊可能太多。但是，如果他们没有足够的糨糊，他们的探索将会受到限制。

虽然大部分儿童使用的糨糊是无毒的，但是教师应该确定在课堂上使用的买回来的糨糊是安全的，因为儿童喜欢把糨糊放在嘴里。糨糊也可以由儿童 / 老师来做。

撕纸和粘贴

材料

· 各种纸：图画纸、墙纸、礼品包装、金属纸、面巾纸、报纸、杂志目录。

· 衬纸：报纸、图画纸、卡纸、壁纸、报纸（广告单页）、纸板盒盖。

· 糨糊、胶棒、剪刀、笔刷。

过程

· 教师演示剪、撕纸的形状。

· 让儿童剪、撕纸的形状。

· 呈现颜色和质地不同的各种纸，鼓励儿童提出关于如何使用它们的建议。

· 演示如何在衬纸上粘贴撕下来的纸。

· 教师指出如何撕出一个有纹理的边缘，同时把边缘剪得很光滑。

· 在撕纸时向儿童指出，如何很好地控制纸，把手指紧紧地挨在一起慢慢地撕。

· 鼓励儿童们选择能产生有趣的对比的亮色和暗色的纸，以及不同的尺寸、形状、纹理效果的纸。

· 重叠纸的形状产生新的形状和新的颜色、纹理组合。

· 通过皱、揉、撕、折来改变纸的纹理。

掌握了剪刀技能的大一点的儿童，喜欢剪纸活动。如下有一些关于剪纸工作的建议。

· 鼓励儿童在剪之前考虑它的边缘及形状。

· 考虑构图。首先，剪一个大的重要的形状；然后，剪细节图案，考虑纹理；最后粘贴。

· 使用各种形状。也可使用相同的形状但改变它们的大小。使用相同的颜色来改变它们的饱和度。

· 通过折、弄皱、褶、卷曲和编织来创造纹理。

· 将纸的形状重叠，与剪下来的纸产生深度感和距离感。使剪下来的纸与前景产生一定的距离感。

· 在把纸块粘到背景上之前，先把小块形状、图案、纹理细节粘在大的形状上。

· 把胶水涂在纸的边缘，而不是整张纸的背面。

· 通过在纸的中间折叠一次来做出相同的形状。

· 在构图中使用正形和负形。正形是剪出来的形状。留下来的纸是负形。

· 当用面巾纸创作时，先用最亮的颜色。在粘贴之前先用最大、最重要的形状。改变形状的布局，直到找到合适的构图。

建议

· 纸拼贴：使用各种纹理、颜色、大小和形状的纸创作图案或图画。见本章的拼贴部分。

· 马赛克：是由撕碎的小的彩色纸做成的。对年龄较大的儿童来说，制作马赛克作品会是一个非常令人兴奋的工作，因为它结合了绘画、剪切、粘贴元素，并可以把它做成拼图。它可以是一个小组项目。先把彩色纸剪成小方片（边长约 1.3 厘米）。当有足够多碎片后，这个小组就可以尝试做马赛克图画了。最好从一张简单的照片，比如一只动物、一棵树或者一朵花开始。之后儿童可以决定他们想创造什么，选择适合他们的想法的颜色。然后他们用胶水粘纸屑，从中心人物或对象向边缘扩展。当碎纸被粘贴到一张彩色的衬纸或纸板上时，马赛克是吸引人的。更复杂的马赛克可以结合各种材料制作，如砾石、鹅卵石、种子、豆荚和各种类型的谷物。当使用这些材料，需要强力胶。

· 设计：用剪或撕成不同大小和颜色的小块来做设计。.

· 剪纸壁画：选择一个主题。每个儿童可

以剪一些形状并将它们组合在一组壁画上。

- 三维画面：图片上的部分纸片可以卷起，或做成流苏，或只固定边缘部分，让它们从背景中突出来。

- 粘贴任何可以粘到纸、木材、纸板上的物体，或把它们粘在一起，如薄纸、废料、软木塞、羽毛、爆米花、泡沫塑料块以及白色、彩色的糨糊。或者把它们粘在笔刷上或雕塑上。

- 蒙太奇：蒙太奇这个词的字面意思是“放在一起”。蒙太奇是把很多小的物品放在一起的一种艺术形式。例如，一张蒙太奇照片是通过切割和加入一些图片形成一个大的设计。儿童可能会做家庭蒙太奇照片。在搜集一些家庭生活中的重要事件的照片后，他们可以把照片剪裁或撕裂成不同尺寸，然后把照片贴到图画纸上。在黏合之前，鼓励儿童去尝试不同的布局，当儿童在安排自己的蒙太奇时，讨论一些艺术元素，如参考线、颜色、图案、作用（颜色）、形状和大小。一旦儿童满意他的设计，就可以粘贴了。

胶水干后，儿童们可以使用马克笔把一些部分突出，或是装饰这个蒙太奇。让儿童考虑围绕着事件的细节，而不仅仅是事件本身。当蒙太奇完成后，鼓励儿童说出他们所选择的图片的故事。

壁画

为一块大的墙壁空间设计的故事性的图画或墙面板称为壁画，是另一种形式的图画制作。就壁画来说，一个合适的题材可能来自儿童自己在家里、学校或玩耍时的经验，也会涉及其他学科的经验。在课堂上，壁画的制作是一个多用途的艺术活动，可以是一组儿童一起或仅仅几个儿童来制作，这取决于壁画的大小。壁画制作很适合聪明的儿童，他们很享受与其他儿童一起工作。当然壁画适合视觉灵敏的儿童的学习风格。

儿童的壁画制作应允许简单的、非正式的、自发的表达。烦琐的计划会破坏儿童的直觉和兴趣。相比之下，年龄大的儿童策划一组壁画的时间与制作的时间一样多。让大一点的儿童考虑壁画的创作——看看其中能包含什么元素。以下是制作壁画时应该考虑的一些设计要素：

- 不同大小和形状
- 变化分散的前景和背景空间
- 重叠的形状
- 从图片中延伸出来的形状
- 繁简平衡
- 大的物体在底部，用较小图形来产生距离感

材料

- 牛皮纸、卷纸、报纸、墙纸、彩色的图画纸。
- 蜡笔、笔刷、颜料。
- 剪刀、水、容器和拼贴材料。

过程

- 水彩颜料允许儿童大胆地设计，产生绚丽的色彩，是理想的颜料。

- 剪或撕纸是灵活的创作途径，它有丰富的变化，也可以作为创作壁画过程中的一部分。玩纸的方法有折、卷、揉、搓、加花边、重叠。把背景纸放在公告板上，先布局，钉好，部分移动，然后粘贴。种类丰富的纸，如薄纸、墙纸、杂志封面、金属纸，可以增加趣味。群体壁画的主题只受到儿童想象力的限制，增加儿童在教室里外的丰富的体验，激发他们在壁画中用视觉表达他们的想法。一些日常的小组讨论会推动儿童在创造壁画中的兴趣。

版画

在入学之前，走在雪地或湿的沙地上时，大多数儿童已经发现了他们的脚印和手印。在一个基本的拓印活动中，儿童会学到把物体或笔刷浸入颜料，然后在纸上做标记。可以让儿童一遍遍地重复这个过程，来创造一个图案。

想一想 铅笔——过去和现在

古埃及人、古希腊人和古罗马人都使用各种细刷子在莎草纸上书写，纸的早期形式来自埃及。单词“铅笔”实际上来自拉丁文的“pencillus”，意味着“小刷子”。我们知道，铅笔可能来自古罗马的尖笔，一种被用来刮莎草纸的细金属杆，留下轻微并可读的标记。其他早期的书写工具是用铅做的，当古埃及人在莎草纸上作画时，铅笔经常被用来画线。虽然我们仍把铅笔的芯叫“铅芯”，实际上它是由无毒的石墨做成的。

1564年，英格兰的博罗代尔发现了大型石墨矿床。当地的农民发现，用石墨来标记他们的羊非常好。这种石墨留下印记比铅更黑，作家和艺术家也非常喜欢。纯石墨软且脆，易折断，需要用线包住。后来，人们把石墨嵌在木块里。由于世界各地的石墨的质量或纯度不一样，铅笔硬度和柔软性很难控制。一些公司用不同方法提纯石墨并加入不同的添加剂。约1795年，法国人尼古拉斯－贾可伯爵，把石墨粉末与磨细的黏土放在一起，混合成型并烤制。这种技术（伯爵的方法）目前仍在使用。通过改变黏土与石墨的比例使制造商能灵活地生产不同类型的铅笔，控制铅笔的软硬。这个程序也可以使批量生产的铅笔质量一致。

20世纪初期，铅笔型号的两个系统确定。欧洲的铅笔制造商使用字母加数字组合。美国绝大多数铅笔制造商仅使用数字系统。这两个系统目前仍在使用。

19世纪90年代以来，铅笔是黄色的。美国铅笔制造商想要表明，他们的铅笔含有中国石墨——它在当时最好的。在中国，黄色象征着尊贵和皇室。今天，你可以发现铅笔有彩虹中的任意一种颜色（史蒂文斯，2006）。

以下是关于铅笔的一些有趣的事实：

· 一支铅笔平均可以被削17次。

· 每年产量超过140亿支。

· 直到1876年，几乎所有的铅笔杆都是方形的。然后，六角形、圆形和其他形状开始出现。

· 一般的铅笔可以画出48公里长的线。

· 你可以用铅笔写出大约45000个单词。

儿童使用手上的小肌肉、手腕和手指来握住物体，蘸颜料，并印在纸上。他们会学到，每一个对象都有自己独有的特征——每一个事物都有自己的印记。

技法上可以让儿童从简单的手指印制，到用刻泡沫塑料板拓印。要强调让儿童自由地操作对象，做颜色、图案、技法上的尝试。

老师通过鼓励儿童从找家里或是学校的物品开始，家居用品、厨房用品、五金、丢弃的材料、自然中对凸版印刷来说都是有用的对象。渐渐地，儿童学会了观察和发现周围存在着的纹理、颜色、图案。

第一次尝试把形状组织为图案时，年幼儿童的工作通常是随机的。这些早期的尝试能帮助他们更好地理解版画的过程和各种设计。

帮助儿童做版画

下面介绍一些版画活动的方法：

· 把手和脚涂上颜色，印在纸上。

· 指出和讨论频繁出现在整个布料、包装纸、壁纸上的图案。

· 让儿童用发现的物品来拓印，如：海绵、

读一读 在外面画画很好！

打破在桌子上或是在画架上绘画的传统思维。在户外有许多令人兴奋的冒险正等待着你和儿童。以下有一些初步的想法。

水彩画 学龄前儿童喜欢在建筑物或人行道上用蘸满颜料和水的大画笔画画。粗线条的笔触可以提高他们的运动发育和手眼协调能力。在这个活动中也可以初步讨论蒸发的原理。

草绘/印制 在户外收集各种杂草来当画笔。野萝卜花是最好的，儿童把杂草放入小的、浅的颜料容器中。然后，他们可以用杂草印制或把杂草当成一个有趣的笔刷。

根画 帮助儿童们挖死去的植物，把根保存下来（与茎连接），或要求家庭成员收集儿童们可以用的根。要确保是无毒、粗壮的根，以便儿童抓握。混合各种浓度适中的水彩颜料，倒入水果罐头瓶、颜料杯中。收集各种纸，并把它们放在一个袋子或篮子里带到外面去。把画架支在草地上，或者在野餐桌上铺上报纸。拿出纸和颜料。给儿童充足的时间，让他们用根去实验和创造他们的图案和图画。

用泥画指画。把泥土放在洗碗盆（黏土含量高的泥土最好）。在另一个洗碗盆中装满水。提供几个大的、可洗的托盘和塑料勺来盛土和水。准备一张桌子，最好靠近水龙头。把盘子、洗碟盆、塑料勺、罩衫放在附近的桌子上。儿童们穿上工作服铲土、舀水，放在托盘里。儿童会喜欢尝试这种混合水和泥土的新的“泥指画”。

户外编织 收集长围巾、丝带、棱纹织物和多种颜色的绳子、各种颜色的皱纹纸。找到附近的一个栅栏。儿童们编织丝带、皱纹纸和其他材料，在栅栏上穿进穿出，在栅栏上创造一个丰富多彩的编织设计。（这不是画，但它是一个有趣的户外活动！）

太阳印 收集各种有趣的形状的物品如线轴、叉、曲奇、贝壳、杂散拼图，收集一些颜色鲜艳的图画纸，确保这些纸可以褪色，深蓝色、紫色、绿色很适合。把图画纸粘在大的平板纸的一面。儿童从收集来的物品中选择一些形状，并放在他们喜欢的纸上的任何地方。放在阳光下晒一天或两天，拿掉覆盖在上面的物体。太阳未挡住的地方已经晒白了，而挡住的地方会留下一个黑影，形成一个有趣的设计。

橡皮或自然界的物品，如树叶、树枝、树皮、石头。

· 即使对年幼的儿童来说，肥皂也是一种容易操作的材料。首先，老师用刀片把肥皂削平。用一把刀或勺子，在肥皂上刻上设计好的图案。刻掉的部分不会被印出来。用笔刷或滚筒在肥皂上涂颜料。大一点的儿童能够自己用塑料刀刻肥皂。让年龄大的学生做一些有挑战的尝试，如用布局和按压的变化在他们的拓印中创造更丰富的变化。

有创意的老师不会指出作品最终应该是什么样的，只演示使用材料和工具的必要过程。教师在为儿童原创的想法给予启发和引导时，鼓励儿童尝试不同的对象和方法。

逐渐地，通过对拓印的体验，儿童自己发现：

· 物体边缘的擦净。

· 物体在每一次的拓印中都必须涂色。拓印时要缓慢而肯定。

· 拓印需要一定的压力。

- 物体的纹理和形状决定了版画的形状和纹理。
- 如何一遍遍重复拓印以创造一个图案。

版画材料

以下是版画的材料：

- 颜料。下列任何一种都适合：八个颜色的蛋彩画颜料套装，有少量混合物的粉末颜料，食用色素，水溶油墨。
- 印泥。把废弃的毛毡或棉布浸满颜料放在广口瓶盖、剪断的牛奶纸盒、冷冻食品罐，或类似的防水容器中，做一个印泥。另一种做印泥的方式是，把纸巾或类似的吸水纸折好几层，然后放在一个浅箔盘中，并用饱和的颜料浸透。
- 纸。适合拓印的吸水纸包括报纸、马尼拉纸、壁纸、面巾纸、图画纸、旧报纸、普通包装纸、纸巾。不要使用光滑的纸，因为它的吸水性不好。
- 布。用来吸水的布也可以用来拓印，如枕头、被单、手帕、旧衬衫和餐巾。
- 其他物品。报纸也需要铺在桌子上，在不使用印泥的情况下，要用画笔涂色，用罐子盛水。

版画技法

以下是一些适合幼儿的常见的版画技术：

发现印制的对象 一些熟悉的物品，如叉、线轴、冰棍棒、纽扣、瓶盖、一些纸、颜料和笔刷，都可以用于印制。儿童们还可以学习拓印自己的图案。在自然界中发现的材料，如树叶、杂草、种子和石头，也同样可用于印制。

手指拓印 儿童们将他们的一个手指在印泥中蘸上浓稠的颜料，然后按到一张报纸上。鼓励儿童用不同的手指，可以单独使用，也可以几个手指一起使用。然后用马克笔和蜡笔加上细节。

纹理拓印 为儿童准备一块有丰富纹理的拓印板（硬纸板），还可以包括自然材料，如石头、种子，或是可以被粘在硬纸板上的其他物品。儿童还可以在纸板上用剪或打孔的方式创造不同的纹理。让儿童用宽的笔刷把板子涂上颜料，然后按到一张纸上。

另一个简单的纹理拓印方法只涉及简单的材料，即砂纸印制。儿童用蜡笔在砂纸上涂上颜色。图案直接画在砂纸上，然后将其面朝下放置在一张纸上。教师把一块热铁放在砂纸上，熔化的蜡会直接把纹理印到纸上。

独幅版画 创作独幅版画，需要先在纸上画。在画好的作品上小心地放一张纸，然后从中心到边缘平稳地擦过去。如果需要的话，儿童可以用蜡笔在上面的纸画，压着下面的纸，以把线印上去。从一个角把拓印好的画揭起来。

泡沫塑料拓印 儿童在一块塑料薄膜上用马克笔画一幅画或图案。这个马克笔会使泡沫腐蚀。然后用笔刷或海绵涂一层薄薄的颜料。把纸放在颜料上并摩擦。另一种用泡沫塑料拓印图案、图片的方式是把胶水挤到泡沫塑料中，胶水干后，把水彩颜料涂到整个表面。放在一张纸上摩擦。这种拓印需要两个步骤，因而更适合小学中高年级的学生。

塑料泡沫也可以切割成适合的形状及粘在背景上做印版。这同样适用于厚纸板。

适用于年龄较大儿童的拓印 正如我们在第十二章看到的，年龄大一点的儿童在整个小学阶段需要继续完善他们的创作技巧。小学中高水平的学生经常用滚筒（油墨滚筒）。各种尺寸的滚筒都可以在艺术商店里购买。

将滚筒在一个装有少量水溶墨水和水彩颜料的浅盘里滚动，用金属、塑料托盘或小饼干盘整颜料也可以。儿童滚动滚筒使整个表面覆盖墨水。然后把蘸有墨水的滚筒在印版上滚动（例如，裁剪泡沫塑料上的设计）直到整个表面覆盖有油墨。最好是在一个方向上滚动，然后再转到另一边。

然后让儿童将纸放在墨盘上，用手掌轻轻

地按，在纸的背面用指尖或汤匙的背面轻轻刮擦，确保覆盖纸面所有部分包括边缘。然后把纸从板子上揭起来，这叫“拉动印制”。接下来就等印画干了。

· 在教室里设三个印制中心。你可能想在每个中心使用不同颜色的墨水。保持中心整洁，摆放好纸张和油墨。

· 当学生准备好拓印时，引导他们到活动中心用油墨滚筒。然后让他们拿蘸墨的板子和纸去他们的桌子上拓印。这样可以防止活动中心排长队。

· 收拾干净，把折叠的报纸放在蘸满墨的盆里。把滚筒在报纸上滚一滚，这将去掉盆里和滚筒上大量的墨。打开报纸并把脏的那面折在里面。扔掉报纸。一旦盆里墨水少了很多，在水槽里清洗盆和滚筒就容易多了。

纸模板 这是四五岁的孩子就可以开始使用模板的最有创意的方式。给每个儿童四五张25.8平方厘米的纸。用剪刀在每张纸的中心剪出各种尺寸和形状的孔，最好在每一张纸上多剪一些孔。当孔剪好后，给每个儿童一张薄纸、小块棉花、一小块布用来擦彩色粉笔就可以得到足够的粉尘。然后让儿童选择一个形状并放在图案纸上。用薄纸在孔中间擦，从纸模中心的孔中擦出印记。在开口的周边继续擦，直到在纸模下的纸有一个清晰的印记。可以在纸上擦出相同的形状或者添加儿童喜欢的其他形状和颜色。

儿童可以选择所需的形状随意组合。相同的技术也可以用蜡笔来进行，用蜡笔和签名笔来代替粉笔。蜡笔和马克笔可直接应用于模板上。未漂白的平纹细布和棉布也可以用于拓印。

飞溅的技术 简单的飞溅或喷印都能吸引儿童。它也会形成各种各样的图案和形状。儿童可以单独进行也可以小组合作。

让几个儿童带一些旧牙刷。除了牙刷，只需要少量的水彩颜料和纸。用牙刷来“喷”颜料。方法是：用牙刷蘸颜料，用有直边的物体（尺子、金刚砂板、压舌板）从头到尾刮牙刷的毛。这会使牙刷毛向前弹，使颜料喷洒在纸上。

把小的、平的物体放在纸上来做图案。当牙刷“喷”出颜色颗粒，该对象可以防止喷雾喷在被物体盖住的纸上。这种方法会在纸上留下物体的形状，纸的其他部分则会被覆盖上小斑点颜料。

该技术具有无限的可能性。不仅可以用各种形状的物体，颜色也可叠加在一起。自然中的形状如树枝、树叶、草的形状都很适合这个活动。几种形式也可以结合，形成无数种有趣的布局。田间旅行是寻找新的拓印形式和形状的一种很好的方式，鼓励儿童去发现和了解环境中的美。这项活动的另一个优点是，避免了定型设计和事先剪好图案，让儿童自己创造版画作品。

版面实验的建议

有色（套色）版画

· 准备不透明的稀释的水彩颜料，不透明的油漆颜料。

· 用浅的颜料印在深颜色的纸上，反之亦可。

· 在彩纸或布上使用稀释的水彩颜料，这样背景颜色就可以透过来。

· 结合不同大小但形状相同的物体。

· 结合不同大小和形状的物体。

· 在不同的位置用一个对象。

· 尝试重叠和组合对象。

纹理

· 改变绘画过程中颜料的用量。

· 用以下物品可以产生不同的纹理：海绵、瓦楞纸、绵纸或布、石头、蔬菜和砂纸。

背景纸

· 使用各种形状和大小的纸。

· 在衬纸上涂上颜色，干燥后拓印。

· 把薄纸或彩纸粘在衬纸上，晾干，然后拓印。

• 用海绵把背景弄粗糙，晾干，然后用坚硬的物体拓印。

图案

• 用直线或锯齿形拓印。在整张纸上重复这个纹样。

• 每一行使用不同形状，隔行添加第二种颜色。.

• 在纸的边缘用一个单一的形状或一组形状做一个图案。

拼贴

拼贴画指在一个平面上运用各种材料。这个词来自法语单词“coller”，意思是粘或贴。作为一种艺术表达方式，拼贴起源于20世纪初期的法国，由艺术家毕加索和布拉克及德国库尔特·施威特斯发展而来。拼贴的进一步发展是在德国一个叫包豪斯的艺术实验学校。拼贴是根据颜色和质地选择、组织、安排材料，并粘在平的表面上。

一个让儿童们意识到他们周围事物的方法是触摸。通过对日常物体的摆弄，他们对形状和纹理变得更加敏感，并用它们来创造新的形式和图像。随着经验的增加，触觉成为获得知识和表达的工具。不同于绘画中模仿肌理，拼贴中的纹理和材料都是真实的。

帮助儿童开始拼贴活动

以下建议的目的是在最初的拼贴活动中激发儿童的兴趣。

• 可以通过触摸和调查，让儿童意识到丰富的材料纹理。通过问这样的问题来讨论各种纹理的特点：这些材料感觉怎么样？它们是光滑的、硬的、软的、模糊的、锋利的、圆的？我们如何使用这些材料？

• 安排一个“摸摸看”的展示。

• 讨论哪些可用作拼贴材料，鼓励孩子去收集它们。

• 示范怎样做一个拼贴：在背景纸上选择组织材料。示范用糨糊、缝线和订书钉固定的方法。

• 评估媒材的材质以便用来表达观点（例如金色的纸如此明亮就像太阳的光芒，棉花如此松软和洁白就像雪花）。

材料

• 背景：马尼拉纸、图画纸、卡纸板和衬布。

• 拼贴材料：纸屑和碎布屑、杂志纸、纱线、细绳、丝带、花边及其他的孩子和老师能够找到的东西。

• 自然材料：树叶、细枝、树皮、种子荚、干草、羽毛、豆子、蕨类植物、沙子、小石子和贝壳。

• 剪刀、刷子、糨糊、胶棒、订书机和订书钉。

把相似性质的材料分类放在盒子里以便选择。

过程

• 在活动的最开始，要限制拼贴材料的数量。这可以减轻孩子选择上的困惑。

• 鼓励孩子以自己的方式运用材料。建议根据材料的形状、大小、颜色和纹理来选择材料，而不是给予详细的指导。

• 示范材料如何剪开、撕开或者保留它原来的形状。

• 孩子们可以根据一张具象的图片或者一个抽象的设计，不断在背景上调整形状。

• 整个活动过程中要强调通过重叠和形状分组来深思熟虑地运用空间，也可以尝试不同的颜色及结构外表的不同组合。

• 通过弄皱一些平的材料，然后把它们粘到背景的两到三个地方来获得立体的效果。其他的技巧包括重叠、折弯、折叠、旋转、卷曲和缠绕。

• 用纽扣、穗带、纸巾或者纱线增加画面的趣味性和特性。

• 用胶棒或订书钉固定稍重的材料和塑

读一读 美术媒材的历史

对于孩子们经常使用的熟悉的绘画材料，你或许想知道关于它们的一些历史。下面是我们每天都会用到的美术媒材的一些小历史。

粉笔 最开始用来画画的粉笔纯粹是由泥土剪切塑形而成，一些直到今天还在使用。我们知道现在加入黏合剂的合成粉笔叫色粉笔。早期的绘画大师使用的粉笔限制在红色（血红色）、黑色和白色。

蜡笔 绘画媒介中，可能我们再熟悉不过的是蜡笔。我们大多数时候都是向幼儿介绍使用蜡笔，这个事实可能会让我们认为这些材料降低了成熟艺术家的身份。事实情况并不是这样，许多著名的画作使用的就是这种低等的媒材（例如米罗和毕加索的作品）。蜡笔从 19 世纪开始使用，它包含了一种被色素或颜料浸渍的油或蜡胶。据记载，蜡笔有各种各样的蜡胶处方成分，包括肥皂、色拉油、亚麻籽油、鲸蜡和蜂蜡。

墨水 我们所知道的最早的墨——黑炭墨——是古埃及人和中国人发明的。接下来是鞣酸铁墨（来自生长的树）、深褐色墨（来自烧焦的木头）和乌贼墨（来自乌贼分泌的液汁）。现在，很多种类的墨被加以应用，但是最有名的是印度墨水，那是真正的不透水的炭黑墨。

钢笔 我们现在拥有多种类型的钢笔金属笔尖，我们对它们如此熟悉以至于可能没有意识到它们实际上的历史很短的。因为它们直到 19 世纪才被成功地制造出来。直到那时，芦苇笔还是钢笔的祖先。鹅毛笔是从中世纪到近现代主要的书写工具。我们大多数人可能会记得伦勃朗用鹅毛笔画画，共和国（此处指美国）的建立者用鹅毛笔来起草历史文献。

画笔 猪鬃是从来自俄罗斯、日本、韩国、法国等国及中欧、西欧和中国台湾地区的生猪和野猪身上得到的。所以其他的动物的毛都有“点”，然而猪鬃没有：个别猪鬃在底部分裂成两到三个小叉，这被叫作“旗帜”。

想一想 马蒂斯的剪纸贴画及特殊需求

孩子们可能好奇地想知道一些有名的画家残疾之后是怎么画画的。当画家亨利·马蒂斯生病了以至于身体太衰弱而不能够站在画架前画画时，他改变了自己工作的过程和媒介。因为他被困在床上和轮椅上，所以他开始把纸剪成一定的形状来做一些大的拼贴画，这些纸都已经被他的工作室助理画过。当孩子们进行拼贴练习时，他们可能很想知道马蒂斯残疾之后是怎样进行艺术创作的。（汤普森，2005）

料。

· 可以在陈列柜展示拼贴画，用柜子的盖作为画框。也可以把作品裱在旧的画框上或一张彩色的图画纸上。

· 用大自然的材料创作一幅自然拼贴画。

· 探索一类只用一种材料的拼贴画，制作一个只有纸张或布的拼贴，同样可以用树叶、纽扣或者孩子喜欢的任何一种材料。

因为大一点的孩子喜欢在他们的艺术活动中创作更为丰富的作品，拼贴对于这个年龄群的孩子来说是一个非常好的媒介。下面的拼贴想法是针对他们的。

· 收集身边的旧杂志，让学生们从中选择他们可能会用来做拼贴的有趣的颜色、纹理或图案，然后把这几页撕下来或剪下来。用这些来创作拼贴画，允许他们之间相互交换撕下来的杂志页。

· 拼贴经常会传递给观众一个很明显的信息。例如学生要做一个关于乱丢垃圾的拼贴壁画，讨论垃圾是怎样污染校园环境的，讨论垃圾中都有哪些东西。学生们捡起污染校园操场和环境的那些从在杂志上撕下的图片，还可以在壁画上画一些东西。一定要给壁画加一个标题来加强作品所传递的信息。

学生们可以在拼贴活动之后，为他们的作品写点什么。

表 13–2 平头和圆头画笔的基本知识

平头和圆头画笔的基本知识

最好的画笔是用动物(例如猪)的天然毛发。

平头画笔的基本类型

长度	笔刷宽度	适合的年龄
20cm	2.5cm	幼儿及以上
30.5cm	1.3cm	四岁及以上
15cm	1.3cm	四岁及以上
30cm	2cm	三至四岁
15cm	2cm	三至四岁
30.5cm	0.6cm	五岁及以上
20cm	0.6cm	五岁及以上

圆头（及尖头）画笔的基本类型

长度	笔刷宽度	适合的年龄
20cm	2cm	六岁及以上
20cm	1.3cm	六岁及以上

总结

绘画开始于有目的地涂鸦，它涉及各种视觉表达形式。绘画是图像制作的一种方式，它可以借助画笔或手指（即手指画）来完成。适合幼儿的绘画活动包括蜡笔画、拓印画和玩泥巴。孩子们喜欢拼贴和综合活动，包括收集、组织安排材料及把它们都粘在画面上。

关键词		
印刷的滚筒	蒙太奇	绘图
拼贴	壁画	蛋彩画
单幅版画		

学习活动

▶ 绘画

浸染 这个技法来自日本的将折叠的纸浸在染料里的古老技术。把稀释的食用色素或者较浓的蛋彩放在小碗里。孩子们可以把纸巾或者其他的吸水纸折一折、两折、三折等等。把折过的纸巾的角浸在盛染料的碗里，保持足够的时间以使颜色被吸收。当孩子染完四个角时，用纸吸一下，以便除去多余的颜料。压平，然后放入比之前更深的另一种颜色中浸染。可以重新染之前没被浸过的一角或一边，或者把已经浸过的纸的尖端、角、边缘再浸一下。纸再被浸泡的时候，一定要在第一个颜色完全被覆盖之前拿出来。那沓纸再放在纸中吸一下，小心地放在报纸上等它干，注意不要将纸再折叠。孩子们会想要好几张这种装饰纸，因为没有两张纸看起来跟刚才染缸里出来时是一个样子。通过两三次在染缸里浸染后，就会产生混融的色调，在浸染之前折叠纸的方法使得颜色的形状不断重叠。那些图案清晰的纸可能是用熨斗熨的，可以用作礼物包装袋、装饰信纸、节目单封面、贺卡，或者作为卡通书、盒子、易拉罐、书本和笔记本上面的包装。

气泡膜纸画 把一张气泡膜外包装纸放在桌子上，让气泡朝上。让孩子把蛋彩涂在气泡上。然后在气泡上放一张绘画纸。向下压纸，使所有的气泡能够印出一个印记。把绘画纸拿起来看看这个图案。向下压绘画纸时有的气泡砰地破了，这时发生了什么？这些破了的气泡和那些里面仍有空气的气泡印出来的图案有什么区别？如果你用超过一种颜色来印，这些印记是怎么混合的呢？

彩虹画 用白蜡笔在白纸上画一些简单的图像或图案。然后用不同颜色的水彩画颜料在画面上画像彩虹似的彩色线条。你会看到图像或图案在彩虹间神奇地出现。

综合画 改变一下，试着用日常用品画画或拓印。试试用梳子、旧的牙刷、细线、旧的车轮玩具、海绵、揉成团的纸巾、字母磁铁以及厨房抽屉里其他安全的东西。尝试不同的动作，例如在画面上拖拉一个东西，或者在纸上快速轻拍。

冰块指画 作为指画的变异画，这种画也是用普通的指画颜料和光滑的纸，但是并不像我们平时准备指画那样把纸弄湿。给每个孩子一个冰块，在纸上制作图案的时候用来涂颜料并稀释颜料。

绳画 你需要给每个孩子准备两张白色的绘画纸，碗里放上蛋彩颜料，30.5 厘米长的细绳（每个孩子至少需要三条）。每个蛋彩颜料的碗里放有一定长度的细绳。拿住绳子的底端，把绳子蘸到颜料里，用染色的绳子在纸上创造图案。重复不断地用新绳子蘸新颜料。试着用正在滴洒颜料的绳子在纸上做一个新的变化。把另一张纸放在摆好图案的绳子上轻轻地压，做一个印画的图案。

拉绳画 你需要准备纱线或细绳，装着蛋彩颜料的碗，图画纸或绘画纸，一块湿布或海绵。把细线或纱线浸到盛蛋彩颜料的碗里。不要把绳子上的颜料挤掉。把细线随意放在一张纸上，线的尾端放在纸的边缘。把另外一张纸放在这张纸上面，用手轻轻盖住纸张和细线，手轻轻地压在纸上面的同时把线从纸中间拉出来。把上面的那张纸拿掉，看一下绳子留下来的图案！变化一下，尝试把细线放在一张折叠的画纸里面。尝试多种颜色，每次一种颜色，当前一种颜色做好之后，继续添加另一种颜色的细线。尝试把一捆线蘸在颜料里，然后放在很大张纸的中间，这次可以让好多人来帮忙！

碎片画 你需要准备白色的图画或绘画纸

（让孩子剪成或撕成有意思的形状），把塑料附着的外包装剪成比纸片稍大的形状；还需塑料滴管、三种颜色的蛋彩颜料（白色、深蓝色、浅蓝色）和马克笔。

孩子们用滴管取一种颜料滴到纸上，用同样的方法滴剩下的两种颜色。然后孩子们把塑料外包装放到纸上擦抹，使颜料在下面混合打旋。讨论一下颜色变成什么样子了。当孩子对混合的颜色满意时，拿掉塑料外包装，欣赏那个图案。颜料干后，孩子们可以用马克笔和蜡笔添加细节和图案。

点画 在颜料中加入一小杯水，必须保证它在你用的纸上留有足够深的颜色。孩子把一些颜料溅到他的画纸上，观察颜料泥形成一个规则的或随意的形状。孩子们如果喜欢，在溅颜料时可以把纸从不同的方向翘起来。当那些规则的颜料形干了之后，孩子可以用他的想象把这个形状变成一幅画或一个图案。

闪光画 你需要很黑的或非常深颜色的图画纸以及亮粉、白胶和报纸。在工作区域铺上报纸。孩子在纸上以形状和图案来撒胶。然后在纸上撒亮粉。把画面上多余的亮粉滑到一块，放回到亮粉箱里。然后用不同颜色的亮粉重复打胶和撒亮粉。最后等胶干。

自制颜料 下面是有趣而又不同的“颜料食谱”。

面部颜料：

一茶匙的玉米淀粉、半茶匙的水、半茶匙的冷霜、两滴食用色素。

混合好材料，然后用不同的食用色素制作不同的颜色。

水彩颜料：

一茶匙的白醋、一茶匙半小苏打、一茶匙的玉米、半茶匙的甘油、 食用色素。

把醋和小苏打放在一个小碗里混合，它们会起泡沫。当没有泡沫的时候，加入玉米和甘油。搅拌好它（持续几分钟）。把混合物的一部分放到一个调色板上、盛松饼的托上或者一个小的容器里，然后加入食用色素。要使颜料干的时候足够深，用的时候可以稀释成浅色。把水彩颜料在温暖的地方放置几个小时或过夜使其干燥，做出一套水彩颜料。

发亮的颜料：

白胶、蛋彩颜料（液体的）、洗涤剂。

把胶放到几个小杯子里。把你选择的液体蛋彩颜料分别放到每个杯子里混合。把你想用的颜料用在木板上、纸上、硬纸板上。颜料干的时候是发亮的，就像上过釉似的。变化一下：把颜料涂在松果上、浮木上、岩石上或者玻璃上。最后试着用海绵刷来画，做一个流畅的收尾。为了帮助颜料附着在发亮的、光滑的表面上，可以往里面加几滴洗涤剂。

结晶颜料：

八分之一杯液体淀粉；八分之一杯水；一茶匙蛋彩颜料。

把它们混合在一起，然后用刷子涂在纸上，搅拌混合。颜料干的时候就会变成结晶。

发泡彩颜料：

面粉、盐、水、蛋彩颜料。

把等量的面粉、盐和水放在一个碗里混合。加入少量的蛋彩颜料，然后倒入一个小的塑料挤瓶里。重复上面的程序，制作你想要的任何颜色。然后把颜料挤在厚的纸或卡纸上形成图案。混合物变硬后会形成蓬松的形状。

沙子颜料：

蛋彩颜料（粉末状）、沙子。

把干的蛋彩颜料和沙子混合，在画面上涂胶，然后再撒上混合过的沙子。

玉米淀粉颜料：

一茶匙的冷水、两茶匙的玉米淀粉、一杯沸腾的热水、食用色素。

将凉水和玉米淀粉搅和在一起，直到揉得很光滑。加入沸腾的热水再揉到光滑。按照颜色需要来加入食用色素。颜料变凉之后放入封闭的容器里储存。如果颜料干了，往里面加一点水。

冷霜颜料：

六个小杯组成的盛松饼的托儿、一茶匙的玉米淀粉、半茶匙的冷霜、半茶匙的清水、食用色素。

除了食用色素以外把其他的混合物放在托儿的每个单独的杯子，然后决定要把哪种颜色的食用色素放在每个杯子里混合。

▶ 拓印

线拓印 你需要准备5厘米的各种长度的厚纸板条，给每个孩子一张23厘米×46厘米的白色绘画纸，纸夹子，订书钉，每组三个盛着蛋彩颜料的盘子。孩子们折叠、弯曲、弄皱他们的硬纸条，做成一个形状，用纸夹子或者订书钉来固定它。然后把折好的形状蘸在不同的蛋彩颜料里，印在他们的绘画纸上，形成不同的线。

泡沫拓印 你需要准备一杯清水，食用色素，四分之一杯洗涤剂，四分之一杯淀粉液，吸管，印刷纸和一个15—20厘米口径的碗。在碗里加入水、几滴食用色素、洗涤剂和淀粉液，混合。让孩子用吸管在碗里吹气泡。（在吸管的上端刺一个小洞，防止孩子意外啜饮。）直到气泡沿着碗的边缘形成结构体。把一张白纸放在碗的边缘，通过气泡遇到纸砰地破裂来制作拓印。讨论气泡在纸上留下来的线条、形状和图案。

烟斗通条拓印 烟斗通条几乎可以弯成任何你需要和想要的造型，是很好的绘画工具。把这些折好形状的烟斗通条粘到厚卡纸的反面制成一个印刷板，这对于幼儿来说简单适用，同时对于青少年比较克制的表达方式来说也是适合的。用厚的蛋彩颜料涂在烟斗通条上，然后把图上有颜料的那面摁在纸上。

浆果篮子拓印 你需要准备塑料浆果篮子，图画纸，蛋彩颜料，一个足够大的能够把浆果篮子浸没的容器和一些纸张。让孩子们讨论在塑料浆果篮子上看到的线条。讨论线条是怎样穿行并组成方形的。让孩子们说一说他们认为篮子在纸上会印成什么样子。

把浆果篮子浸在颜料里，把篮子放在纸上印压，继续重叠那个形状，直到完成图形或图案。变化一下，在黑色纸上用白颜料做一个绘画图案拓印。用不同的原色颜料拓印，观察颜色混合后有什么变化。

圆圈的挑战 你需要准备各种不同大小的纸杯、嘘嘘糖、圆形胶带和其他可以用来印制的圆形物以及蛋彩颜料、装颜料的浅的容器、刷子和纸张。

讨论圆圈。孩子们可以辨认出房间里的那些圆圈吗？孩子们讨论他们能够想到的可以用来拓印的圆圈形的物体有哪些？鼓励孩子们尽可能地从家里带来较多这样的东西。

用一个圆圈形的东西开始拓印。把这个东西在纸上拓印，组成一个图形或随意的图案。换另一个圆圈形物体继续在这张纸上拓印。试着用同一大小的圆圈印成一条线，再用不同大小的圆圈印成一条线。大圆圈和小圆圈交替排列成一条线。用圆圈印成折线、水平线和垂直线。

来做一下变化。重复这个活动，拓印其他的形状——正方形、长方形甚至三角形。

松果拓印 你需要准备松果，稀薄的蛋彩混合颜料，盛颜料的容器和纸张。让孩子们来说一说松果，包括它的形状，给自己什么感觉，闻起来怎么样。

给每个孩子一张纸。把松果蘸上蛋彩颜料，放在纸上印压。用松果的所有的面来制作拓印。

活塞来了！你需要不同大小的新活塞，很多张厚纸，不同颜色的蛋彩颜料，还有泡沫纸托盘或盘子。

在绘画区域铺上报纸，用胶带把报纸固定在地板上。把厚纸展开，也用胶带粘在地板上。把颜料放在盘子里，活塞放在颜料盘里。

孩子们把活塞蘸上颜料，然后在厚纸上印压活塞。持续拓印，创造一个图形或图案。添加其他的圆形物体例如纸杯或纸圈来继续印。

也可同时用两个活塞，每一个用不同的颜色或图案。把纸当作一个很大的壁画来印，或用包装纸和封皮来印。

拼图重复拓印 你需要准备一些旧的拼图块、白胶、谷类食品箱纸盒板、剪刀、蛋彩颜料、画笔、纸张和绘画纸。

说一说怎样拓印才能制作出许多相同的图案。讨论一下什么样的图案是重复设计的，怎么样才能用相同的元素组成重复的线（例如线条用相互交替的元素）。把纸盒剪成 15 厘米 ×20 厘米大小。

让孩子们把几块拼图放在食品纸盒板没有印刷的一面。这些拼图可以放在一起组成一幅画、一个随意的图形或者一个图案。

一旦孩子们对于拼图的排列看起来比较满意，就可以用胶粘住。等到胶干了以后，用画笔把颜料涂在拼图上。在涂好颜料的拼图上面放一张纸，用手掌轻轻摩擦。把纸揭下来看看印画。

罐头拓印 不要忽视用不起眼的罐头来作为印画的工具。它可以作为一个非常通用的印画画面的基础。在印之前一定要保证罐头的边缘是光滑的。把罐头的底部浸在颜料里形成一个圆圈的形状，最好用不同大小的罐头，然后可以把所有的图案连接起来。

罐头的表面可以作为印画的基础。首先把罐头的两端切掉，在印的过程中会比较容易操作。把从毛毡、软木或厚纸上切下来的形状，以及细绳或粗条纹做成的线条，用胶粘在罐头的表面。

把罐头上凸出的面涂上厚的蛋彩颜料。或者在罐头上缠绕，形成一个有颜色的平面，凸出来的部分就会粘上颜色。然后把罐头滚在版画纸上制作图案。可以一行一行地来印，把整张纸铺满。或者从不同的方向滚动来印。

瓶盖子拓印 让孩子们从软饮料瓶或大些的广口瓶收集瓶盖子。瓶盖子上涂厚颜料，使得它们能够不断拓印。试试瓶盖边缘的纹理。在瓶盖上粘点毛毡或软木做一个新的图案。把这些用上面提到的罐头印连接起来，这时可以加入立体图形和线形印。

牙签拓印 孩子们把牙签粘在厚卡纸上，设计一个印画的图案，然后用这个作为印版。

滚筒拓印 几乎所有类型的滚筒都可以直接用来印画。收集大些的木榫、窗帘杆或者擀面杖来印滚筒印画。在滚筒上用线条画图案，然后在图案线与线之间组成的面涂上不同的颜色，然后赶紧把滚筒印在纸上。滚筒上的颜色干了以后会很快脱落掉。重新在那个图案上涂上颜色，然后在纸的另一边印画。像这样一直到孩子完成了他的设计。

用一个木榫或硬纸板做的圆筒，在上面粘上剪好形状的毛毡、瓦楞纸或软木片，做成一个浮雕面。或者用刀子和钉子在木榫的表面挖凿出一个图案。在无空隙的表面上涂上印墨或厚的蛋彩颜料，然后在纸上滚印那个准备好的圆筒。

它会成什么样 你需要准备大些的几张新闻纸（46 厘米 ×61 厘米）或者报纸上分类广告的部分，放在浅盘或者烤板里的蛋彩颜料，蜡笔，马克笔，一桶肥皂水和纸巾。

把报纸轻拍铺在地板上。把长纸片放在报纸上。孩子们站到盘子的颜料里，手也放到颜料里。引导他们从颜料盘走到纸上去，用他们的脚和手来印画。等颜料干透后，用蜡笔或马克笔在脚和手的印画上创造一个新颖的图案。

纱线拓印 你需要准备纱线、胶、剪刀、卡纸、标签纸、纸张、蛋彩颜料和蜡笔。讨论一下怎样把图形通过重复组成图案。讨论一下怎样画出曲线、水平线、垂直线等。

用蜡笔在卡纸上画一个图形、图案或一幅画。把部分或全部图画的外轮廓涂上白胶。然后把纱线放在胶上，让纱线和胶干透，再在画面上涂上蛋彩颜料。然后在上面另放一张纸，用手掌轻轻按一按。把纸拿开，欣赏纱线印画。

▶ 蜡笔、马克笔和粉笔

蜡笔碎末　你需要准备蜡笔、绘画纸、蜡画纸、勺子、塑料刀、剪刀和一个熨斗。把一张蜡画纸放在一层报纸垫纸上。一只手把蜡笔放在蜡画纸上扶着，然后用勺子或塑料刀顺着蜡笔的面来刮，挂下来的碎末掉在蜡画纸上。把蜡笔碎末根据图案重新放在蜡画纸上。用另一张蜡画纸盖在这个图案上面。在这上面放一张平整的纸，然后用温热的熨斗熔一下。用透明树脂来代替蜡画纸，用同样的方法试一试，产生的变化是在用熨斗熔化蜡笔末之前，颜色通过融合，原来的图案没有了。另一种方式是用白色的绘画纸代替蜡画纸，用高温熨斗熨完之后，立刻拉出纸的部分看看呈现出来的不同的结果。

粉笔混合背景　把明亮柔和的粉笔颜色在一张平的厚纸上进行混合。把一个小梳子蘸到黑色的蛋彩颜料里，用蘸了颜料的梳子在纸上制作有趣的重复的图案。在整个画面上喷上定型剂保护其不被弄脏，要在一个通风好的地方喷。

粉笔作画　粉笔作为幼儿画画的媒介，不要忽视了它创新的可能性。下面是几种用粉笔来创新的方法。

- 纹理：把复印纸或描图纸这样的薄纸放在比如砂纸、砖块或瓦楞纸板的表面上，然后用粉笔的侧边在纸上蹭，就会显现出物体的纹理。许多纹理可以用在很多有意思的地方。
- 用粉笔在湿纸上画：把带颜色的粉笔放在湿的纸上（图画纸或纸巾），粉笔掠过潮湿的纸的表面形成画面。这个过程会形成大胆而色彩丰富的画面。
- 淀粉和粉笔：把少量的液态淀粉倒在一张纸上。把带颜色的粉笔蘸在淀粉里，进行一个艺术体验。
- 湿粉笔：在用粉笔在干燥的表面上画之前，把粉笔浸在水里泡几分钟。湿粉笔可以画在玻璃上、纸上、陶瓷表面和其他许多光滑的地方。这种粉笔媒材的影响很大，像指画运动，引领了玻璃画的出现。

海底世界　孩子们画一幅关于鱼或其他能在海里面生活的生物的蜡笔画。他们在画的时候需要用蜡笔画得重一些。用蜡笔画完以后，给每个孩子一小杯溶于水的蓝色蛋彩颜料。孩子们在蜡笔画上面刷蛋彩，蓝色相当于海里的水。

线的故事　用不同种类的线编一个小故事。例如，线是一个在雪地上散步的小点。随后的每一段线条都可能代表不同的事情（例如，两条平行的细线条像两个雪橇板，弯曲的细线条像自行车的车轮，螺旋弯曲的线条像一条蛇，等等）。

涂鸦　讨论一下涂鸦，它看起来怎么样，怎样做才能更有意思。

孩子在纸上画一个很大的涂鸦。涂鸦的外轮廓部分用马克笔来画。用蜡笔填充外轮廓。保留一部分不涂颜色。可以采取一些变化，如制定填充涂鸦的规则（例如，“两个相邻的区域不能涂同一个颜色”，“只能用原色”，“只能用互补色”）。孩子们挑战一下用直线和直角涂鸦。一小组成员做一个涂鸦壁画，用蜡笔涂出线条，然后用蛋彩颜料填色。

粉笔和沙子绘画　你需要准备木屑或沙子，破碎的粉笔碎末，干的蛋彩颜料，水，碗，绘画纸和胶。用小刀刮出粉笔末（只限成人来做）。把木屑或沙子和粉笔末还有蛋彩颜料（干的）放在碗里混合，加水（水只要能够没过就可以）。搅拌之后，放一夜让其晾干。这就做好了五彩缤纷的沙子（或木屑）材料。

用胶或糨糊把一个图案或随意的图形粘到一张绘画纸上。把这些带颜色的沙子或木屑末撒在粘的图案上面，创作一幅沙画。

线消失的绘画　你需要准备硬肥皂（最好是旅馆里用的那种），黑色绘画纸，蜡笔，一水槽或一大桶水。

和孩子们讨论绘画中的线条，它们怎样才能变成直线、曲线、水平线、垂直线、折线等等。这个活动是比较脏乱的，所以可以戴副手套，用报纸把干的地方铺一下。

给每个孩子一张黑色纸，用肥皂做一张线的绘画。这张绘画会有许多外轮廓包围的区域需要涂色。注意用肥皂的地方是孩子们想要留出来的白色，这些地方必须要用白蜡笔，不要涂色。涂颜色的，亮的颜色比较好用。冲洗画面，直到看不出来肥皂线。然后晾干。采取变化：只用形状来创作图案，重复上面的过程。

蜡笔研磨画 你需要准备蜡笔、表面有纹理的纸（例如砂纸、屏幕纸、卡纸），新闻用纸或其他比较薄的类型的纸。

用比如“粗糙的”“崎岖不平的”“相互交错的”这样的形容词，和孩子们讨论纸的纹理特点。

在薄纸上用铅笔画出轮廓线。然后把画相对着放在表面有明显纹理的纸的那面上。用蜡笔涂擦整个画面。可以找一个有意思的纹理图案来填充画面。这个纹理会通过蜡笔印在纸上。把画纸放到另一个纹理上，用这个纹理来填充画面其他的部分。纹理也可以重复或相互重叠，直到画面所有部分纹理都填满了为止。

蜡染色 你需要准备蜡笔、纸、水、盛水的容器、稀释的蛋彩颜料、画笔和纸巾。

蜡染涉及如何设计皱褶，讨论一下这个问题。这个活动中孩子们喜欢做哪种图形设计？

让孩子在纸上用蜡笔画图形或图案。把纸浸在水里面，弄皱，捏成球形。展开纸张，把纸变平。用纸巾把多余的水吸掉。用一支湿的画笔让稀释的蛋彩颜料流在纸的表面上。让蜡染颜料彻底干透。进行一下变化：用浅色的蜡笔来画画，然后用深的蛋彩颜料着色。或者用深颜色的蜡笔来画画，用浅的蛋彩颜料来着色。等蜡染颜料干了以后，用马克笔加一些设计元素或细节。

▶ 扎染

材料

几大锅水（每一个锅放一种要用的扎染颜色）；弹球、岩石、鹅卵石、木卷轴、立方体或其他任何可以用布系在里面的东西；橡皮筋；线；几张旧纸、汗衫或者做围巾的方形的布；扎染颜料剂（最好把颜料放到冷水里）。

布织物系结扎染艺术的历史已经超过3000年了。这种装饰媒介的新方法实际上是最古老的一种。孩子们很喜欢这种做出模糊边缘图案的方法带来的惊喜，这种方法是印度一个古老的捏成球扎染的方法的升级版，图案是通过把材料折叠或系的方法形成的。颜色不会染到系绳子的地方。

往盆里放三分之一的水，加入染色剂搅拌。颜色的深浅决定于你加入多少染料。

大圆圈、小圆圈，规则的、不规则的，可以有好多种系法。小的图案是通过捏住一小点布缠绕细线或橡皮筋的方法形成的。大圆圈一点的可以通过把布裹在玻璃球或弹球上形成。也可以把一组小圆圈做一个有意思的排列。大圆圈用捡的大圆环的材料来做。同心圆圈是通过系一串弹珠或高尔夫球得来。系在弹球之间的布形成一个很明显的圆圈的边缘线。通过系在立方体、鹅卵石、黄豆、卷轴、衣夹、小棍和多种多样的环形都可以做出图案。把布打褶后，褶子系在几个圆环物上，两个圆环中间隔开，就会形成如蜘蛛网的效果。

在孩子们开始打结之前，应该把布蘸下水，然后捞出来拧拧。最好用结实的白绳子来系。线可以用在有圆圈的地方，窄胶带用在宽条的地方。对于很小的孩子来说，橡皮筋最好用。

给孩子们演示扎染时怎样把东西放在布里面，然后用橡皮筋固定住（大人可能需要帮助孩子们把橡皮筋勒紧）。把缠好的布放到染料里浸染，直到得到你想要的颜色为止。记住一点，当染布干了以后颜色会变浅。去掉橡皮筋，图案就显现出来了。当染布从染料里拿出来以后，挤出来多余的染料水分，然后在凉水里彻底漂洗。

你会发现最好把扎染活动安排在一个好天气，这样你就能够在户外进行此活动，挂起晾衣绳，把做好的布放在晾衣绳上晾干。

彩色玻璃粉笔画　你需要准备黑色绘画纸、白胶、有色粉笔、彩色玻璃范例（图片或实物）。

给孩子们展示彩色玻璃图片（或实物）。讨论一下颜色，观察颜色是怎样分布在不同的区域的。让孩子们讨论彩色玻璃上看到的颜色和形状。

运用不同的颜色和形象创作一个彩色玻璃图案。把图案用白乳胶画在绘画纸上，当胶干了以后，用有色粉笔在胶的线与线组成的面上涂上颜色。然后成人在画面上喷洒头发定型液，防止粉笔颜色从纸上脱落。

方形画　讨论一下方形，一些物体有四个直角，我们知道它们是方形。列举我们身边常见的方形，以及孩子们所在教室里的方形。

孩子们在纸上画各种不同大小的方形。让他们试着堆叠方形。画一个全部由方形组成的图形或物体，然后在方形里涂上不同的颜色。变一变：只用环形、三角形、矩形、椭圆形等形状做这个活动。他们可以用马克笔在图案上添加细节或者粘上布或织物的碎片来添加效果。

线的拼贴画　你需要准备 2.5—7.5 厘米宽的各种颜色的不同长度的绘画纸条。给每个孩子一张 23 厘米 ×46 厘米大小的图画纸，一瓶胶水和一把剪刀。

孩子们把彩色纸条粘到他们的图画纸上，用纸条的边缘来形成线的元素（例如弯曲、打环、成链条的、卷的、盘绕的、折叠的、起褶的）。

撕纸拼贴画　把一张大张的图画纸挂在画架上或墙上。向孩子们说明，你会分发一些图画纸，每个孩子可以撕下来一张。孩子们可以把他们的纸撕成小纸片或大纸片（由他们来选择）。向他们演示怎样撕纸，并且帮助那些需要帮助的孩子。请孩子们把他们的撕纸粘到大张的图画纸上面。完成以后，引导孩子们讨论撕纸拼贴画，讨论怎样才能把纸有层次地粘贴，让他们注意制作出来的图形或形状，或者找出来他们可以辨认出来的形象。

接下来，邀请孩子们创作自己的撕纸拼贴。建议他们选择一张图画纸，撕一种或两种颜色。大一些的孩子可以用好几种颜色的图画纸。

展示所有的拼贴画，孩子们可以互相欣赏别人的作品，鼓励他们讨论他们所表现的事物。

把材料放在艺术区的篮子或托盘里，孩子们可以继续尝试撕纸拼贴画。鼓励合作练习，邀请孩子们两个人或四个人一组来一起做撕纸拼贴画。

马蒂斯剪贴画　马蒂斯说：“剪刀是很神奇的工具。”当你的学生按照下面的步骤来创作剪纸拼贴画时，他们也应该会这样想。

以小组为单位，用头脑风暴的方法讨论最喜欢的活动。游泳，足球，英式足球？一旦孩子们选好了主题，邀请他们创作马蒂斯样式的剪贴画。询问孩子什么样的形状或符号代表了他们最喜欢的活动（例如，对于足球，孩子们可能会提到球的特殊形状，球门柱的线条）。

鼓励孩子们用他们的想象力，从带颜色的图画纸上剪下他们想要的形状。

接下来，他们要用两到四张有颜色的长方形的纸张做拼贴的背景。例如，一个英式足球主题的背景可能包括绿色的运动场、灰色的看台和蓝色的天空。然后让他们把这些长方形粘到白纸上面。

最后，孩子们在背景上安排剪贴的形状。他们可能想添加另外的形状来表示运动的情形或活力，例如爆发或乱涂乱画。等到拼贴画干了以后，把它们展示在走廊的公告板上。

本章回顾

1. 讨论在作画的时候混色，怎样保存使用颜料。

2. 列举蜡笔画包含的一些变化画法。

3. 说明孩子们怎样进行撕剪作画。

①列举一些需要的材料。

②列举一些可能的示范方法。

4. 讨论壁画作为平面艺术活动的重要性。

①列举一些壁画的主题。

②列举一些壁画的媒材。

5. 讨论各种不同的绘画技法。

6. 列举一种绘画技法所需要的基本媒材。

7. 确定拼贴的概念，给出一些具体的拼贴活动案例。

8. 列举拼贴活动中所需要的特殊的媒材和技法。

参考文献

Seefeldt, C. (1995, March). Art: A serious work. *Young Children*, 39–44.

Stevens, S. (2006, January). All about pencils. *School Arts*, 36–37.

Thompson, S. C. (2005). *Children as illustrators: Making meaning through art and language*. Washington, DC: NAEYC.

第十四章

三维艺术活动

▶ 教学目标

学完本章，你应该能够：

1. 描述幼儿是怎样玩土的。

2. 解释一下什么是建模型，描述它对儿童的益处。

3. 讨论成功建模应该遵循的准则。

4. 定义组合艺术，给出儿童组合艺术活动的一些具体案例，包括所需要的媒材和工具。

5. 讨论卡纸在三维艺术活动中的使用，描述用它构成时所需要的媒材和工具。

6. 描述木工的设备和程序，明确木工对幼儿的益处。

7. 理解组合艺术活动是如何适应有特殊需求的儿童的。

三维艺术至少在三个方面涉及所有的艺术形式。立体艺术是“全面的”，它意味着观众可以从任何角度来观看它。用黏土建模型，用橡皮泥塑形，用纸盒子创新，创造出其他的雕塑形式，都是三维艺术活动中的例子。

在使用三维媒材时有基本的发展阶段，就像在绘画中处理二维媒材是一样的。虽然平面艺术中使用的阶段名称不用于三维艺术活动（小孩子不用黏土“涂鸦”），但是三维艺术活动仍然经历与二维艺术活动相同的发展过程，会用到处理二维媒材时每一阶段基本的观点。

儿童发展水平和三维媒介

当幼儿第一次学习使用黏土这样的三维媒材，他们会经历与涂鸦阶段相同的发展过程。

无目的的操作 首先，用手随便捏黏土。这种无目的的操作和早期的涂鸦阶段很相似。用黏土和蜡笔的时候，孩子在这个年龄段进行的是手无法控制的运动形式。用手捏黏土的感觉完全是出于生理上的愉悦，这就是孩子喜欢黏土的原因了。

正像儿童早期涂鸦的无方向性，他们在玩黏土的早期也很随意。孩子没有任何目的地摔打揉捏黏土，目的并不是试着用黏土做一个明确的东西；至于会做出什么来，完全取决于孩子怎样摔打、按压或者揉捏黏土。尽管小孩可能偶尔想堆起一堆土做房子，或者堆起一个泥球做一辆车，但是他的兴趣点在操作媒材上，而不是发现它可以用来做什么甚至创造个什么东西。

黏土对于幼儿来说是一个很好的三维立体材料。玩黏土是人们非常乐意体验的活动，黏土和绘画相比很柔软，会带给你一个不一样的体验。学龄前儿童和所有这一年龄发展水平的儿童都喜欢玩黏土。它比较柔软，有弹性，很好用。最好买湿的黏土，因为干的黏土很难准备，孩子们吸入二氧化硅粉尘也不利于其健康。橡皮泥作为一种可塑泥，对于幼儿来说价格比较高，也不好用，因为它不像真正的黏土那样柔软、有弹性。为了让幼儿用起来更容易，你需要用手把又凉又硬的黏土揉得柔软，揉得发热。

为了让学步儿童第一次就能够满意地玩黏土，在玩面团和黏土的地方，我们需要准备矮小的桌子。还可以用上许多不同的小道具（小动物饼干模型、玩具餐具），在活动中基本上是通过用手指来使用这些媒介。捏、轻、拉、滚黏土有利于发展儿童的小肌肉群，让他们体验轻松感和成功感。

许多幼儿喜欢在他们的朋友用面团的时候观察并喊叫。如果家政区在附近，刚会走路的幼儿可能围绕着做饭、吃饭和家庭庆祝会的主题开始简单的想象游戏。

玩面团需要准备水、面粉和盐，每次可以变化颜色。幼儿喜欢帮忙搅拌面团，当不用时，面团会冷却下来。

拍和滚 当孩子的肌肉发展到具有控制力时，他们开始有目的地拍、滚泥巴。这相当于可控制的涂鸦期。在涂鸦和捏黏土时，孩子们喜欢看他们动作产生的效果。他们发现他们可以通过手的动作使黏土达到想要的形式。孩子可以把黏土搓成一个细长条（绳子），捣碎它，或者把它塑造成一个球形。用蜡笔画线和搓黏土条都证明孩子进入了运动控制阶段。

环形和矩形 一个大一点的学龄前儿童能画基本的形状，也能够把黏土捏成简单的形状。把黏土揉成圆形是泥塑中捏出基本形的一个例子。立体媒材中用黏土做成的盒子形是基本形（矩形）中的典型。

在画画和使用黏土时，环形是最初制作的基本形中的一个。在平面和立体媒介中，儿童可以控制材料做出这种形状。

矩形通常出现在环形之后。就像在涂鸦中一样，当儿童捏黏土时把它塑造成想要的长度时，矩形就出现了。

捏泥人 许多四五岁的儿童能够把黏土的基本形组成一个人形。这相当于平面媒介中的形象化阶段。

大多数这个年龄段的儿童喜欢用黏土组成一些特定的东西。他们把基本形组合成某个物体，就像在绘画中通过基本形画的人物简笔画。儿童把一个圆形的泥球当作头，一个泥棍条或泥棍块当作身体，这是泥塑中早期的基本形组合，很像儿童绘画早期中出现的火柴人。

之后，五岁或者更大点儿的儿童在玩黏土时，可以用更复杂的方式把这些形状组合在一起。他们可以做出有腿、胳膊、手指和脚的人物。这相当于图式化后期，这时儿童可以画出较多的细节。

儿童在这个阶段不像前一个阶段那样，而是能在活动中不断做出相同的形状。这是因为四五岁的儿童具备了运动控制能力，手眼能够协调一致，轻易做出任何所需要的形状。儿童现在用黏土来做一个明确的物体，象征性对他们来说很重要。儿童用自己特殊的方式来做出这些形状，就像在绘画中一样。

发展模式 儿童这种做泥塑特殊的方式或模式，对于平面或立体媒介来说是一样的。这来源于他们在许多活动中都创造象征物，而且他们用自己特殊的方式来制作这些象征物。

在儿童的个人模式发展中，就像在绘画中一样，他们可能把对于他们来说比较重要的形象（象征物），做得比那些不那么重要的形象更大一些。他们也可能在一个重要的泥人上添加更多的细节。在这个阶段，他们也可能是通过将一些其他物件放在黏土上完成制作的，比如用纽扣当眼睛，用吸管当腿，用棉线当头发。

儿童开始给泥塑作品命名的时间和给绘画作品命名的时间差不多同时。这说明泥塑和绘画同样重要。同时，它意味着儿童在艺术中表达自己的想法。儿童可以通过给他们的作品命名，来告诉其他人他们的想法。

泥塑的价值

在幼儿活动中，很少有人关注到泥塑的运用。泥塑比绘画更容易表达观点。如果一个儿童在绘画中还没有培养起来自由表现自己的足够的信心，那么他可能在建模型的过程中更容易做到这一点。用黏土建模型时，儿童可以随意改变他的艺术观念，因为黏土是柔软的。而绘画如果没有达到预期的效果，却不能再去改动，儿童可能会感到失望。但是，一件泥塑作品能改动好多次。

不论儿童多大年龄，泥塑都能给他带来更多的创造、表现的机会。大多数儿童喜欢黏土潮湿的感觉，他们喜欢捣碎它、搓揉它，在上面挖个洞，拉扯它。像绘画一样，这就是玩黏土的乐趣所在。最后的作品没有创作它的过程重要，儿童在过程中真正参与进来了。

不要限定儿童所做的模型的大小。如果他们没有足够的黏土，他们的模型就会太小以至于他们很难用手捏它。至少要有一袋 2.3 公斤重的黏土供儿童使用。

下面的一段话来自幼儿课程计划，强调泥塑活动的价值。

> 在我的活动中，我首先用不同大小的汽水吸管、牙签、纽扣等来刺入黏土里，着重来看精细动作的操作情况。孩子们可以做图案和怪兽，他们可以一边做一边来说明怎样做怪兽，如果他们愿意，还可以打碎它。泥塑是他们释放对某些事情的害怕、观点和情感的很好的工具。这次泥塑活动进行得很好，很多孩子都回到了做泥塑的桌子上继续他们的创作。（作者的记录）

有的儿童感觉到黏土是“脏的”或“泥泞的”，他们可能不想使用黏土。永远不要强迫他们，对他们要有耐心，多给他们时间和机会，让他们观看其他小朋友玩黏土时体会到的乐趣。许多老师发现，在给胆小的儿童第一次介绍泥塑时，要多涉及它“洁净的”方面，例如和橡皮泥混合在一起使用，帮助他们逐渐提高兴趣。一些犹豫不决的儿童坐在你旁边可能会感到舒服一些，你拍打着泥团，描述自己对它的感受，认可这种简单的参与。当孩子们感觉到比较舒服时，他们会终于试着同你或者小朋友一起轻轻地拍打黏土。

做泥塑的策略

做泥塑需要计划和深思熟虑。如果缺少计划会导致教师不断提醒儿童黏土的正确使用方法，恰当的组织会使它完全没有必要。下面是泥塑活动安排的一些小要点：

- 用来做泥塑的桌子要放在远离有转盘和攀爬玩具的地方。用油布或塑料装饰板铺在桌子上，这样它清洁起来比较容易。如果房间里的桌子加上了塑料贴面，通常不需要再铺桌布。
- 要限制同时使用一张桌子的人数，保证每一个儿童有足够的空间，能完全伸展开他们的胳膊和手。
- 每一个孩子需要一块黏土，这块黏土至少有一个大苹果或一个小的葡萄柚大小。儿童可以用他们想要的任何方式来玩黏土。

两个实用的基本准则是：黏土不可以扔到地板上；孩子不可以干涉其他孩子的作品制作。

- 老师也可以坐在桌子旁边一块儿玩黏土，这样增加了活动中老师参与的集体感。但是老师要避免儿童抄袭自己的作品。因为这样不利于儿童的创造力开发。

- 当儿童的模型做好了以后，黏土到下次使用期间要好好保存。最好把它们揉成球形，像一个苹果的样子。每一个泥球上面弄一个小洞，小洞里盛满水，到下次用时湿润度刚刚好。把黏土放到一个容器里面，用一块湿布或海绵盖在黏上面。容器要盖上一个密封的盖子（黄油盒用塑料盖子比较好）。如果太湿，黏土会发霉，如果变得很干，会比较难用。如果黏土变干了，把干了的黏土放在布袋子里用铁锤敲打，直到它破碎成小碎片，然后把它重新以适当的湿度保存。把干了的黏土浸泡在水里，等浓度适当时，还可以再揉捏。如果黏土发霉了，也没有必要把它扔掉，简单地把发霉的地方去掉，倒掉容器底部储存的水分。

建模型

建模型——儿童用可塑材料来塑形——对幼儿有很多的益处，它有利于他们发展触觉，也就是触觉的理解力和鉴别力。在他们与可塑材料的互动中，建模型也有利于发展儿童对变化的适应性。在塑造立体作品时，儿童通过亲手做作品，加强了对形状和比例的认识。大点的儿童在他们创作自己的雕塑原作和简单的陶器的过程中，提高了对雕塑和陶器的鉴赏能力。

立体艺术在许多幼儿活动中经常是一个不被开发的艺术课程。然而，雕塑的首要要素（立体艺术中一个最基本的存在）包括形状、空间和材质——这些都是日常生活中常见的元素。黏土和橡皮泥是提高儿童个人学习模式的很好的材料。用这些材料来建模型吸引了一些心灵手巧的学习者，因为它包括像挤压、塑形和身体操作等触觉练习。在儿童与儿童共同学习的模式中，当儿童做泥塑时发现旁边坐着其他的儿童，他会感觉这是一个非常自然的学习环境。儿童在视觉化的学习方式中会发现黏土对建模型和制作其他可评估的作品而言是一种非常理想的材料。

材料

自然黏土的柔软、可塑的特性对于任何年龄段的儿童都有很大的吸引力。除了在本章前面提到的黏土的类型，盐黏土也适合用来塑形，对于幼儿来说它是一种非常适合塑形的材料。要制作盐黏土，需要混合三分之二杯的盐、二分之一杯的面粉和三分之一杯的水。加入少量的蛋彩颜料干粉或食用色素，如果需要的话，混合剂可以弄潮湿。当黏土变白以后，干燥的小碎片上有结晶的亮片或者“雪片”，这是盐引起的效果。完成的作品干了以后会保持持久的硬度。

纸浆 纸浆是另一种用于塑形的材料，比较好做，不容易破裂损坏，也不贵。它可以作为两种形式中的任意一种来制作：作为纸浆或形成条状当作底座。纸浆在湿着的时候可以塑造成很多种立体形状，等到干了，再涂上颜色。这种媒材不适合非常小的幼儿，因为它要通过两个程序来完成创作，其中包括一个持续的兴趣跨度。

准备纸浆 将软纸的碎片，比如报纸、手纸、新闻纸或化妆纸撕成小碎丁或细长条。在水里浸泡几个小时。然后挤压出多余的水分，把纸浆和准备好的小麦糨糊混合搅拌到软泥的稠度。把混合物放一个小时之后再使用。用纸浆来做成各种形状。

准备纸条 第二种纸型包括纸条的使用。把报纸或新闻纸撕成大约1.3厘米宽的细长条。把长条浸在小麦糊或者淀粉和白乳胶的混合物里，然后在将要塑造的物体上覆盖一层湿纸条，直到覆盖了五六层为止。这个厚度足够制作绝大部分的纸型作品。

基底 很多具有较好轮廓的物体可以用作纸型的基底包括：用绳子或带子固定卷起的报纸，吹胀的气球，塑料瓶，用绳子捆着的装满报纸的纸袋，用电线或木条做成的骨架形状。

鼓励使用成型的媒介

下面是儿童建模型活动的建议：

· 要清楚认识到在儿童的泥塑活动中，重要的是过程而不是结果。黏土是很有趣的和具有吸引力的，儿童喜欢玩黏土，因为他们喜欢做黏土时的感觉和在活动中发现的乐趣，他们根据作品的内容在黏土上留下自己的符号。几乎没有幼儿会用黏土一成不变地做某个东西。然而，当儿童完成活动之后，桌子上所有人玩剩下的黏土要重新做成球形来保存。

· 向儿童介绍新的塑形工具，在泥塑活动中加入一些变化。提供木棍、压舌板、压蒜器、冰棍棒、钉子、梳子、文件夹。当然，如果有的工具小得可以放到嘴巴里，就不要给幼儿用了，特别是刚会走路的幼儿。所有的学龄前儿童在使用塑形工具时一样要监督着他们。

· 鼓励儿童成长中所有阶段的努力尝试。有的儿童在使用塑形材料中得到了满足感，虽然并没有做什么东西。或者，处于象征期阶段的儿童，给一些物体命名，像球形、薄饼形和线圈形。我们应该为儿童在建模型活动中所有的努力鼓掌。

· 要避免妨碍儿童的想法，使他们从一种泥塑的方法转向另一种。某个儿童可能通过拉、捏或者挤压材料使之变成所需要的形状，如有头、胳膊和伸长的腿的人。另一个儿童可能分开做每一部分，然后把它们组合在一起，使之成为一个完整的人。有的儿童在做的过程中两种方法结合起来用。没有哪个方法更好这一说法。

· 当儿童具备了其他的技法，要向他们说明：

* 把几个泥片连接在一起时，要把每部分都弄湿润，然后再揉捏在一起，这样等作品干了以后才不会分裂。

* 如何避免对毁掉的部分精雕细琢。

* 如何把材料弄光滑，防止裂开。

* 如何用指甲或雕刻刀画纹理。

* 如何通过弯曲或者扭转作品人物的身体来表现动作。

· 如果儿童把小块的泥揉成大块的比较困难，给他们演示怎样把小块的泥“拉”成大块。确保你的建议能够帮助儿童完成他的目标。

把没有完成的泥塑作品用塑料袋或铝箔包起来，或者放到金属密封盒里面，写上孩子的名字。在清理的时候可以用一小块塑形材料像磁铁一样来吸附小碎末。

鼓励大龄儿童的建模型活动

小学中高年级的儿童在建模型活动中喜欢更多的探索性和挑战性。这个年纪适合给他们介绍陶艺制作。在班级里展示陶器，说明陶器或泥塑是怎样制作的，激发儿童做泥塑的积极性。教师或家长可以选择安排一场陶艺工作室的参观之旅，儿童可以看到拉坯机、窑炉和其他制陶的特殊工具和方法。

走进精美的陶器服务区，向孩子们展示这些用陶土制作的“普通的”盘子、碗和杯子。告诉孩子们，人们用黏土来制作餐具的历史已经有数千年了。作为早期文化的一种，陶土的重要性远远超过它的艺术潜能。日常生活中的物品，比如从盛水到盛粮食的各种各样的容器，都是这种黏土做成的。很小的容器片叫作陶瓷碎片，能帮助考古专家确定特定文化社会、艺术和相关方面的历史年限。现在许多陶器物件和其他的陶瓷作品被博物馆策展人放在一起，作为艺术品展览，它们在博物馆起到了很重要的作用。

想一想 动态雕塑和静态雕塑：一个短暂的历史

动态雕塑和静态雕塑是两种艺术形态的简要概述。

动态雕塑在许多国家有几个世纪的历史了，中国的玻璃风铃可能是最有名的一个范例，一个动态雕塑作品随着运动不断改变图案。创作一个动态雕塑的要素包括平衡、设计、雕塑、形式、空间和颜色。

在美国，第一个动态雕塑作品是在20世纪30年代早期由艺术家亚历山大·考尔德（1898—1976）创作的。考尔德在一个具有创造性的家庭环境中成长，被当作一个工程师来培养训练，他是20世纪最多才多艺的艺术家中之一。他用青铜、木材和铁丝创作了雕塑作品，最有名的是他的动态雕塑和静态雕塑作品。考尔德从新泽西州霍博肯的史蒂文斯技术学院毕业之后，来到纽约学习艺术。之后，在做插画家的同时，他得到一个为时两周的任务——去采访润格林兄弟马戏团。考尔德被杂技演员和他们的运动能力吸引，引起了他终身对物理平衡的兴趣。他创作的早期的动态雕塑，即《考尔德的马戏团》（Calder's Circus），就是来源于这次经历。他的马戏团动态雕塑中的一件作品，现在就藏于纽约惠特尼美术馆。

当考尔德制作动态雕塑时，他利用发动机给他的雕塑提供动力，他的艺术和机械的性能完美结合在一起。但是他不喜欢用这种方法产生的常规动态。考尔德想要他的雕塑动起来更自然，所以他后来创作的动态雕塑是靠风来运动的。他想要他的动态雕塑自由地运动，悬浮在空中保持平衡。

考尔德在20世纪30年代中期开始创作静态雕塑，这些静态雕塑被认为是他动态雕塑的一种变体。静态雕塑在基底上是独立式的、不动的，它是静止的、抽象的形态，参观者需绕着静态雕塑来欣赏。

虽然幼儿不能够制作复杂的动态结构，但是他们完全可以创造一些悬挂在空中的物件。制作动态雕塑可能是发明中的冒险活动和快乐的源泉。当幼儿用立体媒介制作的时候，例如动态雕塑和静态雕塑，可以开发他对建造结构的感觉。

大多数儿童已经会用积木来建造。这是靠重量和平衡感来搭建的，并不能持久地黏合在一起。在制作动态或静态雕塑时，可以考虑一些结构上的问题，例如，一个像电线一样的细长材料怎样才能承重，怎样弯曲纸张或金属片来支撑它本身或其他的材料。因为是悬空的作品，儿童更应该意识到平衡的原则。九岁或十岁的儿童，通常会在物体里能动的地方悬置一些小物件，来增加结构的复杂性。创作动态雕塑有利于培养儿童的雕塑鉴赏力，制作过程可以帮助他们在收集、排列、设计和空间创造力方面获得成长。

考尔德是一个严肃认真的艺术家，但是他的抽象动态雕塑作品显示出他也是一个好玩的人，他的艺术创作的过程具有冒险性。您和您的孩子可以通过创作简单的动态雕塑和静态雕塑，在实验中感受到塑形、平衡和运动的乐趣。如果你重复利用零碎的媒材制作这些雕塑作品，那么你会节约许多自然资源。

这个年龄段的儿童也可以开始学习鉴赏雕塑家的作品。关于亨利·摩尔的雕塑作品的美术出版物，是开始讨论雕塑作品中的形式、内容、主题的一个很好的材料。可以从博物馆的礼品商店或当地的艺术商店买一些雕塑作品样本。鼓励儿童全方位地观看这些作品，他们能够在观察雕塑样本时辨别出基本的几何形体。鼓励儿童创作自己的雕塑作品。

组合艺术

作为一种艺术形式，组合艺术指把一些立体物、自然物体或人工物品并置摆放，组合成一个统一的构成。材料在一个新的环境中组合起来，传达抽象的、诗意的或者具象的主题。组合艺术品可以更好地利用空间，像平常准备安排一样，要制作组合艺术品首先要挑选物品，然后分组。

有很多方法来做一个组合艺术品。其中的一个方法是把东西放在一块儿，如火柴盒、一张纸、一个硬纸卷、一个鸡蛋托就能粘在一起。另一种做组合艺术品的方法是用你自己可以掌控的材料塑造外形。对于大一点的孩子，硬卡纸是塑造组合艺术品外形的好材料。硬卡纸到处都有，而且很好用。所有的孩子都需要用剪刀来剪卡纸，根据形状用胶水把卡纸粘在一起。它们被折弯、扭转、折叠、剪，用胶水定型来完成一个雕塑的造型。就像在前一页讨论过的那样，稳定性是组合艺术品的另一个重要组成要素，通过在底部添加物体来增加它的稳定性。

鼓励儿童做组合艺术活动

用下面的方法给孩子们介绍组合艺术品。

- 鼓励孩子们带来身边常见物品和容器以便做组合艺术品。展示和讨论收集来的东西，探索组合各种东西的方法，注意各种外形、大小、颜色、纹理材料和固定东西的方法。
- 探索做成组合艺术品的方法。准备以下材料：

容器类。木盒子、纸盒子、雪茄盒子、火柴盒、手提箱、鸡蛋托、包装箱。根据儿童需要，这些盒子可以美化或装饰一番。

衬托纸板。瓦楞纸板、木条、板条箱、绘画框架。

物品。木条或废木材、浮木、筛子、软木塞、纸盒子、丢弃的玩具、家中放置不用的东西、自然界的东西（像沙子、野草、石头、细枝）和其他任何有趣的东西。

黏合剂。糨糊、胶水、订书针、胶带。

工具。剪刀、订书机、锤子、钉子、钳子。

- 鼓励孩子们收集对他们有用的东西，几乎任何有趣的领域或日常的经历都可以是组合艺术品的主题。
- 给孩子们展示怎样根据想法、主题、容器的大小或者各种线条、形状、颜色、纹理来收集组合艺术品所需要的物品。并向孩子们展示怎样用各种东西做一个模型。
- 鼓励孩子去选择或改变空间模型以便能呈现出新的想法。做出的组合艺术品可以是弯的、扭曲的、拉伸的、褶皱的或描绘出来的。
- 把剪下来的图片、插图粘在卡纸、木条、或其他材料上，来丰富组合艺术品。
- 在衬托纸板上用胶水、订书机或钉子来固定作品。
- 鼓励孩子反复组合物品以便符合他们的需要。在孩子满意他们的作品后，用糨糊和其他东西把他们的作品固定起来。

卡纸建构

卡纸是各种造型作品中不可或缺的材料，能全方位地激发、挑战孩子们的想象力。像牛奶和蛋品的包装、板条箱、纸巾筒和各种各样大小的盒子，能给孩子们创造艺术品带来无限的可能性。

鼓励儿童进行卡纸建构活动

下面是收集各种卡纸建构材料的一些建议:

· 收集各种卡纸盒子、卡通纸、波纹状的卡纸盒子、纸杯、各式碟子。

· 能够回收的物品。纸袋、纱线、细线、瓶子、羽毛、布片、纸巾、张贴纸、包装纸。

· 糨糊、胶水、胶带、蜡笔、书签、有色马克笔、颜料、画笔、剪刀、订书机和订书钉。

对儿童来说，几乎所有的有趣的主题都能用卡纸构成作品来表达。幼儿的创造想象力是无止境的，创造的艺术品可能包括用纸盒子做各式建筑物、房子、城市甚至街区。幼儿也喜爱用各式卡纸、盒子做成想象中的各种动物、人甚至故事中的人物。一些孩子还用纸盒子做大小合身的服装、轿车、卡车、火车和孩子们喜欢的其他东西。卡纸建构给工艺作品提供了无限宽广的创造表现力。

以下是一些更好地板卡纸工艺作品的建议:

· 让孩子们自己独立寻找对他们有用的卡纸材料。鼓励孩子们用各种方法组合卡纸，鼓励孩子在玩的时候自己探索发现并创造艺术品。

· 如果需要的话，和孩子一起讨论固定纸盒子的方法，在组合艺术品上覆盖颜料和纸张，再加点其他的或者有特点的东西。

· 鼓励孩子自己挑选他们需要的原料。

· 在盒子表面用一层报纸和乳胶做一个防水层，等干了之后再上颜色。蛋彩颜料和糨糊混合在一起能够很好地附着在盒子表面。

· 用弄皱的卡纸、碎纸巾、起皱的报纸在盒子表面做出一个纹理。

· 允许卡纸的外形和大小不同于之前对作品的设想。一个燕麦盒子能做成大象的身子，一个牛奶盒子能变成一幢高大的建筑物。

· 用各种媒材完成一个设计，像用几条丝带、纽扣、亮片、线轴等进行设计。

大一点的儿童能够用建筑师的观念来欣赏自己的空间组合艺术品。例如，画完建筑或者结构草图以后，他们可能用盒子、卡纸或剪折的报纸制作他们的作品模型。通过这样的活动，孩子们特别激动，他们可能盼望着长大后用沙子、卵石、干苔也能做出来这样真实的设施，就像现在他们自己创作的微型场景。

木工活动

木工活动包括往木头上锤钉子、用砂纸打磨、用胶粘、在木头上画画等活动。就像其他的空间造型活动一样，要强调的是，在木工活动中，培养孩子的创造力在于过程，而不是最后的成品。

木工活动计划

计划木工活动的场所和相关的体验是活动成功的关键。需要考虑时间的分配、活动区的地点、限制因素、可以同时进行练习的学生的数目、老师担当的角色。要考虑下面的标准条件:

· 应该给孩子足够多的时间来开发利用媒材，而不是让孩子感到很匆忙。如果木工区是很受欢迎的一个地方，老师可能需要调整开放的时间，以及给所有的孩子参与的机会。

· 工作台应该适合几个孩子围在一旁操作，以防孩子在工作中彼此碰到。放工作台的地方应该贴上交通标志，并放在安静的地方，以防受到噪声干扰和发生事故。在天气允许和有充分监管的前提下，工作台可以搬到室外。

· 关于在同一时间操作的孩子的人数，这一特别的限制要提前制定。通常，一名老师能够很轻松地看管三到四名学生。不能允许有多于限制人数的学生在同一时间一起做木工活。老师应该要求所有正在木工台上的学生穿围裙，戴防护眼镜，通过只发放一定数量的围裙和防护镜来控制在木工台上操作的学生人数。

· 工具和材料应该和孩子的使用水平相适应。

· 老师应该熟悉孩子使用木工工具和材料

的情况，以便给孩子更好的指导，设定合理的限制。为了培养孩子学习木工活动的热情，老师对孩子表现出来的可能性应感到很兴奋，这一点是很重要的。老师应该在木工活动区时刻监督，防止意外的发生。

关于木工活动的指导

在指导孩子做木工活动时，老师应该首先帮助孩子熟悉木工工具。以介绍锯子为例，展示拿锯子锯东西时应该让锯子倾斜 45 度，来回有节奏地锯木头，不能使很大的力气锯东西，锯子不能用来干别的。说明怎样更好地用左手拿木头，用右手拿锯子，或者右手拿木头，左手拿锯子。

安全使用锯子的方法一定要强调，包括什么时候拿把手，怎样拿锯子，锯木头时把锯子放在哪里。

在介绍锤子时，应该展示给孩子看，怎样稳妥地放钉子，并把它砸进木头里。拿住锤子把手的末端就能够很有力度地把钉子砸进去。在木头上弄出几个小孔，给孩子们展示怎样把钉子砸入事先弄的小孔里。避免太多详细的介绍或提供模型样品，这些东西会限制孩子的主动性、独立性和创造性。

为了避免孩子产生挫败感，应该给孩子展示怎样用钳子轻松地处理木头，要把木头放在一个平滑安全的地方。准许孩子尝试他们自己的方法，但应该指导他们选择合适的工具来尝试自己的想法。

选择木工活动工具

当买木工活动工具和设备时，选择质量好的成人用的工具，因为它们会很耐用。工具也必须是能够重新打磨锋利的、重修的、能够有替代零件的。

- **锯**。通常有三种木工锯：纵割锯、横割锯、锯曲线用的弓锯。纵割锯有粗锯牙，用来竖着锯东西，横割锯用来横着锯东西，弓锯是用来锯曲线的。这三种锯子都是可用的，横割锯很容易被孩子掌握，8—10 齿的锯子是最适合儿童使用的。
- **锤子**。283—369 克宽头的羊角锤最适合幼儿使用。
- **刨子**。孩子可能用到刨子，如果用得到的话，刨子的刀片应该用小刀片，孩子们应该小心地使用它，只有在木头的表面上才可以使用它，要远离钉子、螺丝、工艺品的连接处。
- **工作台**。工作台必须非常稳定坚固，一个老门板或一块厚木板是家庭自制工作台的好材料。把一块既厚又沉的木板放在一个锯木架上也可以是很好的工作台。所有的工作台应该有 41—46 厘米高，在儿童腰部以下，这样最方便于工作。

可选择用的工具

- 钳子：用来给孩子夹钉子
- 剪刀：用来剪砂纸
- 螺丝刀
- 锉刀：用来把粗糙的表面锉平
- 30 厘米长的尺子、码尺
- 铅笔
- C 形夹

工具的存储与维护

一个特殊的、放在墙上、用来放置日常用的工具的木板是很有必要的，把使用频率高的工具放在一个碗柜似的柜子中，标明柜子中工具的外形，这样孩子就能很容易找到它们。

长期存放的锯子应该专门重新磨过，一年涂上两到三次油，用报纸包好。工具应该远离潮湿、易生锈的地方，应涂一点轻机油。

选择和使用木工活材料

木头 提供给孩子的木头应该是没有完全加工好的、平滑的、有足够气孔的，方便孩子锯和凿。松木、轻木、椴木都是很好的。孩子们最好使用各种形状、大小、薄厚的小木条。

木材堆置厂里最后销合、塑造、碾磨剩下的下脚料能给孩子们提供各种基本的木料。

把木头放到箱子里，这个箱子要让孩子能看到并方便拿取。盛蔬菜的塑料箱很合适。

钉子 钉子依据长度的不同，通常有100毫米、90毫米、75毫米、60毫米、50毫米等规格。首先，绝大多数孩子在没把钉子弄弯的情况下，无法把钉子砸进木头里，因此，有着很大钉头的50毫米钉子是最合适的。把钉子根据型号放在小盒子里，方便儿童拿取。

胶水 没有掌握用钉子固定木头技巧的儿童可以使用胶水。速干胶或其他各种胶水都行。胶水可以用来搭建木块结构，连接附件，加固结合点。

螺丝钉 螺丝钉是木工活里常见的工具，但通常幼儿使用起来有困难。首先应该教孩子们学会用钉子固定，大孩子比幼儿更容易使用螺丝钉和螺丝刀。给孩子们准备好各种型号的十字槽螺丝钉和螺丝刀。

木工活动需要的其他材料

- 粗糙、中等、精细、极精细等四种类型的砂纸(砂纸主要用来磨木料上不平滑的地方)。
- 中等型号或窄口的刷子。
- 用来画画的蛋彩颜料。
- 配件：细线团、橡皮筋、小块橡皮、皮

读一读 虽然我充满了创造力、艺术美感，但我就是不能把我想到的画出来！

许多老师依靠现成的方法教导儿童进行艺术活动，这是因为老师认为儿童没有足够的艺术创造力。这样的教导方法让老师感到很舒服，老师知道自己的期望是什么，老师知道儿童的作品会做成什么样子，所需的材料老师也会提前整理安排好。但是这种方法对儿童不利，因为他们没有全身心地投入，所以没法表达自我和发挥创造力。

我们要让儿童有自己的想法，能够自己做决定。如果给儿童提供每一步的艺术活动步骤，我们就扼杀了儿童做决定的机会，也扼杀了他们独立自主的机会。

给儿童一个艺术创造的机会，让孩子们自己搜集知识，让他们越来越相信自己的能力。想一想你提供给儿童的艺术创造活动，是否给了他们创作自由？

当谈到艺术的时候，老师总是回想起自己小时候在学校做的艺术活动，这种感受是不舒服的。因为这些活动很多都是有导向性的、有模型的、受老师控制的。

在儿童对艺术活动的计划展示方面，老师没有给予足够的训练。因为通常儿童在这方面的准备比较薄弱，一个挑剔胆小的老师不让孩子踏上艺术的领地，这是对孩子很不公平的。

许多老师还误认为创造活动只是属于个别很有天分的孩子的。研究表明，艺术创造技能是可以后天学习的。当听到老师说“我不会画画”和“我没学过画画”的时候，孩子都会感到很不舒服，但是老师的这两种说法有着明显的区别。孩子们能感性地意识到二者的不同。如果老师认为艺术创造能力是天生的话，那么孩子也会这么认为；如果老师认为人可以通过学习从而知道怎样通过媒介创造艺术，那么孩子也会这么认为(斯巴，1999)。

读一读　可回收材料在三维立体活动中的利用

在三维立体艺术活动中，可回收材料也是很好的利用材料，它们是免费的、随处可见的，所有的活动都能用得到。只要你能想到的地方都能使用可回收材料。下面是你在立体活动中可能会用到的可回收材料：

纸袋

· 收集大的纸袋和塑料袋（至少每个孩子一个），额外的纸袋用来做面具和不易摔碎的镜子，需要准备像果汁饮料瓶、鸡蛋托、泡沫、空盒子、废织物、稻草、剪刀、胶水、磁带、蜡笔、画笔之类的东西。把袋子从提手处剪下来。通过改造袋子，把袋子提手处变成腰带，孩子们就能把袋子变成衣服穿在身上了。把搜集到的袋子放在靠近孩子的桌子上，便于孩子用它们做衣服。

· 做一个班级吉祥物。提供给孩子两个大的购物袋、有颜色的线团，还有干净的碎布、报纸、几块棉布等其他零碎的必需品。让孩子选择自己需要的回收材料，把它们弄皱后放进纸袋子里。为了做吉祥物的头，孩子需要把吉祥物的头部用填充物填个半满，之后把头部扎好。孩子们用马克笔、油画颜料和其他装饰材料做吉祥物的脸部。应该让孩子们一起讨论决定怎样表现出吉祥物的特征，像怎么用纱线做吉祥物的头发之类的问题。鼓励孩子以班级为集体做一个代表全班的吉祥物。

· 建议孩子们用第二袋材料和剩下的废料做吉祥物的身体，孩子们可能需要几天才能做成。

· 帮助孩子们把吉祥物的头和身子连接起来，然后给吉祥物起一个名字，给吉祥物在班级里安一个家。

箱子

· 会动的交通工具。搜集几个能够装下一两个孩子的大小合适的箱子。给孩子们讲一个关于交通工具——火车、汽车、卡车的故事。指导孩子们用纸箱来制作他们的交通工具。给孩子们提供工作服、画笔、蛋彩画颜料，引导孩子们画交通工具。如果他们想要画一个火车，就在教室外把箱子一个接一个地摆成火车状让孩子们画。

· 尺寸测量。指导儿童用箱子来测量，让他们自己去发现和寻找答案，例如他们的身高是几个鞋盒子的高度。记录他们的答案。让孩子们躺在地板上，用最小的箱子测量自己的身高，鼓励孩子们估计自己有几个箱子那么高，之后，把他们的估算和确切的数据做比较。那么教室的长和宽大约等于几个箱子呢？

纸管

· 玩偶。让孩子们做一个戏剧中的玩偶。给孩子们提供高度和宽度能够贴上箔纸和玻璃纸包装的小纸管。准备好各种材料，包括凸出的活动眼珠、胶水、线团、毡、马克笔、剪刀、标签纸和小碟子。孩子们就能以这些东西为基础，做出有趣的童话中的玩偶人物。

· 用纸筒做观鸟的双筒望远镜。把两个纸筒粘在一起，让孩子们用蜡笔、马克笔和其他有趣的装饰物装饰一番。让孩子们用冲压机在每个管子上打一个小口，然后再把绸带或纱线穿进去系好，这样就给望远镜做了一个带子。完成后就能用它出去望鸟了。

· 音乐振动器。给孩子们一些小纸管子，做成一个振动器，当音乐响起或孩子们一起唱歌时就能用得到了。指导孩子们把他们的振动器装饰得富有个性。给孩子们提供蛋彩画颜料、胶水、拼贴画的材料。为安全起见，在振动器的底部用胶带作为标签纸贴上。孩子们可在振动器里面装上沙子、大米粒、豆子等。确保封口的密封性。让每个孩子用这个振动器歌唱。

· 纸管拼贴画。准备各式纸管子、胶水、胶带、细绳、剪刀、图画纸和马克笔。整个班级用提供的部分或全部材料做一个大的纸管拼贴画。

· 计算日期活动。搜集一些小纸管（如卫生纸卷筒来做这个计算日期的活动。拿出一大卷轴麻线，让孩子们在校期间每天在卷轴上穿一个小纸管。每一个孩子都可以转着圈装饰纸管子，并且在上面写上每天的日期。让孩子们预测一下他们班级里管子的“脖子”最后会有多长。记录下来这个数据，然后和学校里的最后一天测量的长度比较一下。

鸡蛋纸盒

· 发挥想象力。你能用盛鸡蛋的纸托做什么？给孩子们提供卡纸、泡沫鸡蛋纸托和各种材料，包括胶带、胶水、细线、白纸、剪刀、羽毛、瓶子盖、马克笔和颜料。让他们用这些材料来创作自己的艺术作品。

· 沙子体验。让孩子们调查用纸箱玩沙子的各种方法。给孩子一个装满水的喷雾壶，把沙子喷湿。孩子们能用鸡蛋托为模子创作出形状有趣奇特的艺术吗？

· 漂浮实验。给孩子们卡纸和泡沫鸡蛋托，做一个能在水中航行的小船。让孩子们猜一猜哪种蛋托作品能在水中航行得最好。记录他们的说法。现在让他们开始他们的实验。盒子的大小是否会影响船的航行？他们能不能切开蛋托做一个小一点的船？如果装满水，船会不会下沉？

革片、毛毯和衣服碎片、瓶子盖、泡沫，还有像挂钩、订书机、纸夹之类的小东西。

为有特殊需要的孩子而改造的东西

本章节主要讲了儿童组合艺术活动，第十三章主要讲了儿童用胶或糨糊做拼贴的活动。这类活动可能对有特殊需求的孩子来说有一定的难度，下面是针对这些孩子改变粘贴和裱糊过程的一些建议。

发展滞后

如果多次的粘贴过程对一些孩子来说太复杂了，那就用接触印相纸或其他有黏性的底子做一个不用胶粘的拼贴画或组合艺术品。把有黏性的那面纸翻过来朝上，贴上薄饼干或小盒子。孩子们只需要把需要的东西粘上就可以完成这个活动，不需要胶水或胶带。

以下是针对有特殊需要的孩子的一些附加的建议：

· 不要给孩子过多的选择，一次只给孩子一种或两种材料。

· 通过给孩子提供装不同剪贴和组合材料的容器来帮助孩子安排组织自己作品的空间。

· 给孩子提供一个大的剪贴画或组合艺术品的底座来弥补孩子手眼协调能力的不足。

· 给孩子胶棒而不是胶水，有些孩子掌握不好使用胶水的量。

身体缺陷

由于一些孩子的胳膊、手、手指控制能力有限，下面的这些建议可能会有用。

· 把剪贴画、组合艺术品的底座粘在工作台上，防止滑动。盘垫或防滑架材料都能够用来固定组合艺术品的底部。

· 在一个15厘米长、2.5—5厘米宽的木钉上系上海绵，用它来涂抹胶水，这样对于掌控能力差的儿童来说比直接用木钉容易多了。另一个选择就是用宽的画笔来涂胶。

· 把胶水放在一个馅饼盘内，把盘子粘在工作台上，这对于控制能力有限的孩子们来说更方便使用。

· 把所有需要的材料全都放在孩子们能够拿到的范围内。

· 通过减少做拼贴画和组合艺术品的步骤减轻孩子的工作疲劳。

注意缺陷多动障碍 / 多动症

患有注意缺陷多动障碍（ADHD）的孩子经常显示出缺乏组织能力。下面是在拼贴或组合活动中帮助患有注意缺陷多动障碍的孩子的一些建议。

· 让一个大人坐在孩子旁边，在活动中指导他，给孩子许多夸赞，在过程中的每一步及时反馈给孩子改进的意见。

· 不要把所有的材料都一起放在桌子上，太多的材料放在一起很容易扰乱那些冲动的、容易走神的孩子。只把下一步需要的材料放在桌子上，当这一步做完之后，再把下一步需要的材料放在桌子上，以此类推。

· 把每种拼贴材料分别放在不同的容器里，把孩子们的拼贴画 / 组合艺术品的底座放在矮的箱子里或饼干盒子里，来帮助他们确定作品的空间。

视觉障碍

盲童和弱视儿童都喜欢做拼贴画和组合艺术品。他们在这个过程中的操作和感受最后完成的作品，都是依靠灵敏的触觉。下面是在拼贴和组合艺术活动中帮助他们的一些建议。

· 加一些黄色食用色素或黄色蛋彩颜料放在胶水里，好让儿童更容易看到剪贴画的表面，用一些对比度强的蓝黑纸张作为拼贴画的底子。

· 往胶水里加一些沙子、木头屑和其他一些有质地纹理的东西，提高孩子们的触觉。

· 用一压扁的小瓶子或商用的胶棒慢慢粘，而不是用使劲按压的方法粘贴。

· 把胶水放在一个铝碟子里，这样可以为蘸胶水的器具提供更大的范围。用带颜色的胶带把铝碟子的边缘围起来，好让孩子能区分出它的边缘。

· 用颜色明亮的颜料、马克笔或胶带标在拼贴画底纸的边缘，以此帮助儿童区分边界。

· 把一块防滑材料围在一个浅烤盘的边缘，把拼贴材料放在盘子里。

· 手把手地告诉孩子每一个材料都放在哪里。告诉孩子你正在干什么和每件东西的位置。例如，你可以说："我正把你的手移向盘子的右边，在靠近边缘的地方找到一个纽扣。"（高德、沙利文，1999）

总结

三维立体艺术指的是至少有三个面的所有艺术形式。它是"环绕的"，可以从多个角度观赏它。用黏土、橡皮泥做成的模型，组合艺术品、卡纸建构等塑形作品和其他雕塑形式就是空间艺术的例子。

就像每一个年龄段的儿童都会有不同的绘画能力一样，每一个年龄段的儿童用不同的方法做泥塑。当幼儿第一次学习使用像黏土这样的立体媒介时，他们会经历涂鸦阶段用蜡笔绘画一样的过程。在使用蜡笔和黏土的过程中，这个年龄段的儿童基本上不具备控制双手或材料的能力。他们很喜欢玩黏土时的感受，但就是在活动中不能够很好地控制黏土。

稍大的学龄前儿童能够画像圆形和长方形之类的基本形状，也能够把黏土做成类似的形状，把黏土捏成球状或盒子状就是最基本的例子，孩子的肌肉运动控制力帮助他们做出这种形状。这个年龄段的儿童能够把黏土的基本形状放在一起组成人物，这类似于在象征期的儿童利用平面媒介创作人物。

儿童是在同一时期命名他们的黏土作品和绘画作品。在平面和立体艺术媒介中，命名都是一种很重要的交流方式。

教师应该根据儿童需求来设置教室里适合儿童使用的立体媒介。大小适当的桌子，学生人数，使用材料的注意事项等都是在泥塑的活动计划中应当关注的。

建模型是指用适当的材料塑造外形。建模型活动帮助孩子发展他们的触觉、适应变化的能力、对形状和比例的认知。特别是对青少年来说，这个活动能培养他们的审美感受。

组合艺术是一个创造性活动，它包括能将几个立体物体放在一起进行统一构成的创造。静态雕塑和动态雕塑也是立体艺术作品的范例。在家庭和学校日常生活中能发现的东西都能成为这种艺术活动的材料，卡纸就是很适合幼儿进行空间建构的材料。

木工活动是另一种立体艺术活动，活动范围从锤钉子到使用沙子、胶水、颜料。木工活动能够提高幼儿的总体发展水平。必须恰当地安排计划这些活动，给孩子们提供合适的质量好的工具。在木工活动中，老师要密切监督管理。

组合艺术品活动需要适应特殊需求的儿童。活动中的大多数调整是容易实现的。

关键词		
组合艺术	纸浆	立体艺术
动态雕塑	随机操作	
建模型	静态雕塑	

学习活动

▶ 练习一

目标：关于一岁和一岁半到三岁的儿童怎样进行有关黏土的练习。

1. 用和写字的手相反的那只手。

2. 使用的黏土的大小像一个大苹果。

3. 只用一只手捏压黏土。

4. 思考以下要点：

①缺乏良好的肌肉运动控制能力感觉会怎样？

②制作一个精美作品的难度有多大？

③黏土拿在手上的感觉怎样？

▶ 练习二

目标：感受黏土的不同

1. 准备大块的球形黏土、陶土和橡皮泥。

2. 用和写字相反的那只手分别来揉压并且感受每一个泥球（这会帮助你体验缺乏运动控制的儿童的感受以及体验不同的媒介）。

3. 当使用三个泥球中的每一个时，考虑下面几点：

①哪一个最容易挤压？

②哪一个感觉最好？

③哪一个用起来最有趣？

④那个用起来最有趣的类型也是最容易使用的吗?

4. 让一岁和一岁半到三岁的儿童尝试之前的活动。向他们提问这些问题。然后把答案做一下对比。

▶ 练习三

目标：帮助你理解直接给孩子一个模型去复制的时候儿童是什么感受。

1. 收集小的玻璃器物或瓷器。从杂货店或其他来源收集来的这些东西上面可能会有装饰用的鸟、玻璃娃娃或者人物。

2. 用黏土复制上面物品中的其中一个形象，包括那些错综复杂的细节。

3. 检查并讨论你完成的作品。

①复制如此复杂的模型的感觉如何?

②它是一个愉悦的还是令人沮丧的体验?

③这次的复制活动有没有让你感觉到做黏土的乐趣? 是否让你喜欢上复制?

④你认为儿童复制老师指定的模型时的感受如何?

⑤为什么教师指定儿童复制模型不可取?

▶ 练习四

准备一些现代雕塑的图片（亨利・摩尔的雕塑是一个很好的范例）。

1. 在孩子们做黏土前把图片展示给他们看。

2. 观察下面相关的因素对他们作品的影响：

①作品的种类。

②制作的新形状。

③用多或少的黏土来做。

④改变作品制作的方法。

⑤改变儿童做黏土的方法。

▶ 练习五

在儿童做黏土之前给他们读一个有意思的故事。例如，莫里斯・森达克（Maurice. Sendak）的《野兽家园》（Where the Wild Things Are）或者苏斯博士（Dr.Seuss，美国著名儿童文学家）的《在桑树街上》（To Think It Happened on Mulberry Street）。

1. 不要告诉孩子要制作什么。

2. 看一看他们的黏土作品中的下列因素是否受到故事中的影响：

①人物的类型。

②人物的大小。

③人物的细节。

▶ 练习六

在橡皮泥活动中添加一些变化，尝试下面变化中的一种：

1. 在你的橡皮泥配方里加一滴食物调味品和一滴食用色素。用颜色匹配香味，例如薄荷味和绿色搭配，柠檬味和黄色搭配。

2. 用花生酱和奶粉做一个美味的混合物，像橡皮泥一样制作另一种美味的立体艺术。

3. 在橡皮泥里加一点植物油使它更光滑。

游戏活动

▶ 玩偶

你需要木衣夹、烟斗通条、马克笔、冰棍棒、衣服碎片、胶水、剪刀、缎带、衣服上起装饰作用的小金属片、珠子、扣子和各种颜色的细线。儿童用衣夹做身体，用弯曲的烟斗通条绕在衣夹上当胳膊。当孩子对烟斗通条胳膊的摆放满意时，把它们粘好。孩子们要用马克笔来创作玩偶的脸。讨论一下具体怎样用材料来做细节，例如，用冰棍棒做成他的滑雪板，用线做头发，用胶带做腰带，等等。这个小玩偶还可以穿上衣服，再用材料做一些附件等，像孩子自己一样生动。

让孩子们相互间交流一下他们对自己及其他人制作的玩偶的感受和想法。让孩子对他们的作品人物个性做一个评价，说一说附件和细节是怎样体现个性特征的。

▶ 面人

做这项活动，你需要用加盐的面团、好朋友的照片、颜料、小饰品、细线。

当面团变软时，取出一个比你的照片大一点的面团。孩子们用手和面，轻轻地把照片按在面团上。如果需要的话，就用胶棒在照片后面粘一粘。照片的边缘再用一小块面团轻轻地压一下，这样会更牢固。把小饰品按在面团上，装饰一下面团的边框，纽扣、珠子、小石子都可以用来装饰面团的边框。如果需要，可以用蛋彩颜料画一画边框。面团尚未干时，在边框的上面钻一个小孔，这样纱线可以穿过小孔，把作品悬挂起来。

▶ 陶壶

做这项活动，你需要陶土、一个大的塑料袋和胶带。把袋子从有缝的地方撕开，把它粘在活动区域上面。

给每个孩子柚子般大小的陶土。教孩子怎样把陶土卷成圈来做一条蛇，卷很多泥圈或者卷成一个很长的泥圈。团一个小泥球，把它压扁，变成圆形，用来做壶底。用水把圆形底的边缘弄湿，从壶底再开始盘泥条。一圈一圈地盘绕泥圈，做成壶壁。盘绕的时候泥条是潮湿的，在壶干了以后给它上色或装饰一番。孩子们也可以选择盘泥条做自由形的雕塑。

▶ 绉纸黏土

做这项活动，你需要绉纹纸、一杯面粉、一杯盐、一个大容器、水。把绉纹纸放进一个大容器里，加入足够浸没绉纹纸的水。一小时后，等到所有的水都被绉纹纸吸收，倒掉多余的水。把有颜色的水保存起来，当成其他活动用的染料。再加入少量的面粉和盐，直到混合物看起来像黏土。纸黏土可以直接用手来建模型和塑形，完全干后上色。

▶ 烟斗通条雕塑

做这项活动，你需要准备一个平整的塑料泡沫、各种长度和宽度的烟斗通条、各种颜料和小孔型号大小的珠子、其他有小孔的物品（像稻草、面团等）。

把所需的材料摆在桌子上或活动区，给孩子们演示怎样把烟斗通条插入泡沫里，也可以把珠子、稻草、面团等穿在毛线上。

▶ 牛皮袋的惊喜

做这项活动，你需要各种型号的牛皮袋，还有其他像纸管等物品、鸡蛋托、箔、玻璃纸、礼品的包装盒、羽毛、衣服上起装饰作用的金属条、细线、气泡膜外包装材料、泡沫纸杯、黏着剂、胶棒、儿童专用安全剪刀、马克笔、蜡笔。

给每一个孩子的牛皮袋里放不同的东西。鼓励每个孩子用袋里的东西进行不同的体验。

给每个孩子一个装满艺术材料的包。孩子们用这些原料创造自己独特的艺术品，创造他们想要的任何东西。一个孩子可能想做一个平面的拼贴画，另一个孩子可能想做一个立体组合艺术品。当孩子们完成了他们自己的艺术创作后，让他们写下来他们做的是什么东西。他们可以写自己怎样做的或者用的材料是什么，或者他们可以写做这个作品过程中发生的有趣的小故事。鼓励他们尽可能写得有创意，如果在书写过程中有困难可帮助他们一下。

让孩子们在小组成员中分享一下他们的作品。鼓励他们描述他们是怎样创作作品的。在教室里找一个地方展览一下孩子们的作品和写的东西。

▶ 金属薄片雕塑

做这项活动，你需要铝薄片、胶带、画笔、液体洗涤剂和蛋彩画颜料。

把铝薄片弄皱变成具有不同外形、形状，然后组合创作成一个雕塑作品。把这些形状组合在一起，如果需要，可以用胶带。把一两滴洗涤剂滴到蛋彩颜料里混合，用这个颜料在雕塑的外表上色。

▶ 自然物品雕塑

做这项活动，你需要自然中的材料（种子、嫩枝、松球、豆荚、石子、浮木等等）、速干胶、喷雾剂、颜料、图画用纸、毡子。

搜集各种颜色和大小的自然界物体。把几种物体组合应用一下，做成一个小的雕塑。当对创造的东西满意时，用胶水把它们粘在一起。用颜料或彩纸可以提高雕塑的设计感。最后喷一些水保湿（最好在室外这种通风的地方喷水雾）。用毛毡包起雕塑底部，防止擦伤。

▶ 线轴雕塑

做这项活动，你需要线轴（各种类型）、各种碎布片、胶水和其他任何能够激发孩子想象力的小饰品。

有不同的艺术创想，就有不同的线轴雕塑。通常，做的过程包括“装扮”线轴，就像给孩子打扮一样。先把材料粘到布上，再把布粘在线轴上。如果需要的话，也可以仅仅把线轴作为雕塑底轴，这样就没必要装饰线轴。细节部分可以用绘画材料、细线团、缎带等装饰，这样雕塑就会显得很有趣。

▶ 箱子雕塑

做这项活动，你需要尺寸形状各异的箱子、糨糊、蛋彩画颜料、画笔、图画纸、废布料和小装饰品。

让孩子带来一个组合箱子，确保其中一定有麦片盒子，因为它们是箱子雕塑的很好的底座。

把一个箱子当作底座，粘上小盒子进行雕塑框架设计，剪切的图画纸粘上废料等作为细节部分，孩子们可能想用箱子做成一个城市建筑物雕塑。他们可以选择用颜料给雕塑外表上色。箱子可以被做成机器人、想象中的动物或其他孩子们可能会想到的东西。

▶ 用纸糊的能够移动变化的艺术品

做这项活动你需要卷纸或纸管、蜡笔、纱线、图画纸、马克笔、蛋彩颜料、画笔、剪刀、胶水、胶带。

把纸管剪成各式大小，给每个孩子至少五张纸。孩子们可以在纸管上涂上颜色，也可能想要用蜡笔或马克笔在管子上涂颜色而不用颜料。把纸管剪成头状、舌头状，用蜡笔或马克笔在管子上画一些有特色的东西装饰一下。用胶水或胶带把头和舌头分别粘在不同的管子上。如果用颜料装饰，要等上面的颜料干掉。准备能把管子全部穿起来的足够长的线，用线穿过所有的管子，把首尾的管子固定住。在每个管子之间穿上珠子，这样颜色更丰富。在外表粘一些像合金、叶子、草之类的东西，就更有趣了。一些孩子可能需要用些细线再次固定一下管子。

▶ 牛奶盒做的有趣建筑物

做这项活动你需要牛奶、果汁或奶酪的包装盒（不同大小且是全部洗干净晾干的），白色丙烯画颜料，石膏或白色的家居涂料，铅笔，画笔，蛋彩画颜料，矿泉水瓶子。

和孩子讨论一下自己和邻居的房子的建筑。给孩子们说一说住房的不同类型：家庭房屋、公寓、公寓租房等等。和孩子们讨论一下房子的外形和大小以及窗户、门、屋顶和楼梯等细节。

让孩子用白色丙烯颜料、石膏、装修用的乳胶给盒子上色。让颜料充分干透后，在上面画窗户、门等。把盒子画得像一个房屋（用蛋彩画颜料）。

孩子们可能想给邻居也设计几栋房屋，他们也可以给他们喜欢的童话故事创造一个村庄或城镇。

▶ 虚构的动物

做这项活动，你需要收集形状、大小各异的盒子、糨糊、胶带、订书机、订书钉、彩纸的碎片、废布、小装饰品、纽扣、细线。

和孩子们一起讨论动物的外表、大小、毛色，给孩子们提供形状、大小各异的盒子。

孩子们自己组合盒子，直到他们自己感到满意。要根据盒子的大小和形状来考虑要创作的动物，例如，一个盛燕麦片的盒子可以做一头大象，一个狭长的盒子可以做成长颈鹿的脖子，一个小一点的盒子或纸筒可以做成动物的腿和头部。用胶水、胶带或订书机把盒子固定好。在动物的外表粘上彩纸片、废布、小装饰品、纽扣、细线等细节。

可以用瓦楞纸或放鸡蛋的那种波浪纸托做动物身体表面的纹理。碎木屑、树皮和弄皱的纸也可以粘在盒子上，创造出有趣的纹理。夸张的特点可以产生显著的效果，例如用大纽扣做眼睛，用磨损的细线或绳子做鬃毛和尾巴，用碎布片做耳朵。

▶ 用鸡蛋纸托创作的虫子艺术品

做这项活动，你需要准备单排的鸡蛋纸托，剪成几小段的烟斗通条以及纽扣、废布片、蜡笔、马克笔。

和孩子们讨论真实的或想象中的小虫子，说一说它们的颜色、外形、触须、腿和纹理。说一说真实存在的或想象中的其他生物。

给每个孩子一个蛋托，让他们用几根烟斗通条粘在一起做腿，用纽扣做眼睛，用吸管做触须。用蜡笔或马克笔添加细节。粘上废布片或小装饰品来添加更多的细节。

在蛋托的顶部穿一根绳，以便能把这个虫子艺术品挂起来。讲一讲这只“虫子”在昆虫世界的冒险经历。用牛奶盒子或其他箱子给这只虫子建一个房子，用蜡笔和马克笔装饰这个房子。

▶ 蛋托花园

做这项活动，你需要准备盛鸡蛋的泡沫托、剪刀、烟斗通条、牙签、图画用纸、蜡笔、马克笔、胶水、胶水刷子、小亮片（选用）、细枝。

给孩子们一个盛鸡蛋的泡沫托。说一说想象中的花园和真实的花园。“想象一下你能看到哪种花？”“你在花园里看到哪种花？”“想一想花的外形和颜色。”

孩子们把图画纸剪成或撕成花的样子，或其他任何他们想要的形状。孩子们用蜡笔或马克笔装饰一下这朵花。用胶水和刷子把小亮片粘在花上。用牙签或烟斗通条作为花的枝。把花放在盛鸡蛋的泡沫托上面，如果需要的话，再在上面加一些细枝。

变一变：制作一个蛋托动物园。把一个纸叠的动物放在盛鸡蛋的泡沫托上，让蛋托花园里有纸“人”居住。同学、家人和其他喜欢的童话人物都可以在里面居住。大一点的孩子可能喜欢在蛋托中营造一个自己喜欢的故事的场景或氛围。

▶ 创作纸造型人物

在这个活动中，你需要图画纸、胶带、剪刀、蜡笔、马克笔、蛋彩画颜料、画笔、细线、纽扣、小装饰品、废布片。

让孩子们谈一谈谁是他们生命中最重要的人。说一说这个人的身高、外貌和其他特征，当用图画纸创造人物时，想一想这些事情。

把卷纸放进纸筒末端，用胶带粘好，做成人物的躯干。这个纸筒既是人的头也是躯干。

切下来的小块图画纸粘到纸筒的底部。用图画纸片粘贴出人的特征，粘上细线或碎纸条做成头发，粘上废布片或小装饰品做成衣服，用蜡笔、马克笔、颜料画出面部特征。

变一变：制作纸造型人物家庭。大一点的孩子可能想用纸做一个故事书中的喜欢的人物，对他们来说，制作有名的历史人物作品也是很好的。

▶ 纸建筑

在这个活动中，你需要图画纸、蜡笔、马克笔、胶带、订书机、订书钉、糨糊。

和孩子讨论一下各种类型的建筑，像房屋、粮仓、筒仓和公寓建筑。说一说它们的外形、颜色和这些建筑的细节。

给每一个孩子提供彩色图画纸，让他们卷成纸筒，末端用胶带粘上，制作圆形的建筑物。用纸折成屋顶。用四片纸粘成一个广场或长方形建筑物。用蜡笔、马克笔、颜料画出窗户、门等具体的东西。

变一变：让孩子们用纸剪出窗户、门、烟囱、阳台。孩子们也可以用许多建筑物来创造一个城市、一个城镇、一个农场。窗户可以直接画上，或剪下来贴上，也可以把玻璃纸粘在窗户上。

▶ 石雕

做这项活动，你需要各种形状、大小的石子，马克笔，颜料，胶水，一些碎布，小装饰品。

和孩子一起去户外找石子，和他们讨论一下石子的颜色、外形、大小、线条纹理和其他细节等。问问孩子他们想用石子做什么。

用一块岩石当作底座，把一个石头粘在底座上，当成石雕的头部或其他的部分。其他细节的地方粘上一些小装饰品或碎布，用马克笔或颜料画细节。

变一变：制作石雕人一家，用石雕的动物做一个动物园，做一个抽象的石雕艺术品，把小的鹅卵石粘在纸盒子上做一个特殊的礼物。

▶ 肥皂球雕塑

做这项活动，你需要一个装满肥皂块的盒子、碗、搅拌勺、水、蜡纸。

把所有的肥皂倒进一个大碗里，加一些水，直到肥皂片溶化成糊状。倒出来放在蜡纸上，把肥皂糊团成一个球形，用这些肥皂球摆一个造型，然后用牙签把这些肥皂球穿起来，把雕塑放在一张蜡纸上晾干即可。

▶ 泡沫雕塑 / 静态雕塑建构

做这项活动，你需要各种形状和大小的泡沫塑料（板片、各种打碎的包装袋材料、“小零碎”），白胶、几张卡纸（选用）、牙签、碎布、小装饰品、丝带、马克笔、蛋彩画颜料和画笔。

和孩子们讨论一下他们收集的各种泡沫塑料，说一下泡沫的形状和大小，问一问孩子们想用这些泡沫做些什么东西。

用几纸卡纸或泡沫当成底座，把泡沫塑料粘在底座上，用牙签把泡沫塑料固定起来成为一个作品，让孩子们继续粘泡沫塑料片，直到孩子们满意他们的作品为止。

孩子们可以用马克笔在雕塑上画一些细节，用蛋彩画颜料给雕塑涂上颜色。他们也可以粘上碎布、小装饰品或丝带来增加有趣的效果。

▶ 贝壳雕塑

做这项活动，你需要内部是白色的贝壳、凝胶马克笔、可擦除的荧光胶。

把贝壳里的沙子清洗干净，晾干。孩子们用凝胶马克笔在贝壳里设计造型，可以在贝壳里创作鱼、蟹、波浪、棕榈树、游泳运动员，甚至是在大海里航行的船。一旦孩子们想做他们喜欢的设计，他们就会用可擦除的荧光胶做出亮点纷呈的东西来。等到设计品晾干后，把做好的贝壳设计品放在用浮木或泡沫塑料做成的底座上，就有像在大海上航行一样的感觉。

做这项活动最好带孩子们参观水族馆或海洋馆，这样孩子们就对海洋生物有一个更清晰的概念。

▶ 玉米淀粉雕塑

信不信由你，陈年的玉米淀粉是一种好的模型材料，用两杯温水和三杯玉米淀粉，儿童就可以做一个立体雕塑。

把淀粉放进一个碗里，用手和一和。它一会儿就会凝固，但还是能从你的手指上流下来，多么神奇呀！

让孩子们自己调和玉米淀粉，感受一下干的玉米淀粉，鼓励孩子们用自己的眼睛看、用鼻子闻、用手摸，甚至尝一尝。加一些水，让孩子们和一和，再来感受，这个过程很缓慢。这之后，可以多加点水，边加水边和面，直到面变得很柔和湿润。湿淀粉是一个很不稳定的材料，很有趣，因为它的不可预测性——打碎后仍然混合在一起。不像胶水、牛奶、木头，它既是固态也是液态。如果你把手指轻轻地放在用水和好的玉米淀粉上，它会让你的手指碰到容器的底；如果你试图用力一击到底，它会抵抗。

淀粉发酵好以后，就放在桌子上，保证每两三个孩子用一个淀粉团。如果把面团搁一夜，它在第二天早上会变得很干，加一些水之后，它就又变湿润了。一定要让孩子们观察面团搁一夜之后会发生的变化。

清洁的方法：撒在地板上的面粉可以用簸箕、刷子或真空吸尘器清扫干净。

孩子们很喜欢不断和面玩，因为孩子们感到这很有趣（克莱门斯，1991）

▶ 颜色块组装

材料：可回收盒子、卡纸卷、纸巾、报纸、水、容器、白纸、画笔、胶水、刷子、可洗的颜料和彩色铅笔。

搜集小的、干净的盒子，比如燕麦片盒子、牛奶盒子和卡纸卷。至少要找到六种大小形状相配的盒子。用胶水把盒子的开口处给密封起来，晾干一夜。

让孩子们根据盒子形状把盒子给连接起来，连成像油缸或水管子之类的形状。让孩子们和他们的好朋友一起讨论该给每一个形状涂上什么颜色，每一个形状的颜色都不同。晾干一夜后，孩子们按照自己的想法组装这些盒子，当他们对他们的设计满意时，就用胶水把这些盒子粘成一个雕塑。

▶ 软雕塑

材料：剪刀、胶水、短袜和长袜、细线、弄皱的报纸、纸巾、枕头填充物、尼龙袜、碎毛毡。

搜集不同长短的袜子，越大越好。

孩子们往袜子里塞满弄皱的报纸、纸巾球、枕头填充物或尼龙袜，这些袜子都用细线缝上袜口。稍大的学龄前儿童可能会用塑料针和细线去缝合用碎毛毡织布填充的袜子雕塑。幼儿可在雕塑上粘上剪下来的碎毛毡。

本章回顾

1. 定义什么是三维立体艺术，并给出两个例子。

2. 选择最佳答案，完成下面关于立体活动和儿童第一次学习使用黏土的陈述。

①儿童第一次学习使用黏土：

a. 用黏土制作基本的形状。

b. 连接基本形状来制作作品。

c. 用不受限制的方式来挤压揉捏黏土。

②儿童第一次使用黏土时，使用黏土的方法和他们在绘画中很相似的阶段是：

a. 涂鸦阶段。

b. 基本形阶段。

c. 象形阶段。

③儿童第一次学习使用黏土时最重要的是：

a. 他们可以用黏土制作出什么。

b. 用黏土的感觉如何。

c. 他们怎样才能掌控黏土。

④儿童第一次学习使用黏土时最适合的黏土种类是：

a. 陶土。

b. 油性的橡皮泥。

c. 无弹性的陶瓷黏土。

3. 选择一个最佳答案，完成下列关于儿童立体活动和能够画出基本形状儿童的陈述。

①能够画出基本形状的儿童：

a. 不能够用黏土制作简单的形状。

b. 可以用黏土制作简单的形状。

c. 连接基本形状制作成黏土作品。

②儿童把黏土揉成圆形制作球体是关于什么的例子？

a. 缺乏运动控制能力。

b. 像涂鸦一样是不受控制的运动。

c. 用黏土制作基本形。

③儿童可以用黏土制作基本形是因为他们：

a. 可以给他们的黏土作品命名。

b. 现在具备了更好的运动控制能力。

c. 还不具备充分的运动控制能力。

④儿童可以用黏土制作的简单基本形包括：

a. 球、箱子和硬币。

b. 鲜花、房子和动物。

c. 三角形、六角形和八角形。

4. 选择最佳答案，补充完整关于儿童立体活动和象形阶段的儿童绘画的每一个陈述。

①大多数的儿童喜欢：

a. 什么作品也不做，特别是使用黏土的时候。

b. 用黏土制作球形和箱子形。

c. 用黏土来设计作品。

②在使用黏土时，象形阶段的儿童可能：

a. 把基本形状连接组合成一个明确的作品。

b. 只用黏土制作基本形状。

c. 用黏土时只能进行无法控制的手的运动。

③儿童可以用基本形简单组合成的黏土作品是：

a. 四层楼和四个烟囱组成的泥塑房子。

b. 泥塑盒子。

c. 有一个圆形的头和棍形的身体的泥人。

④象形阶段的儿童给他们的绘画作品命名时，他们：

a. 不具备肌肉控制能力。

b. 也给他们的泥塑作品命名。

c. 不准备给他们的泥塑作品命名。

⑤当儿童给泥塑作品命名时，这意味着他们处在相关的平面活动阶段，这个阶段叫作：

a. 涂鸦阶段。

b. 基本形阶段。

c. 象形阶段。

⑥一个由基本形组成的、更复杂的组合泥塑是一个：

a. 有脚、手指、双手和胳膊的人。

b. 由脚、手指、双手和胳膊组成的泥人。

c. 泥球。

⑦当儿童在用黏土塑造人物时，一个人物比另一个人物用更多的细节来表现，它意味着：

a. 没有什么特别重要的。

b. 对儿童来说他是一个重要的人物。

c. 它是一个基本形状的简单组合。

⑧当一个泥塑物体制作得比较大时，意味着这个物体：

a. 是一个基本形状。

b. 不是很重要。

c. 占据着比较重要的地位。

5. 描述在泥塑活动中下列事物的情况。

①桌子的类型。

②泥塑桌子的位置。

③每个桌子边儿童的人数。

④每个孩子获得的黏土分量。

⑤储存黏土的容器的种类。

6. 列举适合幼儿塑形建模的媒介和工具的种类。

7. 讨论塑形建模活动对幼儿的益处。

8. 列举幼儿运用塑形材料成功表现的几个建议。

9. 什么是组合艺术？给出几个组合艺术活动的例子。

10. 列举适合幼儿组合艺术活动的媒介和工具。

11. 列举用来做纸建筑活动的合适的媒材和工具。

12. 讨论木工在幼儿艺术活动中的价值。

13. 列举幼儿木工活动所需要的特殊设备。

14. 描述教师在幼儿的木工活动中所扮演的角色。

15. 讨论在儿童组合或拼贴活动中满足有特殊需求儿童的一些方法。

参考文献

Clemens，S. C. （1991，January）. Art in the classroom: Making every day special. *Young Children*，4–11.

Gould，P.，& Sullivan，M. （1999）. *The inclusive early childhood classroom: Easy ways to adapt learning centers for all children*. Beltsville，MD: Gryphon House.

Szyba，C. （1999）. Why do some teachers resist offering open-ended art activities for young children? *Young Children*，54（1），16–20.

第二部分

关于儿童发展的理论

第二部分实施和拓展第一部分提出来的理论，关注的是创造性方法如何融入幼儿课程中的每个领域。第二部分的章节包括幼儿课程中美术之外，其他几个具有创造性方法的领域，领域包括戏剧、音乐、语言、科学、数学、美食、社会研究和健康安全。这部分中的一些章节是关于如何通过创造性途径建立一个多元文化的、无偏见的课程，一些章节则包含适应有特殊需求儿童的活动信息。

第二部分所列举的活动是理论的实践和拓展，希望这些活动能适应儿童的个人需求、能力和兴趣。不同于简单的媒介操作，这部分涉及的活动通常需要儿童有更多的技巧，以及教师给予儿童更多的指导方法（至少最开始时需要）。这些有意义的活动，为儿童技能的渴望及训练的挑战性提供了机会，也增加了在全日制幼儿园幼儿活动体验的多样性。

在第二部分的所有章节中，任何一个活动开始之前，教师应该考虑每个儿童或一组儿童的发展水平，并在这些活动中标明所适合的年龄或年级水平。

最后，在儿童的活动及过程中要给予每个儿童恰当的引导以及充分的自由，以满足他们自己的创造性需求。换言之，指导时不是告诉儿童“要做什么”，而是“告诉我你做了什么”。最重要的一点是，在所有的活动中要强调过程，而不是最后的作品。

在活动的开始，让儿童谈一谈他们自己的想法及活动计划，而不是给他们展示一个模型或一个简单的成品。每个活动的开始、中间和结尾，儿童都是用属于他自己的方式来进行的。

第五编

其他课程领域的创造性活动

▶ 学完这一编，试着回答下面这些问题：

1. 我是否用玩偶作为道具鼓励儿童创造性戏剧表演？

2. 我是否提供足够的材料为不同发展阶段、残疾儿童以及多元文化背景之下的儿童制作玩偶？

3. 我在运动与音乐活动中给儿童机会来创造性地表达他们自己了吗？

4. 我将如何调整语言艺术活动，使之适合于多元文化背景的儿童？

5. 我小组中的儿童听力水平处于什么层次？我的课程及活动能解决这些差异吗？

6. 我的语言艺术活动与儿童当前读写能力水平适配吗？

7. 我怎样确定我的教室中心和活动对儿童积极的科学探索是有帮助的？

8. 我意识到小组中儿童们现有数学思维能力水平不同了吗？

9. 我的无偏见课程理念教学实践是有效的吗？

10. 我为儿童合理饮食和营养制订计划了吗？这些计划对于培养终身受益的习惯有帮助吗？

11. 我的空间安排和指导性策略强调了儿童合理的健康和安全实践吗？

12. 我的课程，以什么样的方式来促进儿童的科学实践？

13. 我的语言艺术课程哪些方面最需要提高？我能采取何种有益的措施进行改进？

14. 儿童用言语表达数学思维有哪些方式？我通过提供材料和活动是否能鼓励这种进步？

15. 我的教室布局可以有哪些调整，以便更好地呈现课程中对儿童最重要的部分？

16. 当前的数学和科学课程适合儿童的发展水平吗？

17. 除艺术课程之外，是否有一些具体方法能让我在其他课程领域中变得更有创意？

18. 如何将艺术与创造性活动整合到我全部的课程中？

19. 我能以哪种方式来完善语言艺术活动，以便它能与其他课程领域联系起来？

20. 我的教学实践强调了对语文、数学和科学个体理解差异的尊重吗？

21. 我能用言语表达课程里每一领域的基本原理吗？它们又是如何帮助儿童发展创造力的呢？

第十五章

戏剧表演和玩偶

教学目标

学完本章，你应该能够：

1. 列举出戏剧表演的目标。
2. 讨论戏剧表演对幼儿发展的重要性。
3. 讨论戏剧表演与创造性戏剧之间的差异。
4. 讨论在幼儿阶段使用玩偶的恰当方法。
5. 探讨设计戏剧活动以适应有特殊需求儿童的方法。

群儿童紧张地表演话剧，他们以一种生硬的方式背出台词。孩子感觉他们的服装好像也是不合适的。有些孩子或许很激动，但是许多孩子也许很害怕——担心出错或搞砸演出。大人们则在台下看演出并作出评价，类似“这不是很可爱吗？”大人对孩子的期望被紧张的笑声所隐藏。以上情形不是创造性戏剧表演，而是一个错误，因为戏剧的目的是取悦大人而不是孩子。对于孩子的表演，最安全的方式是大人什么也不说什么也不做，避免他们在大人面前犯错。

戏剧表演的重要性

戏剧表演对于培养儿童的创造力和想象力是一种极好的方式，儿童面对现实有本能的处理方法。儿童不需要记住台词或塑造人物形象来模仿或想象，他们所需要的是一个有趣的环境并自由地去尝试和探索。

创造性戏剧表演是儿童表达他们自己的办法之一。这里，他们能很自由地表达他们内心的情感。通常情况下，老师会发现儿童如何表达对自己和别人的感觉——假装参与到这种戏剧体验中是孩子发展必不可少的一部分，不管它是被安排或完全自发。在戏剧表演中心，孩子们能够表演他们不能直接表达的情感。例如，一个害怕医生的孩子能够在戏剧表演中心通过给玩具娃娃或动物标本打针来表达这种恐惧。或者，一个孩子能通过和一个朋友去看医生来表演。因此，孩子们也可以通过创造性戏剧表演，来学习处理他们的焦虑和表演他们的好奇。

通过模拟和假装，儿童整理出他们所能理解的事情并获得了驾驭和控制事情的一种方法。这些事情是他们曾经看到过或参加过的——做早饭、上班、照顾孩子以及看医生。戏剧表演帮助孩子走进并开始理解成人的世界。

戏剧表演的开端

戏剧表演的开端出现在一岁幼儿的行为中。例如，幼儿会用发插梳理头发并把它顺着脸的一边梳下来，用道具来模仿他们曾经历过的事情。倘若有了合适的道具，幼儿将模仿与道具相关的行为。比如有一个杯子，幼儿就会表演喝水；有一个帽子，幼儿就会把它戴在头上；有一个枕头，幼儿就会把自己的头靠在它上面。成人经常把这种行为描述为“模仿”表演，但是它其实是“模拟前”表演，因为它只涉及幼儿所知道的行为。

当孩子使用一个道具做的事情与他曾经见过的成人使用这一道具做过的事情不一样时，属于孩子的戏剧表演就真正开始了。因此，一个毛刷变成了帆船，一个木块变成了毛刷，一根棍子则变成了一座桥。这通常发生在孩子大约两岁的时候；正是这个年龄阶段，孩子们似乎能将一种好像的东西转变成另一种物体，一个必要的前提是假装表演有关的物品，或他们自己。

戏剧表演的发展

随着幼儿的成长与发展，他们的戏剧表演也随之发展与变化。幼儿开始从简单的模拟活动转向更加复杂的戏剧表演了。

对于幼儿教师来说，成为一个优秀的观察者和倾听者是非常重要的。理解幼儿表演了什么，观察他们用道具做了什么，以及去倾听他们对提供给他们的道具和工具说了什么。同样重要的是，教师成为幼儿表演的一部分，这是在幼儿现有的发展水平上的（这是基本的）。可是成人都以成人世界的事实要求幼儿。父亲送给儿子一个电动火车或赛车，玩玩具时按照真实世界的方式。在大人的游戏中，没有一辆飞车越过另一辆车然后赢得了比赛，也没有假扮的司机，只有大奖赛中的赛车手，难怪大人们最后独自玩耍，而孩子们又返回去和赛车一起玩。这样，孩子们就可以假装没有大人的指导和限制。

很多时候，创造性戏剧开始于一个孩子，紧接着其他的孩子也加入其中。在商店中店主和顾客的买卖活动就是创造性戏剧的一种形式。一个洋娃娃与朋友打电话是另外一种形式。在戏剧表演中，孩子们使用手指玩偶并随着他们所进行的编一个故事也是一种形式。

戏剧表演发生在幼儿每天的日常生活中。它是幼儿自然学习的方法之一。在幼儿的世界中，他们经常模仿人、动物以及机器。他们喜欢重复创造生活中激动人心的体验。戏剧表演是他们理解和面对世界的一种方式。

戏剧表演对于语言的发展同样是一种重要的媒介，因为它促进了语言的流畅性。为了参加戏剧表演，一个不愿意讲话的孩子也会在一些情形下讲话。随着表演变得复杂，孩子的语言也开始变得更复杂。当孩子们在一种非指示性的环境中与每个人交谈时，例如像戏剧表演中心，发展语言的流畅和质量是很有可能的。如果其他人想要理解他的角色，孩子需要解释他在做什么以便朋友们以一种恰当的方式作出回应。如果孩子想要明白他们在做什么，那么他必须倾听。

当幼儿参与了复杂的表演，他就需要具备

倾听和互相回应的能力。当他（一个孩子）想要改变表演的性质，他就必须说服其他参与者。如果他们仍然不能理解，能对其他课程中教授的技能有所扩展，并引入新技能。可能试图找到其他的方法来说服他们。当他需要去丰富自己的观点时，幼儿可能会用一个更长的句子或更复杂的句法。

由于孩子们在一起表演，因此他们彼此学会了新单词。在他们所表演的餐厅中，玛丽亚准备了墨西哥煎玉米粉卷，贾斯廷从菜单上点了水果蛋糕。贾斯廷喜欢新单词“tacos”的发音。他假装自己正在吃一个玉米粉卷，尽管他不知道“taco”是什么。

当幼儿表演时，他们需要重复说他们已经知道的单词和短语，并且喜欢说这些单词和短语。他们谈论他们正在做的事情，以及他们所进行的计划，称之为目标。他们开始意识到计划的重要性以及花时间使他们的剧本更细节化。

戏剧表演中心的戏剧

对于儿童而言，创造性戏剧表演的最好地点之一便是戏剧表演中心了。在这里，要以一种孩子的视角来看待世界，孩子们自由并安全地表达他们的感受以及其他人的感受。当他们在这个中心进行戏剧表演时，他们能够装扮成许多不同类型的人，可谓上演许多社会角色。

作为一名学习的引导者，戏剧表演中心为教师提供了无数的机会来拓展孩子们的视野。教师可以对表演中心进行装饰，重新划分区域。区域内可能会包括创建一个家，一所医院、邮局、食品杂货店，等等。季节的变化与特定的假期一样能够很容易地在这个戏剧表演中心组合在一起。例如，在秋季，一个孩子的耙子，毛衣和南瓜或许成为戏剧表演中心的一部分。在冬天的几个月里，围巾、连指手套、孩子的铁铲、蜡烛、烛台以及电铃或许也会被加入进来。到了春天，教师或许会添加一些塑料或者丝绸制作的花以及各种帽子。戏剧表演中心的道具应反映课堂上的活动，能对其他课程中教授的技能有所扩展，并引入新技能。道具用品一定要包括大家熟悉的，可以代表教室中每一个民族的衣服、盘子和玩具娃娃。

在教学中强调一种非性别歧视的要求是很重要的，尤其是在戏剧表演中。例如，在儿童早期阶段中，男孩子的戏剧表演必须要与女孩的戏剧表演一样多。鼓励男孩子参与的一个好办法是把戏剧表演的主题变成男孩感兴趣的。戏剧表演中心有各种各样的工具材料，比如木块、手电筒、一盘绳子和小球。一个善于观察的老师，对于性别上的戏剧表演和发展性别角色概念都是很敏感的，他甚至会给出鼓励所有孩子去表演的暗示。

参与孩子的戏剧表演，是这里要考虑的一个重点。老师不应当成为戏剧表演的领导者或组织者，并且不要尝试过早地形成结论或者对孩子做假设。老师观察儿童说了什么话并对他们所说的进行提问，帮助儿童从他们所说的话中提取更多的信息，并由儿童提供主题进行交谈，但是要以一种使儿童感到舒服并且对谈话有兴趣的节奏进行。老师也可以通过提供道具来鼓励儿童表演，这些道具要求能够延伸他们的表演但是不能改变主题。这样做来，老师们既给儿童提供了更有表演空间的戏剧，又创设了一个更有效的基础，在这个基础之上，儿童的思维和想象力都得到了发展。老师通过对儿童的作品作出评价来帮助儿童思考，这种评价并非测评型的表述，比如“我喜欢你画的蛋糕”或者比如“多淘气的小猫，竟然吃掉了所有的肉！”，而是一种直白的表达，比如“它是一种亮黄色！”。

在戏剧表演中心，戏剧表演经常从一个孩子开始，接着其他孩子也参与进来。在观察不同年龄阶段孩子的戏剧表演之后，有洞察力的老师能够发现在孩子们中存在明显的发展差异。两至四岁的儿童通常比五岁甚至更大一点的儿

表 15-1：戏剧表演装备

教师提供包含“道具”的装备让幼儿使用，以鼓励幼儿的戏剧表演。戏剧表演的装备可以是将各种可用的日常用品以使用方式或主题加以分类。再选择道具来角色扮演或创造戏剧的活动。我们只需让幼儿了解使用这些工具的方法后，让他们开始戏剧表演。我们可以利用鞋盒或保鲜盒保存这些道具，以下就是常见的装备及道具：

邮局和邮差

索引卡，印泥，压模，蜡笔，铅笔，圣诞印章，信封，帽子，徽章，邮件挎包，供应“居民”或其他第三类邮件

消防队员

帽子，雨衣，徽章，靴子，一小段水管

烹饪

壶，平底锅，打蛋器，勺子，大水罐，面粉筛，金属或塑料碗，盐瓶、胡椒瓶，围裙，量匙，杯子，煮蛋计时器

清洁

小扫帚，拖把，鸡毛掸子，肥皂，海绵，水桶，毛巾，塑料喷雾瓶，晾衣绳，衣夹，可清洗的娃娃衣服

医生

压舌板，旧听诊器，挎包，绷带，棉球，制服

美容院

小手镜，塑料梳子和刷子，棉花球，毛巾，围巾，夹式滚筒，彩色指甲油瓶，空发胶容器，假发，游戏币，吹风机

杂货店

旧收银机或计算机，玩具货币，垫纸，铅笔或蜡笔，文件袋，空的食品箱，蜡制水果，杂物箱，有光滑边缘的罐头

水管工人

扳手，塑料管，工具包，帽子和衬衫

油漆匠

装水的颜料罐，大小不同的刷子，（装修、油漆房间时罩在家具、地板上的）罩单，油漆工的帽子

机械工

轮胎泵，工具包，箱，当成“汽车”的大箱子，衬衫，帽子

艺人

唱片，磁带，录音机，盒式磁带播放器，乐器，服装

可以在该列表中添加更多的戏剧表演道具。想象力也可以把教室里普通的东西变成为新道具，椅子能成为火车、汽车、船或者房子。盖上毯子或床罩的桌子变成一个山洞或特殊的藏身之处。大纸箱让孩子可以装点成房子、炮台、消防局和电话亭。

童参加一个更短期的戏剧表演。例如，在一个儿童两岁之前，当他抱着一个玩具娃娃摇动时，他或许会说“好宝宝”。两岁之后，儿童的戏剧表演可能会开始结合多个想法，他或许会抱着玩具娃娃，假装喂“婴儿”吃饼干。他或许会决定把“宝宝”放在床上，用毯子给“宝宝”盖上，因为“宝宝”睡觉的时间到了。所观察到的这一模仿过程被称为“塑造行为”。

戏剧表演中心或者其他地方的“塑造行为”的重要性在年龄稍大孩子中是更普遍的。例如，

想一想 玩偶有这么多的用途！

你有没有注意到，当孩子与玩偶互动会发生什么？他们不看你的脸——但他们看着玩偶并和玩偶讨论！玩偶变成一个角色，他们之间可以有一个真正的对话。

不要让你的羞怯或“怯场”阻止你取出可能是落满灰尘的货架上的玩偶，并利用它们！你会惊讶于你能有许多方法与年幼的孩子一起使用玩偶。如以下一些方法。

幼儿玩偶 把一个玩偶放在你的手或手指上，一群幼儿面前。玩偶的神奇在于它能帮助幼儿提高他们的注意力。即便注意力不很持久的孩子也会被迷住并且坐下来稍做停留。选择孩子可以互动的玩偶——摇动它们的爪子，挠它们的耳朵，给一个吻。并且不要忘了让一个玩偶唱一首悠长的歌！

玩偶的一天 使用特殊的玩偶，用于你晨会的开始。孩子们喜欢每天都看到玩偶，并且该程序还可以帮助他们做出转变。玩偶可以用于欢迎儿童、领唱、讨论当天的事件、分享最近的经验。玩偶也可以用于谈论对需要讨论的课堂情境的感受。大玩偶会有一个深刻的面孔和可移动的武器，适用于班级这种环境。

小组活动玩偶 以下有一些关于小组活动使用玩偶的想法：

· 用玩偶教字母（如羊羔玩偶代表字母L）。如果专注于一个特定的颜色，可以给玩偶戴特定颜色的帽子和围巾。

· 做简单的木棍或手指玩偶，用来表示最喜欢的一本书中的人物。玩偶表演时也可讲故事或唱歌，如“老头”或者“我知道一个老太太”。孩子们可以在故事或歌曲中用玩偶来扮演不同的角色。

· 用玩偶引入一个故事。当故事结束后，玩偶可以与孩子讨论。

· 指定专门的玩偶，如谜语玩偶，问孩子们“我在想什么？”或者玩一个“我是间谍”的游戏。只要你拿出这个玩偶，孩子们就知道谜语来了。

过渡时间的玩偶 用一个玩偶宣布清理活动或任何其他活动变化。过渡时间的玩偶可能有摇铃或一个鼓。使用特殊的玩偶只是为了让孩子不与教室里其他的玩偶相混淆。玩偶也可以用一首歌曲、谜语或指令提醒孩子们该做什么了。“如果谁穿的是蓝色的衣服，可以去洗手。”在接下来的一年里，孩子们会轮流使用这个玩偶，并提出指令。

玩偶作为和平使者 玩偶可以是一个公正的谈判专家。当一个出现争论或发生问题时可以尝试使用玩偶来解决。他们可以把它们的问题带给“公正的”玩偶朋友，这样孩子们往往更愿意倾听和合作。你甚至可以使用自制的袜子玩偶，以此帮助孩子表达自己的感情。

玩偶作为学校与家庭的纽带 玩偶，如布娃娃和毛绒动物，可以很好地连接学校与家庭。孩子们可以带着玩偶——以及玩偶的过夜包和日记本——回家过周末。千万别忘了带上一次性相机，让孩子们可以记录它的冒险。这个拿回家的玩偶应该足够大，孩子们能把它装扮起来，并和它一起玩。

玩偶作为课堂上的朋友 引入新的班级成员——玩偶！孩子们会高兴地告诉玩偶所有规则，甚至带它到教室参观。这对害羞的孩子特别有效。你会看到他们聊天，以从未见过或听说过的方式交谈。身体完整的玩偶看起来像一个毛绒动物适用于作为教室中的一员，因为孩子们会把它带到教室的各个地方，吃饭的时候也让它挨着自己。

表 15-2 活动中心的体验与设备

戏剧表演中心的活动给孩子提供了以下社会交往体验：

- 区分成人角色
- 尝试社交技巧
- 与他人相处
- 分担责任
- 做小组决定
- 控制冲动行为
- 意识到因果关系
- 发展对自我和他人的积极态度
- 享受对大人的世界的幻想
- 自发地使用口头语言
- 练习阅读之必要技巧，如使用符号
- 用自己的力量学习，在社交方面获得自信与满足

材料（可添加其他需要的物品）

穿衣镜
炉灶
冰箱
水槽
衣柜或衣架
烹饪 / 餐具
桌子和椅子
茶具
电话
听筒
清洁工具（扫帚、拖把、簸箕、水桶、海绵、抹布、掸子）
橡皮泥
娃娃床、玩具娃娃推车、婴儿高脚椅
摇椅
空罐

空的多元文化食品盒
镜 / 手持小镜
马车
多元文化的娃娃和娃娃的衣服
熨斗 / 熨衣板
木偶
各种各样的帽子、连衣裙、衬衫、领带、皮带、围巾、鞋子、钱包、首饰
一个旧皮箱（用于“旅行”）
一顶护士帽（玩具注射器、药瓶、玩具温度计）
玩具货币
旧的公文包
漂亮的手套、橡胶手套、棒球手套、花园手套

开放式的材料，如大张纸、围巾和纸箱
将不寻常的物品（工具、大型沙滩排球和有趣的眼镜）放入“挑战盒子”，挑战孩子：“你可以用它们做什么呢？”

一个五岁的孩子会喂“宝宝”吃饭，讨论为什么喝牛奶对“他”有好处，告诉“宝宝”睡觉的时间，并教育“宝宝”要成为一个优秀的孩子听父母的话。这种表演明显不同于两岁的孩子。

孩子们参与戏剧表演也会使用一些工具来支持他们的表演。例如，一个孩子需要一些钱假装放进钱包里，他或许会在艺术区制作一些，或者去熟练操作的区域搜集一些珠子、碎屑或者小的乐高积木来作为钱。

无论他们正在寻找的材料或到其他角落寻找所需的材料，教室内其他角落成为戏剧游戏的资源是十分自然而适当的。限制使用一个区域或房间的一部分，会使孩子感到沮丧，而不是支持他们潜能的发挥。当他们对空间和工具的使用与其他儿童对空间和工具的使用产生冲突时，解决团体问题的机会便出现了。

戏剧表演对于来自不同语言和多元文化背景下的孩子是一个自然的受益。会说两种语言的儿童能够很轻松地参与戏剧表演，这种表演要求非语言交际。戏剧性的游乐区，也可以让孩子学习游戏道具的名称。例如，可以在戏剧游戏的道具物品上，贴上英语及母语的标签。

戏剧表演也吸引了儿童多样的学习方式或者多元智能。身体灵活的学习者能从戏剧表演中涉及的身体运动中获得很大的乐趣。语言表达能力强的儿童喜欢不断地进行对话，这个对

话自然成为戏剧表演的一部分。有聪明的学习方式的孩子在与其他孩子的不断交往中成长。拥有图像认知学习方式的孩子喜欢创建可见的场景，这个场景为戏剧表演剧情提供背景。

记得也要为模拟和角色扮演提供一些户外工具和装备。由于拥有更多的空间以及更少的限制，户外戏剧表演通常是富有活力且极其多变的。儿童将利用一些可以利用的东西——马车、三轮车和其他机器娃娃，公共汽车、火车和船；大的行李箱子、木板、床单、绳子以及房子、商店、城堡和山洞；沙子、炊具和建筑。他们可能也喜欢一些室内工具的附加物（帽子、围巾、玩具娃娃、盘子、粉笔）带到他们的户外戏剧表演中。

低年级儿童的创造性戏剧表演

戏剧表演对幼儿来说，是一种自由的表演，在表演中，他们探索自己的世界，模拟一些动作并表达这些动作的特征。在戏剧形式中，这是儿童最早期的表达，但是它不同于夸张的行为。

戏剧表演是不完整的，仅存在于某一时间里。它可能只持续几分钟或者进行一小段时间。它甚至可能被重复地表演，但是它是一种为了纯粹的快乐而进行的重复。在戏剧情景中，它没有清晰的开始、结尾和发展。

创造性戏剧表演指的是由参与者创作的非正式戏剧。它在范围与内容上超越夸张的表演。它或许利用一个有开头、情节和结尾的故事改编而成。另一方面，它可能通过戏剧的表现方式来探索、发展以及传达观念和情感。但是，它总是即兴创作的戏剧。对白是由表演者创作的，不论它的内容是取自一个尽人皆知的故事还是原创的情节。随着每一次的表演，故事变得更加细节化和更有组织，但是它仍是即兴的并且绝不是为观众而设计。参与者们是由一个领导来指挥而不是一个导演，领导者的目标是让表演者得到最佳的成长和发展。

创造性戏剧表演通常用来描述六岁和更大一点儿的儿童即兴创作的戏剧。创造性戏剧为小学生提供了发展他们创造力和想象力的机会。几乎没有什么活动能比创造性的夸张行为更有潜力去开发想象力的了。

创造性戏剧表演为有特殊需求的儿童参与表演艺术提供了机会。由于它的灵活性，戏剧能够成为所有年龄儿童群体的一种愉快的和自由的冒险。教师通过灵活调整戏剧表演重点和活动内容，以适应有特殊需求儿童的能力水平。通过创造性戏剧，低年级儿童的想象力能够得到激发与加强。

对于低年级儿童创造性戏剧表演的指导

以下是一些具体的步骤，这些步骤可能对低年级儿童建立创造性戏剧体验会有帮助。

提供一个结构 虽然模仿对于儿童是十分自然的，但是即兴创作一小段戏剧可能是一个抽象的过程。儿童在刚开始的舞台表演中需要一个系统的安排来指导他们的表演和对白。老师通过造型和演示故事，尽可能包括动作、对话和人物特征等来提供这个安排。在故事的重新编排中，确定每个人都有一次表演机会。但是要避免在相同的情境下重复表演，因为儿童可能会感到厌烦。相反，每天重复一次到一周重复一次来保持儿童的兴趣。最好的方式是保持戏剧的简短与简单，并且只用二到四个人物角色。更大一点儿的儿童以及那些有创造性表演经验的儿童则需要更少的组织。

鼓励开放性 创造性戏剧表演是自发的和多变的。尽管由教师提供一个开始结构，效果最好，但是这个结构应当是灵活的和开放的。随着学生们对创造性夸张行为变得更加适应，他们将开始从自己的生活中吸取经验和观念来创造基于原始主题与众不同的变体。使用一个准备好的剧本将会阻止这种创造力和个性化的表达，所以不使用写好的对白是一个不错的原则。

想一想 在小学中的戏剧创作

成年人依靠理性和知识了解世界，而儿童使用并发挥想象力来探索和了解他们的世界。那么，教师使用这两种资源——游戏和想象——作为学习工具，是有道理的。创意戏剧提供了这个场地，将游戏的世界与知识和理性的世界联系起来。

戏剧游戏是幼儿园课程中的一个公认的组成部分。然而，幼儿教师往往忽视了这一重要的学习工具。

创造性戏剧表演是想象游戏的一种形式，帮助学生学习和使用非书写形式的语言。它与戏剧表演也不相同，在戏剧表演中的演员读或背诵别人所写的剧本。但是，在创造性戏剧中，演员依据自己的话来表达意思。以下是创意戏剧的一些例子：

- 在三年级的教室里，学生以创造性戏剧表演的形式“变成了”金属容器，热胀冷缩。这些扩张和收缩动作都放到一个戏剧表演中，并最终伴随着舞蹈。
- 在一年级教室里，孩子们成了从云朵上跌落的雨滴，在阳光中闪闪发亮，种子成长为根、花苞并从泥土中露出脸。
- 一个四年级的老师让个人或小团体的学生以“念相同的台词，但表现出不同特色”的方式介绍戏剧活动。如以神秘的方式说“你打算戴红色的帽子参加展览吗？”；以非常生气的方式说同样的台词；一只老鼠会如何说，而一个被宠坏的有钱小孩又会如何说？老师以不同的角色、方式重复一样的台词。五分钟后，学生开始创造性思维，并准备进入一个戏剧性的活动。
- 在三年级的教室，学生们用绳索表演《三只坏脾气的山羊》（The Three Billy Goats Gruff）。老师告诉演员开始，他们只能用狗的语言。也就是说，他们整场的演出只能吠、叫、吼。这迫使孩子们只能用他们的面部表情和肢体动作来传达演出的意义，并回应其他演员。

在以上这些例子中，教师用创造性的戏剧以加强课程理念。在这个过程中，这些教师创造出这些有趣味性、学生能协力达成目的和每人皆能成功的学习经验。

这是戏剧创作的本质。创意戏剧是想象力的发挥，帮助小学生以积极愉快的方式学习。

安全的环境 当教师创造了一个有趣安全的环境时，创造力将会被提升。在最初学习创造性戏剧的舞台表演时，关上教室的门，能够帮助儿童获得安全感和集体感。愿意通过示范和参与有创造性戏剧表演的教师，能鼓励儿童的参与。积极的、具体的反馈，承认演员的努力，有助于儿童放心地继续进行表演。最后，教师不应该强迫学生去参加创造性戏剧表演，而应该总是征求学生的意愿，让愿意表演的学生参与活动。

提供反馈 学生喜欢收到反馈，不论是正式的还是非正式的。当一个老师以一种恰当的方式对表演进行反馈时，非正式反馈是最适合的（对喜剧片段发笑）。一个戏剧刚结束，老师与学生通过体验表演，指出做得好的事情来给予更多的正式反馈。

安排时间 允许学生慢慢适应创造性戏剧表演。请记住，这个表演是要成为一种愉快的学习体验，享受你的第一特权。

应用于有特殊需求的儿童

在戏剧表演中，以下建议对老师与有特殊

读一读 一个女人和玩偶的旅程

维达（Vida Zuljevic），出生于南斯拉夫，她在南斯拉夫和美国得克萨斯州、华盛顿州的教学生涯中，一直使用玩偶辅助教学。在过去的几十年里，她的故事是鼓舞人心的，因为她使用玩偶帮助的不仅是孩子，还有她自己。

下面是关于她的故事。

“作为一个幼儿园老师，在南斯拉夫，我用玩偶作为一种教学工具，向孩子们介绍文学作品或数学概念，谈论遥远的地方或来自不同文化背景的音乐，处理偶尔会出现的冲突，还有无数其他的用途。（维达，2006年）

当维达因为战争被迫逃离她的国家，她和她的家人住在几个不同地方的难民营中。她继续制作玩偶，创作儿童玩偶剧，帮助孩子们集中精力做一些有意义的事情，从而释放压力，抚慰战争带来的创伤。

最终维达搬到美国，在那里她发现了玩偶的新用途。一抵达得克萨斯州，为生存目的，她和她的家人不得不立即投入另一种语言的学习中。她的孩子们在欧洲学校学习英语，所以能够教她几句话。她用这项技能找到一份工作，养活家人。

有一天早上，她在附近的幼儿园询问工作，第二天下午就接到校长的电话。她的女儿向她解释，她被录用为幼儿教师。维达吓坏了，她不会英语怎么给孩子们上课？维达做了一个玩偶，并给她取名“安娜（Ana）”。无论是安娜还是维达都不懂英语，但安娜成了她的盾来保护她免于尴尬。安娜也成了维达的形象大使。

安娜帮她唱儿歌，年轻人会聚集在她周围，即使他们无法理解安娜说的每一个词，他们耐心地听着并鼓掌，并很快询问他们是否可以持有自己的“安娜”。维达向他们展示应该如何使用手指，帮助他们学习操作玩偶。在这种类型的互动中，她第一次听到《ABC歌》《雨，雨，走开》《BINGO》《玛丽有只小羊羔》等流行的儿童歌曲，维达说：“安娜是我和孩子之间的桥梁。”维达学习英语非常快，六个月后，她已经学会了英语，可以在学校为孩子和他们的家长教授玩偶戏了。

维达后来找了一份在华盛顿州为讲西班牙语的孩子教课的工作，她继续使用着安娜。维达说，“我以前的经历，尽管在那个时候我的英语能力极其有限，但能用玩偶来帮助我跟孩子沟通，以同样的方式启发了我去思考这些学生，我试图向他们提供相同的工具”。她想先向玩偶打开自己的心灵和思想，使这种情感的连接可以帮助他们更专注于认知领域——一门新语言的学习。

维达发现，正如很多老师做的一样，玩偶是最好的语言教学工具，这是她曾经希望的。即使一开始不说一个字的学生也能够在学年结束时使用英语进行玩偶表演。

需求的儿童会有帮助。

一般建议

- 儿童应当自由地去体验与冒险，除了那些真的有必要保障表演安全的要求外，不要对他的表演设置太多的要求。
- 让儿童拥有优先权。包括耐心地等待儿童去选择要做的事情。
- 鼓励在一起表演，设定小儿童能够玩得开心的一个小空间。比如，在一个小区域的地毯周围放置一些家政玩具，并提醒儿童当他们在玩的时候需要待在毯子上。

• 注意力不集中、自闭症以及发展滞后的儿童需经常更换角落。如果他们仅在表演中心待个一时半会儿，他们不能完全受益于表演经验。要坚定地要求孩子们，最初至少花上五分钟的时间，待在表演中心接着逐渐建立起儿童能专心于戏剧表演的时间。如果五分钟对于儿童是不可能的，那么可以以儿童能接受的时间开始。

• 帮助儿童将道具、玩具娃娃、贴有图片和字母的架子放回原处。

试着让孩子尽可能多地与其他儿童进行交流。你与孩子互动得越多，则孩子与他的同龄人互动得越少。（古尔德 • 沙利文，1999）

发展滞后

成人或许想对于发展滞后孩子的表演干涉更多。儿童需要一个机会来发挥他们的能力水平，并独立地开展活动。当孩子在一群人中玩耍时，如果你需要介入，请尽可能不引人注目。例如，你可以简单地坐下来，作为儿童表演的一部分，成为一个角色或道具，这样你就可以巧妙地给出建议。

为发展滞后的孩子作出的其他建议：

• 提供儿童熟悉的并与他们日常生活有关的一些工具。

• 在表演中鼓励语言表达，可以提问题，也可以鼓励与其他孩子进行交流。

• 发展滞后的一些孩子特别容易疲倦，因此要确保每个孩子都有座位。

• 对戏剧表演不够擅长的孩子可以在戏剧中扮演配角，比如医生办公室前的病人。教师可以通过在附近放置合适的道具，或者口头上建议角色，来实现这一点。

• 每次拿走一些道具，以避免扰乱孩子的注意力。

• 提供一些简单的换装衣服，不要有小按钮扣。大衣服更容易穿和脱。

注意缺陷多动障碍 / 多动症

两个特征——高度多动以及注意力分散——可能妨碍儿童参与戏剧表演活动。这些儿童关注他们选择的以及感兴趣的戏剧表演。新颖是非常重要的。增加一个新鲜的玩具娃娃到表演中或许足以重新吸引儿童的注意力。例如，如果一个儿童在戏剧表演中心正在表演，但是似乎看起来正在逐渐失去兴趣，增加医生的听诊器和注射器的装备并问一个问题，比如“宝宝是不是生病了？”提示儿童返回到表演中。

对这类儿童戏剧活动附加建议如下：

• 与其他儿童玩耍时，帮助他们了解如何解决冲突。为了避免儿童表演得激烈，给他提供帮助，用语言表达出什么妨碍了他。

• 对于不合适的行为确保有比较清晰的定义。认真考虑你制定的规则是否真的有必要。

• 新的或者提供大量感观信息输入的有趣的活动应该在平静活动之前和之后进行。参与戏剧表演之后，你可以安静地坐在沙发上舒服地听故事。

• 如果儿童在几分钟的表演之后试图离开戏剧表演中心，要求儿童待在原地再去做些事情。不过，如果游戏环境已不能使孩子有所收获，应该允许孩子们离开。

• 多动症本身不会阻碍学习。如果表演活动积极，儿童会关注它时，就没必要去干预。只有那些不能关注表演或者在教室横冲直撞的儿童，才需要成人的干预来解决表演问题。

• 通过由天花板悬挂下来的布料或纸张，将角落与教室其他区域区隔开来，可以降低干扰。戏剧表演也可以发生在一个大箱子或一张桌子底下。

• 设置一个计时器，以帮助孩子入住游乐中心。定时器为孩子可以移动到另一个活动中心提供一条听觉线索，并让孩子感觉他在该中心的参与具有明确的开始和结束。

视力受损

视力受损的儿童可能没有机会通过观察其他人来学习如何表演。探索和操作东西的体验，对他或许也有所限制。鼓励视力受损的儿童使用他们的视力是很重要的。应当鼓励双目失明的儿童通过触摸等方式，去探索事物的感官特性。

- 帮助儿童探究戏剧表演并讨论是什么以及它们是用来做什么的。询问在中心的孩子他们在进行什么游戏。（莫尼亚诺夫、斯凯尔斯、范霍恩、阿尔米，1987）
- 如果儿童总是扮演附属角色，比如小宝贝或病人，介入并建议他扮演其他角色。
- 鼓励双目失明的儿童去发展一种社交技能，它将帮助儿童与其他儿童进行互动。双目失明的儿童应当学会在说话时将他的脸面向别人，并保持他的视线在谈话空间的中线上。（古尔德、沙利文，1999）

玩偶

玩偶在儿童的生活中是非常重要的。即使是最小的孩子都熟悉幼儿节目《芝麻街》中的玩偶。玩偶可以用于描述这里任何戏剧性的经历。他们提供孩子两种方式来表达创意：（1）制作玩偶的创意经验，（2）富有想象力的体验。

玩偶吸引孩子并使其参与进来，很少有其他的艺术形式像玩偶一样让孩子很容易就进入幻想和戏剧的世界。在这个神奇的世界里，孩子们可以自由地创建任何想要的自由生活。

使用玩偶

使用玩偶通常开始在幼儿园阶段。教师可以用简单的手指玩偶教手指谣，手指玩偶可以演出熟悉的童谣。在音乐时间，由玩偶引导儿童唱歌，害羞的孩子往往会参加活动。玩偶也可以用来教导教学理念，可以帮助澄清抽象的概念，并演示具体的概念。例如，在幼儿园的“前面”“上”“下”“后面”等可以用玩偶清楚地表示出概念。

玩偶允许你对班上的孩子说一些“愚蠢”的事。例如，在一堂科学课上，关于太阳的位置如何在一天中发生变化，并使玩偶的影子变短，一位老师用玩偶来告诉孩子们，一定有人洗过它，使它缩小了！孩子们告诉玩偶，影子不可能缩水，并用孩子能理解的语言解释所发生的事情。孩子们与玩偶交谈，好像它是一个不同于老师的人。

玩偶似乎允许孩子们对于不确定的事情能自由讨论。此外，孩子们有时知道老师“知道答案”，因此可能不会对一个问题或提示作出反应。不过，玩偶可能不知道答案，所以孩子们的反应和解释更全面。

一些较大的玩偶有像五指手套一样的手指，所以老师可以让玩偶操纵设备和其他资源。这对分组活动特别有帮助，因为玩偶能够像孩子一样加入。例如，如果孩子们根据特点整理岩石时，老师可以用玩偶搬岩石从一个组到另一个组，进而推动进一步讨论。如果玩偶不同意他们的分类，玩偶的行为可以鼓励孩子来证明自己的分组选择。由于他们解释了自己的想法，孩子们便可以考虑其主张的有效性或识别他们推理中的可能的缺陷。

此外，教师可以在课堂上使用玩偶来模拟理想的行为。玩偶可以提出合理主张，并为一个观点给出理由。使用一个玩偶无所谓正确或错误的方式，但给玩偶独特的性格是有价值的。如果玩偶的这个角色一直是由教师维护着，孩子们可以“接管”玩偶的动作、语言、表情等：他们已经知道玩偶的性格——他们不需要再创造一个新的角色。

使用玩偶的时候，老师也慢慢向他们介绍了玩偶的分类，并且确定了玩偶的身份。即使它不被使用，也需要保持玩偶的性质。让玩偶坐在座位上，看着孩子们工作；每天让一个孩子与玩偶玩。至关重要的是，孩子与玩偶说的话，老师要注意倾听。也可以借助玩偶说教，同时讨论孩子的想法。

老师们发现，有玩偶参加的活动，孩子们日趋活跃，他们与玩偶交谈，倾听玩偶的意见。

玩偶，作为戏剧表演的一种形式，能激发儿童的创造性能力。有些老师在儿童说故事的过程中，将对话录音下来，事后向孩子们展示他们是如何创造了一个故事。

在一个灵活和气氛自由的房间里，孩子们一定会有无数的想法加在自己的玩偶身上。以下为使用的建议：

- 布置一个玩偶中心——准备好玩偶的材料、道具和一个全天开放表演的舞台。
- 以空的塑料瓶作为玩偶架，小洗涤剂瓶和废弃木材使您的玩偶将有一个“家”。
- 请考虑为每个中心区准备一个有代表性的玩偶。比如，玩偶可以提醒全班同学现在是音乐时间，可以用来维持秩序和解释新的概念。如果玩偶在某个地方遇到了麻烦，孩子们可以教它，理顺它的混乱。通过这种戏剧性的经验，儿童的自信和技能得到加强。
- 绒布板和玩偶可以很好地协同工作。有手的玩偶可以灵活操作绒布板上的道具贴片。例如，一位老师要教幼儿脸部的器官名称时，可以用一个“愚蠢”玩偶不断将五官贴错位置，孩子们则有很多的乐趣来纠正它。
- 在音乐体验中，教师发现玩偶能帮助幼儿通过移动玩偶的节拍开发节奏和音乐演绎的感觉。他们还鼓励不愿意唱的孩子们。有活动式嘴巴的玩偶最好的，但也不是必要的。社会学是一种适合玩偶参与的学科领域，因为它有许多机会呈现节日相关活动、代表了特定的民族风情，或扮演各种社区助手的角色。
- 用玩偶来帮助孩子的声音表达，如恐惧；其他活动包括采用高—低—高亢的声音，来表达尖叫、咆哮和动物的鸣叫声。
- 提供已出版的或原创故事演出的机会。
- 鼓励孩子呈现原创作品。年幼的孩子们可能很难操纵玩偶，并在同一时间说话。预先将故事录音，让孩子们可以专注于玩偶的操作。

这些建议都仅仅是停留在想法上。在课堂上使用玩偶就看如何发挥你和孩子的想象力了。

各种各样的玩偶

最常见和最简单的有棒子玩偶，布袋玩偶，手套式玩偶，手指玩偶，木勺玩偶，纸盘玩偶，黏土玩偶，保丽龙球玩偶，乒乓球玩偶和纸筒玩偶等。

棒子玩偶 所有玩偶中，最简单的就是棒子玩偶，棒子玩偶是由一个棒子（细长、坚硬的支撑物）来操作，或连接到它的背面控制。

棒子玩偶不但有乐趣而且容易制作。教师可以利用大树枝、铅笔或木质冰棍棒、让孩子在顶端套上装满报纸或棉花的袋子或布，再以橡皮筋或线将袋子绑紧于木棒上做头部。

孩子可以使用蜡笔或彩色纸装饰玩偶。也可以用废钢丝、木屑和纽扣装饰玩偶的脸部，用碎布或不用的壁纸做玩偶的服装。

有了棒棍为基座，玩偶就可以在舞台上四处移动。对学龄前的儿童来说，将小玩具、动物玩具、杂志剪下来的图案粘贴于冰棍棒上，即成一个容易操作的棒子玩偶。

布袋玩偶 对于学龄前儿童，一个普通纸袋就可以做一个布袋玩偶。将纸袋塞满报纸团，用订书机固定或以胶水黏结，剩下的空间让孩子的手滑进去对玩偶进行操作。

脸部可由油漆、蜡笔或彩色纸装饰而成。可回收的材料也非常适宜，用纽扣作为眼睛，搓圆的面纸做鼻子，用毛线做头发。用对了材料可增加玩偶的趣味性。

手套式玩偶 手套式玩偶有许多类型，但基本可分为两大类：（1）有活动式嘴巴，（2）有活动式手部。

任何可套在手部的材料都可以做成第一类手套式玩偶，如手帕、袜子、手套或纸袋。把手放进去，通过手指张合嘴巴。第二类有一个头和两只手，操作方法是将一根或两根手指分别放在头和两只手的位置做动作。这种玩偶的手除了可以自由地捡东西或做手势，也可以增加表演的真实性。

手指玩偶 一般类型的手指玩偶有以下三种：

- 手指为腿。手指玩偶，其中两根手指（通常为食指和中指）作为玩偶的腿。
- 手指为头。用一根手指支撑玩偶。
- 手指为脸。用彩色笔在手指上画出玩偶的脸部。通常情况下，人们可以用这种类型的玩偶在同一时间进行表演。他们是伟大的手指玩偶表演者！

手指玩偶的优点包括以下内容：

- 它们很容易操作，即使蹒跚学步的幼儿也可以操作。
- 促进儿童小肌肉的活动。
- 价格便宜。
- 一个孩子便可以把所有角色扮演完。
- 使孩子保持兴趣与注意力，因为容易做也做得快。
- 可以在闲暇时制作，因为材料体积小且可以随时移动。

木勺玩偶 您将需要木勺、纱、线、废弃材料、胶水和建筑用纸。在木勺上画上脸。以其他材料做衣服。

纸盘玩偶 在纸盘底部画一张脸，粘贴上其他材料做装饰，两个纸盘中间插入冰棍棒后，固定在纸盘上，再将两纸盘周围黏合。

黏土玩偶 将少量黏土揉捏包覆于手指上，并捏出面部形状，添加珠子、牙签等小物件做面部装饰。

保丽龙球玩偶 将一根棍子插入一个保丽龙球。用布包覆保丽龙球。粘上纽扣和布料做装饰。

乒乓球玩偶 在球上切一个X形状后，将一块轻薄的面料放在你的手指上，将手指由X形切开处插入，待干燥后，于球表面画或贴在脸上。

袜子玩偶 将手穿进袜子中，用胶水或水彩笔装饰面部特征。

手套的手指玩偶 利用回收的手套做手指玩偶。可以用笔在回收旧橡胶手套手指处直接画出脸部，或以毛线球粘贴在上面作为“头”，再加上其他布料做装饰或细节化处理。

纸筒玩偶 把纸筒玩偶套在手指上，装饰成需要的样子。也可以将纸筒作为身体，在顶部粘贴保丽龙球或乒乓球为头部，再加以装饰。

玩偶人 最简单的玩偶人是将大纸袋挖两个洞作为眼睛，由头部套进去的纸偶。纸袋可以稍微调高至肩部或开两个洞作为双臂。玩偶人做出的玩偶创意戏剧能自然过渡。此外，害羞的孩子在这种玩偶背后通常比所有其他类型玩偶都更有安全感。可千万不要强迫孩子使用这种类型的玩偶，如果他不喜欢他的头部被覆盖！

总结

戏剧表演是一种很好的发展创造力和想象力的手段，在幼儿阶段它不强加成人的标准于孩子的个人意识。戏剧表演可以调整，因此适合有特殊需要的儿童。戏剧表演装备是很容易制作并有很多机会帮助发展创造力的。使用玩偶为创造性的活动、戏剧和语言的发展提供机遇。创造性戏剧表演指的是由参与者创造的非正式戏剧。它在范围和意图上超越了戏剧表演。创造性戏剧表演的含义一般是用来描述儿童六岁以上的即兴戏剧。

玩偶在幼儿节目中帮助害羞的孩子表达自己，自我介绍，并在各个领域教授新理念。适合年纪较小的儿童使用的玩偶类型为棒子玩偶，手指玩偶，手套式玩偶，乒乓球玩偶，纸筒玩偶。

关键词		
布袋玩偶	戏剧表演	塑造行为
纸筒玩偶	手指玩偶	玩偶人
创造性戏剧表演		

学习活动

1. 制作本章中未提到的两种戏剧道具。发散性思维！与你的同学相比较。

2. 试做孩子在以下角色扮演活动中可能会使用的道具。

①邮递员。

②牙医。

③飞行员。

④服务员。

3. 试做一种本章中讨论的玩偶类型。在儿童使用前示范其用法。描述你会如何在班级中使用玩偶。

4. 如果你有200元美金的预算来采购戏剧表演的道具用以布置新教室，你会买些什么？为什么？列举每个购买物，并为每个道具给予至少三个用途。您可以使用学校供应目录中的采购服务。

在幼儿园到五年级，每个学段选一个班做此题的练习。讨论每个年级的差异，以及它们如何影响你的购买。

5. 观察两个幼儿教室。使用在线指南中找到的观察表。在儿童戏剧活动中观察到了什么角色？您如何看待这些角色与孩子们的实际生活经验？请解释。

为了指导子女或为他们的未来做规划，观察两个房间，并向老师咨询学习如何通过观察孩子们的戏剧表演获得信息（如果有的话）。举例说明。

在每一个你所观察到的房间里，孩子的戏剧表演有什么限制吗？您如何看待这些在户外剧烈活动中的限制？

6. 计划加入新的道具来帮助每个人观察到的幼儿角色扮演情况，延长孩子的戏剧性角色，然后观察孩子如何使用这些新的东西。

7. 访问幼儿节目就像记者采访导演一样采访班主任老师和家长。询问他们每个人是如何感受戏剧表演对孩子的重要性。要求每个人分享关于最后一个（或大部分目前生产）涉及子女学校计划的意见。比较您收到的答案，讨论你在这些采访中发现的相似性和差异性。

8. 邀请儿童和成人在一起参与创作戏剧。看看你是否注意到他们的做法的差异。成年人都应该有机会参与！您也可以让不同年龄的学生尝试这一活动。你观察到了什么？

9. 当你在早期儿童中心观察时，记录男孩和女孩分别表演的戏剧角色，在班级中讨论。

10. 列出你认为教室如何作为儿童的戏剧表演中心的计划。并列出第二个计划，展示你可能重新排列的计划并描述你是怎样希望实现这些变化。

游戏活动

▶ 玩偶剧院

桌面 将毯子覆盖在桌子上。孩子们可以蹲在桌子后面，道具可以放在桌子下面。

电器箱 在大型家电箱（通常可在家电卖场免费获得）前面挖一个洞，让孩子用颜料和记号笔去装饰。

门框 挂上一个简单的窗帘在教室门框上。表演者站在大厅，观众坐在房间里。

▶ 一个安静的玩偶

将密封盒子的底部和顶部切开。把玩偶放在你的手上并穿过盒子。当孩子需要安静下来时，把你的玩偶藏在箱子里，仿佛玩偶被噪声惊吓。当孩子们安静时，让玩偶出现。让儿童以同样的方式使用玩偶。

▶ 纸杯手指玩偶

给每个孩子一个纸杯。解释纸杯将如何成为玩偶的头。他们可以画或使用颜料涂上脸部特征，贴上毛线，贴上纸的耳朵或鼻子。在杯子的侧面剪出两个圆洞，以便手指放进去操作。

▲ 箱子偶

制作孩子可以成为玩偶的箱子偶。每个孩子需要一个轻的玩偶箱（30.5cm×61cm 或 61cm×76cm）。通常情况下，第一主体玩偶经常是马，如果孩子真的喜欢这些玩偶，或许你可能要改变结构而制作成鸟类、飞机、鱼类或孩子所喜欢的东西。

将每一个板箱的底部移除，顶部中央挖出一个洞以便让孩子的躯干刚好撑住箱子。在箱子的两侧各挖一个正方形的洞，在每个边的中间，孩子以两个手柄保持身体平衡。将马尾巴固定在一面，马头固定在另外一面。让孩子彩绘箱子玩偶，加上斑点、马鞍、垫子等，干燥后，小马玩偶就可以表演了！

▶ 影子玩偶

在此活动中，孩子们以他们的手臂和手实验，不同的光线和玩偶姿势所造成的不同效果。孩子们两人一组，创造不同的玩偶。

将灯光调暗，并使用手电筒投光在一个开放的墙上或黑板上。让孩子用双手实验。

与合作伙伴一起工作，孩子们追踪对方的影子到橡树上或海报板标记。

儿童（或成人）将所描绘的影子玩偶剪下来，用蜡笔标上细节。

用胶水在每个影子玩偶的后面贴上冰棒。等胶水干后使用玩偶。

▶ 立体玩偶

对于此活动，您将需要海报板，蜡笔，胶水，画笔，剪刀，记号笔，油漆彩画，一个小框，工艺棒（或冰棍棒）。

将盒子的侧面剪掉制作一个玩偶台并着色。在海报板上绘制人物及动物并着色。剪下来贴在冰棍棒上。

成人协助在玩偶台的底部剪一个裂缝，就可以让人偶站在玩偶台上，这样玩偶人物可以通过地板弹出。

▶ 气球玩偶

对于此活动，您将需要气球、彩色笔、白胶、纱线以及胶带。（切勿让三岁以下的儿童使用气球。）

让每一个孩子将气球吹起来。（如果孩子有能力，让他们自己吹气球，有些孩子可能会需要帮助。）将气球的吹口系上。

谈论如何处理气球并且不会弄破的方法。

多准备一些气球以防万一。

用胶带把气球粘在桌子上。使用彩色笔来对气球画一张脸。用毛线粘贴在顶部作为头发，添加其他布料作为服装。制作完成后将气球从桌子上取下来进行表演。切勿让三岁以下的儿童玩气球。

使用不同形状的气球创造幻想中的动物。用气球做一个身体，再用其他气球作为头粘在上面。

▶ 盒子玩偶

对于此活动，您将需要小盒子、手工纸、剪刀、碎布、胶带、记号笔、蜡笔。

给每个孩子两个小盒子。两个盒子用胶带粘在一起，保持两个开口。用手工纸覆盖住盒子。顶盒是嘴巴上方和眼睛。底盒是嘴巴的下方。贴上眼睛，嘴巴等细节。如果需要在盒子的两侧添加耳朵。当所有的黏合剂干燥后，使用玩偶。要使用玩偶时，把四个手指放在顶盒中，拇指放在底盒中以便操作。

变化方法：对于大玩偶使用大盒子。但是，要确保盒子的大小能够将手放进去。当玩偶说话时，在底盒做出一个大舌头会更有趣。当玩偶移动时，添加毛线做头发也是很有意思。

▶ 信封玩偶

对于此活动，您将需要白色的信封、彩色笔、剪刀和蜡笔。

给每个孩子一个白色密封信封袋。在信封上画上脸，用彩色笔和蜡笔增添其他细节。将信封的底部用剪刀剪掉，便可作为一个玩偶。

▶ 毛绒球玩偶

对于此活动，您将需要不同大小、颜色的毛绒球，冰棍棒，白胶，打孔器，施工纸，织物，毛线和碎布。讨论什么样的玩偶可能用这些材料制作。谈论颜色，细节，特征等。

把较大的毛绒球贴在冰棍棒上，用施工纸粘贴其他细节，并用更小的毛绒球制作其他细节。利用打孔器打出的圆纸片贴上做装饰，增添毛线作为头发。

变化：让一组毛绒球玩偶为另一组伴唱。让孩子选择歌曲。用棉花球代替毛绒球，但要注意，棉球不太容易装饰。

▶ 毛绒动物棒玩偶

对于此活动，您将需要冰棍棒、树枝、铅笔、小毛绒动物、毛线或橡皮筋。

收集小的填充物，把它用橡皮筋或毛线绑在冰棍棒或铅笔上。用碎布装饰玩偶做成连衣裙，像棒子玩偶一样操作它。

变化方法：将小娃娃固定在冰棍棒上做成玩偶。用毛绒动物棒玩偶表演一个童话故事或最喜欢的故事。用毛绒玩具布料、毛线和碎布作为装饰物。

▶ 除尘器玩偶

使用羽毛或其他带手柄的小掸子。孩子们发挥自己的想象力用胶水增添眼睛、鼻子、嘴、帽子，甚至衣服。孩子能够使用掸子的手柄让玩偶移动。

▶ 皮棉刷玩偶

回收旧双面皮棉刷来制作玩偶。这些刷子有两个面。一面可以做笑脸，另一面做哭脸。把大绒球做头发，扭动的眼睛以及用其他布料装饰细节。你甚至可以给玩偶做个领带或蝴蝶结。

▶ 便携式玩偶舞台

便携式玩偶舞台提供给孩子们一个讲故事，装扮玩偶的特殊地方。尽管舞台可以被建造，但是你所用的舞台装饰纸板在很多工艺品店和教师所提供的物品中都是能够容易获得的。一个部件可用于故事角落里或儿童可以创建他们自己使用的舞台。

要使用该部件作为一个玩偶舞台，就得从纸板中间切出一个洞为了能看到里面的玩偶。进行装点以适应特定的故事。例如：

- 用海绵画野生动物或农场动物的场景。
- 印上孩子的手印，加上孩子的名字为了使用各种各样的故事。
- 画一个花园。
- 用水彩笔画出一个场景。
- 用蜡笔画出一个马戏团。
- 用胶水拼贴东西。

▶ 装扮活动

给每个孩子一张报纸。用报纸把他们先盖住，假装他们是刚刚醒来，或把它当做翅膀，看孩子能扮演什么（鸟、飞机、蜜蜂等）。整个小组可以用报纸团成雪球，并建立一个堡垒或将雪球扔出去。他们可以假装报纸是叶子，所有的叶子变成了一堆落叶落在地上。

▶ 手指玩偶剧院

做一个可容纳许多手指玩偶的剧场。您将需要一个大的密封盒、涂料、美工刀（教师使用的）和彩色笔。画一个又宽又高的密封盒子。切出一个窗户和门让玩偶使用，在盒子背面切开一个大洞为了让孩子们把他们的手放进去。用彩色笔将窗户和门的位置画出来，同时将盒子背面放手的位置也标示出来，这样讲故事的人就可以很方便地移动手指玩偶来讲故事。几个盒子和玩偶的房子就可以创建一个城镇。孩子们可以使用剧场和手指玩偶从一个房间到另一个房间进行邻居之间的谈话和讲故事。在故事中提供几套房子和玩偶来培养孩子的想象力。

本章回顾

1. 列出创意戏剧的目标。
2. 什么是戏剧表演道具？举一些你会在课堂上使用的具体例子。
3. 讨论在儿童戏剧表演中的幼儿教师的角色。
4. 你觉得教师为儿童戏剧表演做的计划合适吗？举例解释。
5. 讨论年幼的孩子如何使用玩偶。
6. 讨论戏剧表演和创造性戏剧的区别。

参考文献

Allen，E.，& Schwartz，I.（1992）. *The exceptional child: Inclusion in early childhood education*. Clifton Park，NY: Delmar Cengage Learning.

Gould，P.，& Sullivan，J.（1999）. *The inclusive early childhood classroom: Easy ways to adapt learning centers for all children*.Beltsville，MD: Gryphon House.

Monighan-Nourot，P.，Scales，J.，VanHoorn，J.，& Almy，M.（1987）. *Looking at children's play*. New York: Teachers College Press.

Zuljevic，V.（2006）. Puppets—A Great Addition to Everyday Teaching. Available at http://ct-net.net/tc_sample_6-1.

第十六章

创造性运动

▶ 教学目标

学完本章，你应该能够：

1. 讨论创造性运动对于幼儿的重要性。
2. 列举出能够帮助儿童发展肌肉群的活动。
3. 讨论提供给幼儿创造性运动的指导原则。
4. 讨论适应有特殊需求儿童的创造性运动的方法。

幼儿从做中学习，他们拥有无限的活力和充沛的精力，活动是展现这些精力的自然途径。

身体运动是幼儿的第一个非语言沟通方式。闭上眼睛，哭泣，颤抖——一个不会说话的婴儿就能很清楚地传达一个引起注意的需求！身体运动是孩子感知自己或周围环境的一条重要途径。

我们知道，儿童的身体和运动的发展影响所有其他方面的发展：认知、语言、社交和情感。即便如此，幼儿教师往往认为，孩子的动作技巧会自己发展。因此，他们不会有意识地去规划运动技能的发展而是做了其他领域的规划，本章将讨论运动技能发展的重要性，并为成人与幼儿工作者提供一些指导原则。

运动涉及儿童的整体发展，而不仅仅是体能和娱乐方面。通过创造性运动，一个孩子能够以非常自然的方式表达自己的创造力。

运动对幼儿的重要性

对成年人来讲，运动这个词会让他们联想起课间操和其他具有挑战性的动作。然而对一个孩子来讲，身体运动是一个愉快而充实的活动，这是因为孩子在早年生活中忙于获取各种大大小小的运动技能。孩子的主要学习策略是通过身体去了解世界，而运动比其他任何类型的活动更能为孩子提供充分自我发展的机会。

孩子通常对创造性运动的部分没有规划或深谋远虑。他们忘记了自己，让音乐的节奏或一个想法带动自己的身体。没有一种运动模式是需要练习或完善的，小孩子们可以在任何情绪的音乐或节奏中自由活动。

创造性运动

创造性运动是反映孩子情绪或内心状态的运动。在创造性运动中，孩子们可以用他们自己的风格自由地表达自己的个性，他们没有范例参考或成人可以模仿。创造性运动可以发生在任何情况下，在其中孩子感到自由并且希望移动自己的身体，可以在诗歌、音乐、节奏，甚至沉默中进行。通过感受脉搏、心跳、想法或情感，孩子的身体成为表达的工具。他们是在键盘上跳动的音符，或是在风中挥舞的小麦。他们是任何他们想要成为的人。他们的运动就是这样一种存在的表达。

创造性运动的好处

创造性运动对于孩子来讲是一种快乐的体验。在这欢乐的体验中，孩子们以多种方式受益。这些益处是感官认识，社会的发展，身体意识，专注力和个人发展。

感官认识

孩子通过自己的感官感知世界。当孩子探索运动的不同方面时他们所有的感官都进行参与。随着孩子从字面上感受到他们身体的形状和动作时，运动感便会增强。在视觉上，孩子会应对他们所看到的图像以及他们创建的图像。随着孩子对他们所发出或所听到声音的回应，他们的听觉会被刺激。触觉体验，如赤脚跑步，执行特定的地板运动，或一条飘动的围巾都会提高他们的触觉意识。这种全感官的认识经历使孩子对自己和周围环境有更深入的了解，它提升了孩子们的想象力和体验生活更大意义的能力。

社会发展

创造性运动鼓励孩子与他们的环境进行互动，因为它们在一起共享空间和探索运动。创造性运动鼓励孩子实现自己的个性。随着孩子的移动，他们能够表达自己的个人情感和喜好。在创造性运动中，孩子们学会在社会结构中合作，并欣赏其他孩子的不同反应。

身体意识

创造性运动活动帮助孩子们获得一种更好的心理状态。控制自己的身体是孩子学会控制自己的第一种类型，它是内部控制和自我约束的第一步。身体意识是逐渐意识到我们情感的基本部分，因为它存在于我们的思想和身体中。当我们感到愤怒或兴奋时，会觉得它充满了整个身体。身体意识在空间方位的发展中也是很重要的，不能准确意识到自己身体位置的孩子，可能会经常误判距离或撞到东西。创造性运动也有助于运动技能的发展。创造性运动注重身体意识、运动健身、节奏技巧、力量、灵活性、协调性、耐力和身体活力。

专注力

当孩子们学会集中注意力时，他们的自控能力就会增强。孩子必须了解集中注意力的感觉，一旦孩子体会了集中注意力的感觉，它就可以成为其他更难集中注意力的活动的参考框架。在课堂上专心学习是必不可少的。

个人发展

随着孩子从事创造性活动，他们也正在发展尊重、自尊和意图等个人特质。在创造性运动中，帮助孩子体验尊重他人的工作空间，因为他们了解了“个人空间”和“共享空间”。孩子们也学会认识、欣赏并尊重他们所接触的人的不同之处。孩子了解和尊重了一个事实，即所有身体都有不同的尺寸和形状，他们学会尊重同龄人的这些差异。

将创造性运动纳入课程中，最大的收获就是自尊。随着孩子学习更多知识以及掌握更多新的技能，他们的自尊也在增强。当一个孩子喊着“我做到了！”或者“我知道！”时，他显示出能够胜任的力量，一个孩子的自尊是通过在活动中他的贡献得到承认和重视来增强的。

创造性运动可以让孩子更加了解自己，对他人的敏感，积极自觉地感知他们共享的世界。他们能寻找到活动中的意义和兴奋，这种活动不是在伤害他们而是在培养他们。创造性运动为所有的孩子提供机会，不论年龄大小，有无特殊需要，或处在哪一发展阶段，都可以相互交流，释放能量，获得乐趣。

策划创造性运动以满足幼儿的需要

能满足幼儿目前发展水平的创造性运动，是能最好地满足幼儿需要的运动。以下指导原则提供了一个框架，以帮助幼儿教师能更有效地完成这方面的工作。

低年级儿童教师的指导方针

在为儿童规划创造性运动活动时，教师需要牢记各年龄组的特点。任何年龄组儿童都需要练习技能以便学习，而幼儿则需要更多实践的机会。同一种特定的技能可以结合使用几种不同的活动，从而延长整个练习时间，并防止孩子感到厌烦。教师可能要准备两三个不同的活动及其变化。用音乐和诗歌，激发创造性运动。

用音乐和诗歌，激发创造性运动

现在让我们考虑一下，如何让音乐和诗歌在课堂上成为鼓励孩子们的创造性运动。

音乐 听音乐是一种引导创造性运动的自然方式。应选择独特的音乐或节奏类型，以进行初始运动体验。很多资源都是可用的，它们可以提供给教师关于这个话题的想法。

为进行创造性运动提供音乐或节奏，可能只需要一台录音机或 CD 播放器，一些录音带或 CD，指挥棒和铃铛就足够了。

以下是使用音乐进行创造性运动时要记住的基本准则：

- 教师说清楚孩子想要做的事情的正确做法，才不会伤害他们自己或其他人。
- 孩子要明白他们不能做其他人做过的事情，他们只能做音乐或思想让他们做的事情。
- 如果孩子需要的话，一开始时允许他们模仿别人。
- 鼓励孩子们尊重对方的不同，并能以不同的方式移动。
- 鼓励孩子体验自由移动，运动对空间的关系，以及运动对他人的关系。
- 展示孩子们如何在自己的个人空间中移动。这个空间可以通过假想进行说明。

教师可通过播放 CD 或磁带来开始这种体验。具有强烈而容易识别的节拍或节奏的音乐是最好的。儿童不应该被告知该怎么听：让他们先听录音，然后让他们思考音乐“告诉”了他们什么。

当孩子们听的时候，教师可以把音乐调低。教师可以与每个孩子谈论音乐在说什么。有些孩子可能已经沉浸到了音乐之中，教师可以跟随孩子一同沉浸到音乐中去。孩子们可以走到房间的任何地方，在房间里做任何音乐“告诉”他们做的事情。对于这个练习，拍手、跺脚，甚至呐喊都是可能的和有帮助的。在适当的时候，一个安静的音乐作品，可以起到让孩子们休息以及带给他们反差感的作用。

随着孩子进入运动的探索中，试图通过诸

表 16–1 从幼儿园到五年级孩子生长发育特征汇总表

	幼儿园、一年级与二年级	三年级与四年级	五年级
特征	1. 肌肉急速增长 2. 大的动作技能变得更精细 3. 操作技能仍然不精细但有增进，较多用身体和手臂而不是用手接球 4. 想象力丰富，喜爱模仿，好奇心重 5. 非常活跃，精力充沛 6. 注意力不集中 7. 个人主义或以自我为中心	1. 粗大运动更精细和优雅 2. 手眼协调能力提高，操作技能成长 3. 了解需要熟练以提高技能和获得社会地位 4. 提高注意力 5. 社会发展更成熟，对团体福利有兴趣 6. 在技能上有更大的性别差异，对共性有些对立	1. 协调性高度发达，在技能的精熟上有浓厚兴趣 2. 在技能和兴趣上更大的性别差异；更喜欢与同性在一起玩 3. 良好的技能和身体素质对社会认可的重要性 4. 团队精神高，对团体忠诚 5. 需要规则和遵守规则的社会意识；可以承担更大的责任 6. 灵活性降低
需求	1. 剧烈运动需要使用大肌肉 2. 粗大运动技能的探索和变化，精练技巧的机会 3. 操纵大型或中型的物体，扔小球 4. 思想表达和身体使用机会 5. 足够精力充沛的游戏机会 6. 活动采取简短解释，并能快速完成 7. 学习分享或对别人有兴趣的经验	1. 用于特定目的的使用技巧 2. 控制较小物体的时机，更准确地放置重要物品；投中移动的目标物体 3. 指导练习，自我测试 4. 连续性活动，更复杂的规则和理解 5. 作出或大或小的团体贡献，留在团体的时间较长，有利于建立和接受决策 6. 能力分组	1. 需要了解更多高难度的技巧；对技能更细化的训练；在游戏中，规则和组织技巧的使用 2. 在课堂上或班级内进行分性别的一些活动 3. 技能指导和练习，健身内容的理解 4. 需要稳定到依附一个团体；制定规则，决定，并通过集体决策遵守；会员在一个班或团队中更长远 5. 参与制定规则的机会，球队队长和领袖 6. 要保持内部结构限制的灵活性
活动类型	1. 跑，追逐，逃亡类游戏；挂，攀岩，体操 2. 自我测试活动；舞蹈活动，活动任务 3. 控球活动；沙包、棒子，篮球，从大发展到更小的物体活动 4. 创意舞蹈，戏剧故事，有创意的特技和地板活动；探索所有的基本技能和小的技能 5. 跑步，游戏，特技，荡秋千，攀登，滑梯 6. 简单的游戏，简单的班级组织活动可以迅速改变 7. 许多的小团体活动，运动探险活动	1. 引入特定的运动技能，利用舞蹈表现有风格的技巧，传统舞步 2. 控球活动，球棒，划桨，打靶游戏 3. 训练，技能的训练游戏，自我测试实践的情况；任务设置 4. 有组织的游戏与更复杂的规则和策略 5. 团队活动，与小团体舞蹈创作 6. 好斗型的绝技，民间舞蹈；课后活动，俱乐部	1. 筹备本赛季比赛；在运动技能上的教学和实践；更先进的舞步类型和民间舞蹈；田径；设备程序，校内活动 2. 同伴舞蹈；游泳，体操，休闲游戏；区分性别的团队运动和健身活动；不分性别的活动 3. 体能测试，发展性运动，健身器的活动 4. 团队游戏，比赛，群舞，运动队与学生领袖，田径 5. 学生事务；在班级和课后进行计划和比赛；学生规划自己的战略，排队等 6. 特技，翻滚，发育演习

如“你现在以一个较慢的方式在做什么”，“尝试以不同的方向或高度进行移动”或“尝试以一种更舒畅、更轻的方式表现你现在的动作”这样的问题来改变方向、挑战和刺激他们的发现。

部分音乐的创作活动也可以与合作伙伴共同完成。以下是一些可能的做法：

- 面对自己的同伴，用双手和手臂做一个“镜子舞”。让同伴用他们的脚和腿来挑战这个舞蹈，然后用不同的面部表情表达。
- 和同伴握着手跳跃、滑动、飞跃、奔跑，直到听到信号，开始寻找新的合作伙伴，并继续跟随音乐移动。
- 以你同伴移动的相同方向移动，直到他们听到手鼓，然后用不同的方式移动。
- 你和同伴可以做什么有趣的身体造型呢？你们可以在共同的空间中创造一种有趣的设计吗？练习到你和你的同伴可以对音乐做三种不同的设计。

这种方法一般可以适应洋娃娃和玩偶活动；身体的特定部分，如手、脚或脚趾的运动；在不同场所或团体的运动。孩子和老师的想象力是唯一的限制。

年龄较大的孩子开始可能会有点自我意识，所以需要其他的建议鼓励他们的创造性动作。由于这个原因，他们往往喜欢在小组活动。小组活动中涉及的模仿动作和影子运动适合于年龄较大的孩子。例如，在三个人或更多人的团体活动中，孩子配合组长表现动作，组长以一组有先后顺序的动作领导小组，小组的其他成员尽可能紧密地模仿。成员轮流当组长，第二个组长以不同的顺序移动，然后第三个……每一个组长都以不同的顺序做动作，成员则尽力模仿他。在这种类型的活动中，分小组开展活动可以帮助学生克服“全班同学看着我”的恐惧。这个年龄段的孩子，当他们知道其他人也参加这个活动时，他们在参与活动时就会变得比较容易。

诗歌和散文 对于创造性运动而言，诗歌是一种有韵律和力量的语言。因此没有必要总是使用押韵诗节。一开始，诗的节奏有助于启动拍子和节奏感。诗的选择应适合幼儿的欣赏水平。依据成人的标准，它们可能是非常简单的，往往是简短的、生动的、活泼的描述，但是当有许多书和收藏可以利用时，就不应该局限孩子于此。当地的图书馆便是最好的资源。

一开始时，可能要求孩子听一首诗。当他们听过之后，就可以挑选出自己喜爱的角色。讨论这些角色是谁，以及他们做什么。第二次读这首诗时，建议孩子们一边听诗一边表演他们的角色。孩子们可以像松鼠一样跳，像飞机一样飞行，可以做任何他们能感受到的。更多的建议在本章的结尾。

鼓励每个孩子以自己的方式移动，如同你所看到的许多变化一样！

当阅读持续进行时，更复杂的诗可以被选择，包含一系列的动作或简单重复的情节。相同的一般构思也可通过散文来贯彻。

当孩子变得更习惯诗歌朗诵，他们可能会对诗歌所描述的不太明显的行为或情绪更为敏感。当阅读有几个人物的故事和更复杂的互动时，第一次阅读全文只是为了倾听。然后，可以讨论了解孩子的一些理解和欣赏的想法。如果孩子有兴趣，多几本读物是必要的。

年龄较大的孩子都能够在一段较长的时间内维持他们的兴趣，并且在聆听、挑选角色和表演所阅读的动作中获得乐趣。他们还喜欢在创造性活动中添加服饰和道具。

艺术与创造性运动

许多艺术是运动。素描、照片与三维空间材料创造都涉及运动。在艺术中，线条和形状到处都是。创造性运动可以使他们将运动与视觉艺术相连接。下面是一些建议：

舞蹈和艺术 孩子们可以用舞蹈表演绘画作品或绘制他们创造的舞蹈。舞蹈的肢体快感可以激励孩子们去移动，他们能够通过涂鸦、素描、绘画和模仿来表达自己。

如何帮助孩子们用艺术连接舞蹈的一个例子是展示有身体运动的艺术作品（德加的舞者是一个自然的选择）。讨论作品如何表现运动，为什么艺术家在绘画中"冻结"一个特定步骤。然后让孩子把绘画当做一种运动舞蹈，并让他们用舞蹈表演艺术家"冻结"的那个动作。

创造性的动作和声音剪贴 身体、城市、自然、动物、机器和孩子的名字都可以做运动。与孩子进行头脑风暴然后产生一种运动的可能性。鼓励孩子想象形状，大小，节奏，能量和声音。将孩子分成小组，并要求各组做出一种声音和动作剪贴。然后小组可以设计一个停—动—停的舞蹈和演出。本次活动之后，可以联结围绕同一主题跳舞的视觉艺术拼贴。

舞蹈图画（较大的孩子） 展示一幅画，要求孩子头脑风暴并集体讨论画中所有的形状、动作、情感。指导孩子观察山水画、海景画和静物画主题的前景、中景和背景。将孩子划分成小组。让每个小组决定一种舞蹈图画的方式，使用一个开端—中间—结尾的结构。我们的目标不是注意姿势，而是发散思考：之前是什么运动？在这一刻是什么运动？在此之后是什么运动？什么是主题之外的（如其他人，运动）？学生准备后，他们可以轮流展示。可以增加背景或制造气氛的音乐。

魔术棒 展示一幅艺术作品，在作品中有一些人物的历史场景。让孩子采用人物的位置。告诉孩子，当你用魔术棒触摸他们时，他们应该以这个人物可能移动的方式移动。提醒孩子怎样转身和行走，曲线和直线的使用以及正反方向。您还可以添加情绪："假装你在着急地行走。"

艺术家的律动 成立了艺术书籍学习站或指派学生来布置艺术作品，包括运动的艺术作品（如马蒂斯和德加的画作）。讨论艺术家如何通过线条、身体的形状、空间来表现运动。

雕塑或建筑舞蹈 展示雕塑作品、建筑物或家具的照片。询问孩子如果这些东西是活的，那么它们会以什么样的空间、曲线和动作移动。让学生用身体去展示它们的尺寸、能量和移动。

为有特殊需要的儿童改编创造性律动

创造性运动的活动可以让有特殊需求的残疾儿童受益，因为他们可以用自己的能力水平参加。例如，残障儿童可以探索身体部位或通过眨眼睛保持一个节拍。如羽毛、仪器或围巾这样的道具不必举在手中，但可以放置或固定在儿童身体或设备的适当区域。所有有特殊需要的孩子在能够掌握一个基本的运动水平时，可以有一种归属感和喜悦感。必要的更改往往是简单的，它基本上是着眼于什么是孩子能做到的，而不是他们做不到的。大型活动对有特殊需要的儿童非常重要，因为它们可以帮助孩子们增强力量、耐力和协调性。本节在创造性运动中将使用粗大运动的术语。

在总的运动体验中，不让有特殊需求的儿童做太多是非常重要的。他们需要有机会搞清楚如何让自己的身体做他们想要做的事情，解决问题，并做出选择。只要有可能，粗大运动应在室外或一个大型的室内区域进行，保证有足够的空间让孩子们可以自由移动。

一般建议

- 在大肌肉的活动后接着进行安静的运动，可以帮助孩子们在其他学习经历中学会平静和集中注意力。
- 老师在运动期间充满活力，那么孩子们也会更有动力和专注力。
- 将粗大动作的活动纳入日常课程的一部分，活动转换以及清理时间当中。
- 修改您对孩子做一次粗大动作活动时间的期望。如果孩子出现肌肉无力或注意力的问题，他可能缺乏维持活动的耐力。有特殊需

读一读 在小学课堂中创新运动的管理

大多数小学教师觉得将创造性运动纳入自己的课程中比幼儿教师更难。在小学课堂上使用的运动是具有挑战性的。就其本质而言，创造性运动是非结构化的。很多时候，这种类型的活动可以变得混乱和失控。下面的建议可以帮助你管理在小学课堂中的创新运动活动。

定义期望 让学生知道你希望他们工作和拥有舞者的纪律。运动时间是一个专注于身体运动的时刻。您期望学生使用并记住“太空气泡”。

准备空间 由于健身房或者大的空间可能不容易使用，运动活动可能需要在普通教室中进行。建立制备空间的一些规定。例如，当活动结束时，把所有的桌子放在房间的侧面和背面。让孩子们排练和记忆这个过程。虽然这可能需要一些额外的努力，但这是一次顺利开始和运动活动结束所需要准备的。

线索 为学生所提供的听觉和视觉线索越多越好。尝试使用各种视觉线索和声音。例如，您可以鼓掌，使用鼓，电子键盘或打击乐器的任何其他乐器。命令“不许动！”对于立即停止学生活动是非常有效的。

空间安排 在课堂上使用不同的方式。让学生自己安排各种分布形式，如直线形或圆形；分散的模式，如小组，坐或站立。

合作 无论是教师挑选还是让学生自己选择适合自己的合作伙伴。年幼的孩子在选择自己的合作伙伴上可能会有更多的困难。告诉他们有望与高效工作的学生成为合作伙伴。如果学生们没有合作得很好，那么就改变他们的合作伙伴。在学生们开始与他们的伙伴合作之前，查看所有活动的规则。

时限 为了保证学生完成任务进行时间限制。当学生们与合作伙伴在一个小组工作时，进行时间限制是特别重要的。

谈及学生工作 当你谈论一个学生的作业时，尽量用运动的词汇。例如，“我看到马里奥在制作一个低弯曲的形状”或“我看到克兰西在制作高弯曲的形状，使我想起了风的运动”。不要吝惜于赞美，尽量做到公正。

请记住，创造性的运动是一种语言而且是需要实践的身体技能。必须要有耐心。随着时间的推移，学生将变得善于利用运动来表达想法和概念（布朗利，2006）。

要的儿童不需要以同样的方式，或与正常发育的儿童参加粗大动作的活动。对某些孩子而言，部分参与是一种有效的方式，（谢尔顿，1996）从孩子目前水平来建立长处和耐力。

- 鼓励家长让孩子穿运动鞋上学，这样他们能全面参与粗大动作的活动。

发育迟缓

许多有特殊需求的儿童肌肉张力和强度较差。由于这个原因，运动对他们是有困难的，所以孩子们常常不运动。这将导致他们肌肉无力的加重。因此，在学校和家里，孩子被鼓励要有一种积极的生活方式是很重要的。下面是为幼儿教师提供的建议：

- 对发育迟缓的孩子使用运动录音带或录像带。在播放这些录像带时让孩子重复动作和练习，这会给孩子一个机会练习，并让他在跟上班级其他孩子的能力上有信心。

想一想 转换时间的创造性运动

当幼儿从一个活动转移到另一个活动时（过渡时期），他们往往会失去焦点，甚至可能会有点困惑和分心。以下策略可以帮助孩子很容易从一个活动转移到另一个活动：

· 孩子假装他们和自己的同学正在火车上，老师当作引擎。让一个孩子作为列车长——负责关灯以及关闭车门。

· 把你的跳绳变成龙，虫，毛毛虫或者其他动物，绳子的一端作为头部，另一端作为尾部。让孩子用手抓着绳子当做身体和腿，从大厅走到操场上。

· 让孩子想象他们是一只疲倦的小狗，打哈欠，伸懒腰，在地上打滚。指导他们躺在地上一动不动。（建议在休息时间开始时）

· 准备一个"感觉"盒或袋子或"观察"盒子或袋子。放置一个东西在袋子或盒子中，提示下一个活动或主题能让每个孩子感觉或观察。

· 为了帮助孩子们在活动之间安静下来，拍出一种节奏让他们模仿。首先大声鼓掌，然后逐渐温柔，直到你的手搁在你的腿上。

· 让孩子假装是一个塑料碗并且都在晃。

· 让孩子假装锁住自己的嘴唇，把钥匙放在口袋里。

· 表演孩子如何戴上"魔术"耳朵倾听。

· 孩子假装穿着高跟鞋，印度的鹿皮鞋或精灵的鞋子走在路上。

· 让孩子做两件事情。例如：拧水龙头和擦肚子，拍手，踮起一只脚，捕捉他们的手指和点头等。

· 让孩子边走边数 2.5 或 10，背诵基本知识，讲乘法表等。

· 当孩子移动到自己的椅子上，让他们假装像鱼一样游泳，像跃马，像兔子，移动时像乌龟，走路像大象等等。

· 对于更大一点的孩子，让他们选择一个合作伙伴。一个学生慢慢地在他／她的同伴的背部写出拼写单词，同伴猜测是哪个字。让他们轮流做这个活动。

· 鼓励孩子参加长时间的粗大动作活动。

· 首先要示范动作。

· 在孩子自己做之前让孩子先观察活动中的角色示范。

· 老师要了解粗大动作的发展顺序。如果孩子动作技能是在两三岁的水平，他可能不愿或无法参加为四岁孩子所设计的粗大动作活动。

身体障碍

如果你的小组中有一个肢体障碍的孩子，那么房间里的空间安排可能是一个问题。孩子可能会带来大量的设备到学校，如俯卧机架、助步车、轮椅。有些孩子可能有助步者或拐杖。这个孩子将需要在家具之间进行辗转。请记住以下建议：

· 在课堂上运动的活动期间，最好使用缓慢的运动帮助孩子。快速的动作可能会增加肌肉紧张。

· 避免总是在孩子移动时给予身体的帮助，并鼓励孩子做他可以独立移动的事情。

· 有身体障碍的孩子也许能够做其他的孩子都在做的动作，但时间或距离较短。

· 有时，身体残疾的孩子可以通过音乐活动扮演开启音乐和关闭播放的"计时员"或"音乐总监”的角色，但是这不应该是孩子的唯一角色。让孩子成为活动的一部分是重要的。

注意力缺陷多动障碍 / 多动症

运动活动可以舒缓儿童的多动和行为问题，但有时会过度刺激和失序。大肌肉活动的设计需要有明确的规则和期望。注意，如果孩子变得过度刺激并且对于活动重复指导，那么就得让他变得冷静并重新分组（古尔德、沙利文，1999 年）。当你处理有行为问题儿童的问题时，你会发现下面的实践对你是有帮助的：

- 教孩子如何在粗大动作活动中表现。孩子需要被教导不能推挤，在室内应轻声轻语，并且共同分享设施。这些技能将不得不频繁地教导给孩子，直到他们完全掌握并熟记，即使在活动兴奋的时候也可以记住。
- 当孩子在粗大动作活动中遵守规则时，请给予注意和好评（里夫，1993）。
- 有些多动症儿童高度敏感，可能会认为一个孩子无意的碰触是碰撞。为了避免这种情况，确保每个孩子在运动活动中都有足够的空间。使用呼啦圈或方块地毯来定义孩子的私人空间。
- 确保发出指示时与孩子保持目光接触。
- 安排好粗大动作活动以避免等待。
- 保持活动的简短。一个孩子也许打球几分钟，然后就转移到其他类型的活动。
- 如果你不能给出选择，那么就给出明确的方向，而不是提出问题。如果你的意思是“走在平衡木上”，就不要说“你想走在平衡木上吗？”（库克、泰西、克莱因，1992）。

视觉障碍

有研究表明，有视觉障碍的儿童往往体质方面也较差（沃伦，1994）。这些儿童在独立移动时将需要大量鼓励。当给予有视觉障碍的孩子指示时，应该非常清楚地避免含糊不清的词语，如“这个”“那个”和“那边”（梅菲尔德、麦考密克、库克，1996 年）。有视觉障碍的孩子被过度保护时反而会感到焦虑。

在孩子参与之前描述运动经验或操作装备。在孩子试图使用它之前，让他用手去感受一下设备。

当给有视觉障碍的孩子作指示时，用孩子的名字获得他的注意力，让他有更多的时间来处理方向和回应指示（库克、泰西、克莱因，1992）。在利用身体帮助他通过运动体验时，告诉孩子接下来会发生什么事情，用描述物体的方式取代只说出它们的名称（梅菲尔德、麦考密克、库克，1996）。

总结

幼儿边玩边学，创造性运动是他们一个自然的学习途径。运动活动促进全面发展，包括幼儿的身体、心理、社交和情感。创造性运动对于儿童美术和其他学科也很重要。在运动活动中，幼儿掌握技能、知识和态度，帮助他们发现和了解自己的身体、能力和身体的局限性。

创造性运动反映了一个人的情绪或内心的状态。创造性运动通常需要对孩子没有规划和深谋远虑，让他们可以忘掉自己，随音乐的节奏或一个想法带领身体摆动。幼儿的创造性运动没有一种确切的模式能被实践或完善。

在策划创造性运动活动时，每一个孩子的发展水平都是要考虑的。在为幼儿提供的发育技能图表的信息中可以获得期望孩子的身体在不同年龄中发展水平的一些信息。需要记住的最重要的事情是，个别孩子没有任何图表中所提供的发育能力。

诗歌和音乐可以用来鼓励孩子的创造性运动。听音乐是一种介绍创造性运动的自然方式。独特的音乐类型有明确的节奏模式，应该用于最初的创造性运动体验。诗歌也有节奏和语言的力量。首先，诗歌有利于孩子们体会感受、押韵和节奏。手指玩偶也提供了许多创造性运动活动的机会。无论是运动的活动产生的音乐，诗歌，绳索或篮球，他们能使幼儿通过放松自己，自由表达和增加对自己身体的认识从而受益。

关键词		
创造性活动	创造性运动	

学习活动

1. 在本章结束时选择一首律动诗。用它来与一群小孩子（或一组同学）进行创造性的运动。评论你的经验，包括以下内容：

①这首诗适合这个小组么？为什么适合或为什么不适合？

②你和这个小组在什么部分做得特别好？

③在哪些方面做得不好，为什么？

④你会如何改变你的活动以供将来使用？请具体答复。

2. 观察一组参与任何形式活动的孩子。记录下列情形的证据。

①孩子发现一种新的移动方式。

②孩子在活动中使用小/大肌肉。

③孩子发现与其他的孩子相似的结果。

3. 在一堂很长的课（有孩子或自己的同学）的结尾，试试这个活动以帮助您了解在所有年龄段中活动的重要性。

使用以下规则将一个小球来回抛上几分钟：你必须坐在自己的座位上，不能“鞭”球，而且不能把它扔给没有参与的人。目的是看看你可以连续接球多少次。这就需要合作和鼓励。每个人都有表演机会，即使他们不是世界上最好的接球者。鼓励会让孩子接到更多的球。看你能达到多高！

在教室里，你可以改变规则以符合目前的课程。例如，每一个接到球的学生必须在语言艺术课中命名一个副词，解决数学，阐释历史的日期，或者科学课的术语定义问题。运动的目的是要唤醒学生，使他们意识到要进入下一个学习体验。

游戏活动

▶ 创造性运动的诠释

运动的探索和创新的移动体验，可以用来解释几乎所有的经验、生物或现象。让孩子表演出下列运动之一（这个列表可以进行无限可能性的扩展），加入进来吧！

1. 蝴蝶的生命周期：

a. 毛毛虫爬行。　b. 毛毛虫吃草。

c. 毛毛虫静止。　d. 蚕蛹一动不动。

e. 蝴蝶摆脱蛹。　f. 蝴蝶有了翅膀。

g. 蝴蝶飞起来。

2. 一块玻璃纸、塑料或保鲜膜:

a. 老师握在手中，鼓励孩子们去猜测会是什么东西，并通过动作来演绎自己的猜测。

b. 老师伸开双手，孩子们看到塑料等展开的过程，然后通过运动去演绎他们所看到的。

c. 塑料片用于探索运动。

3. 剃须膏:

a. 从罐里挤出。　　b. 起泡了。

c. 搓在脸上。　　d. 剃须 。

4. 乘飞机顺序:

a. 起动发动机。　　b. 起飞。

c. 飞行。　　d. 到达。

e. 安全着陆。

5. 爆米花:

a. 黄油熔化。　　b. 弹出。

c. 每一个人在地板上做出一个球的形状，接着全部被“弹出”。

6. 水:

a. 滴水。　b. 洪水。　c. 流动的喷泉。

d. 冷冻。　e. 冰的融化 。f. 溢出 。

g. 从喷灌喷出。

7. 洗衣:

a. 放进洗衣机内。　　b. 在里面烘干。

c. 在搓衣板上洗衣。　d. 固定在晾衣绳上。

e. 在干燥的微风中晾干。

8. 钓鱼:

a. 投出。 b. 卷收起来。 c. 假装是一条鱼。

d. 飞鱼。 e. 假装是一根钓鱼线 。

f. 油炸和吃鱼 。

▶ 形状和运动游戏

切出报纸的各种形状，让孩子撒在房间里。

▶ 表演运动

孩子应分散在房间里，并且每个孩子都应有足够的空间。让他们接受下面的挑战:

1. 表演你可以有多么小(高、宽、矮、瘦等)。

2. 向离你最远的墙壁，摸到它并回到自己的位置。

3. 向离你最近的墙壁，摸到它并回到自己的位置。

4. 站在自己的地方，让你的脚快速移动。

5. 让我看看你能走多慢。

6. 让我看看你能走多快。

7. 成为一棵树(墙、球、河流等)

8. 引导孩子观察房间的物品并注意它们位于何处。让孩子闭上眼睛，指出你说出的物品(如门、黑板、窗户、纸篓、地板、天花板、剧场区、货车、老师的办公桌)。

▶ 影子律动活动

在一个阳光明媚的日子，到外面去玩“猎影”游戏。鼓励孩子去寻找校舍，操场设备，灌木和自己身体产生的影子。说说影子有多大，为什么在炎热的日子人们喜欢在树下乘凉。

在室内玩影子游戏。开始时播放磁带或CD。随着音乐的播放，孩子以他们选择的任何方式跳舞或移动，尽量避免踩到彼此的影子。

鼓励孩子观察自己的影子移动时产生的形状。一段时间后，停止播放音乐，并说“不许动！”孩子们则停止移动并保持自己的位置，直到音乐再次播放。几次以后，让孩子负责播放音乐。

对于年幼的孩子来讲，在一个阳光灿烂的日子把一个球放在户外的人行道上，邀请孩子们轮流在球的影子上跳来跳去。

较大一点的孩子在尝试自己的创意动作后，让他们试图避开别人的影子以特定的方式移动。例如，要求孩子们的动作如老鼠接近一块奶酪，猴子在两棵树之间跳跃或活泼的小猫追赶一团毛线。

变化方法:更改游戏为数字冻结。说出一组数字，告诉他们当听到数字七的时候要冻结。继续比赛并鼓励孩子当你说出特定号码时要冻结。

▶ 跑步运动

在开始这个活动之前，走出户外做一种心理的地标，如树木，人行道的尽头，灌木——任何一种都可以充当跑步过程中的标记，并且确保没有孩子可能会遇到的锋利的东西。

把你的小组带到外面聚集。向孩子们解释一下，他们即将一起跑步，并说："让我们用这些丝带表示我们要跑的途径，来帮我系上这些丝带。"

和孩子们在一起跑步，并且在你选择标记的地方系上不同的丝带。然后后退一步，和孩子们说："嘿！让我们全都跑过有蓝色丝带的树。来吧，跟我跑！"

当你鼓励孩子参加时，让你的热情和喜悦带动活动的气氛。深呼吸并鼓励孩子："来吧，让我们跑到黄色的丝带！"

稍后，当孩子们跑步时，将丝带分给他们携带。同伴可以有一样的目的地，当他们绕着场地跑步时，你可以喊出各种方法来让他们移动——像一只鸭子，像一只知更鸟或一只熊等。

本次活动的乐趣在于孩子们天真的笑容。这绝不是一个竞赛，看谁可以跑得最远。

▶ 变变变

让孩子表演出自行车、耙子、水管、独轮车、轮胎泵、沙滩排球或孩子熟悉的任何其他玩具的特点。

▶ 一二三木头人

孩子边走动边做任何他们想要用他们的胳膊和身体做的动作。当老师说"停！"，孩子们"冻"住，直到老师说"走！"才能再次活动。这项活动鼓励所有孩子都加入其中。

▶ 跳过河

用两条长长的棍子作为河流的河岸，孩子从这一岸跳到到另一岸。棍子可以移动更远的距离，使之成为更宽的河流。孩子们可以发现从河的一边到另一边的方法，如滑、爬、滚等，鼓励尝试任何"跨越"河流的创意方法。

▶ 线条的挑战

使用卷尺或粉笔在地板上做出一条线，并鼓励孩子们看看他们能有多少种玩法：跳跃过线，走路，沿线单脚跳，站在线的末端，在线上伸展，滑行，用脚尖跨线，在线上滚动，躺在线旁边，绕着线跑，来回跳过这条线。然后让孩子再做出其他的挑战。

▶ 喷气式飞机

鼓励孩子用富有创造性的动作"变成"喷气式飞机。假装你是一架喷气式飞机，用你的身体表演飞机：在地面，空中，飞入云层，向下俯冲，降落，在地上。再次起飞，这时候你是一架特技飞机。它可以在天空中书写，它可以绕圈和旋转。现在写出了 2，3， 5，你能写出一个 S 吗？ P 怎么写？做出有趣的动物形状，怎么做出一只蠕动的虫子？

▶ 你可以吗？

要求孩子假装他们的身体是一棵巨大的树。表演一棵树在暴风中，叶子在秋天飘落，暴风雪后布满雪，在烈日炎炎的夏天等不同场景下的状态。

▶ 古典音乐与运动

圣桑（Saint–Saëns）的音乐作品《动物狂欢节》（Carnival of the Animals）非常适合鼓励儿童去表演各种动物的动作。这些运动包括爬行，四肢着地的走路，跳跃，飞翔。告诉孩子音乐的标题，播放让他们欣赏。鼓励他们移动身体，就像他们认为在音乐中动物的移动方式一样。

另一段对创造性运动很有帮助的音乐作品是柴可夫斯基（Tchaikovsky）的《小天鹅之舞》（Dance of the Little Swans）中的《天鹅湖》

(Swan Lake)。有些踮起脚走路的动作是自然的!

对于行进的经验,使用赫伯特(Herbert)选自《玩具城宝宝》(Babes in Toyland)中的《三月的玩具》(March of the Toys),或者是格里格(Grieg)选自《抒情组曲》(Lyric Suite)中的《挪威的乡村三月》(Norwegian Rustic March)。

对于跑步的运动,尝试比才(Bizet)选自《儿童游戏》(Children's Games)中的《球》(The Ball),《儿童游戏》中也有一个标题为《跳蛙》(Leap Frog),这是大的创造性的跳跃动作。在相同组曲中,比才的《摇篮曲》(Cradle Song)鼓励摇摆动作。选自圣桑(Saint-Saëns)作品《动物狂欢节》(Carnival of the Animals)中的《天鹅》(The Swan)也是对于摇摆和晃动动作的不错选择。

选自普罗科菲耶夫(Prokofiev)的作品《儿童套房》(Children's Suite)中的《冰上圆舞曲》(Waltz on Ice),选自柴可夫斯基(Tchaikovsky)作品《睡美人》(The Sleeping Beauty)中的《圆舞曲》(Waltz)和选自哈恰图良(Khachaturian)作品《假面舞会》(Masquerade Suite)中的《圆舞曲》(Waltz),都是对跳华尔兹和流畅的创意动作的优秀音乐作品。

▶ 绳子技巧

挑选各种长度的绳子在地板上摆成一条直线,好像它们是绳索。让孩子尝试着挑战一些技能。你能向后移动吗?闭上眼睛"走钢丝";从一边跳到另一边不碰绳子;单脚从一边跳到另一边不碰绳索;把你的绳子围成一圈,进到圈内,尽可能占用许多空间,而不能超越边缘。自己做一个设计,看看你能不能走。你的朋友可以走吗?你可以走你朋友设计的吗?

▶ 我可以

下面是一首律动诗,带出了很多乐趣和运动。

像兔子,我可以跳!
我可以像陀螺一样。
我可以达到这样高!
我几乎触摸到天空。
在船上我漂啊漂,
有时快有时慢。
现在,一个弹跳就跳跃千斤顶,
我弹出来再回去。
然后轻轻摇曳在微风中,
像小森林一样。
无聊的脸像一个小丑,
然后我慢慢安静下来。

▶ 放松

孩子们假装他们是玩具,如布娃娃、狗、猴子、兔子或小丑。老师准备好玩具,孩子开始以轻快的步伐移动,越来越慢,直到他们完全"跑停",停止或倒在地板上。

▶ 崩溃

老师解释"崩溃"是指放松身体的某个部分或整个身体,让重心将它拉到地球。儿童站立并伸展高度,然后慢慢崩溃(放松)一个部位——第一个是指尖,然后是手腕、肘部、手臂、头部和肩膀等,一直到他们瘫倒在地板上。

▶ 想象力和创造性运动

在这些有趣的运动中将身体的伸展和儿童的创意相结合。

- 鼓励孩子们去想象他们的脚是一个画笔,他们需要用一幅美丽的画去装饰地面。
- 建议他们假装是饲养员在给长颈鹿洗澡。确保他们能够将长颈鹿的全身都能洗到,甚至是耳朵的后面!
- 要求他们假装自己是树上的叶子,并建议叶子离开了树,落在地上。
- 让孩子用自己的身体做造型。他们可以做一个正方形,圈圈还是三角形呢?

▶ 创造性运动游戏

给孩子们推荐一款游戏。“把自己缠绕起来去关门——然后弹出四个数。一边绕自己一边唱歌。“要求孩子像橡皮筋一样慢慢舒展，然后迅速弹回。说，“快将自己变成一个结，然后慢慢伸展肘部到天花板，解开了结。”

▶ 创造性运动——机器

让孩子观察计算机，手用搅拌机，吹风机，搅拌机等机器，然后编造这些机器的声音，形状和运动来模仿与机器相关联的噪声和活动。

▶ 磁铁运动

假装有一个大磁铁。要求孩子们去想象这个磁铁可以将他们拉近或推远。比方说，“磁铁把你拉到了天花板上，而且越拉越高。千万不要将你的视线离开磁铁。现在磁铁将你迅速拉到地板上，看一看磁铁接下来会做什么，并将它表演出来。”当孩子受磁铁影响的时候，这个运动是便是成功的了。

▶ 冬季创造性运动

如果你住在一个冬季寒冷多雪的地方，这里有你和你的孩子可能会喜欢的一些创造性运动。鼓励孩子扮演（用他们身体动作表演）以下活动中的任何一种。

- 叶子在轻柔的风中轻舞，一阵强风，将它在空中吹散。
- 飘落的雪花轻轻地堆积成一个雪人，然后融化。
- 蛋卷冰淇淋或冰棒在阳光的照射下融化。
- 雨滴下来，迅速汇成激流，太阳出来时彩虹出现了。
- 冰山难行。
- 在浓雾中寻找出路。
- 关于冬季创造性运动的工作，如铲雪。
- 一个正在融化的雪人的创造性运动。
- 冬季活动——溜冰，打雪仗，堆雪人。
- 创造性的运动——描绘鸟儿绕着喂鸟器飞翔，吃种子，在空中飞舞。

▶ 毒藤运动活动

讨论什么是毒藤。询问孩子中是否有人曾经由于毒藤而得过皮疹，并讨论那是什么感觉。这个讨论自然会引出以下活动。

指定一个孩子们可以自由移动的小区域。让他们在这个空间里走动并且不接触其他人身体的任何部分。如果他们接触到了别人，他们将会“中毒”，必须移动到一边，上下左右摆动手臂，或一条腿跳跃，因为这样表示正在“医治”。指导孩子们去改变方向、速度和方法。

▶ 落雨舞

对于此活动，你将需要长一些的道具，如色彩缤纷的围巾，还有乐器。

弹奏乐器的时候经常改变节奏，从快到慢然后进行不断重复。告诉孩子他们正假装雨滴掉落在了地上。和孩子们一起跳舞，随着音乐移动你的身体——身体由音乐节奏的快慢而随之发生变化。当音乐停止时，所有的舞者也就落入了水坑之中。

接下来，给儿童分发飘带。鼓励他们从飘带的舞蹈中得到快乐。试着把飘带系到儿童身上，然后伴随着新增的戏剧，继续你的祈雨舞。

记得要和儿童一起舞蹈，并分享你们的激情。选择不同风格的音乐，不要教儿童怎样跳，你只需要营造一种氛围，允许儿童按照他们自己喜欢的方式去舞动。

当你和幼儿合作时，一定要保证为他们的活动提供一个安全的活动范围。这样可以保证他们的安全，也可以防止他们“得意忘形的舞动”撞到其他儿童。

对于稍大一点的儿童，播放一些有节奏变化的音乐，和他们讨论，不同风格的音乐分别给他们带来什么样的感受。然后给儿童以独自的或小组的形式，通过肢体动作来表述这些感受的机会。

对于另外一种情况，儿童被分成两组，为其中的一组提供节奏乐器，另外一组提供飘带。到室外去，并且请这些有节奏乐器的儿童来弹奏即兴创作的乐曲，有飘带的儿童随着音乐来舞动。

▶ 更多的室外活动

在雨天，尽量让儿童的注意力集中于天气。一起透过窗户观察室外，问类似这样的问题，“今天外面发生了什么？” “是什么原因造成了路面上的水坑？”然后让儿童穿上雨衣，拿上雨伞，在雨中来一次小小的漫步。这样能够帮助儿童注意到雨和风。同时，让儿童注意观察雨滴落在叶子上、草地上和水坑里的情景。

在晴天的时候到室外去，试问儿童能否像雨滴一样移动，能否滴落在水坑里，能否滴落在叶子上？雨滴在风中又是怎样移动的？

在他们移动的时候吟诵这首诗：

雨下起来了，
慢慢地，慢慢地，降落在土地上，
空中传来大风的嗖嗖声，
带来了这场丰沛的降雨。

所有的这些活动也可在室内完成。只要你有一块干净的地方，儿童就可自由地移动。

▶ 吹泡泡糖活动

和儿童一起享受“吹泡泡糖”的乐趣。让他们躺在地上，把他们自己想象成一块泡泡糖。谈论一些突然发生在泡泡糖身上的事，然后让儿童把这些动作演出来。比如，“泡泡糖可以变化成各种形状，你是什么形状呢？现在，有人要把你展开，你会怎么移动呢？现在，有人把你放入口中咀嚼，把你变成各种有趣的形状。你被吹成一个大泡泡——变得越来越大，突然你爆开了！然后你又一次被咀嚼，又变成了另外一个泡泡，接着又爆开了。反复几次，你就变得不新鲜了，最终被抛弃了”。

▶ 诗的节奏

按照需要，多次重复朗诵这些诗，允许儿童有自己的行为动作在里面。

《小鸟》（Little Birds）

所有的小鸟，
都栖息在自己的窝巢；
它们都在休息。
它们几乎没有吱吱叫，
它们也没有吱吱声。
街上的一切都静下来了。
这时候小鸟妈妈回来了，
用它的翅膀抚摸它们的头。
它们睁开了小小的眼睛，
听见小鸟妈妈这样对它们说：
“快过来，小鸟；是时候学习飞翔了。
快过来，小鸟，飞向更高的天空去。”
飞啊，飞啊，哦，飞起来了，继续飞啊，飞啊，飞啊。
飞啊，飞啊，哦，飞起来了，继续飞得更高。
飞啊，飞啊，哦，飞起来了，小鸟们可以飞得更好。
飞啊，飞啊，哦，飞起来了——现在该飞回家了。

《花种子》（Flower Seeds）

所有的花种子都睡在土壤里，
温暖而舒服地躺在里面，
睡着了，哦，度过了这个香甜而又漫长的冬天。
这里没有更多的事情可以让它们去做。
这里没有更多的事情可以让它们去做。
（重复前五行）
现在它们的眼睛睁开了来观察四周。
它们开始笔直地生长直至突破了土壤。
它们生长得很慢，但却又直又高。
它们的叶子是展开的，在向我们挥手。
它们的叶子是展开的，在向我们挥手。

接着太阳出来了，花儿露出了笑脸。
还在微风中摇摆了好一阵呢，
直到大风到来，把它们全都吹走。
从那一天这就再没有花朵了。
从那一天这就再没有花朵了。
风吹啊，吹啊，吹走了花儿。吹啊，吹啊。

《爬行的小虫子》（Worms are Crawing）

小虫子爬啊，爬啊，爬，
小虫子爬啊，爬啊，到处爬。
或者：通过隧道进出地面。
蠕动着，蠕动的小虫子到处扭动。
蠕动着，扭动着的小虫子。
一会爬上地面，一会爬进土壤里。

（这个可以按照《山谷里的农夫》（The Farmer in the Dell）这首歌的曲调来唱

《鲍比蛇》（Bobby Snake）

哦，鲍比蛇爬啊，爬啊，爬
哦，鲍比蛇爬啊，爬，正朝着我来爬。
（把儿童的名字用我来替换）
蠕动着，蠕动着，蠕动着的小蛇
爬呀，到处爬呀。
滑滑的不断翻转的小蛇
正在地上爬啊，爬啊。

《小海龟》（Turtle）

小海龟，小海龟，你在哪里?
哦，你爬得这么慢，这么慢，这么慢。
一只手一只手交替着，
这样才让你一步步往前走。
隐藏你那闪闪的小脑袋，
这样你就不能看到东西了。
小海龟，小海龟，躲猫猫!
和我躲猫猫。
（重复第三和第四行）

《我晃动我的手指》（I Wiggle My Fingers）

我可以晃动我的手指，
我可以晃动我的脚趾。
我可以晃动我的肩膀，
我也可以晃动我的鼻子。
现在没有什么可以让我晃动的了，
所以我只能保持静静地待着了。

▶ 放松运动

1. 把肩膀向后拉，弯曲肘部，把手指放在肩膀上，就像小鸡的翅膀被绑起来了。伸出胳膊肘，右边的向前转，左边的向后，不断摆动和跳跃：一次，两次，三次，四次，五次，六次，好，停。放松，深呼吸，吐气。现在你可以准备好做下一项运动了。

2. 把你的头低到你的膝盖的位置，让你的胳膊自由地前后晃动，双臂向上举，就像往前飞一样，向上，向上，直指天空，站起来，打开手臂来感受下雨，现在放松——再做一遍。（重复）说同样的话语。结束。

3. 收拾出一块地方并跪在那里，放松地闭上双眼，不要皱眉头，让你的头开始摇动，怎么晃动头脑都可以，现在睁开双眼，观察四周，站起来，动一动你的脑袋、肩膀和手臂，然后在这个房间舞动，直到没有了兴趣。

4. 就像羽毛一样轻轻地飘动，直到听到“停止”这个词，然后像钉子一样困难地移动，感觉身体如钢铁般坚硬，再来一遍。轻轻的，软软的，就像在飘动的白色的羽毛。现在让自己像橡皮筋一样伸展，很紧很紧，然后放开，你会感到非常放松。

本章回顾

1. 列出教师为幼儿策划和执行创造性活动时应该记住的四个点。

2. 列出创造性运动的目标。这个列表是为了提示你这些目标都必须完成。

3. 在幼儿创造性运动中，你怎样选择音乐、诗歌和手指游戏？什么是你选择的标准？

4. 在创造性运动中，你怎样看待诗歌和散文？

5. 在孩子有特殊需要时，谈一下你会怎样改编运动活动。

参考文献

Brownlee，H.（2006）. *Managing creative movement in the classroom*. The Kennedy Center ArtsEdge. Online at http://artsedge.kennedy-center.org/content/3478/

Cook，R. E.，Tessier，A.，& Klein，D. M.（1992）. *Adapting early childhood curriculum for children with special needs*.（3rd ed.）.New York: Merrill.

Gould，P.，& Sullivan，J.（1999）. *The inclusive early childhood classroom: Easy ways to adapt learning centers for all children*.Beltsville，MD: Gryphon House.

Mayfield，P.，McCormick，K.，& Cook，M.（1996）. Adaptations for young children with visual impairments in regular settings.*Early Childhood Education Journal*，23（4）: 231-233.

Rief，S.（1993）. *How to reach and teach ADD/ADHD children*. West Nyack，NY: The Center for Applied Research in Education.

Sheldon，K.（1996）. Can I play too? Adapting common classroom activities for young children with limited motor abilities. *Early Childhood Education Journal*，24（2），115-120.

Warren，D.（1994）. *Blindness and children*. Cambridge: Cambridge University Press.

第十七章

创造性音乐

教学目标

学完本章，你应该能够：

1. 列出幼儿音乐活动的基本目标。
2. 列出为幼儿策划音乐活动的指南。

丽莎（Lisa）在画蜡笔画的时候唱着歌："一块紫色，两块紫色，三块紫色，四块紫色。"她旁边的威廉（William），哼着速食店的广告，节奏与他上色的韵律是一致的。

在操场上，德鲁在吟唱："我将是一台割草机。"当他滑下滑梯时，他发出了像割草机一样的声音，伊内姿和克里斯蒂也跟着他滑了下来，每个人都模仿割草机的声音。

像这样的音乐体验活动，在儿童的生活当中是普遍出现的。他们喜欢自己的声音，而吟唱是他们尝试声音和节奏的方式。吟唱是一种半说半唱的形式，经常伴随着儿童的嬉戏玩闹出现。改善原先的歌曲和有节奏地运动，使其与音乐节拍一致，对于喜欢用音乐来表达创造性的幼儿来说是非常自然的事情。相反成年人很难自发地把音乐融入日常生活。想象一下，当你哼唱这段话时，你的同龄人会有怎样的反应："一段，两段，三段——耶，耶，耶。"

虽然在早期儿童教育中是一个挑战，但如果能克服用一个"成年人"的方式接触音乐，你就能在一定程度上与幼儿分享音乐体验，从而保留和激发他们与生俱来的自然和开放的态度。在这一章中，你面临的挑战是抛开任何自我意识和对你自己的音乐天赋的恐惧，尝试回归到一个体验音乐的小孩子的开放心态。你不需要知道，如何演奏乐器，你甚至可以通过“阅读”音乐的方式，来为孩子们规划和指导创造性音乐体验。

如果你对唱歌感到害羞，并不是你一个人有这种感觉。因为电视与唱片产业的繁荣，现在我们不像以前那样经常唱歌了。我们观看表演，而不是真正自己去做音乐和跳舞。音乐可以很自然、很容易在日常生活中以各种形式被创造出来——通过说话声，通过乐器，甚至是下雨的自然节奏或者瀑布的声音。音乐通过电视和广播很早就被介绍给儿童了，从汽车行业到快餐行业，音乐能为任何事情传递商业信息。购物商场里播放古典音乐，是想缓解消费者疲惫的神经，鼓励消费。牙科诊所给病人欣赏音乐，是让病人平静，更重要的是分散他们的注意力。

儿童的世界也一样充满了音乐，即使是玩具也能放出音乐。婴儿的音乐泰迪熊，摇摇小床，摇篮曲，这些只是一小部分例子，也是婴儿最早接触音乐的途径。婴儿有节奏性地挪动身体，是对音乐的很自然的反应，他们还能够在原先哼唱歌曲的基础上创造自己的音乐模式，在无伴奏的节奏运动中，比如游泳、敲打、在椅子上摇晃，也同样能创造出自己的音乐模式。这些活动可以通过幼儿教师在教室里组织的音乐活动被深化。

在早期儿童课程中，任何种类的音乐都很受欢迎。比如，缓慢的艾灵顿公爵曲调（Duke Ellington），斯特拉文斯基（Stravinsky）的《春之祭》（Rite of Spring）中，快的、节奏感很强的部分都很受幼儿欢迎。早期儿童教室的背景音乐，就像舒伯特（Schubert）的“摇篮曲”或者勃拉姆斯（Brahms）的摇篮曲一样能够起到放松和安抚的作用。如果需要一种更活跃的气氛，可以使用像格雷特里（Gretry）的“铃鼓”《Tambourine》或者巴赫（Bach）的“谐谑曲”《Badinerie》的古典音乐。不同风格的好的音乐，在早期儿童课程中都有一定的地位。音乐在早期儿童教室里最有价值的地方，在下面的特殊教育教师的日记里我们能很明显地看到。

在这些课程的其他领域也一样，只要教师了解儿童的发展水平，就会制定出适当的音乐活动。尽管每个人的发展水平不一样，但发展的顺序都会根据特定的模式。表 17–1 展示的是不同发展阶段的儿童重要的行为特点，还附有儿童的音乐体验。这个材料是根据皮亚杰（沃兹沃思，1979），埃里克森（1963），托德与赫弗南（1977）的理论得来的。

低年龄段儿童音乐体验的目标

音乐在儿童的生活当中是很平常也很受欢迎的一件事情。对于幼儿来说，音乐活动的最

> 我快步来到学校，走进被分配的小学一年级教室。这些儿童喜欢音乐，我很期待与他们一起学习。我和一位助教面对面交流，他在这个学校教过年龄最小的儿童，他们都有行为障碍——正巧，这些儿童就分在我的班级里，他们大多数人的行为可能会让我们大跌眼镜。
>
> 这是一个特别困难的周一：乔治在家度过了一个非常可怕的周末；亚历克西斯（Alexis）没有吃药；这个周末，贾斯汀（Justin）因为晕眩，和妈妈离开了一直居住的家。但是助教很迅速地结束了混乱。在教室里，我看到助教坐在摇椅上抱着一个儿童低声哼唱，摇晃，另外两个儿童头戴耳机欣赏巴洛克（Baroque）音乐。舒缓的音乐来自隔板上的 CD 播放器，轻松的音乐充满整个房间，这位教师依靠他自己找到了解决方法。在这一天的开始，躁动就持续了压倒性的 90 分钟，但是现在，气氛变得安静了。音乐诉说着儿童的情绪，他们可以离开自己的家，走到更广泛的环境之中学习和交更多的朋友。音乐满足了儿童对平静的需要，它已经在这些儿童身上产生了一种沉稳、沉静的效果（汉姆普、沃尔夫，2003）。

重要的目标是保持他们对音乐体验的最初的欣赏与喜爱。专注于自然的音乐享受，能够帮助你策划成功的、欢乐的幼儿音乐课程。正如所有的早期儿童活动，这是一个过程——而不是完成品——是教师丰富幼儿体验的过程。其他早期儿童音乐课程的目标包括以下条目：

- 提供更多的机会唱不同风格的音乐。
- 频繁接触宽范围内的各种形式的音乐节奏、节拍和情绪。
- 提供听和学习不同文化领域和民族团体

表 17–1 行为特点与音乐体验

年龄	行为特点	音乐体验
新生儿—1 个月	以挪动身体来回应刺激	唱安静的歌，慢慢摇晃婴儿；禁止恐怖的声音；声音刺激很重要
1—4 个月	从听到倾听的变化；把脑袋转向刺激物；眼睛跟随物体转动	和新生儿一样的音乐体验
4—8 个月	涉及有目的的运动；模仿有趣的活动；发展手眼协调能力	一遍遍地触碰悬挂的铃铛，使其发出声音
8—12 个月	预期事件，表明意图；知道物体的作用；模仿动作	拿着木块打击手鼓或木琴；跟着音乐拍手；打击乐器产生声音；知道乐器的目的
12—18 个月	发明新的动作；用试一试或错的方法解决问题	用不同的物体不同的方式来敲击乐器
18—24 个月	在先前动作的基础上又有新的动作；大人离开后模仿动作	成人停止后继续音乐活动；听广播，并随之舞动
2 岁	走路稳当；拍手；跑步；增加词汇；有限的注意范围；一次说了好几个词；培养独立能力是很新奇的；容易疲劳	喜欢唱歌并随音乐舞动；能学简短的歌曲；喜欢简短指示的活动；很多体验乐器与声音的机会；在剧烈的节奏运动中频繁休息，拒绝拖延活动时间
3 岁	随着音乐又蹦又跳；有自制能力；注意范围扩大；能用更多单词；比较两个客观物体；参与规划；创造才能浮现	特殊音乐有特殊的活动；能够等待；长点的歌曲或者小组活动可以列入计划；体验歌曲对比；为歌曲提示词或其他活动；可以识别很多美妙的音乐旋律而且有自己喜爱的；提供选择尝试自己想法的机会很重要
4 岁	更好的动作控制；对规则感兴趣；能依成人的计划进行；喜欢想象	可以开始跳绳；按规则歌唱和适当的游戏；可以为音乐活动提建议；为歌曲加词；在谈乐器时创造歌曲；创造性戏剧表演；喜欢弹钢琴；喜欢一遍遍录音；可以意识到简单的旋律
5—6 岁	有更好的动作控制能力；喜欢有原则；视觉未完全发展；眼球转动缓慢；看小的打印品时有困难或者在看没有放大的五线谱时有困难；心脏循环系统处于快速增长阶段	可以坐很长时间；喜欢按规则跳舞和唱歌；可以跟上具体的节奏模式；可以识别钢琴琴键音调；喜欢音乐影片，但可能不太坐得住；高强度的运动时间不应太长

表 17–1 行为特点与音乐体验（续表）

年龄	行为特点	音乐体验
7—8 岁	开始阅读书写符号；专注于规则；合作与竞争；逻辑思路浮现；把第一个对象删除后，能够比较两个以上的对象（系列化）；喜欢团队活动，但团队是小型的，男生女生都玩在一块	可以把歌词念出来；有规则跳舞和歌唱是很有价值的；最好能够从幻想中区分现实；可以比较三首或更多的歌曲与音调；喜欢二重奏，不管做什么音乐都和朋友一起；想参加钢琴或舞蹈课程；喜欢团体活动，包括歌唱游戏、弹奏非正式乐器、词语接龙游戏
9—11 岁	有更大的发展语言能力的天赋；明白游戏的规则与策略；同龄人分成组被认为是很重要的；逻辑思维正在发展；有更多的自由的想法；喜欢和同龄人嬉闹；男孩女孩都喜欢与同性玩；开始看重别人的观点和想法	可以读出歌词，可以创作原始歌词；喜欢跳不同的舞步和花样；开始喜欢小组合唱的体验，比如二重唱、三人赛、赞美诗；可以比较音乐里的音响、音调、节奏；可以理解音乐元素，比如音调、基本符号、风格和音乐形式；为小组引进和声和分部唱歌；提供二重唱的体验，所有的男生女生都可以加入歌唱小组；喜欢多元文化的音乐和舞蹈

的歌曲的机会。

- 频繁地提供在一首歌、一种节奏、一个活动里表达感受的机会。
- 体验弹奏简单的乐器，有节奏地运动，并在音乐活动中表达运动的情绪。
- 学习认识基本的音乐概念和术语，比如音的强弱，音的快慢，音的高低。

对于年龄稍微大一点的儿童这些目标还包括以下几点：

- 有机会分组唱，轮流唱和合唱。
- 学习多种多样的音乐作品，比如戏曲、芭蕾、交响乐、协奏曲。
- 要有乐器的听觉经验，比如弦乐器、木管乐器、铜管乐器和打击乐器。
- 认识基本的拍子和节奏符号。

策划音乐活动

要想在音乐方面的努力有所成就，最关键的两个点是灵活性和接受性。你必须接受人们对音乐活动的不同反应，从而适度地调整一下这个活动。比如，如果一个儿童在计划好的拍手活动中选择去拍地毯，或者他的腿部，接受这种行为，并且在活动进行中模仿他这个行为。事实上，这个儿童可能会把你模仿他，视为一种荣誉，从而使得他对正在做的事有更大的乐趣。另外，如果一个儿童更善于听音乐而不是跟着音乐跳舞，一样也要接受。在下一次的舞蹈活动时间，试着吸引他注意你的舞蹈动作。换句话说，你的教学是建立，而不是拆毁儿童的兴趣，对于幼儿来说，愉快的音乐世界就会很自然地产生。

在心里记住这些指导，并且了解儿童在不同年龄阶段的发展需要，教师会策划出适合幼儿的适当的音乐活动。现在，我们可以回想一下适合幼儿的特定的音乐体验的事例。

音乐体验

新生儿和初学走路的儿童都是通过听、感受，以及当他们发声时对音高和音色的试验来体验音乐的，成年人可以在日常照料和身体接触时，给新生儿和初学走路的儿童提供一些音乐体验。在换衣服和哺乳的时候为幼儿提供音乐体验是最基本的方式。

表 17–2 *怎样向儿童呈现一首歌曲*

你选择向儿童呈现一首歌曲的方法，必须依据这首歌本身的情绪与特性。

1. 分段模式。用简短的故事或者问题来介绍这首歌。唱其中的一段，让儿童重复，然后唱两段，再让儿童重复一遍。

2. 整首歌模式。用不同的方式来展示整首歌，有节奏地运动，舞蹈，弹奏乐器，或者戏剧化的重复，以产生重复练习的趣味性和意义。

3. 结合分段模式与整首歌模式。教师来唱和展示整首歌曲，要求同学用声音、手或者乐器，来回答这首歌中最简单的一部分。

4. 用录音带教授歌曲。运用完整模式，然后用乐器或者有节奏地、戏剧性地来对这首歌做个回应，在演奏几遍之后，教师可以用自己的歌声来明确歌词。

本章“游戏活动”这一部分是向幼儿展示歌曲的一个很好的选择。当然了，你可以在你的小组用你自己的其他歌曲来教儿童。

当儿童接触到幼儿园课程时，音乐仍然是他们生活中最重要的部分，在教室里新生儿和初学走路的儿童需要去听各种风格的音乐。成年人需要讲述这首曲子是怎样表达感情的。和儿童一起跟随音乐的拍子、节奏、旋律，摇晃、拍打、触摸和移动，对于新生儿和初学走路的儿童来说是最好的音乐体验。

如果你不知道如何把音乐和谐地融入你的课程，那就简单地开始这一天吧——当儿童进入班级时开始唱歌。在早晨，开开嗓子，哼唱一会儿。先是高音再是低音；先平静地唱，再大声地唱；改变大家都熟悉的一首歌的歌词，比如《一闪，一闪亮晶晶》（看章节结束的建议）；改变旋律，跟着你的歌曲嬉闹，就像你拿着球运球，转圈，旋转球一样。玩球的方式肯定不止一种，歌曲也一样。

有时，你在做日常事务的同时哼着歌，这个时候，填词训练就是很好的机会。儿童会从你创造的氛围当中得到乐趣，而且当他们在教室里移动时会情不自禁地唱歌。用熟悉的曲调作为框架，来描述运动。很多儿童都知道《划啊，划啊，划你的船》《松树林》和《一闪，一闪亮晶晶》的曲调，可以很容易地跟着你唱——尤其是有很多重复的歌词时。儿童可以自己作诗，以带动语言的学习。在这种环境下，教歌曲和唱歌在早期幼儿课程里是很自然的一部分。

在一天当中的某个时间段玩音乐是另一种音乐体验的机会。成年人可以通过把幼儿暴露于各种声乐、器乐和环境声音之中，进一步鼓励婴幼儿的音乐发展。当儿童在外行走时，做一件简单的事情就是谈论声音让他听——声音大或小，近或远——都是婴幼儿最基本的音乐体验的开始。

倾听孩子们在戏剧表演区、操场、沙箱和积木区嬉闹的声音。你会每天都能听到幼儿在这种情形下哼唱熟悉的歌曲。歌曲在幼儿的生活当中是经常出现的。

教学歌曲

你向儿童教授歌曲的方式，折射出在幼儿的生活中，音乐依然有自然的和快乐的地方。以下的建议倾向于向你提供在早期儿童课程中呈现歌曲的经验，以保持幼儿天生对音乐的兴趣。

- 选择适合幼儿的歌曲。主题包括儿童自己、家庭成员、动物、季节和假期。确保所提供的歌曲在所有种族和文化中具有代表性，在更大的社交群体中也一样。

- 要意识到不是所有的儿童都能参与到唱歌的活动中来。这可能归因于文化——比如不是经常在家唱歌——或者个人原因，比如害羞。

- 把精力放在你所选择的歌曲上。选择适当的曲调（不是太低，也不是太高），这样儿童能够唱下来。有时候并不是歌曲难，而是谱子难。要意识到，有些歌并不是为普通大众所设计的（如，有些人可以试着演绎《星条旗之歌》，而有些人不适合）。

- 要知道学习唱歌，对于幼儿来说是一个

很复杂的过程。包括听力、理解力、记忆歌词的能力和唱对曲调。这需要多种能力在短时间内的协调。很多儿童都发现这是很困难的。

· 选择旋律清晰、有力的歌曲。如果旋律很容易跟上，就会很容易记住。

· 先自己尝试一下所有的歌曲。

· 一旦你选择了这首歌，先自学——并把它学好。如果教师一边查看笔记一边教唱歌，就很难鼓舞儿童的学习热情。

· 对于一首很长的歌曲，你可能喜欢分部分来教，以分节的形式甚至以短语的形式。歌曲的用词可能有点诀窍，你可能想多练习一下关键词。不管选择哪种方式，都要记住放松实践，注重表扬，不要让学习歌曲成为一种工作；取而代之的是，在儿童歌唱活动中多给一些口头表扬。

· 视觉辅助物可以增加歌唱活动的乐趣。歌曲中的主要角色的图片或者歌曲中主要事件的一系列图片，可以为歌曲活动增加乐趣。例如，用布置农场动物的绒布板来教《山谷里的农夫》（Farmer in the Dell）有助于增加这首老歌的趣味性。用玩偶作为伴随着你教儿童歌曲时的教具，如果你很害羞，这教具就起作用了，儿童会把注意力放在玩偶身上，而不是你。

· 保持手头上有你已教过的歌曲列表。他们喜欢唱以前喜欢的歌曲而且很容易忘记他们所知道的歌曲。你可以把这个表配有相关的图片文字张贴出来，这样儿童就可以选择他们所喜爱的歌曲了。

· 鼓励各种唱歌的方式。正如其他的发展技能，每一个儿童都会以他独有的方式来演绎。因此，没有必要去比较儿童的歌唱能力或者鼓励儿童与其他的儿童竞争。如果你曾经有过听儿童合唱的经验，其中有一个儿童试图用声音盖过其他人，你第一时间就会想到这是在儿童歌唱中鼓励竞争的结果。

· 在教一首歌的第一个阶段，使用录音、磁带或者歌碟。但要注意在教授过程中不要频繁使用，避免出现依赖设备而不是人声。你和儿童同样可以在没有这些设备的情况下歌唱。

· 在演绎一首歌的时候为歌曲和儿童增加运动、手势和道具。在教一首歌曲时，如果你选择的歌曲是儿童所喜欢的，学习难度适当，过多地强调花招是没有必要的。增加设备，可以考虑当作一种“调料”来使用：在一首歌中，适当地安排手势，就像苹果酱里加入一些肉桂一样。整个程序中的可爱手势和道具太多，好比为食谱增加了太多的调料。保持儿童和这首歌的本质，是我们在教儿童唱歌时使用“附加物”的指导。

· 在工作时间或休息时间轻声播放歌曲，包括新歌曲和其他课程领域。

· 在语言艺术这门课中，引进与音乐主题相关的新书。

· 录下儿童唱的歌曲。磁带要适合儿童听力学习所喜欢的习惯（戴耳机或不戴耳机）。在你下个音乐活动进行时播放这个磁带：也许你想重新录制一个版本，在这个版本中有节奏乐器的配合，如让一个孩子独奏，又或者是其他的任何一个大家所喜欢的版本。

· 使用打击节奏乐器，如圆绣箍、蛋型沙槌、小的塑料瓶子摇铃作为艺术和手工艺中心的一个活动。让学生用这些乐器为一首歌伴奏。

· 用纸巾或卫生纸内的卷筒做一个“长笛”，让儿童用蜡笔装饰，做彩色的标记，贴上贴纸，再让他们用“长笛”为哼唱的歌曲伴奏。

变换课程的节奏

就像多样性是生活的调味品，多样性在幼儿音乐班也能提供相同的火花。尽管幼儿喜欢常规性的东西，但不要让这些常规性的东西消减幼儿和你自己对音乐的兴趣。想一想，为什么我们很多人听了无数次国歌，却都记不住国歌的歌词？因为，听国歌已经变得程式化，以致人们几乎都不真正去听了。在早期幼儿音乐课程中，如果也有这么死板的常规，同样的事也会发生。

变换课程节奏 变换音乐课程的节奏能够保持儿童对这些体验的兴趣和喜爱。多样性可以为你提供不同的音乐选择，不同的表演方式，不同的备课内容。

多样的音乐选择 在为幼儿选择音乐时，你个人以及儿童的喜好就为音乐选择提供了多样性。儿童的音乐需要不仅仅来自音乐课本。在早期幼儿教室，音乐类型可以包括古典、爵士、说唱、摇滚、流行、美国本土、南美和非洲音乐，这仅仅是举个例子。幼儿感兴趣的是新鲜的和不一样的事物，喜欢听流行音乐。事实上，很多学龄前儿童能够说出他们喜欢的流行歌手的名字和他们的最新单曲，尽管音乐体验应该让儿童处于更多的音乐风格的氛围中，但一门音乐课程应包括能够给儿童带来熟悉感的流行歌曲，一个友好的开端。从发展上来看，用熟悉的音乐作为一种向儿童介绍新的概念的方法是合适的。

不同的音乐选择同样也能让儿童的家人来提供。教师可以通过询问家庭成员，让他们分享自己所喜欢的音乐的名字，录音或磁带，找到丰富的音乐资源做特殊的音乐活动。准备特殊的民族和文化庆祝活动，比如，你可以发现家庭成员想要和他们的孩子分享他们喜欢的节日歌曲。一些父母想要唱歌给他们的孩子听，或者给他们的孩子看一看，听一听特殊的乐器。进入孩子们的生活，他们父母的生活，以及整个社区，那里有很多不同的音乐等着你和你的团队。

多样的呈现方式 我们已经讨论过几种基本的呈现一首歌曲的方式。除了这几种基本的方式以外，你需要考虑其他方式增加你向儿童展示一首歌曲或音乐体验的多样性。

• 选择在不同的时间段，进行音乐活动。从早上到下午不停变换。但是不要忽视在这一天当中自发地融入歌曲。当你和儿童一起唱歌时，把歌单混合起来是让你的课程多样起来的最好时机。走路时唱歌是另外一种方式。在游乐场边游玩边唱歌也是很有趣的。在乘车旅行时，谁能忍住不唱一首歌? 实质上，计划着为无法预料的事情唱歌，并且在心理上有一份儿童的歌曲清单。唱歌可以让普通的事情更有趣，所以开始为这个特殊的原因列一份人们喜欢的歌曲清单吧。

• 通过儿童选择他们想唱的歌曲和他们想展示的方式来使你的呈现方式更具多样性。确信儿童能够创造性地选择合适的玩偶、图片、节奏乐器、视听器材和其他必要的设备。

• 听着音乐做游戏。音乐座椅是其中一个游戏。游戏可以集中于对声音的识别。例如，儿童可以尝试着去猜谁在哼唱这首歌，或者谁唱的最后一节。“命名曲调”也是变换呈现一首歌曲的方法的游戏。哑谜，或者表演出一首歌，对于儿童是很合适的。

课程策划的多样性 课程策划多样性的关键在于进行跨学科的策划。更具体的是，音乐不用只为一个课程领域而策划。音乐应该贯穿所有课程领域，可以为它的完成制订具体的计划。这里有具体计划的建议。

• 当制定周教案时，其他课程领域要最少包括两节音乐课。比如，在艺术活动时演奏音乐，在笔记上记下你将在哪天选择哪首音乐。一定要确保磁带/光盘已经准备好了，播放磁带/光盘的仪器已经为当天所需准备好了。然后，计划一个小组读书时间，这书是关于本周将要介绍的新的歌曲，提前摆好这些书。

• 当你为戏剧表演中心增加新的题材和道具时要使用音乐。比如，工程师帽子、列车、铁路标志，这些都是你要教儿童《我曾在铁路工作》(I' ll Been Working on the Railroad)这首歌曲时的自然增加物。把《小火车头做到了》(The Little Engine That Could)放在语言艺术中心，是以音乐为灵感的主题课程在其他课程领域的一个例子。

• 回顾以前的课程计划能够帮助你对将来

读一读 音乐启蒙

美国国家音乐治疗协会（National Association for Music Education，缩写为 MENC），德士古基金会（Texaco Foundation），美国幼儿教育协会（National Association for the Education of Young Children），美国教育部（U.S. Department of Education）在 2000 年开发了一系列有关音乐启蒙的方案和设计，为每个孩子带来年龄适当的音乐教育。这些组织恳请早期儿童音乐教育专家、音乐治疗师、教育协会管理员、早期儿童教育者、医疗服务提供者为早期儿童音乐教育确定最好的练习方案，并且想出能够提升这些练习的具有发展性的策略。开展适宜个人发展的音乐体验活动受到以下信条的指导。（MENC，1995）

· 每个儿童都有音乐天赋。

——他们带着自己特有的兴趣和能力进入音乐学习的环境之中。

——他们可以通过音乐想法来发展批判思维能力。

——他们的早期音乐体验来自不同背景。

——他们可以体验典型的音乐之声活动和题材。

· 不要期望儿童能够达到表演目标。

——他们在愉悦的自然环境和社会环境中会学得更好。

——他们需要不同的学习环境。

——他们需要有效的成人典范。

在音乐协会成立之时，成人所扮演的角色就是帮助儿童音乐能力的提升。家庭、看护者和教师可以通过以下做法帮助提升儿童的音乐能力：

· 唱歌时让孩子沉浸在音乐的对话中，有节奏地说话，有表情地移动演奏乐器。通过这些可以激发儿童对美和音乐声音结构的初步认识。

· 我们可以通过微笑、点头、表情、声音及运动鼓励儿童的音乐反应。这是为了让儿童明白做音乐创作是有价值的，很重要的。

· 探究能够鼓励和动员儿童对音乐的声音进行有趣的探索、做出合理的解释和有一定程度的了解。

音乐协会的成立预示着儿童都是独立的个体，音乐体验应该成为每个儿童生活的一部分。

的课程进行计划。我们都是习惯性动物，经常在制订课程计划时不知变通。回顾之前的课程看一看你都介绍过什么风格的音乐，呈现的方式和课程覆盖面。如果一种模式是显而易见的，你就得改变它了！有意识地努力去发现新的音乐类型或者呈现方式，或者制定新的时间表。如果你对这些课程和音乐课程的计划感到厌烦，儿童在你的课程中将缺乏参与感或者表现得心不在焉。

· 为幼儿音乐体验使用不同的资源。看一看在网上列的书单或者其他的关于儿童音乐体验的书籍。

节奏活动

生命的最早时刻就存在节奏，从婴儿听到母亲的心跳开始。婴儿在一天当中的多个情形下都很喜欢节奏性的东西，比如舒缓的滴答声，柔和的声音和平缓节奏的摇篮曲。儿童最早的音乐体验是拍手和随着节奏性音乐移动。跟着节拍弹奏节奏乐器，感受节奏，这是儿童最容易理解和享受的一种音乐体验。学一首新歌对于许多幼儿来说是很困难的，弹奏节奏乐器的活动是相对简单的！大部分儿童，都有一个时期喜欢模仿动作。使用节奏乐器可以让身体跟着节拍运动，感受节奏，儿童就会想参与进音乐性的活动。他们真的可以自己创造音乐。儿童喜欢弹奏这些节奏乐器。平常喜欢运动的幼儿，很自然地就会被节奏乐器所吸引。首先听一下音乐的节奏部分，然后跟着节拍弹奏节奏乐器，这是一种介绍节奏乐器最常见的方法。让儿童听着音乐，跟着节奏拍手，或者跟着节奏跺脚，也是一种合适、正常的节奏活动。

节奏乐器活动能够鼓励技术的探索，也能拓展运动剧目和词汇。当你和儿童一起做这个活动时，要进行言语表达（“现在让我们扭动摇摇器”或者“你能够同时点击你的操纵杆的顶部吗？”），这样做是你正在鼓励他们探究和学习。这种活动也能够帮助儿童发展他们的韵律、措辞、节奏、动力和其他音乐元素意识，这是一种很自然的方式，符合他们的发展水平和主动学习方式。

一位教师可以通过关注儿童的自然运动来发展儿童的节奏感。比如，教师可以跟随儿童自然行走和跑步的节奏并伴随着他的节奏在鼓上敲击来伴奏。对于儿童来说，这很快变成一个游戏，意识到他们的脚步和鼓的节奏有联系，并一会儿快步走，一会儿慢慢走。

孩子跟随着鼓的节拍舞动跳动，还可以通过声音来说明节奏的不对称性。当儿童跳过一个物体时，这个鼓可以强调这个音调，或者可以标记节拍（韵律）。当儿童跳过一系列平行躺着的木棍，或者传球时，教师可以标记一下这些节拍。教师可以通过填充额外的音乐资源来提供更加充实的活动体验，比如，跟随儿童的移动打鼓。一些教师认为打击乐器，比如鼓，是很喧闹的。不管怎样，鼓可以在询问儿童节拍问题的音乐对话中，当他们数出自己名字的音节并敲出名字的节奏时，或者当他们简单地探究鼓的声音时来使用。鼓在儿童进行自由探索时，在有一位成年人循环指导时，或者在一个活动中心的小团体的互动时是很适用的。

使用节奏乐器的策略

不管什么时候只要节奏乐器加入进来，它们就应该有具体的目标。在任何活动开始前，要确保给儿童适当使用节奏乐器的方法指导。为乐器的使用制定规则，但要保证规则的简单明了。比如，“保持乐器与脸的距离”就很好，很简单的规则。确保在活动的开始时维持秩序，并在所有的活动中都要这样。当你收发乐器时，让儿童的手放在膝盖部位。示范乐器的正确使用方法，比如，拿出一对棍子或沙块，向他们展示正确的使用方法。在开始和结束的时候使用简单的信号，不要让你的声音盖过音乐。举起指挥棒，在空中交叉，是很好的“结束”信号。在空中竖直地举起指挥棒就是“开始”的信号。按照你给的提示，让儿童练习拿起并弹奏乐器，结束和放下乐器。使用节奏乐器，儿童要学着去听音乐中的声音模式。在韵律活动的开始，最好选择明确，易听的节奏。进行曲和许多其他少数民族风格的音乐都是具有强烈拍子的极好的选择。

一些儿童可能在听节奏时，或者弹奏出它们时有困难。解决这个问题的具体方法是，不要强迫儿童去重复你的模式，或者重复使用节奏乐器，或者重复练习这个活动。你应该着重强调的是儿童对音乐的自然喜好。他能不能弹奏出这个节奏对于他对音乐的喜好都不是必要的。就像成年人已经证明的，唱歌不在调，不会弹奏韵律，并不会影响一个人对音乐的喜爱。

儿童可以制作节奏乐器，教师也可以。使用再生材料，如毛巾卷、鹅卵石和卷轴来制作节奏乐器，也可作为对幼儿的创意开发。

大孩子的音乐体验

对于大一点的儿童，教师可以提供一系列

想一想　五音不全都怪脑白质

唱歌跑调？所有音乐对你来说都一样？要怪就怪你的脑白质。

加拿大研究者利用脑成像技术已经为音聋症（tone-deafness）找到了结构性原因，其正式名称为先天性肌无力（congenital amusia），这是终身残疾，阻碍人正常的音乐能力发展。这项研究是由麦基尔大学（McGill University）和蒙特利尔大学（University of Montreal）的蒙特利尔神经研究所的克里斯塔．海德博士（Dr.Krista Hyde）带领的，研究人员招募了两组五音不全的人，用音乐能力正常的小组与之比照。

“能参与此项研究的个人，都要考虑两个基本标准：在没有歌词的帮助下很难辨认出熟悉的曲调和不能意识到自己跑调。”海德博士解释道。

在成像研究中，研究者使用了一个计算机程序，可以扫描大脑以发现脑组织浓度方面的结构差异。研究结果显示，蒙特利尔招募的13个音乐受试者和由纽卡斯尔大学医学院（Newcastle University Medical School）招募的其他8名受试者有一个共同点。这个共同点表明，右脑额叶区域的质束的完整性是获得正常音乐能力的关键。（伊莎贝尔·佩雷兹）

了解到缺陷在于白质——连接大脑的各个部分的庞大网络——是重要的。与脑灰质不同，脑白质在人从婴儿到成年的发展过程中可以得到改善。

海德博士说这项研究的结果已经对正常采集、诊断与修复音乐具体障碍产生了影响（麦基尔大学，2006），这是五音不全者的希望。

更广范围的音乐体验。这些活动，包括细节在内，大部分都在网友所列的书单上。

这个年龄的儿童需要对不同形式和风格的音乐有更宽泛的体验。他们需要对最好的音乐有丰富的听觉体验，包括古典音乐，多元文化的民族音乐，创造性音乐。在五年级结束前，学生应该已经接触了主要时期的音乐史，熟悉各时期的作曲家和演奏曲目。以下是音乐史上各个时期的代表作曲家：

- 巴洛克时期（Baroque）——巴赫（Bach），亨德尔（Handel），科莱里（Corelli）。
- 古典主义（Classic）——海顿（Haydn），莫扎特（Mozart），贝多芬（Beethoven）。
- 浪漫主义（Romantic）——韦伯（Weber），舒伯特（Schubert），舒曼（Schumann），门德尔松（Mendelssohn），肖邦（Chopin），李斯特（Liszt），勃拉姆斯（Brahms），瓦格纳（Wagner），J. 施特劳斯（J.Strauss），柴可夫斯基（Tchaikovsky），穆索尔斯基（Moussorgsky），圣桑（Saint-Saëns），麦克道威尔（MacDowell），格里格（Grieg）。
- 后浪漫主义和印象主义（Post-Romantic and Impressionist）——R. 施特劳斯（R.Strauss），西贝柳斯（Sibelius），杜卡斯（Dukas），德彪西（Debussy），拉威尔（Ravel），莱斯庇基（Respighi）。
- 现代主义（Modern）——斯特拉文斯基（Stavinsky），巴托克（Barótk），科达伊（Kodály），普罗科菲耶夫（Prokofiev），欣德米特（Hindemith），维拉－罗伯斯（Villa-Lobos），科普兰（Copland），汤姆森（Thomson），

梅诺蒂（Menotti），伯恩斯坦（Bernstein）。

- 轻古典主义（Light classic）——格什温（Gershwin），罗杰斯（Rodgers）和汉默斯坦（Hammerstein），吉尔伯特（Gilbert）和沙利文（Sullivan），欧文·柏林（Irving Berlin）。
- 爵士乐和流行乐（Jazz and popular）——迈尔斯·戴维斯（Miles Davis），马萨利斯（Marsalis），贝西（Basie），甲壳虫乐队（the Beatles），“猫王”（Elvis）。
- 民族民间音乐（Ethnic and folk）

作曲者所赋予的不同的音乐元素，是形成不同音乐风格的原因。这些风格的称呼也同样适用于艺术和文学。比如，德彪西的印象派音乐体验可以联系到印象画派的卡萨特。在历史上，印象派风格和印象派时期的音乐与艺术都受到大家喜爱。任何时期的音乐都是这样的。

在中小学，唱歌是很重要的课堂活动。对于这个年龄的儿童分组合唱或者轮流唱（像《划啊，划啊，划你的船》）的机会都是他们喜欢的音乐体验。他们开始熟悉音域，女声（女高音、女中音和女低音）和男声（男高音、男中音和男低音）。当他们在看乐谱时，他们能够唱出简单的旋律。他们同时也学了音乐的很多符号。

想一想　组织音乐：歌曲的兴趣中心

在你的课堂上增加新的、有趣的特色事物，在教室里的每个区域都尝试一首歌，帮助指导儿童组成这个区域，以及提供游戏的新思路。首先，列出来你（和儿童）所熟悉的歌曲，然后根据教室的区域来缩短它们。比如，为了《我一直在铁路工作》这首曲子，让儿童在方形的区域内躺“几里的轨道”。为了《划啊，划啊，划你的船》这首曲子，让他们用方形来组成一艘船。

隔壁是戏剧表演领域，当一个儿童在制作蛋糕时，他们可以被鼓励去唱《生日歌》。《巴士上的轮子》可以通过按行排列的椅子表演出来，为驾驶员戴个帽子，甚至还能有一个纸板的方向盘。

《如果你准备好了，你知道》（一个方便的版本，《如果感到快乐》，可以成为小组在地毯上集合的信号。或者，开始唱熟悉的歌曲时，像《我是一个小茶壶》，把时间清零，两句歌词之后，看能否清零成功。

你的语言艺术中心，可能有很多童谣和故事书已经配好了音乐。可是，为什么不用《杰克和吉尔》（Jack and Jill）一周，然后《十字面包》（Hot Cross Buns）另一周？当儿童尝试着把文字和图片来和让歌曲相匹配时，这些童谣书会变得很受欢迎的。

像《冷若冰霜的雪人》（Frosty the Snowman），这首歌可以激发用棉球作画，这样的艺术课在艺术角是非常好组织的。《老麦克唐纳》（Old Macdonald）是向动物的图片、壁画、设计等方面转化的很大的一个跳板。

《铃儿响叮当》（Jingle Bells）这首歌全年都很受欢迎。完整地唱这首歌，使用铃铛、三角铁、鼓和木琴来配乐。《蚂蚁在行军》（The Ants Go Marching）是对于活动来说另一个很好的曲调，儿童喜欢踏着时间的音乐。

在教室里你要有一首非常喜欢的歌。用来帮助组织空间与活动。唱歌会在上课时间把人们聚集起来，以及有助于促进团队合作。尝试它的乐趣与多样性。

比如，他们开始明白和认识全音符、半音符和其余符号的意思。

总结

在幼儿的生活中，音乐是很平常的。跟随音乐的节拍，对原有的歌曲和节奏的移动的补充，对于幼儿来说是很自然的事情。音乐是儿童创造性表达的自然方式。幼儿的适当的音乐体验必须考虑儿童的发展水平与自我表达的需求。仔细策划是为儿童提供成功的学习体验的必要一步。

在这个策划中，教师需要考虑的东西有很多。首先，教师必须为不同发展水平的小组来策划。其次，要从音乐的不同方面来策划活动，这是很重要的——唱歌、节奏、乐器、活动、听觉和音乐概念，比如高音与低音。在向儿童演示这些活动时，自由和快乐是非常重要的。你必须像儿童一样享受这快乐。节奏乐器可能伴随着音乐运用，而这些乐器就可能是老师和儿童共同制作的。

可以向青少年儿童介绍一系列的古典音乐。这些音乐可以与同时期的艺术和文化相联系。这个阶段的儿童喜欢唱不同风格和形式的音乐。

关键词		
音乐教育的可接受性	音乐教育的自由性	录制歌曲的教学
合适的音乐活动	短语指导的方式	使音乐节目的节奏有所不同
结合部分与整体的方法	节奏性乐器	整首歌曲模式

学习活动

1. 将三到四个儿童分成一个小组。至少花15分钟让他们唱知道的歌曲或教他们唱新的歌曲。在这以后，将每个儿童在歌唱活动中的表现，态度和对这首歌的理解记录下来，将每个儿童的评价拿来对比，找出相同点与不同点。

2. 在网络资源上为四岁、六岁和两岁的儿童小组选择合适的歌曲。

3. 回忆你自己的童年时期，有哪些在本章中未找到的流行的歌唱游戏和动作类的歌曲。播放每首歌，并有怎样做游戏和随着歌曲舞动的清晰的指示。和你的同班同学一起分享这个活动。

4. 选一首你自己最喜欢的歌曲（流行的，摇滚的，乡村的）。把它教给你的同班同伴，用之前讨论过的一种方式。谈论一下你的体验，包括以下几点：你的“同学”通过你所选的方式学得怎么样？你使用这个方法觉得舒服吗？谈论一下如果你要教的歌曲不是你非常喜欢的你会有怎样的感受，它在你的效率方面发挥作用了吗？

5. 使用一盒动物形状的饼干和一个推荐的节奏乐器（最好是鼓）或者同学们的鼓掌伴奏，尝试一下下面的创造性/解释性的韵律活动。

①拿出一块动物形状的饼干，并记下来这是什么动物。

②“变成”这个动物，并通过走路、跳动和滑行等表演出来。

③让一个或几个你的同班同学跟着你的节奏敲打或拍手，为你的运动伴奏。

④看一看谁能猜出来你是什么动物。谁能

猜对就能获得下一个表演动物的机会。

6. 用一首概念性的歌曲《围着桑树转圈》（Round the Mulberry Bush，描述日常生活），作一些诗并伴随着运动。和你的同班同学分享你的歌曲和活动的评价并改进意见。然后根据这些意见再次和一群幼儿播放你的歌曲。例如其他概念性歌曲《老麦克唐纳有个农场》《如果感到快乐》和《巴士上的轮子》。

7. 为下面的韵律活动打鼓（有塑料盖的锡制咖啡罐，带盖的空燕麦箱）

①为走路、跑步、跳动和单腿跳运动在鼓上敲打出节奏。

②敲打出一个节奏，然后让你的同伴用掌声把它重复出来。

③来模仿一个同班同学拍手的模式（或者在鼓上敲出来）。

④唱一首伴随着你敲鼓的节奏的歌曲（如果你喜欢，自己创造）。

8. 制作一份关于幼儿歌曲的文件。在校图书馆上下载幼儿歌曲书，为下面每个分类至少选择两首歌：

分类	歌曲例子
情绪类	《如果感到快乐》
动作类	《来来来，我们去洗手》
生日类	
概念类	

9. 获得一个音乐供应目录。选择价值 150 美元的教学资源。解释你为什么选择这里的每一个条目，为哪个年龄阶段选择的，计划怎样运用它们。

10. 制作一些简单的节奏乐器。在节奏示范课的时候为你的同班同学使用这些仪器。

11. 从这一章中所提到的特殊时期里选择一位作曲者。拿到一张唱片或者磁带涉及本章所提到的片段。为使用此类音乐的三年级、四年级或者五年级的同学计划一下课程。在同一时期要有音乐同艺术和语言相联系的活动。和你的同伴分享你的计划。

12. 百老汇音乐剧使用歌词和音乐讲故事。通过访问百老汇音乐剧的网站，能学到很多难忘的音乐。向同学展示一些你从这个网站上发现的有趣的故事。说明一下你怎样在课堂上使用这些信息和/或者网页。

▶ 儿童歌曲

注意：这些诗句可以单独使用或为了稳定节奏而当伴奏，比如《草丛中的火鸡》。这些诗句的价值在于认识身体部位名称、计数和创造性活动。

拍手歌

拍拍手，1,2,3；
拉拉你的耳朵，拍拍你的膝盖；
跺跺你的脚，1,2,3,4；
摇晃你的手指，摸一摸地板；
把手举向天空；
摸摸你的鼻子，再摸摸眼睛；
跺跺你的脚，1,2,3,4；
摇晃你的手指，摸一摸地板；
肘部向外，现在变成一只小鸟；
闭上嘴巴，然后摸一摸嘴巴；
慢慢拍手和跺脚；
踮着脚，静悄悄地坐下。

蚂蚁一个接一个地前进

蚂蚁一个接一个地前进，
嘿呦！嘿呦！（重复一遍）
蚂蚁一个接一个地前进，
最小的蚂蚁突然停下来吃自己的手指。
它们都走向地面。
——躲开雨水——
嘣！嘣！嘣！嘣！嘣！嘣！嘣！嘣！
蚂蚁一个接一个地前进，它们排成两行，
嘿呦！嘿呦！（重复一遍）
蚂蚁一个接一个地前进，它们排成两行，
最小的蚂蚁突然停下来系鞋带。
它们都走向地面。

——躲开雨水——
嘣！嘣！嘣！嘣！嘣！嘣！嘣！嘣！
蚂蚁一个接一个地前进，它们排成三行，
嘿呦！嘿呦！（重复一遍）
蚂蚁一个接一个地前进，它们排成两行，
最小的蚂蚁突然停下来爬树。
它们都走向地面。
——躲开雨水——
嘣！嘣！嘣！嘣！嘣！嘣！嘣！嘣！
蚂蚁一个接一个地前进，它们排成四行，
最小的蚂蚁停下来把门关上。
蚂蚁一个接一个地前进，它们排成五行，
最小的蚂蚁停下来踢开蜂窝。
蚂蚁一个接一个地前进，它们排成六行，
最小的蚂蚁停下来捡了一些木棍。
第八行——关上门。
第九行——捡起硬币。
第十行——呐喊，结束。

如果感到快乐

如果感到快乐，
拍拍你的手（拍啊，拍啊）。（重复一遍）
如果感到快乐，
你的面容会把它表现出来。
拍拍你的手（拍啊，拍啊）。
如果感到生气，
跺跺你的脚（跺啊，跺啊）。（重复一遍）
如果感到生气，
你的面容会把它表现出来。
如果感到生气，
跺跺你的脚（跺啊，跺啊）。
如果感到悲伤，
流下了眼泪（闻一闻，闻一闻）。（重复一遍）
如果感到悲伤，
你的面容会把它表现出来。
如果感到悲伤，
流下了眼泪（闻一闻，闻一闻）。
如果感到疲倦，
一声叹息（啊——你）。
（重复前面的）
如果感到快乐，
敲敲你的脚后跟（敲啊，敲啊）
（重复前面的）

游戏活动

▶ 音乐欣赏活动

下面的活动有助于提高幼儿的音乐欣赏能力。这些活动的成功之处在于，对于幼儿，它们都是有趣的“音乐挑战”，而不是机械的练习。把你的日常和周末活动计划以一定的顺序排列起来，不要仅仅限制于你的音乐部分的课程。在所有课程领域的训练，听觉和欣赏能力都会得到发展。

1. 听一些具体的声音，能够猜出这是什么（听力识别）。

①让一个儿童弹奏乐器，比如铃铛、铃鼓、鼓、三角铁或者木管乐器。其他儿童闭上眼睛来辨识弹奏的乐器。

②同一个游戏的另一个版本是同时弹奏两种声音来辨识。数量逐渐增加，看看能一下猜出几个。

③一个儿童走到钢琴边或其他乐器旁弹奏一个高音或者低音。儿童可以用他们的手、胳膊、或者身体来展示到底是高音还是低音。

④在房间的具体位置识别铃铛声、鼓声或其他的音乐器具。儿童闭上眼睛识别声音来自哪里。他们也可以说出来这个音调是高音还是低音。

⑤儿童通过对比两个不同的音调来识别乐器，比如大号小号，大铃铛小铃铛，木管乐器和积木。

2. 倾听自然界的声音。儿童闭上眼睛，听雨声、落叶沙沙声、风声、鸟叫声、冰雹声、下雪声等等。

3. 听学校里的声音。儿童奔跑声、人们大笑声、上课铃响声等等。

4. 听户外的声音。口哨声、卡车声、汽车声、火车声、飞机声等等。鼓励儿童使用描述性的文字来形容这些声音，比如"就像砰的一声"（嗡嗡声、敲门声、碰撞声）。

▶ 音乐畅想

要求儿童想象一个小动物和一个大动物，然后把教室里的儿童分为两组。一组是大动物，一组是小动物。当你弹奏一个高音时，让小动物移动和舞蹈。当你弹奏一个低音时，让大动物移动和舞蹈。

▶ 共享预先录制好的音乐

试着用铃木教学法（Suzuki method）向孩子们介绍像《彼得和狼》（Peter and the Wolf）这样的经典音乐。在真正介绍这首经典曲子之前，在主要时间段当作背景音乐播放几周。然后，当你讲彼得和狼的故事时，儿童已经学会了在这首曲子中去区分不同的旋律，而且可以猜测接下来会发生什么。继续听几周这首曲子。使用铃木反应模式，儿童将不会忘记他们所学过的音乐。

▶ 乐器识别游戏

准备两把椅子、两张桌子组建一个音乐中心，两张桌子用隔板隔开。在隔板的一边，桌子上放置节奏性乐器。在另一边，放置乐器的图片。当一边的儿童在演奏乐器时，另一边的儿童举起对应的乐器图片。

▶ 听力书

弹奏一首曲子并且没有伴唱。让儿童根据曲子来画画并讲述一个故事，重复几次这个活动，并把它增加到听力教材中。

▶ 施特劳斯圆舞曲

摇摆、摇晃是幼儿最喜欢的运动。施特劳斯圆舞曲拥有一种就连成年人都难以抵抗的强烈动感。儿童不仅喜欢跟着施特劳斯圆舞曲摇晃自己的身体，他们还喜欢拿着娃娃、喜欢的动物玩偶或者其他玩偶来摇摆。婴幼儿可能没有办法同时摆动自己的臂膀，因为他们还不能掌握平衡。所以，教师还要准备对称手臂运动的模拟练习。三岁时，可以并行摇晃双臂。

▶ 动物 / 昆虫

在创造性地表演动物或者昆虫时，请选择下列古典音乐。你可能想通过说出动物或者昆虫的名字，并简短讨论这种动物或昆虫将如何移动来介绍这个作品。

- 格里菲斯（Griffes）——《白孔雀》
- 里亚多夫（Liadoy）——《蚊舞》
- 里姆斯基–科萨科夫（Rimsky–Korsakoff）——《大黄蜂的飞行》
- 圣桑（Saint–Saëns）——来自动物狂欢节的《天鹅》
- 比才（Bizet）——来自《儿童游戏》的《跳蛙》
- 德彪西（Debussy）——来自孩子们的角落套房的《怪物的步态竞赛》

▶ 《芝麻街》

芝麻街这个经典的儿童电视节目以其优美的歌曲而闻名。访问这个网站，让儿童跟着格鲁夫氏（Grover），饼干怪兽（Cookie Monster）听和唱，儿童也喜欢跟着巴内（Barney）歌唱，听《巴士上的轮子转啊转》（The

Wheels on The Bus Go Round and Round),《如果我住在海底》(If I Lived Under the Sea),等等。

▶ 罗杰斯先生的网站

幼儿喜欢去创造音乐。访问罗杰斯 (Mr. Rogers) 先生的网站，去上面下载关于为幼儿制作鼓和其他乐器的说明。

▶ 《一闪一闪亮晶晶》——歌唱与语言能力

一个很受欢迎的提高幼儿语言能力的方式是请他们和你一起写歌。拿一个大家都熟悉的曲调，增加一个诱人的话题 (比如儿童自己)。把自己的语言写进歌里，并唱出来！在这个过程中，鼓励了儿童使用描述性词汇和创造想象的能力。当你唱每个人的歌曲时，就鼓励了儿童学会欣赏每个人的共同点与不同点。

通过帮助儿童创造歌曲和为其他儿童喝彩开始这个过程。使用《一闪一闪亮晶晶》这个曲调去创造一个歌曲或者为其他儿童独特的音乐质量、特色，或者爱好而喝彩。

我自己的快乐 (曲调:《一闪一闪亮晶晶》)

(儿童姓名),
她非常整洁干净！
但她吃东西的时候，
她喜欢 (喜欢的食物)。
她的头发是 (颜色),
她是我的好朋友，你也是！
(儿童姓名),
她非常整洁干净！
我们见了面经常微笑。

▶ 这是我所学到的东西 (曲调:《一闪一闪亮晶晶》)

尝试这组歌曲 / 游戏，为从家里学到特殊技能的儿童祝贺。

这是我所学到的东西。

这是我所学到的东西
(让儿童用手势来表演这个能力)
看看你是不是也会做。
这是我所学到的东西。
现在我把它传给你！
这是我所学到的东西。
看看你是不是也会做。

▶ 多元文化的问候——《早上好》(曲调:《蟑螂舞》)

为你的小组问候歌曲增加多元文化的风趣。尝试着把他们按照不同的音乐风格曲调唱出来。你可以开始按照《蟑螂舞》(La Cucaracha) 的音调，然后尝试着按照《圣者行进曲》(When the Saints Go Marching) 的曲调来唱。

早上好

早上好，早上好。
所有人来一个大大的微笑。
早上好，
早上好，
我们可以一起站一会，待一会，恰－恰－恰。

为这首歌在第二部分个性化地加上儿童的名字："让我们给卡梅伦一个大大的微笑。"

本章回顾

1. 联系个人情况，明确和讨论要成为一位有影响力的音乐教师需要克服怎样大的障碍。

2. 描述儿童自发接触音乐的一些例子。儿童多早开始音乐体验的？是谁开创了这些活动？

3. 教幼儿新歌的基本途径是什么？根据自己的教学经验对每一种方法举例说明。

4. 你认为一个成功的幼儿音乐课程中，教师最重要的特点是什么。给出其他的你认为也很重要的特征。

5. 你认为给幼儿唱歌伴奏是必要的吗？如果你不会弹钢琴，你怎样和儿童完成歌唱活动？

6. 怎样向幼儿介绍一首新歌？举一个具体的歌曲的例子。

7. 如果一位教师因为不会弹奏乐器，不知道任何音乐概念、理论等，而害怕教音乐，你将会给他怎样的建议。请回答得尽量具体些，并提供活动建议。

8. 当一个儿童跟着节奏上蹦下跳，而不是按照遵嘱有节奏地拍手，你会怎么做？你认为自己对这种情况的处理有多重要？

参考文献

Connors, A. (2006, October). The magic of rhythm instruments: Developing musical awareness in young children. *Teaching Music*, 41–44.

Erickson, F. (1963). *Childhood and society*. New York: W.W. Norton.

Humpal, M. E., & Wolf, J. (2003, March). Music in the inclusive environment. *Young Children*, 103–107.

McGill University. (2006). Part of brain linked to tone-deafness. Online at http://www.mni.mcgill.ca/

MENC (National Association for Music Education). (1995). *Pre-kindergarten music standards*. Reston, VA: MENC.

Neely, L., Kenney, S., & Wolf, J. (2000). *Start the music strategies. Reston*, VA: MENC.

Piper, W. (1986). *The little engine that could*. New York: Platt & Munk.

Piper, W. (2002). *The little engine that could*. Uhrichsville, OH: Barbour Publishing.

Todd, V. E., & Heffernan, H. (1977). *Years before school: Guiding preschool children*. (3rd ed.). New York: Macmillan.

Wadsworth, B. (1979). *Piaget's theory of cognitive development*. (2nd ed.). New York: Longman.

第十八章

创造性语言

▶ 教学目标

学完本章，你应该能够：

1. 讨论幼儿的听、说能力。
2. 定义“读写萌发”和它的多种技巧。
3. 解释选择和使用儿童课本的依据。
4. 当向儿童读读物时，列出几点指导建议。
5. 讨论一下诗歌在儿童语言发展上的重要性。
6. 讨论一下双语言/双文化背景儿童的需求。
7. 讨论一下反偏见课程。

下面的情景描述的是儿童语言的威力，包括口头语和非口头语。它还描述了一个事实，在早些时候成人自认为很清晰地知道幼儿在说什么，并在此基础上给予回复。但是，交流相对于这些来说是一个很复杂的过程，所以这种情景应该被强调。

在一个温暖、阳光灿烂的秋日的下午，商店里全是顾客，许多人都在浏览衣架上女性服装的销售价位。这群人中有一对母女，她们推着婴儿车，里面坐着一个漂亮的小女孩。这个小女孩的右眼戴了一个大大的眼罩。很快，空气里充满了小女孩苦苦哀求的声音：“拿掉，拿掉！”

她的妈妈简单地回答道：“亲爱的，医生说过你必须戴着这个眼罩。我们不能拿下来。”

这个小女孩一直在哭，用哀怨的声音说道：“拿掉，拿掉！”最后，母亲用了最直接的方式说道：“现在，我没有更多的眼罩了，你不能把它拿掉。”

这个小女孩看着她的祖母，又开始哭泣：“拿掉，拿掉！”但是这时，当她的哭声没有得到任何回应时，她开始脱掉手臂上的衣服说：“拿掉，拿掉！”她想要把衣服脱掉，而不是她的眼罩！

语言的发展

从这个情景中可以总结出两点：（1）在获得儿童所传达信息方面，我们永远不要低估他们表达的能力；（2）我们也不能高估我们对儿童语言信息的理解能力。在这一章，我们将探究这两点和语言发展的其他方面。

语言是儿童全面发展的一部分。就像身体发育一样，儿童对语言的运用也有一个明确的发展图示。语言的发展涉及了四种不同的能力：说话，聆听（在理解或者明白谈话的意义上），写作和阅读。每一种能力，按照一定的顺序都有自己的发展图示。

语言能力中的各项能力，都不是与其他能力直接相关的。比如，许多幼儿——就像成年人——都是很好的演讲者而不是倾听者！

在早期幼儿课程策划时，语言体验，儿童在语言发展的四个不同部分的发展水平就要纳入考虑之中。在学龄前的课程中应该强调，不管怎样，并不是教写作和阅读。发展关联写作和阅读的技能，帮助儿童以后能够在这些技能中形成正式的指令。这一章中主要集中在早期的语言能力的发展，阅读和写作只被当作读写萌发来处理。读写萌发这个词也只是用于参考这些技能时使用，不管怎样，作者更喜欢读写萌发这个词，因为它涵盖更广范围的预读能力的发展。

说话的发展

说话是语言的一种形式，其中词或声音用于传达意思。说话和理解能力没有必要的联系。比如，当婴儿发声练习时会发出很多声音，并不意味着儿童渴望成人能够读懂他们。另外一个例子，三岁的儿童，可以自己唱歌，对于收音机上的流行歌曲，不会忘记一个歌词，但他们并不真正知道这些歌词的含义。很多儿童会

表 18–1　儿童语言能力的发展

年　龄	能　　力
九个月大及以上	开始有意的用语言去交流。
一岁	模仿声音。 回应的多也是经验的一部分：“拜拜”“爸爸”“妈妈”。
两岁	能够在没有视觉线索的情况下遵循简单的指令：“约翰尼，拿上你的帽子。”“法拉，把你的球给我”。 在家旦或邻里之间常用一些日常用语：妈妈，牛奶，秋，帽子。 通过把单词放在一块组成句子，培养语感：“离开车。”“没有牛奶了”。
三岁	不仅仅理解和会说名字；会使用简单的动词，名词，介词和形容词，比如，走，我，在，等等句子中很多这样的词。
四岁	能够把最近的经历联系起来。 能够执行两个连续的指令：“鲍比，找到苏西并告诉他晚饭已经准备好了。
五岁	所说的话能被理解，尽管有些听起来有发音错误。 如果词汇量在他或她的掌握范围之内，可进行对话。
改编于《学着说话》，由美国神经疾病和中风研究所、美国国立卫生研究院、美国卫生部、教育部、福利部制备，华盛顿，DC：美国政府印刷局，1969。	

唱字母歌，但他们并不知道每个字母的含义。

在说话的发展中，儿童在开始学说话和提高理解力的年龄阶段是有很多不同的。就像身体发育图表一样（查看第十章），语言的发展也有从一般到特殊的过程。

一开始，儿童的讲话可能包括一些模糊的和很难懂的语言。尽管是在生命的早期（从出生到36个月），婴儿依然可以用有限的词汇进行有效的交谈。渐渐地，说话变得清晰，每个字都带有具体的信息，这就是我们所说的控制语言交流。三岁的时候，儿童开始渐渐加速建立自己的词汇。在接下来的岁月中，他们继续增加自己的词汇量。

语言规则的发展

当儿童学说话时，他们开始把所有的文字放在一块，渐渐地从他们的语言之中学语法规则。他们遵循语言发展的顺序，从说没有意义的话，到单个的词，到两个字的句子，再到更复杂的结构。珍妮讲话的变化，先是“果汁”，然后是“我的果汁”，最后是“给珍妮喝苹果汁”。儿童一般是使用名词早于介词，第一人称“我”和第三人称的“我”是最早使用的介词。

儿童普遍先学习的是客观物体的名字，慢慢地再做更精细的划分。他们注意到相似点和不同点。对于埃莉斯（Elise）来说，所有四条腿的动物都是狗。慢慢地她学会区分狗、猫、牛和马，再慢慢地区分大狗和小狗。

时间和空间概念对于幼儿来说很难理解。威廉姆就不能区分明天和下周。他只是知道不是现在。在一系列练习和体验之后，儿童可以认识到色调的意义，而且说话更加精确和简便。菲利浦谈论他的保暖蓝色外套，爱丽丝知道她的是浅蓝色，因为，她曾听她的母亲这样形容过它。

儿童把注意力都放在怎样把字组织在一起成为句子。因为把太多精力放于此，所以忽略了规则。如果“I cooked the egg”是语法正确的结构，那么，“I tooked the ball”对于斯特芬来说看起来也是正确的，“I forgot the picture,”萨姆更喜欢对他的父亲说“forgotted”这张图。当艾拉说，“I runed down the hill”，她的描述超过了她所处的语言发展阶段，运用了她自己所发现的语法规则。当儿童对语言很熟悉了，就可学习过去式的语法规则。同样的方式，也可以学习复数。如果“House”的复数是“Houses”，“goose”的复数就是“gooses”？

一个儿童在哪都可以听到声音。成年人、其他儿童、广播和电视都可以提供听觉刺激。当儿童学说话时，成年人要接受儿童创造的语言。不管他们发出什么性质的声音，他们都应该被鼓励，而不是被批评或者纠正来限制。如果，儿童周围的成年人讲话讲得很好，儿童也就会潜移默化地注意到用词的准确性。儿童，如果与成人进行很多的口头交流，相对于没有此类经验的儿童来说，语言能力就会提高得更快，也更自信地运用单词。

识字

对于这点的所有信息的讨论，都归结在识字这个词下。识字，最常见的就是对语言的把握——说话、倾听、写作和阅读。识字学习，就像之前谈论的，从婴儿开始，贯穿整个人生。帮助儿童提高识字能力，我们必须尊重儿童的语言，把它作为语言和识字活动的基础。我们需要在儿童已经知道的口头语、阅读和写作的基础上来提高识字能力。当我们鼓励儿童自己去探究口头语和书面语时，儿童的识字能力就会提高。

促进语言发展

对语言真正的掌握需要社会的作用。在教室里，儿童会得到很多机会去和其他儿童交流，这就是培养儿童语言发展的方式。教师可以通过创设一个“以儿童为中心的教室”这样一种环境，来培养幼儿语言能力的发展，在这里，幼儿可以有很多机会去追求他们所喜欢的，探索他们想要的和需要学习的。

自我发起的活动里的语言经验　当儿童在以儿童为中心的环境中，在他们自己选择的自发的活动中自由地活动时，相对于在常规指示占课程主要内容的教室来说，在大量讲话中，很多语言就会被需求。当儿童发现在讲话中得到满足感时，就会在讲话方面很有自信，开始重视语言。

在交流中互动是很重要的一部分。当他们在玩黏土、面团、颜料、夹子、积木、沙土和水的时候会自言自语。在家政区，儿童会和每个人讲话，好像他重新制定了熟悉的规则。中午快餐时间安排提供了自然对话的时间。像是玩积木、黏土、磁铁这些活动，都会为儿童提供丰富的机会去讲话、倾听，以及和其他人交换意见。

在小团体活动中的语言经验　在小的团体内，儿童更容易与人交谈，相对于在大的团体内回答问题，儿童不会那么紧张。

在早期幼儿课程中，分享时间是最棒的环节，可以让 3—5 个儿童组成一个小组。在一个大组中，限制每个儿童的谈话是很必要的，所以只有少数几个儿童有机会去讲，而且这种限制，会让儿童在讲话方面具有挫败感。3—5 人一组对于幼儿来说是最自然的情况。

正式讨论环节并不像在小组中正式谈话那样有趣和有意思。儿童如果拿出他珍贵的物品与两个或三个朋友来分享，大概是一种非常享受的个人体验。但是，当“展示和演讲”环节放在儿童预期要参加的日常礼仪里面，讲话人的兴奋可能就会消失。在合适的时间把合作加入课程，“展示和演讲”环节就会具有分享经验的价值。如果它的结构像语文课，它的价值可能就会丢失。早期幼儿课程应该体现出这些，并且提供发展幼儿语言的能力。你可以在网络伴侣上用观察表格，课题是“教室识字环境的调查”，以协助你在教室里的观察。

理解双语 / 双文化幼儿语言能力的发展

我们的学校被赋予为一个不断持续的多元文化人口聚集地。多样文化的混合对于儿童和教师来说都是令人兴奋的，他们每天都可以学习其他文化。不幸的是，许多来自发展中国家的幼儿进入学校，学校却没有做好充分的准备来接受他们。在早期幼儿语言课程中，双语 / 双语文化的儿童的需求是很重要的，在多元文化世界中也是很明显的。

幼儿教师在多语言和多元文化的幼儿生活中扮演很重要的角色。儿童不会在他们还不会说的语言中学习读写技能，记住这点很重要。这就是为什么支持儿童的主要语言的不断发展，同时提供有意义的英语经验，是很重要的。考虑一下下面的建议，关于帮助双语和多文化背景的儿童提供有意义的英语训练。

- 双语儿童可以很容易地参加舞蹈、美术和戏剧活动，此谓非语言交流；在语言不能或不足以表达想法和感觉时，美术是通用语言。
- 联系特殊的文化节日、气候、人群和美术活动经验。邀请儿童分享他们的多种族背景，以这个为背景进行艺术创作。邀请父母作为嘉宾分享多元文化的艺术形式。
- 民间文学是普遍的文学形式，这是一个开始整合多元文化艺术的地方。很多情节线索，像是“灰姑娘”，已经在上百种文化中找到，被翻译成多种语言。包括学生的语言和文化遗产的故事。鼓励儿童在家里分享文化故事，而且把这些运用到戏剧、舞蹈、美术和音乐活动之中。
- 基于儿童戏剧、舞蹈、美术和音乐的文化，可以成为学习英语词汇的很好的工具。熟悉的歌曲可以被翻译成英文。在戏剧中，命名标签和帽子可以做得更有特点（比如，标签可以有继妹、妈妈、爸爸、王子，用英文和儿童本土语言来完成）。

• 在一年的开始，给每一个儿童一个空的卡片的收集箱。一直把这个“单词箱”带在身边，这样新的单词就可以被收集，应用，或者儿童在阅读时可以来查阅。确保每一个单词都有一幅小的、简单的插图伴随着来展示。

• 环顾教室周边。你看到了多少单词？打印课堂中有意义的话、录音或物品，装备在每个学习中心。这些话可以用英语和儿童本土语言来写。制作标签，文字要大而清晰。打出一个单子（用两种语言），普通规格的纸张打印出来，把这些打印的单词贴在物体上。最好用数码相机拍出照片附在标签旁。

幼儿周边环境设置是儿童家庭之外的家，初次接触外人，交谈不同文化的人，第一次与外来者在一起的经历。一个教师的基本态度和知识，成为此幼儿环境能否接受并尊重差异的关键（杜克大学，2003）。

对于幼儿教师来说可能性都是无止境的，就像一位榜样，站在特殊的位置通过决策、收集、交流和活动来建立一种情调，或者说“教室氛围”。这样也许我们就能对不熟悉英语的幼儿提供最好的教育。我们可以参考以下建议来帮助他们：

• 接受关于语言学习时限的个体差异。幼儿学语言学得很快，很容易，是一个神话。避免给儿童施加“压力”，“急于推出”儿童加入主流课堂。幼儿需要时间去接受、探究和体验第二语言的学习。

• 要接受儿童尝试去交流的行为，因为尝试和犯错是学习第二语言过程中的一个部分，必须给儿童机会去练习本土语言和新建立的语言能力。成年人不要主导谈话，儿童也不要只会倾听。为谈话计划、联合戏剧表演、讲故事、实地考察、做饭和其他丰富的活动创造机会。

• 通过意识到儿童需要的是接受新语言能力而不是代替现存的语言能力这一点，要维持添加剂理论。给予儿童机会去保持他原有的语言能力和文化。允许年幼的学习者拥有足够的社会机会去练习新兴语言能力。

• 为有意义的社会交往，语言的使用提供了一个刺激、活跃、多样的机会和环境。拒绝与儿童进行死板的或者说教形式的语法探究。儿童喜欢非正式的游戏体验：戏剧化，玩偶，电话交流，参与其他儿童的识字活动，和同龄人进行交流。

• 为了所有儿童，把文化响应经验加入进来。重视每位儿童的家乡文化，积极参加活动将会提高儿童的人际交往能力和有助于最终的学术和社会成就。

• 运用非正式观察引导活动计划，人际交流和其他语言文化的谈话。

• 提供一个能够接受其他文化价值和说不同语言的幼儿教室氛围。

反偏见课程设置（ABC）

具有创造性的教师会推动包容性的环境建立，解决文化多样性的日常生活现实以及潜在的偏见态度和行为，这是现实的一部分。通过在群体课程中，对所有文化领域的孩子们说明其所代表的文化差异的特点，来建立一个包容性的环境计划的课程。这个包容性课程能够反映出所有课程领域内的文化小组的敏感度。说到包容性课程的本质，就是反偏见课程（ABC）的概念。这个概念是由美国幼教协会旗下的反偏见课程（ABC）工作组和路易丝·德曼－斯帕克斯 ABC 工作组（1989）提出的，是计划包容性课程和反偏见课程的很好的开端。工作组的小册子，就像本章最后的其他引用一样，包括很多关于 ABC 课程计划，与家长合作的优秀建议，还包括建议性的书籍和资源——对于为不同文化领域的幼儿，建设包容性环境来说是很有必要的。

语言艺术课程是 ABC 课程很好的开端，因为这里有数百本儿童书，这些书都代表了不同

表 18-2 对于第二语言学习者差异说明

这里有一些策略，可以用来区别对待第二语言学习者的课程。

- 建立一个轻松的学习环境，鼓励学生勇敢尝试双语言，强调交流，而不是语言形式。比如，间接地以正确的方式重述学生不正确的表达。如果儿童说“我的笔记本家”，你说“我理解，你的笔记本在家”。
- 在新课开始前，先复习一下之前学过的内容，并展示之前学过的内容和新内容之间的关系。
- 与你使用的语言保持一致，并多次帮助儿童接受新语言的节奏、音调、音量和其他语言的声调。
- 用手势、面部表情、音调改变、哑剧、改述、视觉效果、道具、教具和其他线索，提供一个通过上下文传达的新名词、新概念的含义。
- 用视频资料，如图表、地图和图片，口头补充说明和描述。
- 让学生能够容易理解和用清晰的话语回答；习惯用语、俚语、代词的使用；通过体积增大和略带夸张的形式来强调单词；使用短语、简单的词组、短句子；留给学生足够的时间去回答。
- 允许学生去表述他们的知识，理解和想要表达的意思。比如，不要要求儿童去定义一个词或者理念，或要求学生画一幅画来展示它。
- 鼓励和向学生们展示怎样使用双语词典和图解词典。
- 对于重要的内容提供常规的总结，并频繁地检查儿童的理解情况。

的民族。幼儿教师必须选择能够反映所有民族和文化团体的远景、体验和价值的书籍。

语言学习中听力的发展

“儿童是怎样学会听和理解语言的”已经被很多研究者和语言学家调查过。一些人认为语言和思想的发育是独立的，至少是在语言发展的早期阶段。这种观点是有意义的，当你考虑一个事实，即幼儿往往能够学习一些对他们没有意义的单词和短语（比如一个三岁的儿童怎么会唱流行歌曲，他完全不理解歌词的意思）。

聆听不是被动地接受信息，合格地聆听包括接受和处理听取到的信息的过程。聆听不仅仅是简单地听，因为一个好的倾听者会过滤他们所听到的话语，并且去理解要传达的信息。

儿童不仅仅是倾听者，教师也不仅仅是讲述者。相反，教师和儿童都要是好的倾听者，而且儿童应该作为观众，尽可能地认真聆听。

好的倾听者都是活跃的。在倾听时，无论理智还是情感都会沉浸在他们所听到的声音里。活跃的倾听者，会把注意力完全集中在他们所听到的内容上。他们积极处理信息，作评论，再问一些相关的问题。

幼儿可能表现的是能够在一定程度上理解概念，但还不能用言语表达。因为，幼儿想得比较简单，用最基础的方式去思考，他们在理解成人的抽象和复杂的言语时有些困难。抽象已经超越了幼儿园和初上小学的儿童的思考能力。老师或儿童护理员如果不知道幼儿的这些语言的限制，很容易地就会失去他们的注意。如果一位消防员在形容消防水带时这样说“补充抗引爆装置”，很明显没有意识到观众的专业语言水平，更习惯于把观众都当作专业人员并向他们解释。同样的道理，如果一个孩子扯别人的头发时，教师告知“友善一点”，就会过于笼统和抽象。对于幼儿更加合适、直接、不太抽象的要求应该这样说“迦勒，不要扯简的头发”。

听者的身体状况（耳聋、饥饿、疲劳、疾病和物理环境）会影响听音过程或影响收听质量。

早期幼儿课程的环境氛围或气氛应该是激励性聆听。这种氛围应该是让儿童自由地去表达他们的想法，他们应该觉得他们的功绩应该被接受和被尊重。

读写萌发

如果把阅读定义为“对符号的解释”，那么可以说儿童开始阅读的那天就是他出生的那天。当看到他的瓶子时，婴儿会变得兴奋。当母亲带着微笑进入房间时，婴儿就会停止哭泣。当家庭成员停止与儿童做游戏时，儿童会发出咯咯声。儿童对所“读”的内容的反应是把它转化为其他的行动，这些体验都先于理解印刷文字。

儿童通过读图开始，当认出所熟悉的物体时会感到非常开心。就像成年人读给儿童听，孩子们就会接触到书中的文字，就会开始去理解印刷文字的含义。

阅读萌发

假装阅读儿童喜爱的书，对于很多家长和幼儿教师来说是很普遍的行为。假装阅读期间——也叫阅读萌发（萨尔兹比，1985）或者情景再现（霍德威，1979）——培养儿童喜欢读书的行为可以建立他们成为读者的自信心。

喜欢假装阅读和阅读萌发的成年人，长久以来都是设想儿童在模仿成年人阅读——成年人念书给他们听后，他们会模仿成年人的行为，大声朗读故事的文字。我们可以看到儿童和成年人一起阅读时是独立阅读萌发的开始——喃喃自语，当成年人读完句子和短语后开始独立完成阅读。

在萌发阅读阶段，儿童结合一些信息资源：书中的图片和印刷品；来自成年人倾听者的灌输，也包括他们自己对已听到的和书本里先前提到的记忆；他们的个人的经历；他们已有的对世界、语言和故事的背景知识。在孩子们成为传统意义上的单词阅读者之前，他们就喜欢并积极参与阅读体验。

参与大声朗读和萌发阅读都能给予儿童机会了解自然背景下的语言与阅读的意义。教师们通过让儿童看书、大声朗读和阅读萌发，可以帮助孩子们成长为能干和自信的读者。

常见问题包括情感的、社会的、身体的和知识储备的总的发展水平。一个还不能控制肌肉的儿童不能发展更多的精湛技能，如阅读所需要的匹配形状和辨认模型。一些儿童只有到六七岁甚至八岁才会对阅读感兴趣并准备好去阅读。如果儿童在他们身体上、智力上、情感上没做好准备前，他们被迫忙于阅读活动，阅读会成为负担。视力、听力、饮食和身体协调都是要考虑的因素。肌肉发展是必需的，并且不能仓促。演讲能力是成功阅读的必要条件。动机是成功的主要因素之一。

大声朗读和阅读萌发

参与大声朗读和萌发阅读的儿童之所以在读者的道路上逐渐成长，是因为他们忙于真正而自然的读写，而不是专注于把阅读分成各种技巧。在萌发阅读的自然活动中进行练习是为以后习惯性阅读做准备。

通过意识到联系萌发朗读与大声朗读部分相结合，以及安排课堂空间和时间来促进这些活动的好处，教师们可以通过以下方式把早期幼儿课堂中大声朗读和萌发阅读的好处最大化。

- 邀请孩子们积极参与大声朗读部分。问一些问题，要求孩子们预测下面将发生的事并把故事与他们自己的经历联系起来。随着孩子们越来越熟悉课本，在熟悉或是重复的模式之间停顿，并允许孩子们完成阅读。给孩子们机会选择他们最喜欢的书并读给大家听。

- 经常为幼儿提供处理图书和萌发阅读的机会。尽管多年前许多教室就有宽裕的图书浏览时间，但很多教室中仍有儿童仅把书本看做可选择的活动。因此，很少和书本打交道的或是不努力的孩子们很少有机会与书本进行自我指引似的交流。教师们应该建立日常“严格阅读时间”，这可以让所有孩子能以各种形式建立和书本最舒适的关系，可以浏览书本、看图片或是萌发或是常规阅读。

· 用重复阅读最喜欢的书来鼓励萌发阅读，让孩子们自行或是在其他孩子和成年人帮助下进行阅读，孩子们更可能选择他们熟悉的书本进行萌发阅读，在教室里提供熟悉的书本，在空闲时间可供孩子们阅读。安排在语言艺术中心或是附近大声朗读，可以使孩子们发现老师朗读的内容和他们自行阅读的内容之间的联系，老师的书本宜放于语言艺术中心。将儿童独立阅读或是看书的课表时间安排在老师读给他们后，强调了成年人大声朗读和孩子们独立阅读书本的联系。

· 在大声朗读和独立阅读时间，教师们有机会观察儿童真实情况下的读写能力，从而更加了解儿童在大声朗读部分（录音机可能有用）是如何阅读的，哪个儿童问了和回答了问题，哪些人通过浏览熟悉部分或是做出推测参与了阅读，儿童的问题和评论在阅读同一本书过程中的变化，老师提出哪类评论和问题。

· 通过听儿童的萌发阅读（现场或是磁带），教师可以了解儿童理解了多少书本内容和书本语言。儿童使用书本里独特的语言了吗？他们使用如“Once upon a time”句型了吗？当儿童“阅读”的时候，他们使用的信息来源是什么？他们会使用图片、印刷品，以及曾经阅读的课文、参与过的讨论，或其他的个人经验吗？

· 告知父母让他们的孩子能够在“假装阅读”书本并通过“完成阅读”之后参与阅读。一些父母担心“假装阅读”会养成坏习惯，进而阻碍儿童学习“真正阅读”。儿童的看似阅读的行为，尽管他们可能没有关注书本，也是将来成功阅读的关键，这一点使所有父母安心。父母也需要理解通过允许儿童参加共同阅读和讨论大声朗读部分，可以丰富父母和儿童的读写经验。

写作前的构思能力

儿童出现读写能力的另一个表现是写作。在学前班和早期幼儿阶段，正是培养儿童写作需要的生理能力。在早期幼儿语言艺术课程中，让幼儿“练习”字母和单词不是目的，目的是为幼儿提供机会练习写作需要的手眼协调性和肌肉能力。

对于学龄前儿童，写作是总语言经历的一部分，需要在许多精细控制活动之前学会。当儿童首次对他们自己做的标记有兴趣的时候，写作就开始了，并且它继续成为他们日常经历的一部分。当儿童对写作表现出兴趣的时候，就会用到大片的纸、蜡笔、签字笔、钢笔和铅笔。

对于学龄前儿童，阅读、写作是紧密联系的。当儿童背诵老师要写下的故事的时候，写作是语言经历的一部分。

通过儿童的艺术作品来建立读写之间的联系。除了对故事进行明确说明，早期读者可以给他们的艺术作品命名。一些儿童可能想要给他们的艺术品一个名字，另一些孩子可能不想。询问儿童他们是否愿意给他们的艺术作品一个名字，反映出老师对他们艺术品的重视。幼儿也可以用相片来讲述老师写下的故事。学龄前儿童可能把他们的婴儿时期照片带到学校，然后老师拍照。随着照片的增加，让儿童描述婴儿期和“大”的时候他们能做的事情。儿童可以在个人书本中来分享展示诸如探究语言的经历，像是鼓励性语言。使用卡通纸板和气球增强读写动力。儿童可以口述或是在气球上写字，来说明条幅的不同特征代表什么。

诗歌体验

诗歌是刺激儿童喜欢阅读的魔法之一，在早期幼儿课程中诗歌教育的好处是很多的，接触诗歌提升儿童总体语言发展和词汇发展水平，也会激励他们喜欢阅读。

在早期幼儿课程中包含诗歌的一些好处如下：

· 诗歌常用的幽默的语言方法帮助儿童思

考语言形式和意义。如《鹅妈妈》诗歌中的诗句，自然地将口语中的音分段，并将发音相似的和不同的字突出出来，这种方式是一般口语所没有的。

· 儿童喜欢吟诵短诗。因此，诗歌可用于促进记忆力的发展，进而帮助将来学习。诗歌可促进自我胜任感，这对于幼儿来说是十分重要的。长期听到诗歌的幼儿能够更有效地阅读，有机会参与非正式朗诵的幼儿将很轻松记住大量诗歌。期望三四岁的儿童快乐吟诵手指操、《鹅妈妈》，以及本章节末的短诗是合适的。

· 手指操或诗歌，若伴随着合适的肢体运动，可以帮助发展协调性和肌肉紧张度。让儿童创造他们自己的动作帮助他们提升问题解决能力。另外，一些诗歌也可帮助儿童认识身体部分。

· 表演诗歌，对于所有年龄段的儿童来说都是一项有趣的活动。通过允许儿童用小道具和服装，组织和表演诗歌，这样可以鼓励创造力、语言能力的发展。

· 鼓励儿童在教室中展示或是带回家中，图解最喜欢的诗歌，可以帮助语言发展的同时刺激艺术表达和发展。许多小艺术家使用粉笔、颜料、记号笔和蜡笔生动地图解诗歌，超出我们的想象。

· 通过选择合适的诗歌，可以从一个活动流畅自然地转变到另一个活动。例如当老师想要从一个活跃的活动转变到一个讲故事时间或群体讨论的安静活动时，下面的诗歌是最好的选择。

摸摸你的耳朵，
摸摸你的眼睛，
摸摸你的鼻子，
现在弯腰碰碰你的脚尖。
扭动你的手指，
转过来，
现在弯腰摸摸地面。
拍打你的手——1、2、3，
现在看看你能够多安静。

让诗歌填满儿童的每一天。当排队吃午餐的时候，当等位置的时候，为什么不吟诵首诗呢？以一首诗开始一天，同样以一首诗结束一天。工作表上增加一项选诗工作。诗歌可以有韵律，也可以没有；可以深情说出，也可以玩文字游戏。

选择合适的诗歌

如果选择的诗歌能符合儿童内心的兴趣和需要，在教室中使用诗歌将会更加有价值，更加令人愉快。然而，并不是所有儿童都有同样的需求，并不是所有儿童都在相同的发展水平。因此，在群体中应注意选择适合所有儿童发展水平的诗歌。

展现在教室中的诗歌选择，另一个重要原则是老师也应该喜欢它。如果老师不喜欢，就很难将感情与热情融入其中。

· 当选择诗歌时，想一下什么可以吸引儿童。三到六岁的儿童都喜欢看和他们相关的东西，即使是不直接相关也要是与他们所了解的世界相关。通过选择熟悉的物体、事件或是情感的诗歌，老师主要要使诗歌有趣和欢乐。大点的儿童喜欢挑战他们想象力和思考能力的诗。

· 专注于流行话题。有一些话题是几乎所有儿童都喜欢的。这些课题主要是自我意识、感觉、家庭、情感、交通、季节、假期、动物、植物、水、地球、天空。通过利用与主题相关的诗歌来配合科学、社会学习、音乐等其他活动，更能让儿童产生兴趣。根据这些分类，在许多儿童的诗歌书本中，很容易找到合适的诗歌。

儿童书籍

在大多数早期幼儿课程中，儿童的书本是语言艺术课程传统组成部分之一，必须精心挑选。它们必须有益于儿童的发展水平的提高。图片要易看，故事要容易理解。

儿童的"ABC"或是字母书本也要仔细选择。非常小的儿童需要简单整齐的字母书。单词应该代表熟悉的、具体的物体，以苹果而不是原子开始。

首本字母书一般会单词与字母同时出现，这些联结可以描述该单词的字母的拼音。如"K是knife的K"或是"G是gun的G"，这比直接教儿童K和G的发音简单得多。这些关键词也应该是具体的物体：若"B is for bowwow"（B是汪汪声），插图若以狗来做代表，会使幼儿感到困惑。

另外，图解必须是明显而直白的。复杂会导致误解。一个幼儿园学生很沮丧，因为读错一本字母书，他伤心地指出这个问题"我说'R是绳子'但是书本说'S是蛇'"。

好的ABC书本有三个额外特色：

- 写得好的ABC书本关注在概念的中心思想上，字母顺序仅提供一个故事结构。你查询的ABC书本，应该描述有限的物体，例如临近灭绝物种，而不是一个宽泛的物体如野生动物。
- 最好的ABC书本提供周到的功能，如双份的文本和附录，两种字号的双份文本分别针对两种不同的阅读水平。较小的听众喜欢图解，有时会注意到字母表的字母或是较大的印刷字体。初始阅读者可能会研究比较小的印刷字体的文本。

高质量ABC出版物会使儿童做出反应或是参与大声朗读，之后他们在早期幼儿背景下为老师提供后续活动的丰富想法。ABC书本可以是团体项目或是个人活动的起点。

儿童阅读首份文本的时候不是传统意义上仅依赖于印刷字体。相反，作为阅读萌发者，他们依赖图解理解意思。因此，在最初的字母表书本中，只有1到2个物体出现在页面上，符合儿童的感知和空间能力。字母发声熟练后，我们有充足的时间寻找隐藏的图片，找出很多名词或是定位模糊的物体。

语言艺术中心

创建一个儿童可以探索书本的地方。语言艺术中心是每个幼儿和小学课堂一样重要的组成部分。当你周期性使用书本的时候，儿童将会发现书本的神奇，它们有好的让人信服的故事或事实，还有很多漂亮的图片。儿童想要自己探索这些书本，因此他们需要一个可以去阅读的地方。

首先想到实体空间，确认你可以找到一个远离娱乐活动的地方，让儿童可以安静地读书。拼凑一张桌子、一些椅子或是软垫，放书本、磁带、CD、杂志的架子。当看到一些单元时，你可能想要创造一个不同寻常的坐的地方：例如，当你读到交通运输类型的时候，你可能会用一个大盒子制作出一架飞机。

花时间在书本中心用皮书套、图片、花和特殊的收藏品来装饰附近的公告板或是书架顶端。如果你选择展示字母表的字母，确保你以合适的方式进行。下面是有效的指导方针：

- 将字母放在儿童可以看到的地方。字母表如果放太高的话几乎是没有用的。字母表应该放在眼睛水平线上，孩子正好可以看到。
- 字母表应该放在他们工作或是玩的时候能接触到的地方。当他们写字的时候，儿童更可能使用离自己近的字母表。老师们可以运用字母表，放在孩子工作或游戏的地方，这样孩子才会注意到。为了在书写时能让孩子运用张贴在邻近的字母表，老师可以将字母表贴在桌面上或将字母表放在孩子可以自由拿取的柜子上，使孩子在写字时方便参考。
- 以孩子可以运用的方式显示出字型，例如：当孩子在做字母拼图或以字母为形状的饼干模型玩沙或黏土时，可以使他们注意到字母的形状；磁铁字母或字母积木可让孩子实验拼字、排列成为一个单字，并更加了解在字典中字母的发音。

将一些不同种类的书放在书架上以便孩子

读一读 在幼儿园识字方面，女孩有优势？

数十年来，研究人员讨论过小孩子的读写能力是否存在性别差异。一些研究证明低年级是不存在性别差异的。相反，很多研究已声称小女孩普遍比小男孩拥有更好的读写能力。

一项由美国教育部门编辑的长期研究调查了一个国家的代表性的幼儿园小孩的读写能力发展。在这项研究中，研究者提出了三个重要问题：(1)孩子们在开始正式教育之前，读写能力是否存在性别差异；（2）如果存在差异，读幼儿园期间性别差异是否有扩大；（3）读写能力的性别差异，是否可以用男孩子和女孩子在教室中的行为来解释。

“男儿本色”的陈述有时用于解释男性普遍有好斗的、破坏的和不墨守成规的行为。老师们经常把这些行为理解和解释为脱离了由帮助学生学习行为组成的“模式行为”。

使用一个大的数据库，这些研究员能够通过统计和设计分析男孩与女孩回答他们提出的三个问题，来比较男孩和女孩的读写能力。他们从学校国家资料利用分层设计结构随意选择公立、私立的1277个幼儿园。

从每一个备选学校中，选择儿童目标样本。在秋天和春天利用个人注册，无时间限定地在读写能力、数学和常识的认知测验中收集数据。

通过结构化的儿童家长电视采访和幼儿园老师的书面调查收集数据，这项研究使用来自全国幼儿园秋季和春季的数据。

结果明确回答了研究人员初始的三个研究问题。女孩们不仅进入幼儿园的时候拥有更好的读写能力，而且在幼儿园期间也比男孩学得多一点。

没有单一的教室行为可以完全解释剩余的性别差异。但是，研究人员认为一些行为比其他行为更有解释力度。男孩和女孩学习方法的不同似乎可以解释差距，而孩子的不确定行为能够解释的就少了。让人惊奇的是，男孩的相对较低的自控力和较多的破坏行为几乎不会影响性别学习的差距。

这些研究人员注意到，“男儿本色”的见解——男孩子典型的粗暴行为——作为这种差距的原因之一并不是那么让人信服。他们学术上的研究结果表明，幼儿园老师可能通过关注他们学习的方法，包括他们的组织能力和集中注意力的能力来帮助男孩学习。

们随时都可以阅读——《鹅妈妈》；诗歌集；适合孩子们的简易百科全书（两卷或三卷本的）；“感官书”可让孩子们摸、刮、看和闻的书；孩子们熟悉的一些经典故事，例如《金发姑娘和三只小熊》《小发动机》《三只小猪》《帽子里的猫》。能反映出真实的、多元的书，幼儿应随时可取阅，而描述群体中或班级中没有出现的种族差异的书籍，也应该在书架上出现。

一些概念——字母表、数字、动物、家庭、运输——是需要介绍的，提供一个特别的书架或是孩子们能看到的展示区域去阅读这些主题，扩大他们对这些概念的知识面。

你可以采用色彩编码的形式来介绍图书馆，也就是将不同类型的书籍用不同的色彩点固定在每本书的底部边缘。然后，在书架上使用条形码，以便孩子们归还书本时只要根据书上的记号找到条形码就可以知道它原有的位置了。

帮助孩子们确定在语言艺术中心所要遵循的规则，这些规则将涉及他们的行为，书籍的保护，以及如何在区域中取书。

读一读 在儿童读物里面，要寻找什么

当今儿童生活在一个令人兴奋的媒体推动的时代，有电视机、视频游戏和计算机。但没有一样媒体能够像一本好书那样启发儿童的想象力。现如今，也有很多的儿童读物可供选择。下面有些一般性的指导原则关于幼儿园到五年级的儿童读物里面，要寻找什么。

宝宝读物 有四种基本类型的儿童读物：

1. 纸板书有可以擦干净的、坚固的纸板页。

2. 触摸和感觉书有布、羽毛、毛皮，以及附属于他们熟悉的东西的书籍，小家伙们可以“自由”地去发现。

3. 布质的书是由安全、耐水洗的材料制作的。

4. 可洗书是由柔软、耐用的塑料构建的，可以接受很多次破坏。

寻找的内容：

· 简单的文字和艺术。

· 重复性和有弹性的童谣。

· 明亮而熟悉的照片或艺术品（必须在幼儿周边环境和图书插图间建立起联系）。

· 一本坚固的书，可避免散落零碎。

· 圆角的安全。

· 适合小手的书的尺寸和形状。

· 你喜欢这本书，幼儿就能感受到乐趣。

幼儿园 幼儿园的书比宝宝的书籍高了一个台阶，但是比图画书略低了一个水平。除了精装和平装本，幼儿图书有各种新奇的格式。其中有以下几和：

· 翻翻书，有牢固的书面，拍打会显示隐藏的单词和图片。

· 弹起书，拥有特殊纸设计的页面，图片看起来像三维的。

· 拉环书，拉环可以改变图片。

一些书本综合了这些特色。这些种类的书是设计来玩的，也是设计来读的，是显示书本有趣的另一种方式。

在幼儿园书本寻找的内容：

· 一本清晰的书，包括你试图教的概念性的书。

· 一本帮助发展孩子幽默的书。

· 一条简单有趣的故事线。

· 清晰易读的文本。

· 儿童可以联系自我生活和情况的多彩高质量的图解。

图画书 图画书是儿童书本中最受欢迎的一种形式，它适合大部分年龄段儿童。图画书有很多不同的图片和文本。一些甚至没有单词！故事线很简单，但是其他则很复杂。故事对象可能会是美丽的、有趣的、感染人的、吓人的或只是单纯的。重要的是你会找到一本儿童喜欢的图画书。

寻找的内容：

· 孩子有反应的艺术或是图片。

· 引出问题和讨论的故事线。

· 可以发展孩子幽默的故事。

· 可以帮助解决孩子问题的故事——如兄弟姐妹或是上学。

· 作为一个小孩喜欢并愿意和孩子们分享的故事。

· 评审员和奖项委员会推荐的题目。

早期读者 这些书本是为加强学校中的阅读课程设计的。早期读者用图画书了解到很多内容。尽管文本比图解更重要，但它们仍是图解为主的书本。早期读者是以特定的阅读水平或是按年级为明确目标定位的。因

为每个儿童都是不同的，你可能需要自行判断合适的阅读水平。

寻找的内容：

· 一个有挑战但不会吓到孩子们的阅读水平。

· 清晰的文本（印刷字号因阅读水平而不同）。

· 能在阅读上刺激未来兴趣的主题。

· 孩子们更喜欢非小说主题，例如运动、历史、科幻、冒险等。

· 将新主题介绍给孩子们，例如科幻和民间传说。

小说 当我们进入小说世界中，我们就远离了彩色图片和喜爱的图画，并且主题情节发展变得更加复杂。早期进行简易故事阅读不利于精进阅读技巧。

选择的方法：

· 给阅读水平带来挑战和刺激。

· 书中有年轻的读者所感兴趣的主题，许多孩子想要挑选出适合自己年龄的书。

· 一些较为流行的持久性的主题，会有不同的版本。（书的尺寸可能有所不同，封面设计也不相同，但几乎无一例外的是内容相同。）

· 一些精简的经典故事。

鼓励幼儿使用图书角代表必须定期更新布置和增加书籍，以便孩子们想要不断地去探索看到新的东西。我们很难用一间只有寥寥无几的书被随意扔在房间角落或桌上的破旧藏书室来吸引幼儿们的阅读兴趣。

让孩子们参与美化图书角。他们可以帮助你改变陈列物或者在图书馆角落的公告栏中的图片。如此，幼儿们就会对这里有归属感。

最重要的是你如何给年幼的孩子读书本。以下部分提供了一些最好的阅读方式供你指导儿童阅读。

给孩子读故事

给年幼的孩子阅读有一些很常规的原则。例如，在选择阅读文本时一定要注意到儿童注意力集中的时间，最好是选择较短的文本阅读。年幼孩子的视觉辨别也需要书中有一些较大的图片满足他们去观看。（记住，眼部的小肌肉是最后发展成熟的。）一本故事书是简单而令人感兴趣的，对年幼的孩子才是最好的。

孩子们在中等偏上的初级阶段仍然喜爱看书本插图，但是故事也变得对他们同等重要了。这些孩子们已经开始享受这些变得越来越复杂的小说情节了。多样的主题有利于扩展大孩子们的兴趣和发展个性。这个年龄段的孩子特别感兴趣的书籍类型有科幻类、奇幻类、推理类小说，书中悲剧情节的人物关系，以及幽默故事，恐怖故事和体育类故事。

故事小组的指导

1. 选择一个合适的安静地点，远离噪声和活动干扰。在语言艺术中心，将书本展示在孩子视线水平中。有的书本孩子们已经阅读过了，还可以让他们自己再次阅读。

2. 没有法律规定说大声朗读是一个大型团体活动。事实上，给一大群幼儿去阅读是非常困难的，因为他们的兴趣和注意力是不一样的。理想情况下，由6—8个儿童组成的团体是最易于管理和最舒适的，这样更利于获得良好的阅读效果。

3. 观察每个孩子是否都坐得舒适。避免拥挤。确保讲故事者能看到所有孩子的脸，所有孩子也都能看到讲故事者的脸。地毯将半圆形一面朝向教师，这样易于安排座位。让孩子们坐在椅子上不仅不太舒适，而且如果有一个孩子从椅子上跌落下来其他孩子都会因此分散注意力。

4. 如果使用故事书，确保拿好它以便所有人都能看到。不要将书放在你的腿上。最好的方式是拿着书的一侧边缘靠近你的脸颊。这意味着你能边念边翻页。

5. 确保是你喜欢阅读的故事，否则你讲述这个故事时将缺乏热情。

6. 熟悉你所念的故事！如果你不这样做，你的注意力将主要集中在书上。而你必须要去注意孩子们的反应。同样，知道这个故事不错，意味着你将能以适当的热情讲述故事。听故事比看故事更好。例如，讲述乌鸦发出的嘶哑声音和小狗汪汪的声音时，描述比阅读字母好。

7. 阅读故事要带上兴趣，用最好的嗓音讲述。讲述故事要自然——而不是去“说服”儿童，也不是用奇怪的声音去讲。

8. 请不要边讲故事边评论整个故事，或者是在图片上指出故事的情节，这样会破坏整个故事的流畅性，影响其效果。

9. 鼓励评论和提出问题，但不是在讲述故事的中途，这样可以确保整个故事的流畅性。

练习给一群孩子阅读一本书，而后回到这些指导原则检查你所使用的这些方法对孩子们的效果如何。掌握讲故事的技巧需要大量的练习，如果你能把和孩子在一起的这种经历变成一种快乐的学习体验，那你就成功了一半。

刚学会走路的孩子们很喜欢讲故事的活动。这里给你一些针对他们这个年龄段讲故事的指导方法：

• 给刚学走路的孩子讲故事时，你要边讲边用手指指出相应的内容。这有助于幼儿们学会从上至下，从左至右的阅读方法，建立起图片和故事之间的相互联系。

• 给刚学会走路的孩子选一本书。在他们这个年纪，书是有助于记忆力发展的。幼儿们记住了故事的情节，他们开始选择他们想要听的故事一遍又一遍地听，这增加了他们的自我安全意识。让孩子们自己选择一些书，这样你能了解到他们所喜爱的是哪些。

• 选择能互动的书。有些幼儿也许坐下还有些困难。试图去寻找那些能鼓励他们参与其中的书来，比如推动零件，找出隐藏的图标，使数字呈现出来，或轻拍小兔子等。

• 使书便于携带。找到能拿稳书的书边或大塑料环，以便孩子们能拿住或携带他们珍贵的物品——书。

• 展示你的快乐。当你沉浸在阅读中时，让孩子们知道你喜爱书并喜欢和大家一起分享书中的故事。毕竟，幼儿是伟大的模仿者。如果你让他们参与的只是一个简单的故事，他们将只是简略地进入故事。但当你鼓励他们去给书翻页时，幼儿们会真正快乐地参与其中，去学习去感受生活。

讲故事

在现代化的今天，讲故事已经成为一门被丢失的艺术。尽管在讲故事和文学之间有很强的联系，但很多老师都不再给孩子们讲故事了。他们也许会进行常规的图画书阅读，但不会把它和讲故事联系在一起。然而，传统的讲故事艺术是鼓励儿童的想象力、语言听说能力至关重要的途径。

讲故事并不只是局限于某一种类的故事。当你在开发你的讲故事课程时，确定将以下故事类型包含在其中：

• 寓言——简短的故事但包含了道德和关于生活的真理。在语言中的主角经常是拟人化的动物。

• 童画故事——故事经常描绘的对象是仙女、精灵、妖怪、小鬼、小矮人等其他虚构人物。

• 传说——故事围绕着一个特定的历史时期事件开展。

• 民间故事—— 这些故事反映了特定的国家或人民的风情，保护了传统文化。

• 诗歌——韵律诗歌，尤其是《鹅妈妈》

童谣，是给幼儿讲故事极好的题材来源。

讲故事要点

寻找适合的故事

- 寻找和年龄适当的故事。
- 发现你喜爱的故事。
- 核对图片书本，为不同年龄层写作。
- 收集来自家庭、朋友和社团中的故事。
- 创作属于你自己的故事。

学习故事

- 花些时间去阅读它。
- 将故事分为开始、中段和结尾。

更自然地讲故事

- 用你正常的讲话语调。
- 利用声音效果，例如不寻常的声音和讲故事的声音。

使用简单自然的姿势 讲故事时可以运用姿势，但不要过度。

熟练故事 讲述它，再讲述它，不断重复练习。

一旦你准备了一个自我比较满意的故事，那下一步便是将它与孩子们分享。

- 与听众保持目光的接触。
- 介绍这个故事。
- 讲故事时，直视听众的目光。
- 鼓励你的听众与你互动。
- 喜欢你的听众，并与他们交流。

讲故事时，玩偶是很常用的道具，即使一个害羞的孩子也会喜爱它。玩偶也是讲故事时传达不同感情的桥梁，它们创建了一种孩子们能理解的艺术语言形式。当你发现一个特殊的玩偶，赋予它们一种个性和属性，你将会惊讶于孩子们与它的互动。运用玩偶来说你的故事，也可使用它贯通到你的整个课程中。

故事板

绒布板或故事板是另一种使你故事出彩的工具。它是可见的，丰富多彩的。当年幼的孩子移动周围一块块的板子时，他们不仅仅在活动大大小小的肌肉，同时也是通过不断讲述故事开发自己的创造力和想象力从而操控感觉到的人物。

一个故事板可用于任何故事。他们能举起或放置在画架上。毛毡板能做得很小，即使蹒跚学步的幼儿也能拿住它，或者足够大，以便一大群孩子能有足够的视野去观看。使用故事板讲故事，能让孩子们互相合作，互相交流。当你使用故事板给孩子们讲述故事时，孩子们被鼓励与你以及其他同伴交流。因为在故事板上人物形象是依次展开的，他们可以再次创造这个故事。他们能模仿这个故事中的动作。依据故事发生的时间先后将故事重组，可以为孩子们将来的阅读能力、写作能力打下坚实的基础。

绒布故事板有一种吸引孩子的魔力。它们带来的是一个有韵律的诗歌、童画故事或者让孩子们沉浸在故事人物形象的情感中。绒布板贴片的触摸性让孩子们去“感知”故事中的每一个角色。因为这个故事是要去说的而不是念的，所以有更多的时间去反映故事中人物形象的行为和相互关系。

开始

开始使用绒布板讲故事，可以选择孩子们既熟悉又简短的一个故事。绒布板上的故事来源于生活，孩子们在故事中扮演重要角色。一个简单的故事变成了主要的学习经验。它提供了一种触觉方法去加强、开发学生们的阅读能力、阅读理解能力、词汇等等。绒布板不仅仅是邀请他们参与其中来，而且能刺激他们深入探究故事的意义。为人熟知的童话故事，例如《红母鸡》《三只小猪》《三只小熊》《杰克和豌豆先生》等都提供机会给孩子们去感受故事中人物形象的情感和他们的遭遇。用对话的形式去提问，例如“故事刚开始时，主角的感觉如何？”“出现了什么问题？”“如果是你——你会是什么感觉？”让孩子们通过使用绒布板，用自己的语言和感受将故事重述。

当孩子们对故事熟悉时，可以开始使用较长的故事。传统童话故事，例如《糖果屋》和《姜饼人》都是不错的选择。《灰姑娘》是一个特别适用于复述的故事，因为孩子们很容易和故事的主角产生共鸣。

幼儿绒布故事板

在给蹒跚学步的幼儿使用绒布板讲故事时，最好用些大的、简单的绒布故事片。选择可洗的绒布制作故事贴片，以便于被弄脏时方便清洗，当然也不会对它造成任何的损害。选择一些简单而又熟悉的、可一再重复的童谣和歌曲。好的选择有《围巾小姐》《可爱的蜘蛛》。如果你没有将故事或歌曲完整进行，也不用担心。因为在一开始，孩子们有时只是对故事贴片感兴趣。

绒布板使用日常

在团体活动时间里，包括会根据天气变化给绒布玩偶穿着合适的衣物。在团体活动结束后，可以邀请小朋友预测一下明天的天气情况，并给玩偶换上衣物。

使用绒布板能使日历变得更有视觉吸引力。将月份单独写在图画纸上，放入日期盒中。数字 0—31 可以放在另一个日期盒中。将一周的时间再放到一个盒中。根据表格中的数字或教室的人数，你可以将大量信息聚集成特殊的一天。每组将共同努力决定每一个正确的放置在绒布板上。你甚至可以有一个天气图片或季节图片的盒子。或者，可以将每一部分与特殊的日常活动相关联，例如，艺术馆、图书馆、体育馆等等。你可以依据孩子们的想法和他们一同制作。

在数学中心，布置一块海报大小、可重复使用的绒布图表板。将版面分成很多块，让孩子们根据图片符号、颜色和形状分别放入大小合适的板块中。如果使用拼图创建另一个几何图形将会更有趣（消防车、动物、小丑等等）。绒布板也可以用于字母和数字。将剪贴的数字贴在板子上，再鼓励幼儿找到相同的数字玩偶贴在旁边。在数学中心，绒布板是练习数列的理想之物，识别数字、排列、基本加减法都可以使用。孩子们也可以将自己的照片放在绒布板上，使用它们去给一些东西“投票”。不需多少鼓励，幼儿们就会无意识地去计算绒布板上的数字。向他们展示如何从左至右，从上至下地去计算，让他们触摸一个数字然后说出它们是数字几。他们会很自然地记下故事中的物品，像《三只小熊》中的碗、勺子、椅子和床，《小红帽》篮子里的饼干，《姜饼人》中的提子干。许多教师使用熟悉的手指游戏去介绍数字技巧或计算、倒数、排列等。这些形式大部分都能在绒布板上进行。

因为时间是一个抽象概念，对孩子们来说是很难理解的。使用绒布板，我们可以帮助他们意识到时间的流逝。使用绒布板给一项特殊的活动“倒计时”，比如说实地考察旅行。在旅行的前些天，计算着日历上还有多少时间到旅行日。将一些三角板放在绒布板上。在每次集会时，由一个孩子拿走一块三角板，其他孩子计算剩余的时间，直到最后一天将最后一块三角板拿走。

在听力中心，播放你和孩子说绒布板故事的录音带，并将绒布板和故事贴片放在角落让孩子们自行去操作。

在音乐中心，将数字、动物、剪纸放在绒布板上代表孩子们所唱的歌曲。当他们可以见到甚至可以“触摸”到时，歌曲能变得更有趣。

故事片段 你不必像艺术家一样去做故事片段。除了绘制故事元素以外，你也可以在旧书、彩色书、杂志上剪切或者复制一些元素将它们黏合在绒布板上。迪士尼主题的彩图书是很好的资源，里面的人物角色是很容易让小朋

表 18–3 利用绒布板讲述故事的方法

帮助您使用绒布故事板，遵循以下指导方法：
· 选择一个有逻辑序列的简单故事。避免故事在设置上有太多变化或过多角色。 · 编写一个简单的，在你脑海中想象的故事脚本，将故事描绘在绒布板上。通过阅读练习你的脚本故事，多读几次，直到你都清楚为止。 · 如果有需要的话，可以开发一个简单的故事板，在故事板上描绘图像和相应的文本。 · 开发你的图形。可以直接从一本图画书或简单的书中复制人物图形，如果有放大形象的需要，可以用机器复制。 ·按他、她或它在绒布板上出现的时间顺序，给每个人物编号。 · 任何时间都要与你的观众保持眼神交流。 · 当和孩子们讲故事时要使用富有表现力的声音。 · 安排一名孩子当“助手”来捡拾掉落下来的图片，在讲述故事期间可能有图片从故事板上掉落下来。

友们识别的。无论你是在绘图纸上绘图还是拼接零件，最好使用粗糙质量的而不是光滑材质的，因为它对绒布板的支撑性能更好。 你可以在绘画图纸上使用图形、语句、字母或者数字，作为替换物，孩子们剪切他们自己的那部分，记住还要使用孩子们的照片。有这些就可构想一个属于自己的原创故事了。

当用尼龙搭扣或道具时一定要使用故事板，这样尼龙搭扣上的玩偶将牢固地搭在故事板上。自粘的尼龙搭扣钩能拆分成小部件，这样便于你储存在塑料袋中。自粘的尼龙搭扣能放在艺术泡沫、广告板、层压材料、塑料、木材、毛毡和编织上，也能应用于毛毡板，这样你就可以重复地使用尼龙搭扣板。如果尼龙搭扣不能很好地粘贴，添加一滴快速黏合胶在黏合的地方压一压。当取下连接尼龙搭扣表层的小道具时，用你的拇指按住部件轻轻地拉下。

另一种材质也是用于故事板的，是一种中型培纶布。不要使用易熔的网状织品，因为它们不能很好地粘贴，如果它们变得皱皱巴巴，也不能熨平。在针织物和其他各种类型中，你最好使用中型培纶布（按码出售或是按尺码长度预先包装）。画出你自己的设计，或是从绒布板中找到一幅你最想要的图片。将透明纸放在你的设计或是图片上，用铅笔将它的轮廓描画下来。任何其他工具（如马克笔或蜡笔）都会穿过这些透明纸，可能你的原始设计就毁坏了。拿开设计稿，把描有图案的透明纸放在培纶布上，用记号笔描画铅笔线，让记号笔画的线条透到培绒布上。等布上的线条干了，你就可以使用记号笔、蜡笔 / 彩色铅笔、颜料或染料上颜色了。将你完成的部分放在一张干净的纸上，仔细地给它喷上固定剂。一定要在通风良好的区域，可保障完全干燥。剪切多余的部分，快乐即将开始。

总结

语言是儿童发展的一部分。类似于身体成长，儿童的语言成长有一个明确的发展模式，包含四种不同的技能：口语、听力、写作和阅读。这四种技能的发展在每一个孩子身上的发展速度不同，这就是为什么有的孩子在演讲上能比同龄人更好。幼儿教师需要去理解每一个孩子的语言技能层次，规划适当的语言艺术经历。对于那些母语非英语背景的幼儿，幼儿教师必须创造他们易于接受和欣赏的多样性语言环境。不讲英语的幼儿，教师需要去接受不同个体关于语言学习的时间框架，给幼儿所需的学习时间，去探索获得第二语言学习的经验。

说话的能力并不总是和理解能力直接相关，这就是幼儿在没有理解歌曲，不明白字词意思时也能重复歌词中的字词的原因。事实上，如果儿童理解当时说的是什么，也许就不会这么做了。幼儿常常只是在学习如何倾听，教师或保育员如果没有意识到这一点就很容易失去他们的注意力。

阅读准备被称为读写萌发，这个术语指的是紧接之前的时间让孩子们学习阅读印刷符号，在他们出生时就连续发展他们的阅读前技能。写作前技能也被认为是幼儿读写萌发的一部分。学会写作包括了精细运动技能和手眼协调能力。然而在实际写作练习中是不适合在早期儿童项目中进行的，活动允许幼儿练习的技能有绘画、剪切、玩黏土这些练习写作的技能。

正如孩子循序渐进的发育过程一样，他的阅读技能也是逐渐发展的。在国内早期经验中，幼儿活动能积极地影响孩子们的阅读准备。

在早期幼儿活动中使用书或是诗歌能帮助发展幼儿们的前期阅读。孩子们的书必须适合孩子的发展层次。这就意味着给幼儿听众的图片必须是简单易看的，故事是容易理解的。

年龄稍大的儿童喜欢阅读他们书中的插图，并且内容也变得同样重要了。各种类型的小说适合中学以上的儿童阅读。

教师给幼儿讲故事时选择一本正确的书同样重要。阅读指南以及讲故事技巧都可以帮助教师参与这些活动。

关键词		
反偏见课程（ABC）	读写能力	假装阅读
包容性环境		

学习活动

1. 观察早期幼儿活动，描述儿童的语言发展。至少记录三次儿童在班级中分享交流的情况说明。讨论你在班级中所发现的。

2. 参观图书馆，并让图书管理员给不同年龄水平的儿童推荐两本好书：两岁的，三至四岁的，五岁的。比较各自书中的以下重点：

（1）页数。

（2）每页平均多少行，平均每行有多少字。

（3）书的主题。

（4）说明书的页数与大小。

讨论每个年龄组的书有哪些相似之处与不同之处。如果有可能，带上你的书进入教室。和班级同学一起分享你对书的想法。

第二次参观图书馆时，请图书管理员给这些年龄层的孩子推荐两本好书：幼儿园到三年级的，四年级至五年级的。根据以上重点，比较这些书。

3. 从你自己对幼儿的各种语言技能经验讨论这个章节并举出事例。例如，你知道哪些儿童表达比听力好，哪些儿童听力比表达好吗？

4. 研究三至六岁幼儿的语言发展，你发现了什么相似之处吗？你发现不同的地方了吗？你也许想去比较另一个大致相仿年龄的儿童。

5. 以本章节中提出的关于选择合适书本的信息为基础，开始一本故事文案至少需要五本优秀的适合三至六岁儿童的书籍。为每一本书准备一张卡片，在卡片上写上书的名称、作者、绘图者、出版社、出版日期、适合哪个年龄层次，以及故事的一个简单概括。

6. 去杂货店或是其他各种商店，搜集一些便宜的书给孩子们。说出选择购买的理由和不买的理由，并把它们带到课堂上去。说说它们的缺点和长处。

7. 观察孩子们玩耍，并收集他们玩耍时的语言示例。根据孩子们的年龄所举出的示例，比较有哪些相同与不同之处。

8. 观察孩子们在教室里的自由选择活动。选择三个活动，每个活动 5 分钟，记录孩子们在玩耍时的语言。在活动期间他们说得最多的是什么？为什么你认为会是这样呢？你将怎样去改变活动而鼓励孩子们说得更多呢？

寻找一些适合不同年龄儿童的书，如幼儿园至三年级儿童的书，四至五年级儿童的书。分享你在这些网站上所获取的经验信息，并在这些网站上寻找书籍。

使用数码相机拍一些幼儿教室、学校、学生、工作人员的照片并打印出来贴在学生们能整理并讲出故事的中心点。有学生可以通过写作分享他们的故事，也可以在班级中分享。

给学生们在幼儿教师中配置一次性相机。相机的详细说明发到他们家中："你可以使用它讲述关于你和你的家庭故事的五张照片。"当照片打印出来时，孩子们可以写出或是讲出他们的故事。与班级同学一起讨论这次活动的实效性。下次这样的活动你会怎样将它做得更好呢？

游戏活动

语言活动

名字游戏

孩子们玩名字游戏能帮助培养他们的听觉，语言的敏感度和使用字典的能力。

- 在孩子们的名字中探索出韵律模式。首先可以通过拍手奏出孩子的名字：ste-pha-nie,rich-ard,al-li-son。孩子们也能使用节奏器，如鼓、三脚架敲打出他们对应名字的节奏，还能通过他们名字的节奏采用跳跃、踩步、单足跳、滑动脚步等形式，这些活动都将能协调孩子们的语音节奏感。

- 幼儿的名字也可以用来增进幼儿对口头语言书面语言连接关系的了解，念出幼儿的名字并写在他们的作品或个人用品上。使用孩子们的点名册，就有可能观察到名字异同之处。你可列出每个月的生日名单或为宠物鼠克里斯提娜或安德莉亚命名的名单。其他的列表可能是记录哪些孩子是棕发、黑发或是金发。

户外语言经历

户外游戏的工具材料可用于语言活动中。这些能促进幼儿对商标文字的初步意识。三轮车可以有交通标志（商店购买或教师制作）。工作台上可张贴活动题目来描述制作的方法，宠物箱和昆虫箱也都可张贴照片。另外，种子的包装说明可用来张贴在花园的植物上作为标示，植物的生长图表和天然物品的收集都可以加上说明，安全规则也可以作为图片展示出来。

运用回收材料的语言活动

- 邮购商品广告目录。它与其他普通杂志相比有更多的图片，且文字较少，幼儿拿在手中更舒适。使用色彩、物品、单词首字母发音给它们分类。但首先一定要确保屏幕上没有不适当的图片出现。

- 钱包的故事。旧钱包中装满了各种各样的杂物，如门票、钥匙、清单、化妆品、梳子等等。孩子们检查钱包中的东西并说出物品拥有者。列出他们的想法。根据钱夹中所见到的东西绘出物品所有者可能的样子，并编一个有关这位主人的故事。

- 照片图画书。拿出全年活动照片，让孩子们讲述照片中的故事。将照片和孩子们的故事贴在可自行粘贴的相册中，让它变成读书角永久的一部分。

· 大一点的孩子使用语言艺术活动目录。讨论如何用单词描述材料。例如，柔软的同义词；解释什么是伸缩牛仔裤，或是伸缩的含义。并能重新描述物品。

▶ 球的故事

这是一个集中了语言技能的游戏，同时也是大小发动技能的游戏。孩子们围坐一圈。（这可能需要用胶条贴在地板上围出圆圈。）使用一个大小适中、舒服的球（内尔夫海绵球能在很多折扣商店买到）。故事开头需要一个引子，例如“很久以前有一只青蛙”，之后把球依次传递给孩子。孩子说出故事发展的下一条线索，把球再传递给下一个孩子接着补充故事。活动一直继续，直到每一个孩子都有机会接到递过来的球，并添加自己的想法到故事中。在你的语言艺术项目中增加一些幽默和搞笑的成分，可能这些滑稽的成分能提升语言学习的经验。

因为孩子们在社会技能、语言技能的发展上是处于不同发展水平上的，不要去期望每一个孩子都能给故事增加一句。有的孩子可能只是试图去抓住球然后传递给另一个孩子。有的孩子可能想要给故事增加一个单词、一个短语、部分句子，或者是一些想法。其他的可能愿意去给故事增加一段，这都取决于他们的语言技能和创造力水平如何。

▶ 袋子中的故事

放一些小玩具，毛绒动物玩偶，洋娃娃在袋子里。先在袋子里摸一摸感觉一下，然后再拿出来。你可能开始会说：“从前有一个……（小熊）。它一直开心地往前走，突然，它撞到了……”这个故事的重点是，传递了一个包袱给另一个孩子，让他拿出另一个玩具再继续这个故事。每一个人都有机会拿出玩偶并添加故事，使用你的玩偶去创造一个“幸福快乐的”结尾。

下一次你发现旧货出售点有过时的打字机出售时，将它拿到你的语言艺术区域去。孩子们超爱用手指慢慢地敲打出他们的名字，写出一封信，然后在每页纸上附上他们自己的插图。当然还有那些各种各样的耐用的“智能玩偶”（电池驱动玩偶例如跳跳蛙），它们提供了文字和声音的触觉感知经验。如果你有一台电脑，里面就有十几种程序项目供你选择。给孩子使用的软件在这章节的末尾给出了建议。和其他材料一样，先测试一下软件，确保软件与幼儿相匹配。列出的大多数软件提供的活动有不同层次的难度，能适应幼儿的个人需求。

▶ 多元智能活动

正如我们之前所了解的，所有的孩子们都有不同的学习方式，或是多元智能。当处理幼儿在语言艺术上的工作时，尝试着使用以下的活动来达到这些不同的学习方式。

身体运动智能活动

· 孩子们可以用黏土、绘画工具、沙子，或是面粉进行书写，也可以在打字机或电脑上进行。

· 孩子们可以通过手的摆动和身体的形态来展示字母。

· 孩子们凭自己手中的字母到沙地里去寻找相同的字母。

· 在孩子们课间休息时使用跳绳和童谣中的字母学习。

· 引导孩子们在游戏中使用“西蒙说”的口令，例如“西蒙说在空中写B”。

· 将单词表中的字母分别写在纸上，将第一张字母纸揉成橡皮大小的纸团。之后按顺序将字母纸与纸团揉起来，直到小纸团变成一个大球。孩子们将纸团球来回投掷，但在给同学扔球之前，他要剥开一层纸读出纸上的单词。

音乐智能活动

· 使用简单的诗歌和节奏重复故事。

· 使用节奏简单的诗歌练习字母和阅读。

· 唱歌。

· 使用字母歌。

· 使用绕口令和特殊单词。

图像智能活动

· 孩子使用字母图片。

· 在公告板上使用不同颜色来表示特殊的声音。

· 孩子画“字母图片”去表示字母意思。例如，“高”的字母可以写得很高，“雨”可以画出一串雨水等。

· 让学生画一幅画去表示字母并将字写在图画中。

· 让孩子们一遍又一遍地使用彩虹的颜色练习写单词。让他们用一种颜色写一个单词，边写边把所写的字母轻声念出来。然后，用其他四种颜色每个字母的顶部描边。确保孩子是用相同的颜色书写整个单词。

数字智能活动

· 在广告板上将孩子们的常用单词按 1 至 25 号编号。当孩子们询问如何拼写单词表中的单词时，可以让他们参考海报上的编号。

· 在课堂上使用字母骰子代替他们所用的点。

· 使用带字母的绒布板或是磁铁板。向学生们展示字母的改变怎样形成一个新的单词。（与汉字“只、职、织”变化相似）

· 字母表上的字母数字通过海报来创建，可以展示字母的顺序。

文字智能活动

· 通过写下孩子告诉你的故事来提供语言体验。

· 使用单词卡片。

· 教他们课前阅读的方法——拿着书，翻页，从左至右阅读。

· 使用查询活动。

· 学习单词家族——发音或读音相似的单词。

· 使用跟读法。教师先读，然后让学生们重复所读的内容。

· 写下单词让学生们在纸上练习，再把它们放入空瓶中。用爆米花、色彩明亮的按钮或其他小玩意填满瓶子。拧紧瓶盖，摇晃瓶子。学生必须找到隐藏的单词，读出它们，并把它们从单词表中划掉。

人际智能活动

· 在教室中发起阅读社交项目。

· 让学生轮流阅读字母、单词、句子等等。

· 让学生找搭档合作看或读一本书。

· 让学生教幼儿认识字母表和常见单词。

· 在团体阅读聚会上，让孩子们单独或分组阅读并听取到访客人的意见。

· 让孩子们做剪贴板，让他们在报纸、教室墙壁、学校走廊寻找单词制作自己的剪贴板。这个活动可以单独完成，可以小组完成；可以在活动中心完成，也可以在课桌前完成。在找单词游戏中心孩子们能将单词与他们目前的阅读和写作结合起来。游戏目标不是让孩子记住单词列表，而是让孩子成为更加自信的通读者。

内省智能活动

· 提供一个安静舒适的阅读角。

· 给学生机会去默读。

· 提供学生有兴趣价值的书。

· 在公告板上列出特殊的“书本爱好”清单，学生可以写上他们的“最爱”。

· 让孩子们大声地向毛绒玩具朗读。

· 让孩子们边听磁带，边看故事书。

▶ 字谜游戏

写下你在单词索引卡中的常见单词。让每个孩子选出索引卡中的两个单词，并在字典中寻找单词的含义。孩子们通过轮流表演、绘画等形式来表达他们所了解的单词含义。班上的其他同学通过他们的表演尝试着猜出单词的含义。第一个猜正确的将获得一张索引卡。最后，谁获得的索引卡最多，谁就可以用粉笔／白板笔写出单词，其他同学在自己的日记本上写出单词。

▶ 神秘的话语

与孩子们一起讨论名字。提出特殊问题，请孩子们寻找搭档:“谁的名字中有___字母?”“如果你的名字开头是___，请站起来。”“谁的名字中有两个元音?” 玩这个游戏，孩子们能熟练地知道他们名字和朋友名字中的相似处。

然后提供9厘米×12厘米的纸和白色蜡笔。让孩子们用白色蜡笔将他们特有的签名方式写在白纸上。当他们完成最后一步时，确保他们的名字能显现出来。

提供水彩颜料和笔刷。让孩子们将整个纸都涂满颜色。他们的名字将神奇的出现。

在这次活动后，孩子们很有可能想再绘制一幅神秘的画作。他们可能会为某个特别的人制作一张写有留言的秘密卡片，并告诉他如何去看这条留言。

▶ 诗歌活动

看图辨诗

使用较大的绘画纸写出你所选择的诗歌，并附上图画说明。尝试着在诗歌中用图片替换文字。为幼儿念出这些诗后，让幼儿指出是哪一张图。

赏诗会

选择孩子们感兴趣的主题——动物，四季，气候。请每位小诗人读一首诗，看看孩子们更喜欢哪一首，让他们说说为什么，并画出他们最喜欢的诗歌。

节奏诗

尽管诗本身没有节奏并无影响，但孩子们喜欢创造自己的节奏。让幼儿发挥节奏感来唱与念，唱念的字句可以是没有意义的无厘头诗，甚至可以将这些记录下来。

描绘诗

让孩子自由选择一个主题为诗的诗名。鼓励他们根据自己的感受，告诉你与这个诗名有关的两个单词，例如，猫——毛茸茸，柔软的；西兰花——绿色的，难吃的。

▶ 听力练习

形容声音的故事

通过连续的故事情节，儿童的词汇量及相关技能能够得到提升。同时你也可以邀请其他年龄段的儿童参与进来。你需要先准备一组卡片，卡片上写有故事中的关键词汇，如哭闹、爆炸、嗡鸣、咆哮等。给每个儿童分发一张卡片，分发的同时要照顾到儿童的认知水平。然后，选择一个儿童，让他开始用卡片上的单词讲故事。后面的儿童继续用自己的卡片内容添加故事。例如，第一个儿童可以用这样的故事情节开始:“比尔在照顾小女孩，小女孩开始哭闹了。”下一个儿童可以接着说:“气球爆炸了，小女孩害怕了。”以此类推，所有儿童都进行一次，编成一个完整的故事。你也可以使用其他类型的单词，如动作类、动物类、人物类、玩具类等。另外，你可以发挥创造力将此活动进行延伸，如将故事写下来、编成图册、进行表演等。

那是谁

录下声音，广播和电视是很好的可录资源。也可以录下孩子们所熟悉的人的声音:监护人、校长、其他小朋友或者歌手、新闻播音员、政治人物、喜剧演员、卡通人物、电影明星。听录音回放，孩子们识别出是谁的声音。

铃铛在哪儿

孩子们席地而坐围成一个圆圈，让一名孩子先离开房间。给房间里的其中一个孩子刚好能藏在手中的铃铛。请外面的幼儿进房间。当孩子返回时，房间里所有孩子高举并摇晃小手。当孩子们已经习惯玩这个游戏后，你可以使用一个以上的铃铛。游戏者有三次定位铃铛的机会。

你在听吗

将八个不同的黄油盒填满不同的材料:例如，两个装面粉，两个装按钮，两个装钉子，两个装针。让孩子们通过摇动盒子听声音辨别物品。

这是谁的声音

几个孩子围成一个圈，让蒙着眼的孩子坐在中间。指导孩子们再次重组圆圈，让每个孩子的位置和刚才的不同。之后每个孩子说一个简单的语句，如“我喜欢玩游戏”，蒙着眼睛的孩子就要指出说话的孩子是谁，并向他提出问题（最多三个）让其回答。如果蒙眼的孩子猜正确了，他就可以和这个孩子替换角色；如果蒙眼的孩子三次都猜错了，他就只能继续蒙眼猜了。

变换常见词

让孩子们在图片背面写上单词可以考察他们。使用不同颜色的卡片表示词性（黄色为动词，粉色为形容词），或是用来区分两者的主题（动物类的用绿色表示，运动类的用蓝色表示）。让孩子们一起玩宾格卡片或是词汇图表（如“食物宾格卡片”“家庭词汇表”），通过图片猜测主题。

▶ 各种各样的游戏

绒布板的小秘诀

要做一个绒布板，需要准备一些材料。如一块 41 厘米 ×51 厘米的绒布板，需要准备绒布或羊毛材料。浅蓝色是一个有吸引力和较通用的颜色。洗，烘干，熨绒布。切成板子大小的尺寸，增加一块 5 厘米的边角料。切除对折的边角，用多余的布料包住边角处。

关于板子，使用一块硬纸板，或是能保证图钉不易弯曲的插图纸板。用短纤维织物覆盖在纸板上就成了一块绒布板。或者，你可以买一块 41 厘米 ×51 厘米的海报框，将绒布放在框架里。这样不仅具有吸引力而且还很牢固。

绒布板小提示 绒布板非常适合于语言开发活动。在使用绒布板时可参考以下提示：

- 为了便于收纳，可利用旧的可折叠的游戏板和绒布来制作，这样板子不仅坚固也可以立起来收纳。为喜欢的故事和活动制作一些不同背景的绒布板。
- 如果你有块带轮子的告示板，用订书钉将绒布钉在背面，不仅可当故事板，也可以当隔板间。
- 地毯样品或是户外地毯都可以用来做绒布板。它们在地毯商店都可以找到，而且相对来说比较便宜。
- 制作绒布板时，可在网筛和绒布之间加上一层铁丝网或磁铁来滑动网筛。
- 可以利用纸巾来制作既便宜又简单的绒布板。厚的、白色的、松软的毛巾效果最好。你可以使用油性色彩去装饰图形，那么孩子会很喜欢和它们一起做游戏。
- 保留用过的、烘干机用的衣物防静电柔软纸，将其裁切成小块贴于绒布板的背面。
- 其他的材料，如毛毡、绒布、墙纸、砂纸、连接织物（不熔的）都能用于绒布板定型或是支撑。
- 在毛毡角色的背后贴一块磁铁（磁铁条在大部分的工艺店和零售商店都能见到）。当你在讲故事时，使用一块大的烤板来吸贴这些故事人物。
- 把故事的名字印在每块毛毡的背面，以防毛毡片不小心被弄混了。
- 将毛毡故事片放在拉锁袋中，标记出书或故事的名字，再将故事放在大的零件箱中。

绒布板活动

计数 对于《像猴子在床上跳跃》这种熟悉的童谣，可以剪下简单的猴子图形，用马克笔将眼睛标出来，放一个矩形的彩色毛毡板作为床。让孩子们数出在床上的猴子数量，计算出每次摔落到床下的猴子的数量。

计算和比较数字 唱关于老麦克唐纳的歌曲。用毛毡将他农场里的动物外形轮廓剪出来，将每种动物用歌曲唱出来。在每行诗结束时计算诗中所有动物的数量，要注意统计的数量一定要超过上次的统计数。你可能统计的不止一种动物，可以是两只猫、四只牛和三头猪。那你就不得不调整歌曲的诗句了："老麦克唐纳有四只牛，E-I-E-I-O。"孩子们能通过计算牛的数量，再计算猪的数量来锻炼他们的比较能力。之后再讨论哪一组统计多了，哪一组统计少了。

形状 将各种形状剪切成不同尺寸大小，并使用不同颜色的毛毡。以此来帮助孩子们学习圆形、方形、三角形、椭圆形、六边形、菱形和梯形。将这些形状放在绒布板上，让孩子们在探索中心期间能探索它们。他们学到了哪些形状能组合在一起，两个三角形可以组合成为菱形，一个三角形和一个圆形可以组成一支冰淇淋的形状。鼓励孩子们通过颜色、大小、形状去整理归类。

磁带 给孩子们都读过的故事录音，但是要出现一些错误，改变故事中的一些句子。让孩子们听磁带挑出错误。

我能读图片 在图片中收集信息是一种有效的技巧，让幼儿看书中的图片，他们能否不看书面文字而知道图片要传达的信息？文字和图片的意义是否相符？幼儿能否依图片说出不同的故事？

本章回顾

1. 描述儿童如何发展语言技能。解释语言发展过程。

2. 明确并讨论给幼儿阅读的引导方式。

3. 为什么一些孩子说话比其他孩子简单呢？为什么一些孩子的聆听能力要比说话的能力强？

4. 为什么在日常生活中，成年人要以幼儿的理解水平进行交流？

5. 为幼儿选择书本时，需要考虑哪些问题？为什么要考虑这些？

6. 什么是读写萌发？ 教师怎样鼓励帮助？

7. 为什么在早期儿童课程中不适合开展阅读和写作课程？替代这两个内容的课程是什么？

8. 教师如何帮助双语言/双文化背景的幼儿发展读写能力？

参考文献

Burg, B. (2002). *Outside the lines: Poetry at play*. New York: Putnam.

Coley, R. J. (2001). *Differences in the gender gap: Comparisons across racial/ethnic groups in education and work*. Princeton,NJ: Educational Testing Service.

Davies, J., & Brember, I. (1999). Boys outperforming girls: An 8-year cross-sectional study of attainment and self-esteem in year 6. *Educational Psychology*, 19(1), 5-13.

Derman-Sparles, L., & ABC Task Force. (1989). *Anti-bias curriculum: Tools for empowering young children*. Washington, DC:NAEYC.

Duke, N. K. (2003, March). Reading to learn from the very beginning:

Information Books in Early Education. *Young Children*,14–20.

Elster, C. (1994, March). I guess they do listen: Young children's emergent readings after adult read–alouds. *Young Children*,27–31.

Entwisle, D. R., Alexander, K. L., & Olson, L. S. (1997). *Children, schools and inequality*. Boulder, CO: Westview.

Holdaway, D. (1979). The foundations of literacy. Auckland, New Zealand: Ashton Scholastic.

Janeczko, P. (2001). A poke in the I: A collection of concrete poems. New York: Candlewick.

Phillips, L. M., Norris, S. P., Osmond, W. C., & Maynard, A. M. (2002). Relative reading achievement: A longitudinal study of 187 children from first through sixth grades. *Journal of Educational Psychology*, 94(1), 3–13.

Ready, D. D., LoGerfo, L. F., Burkam, D. T., & Lee, V. E. (2006). Explaining girls' advantage in kindergarten literacy learning:Do classroom behaviors make a difference? *The Elementary School Journal*, 106 (1), 21–38.

Rhoten, L., & Lane, M. (2001, January). More than the ABC's: The new alphabet books. *Young Children*, 41–45.

Sulzby, E. (1985). Emergent reading of favorite storybooks: A developmental study. *Reading Research Quarterly*, 20 (4),458–481.

第十九章

创造性科学

教学目标

学完本章，你应该能够：

1. 了解科学对青少年发展的重要性。
2. 说出并讨论科学活动的三种类型。
3. 讨论环境教育和其在幼儿课程中的地位。
4. 讨论探索中心和幼教课程的重要性。

当我们要了解创造性活动时，不可能跳过科学领域。因为真正的科学就是一项最高领域的创造性活动。

班上有 20 名小朋友，每人有一个小盒子——用色彩鲜亮的包装纸包好的，并用一根长丝带装饰盒子。每个盒子里都有一些东西。每个孩子都试图不拆开丝带和包装纸，就发现盒子里的东西。一些孩子不停地摇晃他们的盒子；一些孩子把盒子放在他们的耳边仔细地去听；有些则是捏一捏，压一压盒子。他们显然很感兴趣盒子里到底有些什么。

这是一个游戏？可能看起来像，但实际上不是。这只是让孩子们运用创造发现的形式之一。从许多层面来看，它也是科学家进行创造发现的方式。这个小盒子就像是孩子们生活的世界，孩子们通过摇晃它、闻它、推挤它、仔细观察它来研究他们自己的“小世界”。每个孩子都能有所发现，但并非是全部。孩子们研究盒子后可能会猜测正确，但他们不能打开盒子来确认。有些事有助于孩子们的探索发现，但有些事情是不能的。科学家们也同样面临此问题。他们研究这个世界，可以发现一些问题，但有些事情同样只能靠猜测。

科学与幼儿

对年幼的孩子，科学能让他们尝试着去了解世界。年幼的孩子是天生的科学家，他们观察人、动物以及在他们环境中的物体，进行实验并报告他们的发现。

早期童年时期包含的科学可能比你最初认为的要更加广泛。尝试避免只从“做”科学的活动角度思考科学，例如栽种植物，或是到大自然散步。

相反，认识科学是总课程正在进行的一部分，将其融入日常活动和工作中。当克莱尔惊叹为什么软木能漂浮而硬币会下沉时；当马克提出冰为什么会融化的问题时；当史考特观察到他跑步能听到自己的心跳时；当蜜雪儿惊奇于为什么她用水在人行道上画的画会消失时，科学教育也就自然而然地发生了。

有两件事是孩子和科学家都在进行的事情。他们通过研究（仔细研究他们周围的世界）去发现知识（发现问题或问题的答案）。研究和发现知识是科学组成中不可分割的两个方面或部分。

科学的重要性

在很多方面，科学对于年幼的孩子是很重要的。首先，孩子们在探索世界时是积极参与的，他们通过行动去学习——孩子们学习的最有效方法。人们发现，调查的过程远比从调查中获取的知识更重要，年幼的孩子需要的是行动而不是事实结果。这并不意味着年幼的孩子不需要理解世界，它仅仅意味着，学习怎样去发现答案比他们自己的答案更重要。不管怎样，探索和知识是一个组合，他们不能被完全拆分开来。

其次，科学活动帮助年幼的孩子在他们的感觉中开发技能。使用这些技巧并不局限于科学，这些技能贯穿于人们生活中的每一天。教育者通过转换的知识术语去描述知识和技能，再通过获取的这些知识和技能运用于一个领域或更多领域。科学技能尤为重要，因为它们都是可以高度转换的。观察、感觉、品尝是不局限于科学中的，它们代表了我们教学的基本技巧。

最后，科学提供给孩子另一个机会去锻炼他们的创造能力。科学也允许年幼的孩子有机会去实验构想，在一个开放的环境中自由地探索而不用担心犯错误。

科学活动的类型

年幼的孩子有三种科学活动的类型：正式科学、非正式科学与偶然性科学。

正式科学

正式科学是指有计划性地通过教师去开发部分特定的技能。正式科学能促进小肌肉的发展，例如使用工具倒水和测量。老师会计划一个具体的项目，如将漏斗接在塑料管末端，这个项目包含了一个特定的目标——发展小肌肉。还有许多具体的学习经验提供特定的发展目标。

非正式科学

不同于正式科学，在非正式科学活动中，老师很少参与。孩子们自己做自己的，仅以自己喜欢的方式进行。他们选择的是自己感兴趣的活动形式。因此他们在一个工作活动中能花费尽可能多的时间。唯有在这种开放的情境中，才利于孩子们创造性潜力的发展。

大部分非正式科学活动都发生在探索（科学）中心。在探索中心孩子们能参与各种非正式科学活动，能以活动激发好奇心，是探索并解决问题的场所。孩子们在积极探索中发展了很多技能和观念，例如进行沙子、水、磁铁和其他日常生活事物的活动。（在随后的章节中会对探索中心有更加具体的探讨。）

偶然性科学

偶然性科学不能事先计划 它有时一周甚至一个月也不会发生。那到底什么是偶然性科学呢?

一个城市或者小镇被猛烈的暴风雨袭击了，树的枝干被击垮，整棵树连根拔起。接连不断的大雨将街道淹没，孩子们被巨大的雷鸣声和闪电惊吓到，直至暴风雨过去。

这是一个偶然性科学探索的机会吗? 当然是的。这给那些有兴趣了解更多知识的孩子们提供了大好机会。他们可以研究树根，观察年轮，探索树皮，甚至能观察街道被淹没后雨水是如何进入排水沟的。有的人可能想要讨论看到电闪雷鸣时的感受，有的人可能想通过绘画描画出这样的体验。

老师不可能在事前计划这样的课程。但是一个好老师可以利用这样的机会让孩子们探索和找寻问题的答案，使孩子们更具有好奇心和创造力。

国家科学教育标准 1996 年（美国）科学研究院颁布的《国家科学教育标准》文件中明确了从幼儿园到高级中学不同年龄阶段的科学教育标准，这些标准都和美国幼教协会的适合发展的实践相互呼应。它们强调孩子学习科学最好的方式是通过亲自动手、参加有意义和相关联的活动。

成百上千的人们参与到国家科学教育标准的制定中来，包括老师、父母、学校行政主管、课程研发人员、高校教师和负责人、科学家、工程师和公务员。这些标准包括了从幼儿园到十二年级每个年级需要知道、理解和能去做的学习大纲。

此标准没有设置特定的课程。相反，他们提供了一个学生从幼儿园到十二年级应该需要的科学经验大纲。它们促进动态地理解科学原则，这些原则都是公开进行审查和修订的。由于此课程目标的内容包含范围既深且广，本文不再列出全文，仅提供某些具体活动及它们是如何达到国家科学教育标准的。

艺术与科学

美学与科学

众所周知，拥有审美意识意味着能敏感地感知自然与艺术中的美。这种敏感不是通过谈论美来培养的，而是通过在各种各样的形式体验中获取的，例如白雪覆盖在常青树上的景象，春雨过后地面上散发的味道，天空中小鸟歌唱的声音，触摸小猫柔顺的皮毛或者树旁青苔的感觉。我们很容易忽视幼儿对鹅卵石或松果的惊奇。

自然世界是培养幼儿审美感知的特别适合的途径。早冬的降雪可能让孩子们留下对雪的初次记忆。对于三岁的幼儿而言，天空中的彩虹可能是人生的初次体验，蝴蝶在花丛中飞来飞去也许是一次前所未见的视觉盛宴。

美不仅存在于看得见的事物中，也存在于可以触摸、感受、聆听的事物中，因为自然界充满了各种景象、声音和质地，它能提供一些令人难以置信和现实可利用的资源，对于年幼的孩子来说这些资源是可以用来培养他们审美发展的。

科学与美术材料 / 美术活动

孩子们运用美术材料进行科学的观察和记录，例如，水能稀释颜料，蜡笔如果离热源的地方特别近就会变软。伊芙琳看着她湿湿的，还在滴水的画说:“我真希望我有风能吹干它。”德鲁发现他放在窗台边的泥塑一个晚上就变得又干又硬了。

运用美术用品来进行实验可以发现许多的因果关系。孩子们注意到混合颜料时色彩会改变，海绵能把水分吸光。相反，他们也发现其他的材料如塑料是不吸水的。在这些材料的运用当中，孩子们观察到液体和固体之间的不同，也会发现蜡笔和油纸是不防水的。当孩子们用粉彩混色时，知道了有些材料是能溶于水的。通过使用一些工具，如剪刀和锤子，将有助于孩子理解简单器材的操作。发展科学概念的潜能是在美术用品和发现应用过程中而来的。

动物连接科学与艺术 当计划进行艺术活动鼓励孩子进行科学探索时，年幼的孩子对自然单纯的喜爱是一种不错的开始方式。孩子对动物是十分好奇的，研究动物和他们所生活的环境是国家科学标准中始终坚持倡导的。而且，动物给孩子们提供了很多的科学经验：它们更好地激发了孩子们的艺术探索。年幼的孩子在通过接触、观察、闻嗅动物后，可运用美术用品来创作与动物相关的作品。孩子对学校或家中宠物的附加情感，将会激发他们创作视觉图像的积极性。教师可为孩子们提供美术用品，让孩子们参与讨论动物的话题、讲故事、展示动物照片和动物的歌曲等方式来让孩子有机会学习与动物相关的知识。

有时在去了农场和动物园后，孩子们可以将他们对动物的想法进行视觉创作。在一次班级动物园旅行后，四岁的安德在参观完动物园返回学校后，立即画了一头大象。“快看！这头大象太有趣了，两端都有一只尾巴。”他大声说道。老师了解他的问题后，向他澄清了象鼻与尾巴之间的差异。这个例子说明了艺术以传播媒介的形式直接明了地帮助孩子们去表达他们的理解。同时，孩子们的这种艺术反应，也让老师可以设计进一步的学习活动。

孩子可以自主学习有关动物的相关知识，和参与老师引导的美术活动。有一天，幼儿园的小朋友们都在室外活动，安德姆发现了一只蚱蜢在草地里。“我们能养它吗？”他请求道。老师问了一些问题并提供材料来让孩子想出养蚱蜢的最好方式，孩子们决定放些潮湿的泥土和草在干净的塑料杯中。安德姆决定要覆盖一张纸当杯罩，并用橡皮筋固定住。“我会弄几个气孔让空气进去”，他回答了老师提出的问题。

虽然昆虫一天后就被放生了，但这也让孩子们有大量的时间观察它。老师建议他们使用放大镜去观察它，同时还通过提问的形式引导他们观察，“这只蚱蜢是怎么看东西的？”“它的眼睛和我们的有什么不同？”“它的哪只腿帮助了它跳跃？”“它与我们有什么不同？”。第二天详细的蚱蜢图绘制好后，这些问题促使他们更好地观察。安德姆是研究昆虫最专注的人，他绘画出了昆虫五种不同的呈现方式。以下是动物概念的美术活动的一些形式：

- 鼓励年龄大的孩子以自己的宠物为模特，使用绘画去表现它的特点。
- 让孩子找出住在不同地方、用不同移动方式，或是有不同保护壳的动物的照片。
- 让孩子们将所画的动物或剪下的动物图片贴在小册子、壁画、拼图玩具或是玩偶上。
- 提供各种各样的盒子、托盘或是一些可用来制作动物园笼子或农场环境的物品，以供孩子们放置他们自己做的动物玩具或是模型。
- 提供不同形状的毛料、纱布等小碎布与斑点、条纹状的纸张，让孩子配合一些附属品去做成真实的或想象的动物。
- 利用箱子、硬纸圆筒和其他一些素材让孩子创作真实的或是想象的生物。
- 让孩子在泡沫托盘上面画出动物的形体。帮年幼的孩子沿着所画的线条穿洞，大一点的孩子就可以让他们自行动手。
- 将孩子的动物画转移在粗麻布或毛料上，剪下两个一模一样的形状加以缝合，并在里头装进豆子、种子或是塞进碎料，可以用作丢掷的玩具。

本章节所提供的一些构想可作为正式和非正式科学活动的基础。当然，这些只是一个起点，老师可针对自己班上的孩子策划出更多适合他们参加的活动。

探索中心/科学中心

探索中心应该有很多能让孩子去“做”的

东西，而不是只能观看的角落。大部分老师会安排一些有沙子和水的桌子放在探索中心，提供各种各样的材料——大米、豆子、燕麦、木屑、泥浆——给孩子们去探索、测量、倾倒。沙子和水的活动通常是非正式和开放式的活动，也就是说孩子们能自由探索和操作这些材料，不需要有明确或是特定的目的去参与活动。

另外一种活动类型是烹饪。在探索中心，孩子们尽量在老师很少的帮助下准备好食谱，有许多简单的食谱是不需要烹饪的，如果要使用加热设备，教师必须在旁边指导和协助他们。

探索中心还有许多的室内盆栽和饲养的动物提供给孩子们去观察。另外还可以去养护它们，记录它们的信息，例如沙鼠每天的进食量，植物每天的浇水量，植物的生长情况。

“请摸摸它！”是有趣且持续改变的科学中心的邀请。许多热爱科学探索的孩子会从家里带东西去学校，大部分教师都会利用那些备受欢迎的自然发现物。也许最初吸引他们的课程是支撑在小树枝上的一个鸟窝，一些特殊的岩石，一条正在蜕皮的蛇。假如忘了经常改变展示品，那么旧的东西将会失去其含义，因为脏兮兮的鸟窝或蛇皮不具有吸引力，所以最好经常更新熟悉的物体。科学展示品和现场活动相连接的最容易的方式，是试着摆出在科学中心活动所使用的教具。

发现之旅

保持对科学发现区域的新奇和兴奋状态的一个最简单的方法是：计划一次自然发现之旅，并把它当成你常规课程的一部分。幼儿对搜集东西有一种强大的欲望，发现之旅能成为获取难忘科学经验的一个跳板。

给孩子们购物袋，带他们去附近的操场或人行道上来个小型的户外教学。要求他们收集他们自己感兴趣的东西放入袋子里（当然，要确保自己的安全）。你将会惊奇于孩子们收集的东西，有瓶盖、叶子，甚至还有特殊的硬币。

整理和呈现 让孩子们将他们收集的物品放入一个塑料文件夹中或是一个盘子里，开始整理、比较、分类、排序。手里拿着纸和标签，这样能更好地找到和标注他们收集的物品。如果你有一台电脑，使用一个程序，例如儿童思维导图（Kidspiration），能使这些物品呈现出更好的水平，使用这个程序丰富的、贴好标签的库存资源去应用于每个课程。这个程序使收集的物品进入整体中，通过其性质进行分类，例如能漂浮 / 下沉，是纸张 / 不是纸，等等。

更仔细地观察 放大镜有助于孩子们检测他们的发现物。孩子们能通过线、纹理，色彩或是其他的艺术元素整理他们的收集物。你可以在收集物背面贴磁铁条，在磁力板中将其进行分类（大 / 小、光滑 / 粗糙、有光泽 / 暗淡的等等）。

在探索中心展示物品 当一个孩子从家里带来一些收集的物品，请提供一个特别的地方进行一个临时的展览。对于这些班级收集的物品，你可以用透明的塑料盒来储存这些物品，这样可以让展示物在孩子间轻易地轮流循环。

当探索中心有受欢迎的物品时，如棱镜或磁铁，最好手边有备份或运用登记系统。两到四个孩子坐在地板上，探索放在小地垫上的收集物品，抑或是安排四个孩子环绕桌子而坐。

如果你有数码相机，抓拍每个孩子的收集物照片，并将每个收集物单张放大打印出来。在照片后面，用简单概括的词语描述对收集物的发现。例如，可以写“我发现一个物品是圆的，而且上面有线条”。这能让孩子进行调查并进一步观察。

你还能使用有意思的收藏物当成特殊场合桌子中的装饰物。如果你有一台摄像机，可以用摄像机记录下孩子们怎样收集和调查程序，将这些影像分享给他们的父母。

探索中心的设置

尝试着给探索中心在一个区域内定位，探

读一读 简易科学鞋盒

鞋盒里的一些简单的东西，可能就是在科学课上要激起学生感兴趣的事物。不像你所知道的学校所提供的那种商业化科学教材，这是一种不需要花费太多的形式，可以让你的学生自己参与组织。

收集一些大小、形状相似的鞋盒或者耐用的瓦楞纸盒。每个盒子都能补充科学课程的特殊部分，也能适应不同能力水平的需要。

每个现成的工具盒都将创造出个性化经验，也应该包含了每次活动所需的一套材料和说明。它还应该与当前的研究、审查的主题相联系，让孩子们巩固最近研究主题的学习。学生们应该能从附近的架子上就取回盒子，返回座位上，在老师很少的帮助下去完成他们的活动。

一个典型的科学工具盒应包含下列事项：

· 活动目标说明。

· 一份材料清单。

· 一份指导孩子完成分配任务的清单。

· 附上说明的材料和工作表（如果需要）。

· 活动完成后孩子们需要回答的问题。

以下示例的科学工具适用于一至五年级。你可以根据自己学生的情况去使用这些材料和说明。

工具标题：风能吹倒。

知识目标：学生将为我们证明空气是如何工作的。

材料：空气、气球（大）、吸管、橡皮筋。

步骤：

1. 将空瓶放在桌上，尝试去吹倒它。
2. 将气球的一端连上吸管并用橡皮筋固定。
3. 将气球中的空气抽空。
4. 用吸管吹。

你有什么想法？哪种方法更容易呢？问问你的学生并列出空气是怎样为我们工作的。

索中心需要符合两方面的要求：便于吸引儿童且能控制干扰。不同的地方适合于不同活动的开展需求。科学发现在今天是非常受欢迎的项目，有可能就发生在毛毯覆盖的桌子下面。将科学活动的空间、教具与时间细心地安排规划能使幼儿工作既安全、独立又成功。

在幼儿园、学前班和小学教室中，科学活动可以设置成让小朋友独立完成的。印刷活动说明书，能引导学生阅读。播放指导录音能减少小团体学习活动中所需的直接监督。

幼儿的探索中心

虽然这篇文章中呈现的活动主要是给三岁以上的儿童准备的，但许多也能适合于更小的儿童。两岁的孩子喜欢简单的感官探索，如摇动纸扇，吹动纸风车，或是在微风吹拂长飘带时让他们感受空气的流动。他们能感觉岩石的纹理和重量，触摸冰块并观察它融化成水，观察金鱼并模仿它游动的样子。可以去品尝未加工的水果和蔬菜，听响亮而柔和的声音，或者在有亮光的地方注视透明的水面用新视角看他周围的环境。

三岁的孩子可能会期望参与类似的活动，更深入地关注事情。他们能更直接地注意到一些事情，例如用放大镜探测不同的物品。这个群体能在开始阶段进行分类：将石头从一堆非石头的物品中分出来；将可以漂浮的和会沉下去的分开；将能被磁铁吸住的和不能被吸住的区分开。

在正式科学活动中，年幼的孩子需要容易

区分的材料和清楚明确的步骤。例如，提供给孩子种植的种子要大到能清楚看见。当然，深色生菜种子在一堆泥土中是很难区分的，孩子可能也不确定他在种植后实际做了什么。一个大的白豆或南瓜种子在土地里是很明显的，是一个更好的选择。

年幼的孩子很容易在他们观察思考时被所看到的东西给转移注意力。为了让他们保持科学经验的客观性，避免使用无关的、易让人分心的教具。例如，如果是测量杯子的大小，最好使用相同颜色和形状的杯子以帮助孩子们主要关注杯子的尺寸。年幼的孩子也会在探索材料时手口并用，不可食用的教具尽量别太小，以免被他们吞咽。像花生和爆米花是不能给幼儿吃的，因为他们太小还不能去咀嚼这类食物。在年幼的孩子参与这些活动时，成年人最好能在旁边指导。

考虑周全的提问、仔细聆听孩子的回应以及老师的评论都是探索中心中正式的科学活动。开放式的问题，例如，“当你……会发生什么？”帮助孩子们集中他们的注意力。“为什么你支持……？”允许孩子们分享他们的理由。我们当中很多人使用的开始形式是用问题的形式陈述孩子的答案。我们可能说：“因此雪融化到杯子里就是很少的一些水了，对吗？这不是你发现的吗？”这种形式的提问会减少孩子们自己发现答案的过程，或者告诉他们老师说的就是他们发现的。

探索中心里能找到美国国家科学教育标准所包含的许多项目，其中最重要的在于让孩子学习创造性思考和问题解决的技能。

环境教育

生态学家对我们何时会耗尽自然生态资源和污染地球到无法居住的时间点纷纷提出看法。有些人担心这些危害已经是无法挽回了，有些则认为只要人类的态度和行为有所改变的话还是会有机会的。对于成年人，这些改变意味着发现新的观念。对于小孩，这意味着成长过程中伴随着对环境的理解，以及希望珍惜和保护在这个星球上生活的必不可少的东西。如果想让孩子成长在一个适合人类生存的世界里，必须要保护好环境。孩子们从年幼时即认识自然界，当然，自然不是孩子环境的唯一部分。家庭、学校、街道都是儿童环境的一部分。事实上，一切有助于儿童的经验——好的或坏的——都是他们环境的一部分。孩子能从环境中有创意地学习吗？孩子能学习去改善环境吗？幼儿能学习生态学吗？这些问题的答案是“可以”。而且，学习这些事物都必须从小开始。

环境对孩子的成长有最深远的影响。他们需要一个充满爱的环境；他们需要环境给他们提供基本的生存需求：水、食物、干净的空气；孩子们需要一个能安全健康成长，能了解和控制的环境。

换句话说，孩子们需要去了解他们的环境，因为他们的生存依靠着环境。这种学习可以以一种颇具创造力的方式完成。活动能帮助孩子理解他们的环境，同时也能帮助他们成为更有创造力的人。

环境的类型

依据本章节的目标，环境这一概念主要涉及两方面：孩子们在周围能接触到的人为的和天然的环境。在环境中，街道、房屋和学校是人造部分，树、草、鸟属于自然部分；街灯、汽车和建筑是人造部分，动物、白云、积雪是自然部分。噪声、光亮、气味可能是自然部分，也可能是人造部分。

在孩子们生活的周边有很多种环境。家就是其中的一部分，它可能是孩子生活中愉快的部分，也可能是不愉快的部分。学校是影响孩子生活的另一个环境，它可能是孩子们一段快乐经历的地方也可能是不愉快的地方。附近的环境可能是友好和安全的，也可能是敌对和危险的。当然还是有很多人是孩子们环境中的一部分：父母、邻居、食品店老板、警察、老师和医生。社会的组成成员可让孩子对生活感觉良好，也可让孩子觉得很不快乐。

在这些环境中，有自然景观，也有自然现象：草、树、花；雨、风、地震；猫、老鼠和甲虫。所有的这些都是孩子们生活环境中的一部分。自然界和人互相影响。自然界影响着人类的行为，人类也影响着自然界的运行。

生态学

生态学是对环境中所有元素的研究，包含生物和非生物，以及这些元素的相互关系。这个词来自两个希腊单词：ecos 意为“居住的地方”或“家”，而 ology 意为“学习的”。

假如我们停下来思考我们与幼儿相关联的工作内涵，我们可能会频繁地接触到关于生态的主题。例如，我们注意到了气候的变化，我们讨论这种变化对植物、鸟类、野兽还有我们自己的影响。当我们播种、孵化鸡蛋，或是照顾宠物时，我们注意到它们的生长/成长必须要有水、光、温度和养分。我们喜欢去观察和检验许多的生物，但是如果我们将一只昆虫从它的“家”移动出来，并在实验观察结束后将它安然无恙地放回原处。这样，孩子们学会了所有生命都是珍贵的，没有哪种生物比其他生物更加珍贵 。

从事幼儿教育的我们对于资源回收和标识也是非常熟练的了，将切割遗留的小块纸片粘贴在盒子上而不是将其扔入废纸篓。大大小小的空盒子可以用来建构。利用复印纸的空白面绘画。旧报纸可以用来进行艺术创作。对于扔东西我们应该要三思而后行，鼓励孩子们和他们的父母养成环保的好习惯。

在我们的例子中，我们可以教其他更加健康环保的生活方式。例如，用持久耐用的碟子装食物而不使用一次性碟子就是一个健康环保的实例。吃完零食或用餐后所余下的这些瓶瓶罐罐，我们可以压扁清洁后放入回收中心。使用个人手帕代替纸巾是另一个好的生活环保实践。鼓励父母参与回收，你可以考虑在你们学校建立一个回收区，创建一个与家长合作的项目。

若要真正掌握生态学的概念，幼儿需要有机会去观察这个过程的全貌而不仅仅是一部分或是成品。当你在解释自然资源的保护时要让孩子了解全部的过程。如描述节约用纸可从在森林砍伐树木开始，而这些纸张是我们天天要使用的，以此来让孩子们理解为什么他们洗手后仅仅使用一张纸巾去擦干手。

将生态主题融入儿童早期课程中是美国国家科学教育标准所支持的，它特别陈述了孩子应了解“资源类型”和“环境变化”。

这些早期的生态学经验将提供给学生们最终的理解以及重视他们自己在保护环境中所参与的部分。

学校的环境活动

孩子学会关心环境要从与他最贴近的环境开始，也就是指家、学校、游戏场和公园。在儿童早期，老师能用日常经历去告诉孩子们关心环境的重要性。

开始

让儿童去户外接触和经历自然是学习生态学和环境的起点。可怕的是，访问过很多的幼儿园后会发现：在室内的活动时间和空间是要优于室外的，许多项目仅仅分配很短的时间用于消耗精力和发展肌肉。而在小学阶段，孩子们仍然是要优先满足其他科目的学习和时间要求，去户外学习将变得更难。

只要有一个好的天气，增加户外学习经验的工作到日常生活中是没有困难的。音乐、运动和美术都可以以崭新的面貌在户外进行；户外通常有足够的空间，可用大石块、箱子、轮胎和木板修造建筑物；点心和午餐时间可以变成野餐。最重要的是，户外提供了一个自然的环境给戏剧表演，连同道具都包含。中高年级的学生都非常喜欢在户外进行阅读和主题探索。小型阅读组、项目组和其他学术活动经常在户外进行也是很有效果的。想一想，作为学生是多么喜欢在天气晴朗时到户外阅读！

即使户外空间是一个混凝土覆盖的广场，儿童的体验都会比在室内更加自然。他们会知道太阳的温暖，风的力量，阴影下的清凉；他们会发现植物在裂缝中萌芽，昆虫是能爬行或飞行的；他们会经历各种天气的变换。

当然，环境越自然越好。杂乱的空间比柏油路或草坪更能让人产生调查的兴趣。在许多地方，因为割草机无法清除干净，所以成为可以探索最多的位置。

在美国国家科学教育标准中地理和科学的部分提到，最重要的是培养所有学生理解地球的属性，幼儿天生看到周围的一切都会很感兴趣——土壤、岩石、溪流、雨、雪、云、彩虹等。在入学第一年，应该鼓励幼儿观察周围环境中的物体和材料，注意它们的属性，区分它们，并且解释为什么事物会变成这个模样。

教师的角色

要融入大自然，你需要有好奇心、探索的乐趣，亲自发现自然奇观的渴望。幼儿天生就具备这一些。分享对事物的热情引起孩子的好奇心，激发孩子的求知欲是老师最重要的任务。最好的方式就是走出去、停下来、蹲下去看看是什么东西吸引孩子的注意力。只要将焦点停留在孩子的专注处，或许只需伴随惊喜的表达——“看起来太漂亮了”或“好棒，你找到了神奇的东西”——这样就能鼓励他们更好地探索，也促进了教师与儿童的交流。当我们与小孩分享我们自己的想法和感受时，能鼓励孩子去开发他自己的感受与感知洞察力。在初中和高中，当孩子们越来越熟悉这个世界，老师可引导他们去观察变化，例如月亮的周期变化，预测生长和衰减趋势，天气的变化，等等。

艺术与生态学

美术、音乐、舞蹈、运动、讲故事等都可以给孩子们提供机会去表达他们的兴趣及其在环境教育中的收获与发现。

将画板画架放置在户外也许能激发孩子们去画树或是表达他们对树的感受。户外的立体雕塑可以鼓励孩子们以自己的观感创作出与户外游戏空间有关的物体，使用云的各种类型去激发雕塑创作，例如层云、积云等等。在运动活动中，孩子们可以在操场上观察到毛毛虫是如何摆动身体的。在音乐活动中，孩子可以运用乐器或以自己的声音模仿鸟或是蟋蟀的叫声；他们也能通过舞蹈表现出鸟儿、花儿、兽类唤醒春日暖阳的故事。儿童读物也能进一步扩大孩子们理解与珍惜地球。幼儿的科学书籍也符合美国国家科学教育标准的描述：“最重要的是让学生们知道如何从书中获取信息。”

读一读 沙子：一种充满科学可能的材料

沙子是一种充满创造性和审美潜能的材料，当然还具备科学机遇。孩子们特别喜爱在沙床上和沙滩上玩。沙子也是其他许多知识经验的媒介。

例如，让孩子们提出关于沙子的问题。

- 沙子是什么？（沙子是岩石的碎片。）

· 沙子是怎样形成的？（当岩石经过风吹雨打，经过冷热交替的气候洗礼，它就开始破裂，脱落成小块岩石。小块岩石经过风雨的冲击将会变得更小，最后就是现在我们所见的沙子。）

· 在哪里能发现沙子？（暴露在外的任何有岩石的地方你都能发现沙子。沙滩是发现沙子的最好地方。那里的海水击打着岩石，来回反复摩擦着它们；风吹打着石块，让它们变得越来越小，越来越光滑。干河床也是发现沙子的好地方。你知道有哪些大沙漠其实是干了的大河床吗？）

· 为什么沙子好？（一些植物，像仙人掌和西瓜，它们只需要在沙子里生长。你的房子有部分是沙子组成的：将沙子、水泥和水混合在一起成为砂浆，利用砂浆的黏性可使砖块与砖块变得牢固。如果沙子、水泥和水倾倒在一个大的空间里，你就得到了混凝土。地板、人行道、桥和街道都是由混凝土制成的。你家里和学校的窗户也是由沙子制成的——使沙子熔化成玻璃。沙子也能用于保持水的纯净，能制成砂纸，变成沙箱，这就是沙子很好的原因。）

现在，尝试着在室内进行一些有意思的沙子活动：

被过滤的沙子 让孩子们使用一些不同大小型号的钢丝筛子筛沙子。首先用粗网格的筛子筛出沙子，再依次使用其他规格的筛子。让他们使用放大镜去认真研究沙子的颗粒。（为什么一些沙子的边缘是粗糙的？为什么其他的是光滑的呢？边缘参差不齐的沙子与光滑的沙子相比，哪个是来自更加坚固的岩石的？）

沙漏（滴沙） 将水和沙子调成黏稠状态装满一个大大的咖啡罐。让孩子们体验这个过程，把果汁从高处滴下，再从低处滴下，同时可以尝试着调制不同浓稠度的混合物。沙子能创造出高山、城堡、石笋等，在高边的盒子上进行这些创作能保持地面的干净。

摇晃沙子 将一大勺混合沙砾装入盛了水的大广口瓶中，拧紧盖子。让孩子摇晃它。然后将广口瓶放在桌上让每个人都能看到它的变化。提问：“为什么最大的砂块最先落入瓶底？”（因为它们是最重的，所以它们最快落入瓶底。）“为什么有些沙子漂浮在水面上？”（它们可能粘有一些小小的木屑、植物或没有气孔的沙石。）注意水是怎样变干净的，最后沙子会根据大小自我整理分类：最重的最先沉淀下去，接下来是细沙，最后落下的是之前漂浮着的细沙。

沙子分类 获取一些带有黑色谷粒的沙子。将沙子平铺在桌子的大纸上。让孩子们拿着磁石在沙子上来回摆弄，被磁铁吸住的黑色沙粒是黑氧化铁，我们称其为磁铁矿。

现在将所有的磁铁矿放在一张轻纸板上。告诉孩子们，他们可以移动黑沙而不用手去接触或吹散它们。他们能猜出怎样做吗？用磁铁面接近纸板底部去移动它们，黑沙会跟随着磁铁移动，让孩子们试一试。最后，将磁铁矿撒在纸上，仔细看磁铁的两端如何相互吸引，以便在纸上呈现出磁铁的概况。

沙画 筛选干净的白色沙粒，把它们分别装进小碗中。在每个小碗中装入以下清单所列的不同材料：干芥末、辣椒粉、蓝色清洁剂、速溶咖啡粉。你也可以在你的橱柜中发现其他的颜色替代物。在每个碗中添加水和一些白胶，孩子们就可以做沙画了。

沙版画 在有纹理的树叶或蕨类植物上涂上厚厚的白色乳胶，然后将树叶按压在彩色纸上，重复进行。在彩纸的白胶上撒上白沙，沙子将会呈现出叶子形状。

以上都是如何在儿童早期教育中整合环境教育和生态教育的一些基本方法。以下是一些与环境相关的具体活动：

· 当有人在教室里将玩具或是设备弄坏时，利用这个机会告诉孩子们这样做的后果——这些玩具或设备在修复之前是不能提供给孩子们使用的；如果修理不好，就再也使用不了了。再让孩子们讨论如何去防止这种事情的发生。

· 帮助孩子们使用材料（或示范）——颜料、纸、油画棒等等，收集丢弃的材料，保存未使用完的颜料，完成一幅之前未完成的画作，捡起落在地板上的铅笔、油画棒等，通过这些形式告诉孩子们节约使用材料。

· 鼓励孩子们打扫教室卫生。提供清洁用品和喷洒出来的水来洗净桌椅。

· 在看书之前，让孩子们讨论保护书籍的重要性。建议可以包含：看书前先洗手，在书页的边缘处翻页，将书放在宠物和小弟弟小妹妹碰不到的地方，同时也提醒他们看故事时缺了一页的遗憾。

· 利用吃点心的机会教育孩子们要节约。只拿自己想吃的，吃多少拿多少，不要去拿那些自己不需要的。让每个孩子都有机会在吃点心过后打扫卫生。

· 在班级野餐之前，提醒孩子们捡起他们在公园扔的垃圾，并讨论他们这样做的重要性。

· 鼓励孩子对学校管理人员、清洁人员，以及其他为保持环境卫生干净必不可少的工作人员的工作表示鼓励和赞赏。并邀请这些人和孩子谈论他们所做的事情，以及孩子们怎样做能使他们的工作更加顺畅。

· 避免用孩子们不能控制的事情结果来恐吓孩子，例如：当没有干净的空气时将会发生什么？专注于那些他们能做的事情上，例如保持自己院子和校园的整洁，将垃圾放入合适的容器里，在车上准备垃圾袋，避免在空地燃烧东西，保持宠物的干净，等等。

教室里的宠物

让孩子们了解动物的最好的方式是在教室里养一只宠物。通过观察和照顾宠物，孩子们可以：

· 了解动物对事物、水、安全干净的住所与被关爱的需求。

· 能欣赏动物的美、差异和其生理特性，例如：乌龟的龟壳、鸭子的蹼、仓鼠尖锐的牙齿和爪子；能怜悯和善待动物。

· 获得许多语言经验和创造性活动的灵感。

适合的教室宠物（要确定所有的孩子都没有过敏的问题），包括天竺鼠、小兔子、小鹦鹉、白老鼠、仓鼠、乌龟、蝾螈、沙鼠和金鱼。

适合短时段（一小时左右）的教室宠物包括小鸡、小鸭、小狗、母鸡、小猫。

孩子可事先规划宠物的住所，准备好装食物和水所需的盘子，宠物睡觉用的被垫，讨论照顾宠物的方式。另外，在假期时也要安排宠物的照顾事宜，到宠物店参观会是很好的体验。

当宠物一来到教室，孩子们应帮助照顾宠物，但老师也必须留意宠物是否受到适当的对待。孩子应学习宠物不是玩具，宠物是有感觉的，当它们被激怒时会咬人，所以不可以让孩子在大人不在的情况下过度接触宠物。若是将宠物“用毯子包起来放在婴儿车带出去散步”，或是忽略宠物的原有特质来进行活动都是很残忍的事，必须要让孩子理解为何不适合这么做，错误对待宠物的方式将给孩子们在尊重生命上带来负面影响。

除了照顾宠物之外，在教室中养宠物可以进行的一些其他活动如下：

· 讨论宠物感觉的方式、对看时的模样、叫声、移动的方式、身体不同部位的功能、对食物的需求、它们的居住处、繁殖方式等等。

· 制作动物的护理及特性的记录表格。

· 说出这只宠物的事迹，并且将它录音。

- 画出或用黏土做出宠物的外形。
- 模仿宠物的动作。
- 参观宠物店或动物园。
- 展示动物图片。让孩子说出哪种动物温顺、哪种凶暴；哪种是会飞、跳、游的；哪种是住在水里或是陆地上的。
- 说动物的故事，朗诵动物的诗，唱动物的歌曲。
- 大一点的孩子可以让他们做班级宠物的观察记录日志，也可以以这只宠物为主角编写故事。

户外科学

许多活动适合在教室内进行，有些则是在户外进行较妥当，下列活动均符合美国国家科学教育标准的要求，主要涵盖地球科学的领域，如泥土的特性、天空中的东西和地表与天空的变化。

活动前的准备

孩子在户外可以学习自然界的许多事物。然而，许多幼儿和自然环境直接接触的经验很有限，因此他们对自然环境的了解很少，当在其中遭遇困难时会感到很害怕。他们可能会怕森林中的黑暗，他们可能认为所有的昆虫都会咬人或叮人，他们可能会认为蚯蚓是一条毒蛇。这样的孩子需要逐渐与自然界接触，他们需要熟悉校园内的花草树木，才能自在地在树林里玩捉迷藏。他们需要先有教室中观察和照顾动物的经验，才能接受让毛毛虫在手上爬的体验或是感受绵羊软绵绵的头部。

幼儿需要了解自然的事物就在他们的周围，野生动物处处可见。有些孩子似乎认为野生动物距离他们的生活非常遥远，一个小男生被问到“哪里可看到野生动物”时回答“非洲”。对于这样的小孩，最有意义的课程就是让他能在生活环境中发现野生动物并对它们的存在感到自然。下列构想介绍如何运用简单的经验来起头：

- 在栽种豆苗前先在教室观察豆芽。
- 先在教室桌上玩雪后，再让孩子们到校园里挖雪做隧道并且爬进爬出。
- 先从窗口观察小鸟和松鼠，再让孩子们体验喂食山羊。
- 先要有赤脚走过草坪和沙地的体验，再让孩子们涉水过浅浅的溪流。

在各学习中心介绍自然素材

你可在语言中心增添与自然相关的书籍与图片，你也可以增加一些动物填充玩具、动物玩偶和绒布做的动植物。尽可能选一些很真实的动物图片或物品，应避免卡通式的外貌。

在益智操作中心增加一些与自然相关的器材，你可以选一些自然主题的拼图（动植物等），以及不同形状、颜色的贝壳和石头，你也可以放一些松果、一小片树皮、干树枝和其他在校园中捡到的物品，当然你也可以把类似的东西放在积木区。

户外的材料也可为美工区加分，干树叶和小片的树皮都可拿来拓印；种子、贝壳、干草和羽毛都可用来拼贴；常青树的枝叶可以拿来当画笔。

在音乐区你也可以放一些自然界声音的录音带（鸟叫声、海浪声、瀑布声等）。

戏剧扮演中心也可以放一些户外的器材使活动中心变得更丰富，如露营设备、园艺工具和放满不同野餐用品的野餐篮。

小鸟饲料箱

儿童在他们父母或者其他成年人的帮助下能设计和建造小鸟的饲料箱。也可以使用现成的饲料箱。

儿童们可以尝试着去发现能吸引小鸟的各种食物。哪些地方放饲料箱是最好的呢？一年当中哪个时间最适合观察小鸟？而一天当中哪

读一读 艺术和科学活动

科学是艺术活动的自然跳板。可以试试下列活动让孩子主动探索这之间的联系。

艺术与现实 学生可以细查艺术家如何用各种不同的方式逼真地呈现一个物品。例如，展示五件有关动物的作品，问学生每一件作品如何表现不同的信息，如何给人不同的感受。

看不见的动物 用显微镜观察水，并且描绘出生物，强调密切观察记录细节。可将素描画扩展成水彩画。

三维空间的栖息地 利用箱子创造动物栖息地（陆地或水）的透视画。添加黏土雕塑、蛋彩画和随手捡拾来的材料建构。

科学图画 检视波特（彼得兔的创作者）和罗伯特·麦克斯基的画作，他们两人都仔细研究动植物而描绘出其图像。然后，学生可以进行仔细的科学绘图，聚焦在重要的细节。可运用照片或实际的植物进行密切的观察。

色彩科学 每一组学生都需要棱镜来研究色彩，可运用蜡笔去记录观察结果和发现的色彩。

种植 运用裤袜制作动物头部，里面混合一茶匙的牧草种子、土壤和锯木屑。用一条绳子勒紧，接着用画布的颜料画脸，将它放在一个浅碟子中，然后浇水。最后将它放在有阳光的地方，就可以看到牧草“头发”长出来了。

绘画的步骤 让学生以科学家的方式思考，报告他们观看一幅艺术品（如风景画）的记录，主要包括画作的内容以及如何创作的。

分析蜘蛛网 悄悄地放一张黑色的图画纸在蜘蛛网下，然后将它拿上来好让蜘蛛网黏附在纸上面，用面粉除去灰尘，然后喷洒固定剂。讨论蜘蛛网线条的形式，仔细比较对照。

个时间最适合观察在饲料箱中的小鸟呢？

稍大点的孩子在观看小鸟吃食时会感兴趣于那些小鸟的名字。关于本地鸟类的彩色附图说明的书籍能成为活动的研究资源。孩子们可以通过观察记录哪些鸟儿比较频繁地去饲料箱中，并推测为什么会是这样。可以利用曲线图表示每个喂鸟器的使用情况。

观看天空和云

微风、多云或是阴天，孩子们能从环境中学到更多。躺在地上仰望天空，他们能看到许多不同形状的云朵或者是云层相叠加。太阳可能会被云层遮住而看不见。也可能若隐若现。鸟儿也可能在天际之间飞翔。

在躺下仰望天空的时候，孩子们可能会有许多不同的感受，问题可能随时冒出：云是怎样移动的？它们看起来像什么？在云层中有些什么颜色呢？在暴风雨前，云看起来像什么？老师也许可以让孩子们将他们看到的云组成一个故事，或是将所见的云画出来。

自然的声音

在树林里或在一条繁忙的街道上散步，倾听这些声音很让人激动，同样在学校也有很多不同的声音。当很多的孩子在室内时，一个或是两个孩子可能想去室外听这些声音，他们还可以用磁带和录音机去录制和回放这些声音。播放磁带，鼓励孩子们根据声音的感觉来移动。

他们听到了多少不同的声音？他们能听到鸟的声音吗？其他动物的呢？树叶的声音像什

么？树叶掉光后的声音听起来又是如何？还有什么声音是能听到的呢？汽车产生的噪声与卡车的噪声有什么不同？如果噪声过多，人们会有什么感觉呢？

雨水到哪里去了

在暴风雨过后，孩子们可以尝试沿着雨水流过的路径走去。所有的水都会流入下水道吗？会不会有一部分渗入地面？铺满水泥的区域与长满草的区域相比较会有什么不同？泥地与草地相比又有什么差异呢？

大一点的孩子可以了解雨水对公园和游乐场侵蚀的影响。这是很容易了解的，只要在一场大暴风雨过后去游乐场或是附近的公园就可以了解到。在观察活动结束后，可以用泥做一些泥塑。

动物藏匿处

可能在土地上会有一个小洞，或是在操场上的裂缝边会有一个小沙丘。厚厚的草地或灌木都是动物们躲藏的好地点。大岩石的下面或是学校基地的附近，都有可能是动物们躲藏的地方。

孩子们带着关于动物的许多问题去寻求答案。为什么动物需要栖息地？孩子给动物创造一个栖息地，动物会选择吗？有多少自然栖息地能被发现？孩子能创造一个栖息地给他们自己吗？当他们在自己的栖息地时是一种怎样的感觉呢？他们能像动物一样迁移去寻找栖息地吗？他们能将动物移开而进入其栖息地吗？

如果创造力是这个活动的一部分，那必须由孩子们讨论来决定。老师的帮助不能以什么能做，什么不能做的形式进行。建议可以有，操作顺序或是小心谨慎地一步步地指导是不妥当的。

环境中的植物

要观察植物壮丽的色彩和发现不同的种类，最好的方式可能是到植物所生长的地方去直接观看。学校的土地是最近的资源。孩子可以和你一同寻找最高的树，它有粗糙的树皮，针形的叶子、松果或是光滑的树叶。他们也能去寻找被昆虫吃掉的植物，以及发现种子、浆果、植物根等等。

到校园后面，到杂货店、超市或农贸市场去直接看看土豆、胡萝卜、洋葱、茄子、豌豆、圆白菜、甜菜或其他食物。蔬菜是很漂亮的，它有各种的颜色、形状和大小。假如孩子们选择一种带回教室，这将提供一个绝好的机会给他们去相互比较。

相同的观察活动可以用于水果，温室的鲜花，苗圃中的灌木，植物园的植物，附近街道的小公园或菜圃。植物既可观看，又可用来烹饪、分解，也可用来品尝、感觉、闻嗅和称重。孩子可以去比较它们的颜色、质地、含水量、形状、各种叶子、香味、尺寸、覆盖表面。它们也能按之前的特征分类，如外壳、种子、水果、根部、叶子、枝干，或者蔬菜，通常生吃的或是需要煮熟吃的。

如果户外教学不能进行，每个孩子可以带一种水果、蔬菜或是其他植物到学校去，或是老师在学校的预算容许范围内，准备必要的蔬果植物。以下是一些其他可遵循的建议：

- 让孩子在花盆中种植植物，如果有小的花园可以提供的话，让孩子们在花园中种植和培育一种作物。种子的提供者可以给你建议，如哪种类型的发芽快，它们最需要的是什么。当它发芽时，将一根像压舌器一样的棍子插入土里，让每个孩子每周记录它生长的情况。植物的名字和日期都记录在木棍上。
- 如果种子没发芽，将它们挖出来看看发生了什么事。
- 帮助孩子们使用木板，大块的板子，装货箱在中心建一个温室模型。他们可以将植物、小铲、浇水壶、大袋盆栽土、生长表放入温室中。
- 植物可从种子、插条、鳞茎、根茎和块

茎开始生长。将土豆放在玻璃容器中让其中一半在水下，这样它将生出根茎，长出繁茂的藤干来。各种各样的球茎都可以种植。将天竺葵和喜林芋的底部切割，放入水中后将生长出根茎来，之后再将其移植入盆中。褪色柳（美洲的一种柳树）的枝干生在水中也将会生根。

- 在花园中挑选一种根茎较长的蔬菜，如胡萝卜，切断 2.54 厘米向孩子们展示。让孩子们将切断的底部放入水中，新的叶子将迅速地长出来。
- 让孩子们分割或切开各种植物的种子，去研究这些小植物的内部。在这之后再举办一个植物品尝的大聚会。例如 种子—向日葵；根—胡萝卜；茎—芹菜；叶—生菜；花—花椰菜。
- 帮助孩子们将种子发芽以便他们能研究植物的生长。一种让人满意的方式是在切断的底部放入吸水纸或是纸巾。在底部放入一个几层的托盘，以便纸巾能沉底吸水。在吸水纸中放入 6 到 10 颗萝卜种子，在盘子的边缘四周涂上一层凡士林并在上面覆盖一层玻璃。细小的白色根须将生长出来。
- 当根茎、叶子长出时，孩子们可以用塑料袋做一个温室袋包起来。他们可以将纸巾折叠装入有封口的塑料袋中，在离底袋约 5 厘米的位置粘一条线。孩子们可以先将袋子里装上不超过线条的水，而后再将种子放入。将袋子密封好，给孩子们展示一块公告牌以便他们去观察植物的生长与发展。孩子们将能看到植物的根、茎、叶的生长形态。

玩水体验

无论水量有多少，无论是在泳池中、洗脸槽、水坑或是杯子里，都可以充分运用来帮助学习。游泳池或是大浴缸可以进行倒水、喷洒和搅拌的动作；水坑则非常适合小东西如小锡箔船或软木塞在水面上漂浮；杯子可以溶解少量的糖或饮料。无论提供什么器具，水资源的提供都能给年幼的孩子们带来非凡的科学体验。

组织玩水的场所最关键的是选择和安排合适的容器和设备。可以将洗衣盆或是塑料的浅水盆放在户外，长凳或桌子可以用来放玩水的工具。如果是在室内玩水，那地板一定要做好防水处理，室内的架子可以用来存放玩水器材；小的牌桌能当放东西的架子。塑料围裙是保护衣服的理想之选，但垃圾袋也是保护脖子和手臂袖口的好东西。

引导孩子科学实验的物品可能还包含以下这些：

- 海绵、软木塞、小木块。
- 漏斗、滤网、过滤器、塑料管、虹吸管。
- 喷雾器、喷壶、塑料挤瓶、橡皮球。
- 塑料罐、黄油盒、塑料杯、酸奶杯。
- 画笔、油漆滚筒、浴巾。
- 勺子、长柄勺、塑料注射器、塑料滴管。

沐浴露、玉米淀粉、食用色素也可以加入水中来改变水的外观和物理特性。

安全贴士 在任何情况下儿童玩水都需要有成人的陪护。不要让孩子处于无人看管的状态。玩水游戏的材料只能使用不可破碎的材料，绝不能使用玻璃、陶器、瓷器等易碎的材质。提前准备好所需要的材料，这样孩子们就不会有无人看管的时候。

和孩子们一同讨论玩水游戏的规则。讨论制定适合各种情况并满足孩子们需要的规则。例如，您将需要设置孩子们玩水时的水位，以及户外泳池的水位规定：

- 不得溅水花。
- 水不可倒在容器外。
- 及时清理溅出的水。

总结

科学活动帮助孩子们通过调查了解周围世界的相关知识。科学对于年幼的孩子来说，调查的过程比获取知识的多少更重要。学习科学对所有孩子来说都是重要的，因为它提供了让

读一读 利用网络教学

万维网是科学信息和课程计划最大的资源获取方式之一。但你也会发现信息资源五花八门地袭来。这里提供一些建议，让你思考如何使用这些宝贵资源在你的科学课程计划中。

保护香蕉 每年，世界各地的人们平均要消费5500万吨的香蕉，使其成为世界上最受欢迎的水果。热带雨林联盟和树文化项目都试图将学生与保护热带雨林相联系。这两个组织最近创建了免费的课程，从幼儿园到八年级的课程标准是以洪都拉斯香蕉生产的环境影响、经济影响为基础的。

学生们可以在一个非常基础的水平上了解到拉丁美洲所面对的社会经济和环境问题，每年所了解到的知识逐渐积累，直到他们更加全面地理解这个地理区域所面临的问题。

宏观规划 一壶水烧开的原理是什么？在世界其他部分的人们与我们相比用水是多还是少？在世界各地的池塘中这些生物是相同的吗？鼓励你学生的创造性。创新工程和科学教育中心的赞助商设计了各学科间的项目：世界各地的老师们可以通过使用因特网来提高他们的课程水平。每个课题都有一个简要说明。

在线追踪春天的北方之旅 幼儿园到十二年级的老师和学生可以参加一个北方旅行课题，这是一个在线研究野生动物迁移和季节变化的课题。春天进行的北方旅行活动适合孩子们参加，而且还能帮助他们掌握季节的周期性。参与者学到了金斑蝶、秃鹰以及其他动物的迁徙模式，研究了植物，了解了昼夜变化以及其他自然现象。学生们与北美各地的同学一起分享了实地考察经历，与来自各地的同学和科学家分析了实时地图和数据。

北方旅行的特色课题有许多切入点满足您的教学需求：标准的基础课程和挑战、阅读和书写的联系、照片和视频编辑，每周的迁移更新、互动地图、联系领域内的科学家和迁徙的“故事”。

孩子们获取成功的机会。正式科学活动通过老师的计划去开发特定技能，例如小肌肉的技能，五种感官意识技能。非正式科学活动与正式科学活动相比缺少了一些结构性。因此，非正式性科学活动比一般性科学活动更具有创造性。偶然性科学活动是不能被计划的，因此他们都是基于随机事件而发生。一个有影响力的幼儿老师会利用这些突发事件，去提升和扩张孩子们的知识。

国家科学教育标准现行大纲规定从幼儿园到十二年级的学生需要去知道、理解和实际操作“科学能力”，为他们提供一个科学经验的大致轮廓。

生态学研究环境中所有元素，包含生物与非生物的，以及这些元素之间的相互关联。生态学（ecology）这个词来自两个希腊词语：ecos 表示“居住地”或“家”，ology 表示“研究”。

孩子应该开始了解环境中每一个物体相互影响的力量：动物之间相互影响，植物也影响动物，气候影响着整个环境，人们能让环境变得舒适，也能让环境变得更糟糕。

孩子们应有机会体验自然环境与人为环境，这些经验可在学校的教学楼和学校游乐场获得，同样也可以在生活的社区发生。玩水和玩沙子让幼儿获取了自然环境的经验。

关键词		
生态学	正式科学	非正式科学
环境	偶然性科学	

学习活动

▶ 科学活动

1. 实地考察。在你家或学校附近走一走，范围约在一个街道区域内，识别这个区域内所有的植物，有多少是你可以观察到的树、灌木、杂草和其他植物。

2. 创建一个资源档案夹，里头放置的资料包括社区中用于培养孩子们对生活环境和周围世界的概念。

3. 观察在教室的宠物。记录孩子们在观察动物时的对话，讨论他们从动物的直接观察中学到多少。请把你的答案具体化。

4. 在操场上挖一个坑，倒入水，观察孩子们接触水坑时的反应，请记录他们玩水的方式。

5. 设计一个科学桌供幼儿在当中进行发现。列出你要准备的物品清单，描述出每个物品的功能与可能激发的目标。在班级中和同学讨论你的构想。

6. 参观游戏场。列出孩子们感兴趣的现象。当你在观察孩子玩耍时，描述出他们对这一现象感兴趣的行为方式。相互比较你与孩子们感兴趣的东西，讨论两者在不同兴趣上的区别。

7. 从网上选出一种科学活动，并将它运用到儿童活动中，然后再说明这种活动的成功之处。按照下列条件筛选网站：①便捷。②活动的质量。③实施的合理性。

▶ 进行观察

无论对儿童还是成人而言，能够进行很多精确的观察都是一种重要的技能。下面这些条目用来测试你利用各种感觉（看、听、闻、尝、触）进行观察的能力。

1. 材料：一袋薄荷、一把尺子、比赛手册、小钉子、一张砂纸、一杯水和蜡纸。

2. 你能观察出这袋薄荷的多少细节？你能够看出来 40 个吗？如果可以的话，尝试和你的一两个同伴一起做。

3. 列出你所有的观察结果，并且写下你在观察时的感受（看、听等等）。

▶ 找物品进行观察

1. 找 10 个可以进行观察的物品。每个物品都应该让观察者有机会使用 5 种感觉。比如，观察一个冰箱。

2. 观察完 10 个物品以后再尝试进行以下活动。

①判断哪些其他材料有利于观察这个物品（例如，一把尺子或一个放大镜）。列举这些材料。

②收集观察每个东西所需要的辅助物品，并把它们放到一些小袋子或小盒子里。

③选一个同伴。用你同伴提供的物品观察他的 3 个东西，然后让他来观察你的，当然，要使用你为他提供的物品。

▶ 描述形状

1. 在一张纸上画出这些形状。这些形状应该很容易辨认。

2. 选一个同伴。尝试让他在不看物品的情况下根据你的描述画出每个形状。不过，这个任务可是听起来容易做起来难哦。

▶ 找材料

1. 去那些清仓处理日用品的地方、农场拍卖处、小商店和跳蚤市场淘一些用于儿童科学活动的材料。

2. 列一个购物清单，包括购物金额和购物地点，然后和其他几位同学比较一下自己的购物清单。

3. 准备一下主要的材料。

游戏活动

▶ 有关水的活动

在以下活动中，当小孩在玩水的时候，一定要确保有大人在场。

喷洒艺术——制作壁画

收集带扳手的喷雾瓶，几瓶可以挤的食用色素，一张较大的白色竹节花的纸或者一块白色床单、剪刀、胶带、一块大毛巾或塑料垫子，还有水。

把毛巾或塑料垫子铺在地板上，剪一块方形的竹节花纸。把纸或床单贴到桌子上、挂到外面的墙上或者搭在篱笆上。喷雾瓶里灌上水，挤10—15滴食用色素到喷雾瓶里，注意保护好瓶子的顶端。准备几个装满不同颜色色素水的喷雾瓶。

让孩子们在纸或者床单旁边摇晃瓶子。孩子们手握喷雾瓶，把彩色的水喷到纸上。当孩子们喷完以后把胶带撕掉让壁画晾干。

各种各样的玩水方法

· 在玩水的时候用吸管吹泡泡是一件很棒的事情。为了防止小孩子不小心把肥皂水吸进嘴里，我们首先要在吸管的顶端扎个洞。

· 要想让泡泡保持的时间长一些，我们可以往肥皂水里加几勺糖。

· 另外一些扩大玩水范围的项目

——把系着一根细绳的冰块放在盐水的表面上。

——在一个2升的汽水瓶上从上往下打一排小孔。

——把盐倒进水中，让孩子们来尝试物体的漂浮和沉降。

——用水来代替雪。

——把一大块冰放在水面上。要给孩子们提供安全的护眼镜、橡胶棒和岩盐。

——提供几节塑料管，既要整根的也要分段的，来当作滚动弹珠、开玩具车或搭建河道或通道。

让孩子们先用干的通道再用湿的通道，然后比较结果。

——在牛奶盒的底部扎上小孔来当作筛子，用不同大小的牛奶盒，扎不同大小的孔来做不同的筛子。

——放一些泡沫或者橡胶的字母和小渔网到游乐中心。让孩子们说出他们抓到的字母，或者让他们去抓那些可以组成他们名字的字母。

——鼓励孩子们变化水量来进行实验，在漂浮实验中，把拉链式的三明治包装袋里充满空气。

——给孩子们一些比较厚重的铝片做小船。

——让孩子们挑战用他们发现的物品制作小船，然后不用手让小船从一边漂浮到另一边。

——让孩子们挑战用废弃的材料在水中搭建一座小桥。

▶ 观察月亮

读马格利特·怀斯·布朗（哈珀·柯林斯，1989）的书《等月变圆》，将关于月亮的事编成了一个关于浣熊的故事，说它夜里必须要等到月亮变圆以后才能外出。

在新月的第一天大声朗读这个故事。要给孩子们解释两轮新月之间的时间就是月亮绕地球运行一圈的周期。让孩子们在一张大表格纸上做一个表格状的日历并标记现在的日期。告诉孩子们每天都要一个人用信封把这个日历带回家。当天晚上要在一位成人的陪同下到外面去观察月亮并把自己看到的月亮的样子画到日历上。如果天气恶劣的话，孩子们可以透过窗户观察。

▶ 做一个小鸟的食槽

请小鸟吃午餐。在一个空的牛奶盒或塑料汽水瓶上剪出窗户和门，让孩子们根据小鸟的喜好来装饰这些容器。他们可能会在彩色图画上粘上生动的虫子，或用无毒胶水粘上小树枝、树叶、种子和其他一些户外的东西（尽可能地少粘一些装饰品免得吓着鸟儿）。把鸟食放进食槽里然后把食槽挂在靠近窗户的地方，从而让孩子们方便观察小鸟进食的过程。松果可以被用作小鸟的另外一种食槽。帮助孩子们在松果上涂上无糖的花生酱并粘上野生鸟食。鸟类喜欢花生酱，并且花生酱可以提供有利于羽毛和身体健康的蛋白质和脂肪。孩子们可以用细线把松果绑在树枝上。

小孩子们热衷于观察大自然和欣赏他们自制食槽所吸引过来的不同种类的鸟儿。看看有多少只鸟儿，数数有几种鸟儿。鼓励孩子们画出那些来吃食的鸟儿。

下面是更多的喂鸟的主意：

- 在大人的监督下，即使是小孩子也能用很大的比较钝的针把花生和贝壳穿成一串。把这条项链挂起来给鸟儿。当进行这项活动的时候要确保没有孩子对花生过敏。
- 孩子们可以用不新鲜的面包、葡萄干、鸟食以及培根粒来制作小鸟布丁。用水弄湿然后放到外面给鸟儿。把这些布丁放到外面或者放进一半椰子壳里。在椰子壳上钻一个小孔，这样就可以把它挂起来以方便鸟儿自由地下来吃东西。

▶ 喷洒艺术——设计 T 恤衫

收集这些材料：带扳手的喷雾瓶，食用色素，胶带，大毛巾，T 恤衫。

把毛巾铺在外面，地板上或是桌子下面，把另一块毛巾放在桌子上，把一件白色的 T 恤衫用胶带粘在桌子上的毛巾上。在塑料喷雾瓶里装上水，挤 10—15 滴食用色素到喷雾瓶里并保护好顶部，准备几瓶不同颜色的水，让孩子们摇晃瓶子。

手拿喷雾瓶站在桌子旁边，孩子们往 T 恤衫上喷彩色水。如果颜色太浅就多加一些色素。如果你想保证永不褪色，那就用液体颜料来代替色素和水。当孩子们完成设计以后把胶带拿掉，把 T 恤衫挂起来晾干。

▶ 岩石小路上的学问

岩石和鹅卵石不仅有趣，种类繁多，随手可得，还为人们提高观察、描述和分类的敏锐性提供了丰富的物质资源。

1. 让孩子们做以下事情：

①根据大小、颜色、形状和外观把岩石分类。

②根据名称辨别岩石。

③步行去观察石头在建筑物中的不同用处。

④在石灰岩中观察化石。

⑤通过野营活动寻找有趣的岩石。

2. 准备有助于研究的装备包括各种类型的尺子、放大镜和用于分类的盒子（鸡蛋盒即可）。

▶ 探索阳光的力量

探索阳光的力量——看它能穿透什么，会被什么阻挡。用不同的材料（干净的玻璃、不同颜色的汽水瓶、薄纸、绘画纸），让孩子们根据他们的能力进行分类并让阳光穿透那些物品。另外，再讨论一下影子。

▶ 植物压干

收集无毒落叶和花，比如蒲公英或者三叶草。只能在经过允许的花园里采花。

做压干植物：在一张瓦楞纸上，铺上两三层纸巾，把叶子或花平铺在纸巾上，然后盖上几张报纸。最后在上面用马克笔写上孩子们的名字。

把很重的书籍或砖头放在压着的植物上。风干一夜。每天都更换报纸，直到植物完全干透。

用干的叶子或者花在彩色的绘画纸上进行排列无疑也是一种伟大的创作。可以剪一些绘画纸粘到干叶子或干花上进行创作。也可以用马克笔或蜡笔进行一些细节性的装饰。

让孩子们猜猜，当植物干了以后它们的颜色和形状会有什么变化，并估计它们的大小。在阴干前后各画一幅图片。

将餐桌上的干水果做成果丹皮、果脯或者牛肉干。品尝葡萄干、梅干和杏干。加上奶粉做成明胶或者布丁。

学习马利筋和蒲公英的知识。用干花制作丰富多彩的干花盛宴。

▶ 蒲公英

春天的时候蒲公英到处都是，孩子们不仅可以观察它们还可以摸它们，可以注意它们的颜色，数它们的数量，还可以采它们。

蒲公英的种子结得很早，很快，而且数量很大。它们生长得很快，而且受到伤害以后可以很快恢复健康。所以孩子们可以采摘它们，挖它们，把它们撕得七零八碎。尊重大自然也是我们学习环境的一个重要方面，但是每一个研究领域都存在特例。蒲公英就是例外，因为它们对于小孩子来说有触手可及的学习价值。

孩子们是否注意到当他们采蒲公英的时候会有一种牛奶一样的汁液流出来？是否看到它的茎是空的？把花往白纸上摩擦来观察留下的黄色，或者把蒲公英的花、茎、叶子和土壤都擦在纸上来做一个摹本蒲公英。蒲公英被连根割走以后多长时间才能长出来呢？让孩子们尝试观察和测量。蒲公英的根能扎多深呢？为什么不挖一些蒲公英来判断哪个最长呢？

早期的法国探险家把这种野草命名为狮子牙，被英国人误读为“蒲公英”。早期狮子牙的意思主要指的是叶子的形状，孩子们能够看到和感受到蒲公英叶子上的牙齿吗？如果你从这种植物身上剪下一些叶子，并且用它们互相摩擦，你就会认清这种形状的杀伤力。

▶ 昆虫笼子

给小塑料或硬纸盒子剪一些出口。

用比较好的网盖上出口，然后把它粘在一个地方。网也可以被粘在任何塑料容器的顶部，从而为昆虫提供一个暂时的家。孩子们可以更容易地从干净的玻璃容器里，很好地观察昆虫的生活。

一个干净的、空的牛奶盒也可以做一个很不错的昆虫观察器。简单地在牛奶盒两侧剪一些三角形的孔，拿一只尼龙袜盖上牛奶盒，用一个带子把顶端系紧。昆虫们就可以待在里面留孩子们进行暂时的观察了。

在孩子们观察完之后要确保把昆虫放生到它原本生活的大自然中。

▶ 花园图纸

收集一些种子袋让孩子们学习有关设计和种植的信息。确保那些种子袋在孩子们没有塞东西之前都是空的。或许你会乐意去一个园丁花店参观一些带图纸的花园或者苗圃。

做花园图纸，每个孩子将一张图画纸裁剪成两张 21 厘米 ×27 厘米的小纸片。孩子们可以自己剪，如果需要的话可以成人帮忙剪。把这张纸从中间折成一个种子袋，让开口朝下。

让孩子们想象一下，当他们的植物长出来的时候会是什么样子。它会开花吗？叶子可以吃吗？看着花或果实的图片想象一下，孩子们会用蜡笔或马克笔画的植物或果实图画，来填充他们的设计。

在设计的另一面，写着孩子们的名字。把注意事项逐条写清楚，比如，一周浇两次水。写下孩子们认为需要注意的事项，避免大人们错误指导。

打开设计图，用胶水轻轻地粘上。放一个棒冰的棍子在底部，露出一大截在外面。然后折叠设计图，压住让它密封，放置一夜让它风干。

这个设计图可以作为一个假想的花园，也可以把它变成一个真的。找出当地的气候最适合什么植物生长。种些孩子们可以吃的食物，比如莴苣。经常参观农贸市场和蔬果店，看看水果和蔬菜的种类，找出适合当地生长的。每次都尝试一个新的项目。

▶ 背包

当你和孩子们探索大自然的时候，你需要一个背包来装沿途搜集的珍宝。你们可以用在商店买的包，也可以用孩子们自己做的。

要做一个背包，你将需要大的、干净的盒子，图画纸，剪刀，蜡笔和马克笔。剪掉干净盒子的顶部，扎两个洞来穿结实的纱线材质的带子。在盒子的前面粘上一张图画纸方便孩子们装饰它。让孩子们涂色，并且用马克笔、蜡笔来装饰他们的背包，也可以粘一些布和纸在上面，等等。把带子打上结，这样孩子们就可以挎在胳膊上了。

▶ 背包点子

孩子们喜欢背包，下列背包活动适合让孩子们分组合作：

- 制作一个装满书写纸和彩笔的背包，以便孩子们背到一个私人地方自己书写。
- 做一个可以背着去户外的零食包。包里要装上零食、桌布和一瓶水。
- 制作一个可以装谜语和让孩子安静游戏的游戏袋以便于孩子们可以在一个私密的地方安静地玩耍。
- 制作一个收纳背包，以便孩子们把这周最喜欢的玩具、游戏和书籍与家人分享。
- 制作一个探索大自然的背包。背这个背包的时候，里面那些探索项目有助于激发孩子们探索他们身边的大自然。首先邀请孩子们观察他们周围的区域并且描述他们看到、闻到、摸到和听到了什么，然后分发工具让他们自由探索。当你想让他们集合的时候就吹口哨，然后请孩子们分享他们的发现。探险工具需要结实的放大镜、纸方巾、间谍眼镜、便笺以及蜡笔。
- 制作一个户外艺术背包，当一个艺术品被拿出来的时候一定很让人兴奋。介绍桌子或毯子上的一种材料（看下面的清单）和一种技术，然后给孩子们时间去探索这片区域。材料：画纸和自然研磨的蜡笔；画人行道和壁画的粉笔；带松紧带的收纳盒；绳子，制作一组雕塑的胶；画笔和水容器；然后画出视野范围内的一切。

▶ 观察蠕虫

准备一个观察蚯蚓的玻璃罐子（一个大的花生酱罐子非常好）、花园里的土壤和黑色的图画纸。

在罐子的底部放一层小石子或者沙子以便水流下去，放5厘米厚潮湿的土壤和沙子在罐子里。让孩子们捉蚯蚓并把它们放进罐子里，盖上更多潮湿的土壤。保持土壤湿润，透气，用一个带孔的盖子盖住它。

用黑色的图画纸包住罐子的周围，24小时以后把纸拿开，孩子们应该就可以看到蚯蚓在土壤里蠕动了。

鼓励孩子们讨论他们感兴趣的蠕虫。

▶ 仰望天空

从纸巾轴上抽取硬纸板筒。在每一头扎两

个孔，分别系上46厘米的细线，（每个孩子一个）。让孩子们把他们的望远镜挂在自己的脖子上。在一个晴朗温暖的日子里到外面去，让孩子们躺在草地上。指导他们用望远镜观察天空。问他们看到了什么？让孩子们再看。问他们还看到了什么？让他们告诉彼此自己看到了什么。

▶ 有趣的蒲公英

当你和孩子们夏天到野外散步的时候记得采一些蒲公英。通过这样的活动来促进他们的认知。

· 用你的指甲，从底部沿着两侧把蒲公英的茎掐断。把这些茎浸泡在水里做成圈儿，并把这些圈戴在你的耳朵上。

· 拿一根蒲公英在手里，然后用拇指轻轻弹蒲公英的花朵（在一碗水里用蒲公英的花朵做漂流的花园）。

· 通过掐断蒲公英的茎来做蒲公英链子，一个一个接起来，直到做出一条很长的链子。

· 从蒲公英的顶端吹蒲公英。讨论它们看起来怎么样、感觉如何以及怎样飞的。

· 鼓励孩子们思考用蒲公英去做其他有趣的事情。

▶ 泡泡实验

在这个活动中你需要准备一个塑料盘子和制作泡泡溶液的材料：半杯水、四分之一杯洗涤液、一勺糖、食用色素（视情况而定）、泡泡管、泡泡溶液、卫生纸卷芯、筛子、吸管和吸管清洁剂。

把孩子们带到室外吹泡泡。试着通过购买的泡泡管吹一些泡泡来激发起孩子们对泡泡的好奇心，并且告诉他们每个人都有一个机会用不同的方式吹泡泡。

把装着泡泡溶液的餐盘和吹泡泡用的物品，比如卫生纸卷芯和筛子拿到外面。邀请孩子们用这些物品做实验。

帮助孩子们用吸管做吹泡泡的工具。为每个孩子在吸管末梢撕一个口子，并帮他们把撕开的一头弯下去。请每个孩子把弯的那头浸到溶液里然后吹泡泡。

分发清洁管子的工具，并帮孩子们把指挥棒放到溶液里。鼓励他们创造不同形状的指挥棒，并在空中挥舞指挥棒。

当孩子们在吹泡泡的时候问他们：不同工具吹出的泡泡大小有什么不同？一次可以吹出几个泡泡？一个还是多个？和孩子们讨论这些吹泡泡的工具并看看哪种最有效。

对于小孩子而言，你可能需要多买几种结实的而且方便拿的吹泡泡的工具。

对于大孩子而言，鼓励他们试验不同的方法来吹出更强大的泡泡。问他们：大的和小的，哪种泡泡更结实？哪种持续得更久？

确保有备用的溶液防止意外弄洒了。你可以把剩下的溶液收起来第二天接着用。

做这项活动的时候，邀请孩子们假装像泡泡在空中飞舞那样移动。当你说：泡泡！鼓励孩子们跳起来扮演泡泡。

▶ 收集岩石

小孩子们非常热爱岩石！鼓励这些岩石狂热分子进行下列活动。

· 和孩子们步行去收集岩石。给每个孩子一个纸袋子，让他们去搜集不同大小、不同形状和颜色的岩石和卵石。让孩子们围成一个圈一起观察搜集到的石头。让他们按小组研究石头，并用石头做实验。

· 在户外把他们分成小组。给每个小组一堆岩石和卵石。鼓励孩子们用放大镜进行细致的观察。问：这些岩石有什么相同和不同之处呢？

· 请孩子们按照他们自己选择的方式把岩石进行分类——大小、纹理、形状、颜色。从里往外摆在纸盘子上。一旦他们完成分类，要求他们描述每一盘岩石。

· 把孩子们分类岩石的不同方法做一个表

格。然后请他们数数每个盘子里的岩石。之后一起讨论哪盘最多哪盘最少。

- 要求孩子们按照从大到小的顺序把卵石排列在鸡蛋盒里。分发几页白纸和铅笔；让孩子们描绘最小和最大的卵石，并且比较它们的不同。
- 让孩子们用托盘称不同岩石的重量。让他们猜哪种岩石最重哪种最轻，然后验证他们猜测的是否正确。
- 学习和实验完这些岩石以后，帮孩子们创建一个岩石博物馆。在你们的发现中心陈列这些岩石，并贴好标签，注明最大的、最小的、最坚硬的、最平滑的、最重的、最轻的等等。
- 大点儿的孩子可以查阅参考书来尝试辨别他们收集的那些岩石。
- 进行一次岩石聚会！把孩子们带到户外一个开阔的场地上。要求他们把身子蜷曲成一个球，然后，邀请他们像山上滚下来的石头那样滚动他们的身体。

本章回顾

1. 科学发展的两个阶段是什么？哪个阶段对年轻的孩子更重要一些？

2. 选择下列句子中关于科学的最完整的回答。

①老师与哪个计划联系得最密切：

a. 正式科学。b. 非正式科学。c. 偶然性科学。

②老师无法计划的是：

a. 正式科学。b. 非正式科学。c. 偶然性科学。

③观察技巧是在哪个方面哪个方向教授孩子：

a. 正式科学。b. 非正式科学。c. 偶然性科学。

④自由调查最经常用在：

a. 正式科学。b. 非正式科学。c. 偶然性科学。

3. 给生态学下定义并且讨论它在童年时代的位置。

4. 讨论探索中心和它在童年早期的重要性。

参考文献

Bredekamp, S., and Copple, C. E. (1997). Developmentally appropriate practice in early childhood programs serving children from birth through age 8. Washington, DC: National Association for the Education of Young Children.

National Research Council. (1996). *National Science Education Standards*. Washington, DC: National Academy Press.

National Science Resource Center. (1996). *Science for all children: A guide to improving elementary science education in your district*. Washington, DC: National Academy Press.

第二十章

创造性数学

▶ 教学目标

学完本章，你应该能够：

1. 讨论数学学习思想的发展模式。
2. 讨论数学学习如何出现在早期儿童教室里的学习中心。
3. 给“死板的计算”和“有理数计算”下定义。
4. 讨论“分类”和“排序”。
5. 讨论“比较”和“顺序”。
6. 描述年轻的孩子对“形状”和“形式”的理解。

幼儿教师面临着一个挑战就是打开幼儿看数学世界的眼睛。我们可以提供创意、有用的经验，这些可以引发他们对合作学习数学的积极感觉，或者我们可以提供一系列无聊的工具书，等等。在这种情况下，要求孩子们坐下，安静下来，并且写下他们学习数学中的兴奋点。数学在早期教育设置中，并不是放在你课桌前写写画画的活动。它是儿童生活的一部分。

我们所知道的关于儿童的一切都告诉我们，早期数学必须亲身实践，充满游戏和探索。儿童对数学思想的理解基于行动的学习环境里。

所有儿童都需要在行动中探索世界和体验数学的机会。早期数学体验包括这样的基本条件：把饼干放到一个蹒跚学步的孩子的手上并说“这里有两块饼干，一块，两块”，或者允许一个三岁的孩子选择她喜欢的方法切三明治——三角形、正方形或者小方块。当一个小朋友准备了满满的各种型号的动物玩具时，老师可能会问“哪个动物是最小的？”或者“哪一个是最大的？”之类在简单的活动中揭示了数学思想的问题，为以后孩子在成长过程中理解更复杂的数学概念奠定基础。

当孩子从背面识别出停车的标志时，关注的是一个八角形的形状而不是正面红色的背景和“停止”这个词，成年人就有机会与他们讨论环境中的不同形状。老师们能够在任何情况下帮助孩子们寻找数学概念和关系，鼓励他们提问，帮助他们讨论自己感兴趣的数学话题。对于一个孩子来说，最有效的数学学习很少是在集体课上坐下来学习的。

这一章节中，有关数学概念的活动探索是重点，它是孩子们早期童年发展中自然组成的一部分。

学习数学思想的启发性案例

看一个孩子的数学基础其实和看他的文学基础方法是一样的——而且都很明显。人们都觉得孩子从一出生就应该开始接受大量的文学熏陶。其实数学的学习是类似的道理，在孩子们刚出生的几个月就要为他们以后的数学学习打基础。

在孩子们正式使用数字以前，他们就已经在日常生活中接触到了。举例而言，他们在学习排序以前就已经会用第一、第二、第三这些表达来聊天了。在他们两三岁的时候就知道一块上面再放一块是两块，他们也知道如果再放一块就是三块，那时他们可能还不知道二和三这两个词呢。当他们举起物品的时候就知道了轻和重，当他们蜷在妈妈怀里睡觉的时候就知道了大和小。他们通过现实生活中自己所经历的一切来学习。他们学习时间的概念是通过大人日常的说话，比如“该吃午饭了”　“该睡觉了”“今天我们去散步”“昨天我们去了公园”。

这个早期数字使用的图表和普通与特殊的生理发展很像，在数学思维的早期几个阶段，一个孩子所具有的数字理解会由一般到特殊发展。因此，关于时间的普通理解（该吃午饭了）是逐渐发展成为一个更特殊的理解的（12 点是午饭时间），孩子们逐渐把 12 点和一天中的午饭联系起来。他们用自己整个的身体来学习各种感觉，只有已经发生过了，他们才可以给这种感觉命名。在他们学习大、小、轻、重或者数字的时候，他们都会用自己的感觉去理解那些词的意思。

意识到早期经历对数学概念培养的重要性，美国数学教师理事会为美国的学前到十二岁的儿童提出了一系列的原则和标准。这些标准提出了孩子们理应掌握的数学概念和处理办法以及他们在学校里的进展。总共有 10 个标准，5 个内容标准，5 个进程标准，应用于学前到十二岁的学生（这些标准的总结见表 20–1），在每一条标准里都会提到不同年级有不同的数字学习重点，这些都在本篇文章所探讨的范围之内。现在让我们一起看一下数学在早期童年发展中的作用。

活动中心的数学

当我们观察活动中心的时候，我们看到孩子们在那些可以攀爬的设备周围爬上爬下，蹭蹭跳跳，走来走去。当安东尼走进一座悬挂在两个攀爬设备之间的桥时，犹豫之下，他在下面躲着。老师问他：如果你不躲的话会发生什么？安东尼静静地站在台阶旁边，用手示意会被打到头的位置（一个用眼睛和比较长度来目测距离的例子）。

在跳床上，克里斯汀娜数着贾斯汀跳了十次以后，她告诉贾斯汀：“现在轮到我了。”（一个用基本数字来获得班级活动设备的例子。）剩下的孩子开始数贾斯汀跳，朱利特说：“我个子最高，所以我能跳得最高。”（一个在对象和事件之间进行测量的例子。）

排着队的孩子们开始衡量彼此(比较长度)，当老师问今天谁跳得最高时，孩子们一致认为是阿曼达，老师问：“她是个子最高的吗？”

贾斯汀说：“好吧，明天我跳得最高，因为是我的生日。”朱利特观察以后说：“阿曼达是在跳床的中间蹦的（说明她在思考位置），明天我也要那样尝试一下。”

表 20–1 美国数学教师理事会对学前到十二年级数学的综述

内容 学生们应学的数学内容的五条标准。	· 数字和应用。 · 模式、函数和代数。 · 几何和空间感。 · 测量。 · 数据分析、统计和概率。
步骤 学生们应该学会的运用数学知识来解决问题的五条标准。	· 问题解决。 · 推理和证明。 · 交流。 · 概念。 · 表示。
数学的社会需要	· 数学的文化功能。日常生活的基础就是促进数学和科技的发展，我们的学生将会生活在一个智能高端的世界，需要大量的理解力。 · 数学的社会功能。数学是人类文化与智慧的结晶，人类需要促进和理解这项伟大的成就。 · 数学是工作需要。毫不夸张地说聪明的公民需要一定的数学水平，在工作方面经常需要用数学来思考和解决问题。 · 数学家、科学家、工程师和别的需要使用数学的人。公正和出色一定是学校数学所追求的数学项目。通过给更多的学生选择权，同时也保持高要求，一定就会有大量的对这些职业的追求。

在活动中心的特殊学习经历涉及三个数学内容标准：数量和操作、测量、空间感。在这个过程中，我们可以看到孩子们通过自己身体在空间里的移动来帮助他们学习这些特殊的数学概念。

玩的时间给孩子们大量的机会来探索、拓展和修正他们的特殊发现。孩子们在跳床上玩的时候不仅学会了分享力量、空间、物品和想法，还通过数数得到和他们比较跳跃技巧的机会。

语言艺术中心的数学

几乎没有老师不知道，使用儿童书籍在孩子童年学习数学中的好处。孩子们喜欢听别人读书，而且书籍能够为他们提供丰富的数学学习资源。通过儿童书籍来教数学，可以激发孩子们用一种令人兴奋的新方法来学习数学。用儿童书籍来学习数学，鼓励孩子们用数学的概念来建构他们的数学和文学学习。

评估儿童书籍中的数学学习

当你想评估哪些儿童书籍包含着数学活动，首先要判断这本书是否值得一读。它必须有一条吸引人的故事线索，优美的语言，以及对这个世界的好奇。

优秀的图画书会用栩栩如生的图画和动人的语言提出数学概念。这些插图和文字必须能吸引读者。读者和听者必须能用书中提到的方法在现实世界中发现那些概念。书中提出的概念也必须能吸引少儿群体中的特殊听众。并且最后一定要有一个令人惊奇的因素，从而驱使读者“达到一个新的高度，激发新的想法，并且丰富他们现有的知识”（赫尔维希、门罗、雅各布斯，2000）。

当你想用一本书来上数学课的时候先问问自己这些问题。

1. 如果我没有选这本书来上数学课，我会给孩子们读这本书吗？书用于课堂不是为了教一门课而是因为它很有趣。一本既可以提升阅读兴趣又适用于数学教学的书一定是好记的，有平实的语言，有令人着迷的图片，并且经得起大量阅读。

2. 这本书能够激发人的好奇心和求知欲吗？能够激发孩子们去做自己的调查吗？在读这些书的时候，有些概念需要老师教，但有些不需要，比如比例、估量、重量和形状，都可以变成孩子们自己调查的主题。

3. 这本书对于孩子们来说有意义吗？他们能够自己联系起来吗？孩子们应该可以把自己通常做的活动，自己生活中经历的事情与书中的人物区别开来。

4. 这些数学上的联系自然吗？当数学概念出现在一个故事中的时候，读者不仅陶醉于这本书本身而且被其中的数学概念深深吸引。用数学思维思考是很重要的；他们不是作者口中所阐述的事实。因此，孩子们有机会去询问和追求解答（撒切尔，2001）。

用童书学习数学的一个例子

你将发现儿童书籍可以被用于提出有趣的数学学习活动。儿童书籍中有很多非常好的数学资源。艾瑞·卡尔的《好饿的毛毛虫》一书中描述了毛毛虫的生命循环，其中使用了生动形象的设计，这就是一个非常精彩的可以用于幼儿数学学习的儿童文学作品。

教比较 从这本书里可以总结出大小的比较是最明显的比较概念。毛毛虫从一个躺在树叶上的极小的卵变成一条比较小的饥饿的毛毛虫，再变成一个大的、棕色的茧，最后变成一只大而美丽的蝴蝶。给学生们读完这本书以后，老师可以和孩子们讨论大小关系的描述。之后，孩子们可以比较从书上剪下来的毛毛虫生命历程中的每个阶段，然后按从小到大的顺序进行排列。

教排序 排列数字的技能可以和一周中的天数以及毛毛虫的生命历程联系起来。要求孩子们按照一周中的天数或者根据书中所讲的毛毛虫生命历程的阶段来排序。用这种方式来排列一周中的天数可以提高孩子们对日历的兴趣从而激发他们记录过去的天数。玩生命历程的游戏，可以让孩子们按照生命进化阶段来排列图片，排列以后可以根据书中图片背面已给的1–4 顺序进行校正。

教一一对应的一致性 毛毛虫一个接一个地吃了很多食物的现象可以用来强调一一对应的一致性。学习中心后续可能会要求孩子们把毛毛虫和塑料水果进行匹配，看看毛毛虫的数量与水果一样多还是多于水果。

教数数 可以要求孩子们数出这个故事中毛毛虫所吃水果的数量，然后再数出其他被吃掉的食物的数量。

故事中，他们数毛毛虫吃的水果和其他食物的数量。他们也要记录周数、天数和毛毛虫生命周期的变化。然后会给孩子们一个更具体的学习任务：计算出在他们自己用餐时间内，毛毛虫吃掉的水果和其他食物的数量。学习中心的游戏也能涉及计算塑料容器里的食物图案。

教基本的数字 老师可以使用这个故事强调编号技巧。当孩子们在看书时，老师可以问："毛毛虫在周六吃了多少东西？在周一呢？"然后孩子们可以玩一个游戏：数饥饿的毛毛虫在纸叶子上咬的洞，从而计算毛毛虫吃了多少口，通过将答案写在叶子后面进行自我校正。

艺术中心的数学

在艺术活动过程中往往会涉及偶然相关的数学学习。当材料用于某个过程，孩子需要记下数量和使用要求。经常可以听到孩子们向他们的同学说明一个过程时说："先把布条撕下来，然后把它们粘在气球上。"在规划艺术活动的过程中，孩子们学会考虑所需物品的数量和形状。这些经验与解题和测量直接相关——这两项内容标准均在美国儿童数学学科标准中。

我们听到，“我的车需要四个轮子”和“我需要三角形的木头做房顶”。孩子们在写画的过程中学习到量的多少，比如有几只眼睛，有几个手指头，衣服上有多少个扣子。

数目和尺寸的不同经常引起孩子们的关注。六岁的乔尼叫喊道：“我的孔雀想要10根羽毛，但是我只有9根。坐在他旁边的博纳德说：“我的比你多，我有12根。”

孩子们在材料挑选和分配的过程中要学会和同学交流达成一致。4个孩子需要4把剪刀，5个糨糊杯需要5块糨糊，3根针需要3根线——这都是关于数字的标准和操作的实践。

下面的方案进一步阐述了艺术活动是怎样被用于数学领域的。

两个孩子用胶水固定纸带制作适合他们头部尺寸的头巾。“这是一个窄小的广场，”卡斯珀指着他的矩形邮票说。克莱尔看到设计的形状然后大笑，她捡起一个椭圆形说：“这是一个光滑的圈！”当孩子们给其他形状起名字时笑的声音更大了。（图形对比可以增加学生的几何感和空间感）

很快他们完成了，卡斯珀举着纸条，克莱尔测量并且剪合适的长度（测量标准）。第一次试戴时纸条太短，于是他们带着问题去找老师。她说：“怎样才能让它变长一点呢？”

克莱尔认为他们可以在纸条的末端加上一些纸（一个让物体变长的例子）。终于孩子们做出很合适的头巾。当另外两个孩子走进艺术中心时，卡斯珀说：“你应该切断纸条确保它合适。”一个孩子采取了这个建议，但是另一个孩子没有理他继续设计纸条。

孩子们继续探索可能使纸条变长的各种方案，描述各种形状的特点。这是有趣的，实践中学到了形状、测量等数学概念和怎样解决问题。

水桌上的数学

在水桌旁边数学是最容易和孩子们的游戏相结合的了。在反复把水倒满容器又把水倒出来的过程中，孩子们可以听到水流声。“它不能装下所有的水。”格雷斯解释（对水容量的理解）。

埃尔伯特捡起一个瓶子说：“这个最高，它装的水最多。”

格雷斯不同意：“这一个可以装很多的水，是因为它很胖。”（她比较瓶子的尺寸和容量。）她建议，他们可以计算每个瓶子能装多少杯，但是埃尔伯特只是继续从一个容器向另一个容器倒水（他直接比较容量）。“这个瓶子可以装6杯，”格雷斯说，“你的可以装多少杯呢？”埃尔伯特开始用漏斗和杯子把自己的瓶子装满水，格雷斯数着杯数然后解释道“4杯多一点儿，并不是可以装下整杯数（应用小数的实例）。

在这个游戏场景中，游戏体现了数学思想。在这种情况下，孩子们自己的经验展示了数学思想形成的不同方式。他们既不关注具体的目标，也不关注实现目标的方法。他们的脑海中没有一个明确的计划。他们的目标是自己规定的，并且随着游戏而改变。

除了这些自然发生的数学经验，你也可以计划一些水桌旁的活动来建立孩子们的数学概念。例如：一个老师可以构造这样一个数学疑问（利用三个空塑料杯），将水加满到第一个杯子的边缘，然后把第二个杯子倒一半，最后一个杯子是空的，让孩子们去辨别哪一个是空的，哪一个是半满的，哪一个是全满的。

孩子们理解了“满”的含义，自然就分辨出了哪一个是装满水的杯子。大部分的孩子也会同时理解空的概念，但是很多孩子会弄不明白“一半”和“少”的概念。

这个在水桌旁的实验可以被继续运用到可操控的其他领域，如用杯子测量，数扣子、珠子或其他材料，进一步探索满、空、少、更少的概念。通过这些重复的交流和对话，孩子们可以学习一些数学词汇和概念，比如：相等、分数、零，在水桌旁可以通过反复的活动和经历学习这些概念而不是坐在课桌前做数学题。

戏剧舞台中心的数学

孩子挥舞他们的娃娃并且分享一本关于医院冒险的书。突然，科拉松停下来说：“我的娃娃病了，我要找医生。”她看着贴在电话旁的表单开始拨号（读出并拨打上面的号码），“他的电话号码是555–1234”（提供一组单个数字）。“你好，医生，我的孩子病了，我该怎么做？再见。我的医生说我必须给我的孩子吃11片药。”

“噢，那好，”麦博说，“我的孩子是前天病的（时间顺序），他吃了77片药（从使用十几的数字到超过二十的数字）。”这些孩子继续摇着娃娃看书。

这些孩子们正在通过玩的方式把他们对成人活动的理解变成自己的活动。科拉松知道成人是如何通过数字来打电话的。玩也包括智力活动。科拉松通过她自己对电话号码簿的理解——3个数字后面加上4个数字——来打她自己的电话。她对麦博建议给宝宝喂很多药片证明她已经有了数字感；对于科拉松来说，相比单个的数字10个数字对于她来说已经很庞大了。麦博的回复表明她也有了数字感，因为她知道以ty结尾的数字大于以teen结尾的。麦博的朋友们懂得她昨天的口头描述，并且随着时间的推移它们将会被更好的术语所取代。这个情节也可以与国家的数学标准联系起来，两个标准——数学感知的交流和数学与日常生活的联系，在孩子们玩的经历中是显而易见的。

积木区的数学

积木区是体验数学的最佳场所。用积木来学习数学尤其好，因为它们就是现实生活中几何形状和固体的例子。积木区通常被建在学前班的教室里，但是它和普通教室一样重要。

为了鼓励在积木区开展丰富多彩的数学活动，你需要认真计划适合这个中心的设备物品。例如，对于小孩子来说，他们第一次接触的积木应该大一些。当孩子们大一点再给他们小一些的积木。如果你在一开始的时候就给他们很小的积木并让他们排列整齐，结果往往事与愿违，他们很可能就不喜欢积木了。除了这个，积木的搭建是一个极其令人满意的提升学生思维、想象力和发展数学概念的活动。

如果你的积木区很受欢迎并且孩子们需要排队，那就制作一个等候列表——整齐地打印出来供孩子们阅读——并且安装一个计时器。当你启用计时器来规定时间的时候孩子们会觉得那样的等待很公平。你也可以用简笔画来提示这个区域可以容纳多少人。

一个孩子搭建积木的时候会用到很多数学知识，比如分类（根据相同的大小来分组）和排序（按照从大到小的顺序排列）。通过搭建积木还可以学到很多其他的数学知识，比如长度、面积、体积、数量和形状。在搭建积木的时候还提升了大大小小的移动技巧。

在积木区的清扫是另外一个练习数学技能的好机会。下面这些建议可以帮你把清扫真正变成一个学习的经历：

- 让孩子们捡起所有弯的积木。
- 让孩子们捡起所有不同长度的积木。
- 让孩子们根据大小捡起积木。
- 让孩子们捡起不同于保洁主任所说的积木。
- 让孩子们收起那些特殊形状和大小的积木并问他们用了多少个。
- 让孩子们堆起左边矮的积木架子上的所有积木，然后再堆中间的，等等。
- 让孩子们两个一组，三个一组，四个一组收起积木。

表 20-2 积木区的建议

活动	· 创造现实和想象的结构。 · 大小和形状之间的细微区别。 · 根据大小和形状进行分类。 · 根据空间进行筛选。 · 理解空间、大小和形状的概念。 · 认识典型的几何形状。 · 提升观察力、手眼协调性、想象力和方向感。
材料	大概 200 个积木。 带轮子的小玩具。 玩偶（在舞台或剧院使用的那种）。 娃娃（从家政区找来的）。 化装的衣服，尤其是帽子。 不同大小的空心积木。 各种形状结构的物品：机械积木，乐高，林肯积木，猪鬃块，连接器，等等。 来自动物园或农场的各种橡胶动物模型。 小的、塑料的或者橡胶的农民、警察等。 支架，瓷砖。 旧方向盘。 打包用的板条箱、盒子、绳子。 交通标志。 与建筑有关系的书。 轮滑和绳子。 大量的“垃圾”建筑材料，鸡蛋盒，牛奶盒，鱼竿，线轴，小的三角形的盒子，等等。 测量带以及不平常的测量物品。 称重用的天平。 扑克牌或带有点或数，或二者皆有的卡片。

· 让孩子们收起一打长积木。

· 让孩子们根据大小收起积木，从最大或最长的开始，以最小或最短的结束。

· 指定某个孩子去收起特定形状的积木，三角形或者圆柱形。

· 指定某个孩子根据重量收集积木。

· 让孩子们收起某种特定组合的积木，并且收集组合所有小积木。

· 用一个集合线来收集积木，这可以鼓励合作。

· 让孩子们收集大于或小于保洁主任手里所拿的积木数。（赫希， 2000）

数学概念：定义与相关活动

在我们之前的讨论中，给早期儿童学习中心提供了很多如何从日常生活中学习数学概念的参考。这一部分将会对这些基础的数学概念进行一个简短的描述，并且提出一些有助于发展这些特殊概念的相关活动。

数字

孩子们通过死记硬背学习数字。孩子们经常是还没有理解这些抽象的东西，但是已经可以根据相关经验与数字联系起来了。孩子们在玩的时候讨论硬币的价值，通常并不理解一毛钱或五毛钱是什么意思。在玩商店游戏的时候，艾琳非常娴熟地将一个苹果卖一美元，一件外套和一个帽子卖 10 分钱。

在孩子三岁以前，通常都能够正确地从 1 数到 10。这种数数被叫作死记硬背，然而，对于孩子来说并没有太大的意义。这些数字对于他们来说只是一些发音——就像重复一首熟悉的歌曲一样重复那些发音。这种死记硬背在孩子学说话阶段很常见，小孩子在不理解单词真正意义的时候就能够复述它们。

与死记硬背不同而且要难很多的是理解数字与物品之间的对应关系：每个数字都代表了一个物品序列中的位置（按钮 1，按钮 2，按钮 3，等等）。差不多或者更难懂的是，一列中的最后一个物品的序列号也代表这一列物品的总数。这被称为理解性数数。例如，在数六个按钮的过程中，孩子需要学习六的意义，他数的最后一个数告诉他总共有几个按钮——总共有六个按钮。

理解性数数是一个更高层面的数字理解，对于孩子们来说发展很慢。然而，认真地创建活动，可以帮助孩子们逐步发展对数字从一般到特殊的理解。

幼儿经常听到数数——当爬楼梯的时候，堆东西的时候，分食物的时候，玩手指游戏的时候，欣赏熟悉的儿歌的时候，以及其他的很多活动。这些重复性活动帮助孩子在懂得真正的意义之前，就记住那些数字的顺序和发音。

真正数数的能力（理解性数数）在孩子懂得一一对应之前是不可能的。在其他的词语中，死记硬背（说一个数字的顺序）是一回事，但是正确地数其他的物品——一个数字对应一个物品——更加困难。经常看到大人给孩子们一堆东西去数，有的孩子可能会拿着一个东西数两个数，或者拿两个东西数一个数。因此，当死记硬背的时候老师们也应该鼓励一一对应。

让孩子们数数的时候用手摸着物体，也是鼓励孩子学习一一对应的方法。在日常生活的不同活动中，重复练习也可以巩固一一对应这个概念的学习。

幼儿应该在他们懂得数字名称的真正意义以后，再被要求数数，也就是说，基数（1、2、3 等等）。小孩子在刚开始学数字的时候，经常在理解数数和数字关系方面遇到困难。例如，比阿特丽克斯可以数“1 本书，2 本书”。然后要求她拿两本书到桌子上的时候她会数“1，2”，然后只拿了第二本书。

分门别类

分类和排序活动，是以孩子们理解他们自己的世界里不同物体之间的关系开始的。

分类 把看着很像或者属于一类的东西放在一起是孩子们发展数字概念的一个必要过程。为了分类，孩子们必须能够观察出一个物体的相似与不同，并且与其他属性相联系起来，比如目的、位置、地点，或其他因素。孩子们通过下面的技巧来提升分类的本领。

1. 毫无计划地把收集的东西进行分类。孩子们可能把所有表面带字母的积木都放在一起，接着以一个蓝色的字母结束，然后再把所有蓝色的积木分成一组。分组以后他们无法告诉你为什么这样分，他们只是分分而已。

2. 没有明显计划的分组。当被问到为什么这样分组的时候，孩子们可以回答出一些他们自认为的理由，可是成人却无法很好很快地明白，比如她说“这些好像都是乔治的”。

3. 基于一些标准的分类。孩子们继续发展便可以基于一些标准对物品进行分类了，所有的绿色的物品和所有圆形的东西分别放在一起，而不是所有绿色的和圆形的东西放在一起。

4. 基于物品一到两个特点创建分组，把所有绿色的和圆形的物品分到一个组里。

5. 根据物品的作用、使用，或者否定的概念对物品进行分类，比如这些都是厨房里不用的物品。

在孩子们能够分门别类以前，他们需要理

想一想 教师的数学演讲和学前班孩子们的数学知识

从幼儿园开始，孩子们就显示出了在数学知识方面的个人差异。其中一些孩子有令人赞赏的数学技能——包括数一些小物品，匹配或者分类物品，以及进行简单的计算——而另一些孩子的数学技能少一些（克莱门茨，2004）。像这种早期的差异会在以后的小学学习成绩中持续很久（丹顿和韦斯特，2002）。

早期出现在数学知识方面的个体差异，是根据美国百分之七十的读幼儿园或者四岁读日托班的孩子们得出的（美国教育部、国家教育科学中心，2000）。来自芝加哥大学和波士顿大学的研究者们检测了幼师讲课中所使用的数学话语与幼儿在一个学年中数学发展水平之间的关系。他们觉得在学前班里数学的输入频率以及变相的数学输入在孩子们的数学发展方面的影响是不得而知的（克里巴诺夫，莱文，赫特洛切尔，维斯丽娃和赫奇，2006）。

他们的样本包括从芝加哥地区 13 个学前学校和日托班中抽取的 26 个班级。所参与的学校根据社会经济发展水平被分为三个层次：低、中或高。

他们评测这 26 个班级中 198 个孩子在学习中的数学技能。大多数的孩子被测两次，学年开始的时候一次，结束的时候一次。研究者们先把 26 位班主任的话录音，然后抄写并且译码成数学输入。

从这个研究中，研究者们得到了三个主要的发现。第一，在孩子们四岁的时候他们在传统的数学知识方面所体现的个体差异与之前的研究是一致的。平均而言，在社会经济地位上处于中高水平的孩子的数学知识要多于社会经济地位低的孩子。第二，学前教师在他们教学中所使用的数学语言差异很大。第三，也是最重要的，他们的结果表明，学前教师教学中数学语言的使用量直接关系到孩子们一学年后的数学知识的提升。

这些研究者强调数学语言的学习比数学概念的学习更重要而且可以在解决问题的时候应用数学概念。实际上，他们的发现表明学前教师可以通过提升自身的数学语言来培养幼儿的数学知识。

尽管这种观念出现在由美国数学教师理事会编写的学前到二年级的数学标准（2000）中，但就研究者的知识而言，这是第一次研究证明教师数学语言的使用量与幼儿数学发展之间的关系。更多的数学语言可以有潜力提高孩子们的数学技能，虽然这个信息只是很简单的一方面，但是需要增加大量的学龄前教育让学生在小学甚至更高年级时可以面临更大的挑战（克里巴诺夫等，2006）。

解一些概念，诸如“属于”“放在一起”“相似”和“属于一类”。这些概念在孩子们童年早期随着时间的推移逐渐从他们手边经历而获得。作为老师，你的角色是通过精心挑选丰富多样的适合分类的物品来帮助孩子们在大量的分类活动中学会分类。

那些用于分类的物品可以放在你玩具间或游戏房里的架子上。箱子或收纳盒（普通的塑料盆和松糕饼的模具都很不错）可以用来存放物品。分类托盘可以由一系列木板上的金属罐子盖或者安装在纸板上的干净塑料杯做成。

用彩色胶带把木板或者托盘分成几个部分；或者把小的，干净的塑料盒安到木板上。鸡蛋盒、针线盒、工具箱（例如可以存放坚果和螺丝钉的），以及钓鱼箱也有助于分类并激发孩子们使用数学材料。

比较

比较的技能似乎学得很简单很自然，尤其是当进行个人比较的时候，“我的鞋子比你的新”“我有最大的”“我妹妹比较小”“你得到了更多的”。当孩子们搭建积木的时候，他们或许会进行其他的比较“哪个塔是最高的？”“首先放最重的那块积木”“搭建一个像这个一样高的”。让孩子们使用比较性的语言来区别他们已经搭建好的部分。

在童年早期，当玩水和玩沙的时候孩子们可以根据不同大小和形状比较容器的体积，这些都是非正式的并且与真实生活经历相关的。“多少杯水可以装满一桶？”“多少个红色的？”“哪个最重？”“这个装不了太多。”

孩子们已经熟知的诗歌，甚至一些民间传说，都可以为孩子们提供非正式比较的机会。比如《三只比利山羊》《金发姑娘和三只小熊》还有一些其他的诗歌都可以提供不同方面的比较。

在整个学前阶段，让孩子们去观察和注意他们周边物体之间的不同，给它们命名，并和其他人一起讨论。

排序

另外一个在整个数学知识系统里非常重要的数学概念就是排序。

把周边环境排成几个系列开始于儿童早期，并且贯穿于整个人生。儿童早期开始于理解一系列反义词：

大——小　　　　重——轻

冷——热　　　　长——短

成人的介入、合适的材料以及恰当的语言引导可以让这些早期的基本概念更加精确。比较两个孩子的身高是排序的开始。排木条，排积木，或者按照从最小到最大的顺序排套杯都可以帮助孩子理解排序的物品之间的关系。

当孩子们排成一排去户外的时候，他们会看到另外一种排序现象：胡安站在安德里亚的前面，伊冯站在德鲁的后面。当他们说“我想当第一个”或者“吉米最后一个”的时候他们或许正在运用他们自己对顺序的理解。

听完《金发姑娘和三只小熊》的故事再讨论，他们的观察或许会变得更好。这个故事除了它的很多其他的好玩的数量以外，还包含了大和小以及一一对应的关系。

按照大小排序的概念，在其他的教室区域也会非常自然地出现。老师能够通过孩子们的玩耍和活动，来理出一些排序的关系：一系列的罐子，瓶子和书也可以用来练习大小排序。对于小孩子来说先进行两两比较，大孩子可以扩展到三个甚至多个对象进行比较。

孩子们喜欢排序，并且也经常自发地进行排序。很多餐桌上的物品也可以提供排序练习，比如普通的汤勺和杯子。

你的角色就是提供材料和足够的时间。当孩子们觉得现有的材料太简单的时候，你可以通过鼓励他们用不同的方式排列玩具，问问题，或增加其他的材料来激发他们的兴趣。

排序活动可以包括长度（木棒），高度（瓶子），总大小（碗和鞋子），重量（石头），颜色（从浅到深），以及其他的无限可能。

形状和形式

小孩子掌握各种形状的名称之前，需要对形状做比较的经验。通常，一次向他介绍一个新形状名称就够了。当理解了这个新的形状名称以后再学习新的，以此类推，循序渐进。

在教孩子们关于形状和形式的时候，不仅仅要学常见的几何形状，诸如圆形、三角形、长方形和正方形，还要增加更多的形状。因为形状可以帮助识别，或者是识别的来源，如果将教学内容限制在“基本形状”，大体上，形状识别的重要方面就被排除在外了。

当然，熟悉的形状应该在不熟悉的形状之前教给孩子们。大多数这些不熟悉的形状的掌握，有赖于之前那些图形的识别和掌握。基于已经掌握的简单图形，学生可以建构更多复杂的图形。

不同种类的图形，都可以在孩子生活的环境中找到。典型图形的词语应该经常被提到，例如，日常语言应该包括诸如这样的说明“那是一个正方形的盒子”而不是“那是正方形”；“这个钟表是圆形的”而不是“那是圆形”；“把书放到那个正方形的桌子上”而不是“把它放到那里”。通过这些短语，孩子们对这些物品的名称，以及它所具有的代表性的形状，就非常清楚了。而后，其他的特点诸如颜色、大小、纹理和数目也可以继续添加进去。

当介绍一种新的图形之前，一定要先复习一下已经熟悉了的图形。然后激发孩子们思考这些问题“新图形和哪个图形比较像呢？”或者“新图形与原来的某个图形有什么不同呢？”类似的比较可以强化并复习已经学过的图形。

数学（三至五年级）

数学是三到五年级的大多数学生都喜欢的一门学科。事实上，几乎四分之三的四年级学生说他们喜欢数学（肯尼和西尔弗，1997）。三到五年级的学生认为数学是实用的，他们总是被鼓励去想一些新主意，而且他们认为学习数学是重要的。然而，四至八年级的一些学生

读一读　循环利用数学材料

为了增加数学材料的巧妙应用，开始收集瓶盖吧。你将会发现这些可循环利用物品的很多用处。下面是一些建议：

瓶盖的大小　给孩子们一些大小不同的瓶盖。让他们从小到大进行辨别，然后再从大到小辨别。

瓶盖分组　收集大量不同大小，不同颜色和不同纹理的瓶盖。请孩子们根据相似性进行分组，注意孩子们分组的不同方式。他们可能会根据大小、形状、颜色或者塑料与金属来进行分组。一旦他们完成分组，鼓励他们描述一下他们的分组情况。其中一组比别的组多几个？还有别的分组方式吗？

瓶盖的重量　提供一个天平和一些瓶盖，让他们比较塑料瓶盖和金属瓶盖哪一个更重。放一个大瓶盖在天平的一边，多少个小瓶盖的重量才和一个大瓶盖的重量相等呢？三个大瓶盖的重量和三个小瓶盖的重量相等吗？如果在其中的一组多放十个或者少放十个会发生什么呢？

装和数瓶盖　把瓶盖装进一个小而干净的容器里。让孩子们估计容器里有多少个瓶盖，并且记录他们估计的数量。让他们数瓶盖的数量，然后与他们估计的数量进行比较。然后给他们另外一个容器，比原来的小一些或者大一些，让他们估计多少个小瓶盖能把这个容器装满。邀请一个孩子在其他孩子装的时候来数数。

瓶盖配对　收集足够多的瓶盖来保证都是成对儿的。混合以后把它们堆在桌子上。给孩子们时间来探索瓶盖之间的不同。然后邀请一到两个孩子来找那些成对的瓶盖。孩子们发现了几对呢？什么让这些瓶盖彼此很像呢？它们与剩下的有什么不同呢？

对数学的兴趣开始减弱。尽管他们依旧认为数学很重要，但是到了八年级他们就不再认为数学的特点是有趣，而且也不再认为自己擅长数学（肯尼和西尔弗，1997）。在小学高年级和初中低年级的数学教育有挑战性、有趣味性并且能够吸引学生是非常重要的。

老师所使用的教材和教法，应有助于学生建立数学知识的联系，并且提供一个让这些联系有意义的基础。因为三到五年级所学的内容是从低到高逐渐延伸的，学生们需要这种联系来帮助他们更好地理解新的概念，以及遇到的新的解题步骤。三到五年级的学生也必须要能够理解，而且胜任自主学习。在数学方面，这就意味着学习怎样检测，问问题，以及思考不同的策略——所有的这些都是为了运用数学思维，并且把它们与其他领域结合起来。

然而，美国数学教师理事会提供的 10 条标准是应用于所有年级的，三到五年级的指导性重点是基于对学前班到二年级的概述还有他们自身的拓展。尽管数字和运算依旧是三到五年级的课程基础，然而每一条课程标准（数字、数据、测量、代数、几何）对于构建学生当前阶段的知识来说都是非常重要的。对于这个年级段来讲，核心数学主题贯穿于乘法、除法和混合运算这块领域。

同样，数学的知识和运用过程应该在这些年级被深化和拓展。三到五年级的学生应该可以进行复杂的推理，并且可以挑战更难的问题来促进自身的学习。

在三到五年级，从整数延伸到分数和小数也是数学课程的一个关键方面。学生们需要很多不同的练习来理解分数和小数代表什么，它们彼此之间的联系，以及它们与整数的不同。

计算器：（三至五年级）

恰当地运用计算器在所有年级的数学教育里面都是非常重要的一部分，包括小学阶段。美国数学教师理事会已经在《学校数学的原则和标准》中详细地说明了这点（美国数学教师理事会，2000）。因此，计算机和各种计算机软件应该被认为是学习数学概念和进行数学运算的合法工具，并且应该是三到五年级的学生可以使用的。

学生们需要学习计算机，但是他们也需要使用纸和笔的技能。实现两者之间的平衡，是小学数学老师的重要工作内容。研究表明，使用计算器的学生，可以更好地理解数学概念以及解决数学问题（坎贝尔和斯图尔特，1993；亨布理和德萨特，1986；苏达姆，1987）。同样的研究证实，使用计算器不会妨碍学生演算能力的发展，而且在很多研究中发现，有机会使用计算器的学生的纸笔演算能力反而会提升。

计算器只是一种工具，也就是说，只有人按那些按钮它们才有效。就像锤子本身不会建造房子，计算器自己也不会思考或者解决问题。这是人的工作，而且是学生们继续学习的一项工作。

而且，就像一把锤子不能让钉子往哪里钉，或者阻止钉子钉到错误的木板上一样，一个计算器也不知道怎么样操作，而且也不能让人忘记一个小数点。这些还是人类的工作，而且这些也准确地包括了老师可以教给学生的一些技能。有时候计算器对于一项工作来说是正确的工具，不过有时候它也不是。知道什么时候该用计算器，什么时候不该用，也是老师能够教给学生的一项技能（西利、哈格伯格、希莱克和克雷比尔，2005）。

学生们能够使用计算器最重要的情形之一，就是只有使用计算器才可以解决他们无法解决的问题。有了计算器，所有的孩子都能够解决，包括难以计算的数字和日常生活中所产生的数字问题。当老师每一节课的重点要放在解决问题的能力上，而不是计算的步骤上时，计算器就可以被恰当地使用了。比起用纸和笔快速地计算数字问题，他们能够更好地提升他们做决定和解决问题的技能。（西利等，2005）。

老师们需要创造机会，并且判断什么时候，以及怎样使用数学教具来辅助教学。他们可以安排活动，要求学生们使用计算器和电子表格来解决问题。三到五年级的学生可以使用图表和几何软件以及计算器来探索、实验、变化和设想数学方法。例如，这些学生可以使用软件来创建、修改以及测量图形，从而探索几何形状之间的关系。他们可以创建图表，并且思考如何强调或者改变一些数据的走势。他们可以使用计算器来探索小数和整数之间的关系，或者正负数之间的关系。这个年级组的学生也有机会学习如何通过上网，搜集解决数学问题的信息。

在三到五年级的数学教学中，计算器是一种重要的教具。然而，计算器并不能够满足快速回忆基本知识，基本理解数学概念，理解和使用计算机策略功能的需求。进一步说，计算器应该通过增强这些方面的功能，来激发学生们的学习。当学生们解决包括复杂计算的问题时，计算器应该用于执行计算。计算机的另一个功能就是帮助计算者注重于问题解决的整体步骤，而不是计算的细节中。

总结

在孩子们正式使用数字以前，他们就已经通过日常知道了数字。例如，孩子在懂得什么是排序之前就已经能够说“第一、第二、第三”了（序数词）。孩子同样在真正懂得数字的概念之前，也能辨别一个和很多个，以及几个和很多个之间的不同。关于数字早期使用的图表，与儿童生理发展的图表是一致的，在这些早期阶段，孩子们对数字的理解与认识是随着生理发展而逐渐进步的。

在日常生活中，成人与孩子们正确使用数字的表达是非常重要的。在日常生活中，使用数字正确的意义与单词的正确使用一样重要。儿童在早期数学中心的日常活动中，学习数学概念是一件非常自然的事情。在日常活动中，诸如美术课、阅读、玩积木、移动、玩水以及语言艺术活动，小孩子们都可以乐在其中并提高自己对数学的认知。

通过死记硬背来数数，对于三岁左右的孩子来说再正常不过了。在孩子们真正理解一一对应的意义之前，想要掌握理解性数数是不可能的。

分类，或者把相同或相似的东西放到一起，也是发展数学概念的一个必要过程。为了学会分类，孩子们必须能够观察一个物品的相似性与不同之处。

比较是适合用于早期儿童项目的另外一个数学概念，孩子们似乎都能很容易，而且自然而然地进行比较，尤其是涉及他们自身的那些比较。

另外一个重要的数学概念就是排序，把事物进行有序排列，是一个适合早期数学经历的过程。

关键词		
基数	排序	死记硬背数数
比较	数字	
一一对应	理解性数数	

学习活动

1. 用这一章节里所提及的活动建议和小孩子们进行一次活动。评估你的活动，并和你的同学们分享自己的评估。

2. 为这一章节所讨论的数学概念设计一些你自己的活动。

3. 为创造性数学活动选择两本儿童书，解释你为什么选择它们，并且说说你将打算怎样运用到儿童教学中。如果可能的话，先在一组儿童中运用并且讨论你的教学效果。

4. 使用学校用品目录，选择三件适合的教学设备帮助孩子们学习排序、几何形状和大小。

5. 假如你有 150 美元来给你的班级购买数学设备，用学校提供的目录，决定自己怎样花这笔钱。下面是一些帮你做决定的建议：

①选择的发展性理由。

②买这些东西的目的。

6. 从这些年龄组里每组选择 1–2 个孩子：三岁组，四岁组，五岁组。让每个孩子根据自己的能力来数数，记录每个孩子数数的结果，讨论什么样的数学活动适合于他们的发展。

7. 观察并和儿童谈论，倾听他对数字的一些认识和理解。如果可能的话，问这个孩子一些问题，比如“你几岁了？你最喜欢的数字是几？你能数到几？你在哪些地方可以看到数字？”

观察一个五六岁的孩子并和他谈论，问一些同样的问题。再问其他的问题，比如，“让我看看你是如何增加一些东西的。这里有三支铅笔，如果加上两支你将会有几支铅笔呢？”让孩子们挑战数学问题和难题。评估你所观察的两个孩子对数学的理解，在心里记住他们的年龄差异。

8. 问三到五年级的孩子关于数学的看法。喜欢数学的孩子占多大比例？问问他们为什么会这么感觉。向同学们报告你的调查结果。

9. 用在线咨询里的数学观察问卷来观察一个幼儿教室。和你的同学们讨论你的观察结果。你发现了什么惊奇吗？如果有，请解释它们是什么。

游戏活动

下面这些活动可以帮助孩子们学习数数这个数学概念。

· 在数数这些活动中，让孩子触摸每个物品。只数那些对于孩子来说有意义的数字。用不同的物品来重复这个活动，直到孩子不再需要触摸或者指着物品。给孩子们提供很多巧妙的数数经历，让孩子们可以数珠子、纽扣、曲奇、孩子和椅子。例如，孩子们可以把珠子放进盒子里或者让孩子坐到椅子上。确定所需的位置数量、牛奶的数量、银器、纸巾等其他餐桌上会出现的东西。

· 用纽扣、瓶子盖或者类似的物品，让孩子们练习数三。把三个放进盒子里，然后从盒子里拿出一个、两个或者三个。数完以后，孩子们可以把纽扣或者瓶盖，粘到一张纸上做成一幅画。

· 让孩子们轮流投掷一个有号码的豆包到一个大容器里，允许孩子们选择他们希望的豆包的号码，当他们一边投的时候要一边数他们投进的次数。

▶ 数数埋起来的宝贝

在一个干净的塑料汽水瓶里装上三分之二的沙子，把各种各样的小玩意儿放进去（珠子、纽扣、橡皮、塑料昆虫、护身符、宝石，等等。）。紧紧地盖上，然后用胶带封上盖子，让孩子们摇晃瓶子然后数数里面埋了多少个宝贝。如果有人数对了，就打开盖子增加或者减少一些小玩意儿，然后再封上瓶子。

▶ 数字和零食

数字的概念在日常生活中很容易被巩固。零食时间对于教数字来说是非常精彩的时刻。一周一到两次，准备一些零食来巩固数学概念。在上课的时候讨论零食的特征。然后，当他们从你准备的这些特殊零食里学到了一些知识之后，就让他们吃掉零食。

A. 选择一些零食并且按一定数目分组端上来（四个葡萄干，四个胡萝卜条，四个香蕉片，四块饼干，等等）。

B. 选择一个几何形状，例如圆形，然后提供圆的零食（圆的饼干，黄瓜片，圆的谷物食品，胡萝卜片，香蕉片，等等）。

▶ 数字和数的概念

把卡片剪成两半（在剪开的两半卡片上做好不同的剪割线保证只有那两个才可以配对）。把所有卡片放在一起做智力游戏。把这个放到数学中心。

在房间周围放上数字 1—10。给孩子们看一张带有物品的卡片，告诉他们卡片上有多少物品，然后让他们找那个数字。

用彩色正方形或者别的形状上的数字来做一本数字书。

在数学中心创建一些可以识别和计算的活动，例如“数弹珠”。提供十个纸杯，并且用数字 1—10 做上标签。提供一个装有很多弹珠的盒子，把这些放在一个迷你数学中心的桌子上，让孩子们和自己的小搭档一起来完成。一个孩子判断杯子上的数字，然后放恰当数量的弹珠到杯子里。他的搭档数每个杯子里的弹珠数量，看看放得是否正确，然后再把弹珠放回到盒子里。

数字圈

让孩子们坐在一个圆圈里面，拿着一个球坐在中心，边喊出一个数字边传球。当接到球的孩子根据喊出的数字，拍对次数以后，再把球传给下一个同学，同时喊出一个数。保证孩子在拍球的时候大声喊出来。可以变化小孩子运动方式进行，比如让他的同学沿着室内的道路跑、跳、蹦。把结果记录在表格上展示他们谁走得更远。

日常数学

试一下这些例子，日常数学活动可以提升你和小孩子之间的数学讨论。

- 围圈叫。让孩子们数有多少个在场的同学，并且确认有多少个缺席的。
- 日历问题。讨论日历上的数字。离周末还有几天？一周有几天？一个月有几天？
- 列队。当孩子们在排队的时候，让他们说“我是第一个”“我是第二个”等等。把我们用来描述顺序的单词做成一个表。
- 奇偶。让孩子们思考哪些东西是一个一个出现的，哪些是两个两个出现的，哪些是三个三个出现的，等等。做一个表，用一年的时间不断添加答案。
- 学习时间。在黑板上画一个钟，让孩子们根据你所说的时刻去添加指针，比如“什么时候吃午饭？”

数字书籍

给每个孩子制作一本书，也就是把四页白纸钉在一起，用一张彩纸做个封面。根据选择所学内容写上标题（数字书、比较书、形状书等等）。让孩子们浏览书刊，寻找符合所学概念的图片，然后把那些图片撕下来，粘到自制的书上。

还是数字书

从一到八给自制的书标上页码。让孩子们在第一页贴一张图片，第二页贴两张图片，以此类推。

图形书

选一个几何图像，例如一个圆，然后让孩子们在整本书上都贴上圆形物品的图片，或者是用不同的几何图形（圆形、正方形、三角形），来标记书的每一页并且让孩子们贴上与之相应的图形图片。

▶ 大小、系列化和序数词

顺序 / 顺序排列

让儿童挑战下列活动中的一些活动：

- 让孩子们找到最短的或是最长的积木来修补玩具。
- 让孩子们从三个不同高度的物体中挑选出最短的一个，并让他们描述剩余的两个物体。
- 让学生们描述这些最短到最长的物体排列的方式。
- 收集全套材料，例如一套测量勺子或量杯。
- 让孩子们按照正确的顺序排列物体，使它们能够“全套”在一起，一个物体装配在另一个物体里面。确保让孩子们在完成配套之后，将物体从小到大按顺序排列。
- 提供不同大小的三个罐子和三个三种尺寸装有豆子的袋子。让学生们把这些罐子按从小到大的顺序排成一行。让孩子们把豆袋子竖排放在罐子旁边，最小的罐子放最小的豆袋子。打乱罐子和豆袋子的顺序，再次让孩子们按从小到大的顺序排列罐子，然后配上相应的豆袋子。
- 剪三条鱼，一条比一条大，把较小的鱼隐藏在较大的鱼下方。告诉孩子们，这些鱼都是由最大的鱼领导，按顺序游走的。让他们找到最大的鱼，然后另外两条鱼跟随最大的这条鱼游。检查一下这条最大的鱼是否超过其他的鱼。为了自我检验，孩子们要把每一条鱼放在最顶部，来查看在它旁边的鱼是否要小一些（变化：让孩子们按从小到大的顺序排列这些鱼）。
- 让孩子们把这些材料，例如按钮、涂胶的星星、盖子、珠子、羽毛和钉子，按大小排列，并让孩子们在每两个或更多的物体之间做大小的比较。
- 让孩子们把这些盒子或罐子，按从小到大的顺序镶嵌在一起。
- 在毡制品或纸板上用黏土滚成各种大小的球，按大小串起来做成三个或三个以上不同高度的物体，例如树木、房屋、帽子。让孩子们挑战，按照给定的从大到小或从高到矮的顺序，来重新排列它们（变化：按高度重新排列树木）。
- 大量重复使用排序词语“第一个”和“最后一个”，让孩子们站成一排，确定谁是第一个和谁是最后一个，看看孩子们是否能算出谁在中间。
- 剪出一些底座长度相同但高度不同的三角形，选择一些沿着一维变化的三角形。在孩子们面前把它们的顺序打乱，但是在这种方式下，孩子们并没有发现它们的大小变化。让孩子们按照从小到大（从矮到高）或从大到小的顺序再排列它们。
- 展出五个按照高度排列好的积木。安排另一组积木来匹配第一、第三和第五组，让孩子们插入剩余的两块积木使它们互相匹配。重复这个游戏，使用不同的积木，例如第二个或第四个等等。

按钮和数学活动

让父母提供各种形状和大小的按钮，把这些按钮按颜色和大小进行分类。大一些的孩子（四到五岁）甚至可以用图表来显示每种颜色有多少个按钮。

把按钮粘到卡片上，制作至少五个不同的设计，给孩子们同样大小的卡片，并邀请他们使用这些按钮，在卡片上复制这些设计。

▶ 测量

我有多大

进行活动之前，你需要盒子、纸板箱、桌子、椅子、桶、单元块和构建块。孩子们挑战以下这些问题：你能用这些积木建造一座和你一样高的高楼吗？你能建造一些和你胳膊长度一样高的东西吗？或者是和你腿长度一样高的？腰呢？肩膀呢？

叙述时间

使用遮蔽胶带，在地板上制作一个大大的钟表。让孩子们在 12 小时的空间里移动，当你询问时间时，在中间的一个人通过伸展手臂指示时间，可以改变不同时间（课间休息时间、午餐时间）和移动的方式（快、慢、跳跃、滑动、跳过）。

数字形状

当你发出一个信号的时候，让孩子们用他们的身体形成数字的形状。当他们需要帮助的时候，鼓励孩子们团结合作形成数字。让他们结合时间、空间和力量来组成这些形状。

用我们的身体测量

在一张图纸上写上“测量”这个单词。让孩子们来分享他们知道的有关测量的知识。测量是什么意思呢？我们要测量哪些类型的东西呢？我们要用什么进行测量呢？

我们为什么要测量呢？把他们的这些评论写在图纸上。

让孩子们用他们的身体来测量不同的东西。让孩子们估计他们要测量的东西将会有多少个手掌或胳膊那么长。准备另外一张图纸来记录孩子们所有测量的不同东西，包括他们预估的和现实测量的长度。

让孩子们用他们的手掌找出这些桌子有多少个手掌长。邀请一些孩子到其中的一张桌子那儿，先让他们进行预估，猜测这张桌子有多少手掌长。在图纸上记录下预估的内容。然后让他们排队将双手纵放在桌子上，数一数，记录下桌子的实际长度。接下来让他们比较一下预估的长度和实际测量的长度。然后让他们测量桌子的宽度，记录预估和实际测量的长度。教室里所有的桌子都是这个尺寸吗？

让孩子们思考用其他的方式，如用他们的身体来测量桌子。从地面到桌子是多少个手掌高呢？这些桌子是多少个脚或身体的长度呢？鼓励孩子们去预估，和测量结果做比较。

趣味测量

让孩子们把教室里所有的书写工具找来，首尾相连，一字摆开。用尺子测量产生的长度。多少根蜡笔是一码（约 0.9 厘米）？几根铅笔是一英尺（约 30 厘米）？

测量影子

把孩子们分成两人一组来描绘影子。向他们说明，一个孩子站在阳光下的平地上（如果是在室内，就站在一张大纸上），另外一个孩子用粉笔或者铅笔画下伙伴的影子来。

完成后，交换角色，另一个孩子也有了影子图画。之后，在自己影子上面写上名字。

鼓励孩子们想一想测量影子的几个方法，然后让他们大胆检验自己的点子。老师手里要有多种测量工具，例如，纱线、绳子、彩色丝带。

孩子们选好测量工具后，老师帮助每一组孩子测量影子。一个孩子拿着纱线（或者其他材料，绳子、丝带等）放在影子的头部，另外一个孩子拽着线到脚部。老师帮孩子们剪断线，这样，每个孩子就有了代表自己影子长度的线或者绳子。

鼓励孩子们预测：影子和身体长度是一样的，更长一点，还是更短一点？和其他人的影子比呢？和其他物体比呢？向他们演示怎样用工具测量物体，进而来检验他们的预测。

对于小一点的孩子，建议拿大张的牛皮纸到户外去做。让孩子们轮流躺在纸上。老师画出他们身体的轮廓，剪下来。之后，拿出颜料盒和油画笔，请孩子们给自己的影子上色。

对于大一点的孩子，去户外寻找能测量自

己影子的工具，比如木棍、石头、野草等等。

让孩子们使用移动光源让户外物体的影子形状发生变化。看看，把物体这样或者那样放的时候，三轮车、球和秋千的影子是如何变化的？

数学和科学——测量蜜蜂

蜜蜂飞出去一次，能在1000多朵花上面逗留。它用口器采集蜂蜜，口器是它的舌头，长得像吸管。当它的蜜囊——容量像滴管一样大小——盛满时，它就把蜜储存在蜂巢里。

活动时，把孩子们分成小组。在教室两侧为每组放好道具，一侧放一根滴管和一杯水，另一侧放一个塑料药杯（含一个茶匙和一个大汤匙）。

玩的时候，孩子们轮流把水运到房间另一头，倒进药杯里，一次一滴。

当"蜜蜂"们把"蜂蜜"储存到"蜂巢"时，记录员记下倒了多少滴盛满了一茶匙，多少滴盛满一汤匙。

活动结束时，向孩子们解释，测量到的滴数等于蜜蜂采蜜时飞行的次数。孩子们就会了解，蜜蜂飞多少次才能产生和水同样多的蜂蜜。告诉孩子们每一只蜜蜂，一生只能采集二分之一茶匙的蜂蜜。

当蜜蜂出去采花酿蜜时它能在4分钟飞行1.6公里。问学生们，4分钟你能走多远？学生们会在学校的体育馆或者跑道上，走路或者跑步来计算一下。学生们也可以用这个数据来知道多久才能行进1.6公里。

▶ 比较

下面这些材料能帮助学生完成比较。

- 绳子、丝带、铅笔、尺子、线或者纸条，让学生们说出哪一个是最长的、比较长的、最短的、比较短的。
- 纽扣、洋娃娃、杯子、塑料动物、树、船，让孩子们指出哪个最大，谁比谁更大。
- 封好口的盛满各种东西的容器和咖啡罐子，一桶东西，一包东西，问孩子们，哪个最重？哪个最轻？哪个比哪个重？
- 玩具车、卡车、自行车，问孩子们哪个最快？哪个最慢？哪个比哪个快？
- 纸、卡片、书、木片、食物切片、饼干，问孩子们哪个厚？哪个更厚？哪个最厚？哪个最薄？

▶ 分类和整理

下面的材料有助于你进行分类和整理活动。

几盒废旧材料，包括剪成统一大小和形状的天鹅绒、花呢和网子。让孩子们根据感觉质地的不同来进行分类和整理。

一盒铃铛，比如，牛铃、圣诞铃铛、装饰用的铃铛、雪橇上的铃铛。让孩子们根据他们决定的标准来分类，可以是大小、颜色、形状或者声音。

一盒各种质地的纸。给小孩子剪切成统一大小和形状，给大点的孩子剪成各种形状。光滑的纸，水彩画纸，纹理纸，或者其他从当地打印店买的纸。

收集各种坚果、钉子、螺丝和螺钉，根据形状、大小和功能来分类。

分类

用绳子做两个圆圈放在桌子上或考地上。拿一组不同颜色的圆形物品，再拿一组各种形状和大小的红色物品。把一个圆形物品放在第一个圈里，把一个红色的东西放在第二个圈里。让学生们根据这个规则分类。然后两个圆圈重叠在一起，中间形成一个交集。

告诉学生们只有红色的圆形的物品，才可以放在中间的交集里。让学生们重新分类。提供其他几组有助于这种分类的物品，让孩子们决定分类规则。

鞋子分类

你需要准备10双不同大小的鞋子。首先，把鞋子放在圆圈中间。让学生把鞋子配对放在一起。然后按大小分成小号、中号、大号三组。

当然，他们需要穿上来判断大小。

数字测试

让孩子们编几个关于“更多”和“更少”的谜语并交换谜语。例如：“我正在想一个数字，它比我衬衣上的纽扣多一个。” “我在想一个数字，它比教室的窗户少一个。”让孩子们编一些数字相同的谜语。例如：“我的数字和小狗腿的数量是一样的。” “我的数字和三角形的角一样多。”

▶ 形状

木块和形状

买个弹簧秤或者普通秤，计量单位是克。例如用来称信件或者食品的秤。告诉学生们如何仔细使用它们。让学生们称木块。他们可以把木块组合在一起，衡量不同形状和大小的木块来得到同样的重量；也可以把木块从轻到重排好。

做一个表格来记录木块的重量。画出木块的样子，留下空白记录它们的重量。

让孩子们把木块一起称重，把重量记在表上。比较不同木块组合的重量。哪几样组合是重量相同的?

让孩子们找到每一个木块重量相同的物品。他们可能会用木块搭一个造型，并且估重。把木块拆分后，称称木块，就知道结果如何了。让孩子们画出造型的草图，把每一个木块的重量写在上面。

鞋印图案

收集几双旧鞋子，鞋底的图案要有趣。把一张大的屠夫纸（厚而不透水的纸）用胶带粘在桌子上。帮助孩子们穿上工作服。给他们每人几种可以洗掉的蛋彩和画笔。让他们用一种或者几种颜色画出鞋底。向他们展示怎样把鞋放在纸上留下脚印。让孩子们描述鞋底产生的不同图案或形状。说说他们有什么相似或者什么不同。用湿布擦干净鞋底，可以再用一次。在教室里展示这些鞋印画。

形状连线游戏

这个游戏开始之前，老师找到几张不同颜色的特种纸，把它们剪成不同的形状。圆形、正方形、三角形。人手一个。

让孩子们坐成一个圆圈。把纸放在自己面前。老师说出一个形状，有这个形状的小孩就往同一个方向跑一圈，然后回到原位。

不同类型的运动方式可以应用（例如：跳、跑、散步、单脚跳）。变化：使用颜色代替形状（玩过之后，孩子们可以把自己的颜色和形状卡片做成项链）。使用编号的闪卡或者增减问题。

牙签的形状

在这个活动中，让孩子们两个一组进行。一个孩子将五根牙签组合成任意形状只给他的搭档三秒钟的时间记。另一个孩子要尝试做一个和搭档一样的牙签组合。先喊“开始”三秒钟后喊“停！”，然后给孩子们半分钟的时间跟自己的搭档讨论和组建牙签摆放。玩四或六轮，然后和感兴趣的同伴讨论形状以及在活动中用到的几何概念。

爬行的形状

这个活动需要从卡片板上剪一些图形下来，把这些卡片布置在一个特定空间内，让孩子们按照下列要求进行爬行活动：

- 你能在不碰到卡片四周的情况下爬过去吗?
- 你能只用一只胳膊和两只脚爬过去吗?
- 你能用一只脚和两只手爬过去吗?
- 你能用一只胳膊和一条腿爬过去吗?
- 你能躺着靠四肢爬过去吗?

形状识别游戏

在这个活动中你需要各种尺寸的形状。向孩子们说明每种形状都有一个特定的动作，练习每种形状的移动方式，并且让孩子们分散开。当你举起三角形的时候，他们只能活动头；当你举起圆形的时候，他们只能活动腿；当你举起正方形的时候，他们只能活动肩膀；当你举起长方形的时候，他们只能动屁股；当你举起椭圆形的时候，他们可以全身活动。快速地换卡片，玩这个游戏的时候也可以放一些节奏感强的音乐！

形状与艺术

在这部分中需要各种形状的彩色纸（圆形、正方形、长方形、六角形、椭圆形等），蜡笔，记号笔，剪刀和胶棒。和孩子们讨论不同的形状，比如半个正方形（半圆等）看起来像什么，试着折一下看看会得到什么。讨论一半的概念和不是一半的概念，强调量的相等。

把各种形状的纸片给大家传着看看，并邀请孩子们来做对折实验，请他们把对折的图形剪开。

头脑思考一下，在日常生活中哪儿能看到这些“一半的”的图形。然后邀请孩子们用剪成两半的图形做粘贴画，并描述它们的用途。孩子们也许会通过这些形状画，给你讲一个关于等量的故事。

▶ 像林肯一样高

林肯纪念像坐落于华盛顿，美国人通过这种方式来缅怀亚伯拉罕·林肯。林肯的雕像约5.8米高。问孩子们：“你认为多少个小朋友连成一条线能像林肯的雕像一样高？”让孩子们头脚相接组成一条5.8米长的直线。多少个小朋友组成的这条线呢？让孩子们把自己估计的和实际测量的比较一下。

林肯总统有1.83米高，让小朋友们计算一下几个林肯能组成一条5.8米的直线。那么问题来了：雕像比总统高多少呢？

本章回顾

1. 小孩数学技能的发展模式是怎么样的？在你的回答中给出例子和相关的活动。

2. 一个数学中心应该有什么样的基本装备和材料？讨论下你选择的原因。

3. 艺术中心如何帮助小孩发展他的数学技能？在你的回答中给出例子。

4. 什么叫死记硬背计算？什么叫选择性计算？你怎样教小孩才能够使他选择这些技能中的一种。

5. 你准备怎么发展这一系列的技能？给出活动的例子来，帮助小孩发展这一系列的技能。

6. 你怎么介绍一些形状给小孩？

7. 有哪些方法可以教小孩分类？在你的回答中给出具体的活动名字。

参考文献

Campbell, P. F., & Stewart, E. L.（1993）. Calculators and computers. In R. Jensen（Ed.）, *Early childhood mathematics*（pp. 251–68）. New York: Macmillan.

Clements, D. H.（2004）. Major themes and recommendations. In D. H. Clements, J. Sarama, & A. M. DiBiase（Eds.）, *Engaging young children in mathematics: Standards for early childhood mathematics education*（pp. 7–72）. Mahwah,NJ: Erlbaum.

Denton, K., & West, J.（2002）. Children's reading and mathematics achievement in kindergarten and first grade. *Education Statistics Quarterly*, 4, 19–26.

Hellwig, S. J., Monroe, E. E., & Jacobs, J. S.（2000）. Making informed choices: Selecting children's trade books for mathematics instruction. *Teaching Children Mathematics*, 7（3）, 138–143.

Hembree, R., & Dessart, D. J.（1986）.

Effects of handheld calculators in precollege mathematics education: A meta-analysis. *Journal for Research in Mathematics Education*, 17, 83–99.

Hirsch, E. S. (Ed.). (2000). *The block book* (3rd ed.). Washington, DC: NAEYC.

Kenney, P. A., & Silver, E. A. (Eds.). (1997). *Results from the sixth mathematics assessment of the National Assessment of Educational Progress*. Reston, VA: National Council of Teachers of Mathematics, 36–38.

Klibanoff, R. S., Levine, S. C., Huttenlocher, J., Hedges, L. V., & Vasilyeva, M. (2006). Preschool children's mathematical knowledge: The effect of teacher "math talk." *Developmental Psychology*, 42 (1), 59–69.

National Council of Teachers of Mathematics. (1998). *Principles and standards for mathematics grades pre-K-12*. Washington,DC: National Academy Press.

Seeley, C., Hagelberger, B., Schielack, J., & Krehbiel, K. (2005, September). Using calculators in elementary school. *Teaching Children Mathematics*, 52–53.

Suydam, M. N. (1987). *Research on instruction in elementary school mathematics: A letter to teachers*. Columbus, OH: ERIC

Clearinghouse for Science, Mathematics, and Environmental Education, (ERIC Document Reproduction Service No. ED 293 728).

Thatcher, D. H. (2001, July). Reading in the math class: Selecting and using picture books for math investigations. *Young Children*, 20–26.

Whitin, D., & Whitin, P. (2001). What counts in math-related books for children. *Journal of Children's Literature*, 27(1), 49–55.

第二十一章

有创意的美食体验

▶ 教学目标

学完本章，你应该能够：

1. 描述出四种能提升儿童技能的食物活动。

2. 列出一些更具创意的食物体验活动方法。

3. 举一个创意食物体验活动的实例，并包括其必要步骤。

4. 谈谈儿童肥胖症的危害及如何对待和预防它。

当儿童通过最直接的感知方式——触觉、味觉、嗅觉、视觉和听觉，亲身体验这个客观世界时，他们学得最好。如果你想让美食体验活动产生最佳效果，首先，必须让儿童直接参与全过程；其次，活动过程中所用食物必须是实物；最后，食物的种植、选择、准备到食用的整个过程让儿童全权负责。

实际上，大部分少儿课程都涉及食物活动。然而，这类的食物活动绝大多数完全是由教师操作，学生仅仅是坐着观看老师的操作。有时，教师会给孩子一个小汤勺让他搅拌一下或者将液体从一个容器倒入另一个容器中。有时，他们的任务仅仅是负责计时。儿童几乎没有机会去决定使用哪种食材、如何使用它们、按什么样的顺序、多久才能混合配料等烹饪的流程。其实，在教室里运用食物才是整个活动中最具有创意的部分。食物是儿童生活体验的一部分，所以食物和烹饪都让他们非常感兴趣。在整个食物活动中，他们的感官都被调动起来，比如看到食物的外形、闻到食物的味道、触摸食物的质感、品尝食物的味道、并且能听到食物烹饪时的各种声音。除此之外，食物活动也能增加儿童在艺术、科学和美学领域的相关知识。

美食体验活动对整体项目的重要性

概念构建

食物活动能帮助儿童构建对语言艺术、科学、健康安全和算术等领域的全新概念。

儿童学习描述事物。在整个活动中，儿童能观察到各种形状、不同大小和多种颜色的食物。他们观察到一些食物在烹饪过程中从最初的圆形变成了长条或扁平状；有些食物的大小、材质、颜色随着混合、搅拌、加热、冷却而变化。在这个食物活动中，儿童不仅学习了不同形状的名称、大小的比较并且具备了分辨和描绘颜色的能力。

儿童学习各种味道 儿童研究加热和混合是如何改变食物的味道的。他们明白了一些调料可以直接改变食物的味道，如盐和糖；发现了哪些食物搭配在一块好吃，哪些不好吃。他们也明白了有些食物即使改变外观也不会改变食物的味道，就像苹果汁和苹果的味道是一样的，冰的橙味汽水和橙汁的味道是一样的，冷冻的香蕉和香蕉冰淇淋味道是一样的。

儿童观察事物的不同变化 在科学活动中，儿童可以观察到食物从液体转变成固体、从固体转变成液体的过程，可以看到液体加热后会产生水蒸气。他们能在固体变为液体、再变成气体的过程中闻到气味。他们还能看到多种成分混合在一起怎样形成一个新物体，而烘焙时，同种物质会产生更多的变化。

儿童学习自我表达 食物体验活动将提升儿童的语言表达能力。酸、甜、苦、咸这几个词都有其实际的含义，热、冷、暖、凉也是食物词汇中的一部分。儿童能学到美味、可口这些词汇，他们也能对液体、固体、冷冻、沸腾、臭味和无臭这些术语有更全面的理解。这些经历中学习到的词语将大大扩充儿童的词汇量。

以下是关于食物体验活动如何全方位提升儿童能力的例子：

儿童学习多元文化 食物活动可以贯穿于整个课程，以提高孩子学习的兴趣。例如，一节以世界各地的面包为主题的课程，可以告诉儿童世界文化的多元化和面包的各种独特的吃法。搭建一个面包主题的读书角，其中包括小说类和非小说类。儿童可以从中了解和制作来自不同文化、国家的各种面包，也可以谈论不同家庭和文化群体如何使用面包进行庆典和传统活动。儿童文学著作可以为儿童提供关于不同地域的人们是如何制作和食用不同面包的例子。动手环节中可以让他们制作玉米饼、馄饨、华夫饼、炸面包、白面包、百吉饼、意大利面、炸玉米饼、马铃薯饼和幸运饼干等一些不同文化的食物。以上的食物都可以与其他主题结合成为一个关于多元文化的体验活动。

能力的培养

儿童在制作食物的过程中可以培养一系列技能。虽然这些能力也可以在其他活动中发展，

进行以食物为主题的活动时，布丁的制作大受欢迎。提前准备保证它成为一个令人愉快的，不太杂乱无章的活动！我们使用即食布丁并添加一定量的牛奶。这个过程帮助我们讨论了许多问题，比如我们需要加多少水、牛奶的概念和营养价值等。他们倒出牛奶，量一量，并且所有人都有机会使用手动的打蛋器，这对他们小肌肉的发展是个很好的活动。然后，他们将布丁倒出来（有点混乱！），然后我们需要等5分钟让布丁凝固，这个过程可以告诉儿童时间的观念并且让他们观察5分钟过后时针会走到哪个位置。在制作布丁的过程中，我们一直讨论着这些有趣的问题，所以这对孩子来说是一次真实的学习经历。当然，我敢肯定最后大家一定是快乐地吃着布丁的。

实际上，很多概念都可以在类似的非正式情境下讨论。作为一名幼儿教师，我期望能创造更多这样的情境。在如此轻松自如的氛围中学习对于我和孩子们都是一种乐趣（笔者的日志）。

但是，制作食物的过程不仅能培养儿童的能力，也能让他们体验到学习的快乐。

小肌肉协调能力 搅拌食物、将液体从一个容器倒入另一个容器都能增强儿童的协调能力。唯有手部小肌肉群发展后，儿童才能握住大汤勺去进行搅拌混合。食物的测量、倒入倒出、混合都需要小肌肉群和手眼的协调配合。所以，食物制作过程为儿童提供了极佳的小肌肉锻炼机会。

简单的测量能力 通过使用有刻度的量杯、茶匙，儿童们开始理解测量的概念。儿童通过观察后知道，汤匙比茶匙盛得多，而比量杯盛得少。他们开始明白：即使使用同样的菜谱，加入过多面粉、水和盐，与加入正确数量配料的结果是完全不一样的。他们也开始明白：每一种配料的加入数量与最后成品的味道密切相关。这种意识让儿童开始寻找各种方法去配出准确的数量，这也正是他们发现测量工具的时机。较大的儿童会挑战食谱一半或两倍的分量，这给他们提供了在现实生活中练习乘法、分数和除法技巧的机会。

社会交往能力 食物活动是儿童进行社会交往学习的直接途径。在混合、测量、食物装饰和品尝的过程中，儿童都可以与同伴进行交谈、交换想法、分享喜恶、互相学习。除此之外，你会发现在准备食物的过程中，儿童能更自如地谈论他自己以及他的日常生活。

烹饪过程中，当一个孩子将食材倒入锅中时，他可能需要他人的帮助，如紧握住平底锅，也可能需要其他人协助加入配料或者找齐其他特定的食材。有特殊需求的孩子和其他孩子一样都喜欢食物制作活动。教师可以借鉴一下前面章节中提到的关于调整设施和场所的建议，在特殊儿童的能力水平范围内为他们提供有趣的食物体验活动。有的儿童可能需要“专家”（其实就是同伴）意见，比如需要告诉他加入多少柠檬可以榨成一杯柠檬汁，以上这些都需要合作。随着儿童的相互合作，社交技能就在这种自由交流的群体活动中得到发展。

烹饪活动给儿童提供了互相分享家庭食谱和食物喜好的渠道。互相了解对方的文化差异就在制作食物的过程中自然而然地发生了。

健康与安全

随着食物活动的开展，儿童将了解食物制作的基本程序、注意事项及烹饪中必须注意的良好卫生和安全。只有在制作食物的过程中直接参与才能最好地理解掌握这些知识，而不是通过讲课的方式间接学习。

举例来说，教导学生学习“清洗”在整个食物活动中的重要性。无论儿童还是成年人，在食物制作的开始和结束都一定要用肥皂和水洗手；另外，当你准备的食物容易染色时，系上围裙或其他遮挡物就非常有必要了。

在准备食物的时候，我们需要要求儿童不把手指和厨具放到他们的嘴巴里。如果他们舔手指或汤匙，简单平静地叫他们在继续舔之前先洗洗。这是一个告诉他们关于细菌及其传染途径的很好的机会。让孩子品尝也是帮助他们了解食物在不同准备阶段的味道和观察食物材质变化的好机会。然而值得注意的是，生鸡蛋等食物，应该等到完全煮熟后才能吃。生鸡蛋是沙门菌的来源，会引起消化问题。

任何涉及高温、锋利刀具或操作家用电器的烹饪过程都应仔细监督。实际上我们很少需要锋利的刀，因为塑料锯齿刀就可以将大多数产品切成片，这对很小的孩子来说都是安全的。当孩子在观察烤箱里或炉灶上的食物时，提醒他们小心；厨房器具的手柄在任何时候都应该对着炉灶的中心。由于电磁炉看起来不是很热，孩子们需要通过识别开关的位置或读“开”“关”“高”或“低”来学习如何识别炉子的开关。也必须告知孩子们，即使电磁炉已经关了还是会发热一段时间的。以上这些都是小孩子美食体验中重要的健康和安全教程。

最后，年幼的孩子食物过敏是很常见的。在计划任何体验之前，你需要知道哪些孩子对特殊食品是过敏的。例如，在一些学校，因为孩子的过敏症而不使用含有花生的产品。有些孩子可能有民族食品的禁忌而不允许吃某些食物。每位参与食品活动的成年人，无论是老师、厨师、家长或社区义工，都必须了解这些信息：如果要使用新鲜的产品，成年人必须知道植物的哪些部分是有毒的。孩子们也应该学习到哪些部分是绝对不能食用的。

针对学步幼儿和两到三岁儿童的活动

尽管食物的准备活动被列入三岁及三岁以上孩子的早期儿童计划，但大人常常认为三岁以下的儿童只会捣乱。例如，在许多早期教育中心，厨师不想被人打扰。当然，年幼的孩子在厨房的捣乱行为也增加了意外和受伤的风险。另一种替代方法就是把烹饪活动的食物和适当的器皿拿到孩子们的房间。在这种情况下，烹饪活动的内容包括准备和提供食品，加热与不加热使用的必要的步骤。

以下的烹饪有关活动按渐进的顺序列出，从简单到较复杂。许多幼儿和两岁的孩子也能做到以下大多数活动，而大部分三岁的孩子能掌握所有活动。

1. 探索烹饪器具（敲打，嵌套，收拾）。
2. 探索与水有关的烹饪器具（杯，碗，搅拌器，勺子，漏斗）。
3. 倒固体食材（玉米，大米）。
4. 倒液体食材（水）。
5. 品尝新鲜水果和蔬菜。
6. 比较新鲜水果和蔬菜的口味、质地和颜色。
7. 比较罐装蔬菜和水果的口味、质地和颜色。
8. 将生水果和蔬菜浸泡在调味汁或调味酱里。
9. 用刷子擦洗蔬菜。
10. 撕生菜，择豆类和剥豌豆。
11. 将固体和液体食材混合搅拌。
12. 测量固体和液体食材（用橡皮圈在容器或量杯上标记所需要的量）。
13. 在比萨饼或点心上撒上面包屑或饼干屑当装饰。
14. 在面包或饼干上涂抹。
15. 倒牛奶或果汁喝。
16. 摇晃（用多糖奶油或椰子制作黄油）。
17. 双手滚动（黄油花生球，饼干面团粒）。
18. 用手动榨汁机做果汁。
19. 剥熟鸡蛋的壳和水果。
20. 用钝的刀切（水果、蔬菜、奶酪）。
21. 用叉子或打蛋器搅拌。
22. 用研磨器磨碎（苹果或小红莓）。
23. 揉面团。
24. 清理。

课程领域

烹饪不只是为了发展物质、健康和安全，以及社会技能，它也是其他所有课程领域的理想方案。它涉及阅读、数学、科学、创意活动，还包含了独立学习和遵循指示的机会，以及绘画和写作活动。以下简要地介绍这些不同的领域：

阅读 用文字和数字读图，可以用来帮助学前班孩子理解食谱。这在幼儿园或低年级中是很好的课前阅读活动。大一点的孩子可以阅读食谱，这对他们来说本身就是很好的练习。许多书籍是针对学龄前和小学适龄儿童讨论食品和烹饪的。在班级读书角可以展示一些适合儿童的书。如果你发现一本书能适用于特定的烹饪体验，可以在烹饪开始前读给孩子听。

在学校的语言才艺中心放置一台录音机，可以将孩子们口述的真实或虚构的食谱记录下来，并且提供纸和美术材料让孩子最后将这些食谱编辑成书。

数学 对于大部分食谱，计量器具——杯、汤勺和茶匙——是必需的。特定颜色的量杯在烹饪活动中对小孩子是有帮助的。例如，蓝杯是 1/4 杯，绿色的是 1/2 杯，黄色的是 1/3 杯，而红色的是 1 杯的分量。同样的方法也适用于不同颜色的汤勺上。用秤测量也是有益和有趣的。遵循先后顺序（测量，混合，然后烘焙），估算、计算、增添、大小和形状的识别都包含在烹饪体验中。孩子们就这些事项进行集体讨论，小组成员分工合作。孩子们做了后会比他们仅仅看到和听到学得更好。大一点的孩子可以自己测量和混合材料。您可以让他们测量出食谱一半的量，或者让他们算出食谱的两倍或者三倍的量，来挑战他们的数学能力。

科学　烹饪发展感官能力。它涉及发现物理和化学变化、简单机器的利用以及对烹调结果的预测。举例来说，做饼干的时候，把所有材料放在桌子上，让每个人有机会去闻、去摸和品尝。然后，用调羹、叉子或打蛋器把材料混合。在你混合时，问一问孩子食物的形状和结构，让他们预测一下烹饪的结果。最后，经过烘烤后，让他们将成品与预测的结果相比较。

大一点的孩子可以建议改变食谱配方使之产生不同的变化。他们喜欢用不同的调料来尝试给他们的烹饪增添新的和特殊的味道，使用来自不同文化群体的调料也很有趣。

科学中心　提供开放式的烹饪探索活动。例如，尝试苹果的不同吃法：苹果汁、苹果酒、苹果酱、苹果干，甚至苹果醋。比较红色、绿色和黄色苹果的外观、味道和质地。您还可以探索香蕉：发挥想象力去发掘一系列不同的烹饪或吃的方法。冰冻香蕉你可以做什么用？做冰淇淋！（把冷冻香蕉块和一点牛奶放在搅拌机里，混合至黏稠，并立即食用。）不知道把香蕉切成圆片味道会怎么样？尝试一下看看。试着在阳光下将水果和蔬菜晒干，制作成健康的零食（见本章结尾的食谱）。

创意活动　几乎所有的食谱都可以扩展、修正、改变，或得到一个出乎意料的转变。运用你的想象力，更重要的是，让孩子们发挥他们的想象力！用椒盐卷饼的食谱（食谱在本章结尾）去做动物或立体雕塑来代替传统的椒盐卷饼的形状。在食材混合物中添加食用色素，烘烤之前涂到你的动物或雕塑上。

绘画与写作　让孩子口述读到的故事、家里趣事和他们在教室里烹饪中最有趣的事。让父母和其他义工也参与到本次活动中来。孩子可以说出并画出当天的烹饪活动。大一点的孩子甚至可以将他们的烹调经验记录在个人日记里，他们以选择最喜爱的食谱来编成他们自己的食谱书。

在兴趣活动中心进行个人烹饪活动

在兴趣中心也可以进行与食物相关的儿童活动。这里有一个例子：在自由活动期间轮到约翰“烹饪”。首先，他洗干净双手；然后，他戴上一顶白色的纸厨师帽；最后，他用塑料刀把水果切成同等大小的块状。他根据食谱最终把水果块用叉子串起来制成水果串，然后让其他同学吃。而且，他做的零食都是他一人独自完成的！教室里如果有基本的设备和专为个人设计的食谱，那么，独立制作零食就比较容易了。

以下是帮助您在您的课堂上，建立个人烹饪兴趣中心的一些想法和不同的食谱。

剪断一个硬纸板箱的一端襟翼，把盒子从侧缝分开，同时将另外一端襟翼立起来，接着它便成了你的指示“板”。整个盒子表面要用彩色贴纸覆盖。这个盒子可以放置在桌子上，用来指定你的零食和工作区域。食谱可以按顺序粘在箱子的每个部分或者纸板上。例如，图片排列表示（1）洗手，（2）把水果切成小块，（3）把水果用串肉签串联，（4）把它们放在纸盘上，同时在盘上写上名字。你的零食活动中心的基本设备包括量杯、小碗、压舌板、电动打蛋器，纸杯，塑料锯齿刀，电锅，搅拌器，纸和厨师的帽子。电器只由成年人来操作。

你在指定好的零食区域收集好设备后，可以准备开始下面的食谱。在每个孩子真正开始准备零食前，把孩子们召集成一组，简要地告诉他们食谱内容，并提醒他们每个特定的区域的具体要求，比如在某个区域每个孩子只能切一片甜瓜。当一个或两个孩子正在零食区时，老师需要保证能随时给孩子们提供必要的协助。

比如做花生黄油布丁 你需要两汤勺奶粉，两汤匙即食香草布丁混合物，三分之一杯水；一汤匙新鲜花生酱（无糖）。

制作程序：

1. 使用压舌板压平奶粉和布丁，量好奶粉和布丁的量，把它们放入纸杯里混合。

2. 加水，使用一个小型打蛋器搅拌1—2分钟。

3. 加入花生酱，搅拌均匀。

4. 冷冻。

生菜卷 你需要：生菜叶、午餐肉或奶酪片，将它们任意组合，然后涂抹上奶油芝士、花生酱或鸡蛋沙拉等材料。

制作程序：

1. 把生菜叶平放在菜板上。

2. 把肉或奶酪片放在生菜叶上。

3. 用奶油芝士、花生酱、鸡蛋沙拉或其他材料填满，然后卷起这些食材，用一根牙签进行固定。

4. 把这些生菜卷卷起或用锯齿刀切成小块，就可以食用了。

香蕉奶昔 你需要：四分之一杯花生碎末，一根香蕉

制作程序：

1. 剥开香蕉后，把它切成均匀的2.5厘米大小的小块。

2. 把花生碎末放在一个塑料袋里。

3. 接着将香蕉块放在袋子里，一起摇晃。

4. 将香蕉盛放在纸盘上即可食用。

菠萝捞 你需要：四分之一杯加一汤匙即食脱脂奶粉，二分之一杯冷藏过的菠萝汁，半杯碎冰。

制作程序：

1. 碎冰：你可以用毛巾包裹一些冰块，然后用锤子把它敲碎。

2. 将所有原料放入搅拌机，高速搅拌30秒，直到产生丰富的泡沫。

孩子们非常喜欢这样的活动，随着孩子制作点心时会感到时间飞逝。不要忘记制作纸质的厨师帽（可在聚会礼品的专卖店购买），或者你可以自己动手做布帽子！这样的帽子可以让孩子们感觉自己更像一个“专业”的厨师。

创意美食活动指南

为了确保这些计划好的食品活动能真正提高幼儿的创造力，应该遵循以下这些指导方针：

1. 活动应该是开放式的。如果所有的孩子在同一时间里都遵循着同样的方式，他们将不会有发挥自己创造力的机会。事实上，孩子们只会一味遵循老师说的，并机械地照着做。为了孩子能更有创造性，教师必须以开放的态度教导他们，帮助他们找到自己的方向并且按照自己的节奏工作。

2. 活动应该是具有挑战性的，但也不能太难。如果食物活动难度太高，孩子们就会放弃。如果太容易，孩子就会感到没有挑战性。重要的是，先要从简单的事情开始。同样重要的是，在孩子掌握了之后，需要增加一点难度，这样孩子们就会更有兴致地继续更多更具挑战性的事情。

3. 活动应该是丰富多彩的。如果他们每天都做同样的事情，孩子们就会感到厌烦。活动的多样性是非常必要的。他们学习的时候不但可以使用他们知道的食物，也可以用一些之前他们都没有见过或者尝过的食物进行学习。有些活动时间很短，但需要花很长的时间来准备。在一些活动中，孩子们可以仅仅使用一种类型的食品，也可以混合数种食材。

4. 过程比结果本身更重要。重点不应放在孩子创造了什么，而应该了解孩子们是如何创作的。如果只考虑到最终完成的成品，那么许多孩子都可能不合格。孩子们通过创新制作出来的食物，尝起来不一定那么美味。但是如果孩子们因为他们创造了新的方式而被奖赏，那么他们的创作结果似乎并不那么重要了。

5. 应该使用便宜、少量的食材。孩子们可

读一读 有机食品是否值得你购买

有机油桃在健康食品商店售价是每0.45千克2.99美元，而普通油桃在杂货店的零售价每0.45千克才0.99美元。我们都知道有机食物让我们花费更多，有时候价格比普通产品、乳制品和肉类贵50%—100%。然而很少有人知道一个好消息——就是我们并不需要为所有的有机食品买单。据环境工作小组（EWG，一个位于华盛顿的倡导性的团体）的研究人员提到，某些有机水果和蔬菜比其他普通的水果和蔬菜附带更高的农药残留。以下是值得购买的有机产品：苹果、青椒、芹菜、进口葡萄、油桃、桃子、梨、土豆、红莓、草莓和菠菜。如果可以的话，购买有机肉、家禽、鸡蛋和奶制品，这样你就不会吃到在常规生产方法使用的激素和抗生素。可以大胆地忽略所谓的有机海鲜，因为鱼（野生或人工养殖）都会包含汞和多氯联苯。不要浪费你的钱在有机洗发水和身体乳液上，无论它是否标注“有机”，因为个人护理产品通常是由化学物质合成的，芦荟这些才是由天然成分合成的。

能会因为自己做不出来而感到难过，但如果自己使用的是便宜的食材，他们就不会因为自己做出来的食物不够美味而感到气馁。

6. 活动应该在不同的地方进行。食物的活动不一定局限在室内，也可以在教室外、学校平地上或附近的树林里举行。注：户外烹饪有一项特别值得注意：老师在使用食物之前要对全部食物进行仔细检查，因为有时候孩子们会采集到毒蘑菇和野生浆果，而这些食物绝对不能让孩子食用。

活动开始

计划

仔细计划对食物体验活动的成功来说是至关重要的。包括购买好充足的原料，组装好需要的活动器具，制定好活动的目标。

儿童的能力要与其对食物的经验相匹配，如果成人不事先做好充足准备，那孩子们只有在一旁观看的分了。考虑配方的复杂性、孩子的数量，还有在该团队里是否有特殊需求的孩子以及时间是否够用等因素，必要时成人要完成某些任务或使用准备好的食物。不过请记住，成人做得越多，孩子学到的就越少。孩子们要合理利用多余的时间来学习。

成年人参与是为了孩子们学习时能更专注于这个活动。你想让孩子成功将芹菜切成指节般的长条吗？你的目标是要孩子尝试各种食品质地和讨论差异吗？孩子们是不是可以尝试一些不太熟悉的食物吗？你的目标是促进小组间的合作学习吗？

幼儿食物活动的目标通常包括加强他们的操作技巧，扩大他们的营养知识面，尝试新食物。你应该建立自己的目标，在了解每个小孩的基础上开发不同的食谱。

对于非常年幼或缺乏经验的孩子的目标应该不同于高级的食物烹饪者。最初，计划只涉及一个或两个技能和有限的食材的活动。如榨橙汁需要一种配料和两种技能：挤压和倒。清洗蔬菜、水果（用面盆盛水可节约用水）可以的话让他们切成小块也是一个好的开始。对于那些刚刚能保持平衡、倒水或切的孩子们，这些任务是很具挑战性的。下表将帮助您成功准备食品体验活动：

1. 提前制定出活动的一系列步骤。
2. 活动应由易到难。

想一想 如果你吃得聪明，那就变得聪明吗

你听到多少次别人说“吃什么像什么”？虽然我们可能不是完全像我们所吃的东西，但是越来越多的证据表明，我们吃怎样的东西有助于使我们成为怎样的人——至少学习成绩上就可以说明这一点。研究人员认为孩子吃得更聪明，就能变得更聪明。加利福尼亚大学行为和营养学教授斯蒂芬·肖恩萨博士和美国生物研究所教授亚历山大·夏乌斯博士说有确凿的证据表明，儿童的饮食会影响他们的学业和智力。作为他们研究的一部分，营养学家可以通过改善学校午餐的营养成分，使学生的标准化考试成绩显著增加。营养师减少精制糖的量，消除人工色素和香精，控制防腐剂剂量，并增加水果、蔬菜的数量和全谷物食品供应。

这里是他们的一些建议，关于如何来改善儿童饮食的方法。

- 供应完全不含人工添加剂、色素和防腐剂的有机食品。
- 给孩子们吃全麦食物、鸡蛋、海鲜和一些乳制品。
- 避免罐装水果和蔬菜、加糖和糖浆的食物以及加工的肉类和奶酪。
- 鼓励孩子吃新鲜的蔬菜和水果，这比熟制罐装食品更富含维生素和矿物质。
- 所有食谱上的食物都用全麦粗粉或者面粉完全或部分代替白面粉。
- 用碾碎的葡萄干、红枣或其他干果代替糖。

3. 鼓励孩子们谈论他们正在做的事情。
4. 将活动与家庭经历联系起来。
5. 说出新使用的食物、程序和设备的名字。
6. 若可行的话，让孩子供应活动的必需品。
7. 鼓励孩子讨论已经完成的任务，安排大量的时间用于品尝和触摸。
8. 用后续活动来增添学习兴趣（参见表21–1）。

综合食物单元——基础篇

通常，涉及食物的一些活动会被当做“特殊的活动”或是附属活动，而不是像基本课程那样受到相应的重视。很少有老师尝试把涉及食物的活动当做其他的基础课程对待。然而把以食物为基础的活动发展为一个学习单元，并试着将它与其他课程领域加以整合，也能取得不错的效果。下面就是两个成功的案例。我们来看看到底怎样把食物单元整合为适合小学生学习的课程。这些课程也可以帮助你整合属于你自己的食物课程。

土豆篇

我们先来谈一谈汤米·狄波拉的《杰米欧·鲁尔克和大土豆》，也可以参考麦克唐纳的《土豆人》，当把这本书介绍给小朋友之后，接下来让小朋友们至少一周内自行阅读。把这本书当做让小朋友研究土豆的基础，然后让他们写出关于土豆的报告，最后全班的报告就可以汇集成一本“土豆书”。

用一袋土豆来上一节数学课。首先让小朋友估计袋子里土豆的数量，然后帮助他们把估计的数字从大到小或是从小到大排列。最后让他们数一遍袋子里的土豆。接下来就可以讨论并比较一下小朋友们的估算值和实际数量的差距。可以做出一个统计图表，帮助小朋友们观察他们的估算值和实际数量的变化范围。

给每人发一个土豆，让小朋友们数出土豆上有几个洞，估计并实际测量出土豆的周长后，让每个小朋友都称出自己手中土豆的重量，最后统计出结果。动手活动做完后，就可以一边

表 21-1　增添学习兴趣的延伸活动

在科学活动中使用食物

- 在室内室外种植花卉。
- 组织一次品尝晚会。
- 在科学中心放置一些不常见到或吃到的食物。
- 将胡萝卜、甜菜或者菠萝的根部放入浅口碗中，碗底铺些碎鹅卵石并加入适量的水，以便这些植物发芽。
- 取红薯顶部的三分之一，将截面朝下部分放入水中，使其顶端发芽。
- 仔细观察椰子外观，然后打开观察其内部结构。
- 仔细观察新鲜菠萝的外观并切开。
- 尝试品尝宝宝食品。
- 将种子的书籍分类放在书柜上。
- 制作一本食物词典。
- 挑选出自己喜爱的食物并画下它们。用它们组成一顿营养丰盛的美餐。可以用盘子杯子盛满你所喜爱的食物，并标明每种食物分别是什么。

在创意性艺术活动中使用食物

- 玩彩色面团。
- 蛋彩画。
- 儿童自制有关食品的读物，主题可以是：
  我喜欢的食物，我喜欢的水果，爸爸（妈妈，姐姐等）喜欢的食物。
- 班级的墙上可以装饰上以食物为主题的照片 。
- 把废旧布料剪成食物的样子，并把它们重新排列组合贴在公告栏上。
- 把从报纸或是杂志的广告上裁剪下来的食物图片粘贴在彩纸上。
- 准备一个表格，上面按照水果、蔬菜、谷物、奶制品和肉制品等划分成几个板块。看孩子们能否把食物的图片分门别类地贴在正确的板块中。
- 用自己最喜欢的食谱做成图表。

桌上活动——食物体验

- 把带有食物图片的卡片连接起来。
- 用漏斗和量杯将大豆盛放到大盆子里。
- 把大豆放在食品秤上称重量。
- 让秤两边平衡。

实地考察——食物体验

- 食品杂货店。
- 菜园。
- 果园。
- 学校食堂。
- 面包店。
- 餐馆。
- 比萨店。
- 冰淇淋店。
- 果蔬店铺。
- 瓶装公司。
- 奶制品店。
- 罐头厂。
- 孵化厂。
- 玉米地、草莓园或是瓜园。
- 家用厨房。

烹饪体验的小游戏

- 记记看（桌面上摆几个装有水果的盘子并盖住，看小朋友能否记得住每种水果的位置）。
- 数数看（在一个盘中放入不同品种的水果，问小朋友有几种水果）。
- 哪一个（问问小朋友哪种水果可以生吃，哪种水果可以煮熟吃）。
- 分分类（问问小朋友哪些水果是黄色的，哪些可以当做早餐来吃）。
- 摸摸看、说说看（把食物放入袋子中，小朋友可不可以摸出并说出是什么）。
- 闻闻看、说说看（小朋友可以闭上眼睛，单单依靠嗅觉分辨出是什么食物吗）。
- 猜猜看（小朋友可以简单描述出每种食物的特点吗？并将这些食物归类）。

用土豆烧菜，一边和学生一起讨论土豆的营养价值。

蔬菜汤篇

在食物单元开始前有两本书很适合读一读：一本是洛伊丝·埃特所写的《越来越多的蔬菜汤》，一本是乔安妮·纳尔逊的《邻里之汤》。这些书都可以用来当做许多相关活动的基础，比如花卉或蔬菜种植。拿种植花卉来说，可以让小朋友们种下种子并观察种子的成长。与此同时也要记录下种子在不同的生存条件下的生长情况，包括无光、无水等。

让小朋友们分工合作来制作“邻里之汤“。各自说说这种汤的创作过程。让孩子们开展头脑风暴，想一想他们原创的汤都有哪些原料，还要给各自的汤起个名字。还可以准备一些小道具和宣传画报，根据《邻里之汤》让孩子们分工协作排演一出小话剧。

降低儿童饮食中糖分的摄入

人类婴幼儿学的研究表明在小时候人们也偏爱甜味多于酸味、苦味（奥苏贝尔，1980）。这样的偏好其实早在人类吃含有天然甜味的水果或蔬菜时就产生了。然而当提纯的糖慢慢走进我们的生活中，糖的消费总量就在惊人地增长。软饮料是美国儿童的饮食结构中添加糖的主要来源（布拉斯，2003）。一项长期针对碳酸汽水的消费量及其对儿童体重影响的研究表明，如果一个人每天都摄入含糖的软饮料，那么得肥胖病的概率就会大大增加。此外研究者还指出，如果在日常饮食的基础上，每次都额外地摄入一杯含糖的碳酸饮料，那么变肥胖的概率就会增加 1.6 倍（格特马克，2001）。尽管我们不清楚孩子可以消耗掉摄入糖分的多少，我们知道的是许多家长和老师一直在不断减少孩子对糖的摄入。这样做主要是为了防止蛀牙和空热量食物（一些没有营养的高热量食物）的摄入。

如果经常吃糖又不爱刷牙，那么时间一长牙齿就可能被腐蚀，也就是我们通常说的龋齿，或者是蛀牙。一个有效避免蛀牙的方法就是不

读一读 你真的了解水果吗

· 一些水果，特别是果干、浆果和硬皮水果如梨等，含有丰富的纤维。给孩子们吃水果时，应把水果（比如橙子或者苹果）切成块状。不能榨汁，因为这些水果要是榨成汁的话，里面的纤维也就失去了。

· 一般来说，水果或蔬菜的颜色越鲜艳，那么这种水果或蔬菜的维生素和矿物质就越丰富。

· 不要给幼儿吃带籽的水果。应把果干或是冰冻的水果切碎再给小朋友吃，以免小朋友被水果硬块噎住。

· 香蕉和牛油果都深受小朋友的喜爱。这两种水果的口感都很吸引人，并且都富含钾以及其他一些矿物质。

· 一些标明“果汁”字样的产品必须是百分之百含有果汁的。其他一些标有“饮料”“鸡尾酒”等字样的饮品，仅仅是水果口味的糖水而已。

· 如果日常的供水是含氟的，那么给小朋友喝浓缩果汁调制成的饮品可以很好地补充孩子体内的氟。

· 如果孩子渴了，要鼓励他喝白开水。果汁好喝，但是它属于食物，小朋友会一直喝到饱，这样就吃不下其他的食物了。美国儿科学会（AAP）建议儿童每天可摄入 120—180 毫升的果汁。

· 有些水果和蔬菜连皮一起吃会更好。比如苹果、黄瓜和烤马铃薯。这些水果的果皮里含有很多营养物质，削掉皮的同时营养也流失了。

· 产于温带的水果种类，包括苹果、梨、桃和浆果等富含大量有益人体的纤维、维生素和抗氧化剂。产于热带的水果，如香蕉、木瓜和芒果等，相对来说热量就比较高，纤维和其他一些营养物质的热量较低。

想一想 蔓越莓的魅力

科学研究人员已经发现蔓越莓汁在预防龋齿方面有很大的优势。以美国罗切斯特大学医学中心的口腔生物学家米歇尔·古为首的研究团队发现，蔓越莓汁的某些特性除了对治疗膀胱感染有显著疗效之外，也很有可能帮助人们对抗龋齿。

研究发现蔓越莓汁可以对牙齿起到类似特氟龙的作用，使细菌难以附着在牙齿表面从而对抗龋齿。蔓越莓汁可以分解牙菌斑，也就是葡聚糖。就像泥瓦匠用水泥把砖头一块一块砌成墙一样，细菌依靠葡糖基一点一点地转移酶生成牙菌斑。很快这些牙斑就会在牙齿表面形成一层黏浊的壁垒，给细菌提供完美的生存环境。研究团队发现蔓越莓汁就是通过阻止那些酶的生成，以及其他一些细菌的生长，来预防龋齿的形成的。

然而一些添加在蔓越莓汁中的糖和蔓越莓汁里的天然酸，也可能会直接导致蛀牙。为了避免蔓越莓汁的过度消耗，研究者们希望分离出蔓越莓汁中的有效化合物，使其足以抵抗蛀牙，这种化合物可以直接添加到牙膏中或是漱口水里。（美国罗切斯特大学医学中心，2006）

吃含糖量高的食物。但是一些可能会造成蛀牙的食物都是很有营养的，因为这些食物富含果糖。还有一种糖叫乳糖，顾名思义是牛奶中提取的糖。虽然我们没办法完全把含糖的食物从生活中剔除，但是能尽量控制不吃或少吃空热量食品。

儿童期肥胖

威胁儿童健康的最大因素虽然没有晚间新闻的头条那么引人注目，但其凶险程度是一个渐进的过程。这就是伴随人从幼儿时期到小学甚至到更高阶段逐年递增的安全隐患——肥胖。

根据《新英格兰医学期刊》（所罗门，2005）所载，患儿童期肥胖病的孩子比普通孩子的寿命会减少 2—5 年。美国国会为了解决这个迅速发展的肥胖问题，要求每个学区从 2006—2007 学年开始就要制定适合各自学校的健康政策。肥胖成为当今很重要的问题，这一代的美国儿童可能是美国历史上第一代健康状况和寿命都不及他们父母的人。（所罗门，2005）

根据美联疾病控制与预防中心的调查，六至十一岁肥胖儿童的百分比从 1980 年的 7% 增长到 2002 年的 16%，在过去的 20 年里增长了一倍多。（美国卫生统计中心，2006）

肥胖的比率在某些少数民族中增长得更快。比如六至十九岁的墨西哥裔美国籍男孩及青少年中，有将近 43% 的人已经患有肥胖病或是潜在的肥胖病患者。在墨西哥裔美国籍女孩及青少年中，比率将近 37%。（美国卫生统计中心，2006）

全民抗肥胖

许多教育专家和研究者都已经强调过这个日益增长的问题。举例来说，为了应对流行性肥胖，美国体育运动教育协会（NASPE）认为应当鼓励孩子锻炼身体促进身体发育。为了实现这个需求，他们在 1995 年发布了第一套定义学生身体健康的国家标准。这些标准在 2003 年进行了修订，基本上定义了认为的“受过体育教育的人”。定期参加体育活动是标准之一，也直接关系到国民的肥胖问题。提高身体健康水平是美国体育运动教育协会的另一个目标，同时也有助于预防肥胖。

2002 年由格柏公司赞助，数学政策研究公司对另一个看法“肥胖可能会出现在哺乳期的婴儿和初学走路的孩子中”进行研究。这个研究随机抽取了3022个四至二十四个月大小的婴幼儿进行研究并记录他们的食品消费情况。2003年，详细的研究结果被发表在美国饮食协会（JADA）杂志上。对婴幼儿喂养研究（FITS）数据的进一步分析完成于2005年，并在2006年出版。

这项研究发现，七个月大婴儿的饮食类型已经可以在较年长的儿童和成人的饮食中看出。18%到33%的七到十四个月大的婴幼儿不经常食用各种蔬菜，23%到33%不食用水果。法式炸薯条是这三种之中最常见的一种蔬菜。近一半（46%）的七至八个月大的婴幼儿会食用一些种类的甜点、糖果、含糖饮料，而且这些食用量会伴随着年龄的增长而增加。

十九到二十四个月的幼儿，其中62%的幼儿会食用烤甜点，20%的会食用糖果，44%的会食用含糖饮料。超过一半的孩子食用过多的钠。

基于他们的研究结果，研究人员在婴幼儿喂养研究中对许多婴儿和学步期儿童的父母或看护人提出了建议。鼓励他们每天提供各种各样的蔬菜和水果给孩子，侧重于深绿色的、叶子多的，以及深黄色的蔬菜，还有五颜六色的水果。父母和照顾者应该偶尔提供甜点、糖果、含糖饮料以及咸的零食。他们需要提供营养丰富、适龄的食物作为替代品（如：水果、奶酪、酸奶和谷物），并用水、牛奶、100%纯果汁替换饮料。

预防肥胖：空热量

营养学家和儿科医生一致认为，婴儿和儿童肥胖可以避免，并不是所有的超重儿童注定会成为超重的成年人。相反，并不是所有超重的成年人曾经是超标儿童。然而，2001年2月的一项研究表明，如果一个孩子在六岁的时候超重了，他成年后肥胖的可能性会超过50%。在美国，肥胖被认为是儿童的头号健康风险。超重儿童的数量在过去二十到三十年翻了一番；目前，五个孩子中就有一个超重。

预防儿童肥胖的最佳计划是通过运动来平衡他们摄取的热量。超重的孩子也可能有饮食过量的倾向，所以他们需要减少空热量食物的摄入。

减少肥胖的另一种方法是限制食用空热量、高脂肪或高糖分但低蛋白质、低维生素和低矿物质的食物。糖不是唯一的空热量来源。高脂肪或者高盐零食也应该被限制。相对于零食和膳食蔬菜，水果还有高蛋白质的食物是更好的选择。

由于孩子对食物摄取的能力有限，而且他们热量摄入量的22%来自零食，因此避免空热量食物的摄入是很重要的。零食以及食物的摄入必须以儿童需要的均衡饮食为中心。

如何限制儿童对糖的摄入量

有四个主要的方法来限制孩子的糖摄入量：（1）避免提供有明显来源的高糖食物，（2）避免给他们“隐藏”的糖分，（3）在食物的选择上可以寻找替代甜味的食物或少糖的食物，（4）不吃高糖食物，找到其他方式来庆祝特别活动。

避免高糖食品 糖这一术语通常用来指蔗糖，蔗糖是精制的糖，是由甘蔗或甜菜做成的。最常见的蔗糖是白色的，颗粒状的食糖。这种类型的糖是蛋糕、饼干、甜甜圈、馅饼、糖果和不含酒精饮料的原料。一个最直接减少糖分摄入的方法，就是减少这类食物的摄入，另一种方法是使用半糖或少糖的食谱。

其他常见形式的糖有果糖、葡萄糖、乳糖、麦芽糖，这些不同形式的糖有不同程度的甜味，例如，1单位的乳糖是最不甜的，果糖的甜度几乎是蔗糖的两倍，转化糖的甜度比蔗糖的甜度约高30%。然而，所有的糖提供的基本上都是空热量。

避免隐藏的糖 大多数家长和老师都知道，糖果、蛋糕、含糖不含酒精的饮料都是低营养价值的。然而，很少有人意识到，番茄酱、花生酱、午餐肉、热狗、猪肉、豆子、不含奶的奶油、水果口味的酸奶、蔬菜罐头中也有糖。虽然这些食物含有营养，但添加糖通常是没必要的，所以我们应该选用不含糖的食物。

找到甜味的替代品　家庭和学校应该提供不加糖的零食和甜点给孩子。例如无盐的爆米花、奶酪、蔬菜搅拌，苹果和芹菜上加不添加糖的花生酱。

优先考虑新鲜水果和蔬菜。当你必须使用罐装水果时，要找那种以该种果汁或者其他水果汁浸泡的罐头。如果没有新鲜或泡在果汁里的罐装水果，在使用这种糖浆很浓的水果罐头之前应该先用水将水果冲洗。

活动及肥胖

虽然遗传和糖的摄入量在肥胖中有一定影响，但这无法说明在过去的数十年里肥胖率大幅增加的原因。吃太多和运动太少是肥胖的另两个主要原因。大多数专家一致认为，看电视过多是造成肥胖的一个重要的危险因素，近一半年龄在八到十六岁的孩子每天看三到五小时的电视。最爱看电视和吃太多高脂肪零食的孩子往往是最胖的。很多孩子经常用看电视、玩游戏、上网代替了所有体育活动。这些活动大大减缓了孩子的新陈代谢，呈现出类似休息一样的状态。

减少肥胖风险的建议

美国家庭医生学会提供了以下建议避免儿童肥胖：

- 尊重孩子的饱腹感，孩子不需要喝完每罐饮料或把盘子里的食物吃完。
- 尽可能避免速食和加糖食物。
- 在家控制高热量食品的摄入总量。
- 提供健康的食物，来自脂肪的热量应低于30%。
- 给孩子提供充足的纤维饮食。
- 孩子两岁时，用脱脂牛奶替代全脂牛奶。
- 不提供食物作为安慰或奖励。
- 不用糖果作为吃完食物的交换条件。
- 限制看电视。
- 鼓励活动性的游戏。
- 定期组织家庭活动，比如散步、球类运动和其他户外活动（莫兰，1999）。

零食和肥胖

年幼的孩子很难长时间不感到饥饿。这是因为他们的胃很小，不能一口气吃很多的食物。小餐，通常被称为零食，可以帮助安抚饥饿的孩子。当从各种各样有营养的食物中选择零食时，他们可以为孩子的饮食提供重要的营养物质。

今天比以往更容易形成不良饮食习惯的部分原因是我们对食物的挑选，给儿童提供健康的零食可以避免肥胖。我们在给孩子选择零食时不应该只重视口味和外观，营养价值和热量才是衡量零食是否具有价值的重要指示。

下面是在选择零食方面的一些参考意见：

- 判断零食中的营养物质是否对孩子饮食有益。有营养的零食应该含有维生素、钙和铁等营养成分。
- 按照常规的饮食时间表来计划吃零食的时间。零食不应该干扰或减少孩子吃正餐的食欲。
- 考虑到每天零食提供的总热量。零食不应该是高糖或高脂肪的。孩子喜欢甜食，但过多的糖会导致蛀牙。太多的糖和高脂肪的食物会使孩子变得肥胖。我们应该尽量限制甜点和高脂肪食物的摄入。
- 制作容易获得的零食。为儿童提前准备零食可以在保证卫生的同时提供重要的营养。
- 通过口味和外观来选择食物。如果零食不好看，很可能不会被孩子们吃掉。

总结

可以通过食物活动使孩子们更有创造性，

读一读 浓缩的，加强的，好的，坏的

不用担心给孩子吃一些食物，如一些贴有“浓缩”或“强化”标签的白面包和三明治面包。浓缩取代了加工过程中一些营养元素的流失，强化增加了其他东西。有些人说白面粉和用白面粉做成的食物不营养。这并不是真的。只是全谷物更好一点，因为它们有更多的维生素、矿物质和纤维。对孩子来说所有的淀粉质食品都是维生素、矿物质、热量的重要来源。即使是最小的孩子每天至少也需要四份淀粉混合物。不仅仅是四份或更多相同的淀粉质食物，最好从列表中提供的淀粉种类中选择多种。

全麦粉的选择

大麦	燕麦	全麦谷物
糙米	裸麦粉粗面包	全麦烤脆的薄面包片
碾碎的干小麦	裸麦面包	全麦薄饼
玉米饼	黑麦脆	全麦意大利面
小米	麦芽粉	
燕麦麸	全麦面包	

最好的浓缩/强化淀粉的选择

百吉饼，比亚利碎洋葱面包卷	玉米面包或松饼	葡萄干面包
面包条	犹太逾越节薄饼	甜面包干
谷物（直接可以食用不是很甜）	烤吐司	意大利细面条
	面条	
煮熟的谷物（各种各样的）	意大利面	

其他淀粉选择

饼干	全麦饼干	椒盐脆饼干
夹心面包	硬面包圈	年糕
英式玛芬	意式面包（未浓缩）	白面包（未浓缩）
薄面饼	小松饼（未浓缩）	白米饭
法式面包（未浓缩）	燕麦饼干	特制加蛋烤面包片
水果、坚果面包	意面沙拉	

同样他们也可以从中学到新信息和技能。他们进一步认识到形状和颜色的名称、口味、形状的变化还有大小、颜色等新单词。食物的活动也有助于幼儿的手、眼和小肌肉的协调、简单的测量以及社会化的发展。

要确保幼儿的食物体验活动可以提高他们的创造力，必须遵循下列基本原则：（1）是开放式的；（2）是具有挑战性的，但对三到五岁的孩子来说不要太难；（3）是多样化的，给孩子们选择的机会；（4）强调过程，而不是最终结果；（5）使用廉价的材料；（6）不能危害到孩子。

小组形式的食物活动效果最好。允许孩子们自己决定使用什么食物和如何使用它们是很重要的。成年人负责幼儿的饮食必须限制糖的消耗，避免明显的蔗糖和隐藏的糖。使用天然

甜味的来源，减少对甜味的关注，为孩子寻找其他类型的甜味都是减少幼儿饮食中糖的必要方法。在美国，儿童肥胖已经成为一个主要的健康问题。遗传是一些儿童肥胖的原因，但糖摄入量和缺乏体育活动也占到了很大的比重。

关键词		
糖		

学习活动

1. 通过制作“创造性果汁”来测试学生的味觉。

①材料和成分：果汁机，常见的蔬菜（黄瓜、胡萝卜、番茄、卷心菜、芹菜、青椒、香菜），盐，糖，柠檬汁。

②首先任选两种蔬菜。添加半杯冷水或碎冰混合。加入少许的盐和糖以及少量柠檬汁改善其味道。取少量尝一尝。

③添加第三种蔬菜进去，尝一尝。记录所用的蔬菜和使用量，再一个一个地继续添加。按下面的提示依次做。

a. 一种美味的蔬果汁。

b. 一种没人能确定的蔬果汁。

c. 一种神秘蔬果的汁。

2. 观察一群孩子第一次体验某种食物时的状态——比如茄子、南瓜或芥菜！

① 当他们尝到食物时是什么样的表情?

②当他们知道了他们尝的食物时是什么反应?

③如何劝说孩子让孩子更愿意去尝试新食物?

3. 对味觉进行实验。在这个实验中每个品尝食物的人都必须戴眼罩或掩盖眼睛。准备小的烤苹果片或土豆片，切好的新鲜洋葱或大蒜薄片。拿一小片洋葱让蒙上眼睛的人试着闻，将一小块苹果或土豆放入他的嘴里。让参加实验的人品尝食物，然后猜猜它是什么。

4. 一组孩子至少尝试本章中列出的食物体验的一种。评价这次体验。你会再次使用这个方法吗？下次你会以同样的方式组织吗？如果不想，你会做什么样的变化呢？

5. 设计一个你自己的食物单元和一个适合低年级孩子的综合食物单元。与你的同学朋友一同分享你的设计。

6. 一个星期至少写一篇食物日记。总结整理你的饮食习惯，并与推荐的食物做比较。

7.1974 年瑞典出版了第一个饮食金字塔，金字塔分为四层。1992 年由美国农业部推出的食物金字塔最广为人知，2005 年还推出修正版。你的饮食与食物金字塔相符合吗？

游戏活动

▶ 课程理念

音乐/运动 玩马铃薯！邀请孩子们坐成一圈，孩子们绕圈传递马铃薯的同时播放音乐。当音乐停止时，拿着马铃薯的孩子就可以离开圆圈。每个离开圆圈的孩子就去控制下一局音乐的启动和停止。

数学—苹果钓鱼游戏 在木勺上系 91 厘米长的线。在线的末端系上一块吸铁石。用彩色美术纸剪成不同颜色和大小的苹果纸片。在每个苹果上别一个曲别针。把苹果放在地板上，让孩子试着去钓苹果。看看他们是否能钓上红苹果或最大的苹果。同样可以在苹果上标注字母或数字。让孩子们去钓特定的苹果或让他们辨别自己钓上的苹果。

社会研究 参观当地的餐厅、比萨店或者面包店，为孩子提供一个绝佳的机会来了解食物的准备过程。事先让孩子们准备好参观时想问的问题。可以带录音机和照相机记录孩子们学习食物制作的步骤。之后，孩子们在学校尝试动手做一下。他们也可以利用照片写下他们经历的故事。

模拟游戏 清洗空的酸奶容器、盖子和冷冻果汁的容器，放在戏剧游戏区。为孩子提供一个塑料勺子、碗、塑料水果或小彩色块代表水果。在表演游戏中鼓励孩子们用零食道具作为他们表演的玩偶及同学。

数学 让孩子们洗手。然后给他们一个装满各种形状饼干的碗：金鱼、牡蛎、正方形、椭圆形。把各种形状的饼干分别放在纸盘子上。然后孩子可以围着盘子，选择饼干搭配他们的汤一起食用。

食物活动后，做一个条形图，列出所有你在课堂上使用过的食谱。写上喜欢每种食谱的孩子的名字。哪一种食谱孩子最喜欢？哪种食谱最不受欢迎？与孩子们集体讨论如何改变食谱使它成为更好的作品。

文学和艺术 阅读玛格丽特·雷伊的儿童读物《椒盐脆饼》。根据本章末所附的椒盐脆饼食谱可以做出真正的椒盐脆饼。为孩子提供材料让他们将制作椒盐脆饼的体验画下来。记录他们的口述内容并鼓励他们创作一本属于自己的椒盐脆饼书。孩子们也可以用面团、黏土或搓揉的棕色牛皮纸制作假的椒盐脆饼。

▶ 食物金字塔的活动

通过用三角形的大纸片制作食物金字塔来帮助学生们了解营养食物。集体讨论出与每个食物类别相对应的零食。让学生在杂志中选取食物的照片并剪出来，涂上胶水粘在纸片金字塔中对应的类别上。

▶ 学习的标签

让学生收集一些糖果的包装。帮助他们调查和比较这些糖果之间的价格，营养成分和脂肪的百分比，碳水化合物、蛋白质、糖的含量。看看最终他们可以得到什么结论。

▶ 太阳食谱

太阳茶 最小的孩子们可以准备大瓶的水，放入适量的草本植物茶包（苹果肉桂或橘子香料都是不错的选择），将茶包悬浮在阳光下“酿制”。让孩子们时刻检查茶的颜色。当它已经浸泡到适合你的口味时拿回室内。将你们的太阳茶加热或冰镇，然后一起去户外饮用。

晒干的水果和蔬菜 年长的孩子能够将苹果、杏子、桃子、胡萝卜、南瓜、西葫芦还有芹菜削皮和切片。每一片都用一个穿上线的钝针串起来。每片之间留一些空隙，不要放在阳光下直射，因为这样可能使杏变苦。

以这种方式做成的水果干可以保存数月，它们任何一种与原味酸奶搭配或者直接吃都是非常好的零食。蔬菜也可以储存到寒冷的秋天，孩子们可以将它们放进鸡汤变成暖暖的汤食。

▶ 苹果实验

数种子的数量 在你切一个苹果之前，让孩子们猜猜苹果里有多少颗种子。切开苹果并且数一下，看看有多少差距。写下孩子们的猜测的和实际苹果中种子的数量。两个苹果中的种子数量是一样多吗？

不同的苹果 下次你和孩子们去杂货店实地考察时，指出所有不同种类的苹果。告诉孩子它们的名字。买一些不同种类的苹果回学校，让孩子们尝一下，问他们尝起来味道如何，每个苹果有什么不同之处。

苹果排序 收集三到五个不同大小的苹果。把它们放在桌子上，让一个孩子根据苹果的大小进行排序。对于幼儿，用两个苹果问他们哪个是最小的。

苹果捉迷藏 你在房间里“隐藏”一个苹果（它应放置在可以看到的地方。）让孩子们遮住自己的眼睛。告诉他们找到苹果但不能碰它。一旦他找到苹果就坐回到自己的位置上。第一个坐下来的人可以将苹果重新藏起来。

苹果捉迷藏 2 这个游戏与之前的游戏玩法一样，除了把苹果藏起来，还要单独告诉孩子他们与苹果间的距离是“近”还是“远”。让每个孩子都有机会藏苹果，或许在你们玩这个游戏之前，最好讨论一下“近”和“远”的概念。

篮子里的苹果 你需要一些苹果和一个小洗衣篮。让孩子放五个苹果在篮子里。在放的同时与孩子一块数数。篮子里能放多少个苹果呢？先让孩子们猜能装几个，然后看篮子里实际可以装多少个。你也可以在篮子的底部用胶布粘上数字，然后让孩子给每个篮子中放置相应数量的苹果。

苹果图 将红色和黄色的苹果切片作为午餐。问孩子们他们每种颜色各吃了多少片，让他们制作柱形图标示他们所吃的数量。

▶ 水果游戏

在戏剧游戏区域给孩子们展示各种塑料水果或者从彩色水果杂志上剪下图片。让孩子们识别这些水果。然后请他们看看自己衣服的颜色是否与这些水果的颜色一样。先把水果（或图片）放在孩子们对面的地板上，建议所有穿红色衣服的排到苹果前，穿黄色衣服的站到香蕉前，穿紫色衣服的站到葡萄前，等等。确保所有孩子都有参与的机会。

▶ 食物谜语

孩子们通过猜谜语识别食物，能提高他们的听力和思维。

将孩子四到五人分为一组。大人读出整个谜语，让孩子们回答。你可以把下面的谜语写在卡片上读给孩子们。

1. 我属于奶制品。我是白色的。人们用玻璃杯、茶杯或纸盒将我喝掉。你可以在我身上加点燕麦片。猜猜我是什么？（牛奶）

2. 我属于蔬菜。我是长的、橙色的，生吃的时候是脆的。猜猜我是什么？（胡萝卜）

3. 我属于水果小组。我是圆的、亮的、摸起来光滑的、咬下去是脆的。我长在一棵树上。猜猜我是什么？（苹果）

4. 我属于肉类品。我又扁又圆。我经常与小圆面包一块出现。有时人们在我上面放番茄酱。猜猜我是什么？（汉堡包）

5. 我属于面包和谷类食品。你可以把我切片做三明治。我刚烤好后闻起来很香。猜猜我是什么？（面包）

6. 我属于肉类和家禽小组。我是椭圆形，来自一只小鸡。你可以煎我、炒我或者煮我。我的里面是黄色和白色的。猜猜我是什么？（鸡蛋）

7. 我属于水果小组。我非常小，棕色的，而且皱皱的。我曾经是一个葡萄。你可以在荞麦食品里、饼干里吃到我或者单吃。我甜甜的但不是垃圾食品。猜猜我是什么？（葡萄干）

熟悉这个游戏的孩子们喜欢创造出他们自己的食物谜语。玩谜语游戏可以集中在某一类食物，不同民族的食物，等等。

▶ 水果宴会

这个活动你需要小塑料碗、一个大汤勺、几把塑料刀、一把大刀子（给成人的）、纸或塑料盘子、记录纸和记号笔。

发一份通知单给家长，让孩子们带他们最喜欢的水果。活动当天，额外准备一些水果以防一些孩子忘了带他们自己的水果。

请孩子们把他们带来的水果放到讨论区域。

在一张记录纸上方写下“你最喜欢的水果是什么？”然后请孩子们轮流展示他们带来的水果。

记录孩子们的答案，回顾他们的评论，让他们讨论所带来的水果。有多少孩子喜欢相同的水果？有哪些水果他们从未见过？

让孩子们把水果放在中间，这些水果的相似度怎么样？他们的区别又是怎么样的？让他们摸摸看和闻闻看。制作另一个记录表来记录他们的观察。

告诉孩子们将会用他们带来的水果制作成水果沙拉当零食。把他们分成两个小组，每组由一个成人带领。先洗手，回顾烹饪安全原则。请孩子们来帮忙清洗、剥皮和用塑料刀切水果。首先让一个成人把较硬的水果切开，给孩子们几个小块的，这样他们可以安全地切开，然后把不同的水果放到不同的碗里。

给每个孩子一个碗，邀请他们制作自己的水果沙拉。吃之前，让孩子们给他们的水果沙拉命名。

记住，许多幼儿可能并不热衷于尝试新食物，有些可能厌恶某些特殊口感的食物。让每个人都能有触摸和闻闻不同类型水果的机会。但如果他们不愿意的话，不勉强他们。

▶ 检查午餐

让孩子们将他们午餐的食物与食物金字塔相比对。他们可以看到缺乏哪些食物组，然后制定一天、一周或一年的目标。

▶ 原始食谱

让每个孩子给你口述一张他家里做过的食谱。将他们告诉你的食谱写下来（错误和有趣的部分也要记录）。把这些食谱做成小册子发给家长们。未来岁月里，这将是孩子们值得怀念和回味的珍宝。

▶ 三明治活动

询问孩子们他们最喜欢吃的三明治的一些问题。记录他们的答案，因为这些可以了解他们的饮食习惯和营养需求。问他们：“你喜欢在三明治上放沙拉酱、生菜、奶酪吗？”“你最喜欢的果胶是什么？”（你知道果胶和果酱的区别吗？果胶是由水果汁做的，无沉淀物；果酱里面含有果肉。）“你最喜欢哪种加肉三明治？”“你最喜欢的面包是什么？”（三明治比起其他东西更属于面包类，所以三明治需要好的面包作为材料。黑面包是最好的，因为它比白面包给你身体提供更多的天然维生素和矿物质。）

根据他们的回答为他们选择合适的食谱。做一些自制的花生酱、面包或果酱。

▶ 美味葡萄

让孩子有机会发挥创造力，用葡萄来调制他自己的零食。先将红葡萄、紫葡萄和青葡萄分类，并讨论我们平时食用和饮用的葡萄制品（比如果冻、果汁等）。建议儿童通过“头脑风暴”思考出制作和食用葡萄食品的新方法：

以下是制作葡萄食品的一些做法：

冷冻葡萄 首先将洗好的葡萄放在烤盘上，葡萄和葡萄间要留有空隙；将它们对半切开，以免儿童在食用的过程中噎喉；然后冷冻，冷冻好后把它们放进塑料袋中，即可食用。

葡萄变葡萄干 将一大串青葡萄洗净晾干；用篮子装着，放在温暖阳光的地方晒 4—7 天。然后你就有葡萄干吃啦！

葡萄口味水果鸡尾酒 儿童用塑料小刀将葡萄对半切开；他们将这些切开的葡萄加入一罐水果鸡尾酒（果汁而不是果酱），再加入一些水果块。

葡萄的惊喜

1. 食材：

二分之一杯花生酱；二分之一杯脱脂奶粉；两汤匙蜂蜜；葡萄若干。

2. 制作程序：

①将花生酱、奶粉和蜂蜜混合搅拌直到揉

成柔软且不粘手的面团为止。

②和面，然后压成直径 5 厘米的小圆片。

③将一颗葡萄放在中间，用面团将葡萄包裹起来，并且密封。

④其他变化方式：在奶油芝士球中加入葡萄，然后撒入切碎的坚果上滚动。

葡萄酸奶

1. 食材：

一小串葡萄；一杯酸奶或酸奶油。

2. 制作程序：

用塑料小刀将葡萄切成小块并加入酸奶（或酸奶油）中。

▶ 烹饪体验的食谱

椒盐卷饼

1. 食材：

一杯半温水；三杯面粉；一包发酵粉；一汤匙糖；一茶匙盐；一汤匙植物油。

2. 制作程序：

①将所有食材混合在一起。

②加入少许干面粉直至混合物不再粘手。

③将面团滚圆分成十二份，搓成两头尖的长条。

④将长条两末端连成圈的形状。

⑤将一颗蛋黄与两汤匙水混合，将其涂在扭结状面团上。

⑥在卷好的面团上撒少量的盐。

⑦放在抹了少许油的烤盘上。

⑧烤箱温度调至 218℃，烤 10—12 分钟。

苹果酱

1. 食材：

四至六个中等大小的苹果；四分之一杯糖；半根肉桂（或一两只丁香）。

2. 制作程序（假如没有使用食物研磨器）：

①将苹果削皮去核。

②将苹果切成四份，放入锅中。

③加少量水。

④盖上锅盖用小火慢慢炖直到苹果变软变成糊状。然后用叉子捣碎、用搅拌器打碎或者用滤网过滤。

⑤加糖调味（大概四个苹果加二分之一杯糖），继续炖直到糖融化。

⑥根据个人口味可以加入半根肉桂（或一两只丁香）。

注意：如果使用食物研磨器，苹果就不需要削皮去核。苹果被炖好后，把它们放入研磨器中磨研成泥。儿童喜欢转动手柄和看着果酱从研磨器出口流出来。变化：可以加几滴红色的食用色素来增添乐趣。苹果酱的颜色会发生什么样的变化呢？味道会随之改变吗？记住一定要在苹果酱还是热的时候添加。

香蕉苹果冰

1. 食材：

一个苹果；一根香蕉；四分之一杯牛奶；一杯原味酸奶；三块冰块。

2. 制作程序：

①苹果削皮去核。

②切成小块。

③香蕉剥皮切成块状。

④把切好的苹果、香蕉和牛奶、酸奶放入果汁机中。

⑤加入三块冰块。

⑥搅拌均匀。

⑦倒入杯中。

苹果三明治

1. 食材：

一个苹果，花生酱。

2. 制作程序：

①苹果削皮去核。

②把苹果横向切成薄片。

③在苹果切片上涂花生酱，用另一片盖上。

水果汤

1. 食材：

蜜瓜和哈密瓜（也可选一样）；一根香蕉；一勺冰冻酸奶；一个李子；奇异果、葡萄或其他水果；一杯橙汁。

2. 制作程序：

①用球形勺在蜜瓜或哈密瓜上（混合也可）挖出果肉。（儿童最喜欢这个步骤。）

②用黄油刀切香蕉。

③加入橙汁作为汤底，然后一同倒入果汁机中。

④加入香蕉块，高挡搅拌 30 秒。

⑤将做好的汤倒入碗中或是杯中。

⑥在每份中加入切好的水果，然后上层覆盖一勺冻酸奶。

▶ 简单营养的零食

- 蚂蚁上树——将芹菜切成小段，涂上花生酱，再放一些葡萄干当成“蚂蚁”。
- 兔子之食——用胡萝卜块与葡萄干混合加入少量蜂蜜做成的饼干。
- 花式三明治——用饼干模具将面包切成各式各样，再涂上喜欢的调料。
- 喜悦橙——三分之一杯浓缩橙汁、四分之一杯奶粉、半根香蕉或其他水果、四分之三杯水、蜂蜜、冰块加入混合器混合。（冰加得越多，饮料越稀。）
- 大杂烩——将两杯即食麦片和一杯椒盐卷饼棒混合，放入烤板上。涂上帕玛森乳酪和三分之一杯融化的黄油。烤箱温度调至 121℃，时而搅拌，烤 30 分钟。
- 沙拉卷——将蔬菜或者生菜叶展开涂上花生酱。把一小段芹菜或者胡萝卜放在中间，再将蔬菜叶卷好。

▶ 超级零食

健康的草莓松饼 将低脂麸皮松饼顶部切开。在松饼中下部舀出部分松饼并用草莓块和低脂原味酸奶填充。最后将松饼顶部盖上。

水果蘸酱 将同等量的天然花生酱和低脂巧克力酸奶混合搅拌。根据自己需要将水果蘸酱食用。

亚洲素菜卷 按照包装的说明将米纸（亚洲超市有售）浸泡在水里直到米纸变厚。将蔬菜（胡萝卜、西葫芦、黄色的南瓜、辣椒）切成条状。分层将蔬菜铺在米纸上（根据个人口味可以适当加点酱油）再卷起来。

缤纷百吉饼 把百吉饼当作你的“画板”。取半块百吉饼，让儿童涂上一层低脂奶油干酪。准备各式的切好的蔬菜，比如胡萝卜、黄瓜、豆芽、圣女果、绿色和红色的甜椒、黑橄榄。儿童可以自由装饰他们的零食，使它们尝起来既健康又外表漂亮。

酿苹果

1. 食材：

四个酸苹果；四分之一杯松脆的早餐麦片；四分之一杯磨碎的核桃仁；四分之一茶匙肉桂粉；一杯葡萄；两汤匙蜂蜜。

2. 制作程序：

①将苹果削皮去核。

②将所有调料混合，等量加入每个苹果的洞中。

③将苹果放入浅口的烤盘里并加入四分之一杯水。

④烤箱温度调至 148℃，不盖盖烘烤 40 分钟。

香蕉早餐

1. 食材：

一根香蕉，纵向切成长条；二分之一杯松软干酪；一汤匙麦芽；一汤匙葡萄干；一汤匙碎坚果仁。

2. 制作程序：

①把切成长条的香蕉放在碗中。

②在香蕉上方加入几勺松软干酪。

③再在上面撒点麦芽、葡萄干和坚果做成一份的量。

梨子小兔子

1. 食材：

熟梨纵向对半切开；一块生菜叶；一茶匙松软干酪；红樱桃；葡萄干；杏仁碎片。

2. 制作程序：

将半边梨放在生菜叶上包起来。然后进行装饰，可以用松软干酪做成“兔子”、红樱桃当做鼻子、葡萄干为眼睛、杏仁为耳朵。

热带沙冰　你需要的是水果和果汁机，并将水果打成冰沙。步骤就是把以下所有材料放进果汁机中，高挡位搅拌直至顺滑。

一根香蕉；两个奇异果（去皮）；半杯去皮切块的芒果；半杯去皮切块木瓜；三杯橙汁三块冰块；两三人份的量。

煎饼果子　取一小块的全麦玉米饼，上层加上低脂奶酪碎，然后放进微波炉或者烤箱中加热即可。

果丹皮　这个食谱可以强化儿童一个概念——可以用不同的方式改变和处理杏、水蜜桃、覆盆子、苹果等各种水果。

1. 食材：

新鲜水果；糖；肉桂；塑料包装纸。

2. 制作程序：

①帮助儿童将水果剥开、去皮、去籽、去核。

②将准备好的水果放进搅拌器中搅拌均匀呈果泥状。

③每两杯果泥加两汤勺糖和半茶匙肉桂。

④将果泥摊在铺好锡纸的烤盘内，并且将它涂得又薄又匀。

⑤上面盖上网罩或者纱布，放在太阳晒干即可食用，或是卷起来用保鲜膜保存起来。

花生布丁

1. 食材：

一袋普通或无糖香草布丁；两杯牛奶；花生酱。

2. 制作程序：

①按照包装袋说明准备好布丁。

②将煮好的布丁分别倒入个人的碗中。

③趁布丁还温热的时候，在每个碗中加入一汤匙花生酱搅拌。

水果烤串

1. 食材：

一杯香草味或柠檬味酸奶（低脂、低糖根据个人口味选择）；两杯新鲜水果或者水果罐头（大块果肉）；椒盐卷饼棒。

2. 制作程序：

①将水果块用椒盐卷饼棒串起来。谈论相邻水果块怎样搭配颜色和大小。

②可以将最上层果块蘸酸奶或者将整个水果串涂一层酸奶。

草莓优格奶昔

1. 食材：

半杯冷冻未添加糖的草莓，解冻两汤匙冰冻的浓缩橙汁，解冻半杯香蕉（按照个人口味选择）、一杯草莓味或柠檬味酸奶。

2. 制作程序：

①将草莓在果汁机中打成果泥。

②把其他材料加进果汁机中混合搅拌直至起泡沫。

③假期或者特殊场合，可以在奶昔中插入一根造型独特的彩色吸管。可以做成两份四分之三杯的分量。

花生香蕉冰沙

1. 食材：

一杯香草味酸奶；一至二汤匙花生酱；一根香蕉。

2. 制作程序：

①将所有材料放进果汁机中混合。

②果汁机高档搅拌 30—60 秒直至均匀。

③倒入奶油杯或小碗中用勺子食用，或者倒入杯子中直接饮用。

蜘蛛饼干

1. 食材：

圆形饼干；花生酱；小椒盐卷饼棒；葡萄干。

2. 制作程序：

①在两块圆形饼干上涂一层花生酱。

②将四根椒盐卷饼棒对半掰开，作为蜘蛛的八条腿。

③在其中一块饼干的左右每边摆上四条腿，确保每根卷饼棒都从饼干边缘延伸出来。

④将另一块圆形饼干盖在上方。

⑤在上方饼干的一端滴上两滴花生酱。

⑥在两滴花生酱处分别加上一个葡萄干作为蜘蛛眼睛。

根据你的想法制作！

花椰菜树和雪花

1. 食材：

四分之三杯松软干酪；半杯原味酸奶；四分之一杯新鲜香菜碎末；一颗花椰菜。

2. 制作程序：

①将松软干酪和酸奶加入果汁机中混合直到均匀。

②加入香菜放入冰箱冷却。

③将花椰菜切成“勺子”状（黄瓜、西葫芦、芹菜、胡萝卜、水萝卜和绿甜椒也能做出“勺子”）。

④将蔬菜蘸着酸奶混合酱食用。

水果太阳

1. 食材：

柚子肉；球状香瓜果肉；樱桃；葡萄干。

2. 制作程序：

①把柚子肉环绕甜瓜排列一圈。

②用樱桃和葡萄干摆出“脸部五官”。

③分量分配取决于做几份；一杯二分之一的量比较合适。

香肠三明治

1. 食材：

法兰克福香肠（火鸡或鸡肉）；面包切片美国干酪；黄油；芥末。

2. 制作程序：

①将面包涂上黄油。

②将面包切片放在没有涂油的烤板上，每片面包上面放一块奶酪。

③将法兰克福香肠沿对角线放在奶酪上。

④将面包折叠形成三角形并刷上黄油。

⑤放进 287℃的烤箱中。

⑥烘烤大约 2 分钟。

肉丸子

1. 食材：

454 克牛肉馅；一杯面包屑；1—2 个鸡蛋；四分之三茶匙盐；八分之一茶匙胡椒粉；四分之一杯牛奶。

2. 制作程序：

①将所有食材混合。

②揉捏成小圆球。

③放进电锅炉里煮至焦黄。

萝卜葡萄干沙拉

1. 食材：

三杯切丝的萝卜（老师准备）；四分之三杯葡萄干；柠檬汁（一个柠檬）。

2. 制作程序：

①将所有食材均匀混合。

②即可食用。

香蕉烘焙

1. 食材：

一根香蕉，去皮；黄油（融化的）。

2. 制作程序

①将去皮的香蕉放进浅口烤盘并刷上黄油。

②放进中温烤箱上烤 10—15 分钟（直到变软）。

③趁热食用。

④ 1 人份。

法式吐司

1. 食材：

八片吐司；四个鸡蛋；四分之一汤匙的盐；两杯牛奶。

2. 制作程序：

①稍微搅拌鸡蛋，加入牛奶和盐。

②将面包片浸入鸡蛋混合液中，再放入平底锅中煎。

③趁热配上果酱、蜂蜜、糖浆食用。

坚果零食

1. 食材：

一杯烤干无盐花生；一杯未加糖的角豆；一杯不添加糖的香蕉片；一杯不加糖麦片。

2. 制作程序：将所有食材放在一个加盖塑料盒中，孩子可以轮流摇晃使其混合。然后装进小杯子中食用或者装进塑料袋中以备外出活动食用。可以放进盒子里储存数周。

花生球

1. 食材：

半杯新鲜花生酱；一汤匙果酱；半杯奶粉；一杯麦麸或玉米片；三分之一杯压碎的麦麸或玉米片。

2. 制作程序：

①在碗里将花生酱和果酱混合。

②加进奶粉、麦麸片或玉米片搅拌均匀。

③用手将混合物揉成小圆球。再把小球放在玉米碎屑上滚一下。

花生酱苹果卷

1. 食材：

一份 226.8 克冷藏的牛角面包卷面团；两汤匙新鲜花生酱；一个苹果，去皮切碎。

2. 制作程序：

①将面团切成 8 个扇形。

②每块扇形上涂上一层厚厚的花生酱。

③上面放一汤匙苹果碎块。

④从扇形的尖角开始向另一侧卷起，放在烤盘上。

⑤烤箱调至 176℃，烤 10—15 分钟。

花生全麦饼干

1. 食材：

全麦饼干；新鲜花生酱；选择下列其中一种或多种调味品——葵花子、葡萄干、巧克力屑、香蕉片、苹果片。

2. 制作程序：

①将每片全麦饼干掰成两半。

②在其中半块上涂上花生酱。

③在花生酱上层放上你最喜欢的调味品。

④在另一半上也涂上花生酱。

⑤再将两半夹放在一起，成为一个三明治。

坚果瑞士奶酪酱

1. 食材：

两杯瑞士奶酪，切碎；半杯新鲜花生酱；半杯酸乳脂；四分之一杯葡萄干。

2. 制作程序：

①将所有材料混合均匀。

②混合好的酱可以刷在面包和饼干上。

全麦饼干香蕉

1. 食材：

四根香蕉；四分之一杯奶粉；半杯全麦饼干碎屑；四分之一杯黄油或奶油（融化的）。

2. 制作程序：

①香蕉剥皮，纵向切成两半。

②将香蕉在奶粉中滚一下，再滚上全麦饼干碎屑。

③放在抹油的烤盘里，在香蕉上方浇上一些融化的黄油。

④烤箱调至 232℃，烤 10 分钟。

烤香蕉

1. 食材：

一根香蕉（去皮）；一汤匙原味低脂酸奶。

2. 制作程序：

①在香蕉皮上划一刀小口。将没有剥皮的香蕉放进烤盘上，缺口一面朝上。

②烤 5—10 分钟直到香蕉变软。

③剥掉香蕉皮，并配以酸奶食用。

冷冻香蕉硬币　处理过熟香蕉有一个非常好的方法：香蕉去皮冷冻；将冷冻的香蕉放进冷冻袋或者冷冻盒中，放入冷藏室备用；食用时，从冰箱里拿出香蕉，切成小块。立即使用，否则会融化变得软软黏黏的。分量：半根香蕉一人份。

香蕉冰棒　纵向把香蕉切成两半，在每半块香蕉中小心地推入一根冰棍棒，然后冷冻。食用时直接从冰箱中取出。

缤纷爆米花　适用于三岁以上儿童。

1. 食材：

两杯原味爆好的玉米花；四分之一杯干杏仁；四分之一杯葡萄干；四分之一杯花生。

2. 制作程序：将所有材料混合。装进一个密封食物盒。分量：2 杯，每杯 3/4。

大米布丁

1. 食材：

四汤匙生米；四杯牛奶；一汤匙黄油；三汤匙糖（按个人口味选择）；半茶匙香草精肉豆蔻粉。

2. 制作程序：

①除肉豆蔻粉之外，将所有食材放入涂黄油的烤盘上。

②在上面撒上肉豆蔻粉。

③烤箱调至 148℃，烤 1.5 小时。

彩色爆米花 启动爆米花机前，在植物油中加入几滴食用色素。然后往油里倒入玉米粒和食用色素，分批制作出不同颜色的爆米花。待爆米花冷却后，将五颜六色的爆米花混合起来。

让儿童按颜色将爆米花分类，把不同颜色的爆米花分别装进不同的杯子里。然后他们就会数一数每个杯子里分别有多少粒爆米花。最后他们会开心地品尝！

松脆的水果爆米花

1. 食材：

3 升爆米花；两杯有葡萄干的天然麦片；四分之三杯切碎的杏仁；四分之一茶匙盐；三分之一杯黄油或奶油；四分之一杯蜂蜜。

2. 制作程序：

①将烤箱预热到 148℃。将前四种食材混合装进大烤盘里，放在一边备用。

②在小煮锅内将黄油或者奶油和蜂蜜混合。低温加热直至黄油或奶油熔化。

③倒入爆米花混合物，轻轻搅拌直到爆米花充分蘸上黄油或奶油。

④放入烤箱，烤 30 分钟，其间偶尔搅拌几下。

最后可做成 3 升的分量，储存在密封保鲜盒里可保存两周。

花生酱爆米花

1. 食材：

2 升爆米花；一汤匙新鲜花生酱（乳脂状或块状）；两汤匙黄油或奶油；

2. 制作程序：

①在小煮锅内将黄油或者奶油和花生酱低温加热直至熔化。

②倒入爆米花充分混合均匀。

奶酪爆米花小吃

1. 食材：

2 升爆米花；半杯黄油或奶油；半杯磨碎的美国干酪或者巴马干酪或者两样混合；半茶匙盐。

2. 制作程序：

①将新鲜的爆米花装入平底锅中，放入烤箱中使爆米花保温又松脆。

②将黄油和磨碎的奶酪混合并加入盐。

③将黄油混合物倒入爆米花中。一直搅拌直至每粒爆米花都有浓香的奶酪味。

乌龟煎饼

1. 食材：

薄饼或者饼干；三分之一杯脱脂奶粉；两杯牛奶。

2. 制作程序：

①按包装说明。（为了提供充分营养，可以在标准食谱要求的两杯牛奶中再加入三分之一杯奶粉。）

②糊状物装在碗中比装在壶中更好；让孩子将糊状物一汤匙一汤匙地舀入煎锅中，常常为了增添趣味可以故意滴一些下来。

③在一个直径约 7.52 厘米的煎饼四周添加 4 个小煎饼（腿）做成一只小乌龟的形状。

自制花生酱 带一大袋有壳花生米去学校，让学生帮助你剥花生壳。将一杯熟花生装进搅拌机中，加入一汤匙花生油搅拌直至儿童喜欢的黏稠度。

自制果冻（快速版） 将一罐约 355 毫升的冰冻葡萄解冻浓缩成葡萄汁。果汁中加入一袋无味吉利丁粉并装进平底锅煮沸，搅拌直至吉利丁粉溶解。

停止加热，使其冷却。将混合物倒入宽口

罐子里并且放入冰箱冷冻。

自制全麦面包 在一个大碗中加入三至四杯热水和牛奶（牛奶和水各半），再加入两汤匙干酵母并使其变软。再加入两汤匙蜂蜜、两茶匙盐、半杯营养酵母粉（在健康食物商店可以买到）和八杯全麦粉。充分搅拌均匀。面团应该既光滑又有黏性，但不应该是平的，碗里也不应该有水分。按照需要加入多（少）量面粉来达到这种质感。

放进抹油的面包模型器中，七成满。烤箱调至 29.5—32.3℃，让面团膨胀 15 分钟直至高度增加约 25%。

最后将烤箱调至 204.5℃，烘烤 15 分钟。再将烤箱降至 177℃，继续烘烤 20 分钟左右直至变成金黄色。

水果优酪乳 需要半杯原味酸奶，半杯橙汁、四分之三杯新鲜水果（草莓、蓝莓、覆盆子、香蕉或者多种混合）、一汤匙蜂蜜和半杯冰。

将所有材料放入果汁机中，搅拌两分钟直至均匀就可以倒入杯中享用了。两人份的量。

▶ 高钙食谱

你知道美国有 3/4 的人无法摄取足够的钙吗？提醒儿童每日都要摄取三份高钙的牛奶、奶酪和酸奶。为了方便补充钙量，以下是一些为儿童准备的高钙食谱。

圆点牛奶 在圆形冰盒里倒入巧克力味和草莓味道的牛奶，冷冻。然后，把牛奶冰块扔入原味酸奶中，这些“圆点”既有趣又好吃。

咯吱咯吱的午餐 将儿童喜爱的麦片与酸奶混合成为一个有趣的松脆奶油状的午餐。

香草香蕉冰 一杯低脂牛奶、香蕉片、冰和几滴香草精搅拌成一杯美味顺滑的饮品。

趣味切片 饼切刀不仅仅在制作饼干时使用，还可以用它将奶酪片和烤奶酪三明治切出有趣的形状，使我们的午餐趣味盎然。

欢乐果味牛奶 将一杯无脂或 1% 低脂牛奶与两汤匙杏子、黑莓、覆盆子或草莓果酱混合。每一杯牛奶中加入两汤匙果酱。可以尝试加入不同口味的果酱，直至牛奶中出现你喜欢的颜色。果酱有天然和人工合成的不同口味，通常可以在饼干柜台区域里找到。

美味酸奶 让孩子把酸奶当作“颜料”。

给孩子一个“调色盘”和 2—3 种“颜色”（口味）的酸奶——蓝莓、草莓、香蕉——孩子可以用它们在全麦面包上自由创作，最后享用他们的杰作。

奶酪完美混搭 将奶酪和其他健康食物搭配在一起，即使是挑剔的食客也赞不绝口。也可以将一片火鸡肉包裹着淡味马苏里拉奶酪，或者用多块浓味干奶酪包裹苹果块。

▶ 简易食谱

以下为简易食谱。需要一些准备，但是实际操作只需要简单的几个步骤。

胡萝卜卷 这个活动，需要若干胡萝卜、一个蔬菜剥皮器和冰水。老师给儿童展示怎么安全使用剥皮器。剥皮的时候，应该将剥皮器背对身体向外推而不应该正对着身体和脸。

帮助学生把胡萝卜最外层的皮削掉，然后让儿童继续削。将削好的皮放进冰水并放入冰箱中直至它们弯曲。可以把这些胡萝卜卷当成零食。

奶酪苹果 将苹果对半切开并去核。将苹果挖空，里面放入细腻滑爽的奶酪。冷藏 2—3 小时之后食用。

酸奶麦片甜冻 在一个高脚杯中，放入柠檬、香草或者水果口味的酸奶，再配上喜欢的早餐燕麦片。

香蕉摇摇乐 将香蕉剥皮且切成一口大小的小块。将每一小块蘸上酸奶，放进装有麦芽粉的塑料袋中，摇晃使其充分蘸上粉末。作为小点心食用。

香蕉冰淇淋 这是一个既好吃又低热量的食物——每根香蕉仅含有 356 焦耳。将香蕉剥皮，用保鲜膜包裹上，放入冰箱冷冻几个小时直至变硬即可食用（不要放在冰箱里太长时间）。

尝起来正如香蕉冰淇淋一样。

笑脸三明治 在米糕或者玉米饼上涂上花生酱。用两颗葡萄干做眼睛、一根香蕉或者一块苹果做微笑的嘴巴。

烤苹果 将一个去核的苹果放入装有少量水的盘子里。用锡纸覆盖放入烤箱，调至177℃（350华氏度）烤20分钟或者用保鲜膜（微波炉专用）轻轻覆盖放入微波炉，高火烤5分钟。根据个人口味可撒少许肉桂粉。

水果冰棍 在纸杯中装满无糖果汁，盖上保鲜膜并且在其中插入一个塑料小勺。待果汁冷冻后，取掉纸杯即可食用。

干香蕉片 将香蕉切成2厘米厚度的小片。根据个人喜好可以蘸上碎坚果。然后放在66℃（150华氏度）的烤箱中烘焙，烤箱门保持打开5厘米，烤12小时或者直到香蕉片变皱。

本章回顾

1. 说出一些能帮助儿童学习知识的食物活动方式。

2. 说出一些在食物活动中能提高的技能。

3. 想一想以下观点哪些正确：

a. 食物活动中，老师应该详细地告诉学生每步该怎么做。

b. 食物活动中，儿童应该按自己的意愿进行。

c. 食物活动应该非常容易，要让所有学生都觉得没有挑战性。

d. 食物活动应该要有变化性。

e. 食物活动中，儿童应该使用他们从来没有尝过的新食物进行操作。

f. 食物活动最终完成的成品对于整个活动最重要。

g. 食物活动中使用的食物材料应该尽可能便宜。

h. 食物活动中，应该提醒儿童不要乱扔食物。

i. 食物活动只能在厨房里进行。

j. 食物活动有时可以以团队的方式进行。

4. 想一想以下观点哪些正确、哪些错误：

a. 研究表明，婴儿喜欢甜味多于酸味是通过学习而来的。

b. 每个美国人平均每年摄入约47千克糖。

c. 为了避免蛀牙，饮食有必要拒绝果糖的摄入。

d. 为了避免蛀牙，儿童应该在饭后50分钟之内刷牙。

e. 减少肥胖最好的办法是限制无营养价值的热量摄入。

f. 无营养价值食物虽然热量低但是含有高蛋白。

g. 番茄酱、热狗、猪肉、豆类和蔬菜罐头中有隐藏的糖分。

h. 蔗糖最常见的形式是乳糖。

i. 儿童大约12%的热量都是来自零食的摄入。

j. 导致儿童期肥胖的主要原因是遗传基因。

5. 谈论阻止儿童期肥胖的一些方法。

参考文献

American Academy of Pediatrics（2001）. AAP warns parents and pediatricians that fruit juice is not always the Healthiest choice. Online at http://www.aap.org/advocacy/archives/mayjuice.htm.

Ausubel，D. P.（1980）. Enhancing the

acquisition of knowledge. *National Society for the Study of Education Yearbook*, 1979 （Part 1）, 227–250. Chicago: National Society for the Study of Education.

Axmaker, L. （2001–2002）. *Childhood obesity should be taken seriously*. Retrieved from Vanderbilt University, HEALTH Plus, Health and Wellness Web site. Online at http://vanderbiltowc.comdh.content.asp?1058.

Blasi, M. J. （2003）. A burger and fries: The increasing dilemma of childhood obesity. *Childhood Education*, Annual Theme Issue, 321–322.

de Paola, T. （1992）. *Jamie O' Rourke and the big potato*. New York: Scholastic.

Ehlert, L. （1990）. *Growing vegetable soup*. New York: Harcourt Brace.

Gortmaker, S. （2001）. *Increased consumption of soda promotes childhood obesity*. Retrieved from Harvard School of Public Health Web site. Online at http://www.researchmatters.Harvard.edustory.php?article_ID521.

Koo, H. M. （2006）. University of Rochester Medical Center. Online: http://www.urmc.rochester edu/pr/news/story.cfm?id=947.

Laminack, L. （2003, April）. Eat smarter, be smarter. *Teaching* K–8, 31–32.

Library of Medicine and National Institute of Health （2006）. *Feeding Infants and Toddlers （FITS） Study: What foods are infants and toddlers eating*? Online at http://www.pubmed.gov.

McDonald, M. （1996）. *The potato man*. Chicago: Children' s Press.

McGovern, A. （1987）. *Stone soup*. New York: Scholastic.

Moran, R. （1999）. *Evaluation and treatment of childhood obesity*. American Academy of Family Physicians. Online at http://www.aafp.org/aft/990215ap/861.html.

Murate, T. （2002）. *Video creativity*. Berkeley, CA: APress

Murphy, S. （2001）. Seaweed soup. New York: HarperCollins.

National Association for Sport and Physical Education. （2003）. *National standards for physical education* （2nd ed.）. Reston,VA: Author.

National Center for Health Statistics. （2006）. *Health, United States*, 2006. Washington, DC: Author.

Nelson, J. （1990）. *Neighborhood soup*. New York: Modern Curriculum Books.

PubMed. （2006）. *Feeding Infants and Toddlers Study （FITS）: What foods are infants and toddlers eating*? Online at http://www.ubmed.gov. A service of the National Library of Medicine and National Institute of Health.

Rey, M. （1997）. Pretzel. Boston: Houghton Mifflin.

Seuss, D. （1976）. *Green eggs and ham*. New York: Random House.

Solomon, C. G. （2005, November）. Obesity and mortality: A review of the epidemiologic data. *American Journal of Clinical Nutrition*, 13–20.

Torgan, C. （2002）. *Childhood obesity on the rise*. Online at http://www.nih.gov/news/WordonHealth/jun2002/childhoodobesity.htm.

Vehling, J. D. （1977）. *Apicius, cookery and dining in Imperial Rome*. New York: Dover Publishing.

第二十二章

创造性社会学习

▶ 教学目标

学完本章，你应该能够：

1. 描述孩子从社会意义上了解自己的第一件事。

2. 讨论如何适当开展涉及孩子名字、声音和个人外貌的活动。

3. 讨论在早期儿童计划中“教”和“评”的重要性。

4. 讨论个人的庆祝活动。

5. 讨论如何将社区工作者信息纳入社会研究学习体验中。

6. 描述规划幼儿实地考察时需注意到的要点。

在我们开始进入本章前，先考虑孩子在社会中的两个例子。

情形一：

基姆在家里等待她正在隔壁玩的儿子比利。当比利比预定晚 20 分钟到达，妈妈问他发生了什么事。“好吧，妈妈，”他开始以一个大人的方式诉说，“道斯的洋娃娃坏了，我想帮助她。”

“你竟然懂得如何修理洋娃娃。”母亲惊讶地回答。

“噢，不，妈妈。我不知道如何去做。我只是留在那里帮她哭。”

情形二：

格雷格和马克一起堆积木。马克因为格雷格从他那里拿走一块而生气了，他们打架。老师阻止并与马克讲，要用语言而不是拳头，她告诉他试着与格雷格讲道理——告诉格雷格是什么使他生气，而不是打他。

最后，老师以为成功说服了，就问马克：“现在，你想怎么做呢？”

马克毫不犹豫地回答：“打他！”而他真的那样做了。

这些关于儿童在社会交往中的事件，幼儿的社交中展示出的有趣和不可预测的天性对成人而言是好笑和有趣的，但也清楚地说明了一个事实：学会成为社会群体的一部分不是人类与生俱来的。像那些提到的幼儿，经常在社交中以不可预知的方式，通过他们对生活的自发反应做出回应。然而幼儿会对别人的感受很敏感，即使他们在许多情况下是直接的和无拘无束的。事实上，了解自己，了解别人，以及如何与他人打交道都需要一个长期的过程。

社会学习是人类对他们的生存环境和为了成为社会人所需要的概念、技能和态度的学习。社会学习的内容和过程可以融入一些活动，在这些活动中即使是非常小的孩子都可以参加。当男孩和女孩重新扮演他们知道的成人角色，当建造他们曾经见过的房屋、农场、机场、商店和公园，或把对他们有特殊意义的经历改成剧本，他们就学到了社会学习的内容。当孩子们对社区服务如消防和保护图书馆和邮局设施有所察觉时，他们也会把它们融入游戏之中。

社会学是幼儿教育的一个重要组成部分；它帮助孩子们理解他们生活的复杂世界，使他们在社会组织里富有创造性和快乐地生活。孩子在童年早期仅仅以自己的感觉接触社会。有些孩子太小，他们仅仅才刚开始学习这些感觉的名称，很少能了解其意思。有些孩子从幼儿园过渡到小学时，正在处理情绪上的变化。还有一些从低年级过渡到中年级，正经历许多情感的调整。引导孩子正确理解他们自己的和他人的情绪，是老师工作中高度敏感、富有挑战的一部分。成人对帮助小孩子处理他们和别人的情绪是最有效的，为此，成人也必须能够处理他们自己的情绪。

回想一下你自己的情绪和童年的经历，你曾经经历的变化和使你有现在生活的转折点。变化在你和孩子的生活中都是不可避免的。

你觉得这些改变如何？你期待未来，还是留恋过去？你接受还是抵制改变？你如何看待生活周期，包括对过去发生的事情的感激和对未来可能发生的事情的兴奋？

你个人的改变直接影响你和孩子的关系。如果你公开地改变自己，你就不会回避他们对成长、死亡、衰老问题的关注。你对改变的态度是以一种健康的接受方式传达给孩子的，使用这种方法来教育小孩子社会学习概念对你和孩子们都将是一种乐趣。

美国国家社会学习理事会——美国国家标准

有关社会学习教学思考的新时代始于 1994 年，当时美国国家社会学习理事会规定，所有幼儿园到高中三年级的孩子都应该学习“社会学习的十个主题轴”。这十个主题是从描述“社会学习是整合社会学习和人文以促进公民能力”的定义来的。

这些主题指出，许多学科的基础知识大多是根据以下这些社会科学而来的，比如人类学、考古学、经济、地理、历史、法律、哲学、政治学、心理学、宗教和社会学。第一个到第七个主题是以社会科学为导向的，剩下的三个是指多学科。

每个主题的意义取自一个或多个学科。在表 22-1 列出了十个主题。这十个主题可以为社会学习课程规划提供框架。本章将讨论其中几个与我们的社会研究学习课程相关联的主题。读者可以在网络查阅更多关于这十个主题及其应用资源的更详细、深入的报道。

现在让我们看看，在幼儿课程中各年龄儿童的一般社会特征。

社会特征

虽然不能确定任何个人的发展模式，但同年龄层确实存在一般共同的特征。它有助于人们大体了解不同年龄层应该有什么样的社会特征。以下是各年龄阶段社会特征的摘要。

学前班和幼儿园 在这个年龄层，友谊通常局限在一个或两个“最佳”的朋友，但它的

表 22-1 社会研究的十个主题

1. 文化
2. 时间、连续性和变化
3. 人物、地点和环境
4. 个人发展和认同
5. 个人、团体和机构
6. 权力、权威和管理
7. 生产、分配和消费
8. 科学、技术和社会
9. 全球联系
10. 公民意识和实践

变化频率会很快。玩伴团体的游戏无组织性，会经常更改。尽管争吵频繁，但是往往僵持的时间短暂。对角色扮演的游戏有很大的乐趣并开始认识性别的角色。

儿童情绪发展正处在一个动荡时期——情感表达自由、愤怒的爆发是常见的。生动的想象力常常产生夸大的恐惧。也会因为成人的喜好衍生出嫉妒。精神上，学生在语言学习方面获得迅速发展。他们喜欢彼此交流和在团体面前说话。想象和幻想在这个阶段达到顶峰。

小学低年级（六至九岁） 尽管友谊模式仍然是 “最好的朋友”，但是现在明显有更多选择朋友的机会。游戏更有组织性，但非常强调“规则”。争吵仍在频繁发生，比如身体攻击、竞争、吹嘘。在这个年龄层男孩和女孩的兴趣明显变得越来越不同。因为教师的影响，不同的班级会有巨大的行为差异。

情感上，孩子们变得非常敏感。批评、嘲笑和失败可能是毁灭性的。尽管自己敏感，他们也会快速伤害他人。一般来说，学生们想讨老师喜欢，想在学校表现良好，这些都是他们需要经常被赞扬的原因。

对学习的渴望是这个年龄组的共同特点。学习的产生主要通过材料的具体操作来实现。对交谈的渴望仍然十分明显，有很多语言经验——包括粗俗的语言。互惠、公平和是非的概念也产生于这一时期。

中高年级（九至十二岁） 同龄群体开始取代成年人成为行为标准和成就认可的来源。不同的性别之间，利益变得更加不同，导致他们之间常常因为奖励和成就相互“斗争”，甚至是相互辱骂。伴随着集体精神，团队游戏越来越受欢迎。迷恋和英雄崇拜也更加普遍。

这时期和成人之间的冲突开始显现。青少年在这个年龄段开始需要理解。他们经常为自己设定高标准或不切实际的标准，因此情感上受挫折是很常见的。然而青少年对独立成长的渴望，经常会产生不可预知的行为。成人的支持也是不可或缺的。孩子在这个年龄段可以表现为前一分钟是“成熟”的行为和下一分钟是“幼稚”的行为。这个年龄段的好奇心依然强劲。

现在让我们看看儿童早期计划如何适应发展水平和社会研究标准。

学习自己的世界

孩子的世界从自己开始，延伸到家庭，然后是比家庭更大的社区。发展孩子的自我、自我观念意识，是儿童社会研究的重要起点。

知道自己在社会上的意义，包括学习诸如一个人的名字、一个人的种族背景、一个家庭的分组、一个家庭中家庭成员的职业。在幼儿早期了解自己是一个基本水平——也就是说，年幼的孩子正在学习如何让自己的生活融入更大的社会群体。

孩子认识他们居住的场所，即房子、公寓，或者说高级公寓，以及了解自己住宅与同龄人的住宅有什么相同或者不同之处。他们学习家庭在形式上，生活方式和价值观上的相似与不同之处。

那些积极参与教育学龄前到学龄儿童工作的人们一开始就要积极接受每一个孩子，可以帮助孩子们发现和欣赏自己的独特性。

在童年早期，孩子需要有机会以积极的方

式学习重要的经验。

个人发展和身份

自我意识——我怎么看

积极认识和接纳自己的外表是社交方面学习的一部分，即“我是谁？”。例如，在房间里，把一个全身镜放置在一个安全的但孩子清晰可见的视线范围内让孩子看到自己和对方。因为家中的镜子放得太高了，一些孩子很少有机会看到自己的影像。在房间里提供一个不易碎的手镜，也是鼓励孩子们看到自己的另一种方法。放大化妆镜也会让孩子们产生有趣的反应，因为他们可以在镜子中看到放大的自己。

以下建议活动重点在提升幼儿对自己外表独特性的认识和欣赏：

使用一个牢不可破的镜子，萌生出的想法使我们的相似点比不同点要多。讨论颜色、大小、眼睛的形状、头发、鼻子、嘴巴、耳朵等。可以让孩子们画自己的脸，并把这些画安装在低处黑板上，写上孩子的名字做标签。

- 给孩子们提供有身体部位缺失的人的图片。让孩子们描述哪部分缺失了。
- 把男孩或者女孩图案的绒布放置在绒布板上。故意将身体部位放在错误的区域。例如，把一只胳膊放在腿的地方。让孩子成为侦探发现是什么部位放错了，然后把它正确归位。
- 玩游戏 “警察，我的孩子在哪里？”一个孩子扮演警察，另一个扮演母亲。母亲描述她失踪的孩子的外貌特征（衣服、头发、眼睛）。所有的孩子参与其中，看看自己是不是就是被描述的那一个。警察试图猜出房间里哪一个是她的孩子。
- 在艺术中心，有可以随时获取的制作道具配件完整的材料如珠宝、帽子、口罩。

让孩子们躺在大的纸张上，画下他们身体的轮廓。然后孩子可以用织物、毛毡品、纱、按钮、珠子和其他任何他们感兴趣的材料来装饰这真人大小的图形。

- 用手指作画或用水性油墨制造手印和脚印。
- 提供熟石膏制作手模。
- 鼓励年长的孩子画自画像。

给年长的孩子画阴影轮廓。让孩子站在阳光直射的地方，准备一张大到足以包含他的影子轮廓的纸，在纸上画出他的影子。体现出不同时间，如早上、中午或当天晚些时候的阴影。

学习名字

幼儿的第一个社会经验是认识自己的名字。在儿童早期教育中识别自我与他人，由认识老师和同龄人的名字进一步深化，这个经验直接关系到孩子对个人身份的基本学习。

要特别注意专注于每个孩子独特的名字。避免使用“宝贝”“亲爱的”通用称呼来表示。不单单用孩子的名字，交替使用孩子的名和姓，这将进一步发展孩子们的自我认知，以及帮助他们欣赏自己的独特之处，它还可以帮助孩子学习对方的全名。以下策略帮助你在从事的幼儿工作中关注每个孩子的唯一性。

关注每个孩子的独特性的策略

- 把孩子的名字写在的作业本左上角，按从左到右的顺序；在写孩子名字的同时说出来。这提供了一个听觉和视觉模式。
- 叫出孩子的名字，让他去参加一个活动，或告诉老师他想去哪个活动。如，“约翰尼·琼斯，你今天可以骑三轮车。”“莎莉·史密斯，你可以清洁。”
- 指导一个孩子去告诉另一个孩子：“杰米，请告诉科琳，是进来的时候了。”当这个孩子跟随老师的指令做的时候，这孩子不仅听到了自己的名字，还开始能说其他孩子的名字和带名字的句子了。
- 当孩子围坐成一组听故事时，老师可以绕着组说出每个孩子的名字。

当孩子们分组讲故事时，老师可以分别到每一组，并介绍每组的小朋友分别叫什么名字。然后挑出一个小朋友，看看其他组员能不能说出他的名字。

• 以和自己有关的一些有意义的事情为主题组织活动，比如鼓励孩子们画出自己，或者是模仿自己的家人。题目可以是：我和我最好的朋友；我正在玩我最喜欢的玩具；我在家里帮忙做家务；我的家人在吃晚餐；我的家人去过……；我的愿望。所有这些活动的成果，可以用来做班级墙上的装饰画，或者做成小册子，也可以做成拼图游戏。

• 在艺术区给孩子们准备各种媒介和材料，让他们根据自己或者家人的形象做玩偶。

每个孩子的声音和名字一样都是每个人所特有的。所以把注意力放在声音上，也是一个锻炼小朋友识别身份的不错的方法。下面几个方法可以让孩子们在愉快的游戏氛围中了解到每个人声音的不同之处。

• 用磁带把全班同学的声音收录进去，讨论每个人的声音的音调、音色的不同。每人录下一句话，然后放给全班的人听，看他们能不能猜出这句话是谁说的。

• 把孩子们最喜欢听的童话故事（可以是《金发姑娘与三只熊》《三只臭脾气山羊》《小红帽》的故事）录起来放给他们听，录音时注意每章节的语气、音调的变化。

• 玩“我是谁”的游戏。小朋友们围成圈，让一个人站在中间。然后周围的小朋友可以问“我是谁”并让圈中间的小朋友猜猜看。当小朋友们都掌握了这个游戏后，就可以加大难度，比如让站成圈的小朋友变换音调来发问。

• 让孩子们感受不同质地的物品。可以找来一些像钢丝球、波纹金属、丝绸、天鹅绒、棉球、毛织品或者是小镜子等有纹理的物件让孩子们触摸感受。在了解了这些物品的声音后，可以让孩子们用相对应的参照物来描述一个人的声音。比如，一个人的声音可以用刺耳、高、低、柔软、严厉、尖锐等来形容。

人物、地点、环境：积木街区

学习人物、地点、环境是作为一个普通国民应该掌握的第三大块内容，而积木街区就是学习有关社区生活和邻里相处内容的最佳地点。可以让孩子们用积木拼出生活中的各种形象，比如家庭中的不同成员，来自不同种族的人和来自不同行业、工种的人和车子。总之，应鼓励孩子们把积木街区当做真实的社会生活来处理。

当孩子们在一起玩积木街区时，他们就会学着互相分享，互相交流并且解决矛盾。最后一起把积木都收拾起来，能让孩子们体会到互相协助更容易办事。孩子们用积木共同搭建建筑，无论是取材于日常生活还是自己想象中的角色扮演游戏，在这些过程中，他们的友谊也日渐深厚。用积木来完成的一些生动的表演，可以充分调动起小朋友的情感。搭积木有助于孩子自尊心的建立，因为怎样玩积木是没有对错之分的。推倒一栋积木建筑，可以让小朋友感觉到自己力量的强大和对事物的控制力。

以下是一些鼓励小朋友玩积木的方法：

• 把积木街区和家政区并排规划，让孩子们可以把两种生活结合起来进行游戏。

• 准备一些既可以吸引女生，也可以吸引男生的小道具和小物件。小道具可以包括一些工具类的，比如交通运输的小玩具，也可以是其他类型的，如穿制服的玩偶等。小物件可以准备丝巾、纺织布、地毯小样等。此外，还需要准备一些彩纸、铅笔、蜡笔和马克笔。无论对男生还是女生来说，家庭成员形象的玩偶和动物形象的玩偶都是有吸引力的，最好准备来自各种不同种族的家庭成员玩偶和一些针对特殊需求的孩子的玩偶。

• 当老师观察到小朋友在无意中有了性别歧视的做法时，应当及时介入。比如当你听到山姆和安东尼对洛葛仙妮说他们俩在建造的是一栋消防大厦，而女孩是不能当消防员的，所以洛葛仙妮不能和他俩一起玩。这时应当私下找来这三个孩子，让他们知道每个人在教室里无论男生女生都是可以玩任何一样玩具的。可以教会孩子们使用“消防员”这个专业术语以及其他一些术语，但是这些术语千万不能有性别歧视的含义。还可以给孩子们读一些描写某些人的书，这些人从事的职业一般来说都是异性所从事的。

- 装饰积木街区的墙。可以在墙上挂上图片、照片、海报和一些房屋、桥梁、塔或者是铁路的设计蓝图。如果有孩子热衷于画建筑图纸，也可以把自己画的张贴起来。还有一幅重要的图片要挂起来，图片中最好有来自各种不同种族的、做着不同工作的男女老少。所有的这些就可以让孩子们慢慢认识到，无论是街区还是建筑设施的使用，对每一个人来说都是公平的。
- 准备一些像玩偶、石头、手电筒、滑车、细绳等有趣的小物件。
- 准备各种各样的玩具模型交通工具，比如小轿车、卡车、飞机、直升机、消防车、救护车、大巴、的士还有船等。

社区中的人们

孩子是无法独自生存的，他必须依靠社区这个大环境才可以健康生存。在社区生活中，有很多人可以为小朋友的成长提供帮助，比如警察、大巴司机、烤面包师。当孩子们见到社区里的各种人时，就会逐渐认识到这种在自己的表演中扮演，或者试着扮演的职业到底是怎样的。孩子会拿着工具箱去修电话机，慢慢地，小朋友们就会进入这种由成年人扮演各种角色，并且人们都是依靠彼此而生存的大环境中。当小朋友路过附近的消防站时，就明白了消防队员平时驻扎在哪里。当大人领着小朋友去汽修厂时，就会看到技工在修汽车。大人领着小朋友去邮局寄信时，小朋友就可以了解到信是怎样寄出的。如此一来，孩子们就会从日常生活中学习到社区生活就是需要互相帮助，互相依靠的。

让孩子们学会理解他人最好的办法，是从了解与孩子的生活有直接关系的人开始。这些人包括为学校提供服务和为社区提供服务的工作人员，他们中有许多人都与孩子的日常生活环境有直接联系。社区生活中的每一个人，都在为我们生活和学习的地方能够正常运转做着贡献，所有的工作都是有意义的。因此，让孩子们意识到每个人在社区生活的重要性，是很有必要的。通过下面这些活动，可以让小朋友们了解到社区工作人员的重要性。

社区工作人员

- 切身了解校园垃圾回收时间。向环卫工了解他们的工作内容，以及垃圾车的运转和保养。如果可以的话，向他们请教市民们应该怎样处理垃圾才能有助于环卫工人回收。要让孩子们明白环卫工人也是有个人生活的普通人，所有靠交换劳动力来生活的工人们和我们一样，有自己的配偶，有自己的孩子，有个人爱好，有自己的宠物。
- 把上面的方法用在邮递员、食品杂货铺员工、修理工、油漆匠、洗衣店员工、公交车司机、餐馆厨师和门房等人的身上，了解他们的日常生活。
- 把上面的方法用在一些全职或者是兼职的工作人员上，比如秘书、校长、护士、音乐老师、图书管理员等。让访问的对象提前对孩子要问的问题做好准备，可以让他们整理好思路。与此同时，也要让孩子们注意礼貌问题和安全问题。如果孩子可以说服访问对象对自己的教室进行一次非正式的来访，那么这次访问经历的成果就更加显著了。
- 体验工人的生活。在邻近的工人工作地点了解并体验工人平时的生活状态，回来后孩子们也许就乐于把他们观察到的表演出来。可以提供给他们像安全帽、面具，或其他能代表一个工种特点的小玩意。有些孩子也许喜欢用一件成人的衣服来当做表演的服装，完成扮演成年人的游戏。小朋友们可以采取几种方式，如游行、竞猜游戏、哑剧和戏剧等。所有的这些经历都可以帮助小孩子更好地认识和理解当地的社区生活。

探索社区生活 学校一般都位于社区内，我们可以放心地假设，每个社区都有关心其儿童福利的成员，并且他们拥有能够丰富儿童学经验的才能、爱好和资源。

对社区生活的探索可以帮助小朋友获取最新信息，纠正错误信息，丰富拓展孩子的生活经验。比如一群五岁左右的小朋友在社区周围转了一圈回来后，就可以用积木搭造起理发店，然后接下来的几天都在玩扮演理发师的游戏。老师也会十分配合地坐在椅子上假装让小朋友用比作剪刀状的小手给自己剪头发。

经常会听到别人这么问：既然孩子的父母每周都会带小孩去果蔬商店，那为什么老师还要带小孩子去呢？这里我要说的是跟父母逛果蔬商店，和跟老师以及同龄的小朋友们一起去逛比起来是完全不同的两种体验。老师带领全班同学去商场，目的是给孩子们一场特殊的体验，这时的重点就放在了孩子们和孩子们去的目的上。而当小朋友跟随他们的家人去商场时，通常都是买完就走的模式，这时对孩子的经验积累已经不是这场旅行所要考虑的重点了。所以说跟随学校里组织的这类短途外出探索和跟随家人出门的目的是不一样的，那对孩子们的经历而言当然也就不一样了。

任何有计划的出行，都应以丰富小孩子的经历，或者是去满足某个特定的需求为目的。有一群小朋友在老师的帮助下，为学校的菜园订购萝卜种子，顺便在路过邮箱时寄出一封信，于是这场旅行就变得相对难忘了，因为孩子们捎去的是一封“重要”的信。

对同一个班的小朋友来说，每个人的需求也是不一样的。例如老师领着四个孩子去动物园玩，结果发现对其中的三个孩子来说，坐在摇摇晃晃的巴士上，让他们在这段旅途中变得异常兴奋，因为他们从没有坐过巴士。而对第四个小朋友来说坐巴士是日常生活中最平常不过的了，动物园里的长颈鹿才是这场旅行的亮点。又比如一个老师带着两个学生去百货商场买东西时，对孩子们来说坐自动扶梯是这场旅行中最难忘的。

旅途规划 老师应该充分计划好每一场即将要进行的旅行，每场旅行都应以让孩子能有亲身经验为目的。不仅仅要让孩子们看到、听到、闻到，还要让小朋友们切身触摸到或是品尝到。老师应该做足准备工作，包括了解每个孩子的特殊兴趣或是需求。

在你没有充分了解每个孩子的品行之前，是不应该考虑任何旅行计划的，因为你无法预知孩子任何的潜在破坏行为。有时候当老师提出班级出游时，个别孩子会因为打破他们无趣的学习生活而变得异常兴奋。

在组织任何一场集体出游前，老师应该对学校所在的社区做好充分了解。包括对路标和那些经常在学校、店铺、公司、商业大楼或是服务性营业场所来往的人群，试着和他们交流。当你在计划一场出游时，要对学生们的表现有一个大致预想，时刻记着你是在为幼儿计划出行。那么我们就必须记住以下几点：

- 出行计划避免烦琐，保持简单。
- 讨论并阅读相关资料，事先了解计划出行的地点及周围环境。
- 鼓励孩子们在郊游中仔细观察事物。
- 如果孩子们感兴趣，给他们提供少量的信息。
- 为后续的出行计划和项目提供时间、材料，并充分调动孩子们的积极性。

> 是孩子将我们的信息，传达至我们无法抵达的时代。
>
> ——犹太谚语

庆祝活动

个人庆祝活动 在任何一个孩子的生活中，都有值得庆祝的事。教师通过他的高兴或悲伤的情绪，发现他们的情绪是随着环境而感染的，这种体验可以通过一个小的个人庆祝活动加以强调。例如，一个小男孩第一次自己系鞋带，对于大多数孩子来讲，这还是一个很特殊的行为。此时教师应该说“非常好，你做到了”，或者“给我展示一下你是怎么做到的？”“你自己做到了你有什么感受呀？”孩子也许还想与大家分享自己独立做到的新成就，比如：“我刚刚学会了如何自己下载照片到我的电脑上！”和小朋友们一起分享这种好的感受，让孩子知道这种好的感受是非常重要和值得庆祝的。教师睿智的观察，并再一次强调孩子积极地去感受是很重要的。

教导幼儿和平

> 预防冲突是政治的任务，建立和平是教育的工作。
>
> ——蒙台梭利

这句名言简明地指出了对于早期教育教师来说，有一个非常复杂的任务——教导和平。1991 年美国幼儿教育协会试图让早期教育教师教导和平，在我们希望教育孩子的所有课程中，和平行为是最重要的。在美国，日益增加的暴力事件甚至发生在学校里，这似乎是全球正在发生冲突的各个地区所反映出的深刻需求——建立一个和平公正的世界。甘地说，我们如果要在这世界上拥有真正的和平与公正，应该从孩子做起。在教室播撒和平与公正的种子，才能培养出新一代有意志和能力使这种想象变为真实的世界领导者和有秩序的公民，才能拥有一个和平公正的世界。（米勒，2005）

然而，教育和平是一件很复杂的事。首先，很多成人不理解和平的意思。我们讨论和平的目的是因为和平被定义为“一个平静或安静的地方，一个没有城市喧嚣的自由环境，一个有法律、有规矩的社会”（博纳特，1993）。和平不是没有冲突，而是解决分歧，以积极的方式解决问题。其次，和平是很难教的课题。很显然，大多数成年人在自己的世界里都很难维持和平。最后，我们必须要问一个最基本的问题：我们应该如何在一个充满纷争与冲突的世界里教会儿童和平？

很多早期教育专家们已经写下关于教育和平这一挑战性的话题，总结这些著作的核心思想，和平源于一个基本的观点：和平是由信任、尊重和关爱每个人组成的。当信任、尊重和关爱他人的态度共存于环境中，它便是一个安全的地方，让人们活出自己。在一个安全的环境，人们有一种被接纳的感觉，这是对不一致的接纳，然后期待在不会伤害彼此的情况下决定争辩的议题。在安全的环境中，每一次互动都反映出要互相关心和尊重个体差异（博纳特，1993；美国幼儿教育协会，1991）。

我们可以建立一个教会儿童如何与他人和平相处的环境，在每一次与他人接触的行为当中，我们可能引起伤害也可能不会，这些都是由我们决定的。教师有责任意识到这种选择的存在，并且教会儿童如何选择。如果我们意识到这一点，我们要仔细地选择。当教师教会儿童以积极乐观的方式与他人相处时，教师就是通往和平的通道。蒙台梭利很早以前就教会我们在创造和平环境的背景下，孩子们可以明确地对有秩序和有意义的环境做出判断。当她要求孩子围着其他人的座位走一圈时，她正在教会孩子一个简单的课题，那就是尊重他人。

如果我们尊重他人，我们就不会选择去伤害他人。反过来，我们必须帮助幼儿明白他们的选择。争吵越多，越增加人们之间的伤害。儿童必须就他们游戏的方式做出选择，他们必须学会他们要为自己的行为负责。他们还需要学习，在未来有人受到伤害之前，他们可以阻止这种不好的行为发生。

联合国致力于文化和平与世界儿童非暴力等工作 联合国大会已经宣布2000—2010年这十年，是致力于世界儿童文化和平与非暴力的十年。联合国秘书长报告中强调，教育是建立文化和平的钥匙。2000年的声明是由诺贝尔和平奖获得者撰写的一个简单的总结，作为教育者，我们是这个宣言的使者，我们一起在我们的学校和课堂以及在我们的家庭和社区中创造和平文化。全世界超过1500万人签署了2000年声明，承诺：

- 尊重每个人的生命，不歧视和不偏见。
- 练习无暴力行为。
- 分享他们的时间和材料资源。
- 保卫自由言论和文化多样性。
- 提高消费者的行为责任，制定尊重所有生命形式的法规，维护地球生态平衡。
- 为实现人人平等，营造团结一致的新型民主国家做贡献。

可以用我们创造的校园文化，在我们的学校和教室执行这个宣言。用我们教授的知识、技能和观念培养幼儿。

想一想 促进学龄前儿童与无能力儿童之间的相互作用

作为早期教育教师，我们知道，促进学龄前儿童之间的互动是很重要的，因为同辈的社会互动提供了儿童发展的重要要素。例如，与同龄人社会交往中，能够培养孩子的口头表达能力，学习如何与人相处。然而，许多幼儿与同辈相处时将会遇到困难，特别是残疾儿童（麦康奈尔，2002；罗杰斯，2000）。残疾儿童在与同辈互动时出现的发展水平方面的问题超出预期。儿童早期教育领域已成为更加学术的问题，也已被幼儿教育专业人士所关注，这些问题会导致人们忽视其他发展领域，包括社会发展。

对于那些与同龄人相处困难的幼儿来讲，教师必须有所计划，来提高社会互动。同龄儿童之间的社会竞争力是残疾儿童在课堂上和社区发展的关键（霍林斯沃思，2006）。

虽然给残疾儿童增加了社会交往相关的幼儿教育设施，但残疾儿童仅仅在课堂上才与正常发育的儿童有更多的参与互动，这样可能不足以促进同辈互动（麦康奈尔，2002；古拉尼克，2001）。

以下是建立鼓励残疾儿童社会交往环境的一些相关建议。

- 安排小组游戏，包括健康儿童和残疾儿童，或者与社会交往困难的小孩（尽管以上类型的孩子人数较少）。
- 小组游戏（两到四个儿童）。
- 确保你有足够可以玩耍的玩具去保证社会交互活动的进行（例如，过家家）。
- 准备材料给彼此熟悉的孩子一起玩耍（例如，邮局）。
- 准备一些让社会交往困难的儿童特别感兴趣的玩具（霍林斯沃思，2006）。

通过仔细、系统的规划、实施和监督，幼儿教师可以提高孩子与同伴的交往能力，其中包括残疾儿童（麦康奈尔，2002）。

对于教会学生和平相处的政策

在教育和平中，专家瓦莱丽·博纳特提出，教育儿童和平开始于两个简单规则的实施：

1. 不要伤害任何人。
2. 用话语解决问题。

不要伤害任何人 这是一个简单的法则，都是摆在表面上的。然而，想想有多少种伤害他人的方式。身体上的伤害，还有不友好的言辞、动作、戏弄和排挤。所有的这些伤害都会影响儿童学习的能力和以和平的方式做事的能力。

用话语解决问题 在生活中存在着不同的意见，会在幼儿的生活中时有发生。以和平的方式解决问题的关键是在紧张的情况下保持放松，有时对于一个孩子来讲很难去深呼吸和清楚地表达当时的感受。在紧张的时候，就是冲突和意见不合的时候，这时教师在孩子眼里非常重要——言传身教。无论用什么方式先稳住孩子，帮助儿童自我表达，确保在冲突中的儿童能够彼此聆听。让他们重复或者复述彼此讲话的内容，以此来检查彼此是否互相认真聆听。

教师的角色

对你来说，为每个孩子的问题找到解决办法是不可能的，你要做的是创造一个能够让儿童自己解决问题的环境。教师的任务是给孩子提供他们想要的工具去解决不同问题，而教会孩子如何自己用言语表达情感，而不是用动作表达情感，是一个非常重要的工具。

幼儿的教室是个很特别的地方，必须把焦点放在儿童上。在这些教室中，有很多不同的个性，不同的需求，不同的做事风格和不同的民族和家庭背景的儿童。这些小团体最基本的需求是安全感，仅仅在这个基础上才能建立一个信任和尊重的框架。有了这个框架，儿童才有机会成长和学习。必须在学前班就进行和平教育，如果幼儿不从我们这里学习，他们将从哪学习呢?

大孩子的社会学习

这章主要关注的是早期儿童的社会学习，现在让我们简要了解大孩子的社会学习。就我们所知，儿童在小学中高年级水平中拥有灵活的思维，社会学习活动是一个探索这个年龄段正经历着的个人和社会变化的很好的途径。例如，个人发展的社会学习标准的主题，可以提供许多基础学习的机会，例如同辈压力、从众、个人同一性、自我概念、社会期望方面。

权力、权威和治理是社会研究的主题。使学生了解在日益复杂的社会中，个人的权利和责任的发展为学习经历提供了一个很好的基础。例如，可以要求学生发展假设性的社区，某些学生扮演不同的权力和权威的角色。他们可以扮演执法者去制裁违法的人，他们也可以在社区中学习权力和权威。

以国家福利理事会（NCSS）的主题“文化和文化多样性”为基础的课程，教师可以开发经验，为学生提供相似的和不同的地点、时间、条件和环境进行深入的研究，特别针对多元文化的具体问题。教师可以鼓励学生直接考虑或间接考虑文化的假设，信念和价值观之间的联系。教师能够帮助学生分析一个人的文化思想以及个人行为，影响其他成员的某些方法。通过这样的学习，学生能够开始认识到在任何特定社会群体内，对一个人的思想和行为的影响。

基于十项社会学习主题的学习，将为学生提供适合其年龄段，探索复杂多变的世界的很多机会。

总结

知道人类如何成为社会群体的一部分，不是自然的或天生的。学习自己或他人，如何与他人相处是一项长期学习的任务。社会学习是儿童学习额外一项很重要的部分；它帮助孩子理解复杂的世界，使他生活在充实而幸福的社

读一读 关于贝特西·罗斯（Betsy Ross）的历史论战

高年级的小学生很乐于探索名人贝特西·罗斯事件。

几代的美国小学生已经被教导说贝特西·罗斯设计了美国第一面旗帜。到了今天，历史学家就支持这一说法的证据的力度展开了辩论。

关于贝特西·罗斯的奥秘和悬而未决的问题比比皆是。有记录显示，贝特西·罗斯经营室内装潢业务，包括缝制国旗，她了解乔治·华盛顿。她在革命战争中失去了两任丈夫。她也许参加了早期的国旗设计，但是许多历史学家仍不能完全相信，并指出缺乏证据。1774 年的国会记录中对设计师没有确切提到，并且没有提到对设计师的支付问题。

但有趣的是，贝特西·罗斯的房子在费城是一个很有名的旅游景点。除此之外只有城市的自由钟和独立厅能吸引更多游客。

会框架内。学龄前儿童的社会学习，必须关注他直接生活环境的体验。在 1994 年，国家福利理事会（NCSS）发明了十大主题，使所有的学生（K–12）都有社会学习体验的机会。

培养社会感，了解自己包括了解自己的名字，一个人的民族背景，还有很多诸如家庭组成和职业等方面。幼儿的课程中，了解自己是最基本的，幼儿要学习的是如何适应这个大的社会团体。

那些贯穿儿童整个早期教育时期的教师，可以帮助儿童发现并以积极的方式接受每个孩子的独特性。

教会儿童和平相处是以信任、尊重、关心照顾每个人为基础的。两个基本原则构成了教育和平的基础：（1）不要伤害别人。（2）用话语解决问题。联合国大会在和平与非暴力儿童文化国际十年（2000 年到 2010 年）上已经声明。

关键词		
个人庆祝活动	教育和平	社会学习的十个主题

学习活动

1. 列出本章以外促进孩子了解自我的明确方式。

2. 有很多活动和体验方式教给儿童什么是自我，什么是他人。至少想出本章以外的三个想法。

3. 准备关于以下问题的一个计划：家庭、自己、特殊团体工作者，例如消防员。在你的计划中，包括一个标题为“儿童读物”的章节，并且包括故事和其他适当的语言艺术活动。

4. 儿童学习。

①选三个不同年龄的儿童（例如，三岁、五岁、九岁）并让每一个孩子描述父母的工作，儿童长大后能或者不能做什么工作，他们最害怕的事是什么？在你确定儿童已经全部描述了他所描述的事之前不要加进你个人的思想。

②当你听完不同的年龄段的孩子的描述后，你注意到有什么想法上的变化？有没有孩子对你讨论这个问题的某些方面有明显的误会？如

果有的话，你怎么回应？家长应该如何回应此时的状况？

③观察幼儿之间争吵的场景，记录事情是如何解决的。然后将解决方法同本章提出的和平的教学方法相比较。现实生活中遇到争吵如何解决？你觉得他有助于帮助孩子参与到学习和平当中吗？为什么？

④分别采访一年级、二年级、三年级的教师，请他们分别就以下场景回答问题并写下答案作为比较。讨论这些答案的异同之处。

场景一：玩黏土的时候大部分时间都忽略了他的同伴，当他的老师告诉班级到了玩指画的时间时，他抓住尽可能多的油漆罐。当让他与他人分享这些油漆时，他拒绝了。

问题一：在你当教师的这些年里，你是否遇到过这样的儿童？你认为他们为什么这样做？在他行为的背后需求是什么？

问题二：按照常规，你怎样以最好的方式去回应这种行为？为什么？

问题三：什么是最坏的回应方式？为什么？

场景二：安东是一个丑角，他不会做鬼脸，不会讲笑话并且他经常扰乱课堂秩序。其他的学生都嘲笑他，他们都不喜欢他。在这样的学校环境中，他通常是很孤单的。

问同场景一同样的问题。

⑤和同伴一起讨论冲突的原因，并且以角色扮演的方式解决这种处境。

游戏活动

▶ 给孩子提供合适的短途旅行的相关建议

超市 幼儿都很期待，但他们的精力有限，因此不要尝试过多。分几次去超市，每次都有不同的关注点：观看物品传递，观看箱子拆包和商品被盖章，观察商店中的多种不同的机器。

生产部门 什么样的东西用特殊的纸皮包装，或者用个别的纸包裹起来？为什么有些东西用碎冰或冷冻保存？看一看，你和儿童能叫出什么水果和蔬菜的名字？

牛奶厂 什么样的东西在这卖？为什么他们需要冷藏？多种多样的产品从哪里来？

肉部 看屠夫割肉和包肉。为什么肉需要冷藏？反问，它是冷的么？看看你能叫出多少种肉的名称。

面包烘焙部门 比一比面包店的烤箱和家里的烤箱，比一比你买的面粉和面包店面粉的用量。注意烘焙食品的质量和制作过程，烘焙师穿什么样的衣服？为什么？

修鞋店 观察人们修理东西，试着给修鞋工一些要修理的东西。他们使用什么样的机器修鞋？看他们使用什么样的材料？尝试着取回一些废料做拼贴。

干洗店 在空气中有一种什么味道？是用什么机器在熨烫？清洁工人怎么知道哪一件衣服是你的？

宠物店 这个商店有什么种类的宠物？他有没有一些特殊品种？这些宠物都吃什么？宠物都住在什么样的房子里？

花店 在一个寒冷的冬日参观花店，这是一个特别好的活动，外面的一切是荒芜和凄凉的。走过温室也许会产生一些问题：为什么花朵都长在温室里而不是在外面？这里有什么植物？都有什么味道？花店如何保持鲜花不死？买一株植物并学会如何照顾它。在工作室里，种一些花束、鲜花，将会大大地吸引孩子的兴趣。

警察和协管员 在离学校不远的地方可能会有一个路口，在此会有警局或者协管员在值班。看看他们都在干什么，他们是如何告知行人或车辆通行或禁行的。儿童很乐意与警察交谈并且仔细观察他们的制服。派出所也是儿童感兴趣的，也许值班警官有时间和儿童一起聊天（当然你要提前做好计划），他也许会给孩子展示警车和广播，并且给他们上一堂简短的安全讲座。

邮件投递 让孩子在信箱旁观察邮差，然后在街角附近的邮筒，看他收集这些邮件。买一张邮票贴到信封上，到邮局去邮寄。通常儿童是不允许进入邮局后台的，但是他们可以通过包裹站计数器窗口看见事物交易过程。观察包裹的称重和邮寄过程。

公交司机（售票员） 坐在离司机很近的地方看看他在做什么，观察他们的制服。

消防站 许多消防站都是全天开放的。如果你没有预约，那么在拜访前要提前预约。不要让儿童靠近设施，甚至被邀请这样做也不可以。攀爬到电机上将会给幼儿带来很可怕的体验印象。通常儿童是被邀请戴上消防员的帽子，观看消防员向下滑动杆，并检查发动机。看看警鸣是如何工作的，消防员站在卡车的哪些不同位置。遇到火时他们每个人都在做什么。之后观看消防栓，以及高楼火灾逃生视频。指出高楼中的防火门、灭火器或洒水车。

图书馆 带儿童到儿童阅读区域。让他们浏览阅读。告诉他们所有的书都有字母标记，为什么字母和数字会写在书的边缘处？也许你可以参加图书馆的阅读故事书的时间。图书管理员是如何知道你借了哪些书的？查看一些书让儿童能够看见程序的运作。

清洁工 了解清洁工、环卫工或者扫雪机司机的工作。他们穿什么？为什么他们要戴手套？

建筑工地 正在建什么样的楼？大梁是做什么用的？你能看见什么机器？它们都是做什么的？工人们都穿什么衣服？为什么？

维修场所 观察地表和地下维修。正在修理什么？用什么设备？工人穿什么？为什么？在马路或者人行道下面是什么？岩石和土壤是哪来的？解释给孩子听，这个城市的遗址曾经是乡村。

印刷车间或报社 打电话提前预约，询问外来游客是否可以参观，什么时间才能印刷。记得带一些剩余的纸张回来，方便让儿童进行艺术创作。

▶ 自我认知活动

关于我

- 从杂志上，儿童能够剪下一些自己喜欢的或者能够让他们记住的图片。
- 给每个孩子的姓氏和名字起一个字谜。
- 编一个“猜猜我是谁”这样的谜语，来描述个别儿童。要以儿童的正面特征为线索。
- 制作一组有社区工作者的闪视卡或相似的卡片。鼓励儿童带着父母工作的照片或者穿上适合他们工作的衣服。另一项活动应当收集工具的图片或者各种工作的照片，让儿童把图片分类管理。
- 摄影采访一些社区协助者。儿童会特别乐于听家长讲述他们的专业和工作。
- 让学生从杂志或宣传册上剪下或撕下图片，把这些展示给不同年龄或文化背景的家庭成员或一起工作的人观看。
- 提供照片给年幼的儿童让他们粘贴成册。大孩子可能希望把画裱起来，因为他们已经准备好其他材料粘贴作画的背景。

我看起来怎么样

- 讨论不同的性别。问：“女孩和男孩看起来不同吗？哪里不同？穿着，头发，还有什么？男人和女人看起来不同吗？哪里不同？他们的声音不同吗？”是否向儿童展示不同的性器官，他们会接受并评论这个事实吗？
- 给儿童拍快照、独照或者集体照，把它整合在公告板上或者剪贴本上，并在每张照片下方附上儿童的姓名。这些照片都是很好的开始，让大家对身体的相同部位进行讨论，尽管大家看起来都不同。通过这次活动，强调我们的相似多于不同。通常讨论的着眼点在于颜色、大小、眼形、头发、鼻子、嘴巴等等。

· 根据个人的水平，尝试一下自我学习活动，看一看你是怎么看待和你一起工作的人。

自我学习：儿童如何看待你 选出一个或两个至少四岁的儿童。让他们单独坐在放有纸和蜡笔（或者记号笔）的桌子旁。让他们为你画一张像。鼓励他们慢慢来，画他们想画的。当他们完成之后，给他们另一张纸让他们画自画像。

当两张画都完成后，把它们并排拼在一起。首先观察每个孩子给你画的像。儿童画最重要的特征是什么？他们全面观察了你的重要特征么，比如胡须、长头发、眼镜？然后再同自画像相比较。他们的相似点是什么？他们有什么不同？有没有什么更多的细节在你的画像或自画像当中？眼睛是一个大一个小吗？有没有表达不同的情感？这些画揭示了他们眼中的自己和你有怎样的不同？

▶ 互相分享与学习

发通知给家长，要求每个孩子带婴儿时期的照片，如果家属想要留住孩子的照片可以影印。然后在班级里张贴每个孩子的照片。塑封起每张照片使它们变得耐用。

小组共享他们的婴儿照。让他们描述他们的照片，问他们一些问题鼓励他们去讨论。让他们用他们的婴儿照玩一些游戏。

教师根据情况，把儿童分成两到三个小组。把他们所有的照片正面朝上呈现在桌子上。再把他们的婴儿照正面朝下。每次让一个儿童选择一张婴儿照，并把其相应的现在的照片找到。

一旦儿童和这些照片熟悉之后，就要挑战一些更有深度的游戏。把所有的照片都混在一起，把照片倒扣在桌子上，每次邀请一个儿童把照片翻过来并找到与其相配的照片。如果照片没有相匹配的，把照片正面朝下放置让第二个儿童再去尝试。每当配对完成就要重新排列这些照片的顺序。

后续活动：把你组织活动的照片复印出来做成一本班级书。把每个孩子的照片都粘贴在故事册子的左上角。让儿童填写自己的信息：年龄、出生日期、喜欢的颜色、喜欢的食物。把每一页都粘在一起。为全班照一张集体照作为书的封皮，把这本书放在图书角让儿童参阅。

▶ 鞋子游戏

包括教师在内，每个人都脱掉一只鞋子。把所有鞋子都装在袋子里。然后围成一个圈坐下，每次让一个儿童闭上他的眼睛从袋子里拿出一只鞋子。儿童必须找到一个能与这个鞋子相配的人，当这个儿童来到了一个能够配对这双鞋子的人面前时，他必须说：“你好，这是你的鞋吗？”然后握握手。当儿童或教师配对成功后就让下一个人去拾鞋配对。重复这样的动作，直到每个人都轮了一番，并且每个人都找到了与之相配的鞋子。

▶ 友好的脸

当大家都在一起的时候，问儿童他是否知道什么是肖像。让他们为同学画一张肖像。给他们展示一些著名画家画的肖像，并讨论每个画家的作画风格。肖像画家有凡·高、伦勃朗、委拉斯开兹、毕加索和马蒂斯等等。讨论这些肖像画是如何做到只用非常明快的颜色和寥寥几笔的线条就可以使人物变得如此生动的。

把所有儿童的姓名分开写在一张纸上并放在一个帽子里。抽出两张纸条，这两个人是第一组。再抽出两个名字组成第二组，继续抽纸条，直到所有儿童都成功分组。如果没有足够的儿童凑成一对，落单的儿童可以和教师一组。

给儿童准备两张白色的绘画纸，大的彩色手工纸、铅笔、蜡笔、马克笔。邀请一个儿童坐在教室中间画画。提醒儿童要像画自画像一样画他们的朋友。次日，儿童做模特。把肖像画裱在一页大的彩色手工纸上，作为画框。让儿童装饰自己的画框。每个肖像下方留有足够的空间附上另外的纸张。

让儿童分享一些他们认为的在班级里发生的特殊的事。每天关注一到两个儿童。评论记录在每个儿童肖像画的下方。

本章回顾

1. 讨论适用于下列项目的艺术活动：社区志愿者，自我认识，学习某人的名字。

2. 你可以在什么领域（例如，美术、音乐、语言艺术）使用不同方式来帮助孩子学习自己和他人的名字？举一些你将在每个领域使用的例子。

3. 联系本章开头场景的事件，展示幼儿的社会认知水平。解释为什么儿童以他们的方式做事，并解释同样的处境成人是怎么处理事情的。

4. 你将邀请哪些社区帮助者到你的房间帮助儿童理解他们所处的社会？在班级里你将和这些拜访者讨论些什么？和儿童一起做些什么？

5. 积木的哪些方面可以用来教导儿童社会学习的观念？

6. 教导幼儿和平的两项基本法则是什么？

7. 列举幼儿园到十二年级的学生进行的十大主题的社会学习。

参考文献

Bernat，V.（1993，March）. Teaching peace. *Young Children*，36–39.

Guralnick，M. J.（2001）. *A framework for change in early childhood inclusion*. In M. J. Guralnick（Ed.），Early childhood inclusion:Focus on change（pp. 3–350）. Baltimore: Paul H. Brookes.

Hollingsworth，H. L.（2006）. Interventions to promote peer social interactions in preschool settings. *Young Exceptional Children*，9（1），2–11.

Kauerz，K.，& McMaken，J.（2004）. *Implications for the early learning field*（*No Child Left Behind Policy Brief*）. Denver，CO:Education Commission of the States.

Manifesto 2000 for a culture of peace and nonviolence（online）. Available at http://www3.unesco.org/manifesto2000/uk/uk_manifeste.htm.

McConnell，S. R.（2002）. Interventions to facilitate social interaction for young children with autism: Review of available research and recommendations for educational intervention and future research. *Journal of Autism and Developmental Disorders*，32，351–372.

Mille，S.（2005，Fall）. Building a peaceful and just world—beginning with the children. *Childhood Education*，14–18.

National Association for the Education of Young Children.（1991）. Guidelines for appropriate curriculum content and assessment programs serving children ages 3–8. *Young Children*，46（3），21–38.

National Council for the Social Studies（NCSS）.（1994）. *Expectations of excellence: Curriculum standards for social studies*. Washington，DC: Academy Press.

Rogers，S. J.（2000）. Interventions that facilitate socialization in children with autism. *Journal of Autism and Developmental Disorders*，30，399–409.

第二十三章

创造性的卫生与安全活动

教学目标

学完本章，你应该能够：

1. 在儿童课程中讨论基本的健康活动。
2. 讨论儿童健康与安全问题，以及适当的工作方法。
3. 在幼儿的课程中讨论交通安全、消防安全、毒品安全。

健康是此时此刻的一种身体状况，安全也是一种当前状态，对于遥远的未来而言，幼儿不会去考虑这些。现在对他们更有吸引力。而对于一个不好的健康或安全习惯，在未来如何伤害一个人的话题，孩子们并不感兴趣。在幼儿教室里，说教、讲课和死记硬背健康知识，是无效的，应该强调的是积极、有趣的，更重要约是，采用自然的卫生和安全方法。并且，健康的生活习惯经常是被他人影响而不是被他人教育形成的。无论是食物的选择还是身体活动，儿童的日常行为都是以父母为榜样的。

早期的卫生与安全

良好的卫生和安全实践需要由大人尽可能多地进行建模，它们都包含在实际的教学计划中。本章中将要介绍健康和安全的基本概念，简单的课堂活动。不需要特殊设备或课程指引，基本的常识和日常经验是这些活动的基础。

在卫生与安全领域，行动胜于话语。例如你闪亮的秀发，干净的身体，整洁的衣服，清新的味道，都向儿童暗示了个人卫生和好的卫生习惯，而不是上很多说教课。教师自身做到了食用健康的零食，暗示了一个明确的信息给儿童，那就是关于食用健康食品的重要性。随着这种对建模行为的强调，这章还包括如何将基础卫生和安全的很多意见融入课堂活动中。

卫生与安全——国家的视角

最近政府对儿童的卫生及安全问题给予了极大关注，儿童肥胖率正呈上升趋势（克雷布斯，2003），并且儿童受伤率仍然高得令人无法接受（美国国家儿童安全运动，2003）。对于美国年幼儿童的幸福受到这些或其他的威胁时，不同的团体和政府机构已经采取措施，提供更健康、更安全的环境给年幼的孩子。其中一些步骤包括创造儿童健康和幸福轨迹的跟踪索引（美国国家儿童研究，2004），并建立国家健康目标去促进一个更健康的社会形成（美国健康和人类服务部，2000）。此外，医疗机构已发出针对控制特定健康威胁的文件，比如过度消费软饮料（塔拉斯等，2004）和肥胖（克雷布斯，2003）。

幼儿教师有很多种可利用的卫生和安全的资源，包括处理火灾及相关信息（柯尔、克兰德尔、库洛夫斯基，2004），肥胖（惠蒂格、桑伯恩、迪玛科、波普乔伊及里奇，2004）和牙齿健康（阿尔康、博耶·朱，2004）等事件的教学计划。此外，早期教育教师可以利用类似情况的网络资源和实况报道。

卫生练习

身体健康常常不被重视，直到晚年的生活时，才知一个人并不总是拥有它。早年生活很重要，当我们重视健康，学着锻炼时早已过了早年我们最健康的时候。

好的健康锻炼包括一些简单的事情，例如有规律地刷牙、洗头发、洗澡，有一个清洁的习惯。充足的睡眠和营养的食物，也是所有年龄段里最基本的好的健康习惯。所有的这些想法和任务都是首先在家教会的，然后在班级里重申。然而很多幼儿由于不同的家庭状况，也许学习这些健康常识是在学校第一次接触。教

想一想 健康的含义是什么？

我们知道，儿童需要大量的练习去维持健康。对于他们来讲，什么是“健康”？儿科医生艾伦·格林博士（Alan Green,M.D.），著有《从第一踢到第一步》（From First Kicks to First Steps，2004），表明保持健康最好的方式有两种：1.减少每一天孩子久坐不动的时间；2.增加玩耍的活动。

每天至少两个小时的活跃运动时间，包括跑、跳、爬山等活动。每天两个小时不必是完整的时间段，可以把它分散在一天当中。在学校，格林（Green）建议早上一小时左右，在校时间接近结束时再一个小时，完全致力于积极活动。就设施而言，儿童需要的是一个宽阔的、足够奔跑的地方。提供一些运动设施比如球、降落伞等，让学生有玩耍的设备和自发玩耍的机会。活动设施真的不需要太多，即使学校仅仅只有一个小的户外空间，教师也可以鼓励儿童参与户外活动。音乐是一种鼓励室内运动的方式，或者你可以带一个内置扬声器在户外，让孩子们积极活动。事实表明，儿童做了很多户外运动之后会变得很听话。

幼儿好的健康练习有很多方式，但是与幼儿一起进行非正式的谈话和简单的活动也是学习好好照顾自己的途径。和较大的儿童在一起你可以计划更有深度的活动，并且进行多种主题活动吸引儿童。

不像成年人，儿童还没有形成个人日常健康事务习惯。例如，当一个六岁的小男孩起床准备去学校，他经常忘记刷牙或梳头发，他不会自动执行这些任务，但每天早上又不得不记住这些事。一个幼儿经常会忘记刷牙，他的同伴通常也会忘记，因此他不会觉得很尴尬。在这种情况下，一个成年人和蔼的提醒能够帮助健忘的儿童想起来，但绝不应该让学习个人卫生成为羞辱或批评幼儿的理由。

小学中高年级儿童的健康课程的重点以健康相关议题为主，个人卫生为辅。表 23–1 描述了三到五年级的一些基本健康主题，你可能有更多的主题加在清单上。

以积极的方式对待卫生保健

在任何一个健康或个人卫生问题中，必须强调正向的自我认识。在所有幼儿的健康与卫生任务的项目中，教师首先需要树立好的健康与卫生榜样，还必须规划空间和时间来练习这些任务。

在孩子们的眼睛水平面上有一面大镜子，一个小孩子很容易接触和使用的水池，以及孩子很容易就能够拿到的肥皂——这些都只是配

表 23–1 健康课程话题（三到五年级）

主题	三年级	四年级	五年级
心理健康	想清楚，和他人处理好关系，压力，健康的自我认知，负责任的决定的标准	变得特殊，优点和缺点，高度，良好的心理健康，压力	健康的习惯，沟通的定义，表达情感，情感定义，压力管理，电视的影响，定义健康，使用拒绝的技巧
家庭和社会健康	和家庭朋友处理好关系，家庭、朋友和你的健康	一个朋友的定义，选择朋友，家庭和朋友，同龄人的压力	关注他人的健康，分享情感和反馈，做决定，采纳意见，负责养育
药品	用药，各种药，安全使用药品，咖啡因，酒精，烟草，大麻	喝酒抽烟的抉择，酒精和烟草的历史，同龄人的压力，广告思想，法律，大麻、镇静剂、兴奋剂、致幻和吸入剂，可卡因	药品，使用和效果，药量超标，烟的化学物质，吸烟喝酒的影响，非法药品和化学品依赖，对于非法药品和大麻的问题
个人健康	处于健康的状态，适当的牙齿护理，整洁干净，适当的医疗护理，爱护好指甲，好的姿势	学校健康服务，社会健康服务，牙齿健康产品和服务，牙齿护理	使用安全带，安全使用动力割草机，健康的工作，健康的事业，消费者保护
安全与急救	在家的安全，玩耍的安全，急救轻伤，骑车安全	关节损伤和骨折，肌肉损伤，消防安全，动物和陌生人的安全，昆虫叮咬和有毒植物的急救，骑车安全	骑车安全，毒品和安全措施，毒品急救，周围有害气体的安全

置及设备的几个例子，帮助孩子“练”好个人卫生。确保儿童能够经常使用肥皂洗手，把一块肥皂放在一个旧的及膝高的尼龙袜里，把它绑在水池旁的水龙头上。这样可以防止肥皂滑到地板上，或把肥皂水留在肥皂盒里等烂摊子。

穿衣、梳洗、吃饭、休息，在与儿童相处上教师花费了大量的时间。事实上，你有时是一个保姆而不是一个教师。然而这些每天必需的活动对每个儿童的健康和教会儿童健康是至关重要的。通过简单谈论这些程序，你其实正在教孩子健康这一重要概念。所有的这些日常流程，都教会儿童认识身体以及养成照顾自己的习惯。

每一个程序都是在例行身体护理。如果你在和五岁以下的儿童打交道，尽量为他们选用适合儿童使用的儿童尺寸的马桶、洗手盆、镜子。如果这些都没有，使用小平台、坚固的长椅或小凳子让孩子们能够到水池，使用自己的牙刷刷牙，并自己打开水龙头。

在所有年龄段都要遵守并养成“饭前便后要洗手，吃过东西要刷牙”的习惯。

另一部分日常卫生包括教室的环境质量，不仅仅是个人卫生重要，学习的环境也需要干净并吸引人。儿童需要积极地参与到维护环境卫生当中，一个干净有秩序的房间同时也是好的卫生活动的体现。表 23–2 是一份保持空间整洁有秩序的清单，当使用这个清单的时候，记得尽管是最小的儿童，也要在玩完玩具后捡起并收拾好玩具。

儿童参与维护教室卫生，有助于帮助他增强责任感，同时也有助于保持游乐区整洁和舒适。当教室呈现出对整洁度的关注时，教会儿童卫生与健康就自然很简单。

图表 23–2 保持空间干净有序的设备清单

在教室检查，看看是否做到以下行为：

( ) 仓储货架和橱柜制作得很矮，开放的货架空间给儿童使用（大多数货架空间应该是可移动的，允许重新安排房间）。

( ) 一个木桩架或儿童大衣柜子。

( ) 屏幕分配器或其他方式来创建特定的游乐区，提供图片展示的空间。

( ) 足够数量的废纸篓，优选的塑料或其他可清洗材料。

( ) 有防尘刷、畚箕、扫帚、海绵、小拖把、塑料桶。

( ) 纸或毛巾布供应充足。

( ) 肥皂条洗手。

( ) 牙刷容器。

( ) 公告栏上的紧急电话号码，发布急救程序。

( ) 档案卡、父母家庭和工作电话号码、每个孩子的医生和其他授权负责孩子的成年人的姓名和电话号码。

( ) 修理箱（需要注意放东西的一个箱子）。

( ) 用于存储不被使用的东西以及消耗性物品，如纸和涂料给予足够的空间。

( ) 至少有一个抽屉 / 橱柜，用儿童安全锁锁住存储具有潜在危险的物质。

幼儿健康问题

预防

通常教师对幼儿带来学校的疾病并没有花费很大的功夫去预防，但是会尽全力避免意外伤害的发生。表 23–3 呈现了一些对于两到十一岁儿童事故预防的基本思想。

当处理伤害和疾病成为可能时，记住教师既不是儿童的医生也不是父母，除了提供简单的急救和大剂量的舒适性等，教师的主要职责是根据孩子的应急卡上的说明来通知家长。教师还可以给孩子制造舒服的环境，直到有人负责前来接管。在学校，学校护士可能会处理孩子的伤害或疾病。

幸运的是，考虑到儿童参与的小时数和日常上课天数，真正的医疗危机是罕见的。而这些小意外对教职员、幼儿和家长都不会造成严重的心理层面的影响。

预防的另一个领域涉及有毒植物，了解哪些植物是有毒的，教师可避免孩子吃了有毒植物而发生事故。表 23-4 罗列了很多常见的植物，以及哪些是有毒的。同时也列出了治疗儿童误食有毒植物的一部分治疗方法。国家毒物热线（National Poison Hotline）会为教师、父母和保姆提供更多信息。有史以来第一次，人们可以用国内号码与当地中毒的治疗和预防的专家进行呼叫连接：800-222-1222。这个全国热线电话是由美国国会创建，由毒物控制中心的美国协会管理（the American Association of Poison Control Centers），以确保全天候拯救生命。

安全教育

交通事故是导致低于 14 岁儿童死亡的主导因素，因此，为孩子们提供一个试验和探索的环境的重要性不能低估。事故时常发生在那些很少有机会去探索、发现或者经历不同环境的儿童身上，这些儿童觉得对自己的安全不承担任何责任。

当儿童没有一个安全的环境去练习，也没有机会去面对挑战，他们将有可能发生一些事故。他们不知道后果，也没有经验去处理危险。

一个安全的环境，不仅平坦无危险，而且还要成人仔细监督。即使你提前到达游戏室并做过仔细检查，你也应该不断地提醒儿童潜在的危害。当孩子们在玩时，你必须强调你和孩子们制定的安全规则，你甚至可以张贴出来作为提醒。但你必须以积极而坚定的方式不断提醒幼儿，当他们在玩时要说："在这里骑自行车。""徒手爬树。""把卡车从秋千下移开。"做好准备意味着检查室内和室外游乐区和所有潜在危险的区域。用油漆刷的摇摆座椅太滑，你需要增加一些细沙，沙将给予足够的牵引力，但它不会划伤孩子。或者，给秋千座椅覆盖泡沫橡胶，防止打滑。

对于其他的潜在的紧急事件，你和其他成人和幼儿都需要熟悉意外事件的处理程序，并时刻准备着。这个计划应当被写下来并张贴出来，明确决定谁负责照顾儿童，儿童要做什么，其他成人要做什么。教会儿童如何使用电话。让他们学会拨打紧急电话，如有需要教两岁或两岁以下的儿童如何链接人工服务。每个幼儿能够找到数字"0"呼叫人工服务，特别是如果有一个红色点在数字盘上。

提前考虑：谁带着受伤的或生病的儿童去看医生？让父母记下自己喜欢的医生和医院的电话，并告诉他们在紧急情况下方可致电就近学校的卫生机构。需要在文件上得到父亲的书面许可，给教师权力，带着孩子去任何紧急医疗机构治疗。

对有特殊需要的幼儿的紧急处理需要考虑周全。如"谁将会留下照顾视力或听力障碍的儿童？"或者"如果你需要疏散障碍物，你将如何处理在轮椅上的孩子？"等诸多问题。

准备一个急救包，急救包应包含以下：

- 一盒分类创可贴。
- 一箱 30 个消毒纱布方巾。
- 20 号和 10 号的消毒纱布绷带。
- 一卷胶布。
- 脱脂棉。
- 抗菌喷雾。
- 凡士林。
- 杀菌喷剂。

偶尔碰到额头和咬到嘴唇，随时可以有从冷藏库拿来的冰袋。一个填充一半的装维生素的小塑料瓶与水，并把它冷冻制成易于手拿，无滴漏的冰袋。或保留一块湿海绵或毛巾放在冰箱的冰袋，它们比冰块更容易用双手握住。

至少有一个正式工作人员应该在急救和心肺复苏进行培训。当地红十字会或其他卫生机构提供免费的事故防范和福斯特援助课程，并且这种训练需要每年重新集训。

表 23–3 事故预防

年龄	特征	事故隐患	预防措施
两至三岁	玩火，不断移动，试图独自完成事情，模仿，运行快如闪电，对克制不耐烦	交通	用坚固的围栏和严格的纪律让儿童远离街道和车道，教儿童交通规则和危险性
		运输	证明其安全性，使用安全带等；保证交通工具具有安全的设备和刹车，挂挡，轮胎机械等状况良好
三至六岁	探索周围环境，攀登，骑三轮车，喜欢玩粗暴的游戏	工具 / 设备	把危险道具存储好；教会安全使用工具和厨房用具，并在使用时仔细监督；风扇加防护
		水	甚至浅水池也是不安全的，除非仔细监督
		游戏区	谨防儿童涉及超越自己身体能力的活动（如爬到没能力自己下来的东西上）
		玩具	大型坚固的玩具没有锋利的边缘，或小的可拆卸部件是安全的；当使用零散小零件时进行严密的监管；学习行人、乘客和骑自行车者的安全规则
		烧伤	使用散热器、热管或其他热表面防护装置；水的温度不超过 49℃；尽量减少和妥善保存所有可燃材料
		中毒	把所有药物和毒药存放在上锁的柜子里；室内清洁产品放孩子够不着的地方；商店煤油或汽油中的金属罐不可接触；用纱窗防止蚊虫叮咬，食物污染；使用适当的卫生程序保护所有食物；从不使用含铅油漆
七至十一岁	越来越多的独立性，同龄人群体的重要性愈来愈大，可以理解他人的意见，拥有除教室以外的更广阔的视野	骑自行车，步行，运动意外	鼓励使用安全的设备，例如自行车头盔、滑冰护膝；遵守道路法则
		失去灵活性	提供定期的体育锻炼和活动
		消极的情绪会导致打架	教会使用无暴力急救冲突的方法
		独自在家	独自回家时，确保路况信息是安全的
		轻伤是外部和集体活动的常见事故	描述轻微伤害的急救措施，描述应对重伤的措施
列出你的中心或学校防止事故发生的具体政策。建议教职员定期逐项检视事故预防措施以确定是否有修正的需要。进行评估时，应查阅事故日志。以上同样适用于课堂教师。［根据美国儿科学会（1999）和日间护理中心标准整理］			

表 23-4 有毒植物和注射治疗

常用名	植物学名	有毒部分	处理代码
非洲紫罗兰	非洲紫罗兰	大概没有 **	A,B
杜鹃（Azalea）	杜鹃 花属	所有部件	A
海棠	秋海棠鼠	大概没有 **	A,B
毛茛	毛茛属	所有部件	A,C
圣诞辣椒	连年辣椒	水果可致灼伤	C
水仙花	水仙属	全部，特别是球茎	A
蒲公英	蒲公英铁皮	大概没有 **	A,B
山茱萸	山萸肉佛罗里达	大概没有 **	A,B
长春藤	常春藤	树叶，浆果	A
冬青	冬青	所有部件，尤其是浆果	A
葫芦	风信子	球茎	A
绣球	绣球藜	叶和芽	A
凤仙花	凤仙花属	大概没有 **	A
茄科毒草	曼陀罗	所有部件	A
铃兰	铃兰	所有部件	A
山月桂	叶冬青	所有部件	A
蔓	蔓绿绒属	所有部件	A,C
美洲商陆	美洲商陆	果实、叶子，若无适当处理	A
一品红	一品红	植物汁液	A
柑子	绿萝	所有部件	A,C
女贞	女贞大麦	浆果，树叶	A
火棘	火棘红花	大概没有 **	A,B
杜鹃（Rhododendron）	西维吉尼亚州杜鹃花	所有部件	A
玫瑰	蔷薇属	大概没有 **	A,B
流浪的犹太人	紫露草	大概没有 **	A,B
野草莓	草莓	大概没有 **	A,B
红豆杉	红豆杉	所有部件	A

* 菌属，包括所有种类的植物的 。

** 没有任何已知的毒性反应，个别患儿可有过敏反应。

处理代码：

A. 拨打当地毒物信息中心报告摄取并验证设备。在手机附近张贴。

B. 没必要治疗。

C. 马上喝牛奶，然后拨打当地毒物控制中心（基于在标准的日间护理中心 1999 所提供的美国小儿科学院信息）。

所有的孩子应该有既为自己也为本团体的安全负责的意识，在课程中安排交通、消防、毒品安全指引的内容，因为这些是导致儿童受伤和死亡的三大原因。

交通安全

你有责任帮助孩子学习交通知识，而亲身实践是学习的最好方法。

最容易引起的交通事故是幼儿飞奔到汽车面前和横冲直撞。儿童沉浸在自己的游戏中，或过马路见到朋友而冲到马路中央。大部分事故发生在住宅街道。交通安全教育的目标，应该强调如何避免马路旁发生意外，其中包括这几点。

- 进入任何街道以前停下。
- 过马路前，倾听并观察交通情况。
- 在整个小区的街道谨慎慢行。
- 能够正确地理解交通标志和信号。

进入任何街道以前停下 对于五岁以下儿童或那些还没有学习交通安全的儿童，第一堂课应该是在进入街道时停下脚步。和两岁儿童在一起时，应该首先来到室外，识别学校和操场的不同的地标。每次在地面材质或高度改变时停下来。接下来，带孩子到安静的住宅街道或围绕建筑物步行。让他们识别表面上的变化，并在每一个变化的地垫上停下来确保安全后再继续前行。

路边是另一个需要停下来的地方，因为路面上的变化在这里。在进入街道前养成停止的习惯，是以练习停止的方式养成的。家长也应与他们的孩子参与到这种实践中去。

过马路前，倾听并观察交通情况 儿童学习在路边止步，他们必须学会在过马路前观看和倾听交通。在成人的监督下带领儿童去户外学习这些注意事项。五岁以下儿童很困惑的是车流的方向，所以他们需要练习观察汽车行驶的流量，并确定方向和速度。

在整个小区的街道谨慎慢行 建构一个有人行横道和角落的非真实的街道，用胶带或粉笔在院子表面画出。让儿童用三轮车或者其他交通工具扮演行人和司机，用这样的情景让儿童锻炼过马路。首先提醒他们在街道地面有所变化时应先停下来，观察和倾听迎面而来的车辆。此外的练习可以使用桌面街道、玩具车和人偶代替练习。

通过训练和在成年人的监督下，把一群孩

想一想 用甘草抵制蛀牙

据研究人员在美国加州洛杉矶大学表明，从甘草根中分离的化合物有助于防止蛀牙。试管研究中，科学家发现，从植物根部提取物被用于制作甘草糖果等系列产品包含至少两种化合物，这似乎是变形链球菌的有效抑制剂，变形链球菌是导致龋齿的主要原因。该研究发表在《天然产物》杂志。在更多的研究出版之前，它就被加州大学洛杉矶医学分校的化学家卢庆义，以及加州大学洛杉矶牙科分校的微生物学家石文渊证明是有效预防蛀牙的化合物。他们说，如果进一步的研究得以证明，那么甘草化合物最终可以被用作制成防止蛀牙成分的漱口水或牙膏。根据研究人员研究表明，除了被用作调味剂、糖果、烟草、饮料甜味剂，从甘草根衍生的化合物已被证明有助于对抗炎症、病毒、溃疡，甚至癌症（美国化学学会，2006）。

子聚到角落里，练习过马路。要强调的是，他们不应该跑到街对面。横冲马路是另一个导致交通事故死亡的重要原因。儿童与成人相比身体不太协调，可能会绊倒在迎面而来的车辆的前方。当他们穿过马路时教孩子用审慎的速度行走，让他们知道他们必须专注过马路而不是玩耍，要考虑很多事情而不是盲目地跑。

能够正确地理解交通标志和信号 在过马路时，若加入辨别交通信号灯和标志，将使儿童觉得过马路是一件十分困难的事，因此通常幼儿会横越马路以躲避他们不懂的标志。

我们需要教儿童马路信号灯和信号的意义。首先，他们需要学习红色是危险的象征，意思是“停止”。在物体上使用红色，代表房间或院落有危险，以增进红色代表含义的认知。此外，可以问儿童代表危险的红旗子应该插在哪里。

和儿童一起玩“跟着领导者”这个游戏，当领导者举起红旗时，儿童将要停止。直到儿童明白了红色的意思，使用绿色、黄色玩同样的游戏，可以在模拟街道的游戏中使用，遵守其中一个儿童给出的信号，其他人扮演司机和行人。

不要尝试在十字路口练习过马路，除非有警察或受过训练的成人的协助。可以请警察带着小组儿童到马路口解释信号灯的含义，并带领他们一起过马路，至少五岁以前的儿童应当参加这个活动。

在交通中保护儿童是老师、家长和社会的责任。所有成人和稍大些的孩子应该做出榜样，在任何时候都应确保落实交通安全。

消防安全

烧伤预防工程，是美国消费者产品安全委员会资助建立的，目的是为学校提供相关防火信息。定期在全国范围内开展预防儿童烧伤活动，此计划指导儿童在发生火灾时该怎么做。一些消防安全的学习目标包括以下内容：

- 教儿童小心谨慎地处理火灾的方法。
- 让儿童参与到防火演练中去。
- 教儿童如遇火灾，匍匐前进。
- 教儿童灭火器在哪，如何使用灭火器。
- 教儿童如何呼叫消防部门。

邀请一位消防员到教室中介绍消防安全知识，消防员教授儿童滚动前进和衣服着火怎么办。他们也可以阐明使用明火取暖时，预防火灾的措施。即使一个生日蛋糕蜡烛的火焰看似无害，也要教孩子放置沙子和水桶在附近，以便及时处理火灾。我们的目的不是吓唬儿童，只是教他们火灾潜在的危险性。

消防队员展示给孩子灭火器在教室的所在位置，以及它们是如何使用的。让儿童拨打消防部门的电话，并做一个消防演习。问自己以下几个问题：

- 我有没有写下防火演习计划？
- 我有没有每月实施这个计划？
- 我是否已经通过消防部门的审核计划？
- 我有没有和其他人讨论过这个计划？
- 每个人都知道灭火器所在位置以及如何使用了吗？
- 我在午睡和吃饭时做过防火演习吗？
- 我是否在楼外有集合地点？
- 儿童一旦到了外面，我用什么办法应对？
- 防火演习中，我是否使用了不同的逃生渠道？

毒品安全

数以千计的儿童每年都是中毒事件的受害者，毒品控制中心的开展有助于消除很多中毒事件。幼儿在幼儿园与在家中一样容易发生中毒，在学校保护儿童免受中毒事件的侵害是你的责任。你的责任是教会儿童两项重要的安全法则：

1. 用药只能从家庭成员如父母和医生、医务人员手中拿。
2. 知道什么是能吃的，什么是不能吃的。

读一读 早餐与学业、社会心理的表现

来自马萨诸塞州总医院等机构的研究人员表示一个好的早餐的重要性。他们的报告发表在儿科和青少年医学档案杂志上，研究表明儿童参与学校早餐次数越高，在社会心理与学业表现的测验上，增长幅度越明显。

在费城和巴尔的摩的公立学校进行研究发现，增加学校的早餐，能减少迟到和缺席次数，提高数学成绩，减少抑郁、焦虑、多动等问题。同时也发现了，如果学校提供免费的早餐给所有学生，参与度比仅仅给低收入儿童提供免费的早餐而其他学生自费的参与度会更高。

J. 迈克尔·墨菲（J. Michael Murphy, Ed. D），该研究报告的第一作者，麻省总医院儿童精神科服务的成员说："你妈妈告诉你的是真的——吃一顿好的早餐是相当有意义的。""我们发现特别令人兴奋的是，这个相对简单的干预活动，可以显著提高孩子的学习成绩和心理健康。现在的挑战是要确保无论是在家里还是在学校，每个孩子真的吃到了良好的早餐。"

墨菲（J. Michael Murphy, Ed. D）和罗纳德·克雷曼（Ronald Kleinman , MD），小儿消化科医师和麻省总医院主任进行了一系列的最新的研究，它研究低收入家庭对儿童营养不良的影响。克雷曼说，"在这个国家，虽然我们通常看不到孩子们谁真的在挨饿，但我们知道，有显著数量的儿童经历着饥饿，因为他们的家庭无法提供足够的、有营养的食物。"研究者搜集了三所内城公立学校的小学和中学学生的数据。之前研究的一开始，这三所学校根据传统的支付系统提供早餐：免费，降低价格或根据家庭收入的全价餐。普遍的免费学校早餐计划建立之前，研究人员使用标准问卷和检查表的水平对入选该研究小组的学生和他们的家长，以评估抑郁、焦虑和其他心理问题等进行了采访。在免费程序建立之前，通过记录一周的学校食堂工作人员信息，同时确定参与该研究组的学生和学校的早餐整体水平。

大约四个月的普遍免费的程序已经生效，研究组的学生和他们的父母再度被接受访谈。食堂的工作人员再一次记录学生在学期末即将结束的一周里，学生是否仍吃学校早餐。此外，参与计划的学校提供了在学期之前，普遍的免费程序被提起之后的，有关该研究组的学生的入学率，和他们在数学和其他三门学科领域的学期成绩。

当早餐被提出不收取任何费用，几乎有一半的研究组的学生增加了他们在学校早餐计划的参与度。在四个月的研究期间，与没有学校早餐的学生相比，研究组的学生增加了学校早餐的参与对于数学成绩的提高和缺勤和迟到率的减少有重要意义。他们同时也展示了更大的改善对于抑郁和焦虑的学生的水平同时，巴尔的摩的教师报告说，巴尔的摩学生的多动水平有所下降。在报道中来自父母采访的行为问题的改变，没有显著的数据意义。没有显著变化主要出现在非数学成绩中。

克雷曼（Ronald Kleinman , MD）说："在一段较长时间内，这是第一次有人看到学校早餐的心理和学术有影响。""其他研究着眼于在营养良好的儿童错过了一个早餐会发生什么。但是我们都不时错过了一顿饭。这一系列的研究表明，长期挨饿的儿童也许会在学校中表现得不够好，同时也体现在他们生活的其他部分。"（科技日报，2000）

读一读 睡眠——一项重要的学习技巧

你的学生在拼写测试中一落千丈？在你拔出闪存卡前，问孩子他们的睡眠有多久。在布朗大学进行的一项研究显示，学生没有得到足够的休息，课堂注意力将有困难，对于多动症儿童这可能意味着额外的麻烦。教师在研究中没有被告知对于六至十二岁儿童来讲什么算“深夜”，但他们马上发现了问题：健忘，学习新的课程困难和走神。心理学家加恩·法伦（Gahan Fallone）进行了研究说：“让孩子准时睡觉就像准时上学一样重要。”因此鼓励家庭确保儿童充足的睡眠。以下是根据年龄定制的睡眠时间建议：

三至五岁 11 小时

六至十二岁 10 小时

青年 8—9.5 小时

成人 7—8.5 小时

（布朗大学，2006）

在这一点上，用食物作为艺术，容易混淆儿童的判断力。食物是用来吃的，其他物质——地上的浆果、美术材料、玩具、输液、花朵都是不能吃的。

当你和五岁以下的儿童在一起时，你必须仔细监督他们，不让他们把任何东西放入嘴里，尽管这是他们探索世界的方式。你有责任去监督儿童，清除有毒物质保持良好环境，并且清除到儿童能够放在嘴里的任何不是食物的物质。

检查你的房间和户外玩耍区域的有毒物质，并且清除掉。注意哪些清洁用品和其他有毒物质，被存放在儿童可能会不小心碰到的地方。如果你是提供餐饮的人，确保食物与非食物分开存放。曾经匆忙的厨师或教师把一袋面粉和清洁物品混淆在一起，便发生了一场悲剧。

记住离你最近的毒品控制中心的电话，或者使用国家毒品控制中心的电话寻求帮助。

总结

健康和安全在此时此地，是物理状态。年幼的孩子不会去想遥远的未来。他们感兴趣的是现在，而不是一个坏的健康或安全习惯在未来伤害一个人。在幼儿的健康计划中，传道讲学和死记硬背健康及安全的信息，是没有效果的。一个积极有趣的卫生与安全宣传知识活动，应该在教室中自然开展。

好的健康练习包括刷牙和洗头发，有规律地洗澡，总体上是干净的。对于所有年龄段的儿童来说，充足的睡眠和营养的食物也是好的健康的基本。

在所有的健康和个人卫生学习中，应当对儿童以积极的态度进行教育，更重要的是教师必须树立起健康卫生的榜样。

其他领域的幼儿课程需要包括交通安全、消防安全、毒品安全。在教授这些领域的知识时，年幼的孩子需要真正的、具体的经验，而不是抽象的说教。

在学校，教师有能力做很多事情预防三到五年级的儿童受伤。了解六岁及以下儿童的期望，有助于教师预防意外发生。了解哪些植物是有毒的，也可以在幼儿教室里做些更好的预防措施。

学习活动

1. 让儿童找到学校附近或小区附近，他们认识的交通系统。问问他们，交通信号灯有什么意义？在哪，怎么，为什么穿过马路？根据他们的反应设计一堂交通安全课。

2. 与幼儿一起利用木头积木和体重计测量出每位幼儿出生时的体重与目前的体重。儿童可能想做“全部关于我”的信息的书：“当我是一个婴儿时，我的体重有________木块重。现在我有________木块重。”通过和以前的对比，每个儿童都能察觉到他们的成长状况。

3. 选择网站上一个活动，并纳入课程计划。与你的同学一起积极投入你的计划中去。

4. 你自己设计很多关于安全的活动。和儿童小组一起实践这个活动。评价你的经验。在班级分享你的活动结果。

5. 汇集一个社会资源的列表，以便你的班级能够说出健康与安全事件。复印多份以便每个人都能够看到。

6. 在网上选择同伴列出的儿童读物。计划围绕这本书，上一堂课。一定要包括以下内容在你的计划中：年龄/年级，书的名字，健康的话题，相关的活动。

7. 在一张大纸上，制作一个你打算保持健康方法的列表(一个营养均衡的饮食，经常洗手，出行)。让一个儿童小组制作他们保持健康的方法的列表。讨论这些列表的异同之处。然后儿童能做什么去预防受伤。

游戏活动

▶ 牙齿健康活动

快乐刷牙 剪掉大塑料饮料瓶的顶端然后上下翻转，让它们看起来像牙齿。固定十个在一起，用打孔器打孔并扭曲，使它们绑在一起。涂抹剃须膏，并给孩子们牙刷清洁牙齿。你可以考虑在你的感官表中做这项活动，或者在地板上的大浅桶里，防止班级混乱。

染色牙：科学活动 你需要两个坚硬的煮熟的鸡蛋和可乐。展示给儿童，要想使牙齿变色很容易，把一个鸡蛋放在一瓶水中，把一个鸡蛋放在一瓶可乐中。第二天，拿出鸡蛋并对比它们的颜色。讨论它们看起来有哪些不同，为什么。然后使用牙刷和牙膏去刷被可乐染色的鸡蛋。如果可能的话，让每一个儿童都有机会轮到(你可能需要泡更多的鸡蛋)。

变化：从工地、瓷砖店或父母正在重新装修房子的废料中，获取很多小块的白色瓷砖。为孩子们提供各种食物的产品来涂抹在瓷砖上，例如果冻、番茄酱、糖浆和花生酱。让儿童用牙刷和牙膏给瓷砖刷牙。瓷砖被染色了么？讲一讲为什么会染色。

牙齿艺术活动 尝试一些牙齿艺术活动来强化牙齿健康准则。

- 让儿童用牙刷画画。
- 让儿童用牙膏进行手指绘画(凝胶类的工作测试)。
- 使用白色黏土和牙线让学生制作一根牙齿项链。
- 让儿童设计一个新的牙膏和牙筒牌子。

· 让儿童画出他们眼中牙齿白皙是什么样子。

▶ 多种多样的牙科活动

苹果微笑　你需要为这次活动准备苹果、迷你棉花糖、花生酱。把苹果切成楔子状并且把花生酱涂在一边，把迷你棉花糖粘在涂有花生酱的苹果的一边，把其他苹果楔形放在上面（花生酱粘在棉花糖）。苹果是嘴唇，棉花糖是牙齿。

什么是“刷”　把茶叶包放在水中煮鸡蛋，让鸡蛋冷却。茶叶包会把鸡蛋染成棕色，给儿童牙刷和牙膏并让他们刷鸡蛋。当他们刷洗时鸡蛋上的颜色将会消失，向他们解释说这就像刷牙一样。

如何刷牙　示范给儿童什么是适当刷牙。从当地的牙医那里获得装有牙刷、红色药片、牙膏的包裹。让儿童咀嚼红色药片，然后刷牙，最后照照镜子并检查他们遗漏了什么。牙齿上的红点表示他们刷牙有遗漏。

牙膏口味测试　获得尽可能多的牙膏口味。让所有儿童品尝。列出哪些是他们喜欢的。

牙齿数学　随着儿童不断长大，牙齿将会换新。让儿童调查这件事情。解释每个人都是以不一样的速度掉牙，因此他们的朋友也许掉更多或更少的牙。让儿童问十个人他们都掉了多少颗牙齿。让儿童计划：他们将要问些什么问题？如何记录回答？当问完十个朋友后将如何展示这些信息？让学生记录他们从朋友那里搜集来的信息。找一个地方去展示他们的记录。讨论这些记录的异同之处。

▶ 健康

洗手测验　让儿童洗手。然后用小棉签蘸酒精擦拭。观察棉花上的脏东西并讨论这意味着什么。甚至当我们全部洗过手后仍有脏东西的存在。提醒儿童用香皂和热水洗手，洗手时间就像唱了两遍生日歌（10—15 秒）那样，以便杀死细菌。

我们的健康助手　当儿童早上来到学校时，发给每个人一条代表小红十字的绷带。然后让他们到你已经规划好的角落里去探索。

· 图书角有一系列与社会服务人群的职业相关的书。

· 提供给家政区绷带、小枕头、自粘绷带、空的喷气罐、纱布、注射器和磁带。

· 可以在艺术中心用建筑用纸等材料制作护士或医生的帽子。

· 在教室的一个区域建立一个“牙医办公室”，包括报纸、前台、电话、办公椅、牙齿道具、白衬衫、病人、压舌板。

这些活动可以让孩子检视医疗提供者所使用的工具并进行角色扮演，书中提供安全相关常识和技巧可让孩子自我检查。

感冒和病菌

设备：用空的香水瓶做雾化器或用窗户清洗液做喷雾器。

步骤：和儿童讨论感冒。问一些问题：“你曾经得过重感冒吗？你去看过医生，使用过医疗仪器吗？当你得了感冒时允许你去学校和朋友一起玩吗？为什么不呢？”解释说得了病的人会将传染感冒给其他人或者体质弱的人。病菌可以通过空气或朋友之间传播。

让儿童在空气中喷水并观察它是如何消失的。解释当我们咳嗽时，我们很容易把我们看不见的细菌传播给其他人。

告诉儿童：“当我们生病时，有时我们不得不自己做保护措施，这样才不会传染给其他人。”指出如果他们咳嗽或打喷嚏，他们应当捂住嘴和鼻子并使用手绢。

变化：用水和亮粉填满喷雾瓶子，并用它把房子喷一周。解释给儿童当我们咳嗽或打喷嚏没有遮盖时，细菌如何在空中传播。孩子们发现亮粉会在你停止“打喷嚏”时环绕四周。

另一种传播病菌的方式是把亮粉放在你的手上，假装冲着它打喷嚏。然后触碰一个玩具或一个儿童。当儿童看见亮粉传播到你所碰到的物体时，他们会更清晰地明白细菌是如何传播的。

另一种方式“传播病菌” 当讨论病菌是如何传播和洗手的重要性时，用面粉去解释细菌是如何传播的。把你的绵纸蘸入面粉中并假装打喷嚏。观察面粉细菌飞散在所有东西上的情景。

变化：做一个约 2.5 米的纸链，问儿童它代表了什么？告诉他们，当咳嗽或打喷嚏时病菌可行驶约 2.5 米远。这个纸链是一个很好的视觉信息，让他们记住当他们咳嗽或打喷嚏时要捂住他们的嘴。

它安全吗

工具：用从杂志上剪下的图片或徒手绘制的图片展示安全和不安全的情况，例如解开鞋带，孩子靠近火炉，泼漆，等等。

过程：和儿童开始讨论，并复习学过的安全知识。复习对于教室，在家和社区的安全知识。然后引出“它安全吗”这个游戏。拿出一张图片，让儿童识别这是安全的情况还是不安全的情况。继续展示图片，逐张讨论，并强调每一种情况为什么是安全的和为什么不是安全的。

▶ 这是一个马戏团！交叉运动的活动

通过这些马戏团的日常活动，把大帐篷的魔力带到你的教室，让孩子们保持积极活跃的状态。

- 头目。让孩子轮流尝试一只手臂转呼啦圈。然后让他们尝试双臂旋转呼啦圈。最大的挑战：两只手臂同时以相反的方向旋转它们。
- 走钢丝。用画家的磁带在地板上创建“钢丝”。让孩子走在钢丝绳上，不要走到下面去，一手拿着打开的雨伞。你可以添加一个回旋使之更具挑战性。
- 平衡行为。在教室的两端设置两堆五本左右的平装书。让孩子轮流步行从一堆到另外一堆，每次到达一个堆前弯腰把一本书放在自己的头上。看看谁能够顶最多的书并能够保持平衡。
- 穿铁环。如果孩子可以做一个空翻，就可以做一些改变。让孩子穿过铺有地毯或与地毯大小相配的呼啦圈，双手撑地用站立姿势穿过呼啦圈。

▶ 健康的身体数学

让四五个孩子做木塔，和每个人的高度相等。用 10 块作为导向塔来估计每座塔的高度，然后记录并估算。让每个小组想办法计算。使用多种想法去检验预算，并记录真实高度。哪个方法最好？为什么？挑战：最高的和最矮的人相差有多少？你怎么知道的？

▶ 卫生

- 清洗毛绒玩具时，可将玩具放在装有半袋玉米面的袋子里摇晃，摩擦。拿出来后静置一会再刷洗。
- 游戏牌因太多人玩过而黏腻时，将牌放在装满痱子粉或滑石粉的袋子中摇一摇即可。
- 去除皮肤上的记号笔墨水，尝试用牙膏擦拭，然后用清水冲洗。重复该过程，直至墨水消失。

▶ 帮助孩子自己穿衣服

- 当孩子对于穿靴子感到困惑时，先用塑料面包袋（或任何塑料袋）套在脚底，脚很轻松地就滑进靴子里了。
- 当儿童学着自己扣大衣和衬衫扣子时，让他们从底部开始，他们将更有可能扣对所有的扣眼。
- 当拉链贴在一起，用铅笔笔芯摩擦，让它顺利地再次下滑。或者用凡士林擦拉链或用 WD40（气溶胶润滑剂）喷一下，小心不要让它粘在纺织物上。
- 使用旧袜套或剪掉脚趾的旧袜子的剩余

部分给在雪地里玩的孩子，当儿童在雪地里玩的时候拉上他们羽绒服并戴上手套后，在胳膊上穿上袜套或剪掉脚趾的袜子，防止雪从手套和袖子之间进入，保持手腕温暖。

▶ 健康心脏活动

尝试以下意见，增强儿童对于健康心脏的认知能力。

- 你知道你的心脏每天跳动超过100000次吗？通过网络，查看一些令人惊讶的事例。和儿童分享这些思想和活动。
- 通过参加总统委员会主办的关于体能的总统的挑战，进入一种积极的生活方式。你可以获得日常物理活动。
- 使用地图制定一个步行目标。例如，找到国家边界的一段到另一端有多少米，或在这一年的过程中以班级为单位尝试行走那个距离。在学校里行走，并鼓励儿童在家也多走走。
- 确保儿童真的想玩并且在课间休息进行活动而不仅仅是坐下来闲谈。鼓励多运动多玩耍。每天钦点一个“健康小英雄”。让他们想出适合在操场上的娱乐活动。
- 心脏是肌肉，当我们锻炼时，就像身体上的其他肌肉一样，会变得更强壮。让儿童跑步看看如果不喊停能够跑多远。他们或者原地跳，或者使用一根跳绳。每天每周都做运动。让他们记录他们的数据。他们是否注意到，他们每天能够跳多长时间？如果他们再做一星期的话数据会有什么变化？又一星期呢？
- 让儿童通过听诊器听心脏和肺部。让他们倒位运行几分钟然后再听他们的心和肺。有什么变化？为什么？

▶ 父母的卫生安全通信

只要你有关于健康和安全实践的重要信息（或关于此事的任何其他领域的程序），将其放置在更大可视性入口处的一个布告栏上。

父母的重要通知或信件经常从杂货架上掉下来或丢失。为了解决这个问题，使用一个吸引父母注意的“信箱”的鞋袋。在每一个鞋袋的口袋里标记父母的名字并让母亲或父亲每天检查他们的信件。

本章回顾

1. 在教育儿童健康的课程中，什么是最好的方法和教育政策？描述你打算使用的活动。
2. 在紧急情况下，你认为哪些基本医疗措施是必须掌握的？请阐述。
3. 平时该如何预防六岁或更小的儿童发生事故？
4. 对于七到十一岁儿童有什么安全隐患？
5. 在其他领域，哪些课程包括卫生和安全观念？请结合具体例子作答。
6. 你怎么教幼儿关于消防、交通、毒品安全？请结合具体的例子作答。

参考文献

Akon，A.，& Boyer-Chu，L.（2004）. Oral health care starts early. *Young Children*，59（2），47.

American Academy of Pediatrics.（1999）. *Standards for day care centers*. Evanston，IL: AAP.

American Chemical Society.（2006）. *Dental caries and licorice*. Online at http://www.

chemistry.org/news.

Brown University Sleep Study. (2006). On line at http://research.brown.edu/index.php.

Foundation for Child Development. (2004, March 15). *The Foundation for Child Development index of child well-being* (*CWI*), *1975–2002*, *with projections for* 2003. Durham, NC: Author.

Cole, R. E., Crandall, R., & Kourofsky, C. E. (2004). We can teach young children fire safety. *Young Children*, 59 (2), 14–18.

Greene, A., M.D. (2004). *From first kicks to first steps*. New York: McGraw–Hill.

Huettig, C. I., Sanborn, C. F., DiMarco, N., Popejoy, A., & Rich, S. (2004). The O generation: Our youngest children are at risk for obesity. *Young Children*, 59 (2), 50–55.

Krebs, N. F., Baker, R. D., Greer, F. R., Heyman, M. B., Jaksic, T., & Lifshitz, F. (2003). Prevention of pediatric overweight and obesity. *Pediatrics*, 112 (2), 424–430.

National Children's Study. (2004). *What is the national children's study*? Retrieved January 15, 2007, from http://www.nationalchildrensstudy.gov.

National Safe Kids Campaign. (2003, May). *Report to the nation: Trends in unintentional childhood injury mortality,1987–2003*. Washington DC: Author.

Massachusetts General Hospital. (2000, November). *School breakfast participation leads to academic, psychosocial improvements*.Online at http:// sciencedaily.com/releases/1998/09/980919115732.

Taras, H. L., Frankowski, B. L., McGrath, J. W., Mears, C. J., Murray, R. D., & Young, T. L. (2004). Policy statement: Soft drinks in schools. *Pediatrics*, 113 (1), 152–154.

U.S. Department of Health and Human Services. (2000), November). *Healthy people 2010: Understanding and improving health* (2nd ed.). Washington DC: U.S. Government Printing Office.

第六编

创造力：多元文化观

▶ 学完这一编，试着回答下面这些问题。

1. 我对多样性的定义是什么？

2. 幼儿多元文化教育有多重要？

3. 对多元文化教育及其在课堂上的地位，我是否考虑过自己个人的感受？

4. 我如何确保在我的课堂和活动中没有偏见，并反映我的学校和社区文化？

5. 我是否计划在课程开发中加入家长和社区成员？

6. 我的课程中有哪些是和儿童生活相关的？

7. 什么是质量、多元文化、反偏见计划的基本标志？

8. 学生在多元文化课程中应扮演什么角色？

9. 我是否将以过程为导向、开放的创意活动作为我的多元文化课程的一部分？

10. 我怎样才能确保幼儿在理解和尊重彼此的过程中，成长为独特和不同的个体呢？

11. 在我的幼儿教育教学实践中，我有什么与庆祝活动有关的计划吗？

12. 对于庆祝节日，我有没有想过自己宗教方面的感受？

13. 我是否知道如何制定假期政策？

14. 我将如何评估我的假期政策的有效性？

15. 我仔细想过我的假期政策目标吗？

16. 在我的多元文化课程计划中，我使用了发展适宜性教学方法吗？

第六编继续强调在儿童早期计划中，关注儿童在多元文化课程中的创造性和发展适宜性活动措施。至关重要的是，儿童早期教育计划反映了现今孩子的多元文化世界，并将继续贯穿在他们的生活中。

仅仅提供创意活动的课程是不够的，课程必须拥有更大的世界——今天的多元文化世界。本质上，这是第六编的理论基础。

很明显，在过去十年，幼儿教室里发生了巨大变化，这种变化还将继续下去。在美国 25 个最大的城市中，至少有一半的学生是来自不同的语言和文化群体，其中西班牙裔增长最快。据美国人口普查局估计，到 2050 年，拉美裔美国人将占总人口的 24%。事实上，据预测，西班牙裔人口的数量在 2000 年到 2050 年之间将会增长 188%。（美国人口普查办事处，2006）

约三分之一的美国居民，不是单一白色种族。据人口普查办事处主任路易斯·金坎农（Louis Kincannon）说："这些十年中期的数字，为我们国家的人口增长多样化提供进一步证据。"（美国人口普查办公室，2006）

从一开始，我们的国家就是建立在多样性、多元化基础上，这仍将是我们的力量。作为幼儿教育工作者，我们必须认识到这些文化差异，并为儿童提供早期教育经验，为他们生活在一个多元文化的国家做准备。

在后面的章节中，你会发现很多为儿童早期教育创造的多元文化、反偏见课程，关键问题的建议和想法，虽然没有独立的章节专门讨论，但你会发现每章都有很多创造性、多元艺术活动方法的建议。

第六编旨在为你创建一个多元文化，反偏见的课程。我们鼓励您在设计自己独特的多元文化课程时，应用这些章节中的方法。

第六编分为以下几章：

第二十四章：创造力、多样性和早期儿童计划

第二十五章：创造性多元文化课程理念

第二十六章：开展适宜的庆典活动

第二十四章

创造力、多样性和早期儿童计划

▶ **教学目标**

学完本章，你应该能够：

1. 解释如何将创造性教学融入多元文化课堂的过程与实践之中。

2. 描述教师在创造性多元文化课堂中所应扮演的角色。

3. 列举出教师在创造性多元文化课堂中所应有的态度。

4. 讨论学习中心对创造性多元文化课程的开展有何帮助。

5. 解释为何创造性多元文化教育在儿童教育中占据重要地位。

6. 你认为在当下课程中存在哪些“消极态度”与其可能的革新。

7. 探讨将新教学态度融入儿童活动中的方法。

无论是在你阅读本章内容之后，还是进行了相当可观的教学尝试之后，我们仍然难于在多元文化课堂中进行十分合理的教学，这就像尝试做一名富有创造力的儿童教师一样具有挑战性。与教学中的“创造性”本身相类似，即便你在一定程度上了解了儿童的学习风格，甚至了解了不同的文化语境，绝对合理的多元文化教学仍不可期。

多元文化课堂中的教学：过程与实践

学会在多元文化课堂中进行教学类似于学习一门外语，其过程与实践都需要相当程度的顺序性。当你学习一门外语时，从最初学习外国人的语音语调、文化历史，到后来掌握该语言的诸多规则、禁忌，你的学习过程是一个实践练习的过程。当你愈发熟练地使用该门外语进行听、说、读、写之后，你的自信心也便由此而得以建立。你取得进步的同时也可能会犯错误，但无论如何，你都会坚持学习下去。你创造更多和该语言的使用者交流的机会，从而了解他们的语言习惯和社交礼仪。你试图进入使用该语言的社交圈之中，从而更加熟悉这种语言的地道语音并获得更多练习的机会。最后，你需要不断将该语言使用下去，以免将其淡忘。

成为一位富有创造力且通晓多种文化内涵的教师的过程与之相似，也需要一个渐进的阶段。你需要理解儿童和他的家庭所使用的词汇、口语及表达方式等，并以此了解其作为一类文化群体所经历的历史和当下状况，这会帮助你在教学中做出更准确的判断。然后，你需要进而了解这种泛文化圈内所包含的准则和社会意识形态，以及它们对这个泛文化圈产生的进一步反作用。同时，与儿童的家人或监护人进行会面也可以增强你对他们文化的了解。当然，这种会面最好建立在你与他们已存在相当程度的相互了解与认可的基础之上。与学习外语一样，在你取得进步的同时也可能会犯错误，但无论如何，你也会坚持学习下去。当你与儿童所处的文化背景发生更加频繁的交集之后，你也会更加乐于创造更多与儿童和他的家人接触的机会，你会一直这样努力下去。

无论是学习一门外语还是尝试成为一位通晓多种文化内涵的教师，都需要你的学习和实践有时间上的保障、对过程的反思、开放性的反馈和与他人合作的意愿。当你用这种逻辑去理解多元文化教学时，你会发现，创造性多元文化教学可能并不再是策划几个节日主题聚会那么简单。

多元文化课堂中的教师

作为一名教师，你会为你的多元文化课堂奠定一种基调。教室里所有的儿童都会去观察你对待他和他的伙伴们的方式，并加以模仿，从而得出他们的自我认识和对他人的认识。如果你对他们表现出一种“人生而平等”的尊重，他们也会由此而开启一段漫长的尊重差异的认识旅程。非语言暗示、肢体语言和榜样作用等都会在此起到基础性作用。而其中最重要的是，儿童逐渐建立起的对差异的认同感必然来源于你与其他儿童每日的行为，我们要将这些行为视作多元文化课堂中本应呈现出的完整部分。当然，这并不意味着你需要专门设置一个诸如“亚洲人种、非洲人种与西葡人种”的课程并隔三差五地向儿童讲授，也不意味着你需要将对这些差异的研究细化到儿童的长相、穿着或口音上。要知道，无论是童子军帐篷上图案的差异、不同土著部落间图腾的差异，还是皮纳塔派对上不同花色帽子的差异，都与我们在此讨论的“差异”相去甚远。我们应当引起重视的仅是：

- 对每个儿童个体价值的坚定认同。
- 把每个儿童视作独一无二的个体的接受态度。
- 对每个儿童在日常生活中情感、社交、身心、认知、语言、创造力等方面发展的无条件支持。

创造性多元文化课程——不仅是一场皮纳塔派对

很多学前教育课程都是围绕着某些话题展开的，如家庭、季节、天气、节日、动物、社区帮手等。要将这些话题变得文化多元化，往往意味着需要再额外举办一场，如中国新年庆典或墨西哥晚会等主题的皮纳塔派对。虽然这些活动在儿童看来无疑是有趣的，但对儿童相互间的人际关心起不到多少鼓励作用。虽然这些活动看似是在鼓励儿童去接受和认可其他文化，却反而造成了儿童间的文化疏离。当我们在活动中关注某种外来文化与主流的美国文化的差异时，来自该种文化背景的儿童总会或多或少感到某种孤立。

这时，你可能会产生疑问：这种问题究竟该如何解决？虽然将多种文化拼凑在一起而组织某些活动并非难事，但将其置入儿童的课程中是否真的有必要或可行？儿童的课程表已经被排得满满当当，教师和教育家如何再将有关多元文化的教育内容加入他们已然“充实”的日常教学安排当中?

这个问题是可以解决的。我们首先应该思考一下“课程”这个概念的真正含义。事实上，我们应该将课程理解为一种帮助儿童成长和学习的过程，而非一种儿童不得不接受的知识产品。

儿童教室的环境设置便是契合于这种过程导向的观念的。在第六章中曾经提到，教室往往被设置在教学区和学习中心等地方，以便于提升儿童在身心、认知、语言、社交、情感和创造力等方面的发展。同时，学习中心因为其便于组织和设备齐全的特点，使儿童通过与多种素材的接触，从而以一种寓教于乐的方式获得大量知识的设想变得可能。

在这种情况下，我们该以何种形式将不同地缘的文化聚合到教学区的方寸之中，从而使儿童在日常的学习中逐渐习惯于多样的文化态度?这听起来或许有些不可思议，虽然我们是在面对差异，但如果我们把注意力转移到儿童所感兴趣的事情——他们之间的联系——他们可能反而会把他们之间的差异看作是一件值得骄傲的事情。教学区中日常的创造性多元文化活动，会将儿童带入这种围绕着“联系”而设计的课程之中，但在这里只是先作提及。

创造性多元文化教育的内容

多元文化教育内容的其中之一，便是使儿童了解自己的文化——本民族文化遗产。这也就意味着要带领儿童去直面其他民族的文化，并帮助他们更加适应和尊重人之间的诸多不同，我们应让儿童明白如何与他人建立联系并平等地交往。多元文化教学鼓励儿童去思考不平等的根源，并倡导他们敢于挑战当今世界里不平等的藩篱。

同时，创造性多元文化教育所包含的并不仅仅是直接的信息给予，而应当是一个可以让儿童在此见识到“夫物芸芸，各归其根”的场所。它所要传达给儿童的信息是：“在这里所有人都是受欢迎的。”我们鼓励儿童去展示自己、去思考，并且像身处自己的文化圈里那样去交流。我们帮助儿童接纳自己，接纳自己的文化风格。我们也鼓励儿童去积极面对各种各样的事物和经历，这是一番富于创造力的、不同于平日里的家庭生活的场景。

另一方面，多元文化教育也为儿童创造了一个允许儿童分享自我文化背景和文化“秘密”的上佳环境。在与小组里的其他成员建立起真正的相互信任之前，儿童往往是忸怩于向他们分享自己对本民族文化的见解的。我们不应该强迫儿童去参与某些活动，甚至让他们陷入一种文化的窘境。我们要让他们自己去选择表达自我的时间与方式。

多元文化教育的重要性

作为儿童教师，我们都知道，教育对儿童、家庭甚至于整个社会的良好回馈源自高质量的教学活动。但我们当中很多人不甚明了，为什么多元文化教育在儿童早期教育中会如此重要?下面我列举一些基本的原因：

- **多元文化教育鼓励自我意识**。多元文化教育对儿童的重要性在于，在安全的前提之下，儿童应当更多地参与到一种能够提供自我认知的活动中去。儿童应当了解一个真实的自己，一个真实的世界和一些生活在这个世界里的真实的人。因为，良好的自我认知本是儿童的固有权利，儿童有权获得对本民族文化的自豪感。
- **多元文化教育带来正确的认知和社会的发展**。早些时候，儿童常常被教育要认识自我、保留自尊、谨慎交友、拥有对家庭和社会的责任感、语言得体、区分爱憎、建立逻辑（可能并非是合理的逻辑）和明辨是非等，这些在人生中似乎具有里程碑式意义的教育却往往造成刻板偏见。而今，是时候去帮助儿童获得新鲜的认识了。开放式的理解与理性的思维，有利于儿童更加适应当今这个文化交融的世界。

- **多元文化教育面向未来**。多元文化教育对儿童的重要性日益凸显，还在于世界的深刻变化：以后我们所要面对的，是一个由不同文化群体所共同组成的世界。
- **多元文化教育不拒绝和害怕差异**。在多元文化教育的概念还未被应用到儿童活动中时，我们鼓励儿童去拒绝，并为他们提供了一个狭隘的世界观。这种一元思维模式下对世界的理解很自然地让我们把其他文化解释成离经叛道。今天，所有的儿童都应该知道，世界上还有其他的文化，而且他们也是合理的。

"其实我们都一样"——联系教学

创造性多元文化课程的设计，应紧密围绕"共有联系"。那么，儿童之间存在哪些共同之处呢？我们可能会列举出如下几条：

- 他们都生活在各自的家庭里。
- 他们都生活在各自的街区里。
- 他们都生活在自然环境里。
- 他们的父母都需要通过工作来谋生。
- 他们都吃从家里带来的食物。
- 他们都与家人使用同样的语言。
- 他们都玩玩具和游戏。
- 他们都喜欢模仿成年人。
- 他们都喜欢跑跑跳跳。
- 他们都喜欢画画、跳舞和唱歌。
- 他们都渴望交朋友，并希望与朋友和睦相处。
- 他们都渴望被认可和被欣赏。
- 他们都渴望良好的自我感觉。
- 他们都渴望成功。

通过这个列表，我们可以初步构建出一些能在课堂上使用的共有联系。这些共有联系可以把不同文化背景下的儿童组织到一起。再通过整理，我们可以进而提炼出创造性多元文化课程中的共有联系点，如：

- 家庭。
- 自尊。
- 食物。
- 美术和手工艺。
- 音乐和舞蹈。
- 运动。
- 语言。
- 地球。

当我们把共有联系点列举得当后，下一步要做的便是将与多元文化相关的活动据此合并到一起。在第二十五章中，我将会提供一些可以在多元文化课堂中实际应用的教学活动。当然，这些例子仅仅是处在特定的多元文化课程计划之下的一些建议性措施，而针对于你所要面对的不同个性的儿童，你需要把第二十五章中的例子加以灵活变化，以适应实际所需，只有当这些建议与儿童建立起直接的联系时，它们才算奏效。因而，如果希望对不同文化间差异的理解能以一种积极的姿态去改变儿童的生活，联系应当是一个前提。在这种联系下，儿童是不会率先主观地把自己和不同文化背景下的伙伴区别开的。

创造性多元文化学习中心

在第六章中曾提到，相对于人为的分组活动和经过了安排的活动而言，让儿童自由选择活动类型能使他们更积极地探求知识。学习中心可以将儿童组织起来，并提供多种活动方式，让儿童进行自由选择。并且，中心内的活动区是多种多样的，可以根据儿童的兴趣、能力或课程主题的不同，安排儿童到不同的活动区进行活动。

首先，我们需要通过几种可以反映本地儿童、社区文化的素材来引入多元文化课程。再进而将更多能代表世界上其他地缘文化，以及当地居民生活方式的素材加入课程之中。当然，

读一读 食物与文化教学

十一月初，在很多学校里，食物成为日常生活中独特的部分。无论是在家庭聚会中，还是节日庆典中，食物都是一个绕不开的话题。以“食物”为活动主题，儿童可以了解到身处不同文化环境中的家庭对食物的不同选择。而正是通过这一过程，儿童会自然地接受彼此间的文化差异。

在这里，我们就如何通过食物使儿童了解彼此间文化差异提出一些建议：

· 请儿童分享他们所知道的家庭聚会中有关食物的故事。你可以问“家庭聚会时，你的父母是如何准备食物的？”或者“聚会时是谁来做饭呢？”“哪些食物是你的家庭聚会中所独有的，而在其他小朋友的家里从没见到过？”等。然后，你需要把儿童的回答记录在一张大纸上，并比较彼此间的异同。

· 这些有关食物的交谈可以在接下来变成具体的问题调查。你需要记下儿童对“你对做饭了解多少？”“你希望了解一些关于做饭的事情吗？”“你愿意学做饭吗？”等问题的反应。

· 根据儿童对上述问题的回答，你可以将你的下一步计划改变为：让儿童通过烹饪了解彼此。但也不要忘记为儿童了解烹饪、学习烹饪制订适当的计划。

· 邀请家人和朋友到课堂中分享自己所喜欢的食物。你要清楚，成年人进入课堂的作用主要在于增强儿童的参与热情，因而，你要鼓励儿童多向他们提问题和尝试新鲜事物。

· 最后需要做的，也是最为重要的步骤，便是组织班级共同绘制一个“食物文化表”或编写一部“班级食谱”来作为活动的成果。你甚至可以组织一场“各地风味烤肉售卖大会”，并把所赚取的钱捐赠给儿童们所选择的基金会。

儿童对食物的兴趣是天然的。有组织、有趣味的“食物活动”，可以让儿童了解彼此，这种活动无疑是自然的、寓教于乐的，也是“美味的”。

你也可以将儿童感兴趣且与主题有所关联的其他素材一并带入课堂。在这里，我将列举一些例子，用以说明如何将各种素材分配到学习中心内特定的活动区之中。

美工区 在多元文化课堂中，美工素材应包括不同文化环境下的色彩、图案、材质及相关工具。你需要准备供儿童进行折纸的卡纸，用以绘画的宣纸，用以雕塑的红黏土等。拼贴素材也是经常被用到的，如印有丰富图案的杂志图片、安全剪刀、进口布料的废料等。此外，美工区还需要储备一定数量的蜡笔、马克笔、彩笔、绘图纸、橡皮泥等，以备不时之需。同时，我们建议美工区内配备镜子，以方便儿童在创作人物题材作品时能观察到自己或他人。我们也需要开辟出一面墙的区域用以展示儿童的作品、张贴色环、色卡、海报等。

积木区 积木适合不同文化环境下的儿童进行操作，因为这对儿童来说是一种极富变化和可操作性的玩具。如果你能将一些富有地域文化色彩的小配件，添加到原有的积木组中，你将会大大扩充儿童的操作体验，同时也能让你的多元文化指导更有的放矢。这些小配件可能包括火车、巴士、双层巴士、飞机、滑翔机、轿车、马匹、马车、渡轮、游艇、独木舟、雪橇等交通工具类玩具，洋娃娃、纸娃娃等无地域歧视和性元素的人偶，棕榈叶、椰树枝、玉米壳、松枝、树皮、松针、卵石、稻草等可以建造房子、屋顶和篱笆的材料，塔、树屋、土房、茅草屋、木屋、帐篷、防空洞、公寓、移动房屋、旅馆等世界各地建筑的图片，橡胶、塑料、木头、布、骨头等可以代表丛林、树林、沙漠、热带雨林等地理环境的素材，等等。

音乐区 音乐区内提供的音乐类型，应当从声乐与器乐的诸多门类中进行广泛的选择。你可以请家长提供，他们家中最受欢迎的音乐光盘或磁带。在自由活动和休息时，你也可以播放不同风格的背景音乐。你需要从不同文化环境中挑选出歌词简单、旋律悠扬的歌曲进行教授，这些歌曲的内容应当是鼓励接受差异与倡导合作的。音乐区内应备有藏铃、锣、葫芦丝、金属打击乐器、拨浪鼓、木笛、铜铃、海螺、响板、木琴、吉他等具有民族特色的乐器。很多民族都会使用鼓，并将其作为一种主要的乐器。虽然会花费一笔不菲的资金，但一面优质的鼓确实可以为绝大多数音乐活动贡献天籁之音。

戏剧区 同其他活动区一样，戏剧区也应该让儿童体验到诸如亲情类、经济类、文化类等不同风格的作品。在这里，儿童可以尝试扮演不同年龄、职业和拥有不同技能的角色。我们并非要通过一部戏剧向儿童灌输某种特定文化，而是要尽可能通过饮食、穿着、礼仪等不同途径向儿童呈现多元的文化价值观，从儿童所固有的经验发散到戏剧区的多元经验。

操作区（桌上玩具） 拼图等无地域歧视和性元素的常见玩具，都可以被带入这个区域中来。类似于木质人偶、动物等富有民族特色的玩具，也足以让儿童自行组织一系列有趣的桌上游戏。当然，最理想的是带有你个人创意的活动素材，如外国钱币、贝壳、种子、民族服饰等。借此，你可以开展一系列如“大家来找茬”“连连看”“过家家”“大乐透”等有趣的游戏。由于近些年来出现的玩具场景等设施，将玩具从原有的包装里取出，再摆放到托盘、虚拟舞台上进行展示也成为一种时髦的玩法。

科学中心 先前提到的多元文化活动中涉及了岩石、贝壳等来自不同地域环境的素材，水晶球和小型室内花园的布置也会需要不同类型的泥土和植被。而在科学中心里，对这些素材的需求将更多和更多样化。例如沙子中的仙人掌花园、潮湿土壤中的蕨类植物、泥炭中的苔藓、光滑鹅卵石上的盆景、鱼缸中的水生植物、树皮碎片上的诺福克岛松、沙质土壤中的矮柑橘树、水中或大理石上生长的棕榈树和竹笋，以及芙蓉和杜鹃等带有明显气候指向性的花类等，都对此提出了特殊的需求。同时，科学中心还应存有世界各地植物园大量的图片和影像资料。儿童可以在温室里进行种植药草的体验，并收获烹制不同特色食物所需的药草食材，香菜、柠檬草、牛至、罗勒、薄荷、鼠尾草、甜草、荷兰芹等都是不错的选择。儿童也可以在不同的气味瓶中体验不同文化里所特有的香味，尝试收获不同种类的粮食和豆类。粮食包括小麦浆果、黑麦浆果、燕麦、小米、玉米、大麦、白米、糙米、红米和野生稻等，而豆类包括黑眼豆、利马豆、黑豆、斑豆、腰果、大北豆、黄豆和扁豆等。有的教师并不会选择食物来作为他的教学课题，课题的选择是基于个人的价值取向的，但无论如何，你都需要做出自己的选择。

感知发展区 你也可以将多元文化概念带入水池和沙堆里，并尝试让儿童体验到不同于平日课堂之内的、植根于其他文化环境中的触感和味觉。之前在“科学中心”一项中所列举出的粮食和豆类也可以被大量应用到本区域之中，让儿童体验到不同粮食作物的对比、量重方法，以及其在不同民族文化中所扮演的角色。其他材料如果壳内的坚果、树皮、干叶、咖啡豆、土壤、毛皮、生丝、亚麻等，也可以被引入感知发展区中。在帮助儿童去了解液体时，除了流体的触感以外，气味部分也应当被强调，所需要的小瓶的精油等材料，都可以在部分专柜和礼品店买到。另一方面，感知发展区也可以被作为表演戏剧的场地。儿童通过对小型人偶、玩具、树枝、石块、塑料托盘、土壤、水等材料的使用，可以制造出类似于现实生活环境的人造场景。举例来说，来自南卡罗来纳州和北卡罗来纳州等沿海地区的儿童可以通过使用沙子、贝壳、小型人偶等材料，制造出一个小型"沙滩"场景。同样，一个"高层建筑工地"场景也可以通过对泥土、吊车玩具、卡车玩具、积木、小型人偶等材料的合理运用而制造出来。

语言艺术中心　中心内应存放有大量侧重讲解多元文化、民族、合作和多样生活方式的书籍，甚至可以包括其他民族的字母表和算术书。一个激光唱机和若干故事光盘也是十分有必要的，这些故事光盘里应当有民族风格的背景音乐和本民族人的娓娓讲述。除了中心内现有的书籍外，儿童可以在你的指导下编写关于自己的书，并补充进书架中。比如制作一本活动照片集，或者一本描述儿童与家人之间的故事的书。最后，不要忘了为儿童制作的书籍编制一张索引页，这能让你更方便地分类和查找不同文化环境中儿童的故事。

创造性多元文化教室的审美标准

设计并布置教室环境是开发多元文化课堂的最后一步。我们希望儿童把更多的兴趣和操作热情投入教室内的素材上，而不是只顾四处张望和到处游走，因为这会导致他们一无所获。过度的教室装饰会形成一种"视觉噪声"，导致儿童注意力的偏离。你并不需要用公告板、照片和海报来填满教室内的每一寸墙面，但应当像布置自己的卧室一样，进行精心而合理的装饰。你应当注重这些装饰品之间的联系和呼应，以扩充它们的实际功效，并让教室内的每一个区域都能提供均衡有序的视觉体验。比如，艺术作品应放置到美工区，建筑环境图应放置到积木区，关于人、家庭和生活场景的照片应放置到戏剧区。而教室的入口区、家长参观区、走廊、玩具小屋和洗手间则应当布置得更加温馨，营造一种易亲近的感受。

教室环境能够传达给儿童和家长强烈的心理暗示，并通过"教室里有什么"和'教室里不会有什么"来表明自身的教学态度。无意义的空白，如同偏见和误解一样具有破坏性。如果教室内没有设置任何多元文化方面的信息，儿童和家长自然会认为多元文化并不重要。作为儿童教育者，确保教室内存在不同文化环境中的风俗人情信息是我们的责任，而且这些信息应当通过图片、照片、艺术作品等多种渠道得到有机呈现。记住，如果你在偌大的教室内仅摆放一两张图片，那么这些图片的作用便只能是装点门面。儿童会认为："是的，图片中的这些人确实存在，但他们与我毫不相关。"

注重现实生活

营造美观且富含多元文化氛围的教室环境，要求避免使用卡通元素，如身着民族服装的动物角色或穿戴传统服饰的卡通人物等，都是不合时宜的。恰当的装饰品则包括艺术品和民族手工艺品，如织品、装饰画、珠饰、毯子、壁挂、乐器、雕塑、风铃和图片（多取自杂志中）等。

寻找多元文化装饰素材

为布置教室而寻找和采购大量多元文化装饰素材无疑是一项耗时耗力又费钱的工程。你可能要为自己列一张清单，其中首先包括的便是切合主题的教学海报和图片集。你可以从美国幼儿教育协会的资源网站里找到大量你所需要的海报及其他图像素材。然后，在一些专卖店中则可以购买到便宜的多元文化装饰品。

自行手工制作装饰品可能是最经济可行的方法。杂志里的摄影图片可以向儿童展示当地人的日常生活，你可以考虑将它们进行合理的分类收集。当你积攒了足够的数量之后，便可以将它们装裱起来，或者张贴到海报板上。这些拼贴装饰的内容可以聚焦于某个特定主题，

读一读 舞蹈，大孩子理解与接受文化的手段

“有时，歌舞比报刊更能反映真实的国家文化。”——吉恩·凯利（Gene Kelly）

所有艺术形式的存在都是为了反映创作者的某种价值主张，它们是理解文化的途径。舞蹈也不例外。在多元文化的模式下，通过某种特定的舞蹈形式（如嘻哈舞、踢踏舞、爵士舞、交谊舞、排舞、吉特巴、玛祖卡等）来开启大孩子的感官成为一种可行的措施。学生可以先行感受舞姿的魅力，然后再通过进一步的分析来体会其背后所蕴含的文化特性。通过对舞蹈由来的深入调查，学生可以从全新的角度来重新认识某些历史事件。例如，19世纪美国本土的鬼舞者创造了一种舞蹈来庆祝领土的回归。这些舞者试图召唤出来自祖先的力量并激发源自部落信仰的激情，而最终政府禁止了这种舞蹈。

将舞蹈与多元文化中的音乐进行关联是另一种向大孩子进行文化教育的途径。将各种文化背景下的音乐和舞蹈进行阶段性整合，可以让学生了解歌曲在不同的历史环境下对人类情感、思考和行为的记录作用。也可以通过诸如法国的《马赛曲》（La Marseillaise）或墨裔美国工人的《五彩缤纷》（De Colores）来探求歌曲的本质意义与其推动历史发展的方式。对此，我们的选择有很多，如美国原住民音乐、爱尔兰吉格舞曲、民权运动音乐、山区部落音乐、西部牛仔调、爱国歌曲和非洲部落音乐等。学生可以据此来了解音乐是如何帮助人们开发个性、探索个人价值和传递激情的。

如男孩女孩、婴儿、祖父母、家庭、房子或工人等。将某一类文化背景下的素材组合到一起是非常有必要的，这可以更多地向儿童展示民族文化的多样性和独特性。

在你收集图片的过程中，你会发现，并非所有杂志都会提供有用的多元文化图片素材。尤其是当你翻阅女性杂志的时候，这点更加得到了印证，因为那里面的图片实在与现实相去甚远。同样，你也应该注意的是，《国家地理》等杂志可能会把目光更多地聚焦到节日庆典或特殊情况下的人群上，这同样与日常生活有所背离，选择时应当慎重。

多元文化（双语）课堂——“消极态度”及其革新

最新的美国人口普查数据证实了我们之前的观察：在今天的学校里，非英语母语儿童的数量正在急剧增加。据同样的调查数据预测，在国内，这种趋势将会得到长时间持续。当我们与这些非英语母语儿童共同生活学习时，“消极态度”有时会悄然滋生。在这种态度的影响下，人们往往因为这类儿童不会说英语，而主观地认为他们是缺乏能力的。“消极态度”往往会导致教师歪曲对边缘社会学生价值的理解，并进而开始通过儿童的肤色、语言、家庭经济状况和所处阶层来判断学生。在“消极态度”的作用下，教师往往会把儿童在学校里的不良表现主观归咎于其个人、家庭和生活环境。这类儿童的父母往往会被“莫须有”地贴上“从不给孩子读书”“不重视教育”“不管孩子（或管得过严）”“在家从不说英语”“胡乱干预孩子的学习”等标签。

有一种理解与“消极态度”是直接对立的，人们会假定社会所拥有的知识储备是通过社会成员的技能与经验分享来增值的。从某个层面

来讲，这意味着每一个家庭对音乐或文学的理解都会对文化有所增添或成为一个特殊的命题。或者，更深入一些来说，我们必须发现每个家庭的智慧之处，理解并尊重他们在家庭与社会的契合点上所做的贡献。

只生活在本民族文化里的人，往往对社会总文化中与之相异的部分视而不见。传统意义上，对外来文化所表现出的认同态度，以及其所衍生出的诸如皮纳塔派对、宽扎节等活动并非一种平等的认可。对外来文化的真正理解应始于对个体和家庭的关注，对文化活动的兴趣及对有价值经验的交流。

在此之中，教师这一职业的意义何在？美国幼儿教育协会采取了一种要求的态度："儿童教师应认可儿童母语的合法性，尊重其文化的价值，对儿童的文化行为采取认可和鼓励的态度。"（NAEYC，1996）其他组织也相继站到了类似的立场上。比如，美国英语教师理事会（NCTE）和国际阅读组织（IRA）认为，这种态度不但为多元文化学习开辟了道路，也在潜在层面里开阔了教师和儿童的全球性视野。

积极的革新措施

以上所有革新态度的优越性都仅停留在纸面意义上，要将其应用到实践之中并不容易。为了帮助你在教学中对非英语母语儿童，采取更为合理的态度，以下建议可以供你参考：

- 尝试儿童的母语。尽可能多地学习和使用非英语母语儿童母语中的词汇，并鼓励其他儿童也去使用。
- 配合儿童的节奏。当你向儿童教授单词和儿歌时，尽量使用儿童的口吻和节奏，这可以更加鼓励他们参与到跟读和朗诵中来。
- 鼓励儿童讲故事。将儿童讲述的故事记录下来，并帮助他们将故事表演出来。多数儿童是有分享故事的欲望的。
- 围绕歌曲办活动。请儿童向班里的同学们分享自己最喜欢的歌曲，儿童们可以以此来了解对方，并将他们各自的世界相互联结。你可以编写一本歌曲书，并在音乐区弹奏这些歌曲，歌曲可以与儿童的绘画作品和照片一起展示。
- 巧用多种印刷品。通过一个快餐店的纸袋、一张电影海报或一个西班牙商店的商标，教师可以让儿童知道，其实他们认识很多单词。然后，通过对这些已知单词的延伸，更多新词也会被掌握。

下面的建议将告诉你如何有效地，将那些有教育意愿的家长带入课堂中来：

- 帮助家长把他们小时候的故事和儿歌编进小册子里，以便在学习中心进行分享。
- 鼓励家长从家中带录音带、唱片、当地题材的视频、日历、报纸等到学校来。同时，信封、信纸和邮票也可以成为在书写区教儿童写信的工具。
- 组织儿童及其家人一起制作"鞋盒传记"（一只装满关于家庭生活故事的文章的鞋盒）或家庭活动的影集。
- 你应当注意两类身处文化转移之中的儿童，一类是移民儿童，另一类是少数民族家庭的儿童。你需要尽可能消除他们在家庭与学校的转换间所受的冲击，使之形成良好的过渡。这种过渡在儿童入学初期较难实现。每当周末，儿童又会沉浸于家庭的文化之中并排斥上学。这时，你需要加强与家长的沟通，并与之合作，以减轻儿童在开学前的压力。
- 帮助家长了解教育系统并熟悉学校的管理规范。如果不了解以上事宜，很多少数民族家长，尤其是新近移民者，会对教学产生某些抵触，或不能很好地支持儿童的学习行为。针对这种现象，与家长开诚布公地见面交谈要好过书信和邮件的沟通。尤其是对于那些看重人际交往与人际关系的民族，这种建议更具实效。

通过这些具有实践意义和可操作性的教学方法，我们可以积极地抵制"消极态度"。当你把越来越多的革新措施引入教学中以后，你会不由发现，能理解教育和参与教育的家长其实是另一种优质的教育资源。

总结

在多元文化课堂中进行教学应注重两个要素：过程和实践，这其中应包含对每个儿童的个体价值的坚定信念、对不同文化背景下儿童的包容态度和对儿童各方面发展的无条件支持；在多元文化课堂中，教师如同一把开启未来的钥匙，为儿童的价值观和包容性发展奠定基调；通过联系教学，儿童间的分享与接纳态度会得到更充分体现；学习中心是多元文化课程开展的理想场地，通过对可反映不同文化价值的素材的收集和使用，儿童能够在自然的氛围中学习不同文化的知识；对多元文化教室的布置应侧重于对不同文化素材的均衡、适量使用，以保证儿童不被过多的“视觉噪声”所干扰；当你在对非英语母语儿童进行教学时，应当排除主观的“消极态度”并革新原有的刻板教学思维；我们需要认可不同文化背景下儿童的民族语言和民族习惯，并鼓励他们的家长参与到教学中来，以此建立新型的“学校—家庭”的联系。

关键词		
联系教学	多元文化课程	态度革新
消极态度		

学习活动

1. 带领同学通过角色扮演表演以下情景：你是城市里一所大型多元文化学校的老师。学习中心主任让你负责组织一场中心内的圣诞晚会。你对此作出回应，其中可能包含以下对话：(1)同意或不建议举办圣诞晚会的理由；(2)你初步的晚会计划；(3)以此为契机，你计划开设的相关多元文化课程。

2. 参观两个具有对比性的教学场所。比如，你可以先参观一所位于郊区的小型教学中心，再参观一所位于市中心的、由联邦政府出资建立的大型教学中心。观察对比两地在开展教学时所采用方法的异同，再参照他们的教学活动计划。你能从中发现多元文化教学的影子吗？为什么？他们的教学活动和教学素材能很好地反映多元民族文化吗？这些活动适合开展吗？为什么？

3. 找一张儿童教学所需素材的清单，针对以下内容对它进行评价：节日活动的准备、儿童的多元文化书籍、代表不同文化的玩具（如玩偶、布娃娃等）。它对某个节日有所侧重吗？如果有，它对此有何素材上的准备？你有没有从中发现你也曾购买过的设备、书籍、玩具等素材？你当初购买它是出于何种考虑？

4. 在你的教学中，其中一项多元文化教学目标，便是确认儿童及其家庭的文化经验和习俗。为实现此目标，给家长写一封信，说明你的多元文化课程中的侧重点和计划。

5. 找一本有关儿童教育的课程指导书，从以下几点对其进行评价：

- 所提到的节日的数量。

- 所提到的节日活动的数量。
- 每次节日活动所预计花费的时间。
- 节日活动与节日本身的切合程度。
- 节日活动中有关“反歧视”“反刻板偏见”的要求。

讨论你认为的该本指导书的价值所在。依据你的价值取向，你是否会使用这本指导书？为什么？

6. 参观一个学习中心，并记录下其中有关多元文化的设备的数量。分别列举其中三件有利和不利于多元文化课程开展的设备，并说明原因。

7. 多元文化教育对你个人有何重要意义？

8. 在本章中所提及的众多多元文化教学建议中，哪项符合你的教学理念？

9. 在本章中所提及的众多多元文化教学建议中，哪项与你的课堂教学实践有较好联系？

10. 参观并观察至少两项儿童活动。哪一类文化或文化群体在活动中被忽视了？你对此有何改进建议？

11. 从你的教室里列举五种有助于消除“刻板态度”的教学素材。

12. 从你的教室里列举五种有助于多元文化呈现的教学素材。

13. 设计一个多元文化课程，列出至少两项能支持课程主题并可以应用到不同活动区的活动。

本章回顾

1. 描述在多元文化教学中所包含的过程与实践。

2. 列举几种儿童教师在有效的多元文化教学中所应有的态度和信念。

3. 为什么说“面对外来文化中的节日，仅庆祝是不够的”？

4. 解释合理的教室布置，对实现真正的多元文化环境的重要性所在。

5. 列举为实现更大意义上的多元文化氛围，学习中心所需增添的教学素材。

6. 在多元文化课程的设计中，有哪些共有联系是可以被使用的？

7. 为什么说多元文化教育是重要的？

8. 如何布置多元文化教室，才能更好地体现其在文化层面的美学意义？

9. 在对多元文化教室进行布置时，哪些装饰素材是应当避免的？

10. 解释不同文化群体所具有的“现实生活表现形式”的重要性。

11. 你会通过哪些渠道去收集多元文化教学素材？

12. 定义你认为的“消极态度”与其可能的革新，并解释其重要的参考意义。

13. 列举几种教师在教学中鼓励外来文化儿童的方式。

参考文献

Arzubiaga，A.，Ceja，M.，& Artiles，A. J.（2000）. Transcending deficit thinking about Latino's parenting styles. *In Charting new terrains of Chicano（a）/Latino（a） education*. Eds. C. Tejeda，C. Martinez，& A. Leonardo，93–106. Cresskill，NJ: Hampton Press.

Bartolome，L. I.，& Balderrama，M. V.（2001）. The need for educators with political and ideological clarity. *In The best for our children: Critical perspectives on literacy for Latino students*. Eds. M. de la Luz Reyes，& J. J. Halcon，48–64. New York:Teacher's College Press.

Briscoe，R. V.，Smith，A.，& McClain，G.（2003）. Implementing culturally competent research practice. *Focal Point*，17（1）,10–16.

Delpit，L.（1988）. The silence dialogue: Power and pedagogy in educating other people's children. *Harvard Educational Review*，58（3），280–98.

Kalyanpur，M.（2003）. A challenge to professionals: Developing cultural reciprocity with culturally diverse families. *Focal Point*，17（1），1–6.

Kenner，C.（2000）. *Home pages: Literacy links for bilingual children*. Stoke–on–Trent，UK: Trentham.

NAEYC.（1996）. Position statement: Responding to linguistic and cultural diversity: Recommendations for effective early childhood education. *Young Children*，51（2），4–12.

United Stated Census Reports.（2006）. http://www.census.gov/Press–Release

Volk，D.，and Long，S.（2005，November）. Challenging myths of the deficit perspective: Honoring children's literacy resources.*Young Children*，60（6），12–19.

第二十五章

创造性多元文化课程理念

▶ **教学目标**

学完本章，你应该能够：

1. 说明如何将联系教学思想应用于多元文化课程的备课之中。

2. 讨论如何通过艺术实现多元文化。

3. 讨论如何为大孩子设计多元文化活动。

4. 讨论如何将儿童读物运用于创造性多元文化课程中。

本书已讨论了儿童教育工作者，应如何将创造性融入有计划的教学活动和教育环境之中，然后，这些有计划的教学活动将组成一堂堂课，所有的课程计划都需要提前制订。这时，教育工作者常会思考这些问题：我们想传达给儿童何种信息？什么样的知识是适宜的？我们该如何组织一系列多元文化课程？

正如第二十四章所述，将联系教学思想应用到多元文化课程的备课中，将会是一个合适的思路。

联系教学的课程准备

通过使用不同文化间的共性话题，你能够避免那些关于国家、人工智能和庆典的生硬内容。这些活动把儿童变成一个个“游客”（类似一群陌生人去了解与自己毫不相关的文化）。这种备课方法让儿童对其他文化环境中，那些真实存在但无助于构建多元文化体系的人视而不见。在这种“游客教学”的课程中，儿童花费一周、两周甚至是一个月的时间来学习一种文化，之后又很快进入下一个主题，比如“马戏团”或“恐龙”。而他们之前学习的文化可能在接下来的一年里都不会再被提及。

联系教学课程

为身处不同文化环境中的儿童设计联系教学课程，除了参考第二十四章中所列出的内容之外，我们还应考虑以下几个观念：

每个儿童都很重要。

每个儿童都有自己的感受。

人类具有共性。

每个人都与众不同。

有些事物可以变化。

有些事物难以改变。

围绕以上或其他与之类似的观念，在备课中，你需要考虑在儿童课堂中所涉及的所有元素。你可以参考表 25-1，这张多元文化课程计划表会为你列举出一些如教学主题和观念、重要的日期、家长的信息，公告板，烹饪项目和宿舍安排等细节问题。它为联系教学的章节设计提供了宏观的框架，并以两周或一个月的教学计划的形式呈现。你可以通过这个宏观计划，来制定休息和活动的时间安排及具体内容。

表 25-1 多元文化课程计划表

主题：	周 / 月
基本观念：	
特殊日期：	
实地考察：	
烹饪活动：	
视觉展示：	
家长信息：	
课堂：	
图书角：	
美工区：	
积木区：	
小型锻炼 / 操作区：	
戏剧区：	
音乐 / 活动区：	
沙地 / 水池：	
科学中心：	
操场 / 健身馆：	
电话备忘：	
邮件地址：	

主题　从本章或第二十四章的主题列表中，选择一个主题，并确定这一主题持续的时间。

基本观念　记录下在本章中你将教授给儿童的基本观念和观点。值得注意的是，对儿童的教育并不需要刻意强调所要学习的客观内容，而是应当利用主题让儿童掌握新的经验，并启发他们探索新的材料内容。

特殊日期　浏览日历，并写下任何教学过程中有可能关注的特殊日期。如儿童的生日（如果计划庆祝）、学校放假时间和其他有可能在你教学过程中涉及的日期。

实地考察　尽量每月安排一次实地考察。如果你生活在严寒或其他条件恶劣的地区，那么，找一位专业人员和你们一起进行考察。利用这个表格，列出可能与该专业人员有关且受儿童关注的课题。

烹饪活动　在一些课程中会每周安排一次烹饪活动。如果儿童能够积极参与到食材的准备和烹制过程中，对他们来说，这将是一次有趣的经历。你需要合理安排烹饪活动，来支持教学活动的主题。如果学校有食品服务中心的话，就准备一些特殊的餐品来辅助教学主题。记住，父母是最好的原材料提供者。

视觉展示　公告板同样可以作为一个重要的教学工具，教师应经常随课程主题的改变，而变更公告板上的内容。提前考虑好如何对计划的概念进行展示，多考虑展示内容的人群针对性，尽量多地运用照片和手工的展现形式，避免运用仅有装饰效果而无实际意义，甚至具有刻板印象的卡通形象。

家长信息　在大部分课程的进行过程中都应和儿童家长有文字上的沟通。为正在进行的主题写一篇文字介绍，说明你计划怎样将多元文化的概念和活动融入日常课程中。有时，你或许也需要家长对活动的建议。

课堂 课程计划表的第三部分，应列举出适合儿童教育的环境和相关学习中心。教师可能要适当调整表格以适应课程主题，增加或是改变教学材料来支持不同学习环境下的主题。另外，可以运用课程计划表来委派工作人员安排适合的学习地点。例如，一个工作人员负责检查和归还图书，另一个负责管理艺术区的粉刷装饰和墙纸的色彩等。

艺术——通向创造性多元文化学习之路

文化多元性远远高于课程本身——它是审视世界的视角，而艺术是传播多元文化的理想媒材。多元文化崇尚文化遗产、文化融合和文化传统，而代表不同文化的艺术品往往具有超越本土范围的影响力。普韦布洛的罐子、秘鲁的纺织品、凯尔特人的绘画等都承载着几个世纪的文化与文明。艺术品通过其艺术贡献、艺术内涵、收藏价值和世界影响等要素彰显价值。如果在儿童教育中运用艺术衍生品或实际艺术品（如陶器）进行教学，我们便可以将来自世界各地、各时期的不同文化带到课堂。

在过去，古老的卷纸上往往会出现比利（Billy）、贝蒂（Betty）、杰克（Jack）和苏（Sue）等名字，而如今又增加了贾马（Jamar）、奥克基（Okezie）、尚塔（Shanta）、埃斯佩兰萨（Esperanza）和翠（Thuy）等。每个新鲜的名字在带来不同文化传统的同时，也带来了希望、恐慌和梦想；每个儿童在带来自己的礼物的同时，也带来了文化的馈赠。在那些能让我们回忆起家庭和故乡的艺术活动里，每当看到初到美国的孩子脸上写满灿烂笑容，我都会感到惊喜和开心。我们都希望得到认可和重视，对自身文化的自豪感，可以很好地帮助儿童进行学习，艺术让我们更加清楚地认识自己。

除了那些为人所熟知的艺术活动外，你可以在教室的墙上展示来自世界各地的艺术海报。不要忘了，复印店可以将明信片大小的纸张扩印到海报的尺寸。儿童通过观看此类视觉素材，从而了解到不同文化中的独特艺术。你应当确保你的儿童能够看到那些反映他们自身和代表他们种族文化的图像。

“开启多元文化宝箱”是另一种通过艺术实现教学的途径。一个旧的玩具箱，或是一个大衣橱，都可能成为多元文化的“宝箱”。你可以从收集面具、雕塑品、玩偶、纺织品、帽子等“艺术品”开始，进行你的课程。这些素材并不昂贵，在跳骚市场、工艺品市场和纪念品店都能找到。你应当鼓励儿童从不同的素材中学习，不要忘了，让儿童讲述自己带来的“宝物”背后的故事，尝试将特殊的多元文化素材与学习活动相融合，用实物说话。

互联网是能够将艺术与教学相结合的有效资源。儿童可以在大都会艺术博物馆的官方网站上浏览到纽约比尔顿黑人街区的人们的生活，并从自己长大的社区中获得启发。事实上，雅各布·劳伦斯（Jacob Lawrence）和费斯·林戈尔德（Faith Ringgold）很多作品的灵感都源自他们长大的黑人社区。与其他描述美国黑人的作品所不同的是，劳伦斯的作品多是描述黑人社区中人们的日常生活。

虚拟博物馆进行的有关加拿大人庆祝生存与死亡的节日展，向我们展示了美洲各民族每年所要进行的 10 种文化庆典活动。其中最富盛名的当属每年 11 月的前两天在拉丁美洲和很多其他地方举行的“死亡庆典”。如果你想让儿童比较了解不同文化背景下的人们是如何纪念祖先的，你可以让儿童关注日本在每年 8 月中旬举行的盂兰盆节。

壁画与公共艺术品都能反映当地社区的历史和文化。最为典型的代表作品是洛杉矶的壁画长城，它向我们展示了这个城市文化的多样性，以及历史上不同时期的人们对该城市做出的贡献。因为有着数以千计的公共壁画，洛杉矶也被称为“世界壁画之都”。当然，费城人可能会质疑这一称号，因为在该城市附近，已经完成了 2000 多幅壁画。

筹划多元文化活动

当人们听到“多元文化教育”这一概念时，往往会想到国家、政府、语言或是习俗。我们会回想起当年学习地理时的情景：画地图或是为我们所喜欢的国家写一份全面的调查报告。这些都是适合于初、高中教学的课堂活动。考虑到儿童的认知水平并没有达到足以理解不同文化内涵的高度，并且，他们很容易为发生在遥远地方的历史事件所困惑。因此，我们应该避免在活动中涉及具体历史事件、革命战争或是前总统和统治者之类的话题。

同时，儿童还可能会怀疑某些文化人群存在的真实性。他们认为那些人生活在很久以前，而在当今已不存在。那些过分强调他国文化特征的活动，很有可能在儿童大脑中刻下一种刻板印象。比如，儿童无法在街上辨认出那些来自不同文化国家的人，他们可能会说：“不，她不是日本人，因为她脚上没有穿木屐。”正因为如此，我们在课堂活动中应避免通堂的关于外国食物、传统服装和节假日等话题的灌输。

选择适宜的多元文化活动

作为儿童教育工作者，我们知道，当儿童主动地探索不同材料、全身心地感受周围世界，或是与他人进行互动交流时，他们往往能够最大限度地学习新知识。一套适宜的多元文化课程与儿童教育课程，在本质上是相互关联的。

读一读　艺术对多元文化的反映

儿童在成长过程中往往更习惯于熟悉且舒适的环境，这也就意味着他们会间接地回避陌生和不同的环境。如果想正确引导他们认同多元化的形式，先要让他们置身于多样的文化环境中。例如，教室内的装饰物应该包含了代表不同年龄、种族、文化背景、性别和肤色的艺术形式。向儿童展示不同地区和不同年代的艺术图片，让他们在潜意识里认识到“图片中的人可能与我有着不同的生活方式，但是，对于衣食住行的基本需求是共通的”。

我们应当通过在当下环境里呈现不同文化的风俗人情，鼓励儿童尊重多元文化，而不是仅限于历史博物馆中。当然，这并不是要求教师向儿童大量展示美国原住民半裸着、身穿毛皮和羽毛的样子，这种引导是不准确的。我们应避免过量展示商业图案、钉在墙上的美女画像、彩色画册，或是代表民族历史传统的图案纹样，因为这些过时的信息会让儿童误以为，这些民族至今仍延续这种生活方式。（想象一下，如果把美国早期移民者的服装作为“美国特色服饰”来展示，这将是多么愚蠢的行为！）

原始艺术和艺术多样性展示会带给儿童更多的可能性。雕塑、绘画、明信片和画册等，都会折射出真实的文化印记。绝大多数学校和公共图书馆，都设有能够展示多种艺术形式和不同媒介作品的器材。儿童同样可以从家里带来自己的手工艺作品（如陶器、手工被褥、摄影作品等），这将是一次艺术品收集和“家传宝物”展示的大好机会。我们可以通过鼓励儿童仔细观察这些艺术品，来陶冶他们的艺术情操。

你应当尽量安排经典的儿童活动，不要刻意降低课堂活动和社会实践的难度，避免类似填表、着色等活动。然后，浏览一下你的活动教材，了解有关活动的内容，考虑如何安排这些活动，以更好地融合多元文化教学内容。

例如，在课程安排上，侧重于帮助儿童了解彼此家庭，利用“家庭”作为联系教学的纽带。你可以让儿童采访他们的长辈或亲戚，并让他们讲述自己是何时、怎样移民到美国的。除了少数美国原住民外，多数儿童会发现，他们的祖先都是移民者。你也可以邀请儿童的家长或其他亲属到课堂上来，讲述他们的家族传统。无论儿童来自何方，他们都会有很多关于家庭和文化的故事向大家分享。此类活动的有益之处在于，可以避免让任何一个儿童感到被孤立或是被过分关注。

另一个开展多元文化活动的方法是：将你的书籍与来自其他文化背景的儿童的书籍相联系。通过把双语书籍带入课堂，可以让那些把英语作为第二语言的儿童感到更加轻松。同时，阅读双语书籍是一种让儿童置身于多元文化环境之中的良好机会。使用双语书籍进行教学的教师往往会在不经意间透露出其对语言和文化的了解与尊重。通过让儿童学习不同的语言和文字，也能使英语母语的儿童提高对文化多元化的认识。

你会发现，一本使用儿童语言的书可以帮助英语初学者迅速掌握课程主旨。同样，一本以儿童语言著成的书也能减少非英语母语的儿童在阅读时的疑惑和困扰。

你可以访问儿童图书服务协会（以下简称ALCS）的网站，这里有很多关于儿童、家庭和儿童读物的资源。另外，读书活动会在每年的4月30日举行，该活动强调所有语言环境下的文学作品对儿童的重要性。在图书清单资源中，你会发现类似《拉美人在美国》这种附有多种注释的图书和带有中文、俄语、斯瓦希里语和霍皮语的多语读物。

作为教师，如果你希望获得更为专业的网站资源，我推荐你访问银行街大学图书馆网站。其他推荐的网站还有语言应用中心官网，该网站为双语教育、语言测试等主题提供了大量在线文本。

画册与多元文化学习

正如本章之前描述的那样，如果关于其他文化的知识真的可以改善儿童的生活，那么，至少这些知识应该是与儿童息息相关的。它最应该包含的是不同文化环境中的儿童的自我认知。但是，教师要从哪里去寻找这些生动的“儿童”呢？答案显而易见：从儿童的多元文化图书或画册上。优秀的儿童文学书籍描绘了真实的或是想象中的非裔美国人、亚洲人、西班牙人、美洲原住民、高加索人、中东人及其他地区的儿童和成年人的完整图片。儿童可以在阅读故事的过程中，与这些生动的人物形象进行亲密接触，并了解其他文化人群的衣食住行和吃喝玩乐的方式。让儿童自行描绘故事中不同文化背景下人物的形象，是儿童了解多元文化的有效方式，这种经历就像是把一个来自不同文化环境的儿童真实地带到了课堂中。

尽管书中描述的儿童多来自不同的文化背景，但让儿童来选择这些人物的原型并不困难。儿童乐于看到书里的人物画，如果故事也同样引人入胜，他们会要求反复地听他们喜欢的故事内容。这样一来，他们逐渐喜欢上故事里的人物形象。这些故事巧妙地让来自不同文化背景中的“儿童”融入他们的生活中去。

即使在你的课堂里已经有很多描述多元文化的书籍，儿童仍然可以将更多自己家里的绘本带到图书角。每天都把阅读多元文化书籍作为例行的活动，记住，优秀的书籍是开启儿童文学的第一步。首先，让儿童爱上书里的故事。然后，你可以从文化角度来讨论书中的故事情节。如果你的每次故事解读都能成为一次儿童对新文化的学习，那么，儿童会感觉他们是在

读一读 学前多元文化学习

先前我们对文化多元性的关注，往往局限在不同民族的差异上。事实上，多元文化的概念远大于民族。由于人们生活、工作和活动的经历不同，对多元文化所持的观点也不尽相同。对于年幼的儿童来说，多元文化的概念可能更加宽泛，包括不同的年龄、性别、语言、宗教、社会阶层，以及残疾与否等。

多元文化给我们的课堂、社区注入了新鲜血液，让我们的生活变得饶有趣味。这种从儿童自身经验展开的教学课程，通过日常活动来帮助儿童在玩耍中逐渐理解、接受甚至一同参与多元文化。三岁左右的儿童已经开始意识到肤色、语言或习俗的差异。到了四岁，他们进而开始对差异导致的各种障碍有了认识，产生何种意识取决于文化差异的类型和差异程度。即使是在儿童成长的早期阶段，他们各自的观念、态度也会依据其民族群体的文化特征得以形成和发展。

我们通过掌握儿童对多元文化的认识与发展过程，来更好地安排多元文化的教学课程。对于儿童教师来说，他们教学的关注点应该是提高儿童对相似和差异的认知。这些认知的来源可以是不同的饮食文化、家庭结构、庆祝活动和文化传统等。教师在此方面的教学需要模型素材的支持，以及其对多元文化的正确理解。

儿童教师最初都是在儿童玩耍中实现教学的，因为涉及多元文化的活动往往会用到一样重要的道具——玩具。玩具，或其他能反映儿童所处文化环境特征的道具素材，从某个侧面为我们提供了洞察社会规范和价值观的途径，从而更加体现了“展示与表达”的重要性。因为玩具的选择对儿童来说至关重要，所以教师应确保所有儿童的玩具都具有一定的多元文化价值。教师应该对儿童的玩具进行评估，确保它们来自不同国家和地区，且与众不同。同时，还应当确保这些玩具没有体现出文化的偏见和歧视。

把你的教室转化为一个多元文化的世界：利用故事磁带把教室变成一个多语言的图书馆；给儿童讲一堂名为“我们的书”的课程；鼓励儿童为自己或他人画一张画，然后在美工区和教室周围对这些作品进行展示；对房间的物品进行快照；邀请儿童的家人来分享那些能代表他们国家文化的音乐，并播放这些音乐；将自己喜欢的其他国家的美食介绍给儿童，并与儿童讨论他们的家族饮食传统。

玩耍是儿童增强文化意识的重要方式。纵观历史，玩耍已成为社会向儿童直接或间接传播文化的方式。玩耍帮助儿童更好地意识到：自己和他人都是活动的一部分。同样，你也应当让更多的教职员工参与到活动之中。

读一本新书。最后，你需要注意，尽量讲述与儿童相关的故事。当今市场上有大量关于多元文化的书籍，相信选择起来不会太困难。

儿童多元文化书籍资源

在此将提供一些经常被教师、家长、图书管理员和其他专业人士浏览的、具有教育意义的网站资源。这些网站把儿童书籍分为以下几类：（1）能准确反映其他文化群体行为的书籍；（2）不存在偏见和刻板印象的书籍；（3）良好的儿童文学读物。大多数书籍都关乎当下，即使部分书中所涉及的内容发生在几年之前，也能保证书中的图片和所讲述的故事与儿童生

读一读 尊重其他文化

在美国生存着很多来自西班牙语系的群体，不同群体之间的价值观、信仰和行为都有所不同。只要一个家庭或儿童的兴趣爱好没有触碰道德底线，我们便应该接受并支持这种兴趣爱好。

例如，你可能会注意到，一个从小被教育尊敬并服从长辈的西班牙儿童，往往不会参加教师要求之外的活动。在这种情况下，教师应多鼓励他们参与有利于自身发展的活动，久而久之，被鼓励的儿童就会开始主动参与，并适应那些自己所喜欢的活动了。

另一个例子是，在一些民族文化里，儿童从小就被教导，某些特定行为是女性化的。也就是说，有些事情仅仅应该被男性或是被女性来完成。儿童的民族化也就导致了他们选择不去参加这类性别分工明确的活动（或是家长不允许参加），如玩芭比娃娃或者攀岩。如果儿童提出或表现出不想参加此类活动的意愿，那么，他的想法应该被支持与尊重。当然，儿童拒绝的方式不应对其他参与者带有负面影响。

想一想 拉美儿童——真相和假相

拉美人群是在美国人口增长最快的群体，这类人群呈现出明显的的层级性：一些拉美家庭是美国的新一代移民，而另一些则是自祖辈开始便居住于此。

拉美人群来自 20 多个不同国家，他们说着不尽相同的西班牙方言，有不同的社会文化历史和传统。他们来到美国的原因各异，其中包括原社会或政治的不稳定、国家动乱等，也可能是由于美国所提供的专业或者低门槛就业机会。

不要想当然地认为那些西班牙姓氏的儿童，都是以西班牙语为母语的。尽管有 72% 的第一代拉美人母语是西班牙语，但从他们的第三代子孙开始，78% 都是以英语为母语的。

当考虑到儿童的父母大多是西班牙语或双语使用者时，很多有条件的学校便开始增加双语行政机构和教职员工，以保证家庭与学校的完美对接。

调查显示，在诸多完善拉美儿童学习经验的方式中，最有效的是将拉美儿童带入学校的文化和语言概念化，并引以重视，而不是削弱存在性。

活息息相关，能使他们轻松地联系到当下生活。

有关儿童书籍的网站资源

接下来，我将介绍一些关于多元文化的特色书籍网站。你也可以利用以下网站资源来寻找其他有价值的网站链接。

国际儿童数字图书馆 数字图书馆给儿童、家长和教师提供了阅读来自世界各地的书籍的机会。该网站有近 200 个代表了 45 种不同文化的书籍目录。

儿童文学的网站指南 从这里开始搜索将是一个很好的选择，因为这里拥有大量为儿童准备的文学资源。它还为儿童提供了讨论版和方便儿童快速查找获奖书目、畅销书目的目录。你同样可以找到一些供家长、教师甚至作家、画家浏览的资源。

“狮子”的游戏网站 该网站是由纽约公立图书馆整理建设的。它的命名是源于图书馆前两头巨大的石狮子。该网站提供了极宽的选择范围，包括不同年份的节日（如西班牙传统月、感恩节和宽扎节等）。你同样可以找到关于作者、标题、最喜欢的人物和关于科学技术的搜索链接。

新墨西哥州州立大学图书馆 这是儿童文学的“地鼠”站点。它不像其他网站那样可以被大多数人浏览，也不像其他网站那样拥有大量的图片。并且，网站所提供的具体信息，对于那些对儿童文学有兴趣的人来说，并没有太多价值。该网站只提供文字版本，你可以按章节全部打印出来，供儿童阅读。

费尔罗萨网络图书馆 该网站收集了文章、书评、小组讨论成果、作者信息和儿童读物的电子版本等，主要针对家长和教师，并非儿童。

网络公共图书馆分类数据库 该网站由杜威图书分类系统组建，儿童可以利用该网站学习检索图书资源的方法，即使这些资源都非常容易被找到。简言之，这是一本囊括了各种网站链接的“字典”。它所提供的很多网站的内容都与书籍相关，所描述的内容被儿童和年轻人所喜欢。

巴恩斯 & 莱博网站 在这里，你能找到名为“读者目录”的板块，该部分为成年人和儿童推荐了有关节日及其他主题的很多书目。这个超过 4 万本书的书单被来自《纽约书评》的编辑和朋友共同维护着。你可以通过浏览大量的书单来找到你需要的主题。你同样也可以根据年龄层或是关键字进行搜索。

博尔德公立图书馆 为儿童提供多元文化图书。

东卡罗来纳大学 有为儿童准备的多元文化书单。

儿童图书评议会 这是一个公益组织，致力于儿童文学和书籍的普及与发展。

国际读书协会 该网站按目录列出了每月由教师和儿童评选出的最佳书籍。每月的 15 号，书单将会更新。他们列出了预期的畅销书籍和印刷目录。

和儿童一起做书 该网站展示了儿童如何制作手工书籍。它还列出了世界各地的书籍和相关书目的参考文献。

教师的第一份书单 该网站提供了教师和图书管理员为不同年龄儿童推荐的阅读书单。

如何选择最好的多元文化书籍——《讲师》杂志网站 在这个网站里，你能找到管理员列举出的 50 本伟大图书和顶尖教育家、作家、画家，他们分别对刻板印象问题提出的建议。

超赞的图书馆 该网站提供了超过 23000 个经仔细审查的网站资源链接，包括在教育领域里排名前五的网站。

享受为你的儿童搜索适合他们的文学书籍的过程吧。当你给儿童读书时，没有什么比看到他们脸上快乐的笑容更让人满足的了。你所要做的仅是对以上图书资源加以利用，以找到合适的书籍。

总结

通过使用不同文化间的共性话题，你能避免把儿童变成一个个“游客”。在设计教学课程时，你应当考虑到教学主题和观念、重要的日期、家长的信息、公告板、烹饪项目和宿舍安排等细节问题。而艺术是传播多元文化的理想媒材。如果在儿童教育中运用艺术衍生品或实际艺术品（如陶器）进行教学，我们便可以将来自世界各地、各时期的不同文化带到课堂。

同时，我也提供了一些经常被教师、家长、图书管理员和其他专业人士浏览的、具有教育意义的网站资源。

考虑到儿童的认知水平并没有达到足以理解不同文化内涵的高度，并且，他们很容易为发生在遥远地方的历史事件所困惑。因此，我们应该避免在活动中涉及具体历史事件、革命战争或是前总统和统治者之类的话题。

通过把双语书籍带入课堂，可以让那些把英语作为第二语言的儿童感到更加轻松。同时，阅读双语书籍是一种让儿童置身于多元文化环境之中的良好机会。使用双语书籍进行教学的教师往往会在不经意间透露出其对语言和文化的了解与尊重。通过让儿童学习不同的语言和文字，也能使英语母语的儿童提高对文化多元化的认识。让儿童自行描绘故事中不同文化背景下人物的形象，是儿童了解多元文化的有效方式，这种经历就像是把一个来自不同文化环境的儿童，真实地带到了课堂中。为此，我介绍一些关于多元文化的特色书籍网站，你也可以利用这些网站资源来寻找其他有价值的网站。

学习活动

1. 你上学时有没有过成为“游客”的经历？如果有，把这个经历与所学内容相联系并阐述你该如何避免这种情况？

2. 从本章开始，利用多元文化课程计划表为儿童安排多元文化活动。如果这时你没有和儿童在一起，那么，选择任何一个其他年龄层的群体来完成此任务。活动完成后，复印多份表格与大家分享。

3. 利用本章所提供的教学资源，选择五本适合儿童阅读的多元文化图书。为每本书做一张索引卡片，内容包括书名、作者、出版日期和出版人。并且注明该书最适合的年龄段及文化层次。为书中的故事写一个简短的摘要，并说明该书在将来的课程中可能起到的其他作用。把这个卡片复印多份并与大家分享，这项活动将会是你收集多元文化书籍的良好开端。

4. 回答儿童家长提出的“为什么你的教室里摆放了各种艺术作品？”这一问题。

5. 对一项儿童教育活动进行参观，并观察教室里所有的视觉媒材展示。你是否发现了带有刻板印象的图片？是否有关于其他文化群体的图片？你怎样评价你所看到的视觉陈设？你将怎样改进这个教室的视觉媒材展示？

6. 回顾你在语言艺术中心所看到的书，其中有多少本是有关多元文化的？运用本章所学知识，对这些书进行评估，并与大家分享。

7. 从本章或第二十四章中选择一个与联系教学相关的主题。为四岁左右的儿童群体制订一个主题活动计划，计划内容包括课堂目标、相关活动、参考资源等，并确保每个儿童都能参与到活动中去。把这个活动计划与你的同事分享。

8. 利用之前选择的主题，为四年级儿童制订一个活动计划，同样包括上述内容。最后，把这个活动计划与同事分享。

9. 讨论上述两种活动计划的差异。两种活动计划的主要区别在哪里？又存在哪些相似之处？

本章回顾

1. 为什么联系教学在多元文化课程的备课中格外重要？

2. 讨论多元文化艺术对儿童的重要性。

3. 讨论在多元文化课程中向儿童展示艺术品的几种方式。

4. 为什么在多元文化课程中给儿童讲解史实和历史知识并不合适？

5. 为什么在多元文化课程中应避免频繁出现过时的文化素材？

6. 讨论多元文化儿童读物对儿童教育的重要性。

7. 有哪几种方式可以帮助你找到合适的多元文化图书？

8. 为什么双语读物在儿童教育中显得格外重要？

9. 多元文化中的儿童教育课程与中小学教育课程有什么区别？

10. 为什么即使你所教的儿童都来自同一文化群体，将多元文化书籍带入课堂仍然重要？

参考文献

Bredekamp, S., & Copple, C.（Eds.）.（1997）. *Developmentally appropriate practice in early childhood programs*.（Rev. ed.）.Washington, DC: NAYC.

Derman-Sparks, L.（1999）. Markers of multicultural/antibias education. *Young Children*, 54（5）, 43.

Rettig, M. A.（2002）. Cultural diversity and play from an ecological perspective. *Children and Schools*, 24（3）, 189–199.

Rolon, C. A.（2005, November–December）. Helping Latino students learn. *Principal*, 85, 30–34.

第二十六章

开展适宜的庆典活动

▶ 教学目标

学完本章，你应该能够：

1. 说明基础教育工作组对“庆典活动进入课程”这一问题所坚持的立场。
2. 探讨庆典活动在多元文化教学中的重要性。
3. 探讨制订庆典活动计划的重要意义。
4. 讨论如何制订合理的庆典活动计划及如何评估其有效性。
5. 阐述一种将庆典活动合理融入教学课程中的方式。

庆典活动是人类经验的重要组成部分。在世界各地的文化环境中，它都有效地作用于社会联系的增进、传统习俗的延续、民族自信的树立、特殊记忆的保留、对历史事件的纪念及对历史人物的缅怀。通过将庆典活动引入多元文化课程之中，可以使儿童更好地了解人与人之间文化联系的构成方式。

当今社会中存在一个广泛的误解：反对歧视、鼓励多元文化便意味着取消儿童教育课程中所有有关庆典活动的内容。基础教育工作组公布的《反歧视课程标准》中提道：“在这些活动中，本当实际赋予儿童的权利，却仅被当作一种参考。”但同时，基础教育工作组的一位研究员又补充说：“我们并不是提倡教师应当取消课程中所涉及的所有庆典活动。”无论如何，从基础教育工作组提供的最原始信息中，我们可以窥得其态度，即鼓励儿童教育工作者反思其关于庆典活动的态度，并做出一些必要的改变。

举办庆典活动的场所

正如第二十四章和第二十五章中所述，多元文化在课堂中的存在应当是被鼓励的。很多教师往往通过找寻不同文化中的节日并举办相关庆典活动来实现这种鼓励。因而，举办节日庆典似乎已被认定为一种倡导多元文化的主流教学模式。这看起来似乎是合逻辑的，毕竟节日庆典的相关内容已成为儿童课程中不可或缺的部分。但是，当庆典活动俨然成为主要的，甚至是唯一的多元文化教学方式时，多元文化的概念真的被鼓励了吗？在前两章中已经反复提到过我的态度：文化是不能被简化为几个特定的节日和庆典活动的。

儿童只要身处生活之中，便会不停地通过日常活动和日常人际交往去学习所处环境中的文化。然后，当儿童的理解力达到一定水平后，他们又通过了解他人的行为和他人的生活方式去学习外来文化。由于节日往往是一年之中特殊的日子，很多平日里的经验并不会奏效。儿童也不会仅通过几次节日庆典活动就真正了解他人的日常生活方式，更不会上升到多元文化的视角。

以上的讨论可能又把我们带回到了本章最开始的观点上，即“不举办庆典活动”。然而，把庆典活动彻底地从儿童课堂经验中剥离出来也存在消极的影响，尤其是对那些从来没有在书中、电视节目中、电影中、贺卡中和社会生活中了解到相关节日文化的儿童而言。同样，如果你不在课堂上对节日庆典的内容有所涉及，你便也放弃了对家庭文化生活中重要部分的讲授。

节日庆典的举办可以促使儿童尊重多元的文化存在，并认可不同信仰的价值。同样，庆典活动也可以把儿童的家庭生活与校园生活串联起来。某种意义上，它给儿童和教师提供了一条相互了解的新路。将庆典活动的相关内容融合到课程之中，实际上是给了每个儿童一次感觉与众不同的机会。

另一方面，庆典活动永远不能代替教学。日复一日的教学对儿童的渐进性发展有重大意义，不能被偶发的特殊节日事件所阻断，即便那些节日庆典确实能调动儿童全部的注意力和热情。让庆典接管教学并非是对多元文化的合理聚焦，而庆典结束后儿童所表现出的过度兴奋或精神涣散也会成为高估庆典活动价值的后遗症。

制订庆典活动计划

将庆典活动融入课程之中的第一步便是制订庆典活动计划。庆典活动计划可以对每个参与到活动之中的人进行指导，并帮助他们合理地选择、参与和评价活动。制订庆典活动计划需要你具有批判性思维，并对可能参与其中的家长、教师、管理人员等作出综合考量。计划的制订可能会涉及以下问题：这些庆典活动中包含何种普世价值作为联结？包含何种文化传统？它是否适合儿童现有的理解力水平？所庆典的节日中是否包含某些陈规陋习？

通过对这些问题的分析，你可以制订出一套有效的庆典活动计划，以适应各种需求。计划本身应当根据对象人群的不同而有所侧重。但无论如何，你要清楚，计划的制订是为了符合并规范参与者的意志，而不要将其看作商业课程指导或大众意识。

你的庆典活动计划必须明晰、灵活，且适合于当下境况。如果你是一名儿童教师，你制订的计划可能仅需要适合于课堂所需。而主任或其他学校管理者则会从校方的角度出发，对部分计划进行必要的补充。所以，无论庆典活动在哪里举办，都不要忘了顾及家长、教师、管理人员等所有参与群体，并参考他们的意见。

一旦你制订的计划被付诸实践，你便需要随时地参考它，以便对不同的突发状况做出判断。当棘手的问题被一个接一个地解决时，你会欣喜地发现，那些辛苦制订的计划最终给你带来了回报。有时，这些计划也可以直接应用到新加入的成员身上，你需要记住的仅是：适时改动和完善计划，以应对情况的变化。比如，当新的文化群体来到学校时，将他们的文化习惯与原有计划相融合便成为首要任务。

制订庆典活动计划需要时间和精力上的付出。参考以往计划实施过程中的得失经验，你需要不断更新你的计划。更重要的是，你还需要将所有参与者的意愿考虑到计划之中，这意味着所有的教师、助教、家长及其他监护人都在你的考虑之列。如果你遗漏了某些人，你的计划便存在偏颇的风险。这时，教师或家长虽然会客套地对你表示理解，却吝于支持和合作。事实上，教育者与家长参与所带来的最有价值的回报，正是其对富有思想性的讨论意见及计划的完善。

当教师与家长聚在一起讨论节日庆典的问题时，一架沟通二者的桥梁便开始构建了。你可以把这种讨论理解为相互认识、相互倾吐、相互理解和互通有无的绝佳机会。在讨论中，家长对计划的建议权是理所当然的，尤其是对节日的选择，他们往往能提出独到的见解。如果这种讨论能够实现，家长将会十分乐于参与到决策中来，让自己的想法得到倾听。

最后，还应当提醒的是，在你的计划实施之前，一定要再三确认自己的立场。例如，如果你坚决反对具有暴力倾向的风俗，反对陈规陋习，反对万圣节，那么你需要尽早表明态度；如果你不允许纯宗教意义的活动，你也需要尽早让活动参与者知晓，以避免他们在活动中大谈复活节、犹太新年和斋月等，引起尴尬。

庆典活动计划中的基本步骤

下面将要介绍的是制订庆典活动计划时所需遵循的三个基本步骤：确定目标、设计活动和评估结果。

步骤一：确定目标

讨论中，如果对目标的选择产生了分歧，下面的注意事项可能会帮助到你：

- 通过列举和对比来确认你想实现的目标。比如，去了解儿童及其家庭的节日习俗和文化传统，提供关于适宜庆典活动的信息等。
- 确认目标与参与者所处文化环境的关联性。也就是说，在确定目标时，你应当保证目标内容囊括了所有参与者的文化意识，并体现出一种促进民族文化融合的姿态。
- 确保目标内容能覆盖整个活动计划，并始终坚持无歧视的原则。
- 确定庆典活动举办的地点。应保证庆典活动围绕课程进行，而非课程围绕庆典活动进行。

当你依据课程计划而最终确定计划目标时，你将会进入下一步，即设计活动。

课程内庆典活动的目标

- 确认、理解并尊重不同儿童及其家庭的不同需求。
- 明确节日庆典活动只是多元文化的一部分。
- 提高文化意识，并将其体现到个人的信念、态度和期待上。
- 鼓励对歧视和不平等的批判性思考。
- 以适宜的方式提供有关节日的准确信息。
- 与家长及其他参与人员共同设计适宜的庆典活动，确保这些活动能反映儿童需求，并体现多样性。
- 使教室氛围更能体现文化多样性，尤其应注意对书籍和装饰素材的选择。
- 邀请家长参与到计划决策中来，以确保所选节日能最大限度地体现儿童的家庭文化。
- 教育儿童尊重不同文化环境中的节日和传统习俗，并了解其价值。

步骤二：设计活动

在这一步骤中，你应当超越自己现有的认识和基本目标，并打造你的计划特色。同时，这些特色又不能与你的认识和基本目标相背离。因而，你应当：

- 确定要在庆典活动上花费的课时。

表 26–1 节日活动日历

九月
· 全员合作冒险活动
· 劳动节
· 第 16 届墨西哥独立日庆典
· 数学互动活动
· 世界各地的丰年祭
· 户外学习：季节、植物和生命周期
· 秋分
· 学生访谈："你眼中的他（她）"，班会，小组艺术成果展
· 校园行，社区行
· 编写日刊
· "你眼中的理想校园"绘画展
十月
· 参观"亡灵节"主题博物馆
· 装饰邻居的橱窗：丰年祭，万圣节，亡灵节（经过主人允许）
· 美洲原住民眼中的"哥伦布日"
· "住棚节"——犹太人的丰年祭
十一月
· 感恩节
· 灯节（排灯节，光明节，冬至，圣诞节）
· "光与影"科学之旅
· "感恩邻里"活动
· "光与影"绘画展

- 确定每年要开展的庆典活动的数量。
- 计算每次庆典活动要花费的时间。
- 确定庆典活动里所包含的活动项目。（要不要举办聚会、讲故事或聊天？）
- 确保庆典活动的内容适合所有参与儿童。
- 确保所有活动不包含文化陋习。
- 确定节日庆典时所要邀请的家长。

表 26–1 以某活动中心为例，说明如何实现活动目标。同时，你的计划中应包含一些特殊的考虑，这些考虑往往针对庆典活动中所涉及的宗教问题。你应当：

- 考虑你个人和校方的情况，以确定是否适合举办富含强烈宗教色彩的庆典活动。例如，在一所公立学校内进行宗教活动的设置是否合适，或学生、家庭之间是否有相互的宗教抵触。
- 确定你是否要谈论宗教话题。如果要，确定以何种方式谈论。
- 确认对某一宗教话题的讨论是出于你的课程需要，还是某个儿童的偶然提及或个人诉求。
- 当你把节日庆典活动作为尊重宗教传统、文化习俗的方式时，你也同样会面对一些压力。
- 事先做好计划，以应对部分排斥某宗教的家长和儿童。
- 确认没有任何一个儿童是被忽视的，确保他们有选择是否参与的权利。同时，事先准备另一活动以供临时替换。

步骤三：评估结果

根据以往活动的经验，你在计划中对儿童和家长的考虑越是充分，你所学到的东西就越多。当你考虑到他们的诉求时，你对计划的思考便不再是一种对结果的追求，而更像一次充满新奇的旅行。当你的计划被正式实施以后，你还应当继续对其结果进行评估。评估内容包括：是否适合、是否富有文化特色、是否存在文化陋习等。你应当将这种评估过程视作一次有意义的反文化歧视行动，而非简单的课程要求。

当你进行评估时，收集家长对先前活动成功与否的评价是十分重要的，你需要记录下你在每次活动中的成败得失。同时，你也需要询问参与活动的教师和工作人员的看法。有时，高年级儿童（比如三年级或五年级的儿童）的意见会很有必要，因为他们的态度更直观和开放。依据这些信息，你可以对计划进行增减和完善，并应用到将来的课程之中。

节日庆典活动计划就像活动本身以及参与活动的儿童、家长和教师一样独一无二。计划的核心价值正是体现在它的思想性，以及它对不同诉求的反馈上。

如果儿童教师能依据儿童和家长的不同文化价值来制订庆典活动计划，而不是像多数学校那样一味庆祝万圣节和圣诞节，尊重多元文化的氛围就会形成，那些千篇一律的《节日相关课程标准》也将退出历史舞台。

适合课程教学的庆典活动

当我们把注意力完全放到节日庆典上时，便很容易忽视儿童的成长需求和实践需求，进而坠入“节日陷阱”之中。例如，儿童教师都清楚，三岁儿童对“时间”这一概念的理解仅局限于非常基本和连续的日常事件的联系上，比如接下来他会在早晨醒来、课程表要求他下一步要做的事情等。然而，不少教师仍然会询问他们类似第一个感恩节的故事，100 年前发生了什么等问题。这些问题对于三岁的儿童来说过于抽象且无意义。同样，很多教师辛辛苦苦制订出的创造性艺术活动计划却过于追求“开放式”和“过程导向”。他们往往会鼓励儿童在情人节绘制心形图案，在复活节制作棉花填充的“兔子球”，在父亲节制作手形印制画作为礼物等。儿童在努力完成制作任务的同时，却没有得到任何对文化的理解，这依然意义不大。

如果你的教学也存在着上述问题，你便需要拿出时间来考虑一下：你为儿童所提供的活动素材是否适合儿童的认知水平？作为一个教育工作者，你是否有对活动素材加以甄选？NAEYC 发布的《适宜的儿童活动（修订版）》是一项重要的资源。你可以从该文本中获得相关信息，也可以返回第八至十章中查阅相关信息，从而对你的教学加以指导。

当你考虑在你的教学课程中添加一些节日活动时，请先了解以下内容：

- 低龄儿童一般通过行动来获取知识，他们的经验来源于具体行为和动手操作。
- 低龄儿童往往以自我为中心，认为所有人的经验都与他一致，“所有人都像我一样”。
- 儿童到达一定年龄之后才开始理解抽象概念。

很多教育理论家认为，儿童在五至七岁之间会完成一次重大的认识发展，他们对不同的人和行为的认识将更加灵活和全面。由于五至七岁的儿童已经具备了一定抽象思维的能力，教师对他们讲授的内容相对于幼儿园和学前班时期将变得更为复杂。例如，四年级儿童有能力描述其他国家的人在平日和节庆中穿着的区别，稍大一些的儿童更是可以对不同国家的人加以对比。然而，四岁的儿童却不具备这种抽象理解的能力。如果不给予学龄前儿童以直观的经验，他们是无法理解不同国家的人在生活习惯上的区别的。他们需要的是具体的、一手的体验，来促进他们的学习和理解。

教学课程中所涉及的节日庆典并非要囊括诸如感恩节、圣诞节、复活节、母亲节等全部民族的全部节日。节日往往反映了现实生活中的某种文化、宗教视角或历史观，它能够代表美国部分人民的意志——但不是全部。很多人对某些节日并不感兴趣，也不愿意去了解其背后所包含的文化。例如，有相当一部分人并不认同感恩节所折射出的历史观及文化传统，也有很多家庭无法理解在母亲节向母亲送礼物的行为。

有时候，儿童需要面对过多和过于密集的节日安排，他们的生活被食物、装饰和音乐所充斥，这又形成了新的问题。节日往往是令人兴奋的，以至于它们有时会过度地刺激儿童，并忽视儿童在成长过程中对家庭和稳定的需求。下面我将提供一些策略，力求让活动安排更加适应儿童的发展需求。

交流意义高于活动本身

并非所有的节日庆典活动都需要以一场聚会的形式呈现，除此之外，我们也可以采用聚谈、阅读等方式进行替代。甚至教师可以把家庭成

读一读 音乐传递文化

没有音乐的人生不堪设想。

——尼采（Nietzsche）

“音乐是如此高贵，以至于我们把她称之为一种天才——把声音转化为美的天才。”西非人正是这样理解音乐的价值的。在美国文化中，为你谱写一首歌曲代表一种至高无上的馈赠。音乐可以呈现某些文化价值，它被用以欢庆胜利、倾诉悲伤、表达恐惧、憧憬希望、延续传统和呈现教义等。在我们有史可考的年代中，音乐和歌曲无处不在，为我们讲述了一个个关于英雄、爱情和战争的故事。比如，在我们国家，如果没有游行者的歌唱，民权运动可能早就会被我们淡忘；如果没有格伦·米勒（Glenn Miller）和他的乐队，有关第二次世界大战的记忆便不会那样清晰。透过历史，我们发现，每一个民族和文化群体都有自己独特的音乐风格。而今天，不同的音乐又很好地诠释了不同的家庭生活。在美国，因为我们的音乐品位，以及我们对民俗音乐、古典音乐、摇滚乐、说唱音乐、蓝调和爵士乐等不同音乐风格的包容，我们的文化也日趋多元化。在互联网上和商场里，每一种音乐都有各自的受众，都会被一群人欣然接受。那些把不同风格的奇妙音乐分享给儿童的教师，正是在用实际行动告诉孩子们：“多元化不是别的，就是尊重与珍视。”

员邀请到学校来，对该节日的庆祝方式进行讲述。

举例来说，在华人聚集区，很多家庭会庆祝中国新年，这也成为当地儿童的一项风俗。这时，教师可以请一个同学从家中带来一部中国日历，另一个则带来一本关于新年的书，第三个同学甚至可以带来一些红包（一种装有代表幸运的钱币的红色信封，往往在新年时被赠予），有条件的家庭还可以提供小型的舞狮模型。然后，教师便可以据此向学生讲述关于新年的故事。同学们还可以一边观察舞狮模型，一边听某位同学讲述他之前对这种大型狮子头的恐惧，以及他今年不再害怕的故事。最后，教师带领同学们阅读那本关于新年的书。这次活动便可以在同学们相互赠送红包的欢快气氛中结束，而不需要更多的活动安排。如果同学们意犹未尽的话，可以在将来继续带领他们阅读书里的内容。

这种低调而又适宜的活动方式是十分有效的，尤其是在庆祝一些极具吸引力的节日时。但同时，这对低龄儿童却并不适用。举例来说，当儿童参加某个公立学校组织的活动时，他们可能会被挂在墙上的华盛顿像和林肯像所吸引，并询问关于他们的故事。这时，我们当然有必要向儿童讲述关于总统日的内容。然而，由于这些人生活的年代离我们相对遥远，教师可能难以找到现实生活中与其相关的事例进行联系，以至于低龄儿童并不能完全明白。这时，不要继续讲述有关这一节日的冗长细节，而应该举办一些相关的活动。

人性化的节日庆典时间表

我们往往偏爱那些不影响我们日程安排的节日。节日庆典往往会持续一两天以上，并伴有大量的甜食。大型的聚会可能会占据家长较长的时间，为节日排练歌曲对儿童来说也是一种时间上的占据。（对教师来说又何尝不是？！）我们应当尽量减少这些问题，让节日庆典活动的时间安排更人性化。例如，把装饰教室的任务安排到课余时间或活动时间中进行；午餐时

想一想 万圣节是否该进入校园？

对多数教师而言，组织一次万圣节活动不是一种快乐，而是一种负担。一到万圣节，部分宗教团体便开始抗议这种异教行为，而管理者也开始为安全问题而苦恼。即便是教育工作者也会深信：与其把这段课堂时光奉献给糖果和恶作剧，不如花在数学和科学上更为划算。

弗吉尼亚州阿灵顿市自由论坛第一修正案中心的高级学者、校内宗教冲突专家查尔斯·海恩斯（Charles Haynes）告诉我们“反对万圣节的家长数量正日益攀升”。福音派基督教徒、穆斯林等强烈反对万圣节，这主要是由于它的异教根源和某些神秘主义暗示。（这一节日被衍生出诸如古凯尔特人说、德鲁伊说、丰年祭说等多种来源。）由于各团体之间的分歧太大，很难有一种对待万圣节的态度能折中所有人的意见。弗吉尼亚州亚历山大市小学校长协会执行董事文斯·费兰迪诺（Vince Ferrandino）指出“每个学校都会面对这一问题，需要他们根据自己所处的文化环境来得出合理的解决方法”。

最糟糕的是，有些学校直到10月中旬才单方面决定庆祝万圣节，而在此之前并未参考当时的社会状况。“不要感情用事，”费兰迪诺说，“如果这一决定的初衷只是‘为参与而参与’，那么学校真应该反思一下自己的立场。”

事实上，不仅仅针对万圣节，学校应当针对各种节日活动建立一个综合的计划，以免这些问题成为长年的困扰。

对教师而言，如果学校没有一个常规的节日计划来应对类似万圣节等问题的话，他们在教学中便难以确定对某些节日的庆祝或抵制态度。在犹豫之中，两种态度便都失去了意义。

因此，很多教师在一开始便选择了折中的态度。他们设计了一种也包含有糖果和盛装主题的活动来替代万圣节，并把注意力集中到语言、艺术等主题上。这些类似万圣节的活动一般被命名为“糖果节”或“化妆晚会节”，并鼓励儿童打扮成科幻小说中的角色或英雄人物的样子来到学校。也有一些学校把万圣节演变为一种深秋季节庆典，并更加关注于自然和环境。

无论采取何种形式，学校在万圣节时期的行为都可以被理解为一种对安全问题的考量。很多学校不再允许家长参加其举办的万圣节活动，这是为了避免一些别有用心的人化装潜入学校而造成危险。也有的学校禁止佩戴面具，以保证儿童处在一种可被监护的状态之中。很多教师向家长印发《万圣节化装指南》，以告知他们哪些化装道具是被禁止的。这其中一般包括变装道具、各类武器、可以喷溅出假血的道具、涉及种族问题的装扮和充气衣服等。

无论学校对节日问题表现出何种态度，很多教师认为：在课堂中回避对万圣节的讨论是没有必要的。前任国家社会学委员会主席、原四年级教师杰夫·帕西（Jeff Passe）就曾说：“争议产生的时候正是开展教育的时候。”

你对以上讨论有何见解？这一章及第二十四、二十五章所提供的信息是否改变了你对万圣节庆典的态度？

的家长参观计划应尽量短暂，以避免影响儿童休息；在音乐课上学习节日庆典所需歌曲；一次邀请家长的人数不要过多，以减轻儿童表演时的压力。在庆典活动举行时，你应当观察儿童的情绪，以了解他们是否在为过多的人、活动和食物所苦恼。

勿将庆典活动作为课程中心

在此有必要重申：不要让你举办的某次庆典活动成为课程的核心内容，哪怕一次也不可以。举例来说，在某些学校，教师用整个 12 月份的时间来举办一次长期的庆典活动。这种行为不仅让儿童过度兴奋，同时也忽视了其他对儿童有意义的活动和课题。同样，那些不愿参加这次漫长活动的儿童也会感到长时间被冷落。

避免节日活动惊吓到儿童

在万圣节，儿童被奇怪的面具和着装惊吓到的情况时有发生。这在一定程度上是由于儿童缺乏区分幻想和现实的能力。同样，儿童有时也会被中国新年时的舞狮表演中的狮子头吓到。而且，我们也知道，有些儿童是害怕“真”的圣诞老人的。在你的活动计划中，你一方面要保证活动的有趣性，另一方面应尽量避免这些可怕的形象。比如，你可以向学生分发制作面具和衣服的材料，并要求他们自行制作化装道具，以取代他们从家中带来的部分。你也可以用舞狮模型来代替等比例缩小的“狮子”。

关注过程导向和开放式活动

与节日相关的活动——尤其是那些支持个性表达和创造性行为的——将会在很大程度上平衡文化传统与当下社会潮流之间的关系。在第十三、十四章中提到的二维、三维活动为节日庆典的形式提供了多种选择：戏水、挖沙、黏土等，都是温和且适宜的活动。如果你愿意，你也可以通过在水池中、沙池中混入与节日相关的色彩来增添节日气氛。

在创造性艺术活动中，你需要有效地将节日艺术行为与日常艺术行为进行关联，从而使儿童获得更灵活的选择空间。例如，当你为儿童提供了薄页纸和吸管等材料，让儿童制作五月五日节所需的纸花时，你应当考虑附加废布料、其他类型纸张、胶水等，让那些更喜欢拼贴的儿童也能做自己想做的事。你也可以提供一瓶淀粉液和一些绵纸，让感兴趣的儿童选择制作彩绘玻璃。

为了满足儿童的发展需求，你每天都应当为儿童准备各种创造性活动供选择。这些活动应该涵盖儿童的所有发展区域，包括语言、数学、科学、机械、创造力、认知和社会融入能力等。不要寄希望于在一个节日主题中完成以上所有，一次只需要实现一到两种能力的发展即可。而其他的能力可以在以后的相关主题中有序涉及，你可以等待季节转换、婴儿降生等时机。

适宜的节日庆典活动——课程中的平衡力

合理运用以上所有关于节日庆典活动的原则、方式、建议等，归根结底，便是要保持节日活动与教学目的间的平衡。“保持平衡”便意味着你所计划的节日活动，不能成为儿童对该文化的第一印象或最终经验。在节日活动开始之前，儿童必须了解该文化人群的生活状态、习俗沿革和日常行为等，从而让儿童建立起对这次节日活动的基本概念。当然，即便拥有这种基本概念，事实上，节日活动所折射的信息往往会有所不同或难以理解。因而，儿童更应当获得一种类似“不同的人以不同的方式庆祝不同的节日”的印象。这种多元文化概念的建构可以帮助儿童去适应不同文化之间的相似点和不同点。通过《多元文化观察表》，你可以判断你所计划的活动是否与你的教学目的相契合。

在所有节日经验中，你最应当关注的是儿

童在庆祝节日时所获得的感受，感受对于儿童来说意味着真实。感受是儿童赖以联系事物和辨识事物的根本，尤其是当这种感受即将转化为经验时。在所有适宜的节日庆典活动中，尤其应当注意的便是：不要“一叶障目不见泰山”，只顾食物和服装等外在因素，而忽略了感受。

与庆典活动本身同等重要的，是对庆典活动的调查。如果你愿意花一些时间来对众多节日进行研究和筛选，你能在很大程度上规避活动不适宜的风险。越全面的调查便意味着越少的误导信息和刻板印象。如果你对某一节日的内容不甚了解，你可以向该文化环境中的人取经，或使用图书馆和文化中心等途径来获取信息。

总结

节日庆典活动是儿童活动中的传统项目，它意味着家庭、社会、文化中的特殊时刻。当基础教育工作组提出有关“我们之前如何使用‘节日’这一教学主题？”的疑问时，他们实际是为了鼓励儿童教育工作者反思其关于庆典活动的态度，并做出一些必要的改变。

儿童课程不应完全围绕节日庆典活动展开。否则，我们会很容易忽视其他重要和有意义的儿童活动。

如果把节日庆典活动作为带领儿童领略其他文化的唯一途径，很容易造成儿童不恰当的文化观。文化教学不能通过类似节日这种单一的关注点来进行，而应当扩充到日常生活、日常行为和日常人际交往之中。

在课程中开展适宜庆典活动的关键在于掌握适宜的实践方法并以此指导庆典活动计划。否则，教师很容易掉进“节日陷阱”之中并对儿童的实践发展需求视而不见。

将庆典活动融入教学的第一步便是制订庆典活动计划。该计划可以指导每个人参与到节日中来并帮助你选择、实施和评估庆典活动。你的庆典活动计划必须明晰、符合现状且灵活机动。最重要的是，你需要根据活动参与者的状况而随时调整计划。

制订庆典活动计划的三个基本步骤包括（1）确定目标；（2）设计活动；（3）评估结果。

合理的庆典活动计划中并非需要包含诸如万圣节、圣诞节、复活节、母亲节等所有节日。

并非所有的节日庆典活动都需要以一场聚会的形式呈现，除此之外，我们也可以采用聚谈、阅读等方式进行替代。甚至教师可以把家庭成员邀请到学校来，对该节日的庆祝方式进行讲述。

你所制定的节日活动时间表应尽量人性化，符合多数人的时间安排。

其他制订庆典计划的注意事项包括避免活动惊吓到儿童，活动计划去中心化，关注过程导向和开放式活动等。

保持节日活动与你教学目的间的平衡是最为重要的。“保持平衡”便意味着你所计划的节日活动不能成为儿童对该文化的第一印象或最终经验。

关键词		
庆典活动计划		

学习活动

1. 假定你是城市里一所大型多元文化学校的教师，为你的节日庆典活动计划制定至少三个目标。给出你每个目标的理由。然后，选择一所类型与之相反的学校，重复上一任务。对比两次目标制定的异同。

2. 假定你的庆典活动计划的目标之一便是了解儿童及其家庭的节日习俗和文化传统。为实现此目标，给学生家长写一封信，说明你的庆典活动计划及活动特色。

3. 针对你身边的学生和家庭，写一份庆典活动评估调查问卷。你的问卷中将涉及哪些问题？说明你会如何将这次的调查结果应用到将来的计划制订之中。

4. 找一本有关儿童教育的课程指导书，从以下几点对其进行评价：

- 所提到的节日的数量。
- 所提到的节日活动的数量。
- 每次节日活动所预计花费的时间。
- 节日活动与节日本身的切合程度。

讨论你认为的该本指导书的价值所在。依据你的价值取向，你是否会使用这本指导书？为什么？

5. 运用本章中所给出的网络资源，做一次关于无歧视的儿童多元文化节日庆典活动的调查。打印出你的调查结果，并在课堂上进行分享。从是否存在歧视、是否存在刻板印象、是否适宜等角度对这些活动进行评价。

6. 选择一个真实存在的活动中心，或者你童年回忆中的活动中心。评价活动中心内提供的节日庆典活动。评价活动中提供的素材。儿童是否真正参与到了活动中去？这些活动是否雷同？这些活动是否有助于儿童创造力和操作力的提升？这些活动是否只是成年人的活动？

7. 教学主任要求你向学生讲解西葡文化。他建议你举办有关食物的活动，或者在 5 月带领儿童们制作玉米饼作为午餐。然后，他希望你能在音乐区举办马拉卡演出活动。你认为这些活动适合向儿童介绍西葡文化吗？为什么？

8. 选择一种规范的民族节日，如感恩节。列举出会参与此节日的人群（如美国男性、女性、儿童等）。每一类人群对这一节日的感受有何不同？所有人都会抱着“感恩”的心态吗？为什么？由此，你对这类“主流节日”有了何种新认识？这种活动适合儿童吗？在你的回答中应体现有关儿童发展的知识。

9. 继续讨论之前的节日类型。这次，关注哥伦布日。美洲原住民、意裔美国人和犹太人会如何看待这一节日？参考这些人的态度，当你在课堂上讨论哥伦布日时，会遇到儿童的何种反应？为什么在活动之前，应事先研究不同人群对活动所持有的可能态度？

10. 假设你课堂中的儿童正对动植物感兴趣，他们正为蚂蚁农场和和作物生长测量所着迷。但这时，教学主任提醒你，已经到了带领儿童制作圣诞贺卡送给父母的时间了，你是否应当要求停止当下的活动并转而关注圣诞节？为什么？说明你将安排何种活动来调整学生兴趣与节日安排之间的平衡。你可以采取的活动类型包括艺术、积木、家务、书、音乐等。事先确定儿童的年龄段、民族和文化背景等。

本章回顾

1. 为什么围绕节日展开的课程计划不适宜儿童的发展？

2. 基础教育工作组对“庆典活动进入课程”这一问题持有何种态度？

3. 儿童如何更好地学习有关不同文化知识？

4. 为什么说节日并非儿童学习文化的良好途径？

5. 为什么庆典活动不能取代课堂教学？

6. 庆典活动计划是什么？

7. 哪些人应当参与到庆典活动计划的制订之中？

8. 制订庆典活动计划要经历哪三个步骤？

9. 为什么说评估是庆典活动计划制订中的重要环节？

10. 为什么家长也应当参与庆典活动计划中节日的选择？

11. 庆典活动计划应当年年相同吗？为什么？

12. 当庆典活动进入课堂时，学生应当扮演何种角色？

13. 针对五至七岁儿童的年龄差别，节日计划的制订应有何侧重？

14. 如何让调整节日活动，以更加适应儿童的发展实践？

15. 为什么很多适宜的儿童活动中不包含所有民族的所有节日？

参考文献

Bisson，J.（1997）. *Celebrate: An anti-bias guide to enjoying holidays in early childhood programs*. St. Paul，MN: Redleaf Press

Derman-Sparks，L.，& ABC Task Force.（1989）. *Anti-bias curriculum: Tools for empowering children*. Washington，DC: NAEYC.

Devitch，G.（2005，October-November）. Does Halloween belong in school? *Instructor*，27-29.

后记

若论人文社会科学领域，哪一方面的研究最为令人瞩目？我想，“创造性”或“创造力”（或诸如此类的相关研究），应该算是其中一个。究其原因，可以有如下几点：从人的角度而言，创造性属于“个体之能力或特性”，因而有其教育价值，是实现“人更好地发展”教育宏愿的必然追求；从社会的角度观之，各行各业都离不开“创造”，科技、医疗、环保、健康等关乎现代人切身利益的“福利”，无不依赖于此，其是“让生活更美好”的一个必要前提；再从学科的角度看，没有诸多形式的创新或创造性发明，哪来学科、专业的进步和人类文明的百代相承？……由此可见，对“创造性及其养成方法”的专门研究，对人、社会、学科等都有重要价值，是故对这方面的讨论可谓“众说纷纭”，精彩各现。一般而言，做些案头工作，发表些浅见，似乎也并不太难。所以，选择“创造性活动”这一主题的书进行译介，说老实话，这并不太讨喜。

不过话又说回来，鉴于与“创造性”相关的研究和讨论不少，其重要性和必要性得以凸显。加之时代的发展和学科的进步，会使得对同一话题的思考呈现“时时新、日日新”之状态——不同视角的切入，会使得学术研究渐趋深入，强化共识的同时，亦会频出新见。基于此，我们从美术教育的角度，对《儿童创意活动》这一主题书目进行了翻译。目的在于，一方面打开视野，夯实我国儿童美术教育研究的现有理论基础，丰富认识视角；另一方面，也期待能够从实践的层面，多呈现一些美术教学中的“好招儿”或“妙计”，为我们的教师、家长更好地开展美育活动提供一些参考。

这本书中，对创造性和儿童创意活动的讲解非常详尽，可谓“蔚为壮观”。其内容大致可以区分为三方面：（1）对“儿童的创造力、审美”等形而上理论基础的探寻，进而尝试正本清源，让读者更好地了解儿童艺术教育的方式方法；（2）对“计划和实施创意活动”各个环节进行说明和教学要领提示，给出了接地气的活动方案指导；（3）从“跨学科、多元文化”等角度，对生活中幼儿各类艺术活动进行了独辟蹊径的阐释和案例呈现。有理论，有实践；有课堂中的教学指导，有课堂外的活动提示；有美术教育学科的本体探讨，也有围绕“艺术、生活、教学”等诸多方面的广泛延伸。它们共同组成了一个有机整体，就“儿童艺术学习活动中的创造性养成”这一核心内容进行了自成一体、逻辑严整且清晰通透的阐述。

需要特别强调的是，本书重在从“活动”的角度系统分析儿童创造过程中的各项事宜。其中的“活动”二字，有我们通常所理解的课堂教学活动，还有各种类型的“玩耍、游戏”过程中的探索性活动。概而言之，凡是有助于生成、培养和保护幼儿创造性、创意、创新思维的各类活动都在本书讨论之列。这是本书立意独特的地方，它不单是指向了课堂中的美术学习——在作者看来，“创新意识不是美术和音乐的专利。它不仅存在于音乐、美术、文学创作这些学科课程中，在学校课程以外的科学、社会学，乃至更多的领域中都有所体现”。所以，此书真正践行了先哲约翰·杜威“教育即生活”的教育主张，且给出了实实在在的建议和指导。

此外，此书的独特之处在于并不只是给出了活动的细目和清单，还在于让读者更好地通过艺术的手段去“发现儿童”，走进童真世界。恰如此书的“前言”所指出的，“本书的第九次修订版将会继续协助你与孩子一路成长。我真诚地希望你能从书中收获与孩子快乐且有意义地相处的方法”。单纯从这点来看，我们不能由于此书“内容繁多”而将其归类到工具书，字里行间隐现了著作细腻的艺术思考和更为宏阔的美育诉求。

最后，因为本文是“后记”，除了再次介绍和推介好书之外，当然还要对“幕后工作”做一番介绍，主要有三点：

第一，本书是“团队努力和集体智慧的结晶”。拿到外文原版之后，以首都师范大学美术教育研究生为主的编写团队执行了具体的翻译工作，付出了诸多的心血与努力。这项任务始于 2015 年，前后历时四年。团队成员当时大多还是硕士、博士在读，如今不少已执教鞭，耕耘于美术教育一线。这里将名单罗列如下：

佟蒙（浙江师范大学美术学院讲师，美术教育学博士）

房斐（首都师范大学学前教育学院讲师，美术教育学博士）

孟勐（首都师范大学美术学院美术教育方向在读博士研究生）

张青（河北化工医药职业技术学院讲师）

周长州（湖南理工学院美术学院讲师）

姜畔畔（北京市朝阳区第八十中学牌坊分校美术教师）

黄鹏（北京市第十五中学美术教师）

敬琴（北京市源尚教育教师）

孔英（北京市朝阳外国语学校美术教师）

赵婵（北京市海淀区城市管理委员会科员）

王君（山东省菏泽市山大附中实验学校美术教师）

许媚（湖南吉利汽车职业技术学院讲师）

王超（曲阜师范大学工学院助教）

栗鸥（北京市盲人学校教师）

朱慧琳（北京市密云区太师屯镇中心小学美术教师）

王祝福（天津市耀华中学美术教师）

第二，本书从成稿到最终面世，湖南美术出版社的领导和编审团队付出了辛勤的努力，正是他们的独具慧眼，我们的编译团队才能够“列队成形”，并得到这一宝贵的专业历练机会。其中责任编辑曾瑜女士用力最甚。我们属同一师门，翻译过程中，她给予大家诸多关爱和指导，在后期的译校过程中又亲自上阵，排忧解难。正是其专业精神和悉心把关，我们的译介才能由“草稿”转正，变为铅字。这里，正式道一声“感谢”！

第三，特别向我们共同的导师首都师范大学尹少淳教授致谢。先生是“儿童美术教育译丛”的主编，在给我们大家这一宝贵“锻炼自我”机会的同时，还给予了我们专业方面的耐心指导和信心，为呈现国外美术教育精品著述贡献力量且让我们不至于“方向跑偏”。此书编译版最终成稿，最是应该道一声“师父辛苦”！

还想“最最后”补充一点，本书为译介版，因我们团队成员均不是英语翻译科班出身，加之时间有限，疏漏和不当之处在所难免。这里恳望读者诸君不要“嫌弃”，批评指正为盼！

段鹏

于北京花园桥首都师范大学

亚洲美术教育研究发展中心

2019 年 7 月 23 日